Werner Oswald
Mercedes-Benz Personenwagen 1886–1986

Werner Oswald

MERCEDES-BENZ Personenwagen 1886–1986

Motorbuch Verlag Stuttgart

Umbruch und Redaktion: Werner Oswald
Umschlagzeichnung: Carlo Demand
Einband- und Umschlagkonzeption: Siegfried Horn

Bilder-Nachweis: Archiv Daimler-Benz AG. (819), Archiv Werner Oswald (394), Bunte Illustrierte/Lehmann (4), Archiv Rupert Stuhlemmer (4), Foto Joachim Wölfer (4), Deutsches Museum (3), Zeichnung Görlitz (3), Foto Engelbert Männer (3), Archiv Klaus Benter (2), Jürgen Pönisch (2), Verkehrsmuseum Dresden (1), Technisches Museum Wien (1), Foto Dieter Jokisch (1), Foto Reinhard Lintelmann (1), Sammlung Erich Schlie † (1), Foto Hans-Peter Seufert (1), Privatfoto Hans Thudt (1)

Redaktionell abgeschlossen nach dem Stand vom 30. Juni 1986

ISBN 3-613-01133-6

3. Auflage 1986

Eine Abteilung des Buch- und Verlagshauses Paul Pietsch GmbH & Co. KG.

Drucktechnische Herstellung: Schwabenverlag, 7302 Ostfildern 1.
Bindung: Franz Spiegel Buch GmbH, 7900 Ulm-Jungingen.
Printed in Germany.

Inhalt

Liebe Leser,

über Automobile der Marke Mercedes-Benz gibt es eine Menge Bücher verschiedenster Art, aber bezeichnenderweise vor dieser Dokumentation noch keine komplette Übersicht aller Typen samt deren wesentlichen Daten. Eine regelrechte Typologie sämtlicher in der nunmehr hundertjährigen Geschichte der Daimler-Benz AG. und ihrer beiden Ursprungsfirmen auf den Markt gekommenen (oder auch nicht auf den Markt gekommenen) Personen- und Lieferwagen zu erstellen wurde zwar schon versucht, aber bis dahin nie zu einem brauchbaren Ergebnis gebracht. Es ist ja auch die reinste Sysiphus-Arbeit, die keineswegs nur Fleiß und Geduld erfordert, sondern auch viel einschlägiges Wissen. Denn wer sich allein auf die »Aktenlage« stützt bleibt von vornherein zum Untergang mit fliegenden Fahnen verurteilt. Selbst auf das schier unerschöpfliche Archiv der Daimler-Benz AG. darf man sich kaum unbesehen verlassen, und Lücken hat es ohnehin, was die bis zur Fusion der Ursprungsfirmen gebauten Automobile anbelangt. Das hat im wesentlichen zwei Gründe. Erstens sah man in der Anfangszeit der Motorisierung keinen Anlaß, alle speziellen und individuellen Ausführungen, die man damals in Handarbeit und oft nur in wenigen Exemplaren oder gar in Einzelanfertigung hergestellt wurden, genau mit Daten und Zahlen zu registrieren. Zweitens bieten Prospekte und andere Drucksachen ebenso wie die damaligen Pressebericht bis in die 20er Jahre hinein zwar manchmal interessante technische Beschreibungen, aber fast niemals genaue Spezifikationen. Solche dienten anscheinend nur der unmittelbaren Produktion, galten darüber hinaus aber wohl als uninteressant. So kommt es, daß die vorliegende Typologie nicht nur Schwachstellen sondern gewiß auch nahezu unvermeidbare Fehler aufweist. Oft genug nämlich befinden sich in den dürftigen Quellen der Frühzeit Widersprüche, die unvereinbar bleiben, so daß man sich notgedrungen nach bestem Wissen und Gewissen für jene Angabe entscheidet, die am ehesten richtig erscheint. Aber da kann man sich auch gewaltig täuschen, weshalb Unstimmigkeiten zuweilen geradezu vorprogrammiert sind. Leider!

Immerhin haben intensive Nachforschungen im Archiv der Daimler-Benz AG. und an anderen Stellen dazu geführt, daß einige wichtige Dinge ans Tageslicht kamen, die offenbar bisher ganz oder fast ganz in Vergessenheit geraten waren. Insbesondere freut sich der Verfasser, in diesem Buch neben vielen mehr oder weniger bekannten Fotos auch eine stattliche Zahl bisher völlig unbekannter oder vermeintlich nicht mehr vorhandener Fotos zeigen zu können. Einige davon darf man getrost als Sensation bezeichnen. Vor allem wird mit der vorliegenden Dokumentation ein Wissensstand erreicht, der alle bisher vorhandenen Bücher zum gleichen Thema ihrer Aktualität entkleidet.

Schließlich darf der Verfasser für sich in Anspruch nehmen, mit diesem Buch die Typengeschichte der ältesten Automobilfabrik beziehungsweise der beiden ältesten Automobilfabriken der Welt nachhaltig aufzuhellen, zu klären, durchsichtiger zu machen. Gewiß wird es anhand der Ergebnisse dieser Grundlagenforschung hier und da gelingen, weitere oder präzisere Daten zu ermitteln, was aber der Verfasser nicht etwa bedauern, sondern mit ehrlicher Freude zur Kenntnis nehmen sird. Denn allein entscheidend für ihn ist und bleibt die möglichst genaue Darstellung der automobilgeschichtlichen Tatsachen, Ereignisse und Zusammenhänge.

In diesem Bemühen sah sich der Verfasser von den Mitarbeitern des Archivs der Daimler-Benz AG. in höchst erfreulicher und angenehmer Weise unterstützt. Veranlaßt und gefördert hat das als zuständiger Abteilungleiter Direktor Max-Gerrit von Pein, dem hierfür aufrichtig gedankt sei. Mit unermüdlicher Hilfsbereitschaft haben dann vor allem Herr Karnowski, Frau Francke-Neu, Herr Rau, Herr Koller und Fräulein Bubeck zum Gelingen des Werkes beigetragen. Viel Aufgeschlossenheit und verständnisvolle Unterstützung für seine Arbeit fand der Verfasser ferner bei seinem alten Freund und Kollegen Günther Molter, der als Abteilungsdirektor den Fachbereich Presse und Information der Daimler-Benz AG. leitet.

Die Arbeit an diesem Buch hat dem Verfasser unendlich viel Freude bereitet. Wenigstens ein bißchen was davon dem geneigten Leser zu vermitteln, möchte er wünschen und hoffen.

Ing. Werner Oswald
Postfach 126
8024 Deisenhofen

Carl Benz, sein Leben, sein Werk, Benz Motorwagen und Personenautomobile von 1886 bis 1926

Carl Benz (1844 – 1929) war ein passionierter Ingenieur. Die Leidenschaft für die Technik hatte er von seinen Vorfahren ererbt. Seit Generationen übten sie in einem Schwarzwalddorf nahe bei Karlsruhe das Schmiedehandwerk aus. Den Vater Johann Georg Benz (1809 – 1846) freilich hielt es nicht mehr am heimischen Amboß: Ihn faszinierte die damals einsetzende Mechanisierung der modernen Welt. Obwohl er es bereits in jungen Jahren zum Werksleiter einer Zuckerfabrik gebracht hatte, ruhte er nicht, bis er bei der ersten Eisenbahn des Großherzogtums Baden unterkam, die zu jener Zeit mit zwei Zügen den Verkehr zwischen Heidelberg und Mannheim aufgenommen hatte. Auch hier bewährte sich der tüchtige junge Mann, so daß man ihm 1843 die begehrte Stelle eines Lokomotivführers antrug. Doch schon im Sommer 1846 wurde der erst Sechsunddreißigjährige ein Opfer seines Berufs. Er hatte unter Aufbietung aller Kräfte mitgeholfen, die entgleiste Lokomotive des anderen Zuges wieder auf die Schienen zu stellen. Als er überanstrengt und schweißgebadet auf dem allseits offenen Führerstand seiner Maschine die Reise fortsetzte, holte er sich eine Lungenentzündung, an der er wenige Tage später starb.

Johann Georg Benz hinterließ seine aus der Pfalz stammende Frau und das am 25. November 1844 in Karlsruhe geborene Söhnchen Carl Friedrich Michael Benz. Wiewohl die Witwe nur über eine ärmliche Rente verfügte, brachte sie es fertig, dem Sohn eine vorzügliche Ausbildung angedeihen zu lassen. Zwar sah sie es, eingedenk des Schicksals ihres Mannes, nicht gar so gern, daß schon der heranwachsende Knabe die vom Vater überkommene Begeisterung für Maschinen aller Art hervorkehrte, aber sie erfüllte ihm schließlich doch den Wunsch, nicht nur das Lyceum, sondern auch die hochangesehene Polytechnische Schule in Karlsruhe besuchen zu dürfen. Mit Feuereifer und unermüdlichem Fleiß widmete sich Carl Benz seinem Studium, was, nebenbei bemerkt, als eines von unzähligen Beispielen dafür gelten mag, daß keineswegs erst in jüngster Zeit, sondern schon vor über hundert Jahren und seitdem immer, durchaus auch Kinder minderbemittelter Eltern zu einer höheren Ausbildung Zugang hatten.

Nach Beendigung seines Studiums arbeitete Carl Benz ab 1864 zwei Jahre lang als Schlosser in einer Karlsruher Maschinenfabrik, dann weitere zwei Jahre als Zeichner und Konstrukteur bei einer Firma in Mannheim. 1869 ging er nach Pforzheim, um als Zeichner einem Brückenbauunternehmen zu dienen. Zu jener Zeit starb seine Mutter im Alter von 58 Jahren, doch andererseits lernte er in Pforzheim seine Frau Bertha kennen, deren tatkräftiger Beistand entscheidend zu den späteren Erfolgen des Carl Benz beitragen sollte.

Zunächst war es bereits ein Glücksfall, daß ihm sein Schwiegervater ermöglichte, sich 1872 mit einer kleinen mechanischen Werkstätte in Mannheim selbständig zu machen. Anfangs fertigte er dort Kleinteile für den Baubedarf, lieferte bald auch Vorrichtungen für die Blechbearbeitung und ersann nebenher die verschiedensten Geräte, so eine hydraulische Presse für Tabakballen und einen neuartigen Telefonapparat. Doch trotz rastloser Arbeit und drückender Sorgen reichte es nur zu einem bescheidenen Leben, was Carl Benz für sich und seine Familie – die beiden Söhne Richard und Eugen waren inzwischen da – nicht als Dauerzustand hinnehmen wollte.

Nun muß man wissen, daß gerade zur damaligen Zeit neben der Dampfmaschine der Gasmotor weite Verbreitung fand, weil er auch kleinen Gewerbe- und Handwerksbetrieben zur Mechanisierung verhalf. Sehr viele freilich, die wegen ihres Standorts außerhalb der großen Städte keinen Gasanschluß besaßen, konnten sich solchen Fortschritt nicht zunutze machen. Diese Erkenntnis veranlaßte Carl Benz zu gründlichen Versuchen mit dem Ziel, einen Verbrennungsmotor zu schaffen, der sich mit Petroleum oder dessen Destillaten statt mit Leuchtgas betreiben ließ. Weil jedoch die Anwendung des Viertaktverfahrens aus patentrechtlichen Gründen bis 30. Januar 1886 nicht in Frage kam, widmete er sich der Zweitakt-Bauart.

Nach unermüdlichen Arbeiten und Experimenten brachte Carl Benz seinen neuen Motor am Sylvesterabend 1879 endlich zum Laufen. Jetzt konnte der inzwischen Fünfunddreißigjährige zwar den Interessenten eine betriebsfähige Maschine vorführen, doch fehlten ihm die Mittel zu deren geregelter Produktion. Es fand sich ein Geldgeber. Ab Ende 1881 baute die »Mannheimer Gasmotorenfabrik« den ortsfesten »Zweitaktmotor System Benz«. Er bewährte und verkaufte sich gut. Doch der stets eigenwillige Konstrukteur überwarf sich bald mit neu hinzugekommenen Teilhabern und schied schon Anfang 1883 aus der Firma aus.

Freilich war Carl Benz inzwischen so bekannt und angesehen, daß sich alsbald neue Geldgeber von selber einstellten. Die Kaufleute M. Rose und F. W. Eßlinger gründeten mit dem Ingenieur Carl Benz am 1. Oktober 1883 die neue Firma »Benz & Cie., Rheinische Gasmotorenfabrik in Mannheim«. Von jetzt an ging es rasch aufwärts. Die Fertigung und der Verkauf der stationären Motoren – bereits innerhalb der ersten vier Monate wurden über 800 Stück ausgeliefert – sicherten ein allseits zufriedenstellendes Geschäft.

Mehr und mehr beschäftigte sich der ideenreiche Erfinder nun mit dem Gedanken, einen motorgetriebenen, selbstfahrenden Wagen zu schaffen. An sich war das nichts völlig Neues, denn vor allem in Frankreich und England gab es längst die verschiedensten Dampfautomobile. Da diese aber zu schwer und in vieler Hinsicht unzweckmäßig waren, gelangte Carl Benz zu der Überzeugung, daß nur ein sehr leichtes Fahrzeug Aussicht habe, in großer Zahl Verbreitung zu finden. Ursprünglich hatte er an einen der vierrädrigen Pferdedroschke ähnlichen Wagen gedacht. Nachdem ihm aber bei seinen theoretischen Überlegungen keine zufriedenstellende Konstruktion für die Lenkung einfiel, entschloß er sich zu einem Dreirad-Fahrzeug. Dabei genügte es ihm keineswegs, lediglich eines der vorhandenen Dreirad-Velocipeds mit einem Motor auszurüsten, weil er danach strebte, Fahrgestell und Antrieb zu einer organischen Einheit zu verbinden.

1885 verwirklichte Carl Benz seine inzwischen schon ganz konkreten Vorstellungen. Innerhalb erstaunlich kurzer Zeit entstand sein erster Dreirad-Motorwagen. Dieser besaß eine Sitzbank für zwei Personen, ansonsten aber fast keinen Aufbau. Die geniale Besonderheit des völlig neuen Fahrzeugs lag darin, daß der Motor einen organischen Bestandteil des Wagens bildete und nicht etwa erst nachträglich in ein vorhandenes Gestell installiert worden war. Wichtigste Merkmale des Benz Dreirads waren der kleine, hinten eingebaute, wassergekühlte und (für damalige Begriffe) schnellaufende Viertakt-Verbrennungsmotor, die elektrische Hochspannungszündung, das Differential und der Stahlrohrrahmen. Bereits im Oktober 1885 fanden die ersten Fahrversuche auf dem Fabrikhof statt und am 29.1.1886 erhielt Carl Benz das Patent auf seinen Motorwagen. Allerdings dauerte es dann noch bis zum 3. Juli 1886, einem Samstag, an dem Carl Benz bei Tagesanbruch erstmals auf einer öffentlichen Straße fuhr. Dann geschah zunächst nicht mehr viel mit dem Dreirad-Wagen, weil sich der Erfinder nun eine Zeitlang wieder mehr der Produktion seiner stationären Zweitaktmotoren widmete.

Sozusagen nebenher entstand zu jener Zeit das sogenannte »Modell 2«, das Benz jedoch für unzulänglich hielt und beiseitestellen ließ. Dann folgte das »Modell 3«. Statt der Draht- besaß es Holzspeichenräder, das Vorderrad mit Gummi-, die Hinterräder zunächst mit Eisen- und später ebenfalls mit Vollgummireifen. Der Wagen hatte einen stärkeren Motor sowie zwei Vorwärtsgänge. Mit einem solchen »Modell 3« unternahm Frau Bertha Benz samt den noch halbwüchsigen Söhnen Eugen und Richard im August 1888, ohne vorheriges Wissen oder gar Einverständnis ihres Mannes, die erste Automobil-Fernreise von Mannheim nach Pforzheim. Schon vorher freilich hatte Carl Benz sich überreden lassen, einen Wagen dieses Modells im September 1888 zur Kraft- und Arbeitsmaschinen-Ausstellung nach München zu bringen. Dort erweckten vor allem die täglichen Probefahrten in der Stadt beträchtliches Aufsehen. Auch die Pariser Weltausstellung im Sommer 1889 wurde mit dem gleichen Motorwagen beschickt, doch blieb er hier ziemlich unbeachtet.

In Frankreich, wo damals bereits die verschiedenartigsten Dampfautomobile liefen, war ein Monsieur Emile Roger schon längere Zeit Vertreter von Benz & Cie. für die stationären Gasmotoren und jetzt auch um den Vertrieb der Motorwagen bemüht. Doch Panhard & Levassor waren ihm als Lizenznehmer für Daimler Wagenmotoren bereits zuvorgekommen. Immerhin vermittelte Roger die ersten Bestellungen, so daß wenigstens eine Einzelfabrikation der Benz Motorwagen in Gang kam.

Carl Benz war sich von Anfang an darüber klar, daß die Dreirad-Bauart nur ein vorläufiger Behelf bleiben durfte. Deshalb ließ er versuchshalber 1888 den beiseitegestellten Wagen »Modell 2« bei einer Offenbacher Firma in ein Vierrad-Fahrzeug umbauen. Da aber dessen Drehschemel-Lenkung keineswegs befriedigte, wurde der Wagen weiterhin nicht in Betrieb genommen. Es war ja schon das »Modell 1« nur deshalb mit einem Differential ausgerüstet, um eine korrekte und damit sichere Lenkung zu erzielen. Dem gleichen Zweck diente die horizontale Lagerung des Schwungrads, wovon Benz allerdings schon 1888 abging, nachdem sich herausgestellt hatte, daß dessen vertikaler Einbau das Lenkungsverhalten des Motorwagens überhaupt nicht beeinträchtigte.

Im Frühjahr 1891 stieß Benz auf die Idee der Achsschenkel-Lenkung, gekennzeichnet durch die Dreiteilung der Vorderachse. Ein Münchener Kutschenfabrikant hatte diese Bauart bereits im Jahr 1816 erfunden. Durch deren zufällige Erwähnung in einer Fachzeitschrift erfuhr Carl Benz davon und entwickelte sofort eine für seine Zwecke brauchbare Konstruktion. Unverzüglich ließ er das »Modell 2« auf Achsschenkel-Lenkung umbauen, arbeitete dann noch geraume Zeit an deren Vervollkommnung, bis er sie im Winter 1892/93 für patentreif hielt. Sie war nun sowohl leichtgängig als auch fahrsicher.

1893 brachte Carl Benz seinen ersten Vierrad-Wagen heraus, mit Achsschenkel-Lenkung versteht sich. Er nannte ihn »Victoria«, vielleicht um den Sieg über ein technisches Problem zu feiern, dessen brauchbare Lösung ihm so viel Mühe bereitet hatte. Viel näher freilich liegt die Vermutung, daß die Namensgebung keineswegs derart phantasievoll zustande kam. Zweisitzer-Kutschen solchen Aussehens hießen damals allgemein »Victoria«, und bei dieser Bezeichnung dürfte man es ganz schlicht belassen haben. Jedenfalls sah Carl Benz nun endlich die konstruktiven Voraussetzungen erfüllt, um Motorwagen in größerer Zahl zu bauen und zu verkaufen.

Rastlos bemühte sich Carl Benz um die Verbesserung seiner Fahrzeugmotoren. Deren Leistung verdoppelte sich von ¾ PS des ersten Motorwagens auf 1,5 PS beim »Modell 3«, und der »Victoria« von 1893 verfügte bereits über 3 PS. Einen wichtigen Fortschritt brachte der ab 1894 verwendete Benz-Vergaser, bei dem erstmalig die Kraftstoffzufuhr durch einen Schwimmer geregelt wurde. Mit zunehmender Leistung stiegen natürlich auch die Drehzahlen, die um 1898 bereits 800 bis 1000 U/min. betrugen. Andererseits sträubte sich Carl Benz dagegen, seine Motorwagen immer noch stärker und noch schneller werden zu lassen, weil er dies für gefährlich hielt.

August Horch, von 1896 bis 1899 Betriebsleiter der Motorwagenabteilung in Mannheim, litt sehr unter dem strengen Regiment des Patrons. Für Carl Benz galten allein seine eigenen Ideen und Vorstellungen, wogegen abweichende Meinungen nicht geduldet wurden. Horch widerstrebte das, und er machte sich selbständig. Als sein Nachfolger leitete nun der junge Richard Benz den Betrieb des Vaters.

Erst 1897 baute Carl Benz seinen ersten Mehrzylinder-Motor, indem er zwei Einzylinder parallel nebeneinander kuppelte. Von diesem »Zwillingsmotor« entstanden aber nur wenige Exemplare. Unmittelbar darauf nämlich hatte man mit dem »Contra-Motor«, bei dem zwei Zylinder gegenläufig arbeiteten (»Boxer-Bauart«), die bessere Konstruktion gefunden. Den Contra-Motor produzierte Benz bald in großer Stückzahl und in verschiedenen Stärken. Noch 1897 wurden solche zu 5 und 8 PS eingebaut. 1898 brachte es das Modell »Tonneau« mit 9 PS Contra-Motor auf 50 km/h, und der erste Benz-Rennwagen von 1899 lief mit 16 PS Contra-Motor bereits 70 km/h. Erst ab 1900 baute Benz die Motoren auch vorn statt hinten ein, aber weiterhin nur liegend. Zu stehenden Motoren rang man sich in Mannheim erst ab 1903 durch.

Ab 1897 gab es den dritten Vorwärtsgang und erstmals auch einen Rückwärtsgang, seit der Riemenantrieb durch ein Planeten-Zahnradgetriebe ergänzt wurde. Das erste Zahnrad-Vorgelege kam 1899, wobei der Motor noch hinten blieb. Aber man brauchte nur noch einen Riemen statt deren zwei.

Den Bremsen schenkte man anfangs wenig Aufmerksamkeit, doch wuchs ihre Bedeutung mit der zunehmenden Geschwindigkeit der Fahrzeuge. Der erste Motorwagen besaß eine auf die Riemenscheibe wirkende Bandbremse, und noch das Modell »Victoria« mußte nach Kutschenart mit Klotzbremsen auf die Hinterräder auskommen. 1899 gab es eine Vorgelegebremse mit Fußhebel und 1900 kam die lange Zeit üblich gebliebene Kombination der handbetätigten Innenbackenbremsen an den Hinterrädern mit der fußbetätigten auf die Antriebswelle. Die Übertragung erfolgte durch Gestänge.

Im Jahr 1900 begann auch Carl Benz, die Lenksäule seiner Motorwagen schräg zu stellen und den Lenkhebel durch ein Lenkrad zu ersetzen.

Die Räder der frühen Vierradwagen bestanden aus Holz. Sie trugen zunächst Eisen-, dann Vollgummireifen. Benz ließ die Räder im eigenen Betrieb herstellen. Drahtspeichenräder jedoch, wie sie zum »Velo« und später zum »Comfortable« gehörten, wurden komplett von Heinrich Kleyer (Frankfurt) bezogen. Freilich waren damals die Räder noch nicht ohne weiteres vom Wagen lösbar. Das machte die häufigen Pannen an den ab 1897 verwendeten Luftreifen zu einem unaufhörlichen Ärgernis. Dennoch dauerte es lange, bis 1908 abnehmbare Felgen und erst kurz vor dem ersten Weltkrieg abnehmbare Räder in Gebrauch kamen.

Schon seinen ersten Patent-Motorwagen versah Carl Benz mit einem regelrechten Fahrgestellrahmen aus Stahlrohren. Ihm schwebte von vornherein ein eigenständiges Gefährt vor und nicht etwa bloß eine motorgetriebene, pferdelose Kutsche. Dennoch brachte der sonst so konsequente Mann seine Vierradwagen fast ein Jahrzehnt lang in der Gestalt von Pferdefuhrwerken heraus. Er hatte inzwischen einsehen müssen, daß für ein Fahrzeug des (noch) üblichen Aussehens die Käufer leichter zu gewinnen waren als für einen Motorwagen mit fremdartigem Erscheinungsbild. Vom Jahr 1895 an begann sich die äußere Form der Motorwagen langsam und behutsam vom Vorbild der Pferdefuhrwerke zu lösen. Erst ab 1900 aber bestanden die Fahrzeuge von Benz wieder aus einem richtigen Fahrgestell mit aufgesetzter Karosserie. Bald nach der Jahrhundertwende fand man schließlich zur heute noch gültigen Grundform des Automobils. Erwähnt sei an dieser Stelle noch, daß die Firma Benz fast alle Aufbauten und Karosserien für ihre Motorwagen bei Kalkreuther (Mannheim) anfertigen ließ.

Nach dieser kurzen Rundschau über die Entwicklung der Technik in der Pionierzeit des Motorwagenbaus ist es angebracht, auch die wichtigsten Daten der Firmengeschichte aufzuzeigen.

Im Mai 1980 hatte es in der Geschäftsführung der Firma Benz & Co. eine entscheidende Änderung gegeben. Die seitherigen Gesellschafter Eßlinger und Rose waren ausgeschieden, während die Kaufleute Friedrich von Fischer (1845–1900) sowie Julius Ganß (1851-1905) eintraten. Dieser Wechsel war für Carl Benz insofern von großer Bedeutung, als er sich zwar auch mit den seitherigen Gesellschaftern gut vertragen hatte, aber im Gegensatz zu diesen bei den Nachfolgern mehr Verständnis und mehr Begeisterung für den Motorwagen finden durfte. Bisher hatte man Benz, was den Motorwagen betraf, zwar gewähren lassen, betrachtete aber die dafür aufgewendeten Mittel für verloren. Die neuen Gesellschafter hingegen sahen in den Kosten des Motorwagenbaues eine nützliche Investition, überzeugt von deren späterer Gewinnträchtigkeit.

1899 wurde die Firma Benz & Co. in die Firma Benz & Cie. AG., also in eine Aktiengesellschaft umgewandelt, wobei Julius Ganß und Carl Benz den Vorstand bildeten sowie Josef Brecht und Eugen Benz zu Prokuristen bestellt wurden. In diesem Jahr war der Verkauf auf 572 und 1900 sogar auf die Rekordziffer von 603 Motorwagen gestiegen. Damit war Benz & Cie. die größte Automobilfabrik der Welt. Angesichts des überaus guten Geschäftsverlaufes wurde der Bau einer völlig neuen Fabrik im Mannheimer Vorort Waldhof beschlossen. Dort sollten künftig die Motorwagen hergestellt werden, damit die bereits vorhandenen Werksanlagen für die Produktion der ebenfalls gut verkäuflichen Stationärmotoren zur Verfügung stünden.

Die umfangreichen Grundstückskäufe waren bereits getätigt, als 1901 ein in solchem Ausmaß nicht für möglich gehaltener Rückschlag einsetzte. In diesem Jahr nämlich begannen die Mercedes-Wagen der Daimler-Motoren-Gesellschaft (Cannstatt) einen Siegeslauf ohnegleichen. Ende November 1900 hatte der erste Mercedes seine Probefahrt gemacht, und bereits im Frühjahr 1901 erschien die neue Baureihe mit 8, 16 und 35 PS auf dem Markt. Im Vergleich zu diesen modernen und schnellen Automobilen, aber auch gemessen an einigen französischen Konstruktionen standen die Motorwagen der Firma Benz unversehens völlig veraltet da. Dennoch weigerte sich Carl Benz, Fahrzeuge mit wesentlich mehr Leistung und Geschwindigkeit zu bauen, weil er darin nach wie vor eine ungute Fehlentwicklung sah. Dieser Standpunkt führte mehr und mehr zur Zwietracht mit dem für den modernen Zeitgeist und Publikumsgeschmack viel aufgeschlosseneren Julius Ganß.

Besorgniserregend sackte der Verkauf im Jahr 1901 auf 385 und im Jahr 1902 auf 226 Wagen ab, obwohl man inzwischen den 15 PS „Spider" mit vornliegendem Motor und 50 bis 60 km/h Geschwindigkeit im Programm hatte. Julius Ganß erkannte die zwingende Notwendigkeit eines ebenso raschen wie radikalen Kurswechsels. Kurzerhand holte er aus Frankreich den Konstrukteur Marius Barbarou (geb. 1876) samt fünf weiteren Ingenieuren, um schnellstens eine völlig neue Typenreihe herauszubringen. Die Franzosen brachten die bereits weitgehend fertigen Konstruktionen für ein komplettes Programm von 8, 10, 12/14, 22/28 und 25/40 PS Personenwagen sowie einen 60 PS Rennwagen mit. Unabhängig vom »französischen Konstruktionsbüro« arbeitete jedoch das »deutsche Konstruktionsbüro« unter Georg Diehl und Fritz Erle weiter. Es befaßte sich, eher gegen als mit dem Willen der Geschäftsleitung, hauptsächlich mit der Entwicklung neuer Motoren. Weil aber gerade in dieser Hinsicht bei den Franzosen die meisten Schwierigkeiten auftraten, kam es im Endeffekt zu einer Art Kombination der Arbeiten beider Konstruktionsbüros. Es entstand eine Typenreihe, die Julius Ganß im Frühjahr 1903 unter dem Markenzeichen »Parsifal« herausbrachte. Die Wagen mit 8/10, 10/12, 12/14 und 16/20 PS Leistung hatten stehende Zwei- und Vierzylinder-Motoren sowie Kardan- statt Riemenantrieb. Daß als Konstrukteur der neuen Typen Marius Barbarou herausgestellt wurde, hat Carl Benz derart verärgert, daß er sich im April 1903 von der aktiven Mitarbeit im Werk zurückzog. Teilhaber blieb er jedoch, und ab Sommer 1904 bis zu seinem Tod gehörte er dem Aufsichtsrat des Unternehmens und dann auch der Daimler-Benz AG. an. So war es ihm vergönnt, den Welterfolg seiner Erfindung zu erleben.

Aber auch Barbarou war des unerfreulichen Neben- und Gegeneinanders überdrüssig geworden und kehrte im Herbst 1903 nach Frankreich zurück. Und sehr enttäuscht darüber, daß die Parsifal-Wagen beim Publikum weiterhin so unerwartet wenig Anklang fanden, schied Julius Ganß im Jahr 1904 aus dem Vorstand aus. Der Kaufmann Fritz Hammesfahr sowie Josef Brecht übernahmen nun die Leitung der Firma.

Georg Diehl und Fritz Erle sorgten für eine weitere gründliche Überarbeitung des Programms, das Ende 1904 einen 12/14 PS Zweizylinder sowie die 14/18, 18/22, 24/30 und 35/40 PS Vierzylinder-Typen umfaßte. Diese bewährten sich gut und brachten den Benz-Werken nach drei Verlustjahren für 1904/05 endlich wieder einen, wenn zunächst auch noch kleinen Gewinn.

Von nun an ging es wieder aufwärts. Erstaunlicherweise erholte sich die Firma Benz in wenigen Jahren so nachhaltig, daß sie den verlorengegangenen Anschluß an die zu jener Zeit rasch voranschreitende Technik wiedergewinnen und erneut zu einem Weltunternehmen ersten Ranges aufrücken konnte. Schon zwei, drei Jahre nach der Krise gehörte Benz wieder zu den führenden Automobilmarken Deutschlands, deren Fahrzeuge sich durch Leistung, Qualität und Wirtschaftlichkeit auszeichneten. Dabei wurde der technische Vorsprung der Mercedes-Wagen eingeholt, und ab etwa 1908 besaß Benz in mancher Beziehung sogar eine gewisse Überlegenheit. Auch im Touren- und im Rennsport, die damals für das Gedeihen einer Automarke unvergleichlich wichtiger waren als heute, schob sich Benz wieder, gleichrangig mit Daimler, weiter nach vorn. Der berühmte, von Hans Nibel konstruierte »Blitzen-Benz«, 228 km/h schneller 200 PS Weltrekordwagen von 1909, ist heute noch ein Begriff.

In jenen Jahren zeichnete sich immer deutlicher ab, daß auch der Lastwagenbau an Bedeutung und Umfang gewinnen würde. Weil aber die Werksanlagen von Benz & Cie. sowieso schon überlastet waren, ergriff man die Gelegenheit, die »Süddeutsche Automobilfabrik GmbH.« (Gaggenau/Baden) zu vereinnahmen. 1907 kam es zu einer Interessengemeinschaft zwischen beiden Firmen und 1909 ging das Werk Gaggenau in den Besitz der Firma Benz über. Das neue Zweigwerk hatte sich schon seit Jahren mit der Produktion von Lastwagen beschäftigt, während die zahlenmäßig unbedeutende Herstellung von Personenwagen nach der Fusion aufgegeben wurde.

Zahl der Beschäftigten bei Benz & Cie.

	Werk Mannheim	Werk Gaggenau
1887	40	
1893	150	
1895	250	
1899	430	
1900	400	
1905	700	
1910	2 500	840
1911	2 950	920
1912	5 380	1 070
1914	6 500	1 230
1918	10 000	2 060
1923	6 300	2 200
1925	4 000	2 980
1926	2 700	2 320

Obwohl das Werk Mannheim nun mit den Nutzfahrzeugen nichts mehr zu tun hatte, wurde der Platzmangel immer lästiger. So erstellte man 1908/09 endlich die längst geplante neue Fabrik im Vorort Waldhof. Und weil der Automobilbau inzwischen zum Hauptgeschäft herangewachsen war, änderte man im August 1911 die Firmenbezeichnung in »Benz & Cie., Rheinische Automobil- und Motorenfabrik AG.«. Die Belegschaft war bis 1910 auf 2550 und bis Juli 1912 auf 5380 Leute angewachsen. Das Stammkapital der Benz & Cie. von ursprünglich drei Millionen Mark wurde laufend erhöht und betrug vor Ausbruch des ersten Weltkriegs 22 Millionen Mark.

Drei noch junge Männer – auch so etwas ist also keineswegs eine Errungenschaft der heutigen Generation – übernahmen verantwortungsvolle Posten in der Firma:

- Baurat Friedrich Nallinger (1883 – 1937) brachte es schon mit 21 Jahren zum Vorstandsmitglied der Daimler-Motoren-Gesellschaft, ehe er 1912 als Nachfolger des Fritz Hammesfahr in den Vorstand von Benz & Cie. berufen wurde. Bis 1929 gehörte er dann auch dem Vorstand und bis zu seinem Tod dem Aufsichtsrat der Daimler-Benz AG. an. 1918 hatte er den Ehrendoktor erhalten.

- Wilhelm Kissel, am 22. 12. 1885 geborener Pfälzer, trat nach Abitur und zweijähriger Lehrzeit am 1. 7. 1904 als Korrespondent bei Benz & Cie. ein. Bereits 1917 erhielt er Prokura und zählte von da an zum engsten Kreis der Werksleitung.

- Hans Nibel (1880 – 1934) war 1904 direkt von der Technischen Hochschule München als Konstrukteur zu Benz & Cie. gekommen. Schon 1908 wurde er zum Chefkonstrukteur und 1917 zum Vorstandsmitglied berufen.

Seit dem Rückschlag von 1901 lieferten die Benz-Werke nur noch größere und große Wagen. Im Hinblick auf die zunehmende Beliebtheit billigerer Automobile veranstaltete die Firma im Sommer 1910 ein Preisausschreiben (1. Preis = 3000 Mark) für den Entwurf eines kleineren Mittelklassewagens, der sowohl leistungsfähig als auch preisgünstig sein sollte. Die Direktion entschied sich für die von Ingenieur Karl Ketterer eingereichte Konstruktion eines 8/18 PS Wagens, der sogleich in einer Serie von 1000 Stück aufgelegt wurde. Schon Ende 1911 verließen die ersten »kleinen« Benz Automobile das Mannheimer Werk. Mit einigen Verbesserungen folgte 1912 der 8/20 PS, der bis 1921 beibehalten wurde. Die 8 PS Wagen waren in den Jahren vor dem ersten Weltkrieg das wichtigste Produkt des Werks. An ihrer Kalkulation und vor allem an der Rationalisierung ihrer Produktion hatte Wilhelm Kissel entscheidenden Anteil. Nachdem Baurat Nallinger am 1. 3. 1912 die Leitung der Benz-Werke übernommen hatte, beabsichtigte er, die große Zahl von damals 8 Typen auf deren zwei zu beschränken (8/20 und 14/30 PS), doch die Mehrheit des Aufsichtsrates beharrte auf dem Standpunkt, daß Benz für jeden Autokäufer ein passendes Modell anbieten müsse.

Der erste Weltkrieg unterbrach zwar die technische Weiterentwicklung, die Produktion der großen Luxuswagen wurde eingestellt, aber die Fertigung der mittelgroßen Automobile lief für den Heeresbedarf weiter. Die wichtigsten Modelle aus Mannheim waren während des Weltkriegs die 8/20 PS, die 10/30 PS und vor allem die 14/30 PS Wagen,

Bis Ende 1903 wurden 3480 Benz Motorwagen verkauft

	1886 – 1893	1894	1895	1896	1897	1898	1899	1900	1901	1902	1903
Gesamtzahl	69	67	129	181	256	435	572	603	385	226	172
davon nach											
Deutschland	15	34	41	42	67	135	207	262			
Frankreich	42	25	68	75	134	165	137	86			
England	1	–	4	20	20	75	139	151			
andere Länder	11	8	16	44	35	60	89	104			

Benz Automobilproduktion 1908 – 1926

	Personenwagen	Lastwagen und Omnibusse	Gesamtzahl
1908	348	298	646
1909	727	428	1151
1910	1340	381	1721
1911	2265	441	2706
1912	3093	571	3664
1913	2673	654	3327
1914	1947	1217	3164
1915	841	1132	1973
1916	483	1162	1645
1917	293	1354	1647
1918	213	1285	1498
1919	988	797	1785
1920	2026	901	2927
1921	1777	1106	2883
1922	1733	885	2618
1923	1382	983	2365
1924	1584	909	2493
1925	2260	1364	3624
1926	1305	929	2234
	27 278	**16 797**	**44 075**

während das Werk Gaggenau Lastwagen, Sanitätsautomobile und Spezialfahrzeuge für militärische Zwecke lieferte. So konnte nach Kriegsende fast nahtlos die Friedensfertigung anschließen. Bereits im Herbst 1919 befanden sich in Mannheim die folgenden Serien in Arbeit:

1500 Stück	8/20 PS Wagen
900 Stück	14/30 PS Wagen
700 Stück	18/45 PS Wagen
200 Stück	25/55 PS Wagen.

Die Abteilung »Stationärer Motorenbau«, die bereits seit 1909 vom Automobilbau räumlich getrennt arbeitete, wurde 1922 von Benz & Cie. an die neugegründete Firma »Motorenwerke Mannheim AG.« (MWM) abgegeben. Der im Krieg sehr umfangreich gewordene Flugmotorenbau war inzwischen bereits eingestellt worden.

Der erste neue Personenwagentyp, den Benz nach dem Krieg herausbrachte, war ein 6/18 PS Hochleistungswagen mit Königswellen-Motor. Dieses Auto, viel zu anfällig, war nicht geeignet, den Markenruhm zu mehren. Vergeblich erhofft hatte man sich solches auch von der Lizenz, die man bei Edmund Rumpler nahm. Zwar bestand nicht die Absicht, dessen Tropfenwagen nachzubauen, aber man wollte aus dem so zukunftsträchtig anmutenden Konzept zunächst einen Rennwagen machen und dann die Erfahrungen für möglichst moderne Serientypen verwerten. Der Benz Tropfen-Rennwagen erregte zwar jahrelang viel Aufsehen, doch unter dem Strich hat die Zusammenarbeit mit Rumpler nur eine Menge Geld gekostet. Sie wurde aufgegeben, als 1925 die Zusammenarbeit mit Daimler begann.

Zum Glück blieben solche Eskapaden Randerscheinungen. In der Hauptsache nämlich beschränkte sich die Firma auf die Herstellung erzkonservativer, grundsolider Qualitätsautomobile. Deren Verkauf lief gut, und das Mannheimer Werk zählte mit einer Jahresproduktion von etwa 2500 Personenwagen zu den bedeutendsten Automobilfabriken.

Daß dennoch ein unaufhaltsam scheinender Niedergang einsetzte, dafür sorgte der Börsenspekulant Jakob Schapiro (geb. 1885 in Odessa). Dieser verstand es, mit rücksichtsloser Skrupellosigkeit die fortschreitende Geldentwertung auszunützen. Er kaufte bei den verschiedensten Firmen serienweise Automobile, bezahlte sie mit Wechseln und ließ diese dann so lange prolongieren, bis er nur mehr Pfennige statt Goldmark zu erbringen hatte, während ihm die Sachwerte blieben. Mit den Benz-Werken war Jakob Schapiro erstmals im Frühjahr 1921 in Verbindung getreten. Damals hatte er durch seine Karosseriewerke Schebera AG. (Berlin-Tempelhof) 200 Fahrgestelle 8/20 PS erworben und mit Wechseln bezahlt. Schon Ende 1922 hatte er über 40 Prozent des Aktienkapitals von Benz & Cie. an sich gebracht und erreichte, daß 30 Prozent aller Benz Personenwagen mit Schebera Karosserien versehen werden mußten und daß ihm außerdem die Benz Generalvertretung für Berlin und Brandenburg vorbehalten blieb. Im Juli 1923 gelangte er in den Aufsichtsrat der Firma und 1924 gehörte ihm diese sogar zu 60 Prozent!

An der Daimler-Motoren-Gesellschaft war Schapiro ebenfalls mit etwa 25 Prozent des Aktienkapitals beteiligt, ohne dort aber jemals einen ähnlich starken Einfluß zu gewinnen wie bei Benz. Auch die Gothaer Waggonfabrik samt den Dixi- und den Cyklon-Werken beherrschte er, ebenso zeitweise NAG und Hansa-Lloyd. 1926 brachte er NSU an sich und binnen zwei Jahren an den Rand des Konkurses. Jakob Schapiro wollte einen möglichst großen Teil der deutschen Automobilindustrie zu einem Trust unter seiner Führung verbinden. Seinen Einflußbereich versuchte er durch riesige Wechselgeschäfte immer mehr auszuweiten, wobei er die bereits in seiner Hand befindlichen Gesellschaften zur gegenseitigen Finanzierung heranzog. So rigoroses Vorgehen brachte dem Spekulanten in der Inflationszeit unermeßliche Gewinne ein. Nach der Geldstabilisierung freilich wollte das Vabanquespiel nicht mehr funktionieren, weil an den Börsen die Aktienkurse jener Unternehmen in gleichem Maße absackten, wie Schapiro darin an Macht gewann. Verhältnismäßig rasch schmolz nun sein Riesenvermögen und damit sein Einfluß dahin, wozu der Benz-Direktor Kissel entscheidend beigetragen hat.

Wilhelm Kissel erkannte mit dem Ende der Inflation, daß sich die Firma Benz mit eigener Kraft nicht mehr aus der Umarmung des gefährlichen Spekulanten würde lösen können und somit zum Untergang verurteilt gewesen wäre. Nur der Zusammenschluß mit einer noch intakten Gesellschaft ähnlicher Größe konnte das Unternehmen retten. Als Partner suchte und fand er die Daimler-Motoren-Gesellschaft. Bereits im Mai 1924 entstand eine Interessen- und Verkaufsgemeinschaft der beiden Firmen. Um einseitigen finanziellen Maßnahmen vorzubeugen und um die Umstellung der jeweiligen Bilanzen auf Goldmark in Einklang zu bringen, wurde eine Gemeinschaftsquote ausgehandelt, die für Daimler 654 und für Benz 346 betrug. Im Juni 1925 bestellte man Wilhelm Kissel zum Vorstandsmitglied beider Gesellschaften. Ihm oblag die Leitung des gemeinsamen Einkaufs, vor allem aber die Vorbereitung der beabsichtigten Fusion. Diese erfolgte mit Wirkung vom 1. Juli 1926.

Zunächst fand Wilhelm Kissel, als er von Mannheim nach Untertürkheim umzog, bei den angestammten Daimler-Leuten keineswegs einen sehr begeisterten Empfang. Vom Bahnhof ließ man ihn mit einem 10/30 PS Benz abholen, dem bescheidensten Auto des damaligen Verkaufsprogramms, und im Verwaltungsgebäude erhielt er ein kleines, nur mit Schreibtisch, Stuhl und Aktenschrank eingerichtetes Büro zugewiesen. Dennoch vermochte sich Kissel so überzeugend durchzusetzen, daß er Vorstandsvorsitzender der nunmehrigen Daimler-Benz AG. wurde und bis zu seinem Tod im Jahre 1942 unangefochten blieb. Sein kleines Büro hat er aus freien Stücken zeitlebens beibehalten und den damals üblichen Titel eines Generaldirektors verschmähte er.

Benz Motorwagen 1885/86

Benz Vis-à-Vis 1893

Benz Velo 1894

Benz Landaulet-Coupé 1889

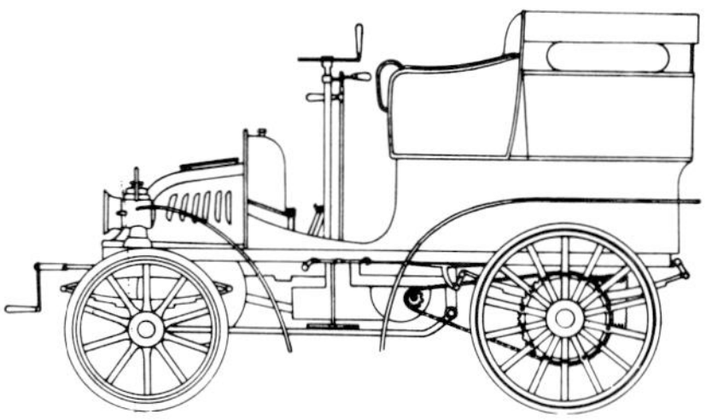

Benz Tonneau 1902

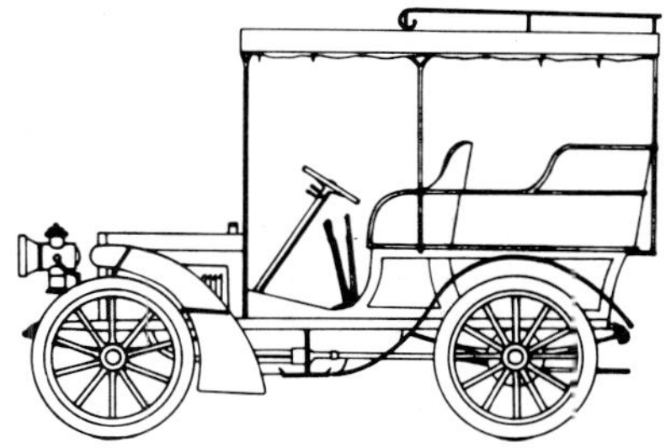

Benz Parsifal 1904

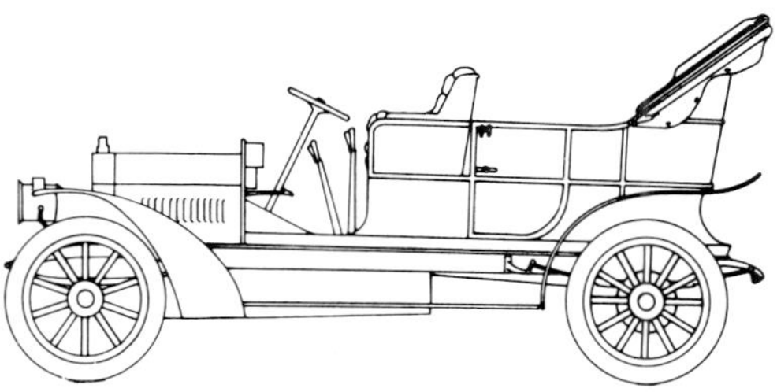

Benz Doppelphaeton 1905

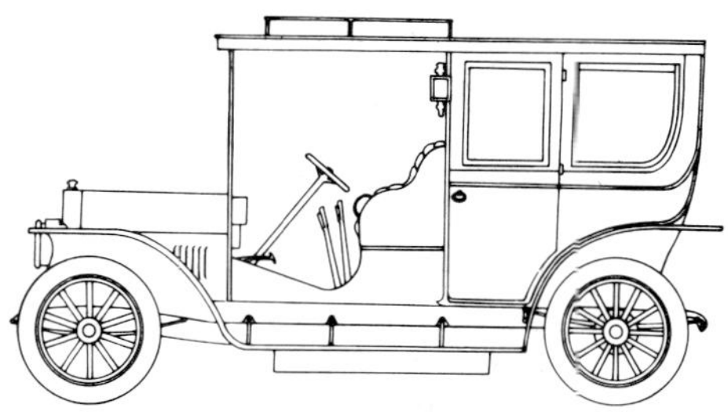

Benz 28 PS Limousine 1907

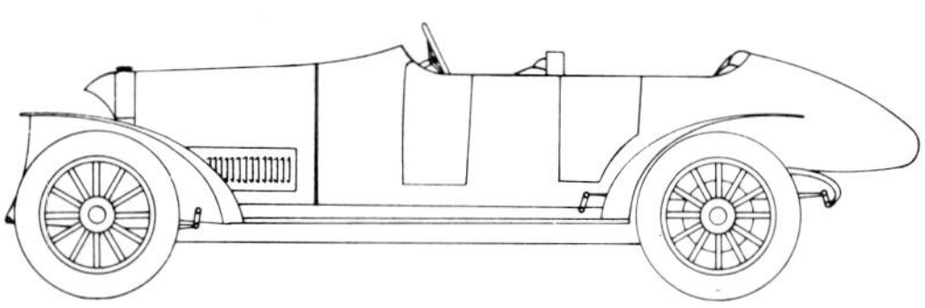

Benz 28/80 PS Prinz-Heinrich-Wagen 1909

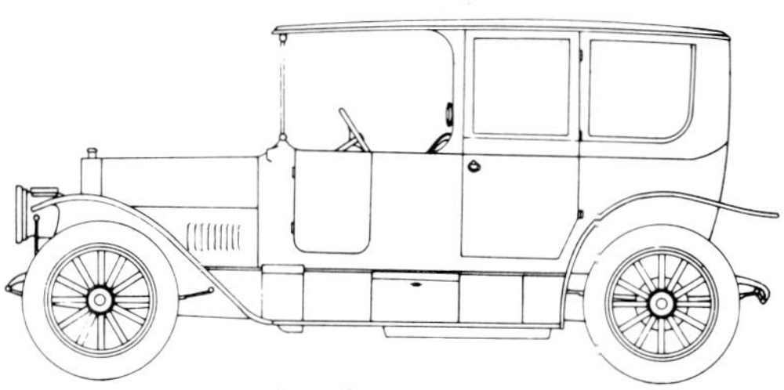

Benz 29/60 PS Limousine 1912

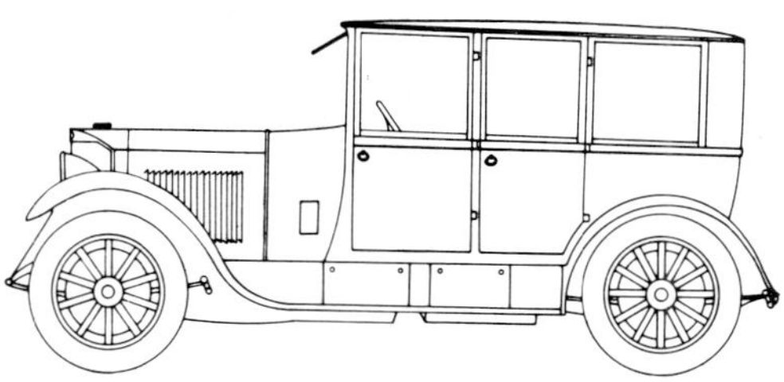

Benz 11/40 PS Limousine 1921

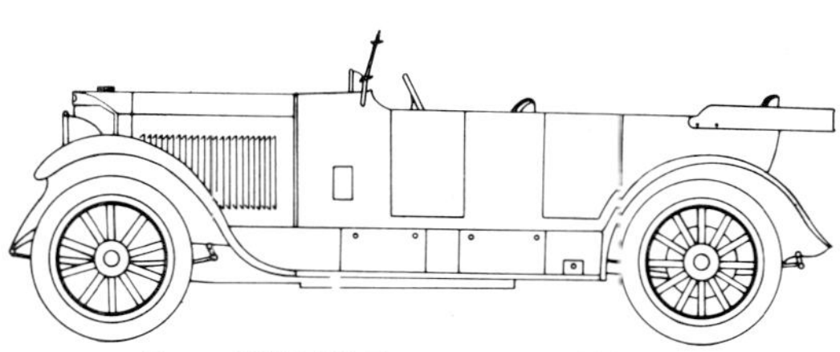

Benz 16/50 PS Tourenwagen 1921

Jakob Schapiro hatte die Fusionspläne anfangs durchaus gutgeheißen, hoffte er doch, auf diesem Wege endlich auch bei Daimler wirkungsvoller mitbestimmen zu können als seither. Bald allerdings stellte sich heraus, daß Wilhelm Kissel im Zusammenwirken mit

- Dr. h. c. Emil Georg von Stauss, dem Vorstandssprecher der Deutschen Bank und Aufsichtsratsvorsitzenden der Daimler-Motoren-Gesellschaft, sowie mit

- Kommerzienrat Dr. jur. Carl Jahr, Direktor der Rheinischen Kreditbank AG. (Mannheim) und geschäftsführendem Aufsichtsratsmitglied der Rheinischen Gasmotorenfabrik Benz & Cie. AG.

gerade den Einfluß Schapiros so weit wie irgend möglich einzuschränken trachtete. Nun wollte dieser mit aktienrechtlichen Einwendungen den Zusammenschluß verhindern, vor allem aber auch mit der Drohung, seine mit der Firma Benz abgeschlossenen Verträge zu kündigen. Da aber Kissel zur maßlosen Überraschung Schapiros diese Kündigungen annahm, kam die Fusion zustande. Durch den Einsatz aller verfügbaren Vorratsaktien konnte dabei die unerwünschte Beteiligung des Berliner Börsenmannes auf 16 Prozent herabgedrückt werden, und dazu noch hatte dieser mit Benz nicht nur die lukrativste Autovertretung, sondern auch den wichtigsten Kunden seiner Karosseriefabrik Schebera verloren. Im Herbst 1928 mußte er die von ihm überschuldeten Dixi-Werke an die Deutsche Bank und BMW sowie die ebenfalls durch seine Manipulationen ruinierten NSU-Werke an die Dresdner Bank und Fiat abstoßen. Als wenig später die Optionsfrist für ein verpfändetes Paket von 14 Millionen Mark Daimler-Aktien ungenützt verstrichen war, wurde dieses zu erheblich reduziertem Kurs von der Deutschen Bank übernommen. Schapiro mußte im Juni 1929 den Aufsichtsrat der Daimler-Benz AG. verlassen. 1933 emigrierte er nach Paris.

Obwohl die Daimler-Motoren-Gesellschaft als das wirtschaftlich viel stärkere Unternehmen in die Fusion gegangen war, dominierten Wilhelm Kissel und Baurat Friedrich Nallinger in der Leitung des neuen Konzerns. Letzterem kam dabei zustatten, daß er von seiner früheren Tätigkeit her mit den Verhältnissen in Untertürkheim bereits vertraut war. Andererseits wurde die Produktion der mit der Firma Benz übernommenen Personenwagen-Typen im Laufe des Jahres 1927 beendet. Nur die leichten Nutzfahrzeuge aus Gaggenau fanden im neuen Verkaufsprogramm einen Platz.

Im Gegensatz zum früh verstorbenen Gottlieb Daimler hat Carl Benz den Zusammenschluß des von ihm gegründeten Werkes mit der anderen ältesten Automobilfabrik der Welt noch erleben dürfen. Mit seinem Ausscheiden im Jahre 1903 hatte er sich nach Ladenburg zurückgezogen und auf den Namen seiner beiden Söhne eine neue Autofabrik gegründet, die Firma C. Benz Söhne. Zwar lief diese niemals sonderlich gut, doch immerhin wurde Carl Benz das bei Erfindern seltene Glück zuteil, sein Lebenswerk zu höchster Blüte heranreifen zu sehen. Anläßlich seines 70. Geburtstages (25. November 1914) ernannte ihn die Polytechnische Schule in Karlsruhe zum Ehrendoktor. Gestorben ist Carl Benz am 4. April 1929 in seinem Haus in Ladenburg. Frau Bertha Benz folgte am 5. Mai 1944, fünf Tage nach Vollendung ihres 95. Lebensjahres.

Der erste Benz Patent-Motorwagen von 1885/86. Daß dieses denkwürdige Fahrzeug erhalten blieb, ist nur dem Umstand zu danken, daß nach der Jahrhundertwende zwischen der Firma Benz und der Daimler-Motoren-Gesellschaft ein heftiger Streit entbrannte, ob Carl Benz oder Gottlieb Daimler den ersten Motorwagen der Welt gebaut habe. Da erinnerte man sich bei Benz daran, daß in einer abgelegenen Ecke der Fabrik der schon fast vergessene Patent-Motorwagen Modell 1 verrottete. Er war nur noch ein Schrotthäuflein, denn man hatte mancherlei Einzelteile bereits anderweitig verwendet. Der Motor war ausgebaut. Seit Jahren trieb er treu und brav eine Maschine in der Fabrik an. Wegen des Streites mit Daimler wurde der erste Benz Motorwagen wieder in seinen ursprünglichen Zustand versetzt. Carl Benz schenkte ihn später, es war im Jahr 1906, dem Deutschen Museum in München.

Benz Patent-Motorwagen Modell 3 von 1887. Im Wagen: Direktor Brecht (vorn) und Carl Benz (am Steuer). Von diesem Modell wurden etwa 25 Wagen gebaut, die aber alle mehr oder weniger unterschiedlich waren. Immerhin besaßen sie bereits einen offenen Aufbau und (als zusätzlich lieferbare Ausstattung) ein Klappdach für schlechtes Wetter.

Gewissermaßen hinter dem Rücken ihres Mannes unternahm Berta Benz, begleitet von den beiden 14 und 15jährigen Söhnen, die erste Fernreise mit einem Motorwagen. Im August 1888 besuchte sie ihre Mutter in Pforzheim. Sie benützte dazu einen Motorwagen des Modells 3, nicht einen solchen des Modells 1, wie es häufig fälschlicherweise dargestellt wird. Es zählt zu den denkwürdigen Ereignissen in der Frühgeschichte des Automobils, daß eine Frau die erste Fernreise wagte. Andererseits ist es Unsinn, wenn eine so angesehene Zeitschrift wie auto motor und sport schreibt: »100 Jahre nach der ersten Inbetriebnahme eines Automobils durch Berta Benz . . . « Schließlich hatten Carl Benz und seine Mitarbeiter schon seit zwei Jahren mehr oder weniger ausgedehnte Probefahrten hinter sich gebracht, die manchmal bis in den Odenwald führten.

Das erste fabrikmäßig hergestellte Benzin-Automobil in Österreich (wie auch Jahre vorher schon das erste Petroleum-Motorboot auf dem Bodensee) gehörte dem Marine-Maler Eugen von Zadretti in Bregenz. Carl Benz, der den Dreirad-Motorwagen am 28. Februar 1893 persönlich auslieferte, hatte diesen per Bahn nach Konstanz transportieren lassen. Dort, so berichtet der Bregenzer Redakteur Siegfried Müller in der Zeitschrift, »Austro-Motor«, hatte sich auch Zadretti eingefunden, und gemeinsam fuhren sie nun auf der Straße nach Bregenz. Carl Benz blieb einige Tage, um seinen Kunden eingehend in der Handhabung des Motorwagens zu unterweisen. Dieser trug die Fabrikations-Nummer 24, was insofern von Wichtigkeit ist, weil Benz nur wenige Wochen später mit der Herstellung seines Vierrad-Motorwagens »Victoria« begann. – Im Jahre 1898 ließ Zadretti vom Kutschenbauer Theodor Anwander in Bregenz seinen Dreirad- in einen Vierrad-Motorwagen umbauen, wozu vermutlich Benz die notwendigen Einzelteile geliefert haben dürfte. Solcher Umbau war damals offenbar absolut kein Einzelfall. Daraus erklärt sich erstens der Umstand, daß nur ein oder zwei Dreiradwagen erhalten blieben, und daß zweitens die Gesamtzahl der von Benz hergestellten Dreirad-Motorwagen stets bei weitem unterschätzt wurde. Die Familie Zadretti schenkte das bemerkenswerte Fahrzeug 1926 dem Technischen Museum in Wien, wo es noch heute zu dessen wertvollsten Ausstellungsstücken gehört. – Das Bild oben zeigt den Maler Eugen von Zadretti mit seiner Familie bei einer Spazierfahrt auf dem Benz Dreirad-Motorwagen. Auf dem unteren Bild erkennt man den vom Drei- zum Vierrad-Motorwagen umgebauten Benz von 1893 im Technischen Museum Wien.

	Benz Patent-Motorwagen Modell 1 1885/86	Benz Patent-Motorwagen Modell 3 1886–1894
	Offener Zweisitzer-Dreiradwagen Motor hinten liegend eingebaut	Offener Zweisitzer-Dreiradwagen Motor hinten liegend eingebaut
Motor	Benz	Benz
Zylinderzahl	Viertakt-Einzylinder Schwungrad waagrecht	Viertakt-Einzylinder Schwungrad waagrecht bzw. (ab 1888) senkrecht
Bohrung × Hub	90 × 150 mm	110 × 110 mm 115 × 160 mm 130 × 150 mm
Hubraum	954 ccm	1045 ccm 1660 ccm 1990 ccm
Leistung	0,75 PS bei 400 U/min	1,5 PS 2,5 PS 3 PS bei 500 U/min bei 500 U/min bei 500 U/min
Verdichtung	1:2,7	
Vergaser	Benz Oberflächenvergaser	Benz Oberflächenvergaser
Ventile	Autom. Einlaß-Gleitschieber Gesteuertes Auslaßventil, stehend	Autom. Einlaß-Gleitschieber bzw. (ab 1888) automatisches Einlaßventil Gesteuertes Auslaßventil, stehend
Kurbelwellenlager	2	2
Kühlung	Wasser/Thermosyphon Verdampfungskühlung	Wasser/Thermosyphon Verdampfungskühlung
Schmierung	Tropföler und Fettbüchse	Tropföler und Fettbüchse
Zündung	Elektr. Hochspannungs-Summer-Zündung	Elektr. Hochspannungs-Summer-Zündung
Kraftstofftank	Kein Tank, 4,5 Liter Kraftstoff im Vergaser	Kein Tank, Kraftstoff im Vergaser
Anlasser	Drehen der Schwungscheibe	Drehen der Schwungscheibe
Kraftübertragung	1 Lederriemen vom Motor zur Stufenscheibe, Differential, zu jedem Hinterrad 1 Kette	1 Lederriemen vom Motor zur Stufenscheibe, Differential, zu jedem Hinterrad 1 Kette
Kupplung	Ohne	Ohne
Getriebe	Los- und Festscheibe 1 Vorwärtsgang, kein Rückwärtsgang	Los- und zweistufige Festscheibe 2 Vorwärtsgänge, kein Rückwärtsgang
Schaltung	Handhebel unter Lenkkurbel bewirkt Verschieben des Riemens zwischen den Scheiben	Handhebel unter Lenkkurbel bewirkt Verschieben des Riemens zwischen den Scheiben
Übersetzungen	Motor : Vorgelege 1:1	
Antriebs-Übersetzung	Ketten-Antrieb 10:25	
Fahrwerk		
Rahmen	Stahlrohr	Stahlrohr
Vorderradaufhängung	Vorderrad in Steuergabel ohne Federung	Vorderrad in Steuergabel 1 kleine Volleliptikfeder quer
Hinterradaufhängung	Starrachse, Volleliptikfedern	Starrachse, Volleliptikfedern
Lenkung	Zahnstangenlenkung Lenkkurbel in Wagenmitte	Zahnstangenlenkung Lenkkurbel in Wagenmitte
Handbremse	Bandbremse/Vorgelege-Riemenscheibe	Holzklotz-Bremse/Hinterradreifen
Fußbremse	Ohne	Ohne
Schmierung	Fettbüchsen	Fettbüchsen
Allgemeine Daten		
Radstand	1450 mm	1575 mm
Spur	hinten 1190 mm	hinten 1190 mm
Gesamtmaße	2700 × 1400 × 1450 mm	
Räder	Drahtspeichen vorn 730, hinten 1125 mm ∅	Holzspeichen vorn 760, hinten 1260 mm ∅
Reifen	vorn und hinten Vollgummi	vorn Eisen oder Vollgummi hinten Eisen
Wagengewicht	265 kg (Motor 110 kg)	360 kg
Höchstgeschwindigkeit	16 km/h	20 km/h
Verbrauch/100 km	10 Liter	
Bemerkungen	Versuchswagen, unverkäuflich Modell 2: Nur 1 Versuchswagen, kenntlich an je 1 kleinen Volleliptikfeder beiderseits des Vorderrads. Wurde später zum Vierradwagen umgebaut, aber nie in Betrieb genommen.	Zweisitzer mit Halbverdeck Mk. 3000,– auch mit Not- oder Kindersitzbank lieferbar Insgesamt wurden etwa 25 Benz Dreirad-Motorwagen hergestellt

Patent-Motorwagen Benz »Victoria« im Daimler-Benz Museum (Stuttgart-Untertürkheim). Auf dieses Modell, seinen ersten Vierrad-Wagen, war Carl Benz besonders stolz und mit ihm fuhr er zeitlebens am liebsten.

Eines der allerersten Exemplare des Benz »Victoria« (Fabriknummer 76) steht im Technischen Nationalmuseum in Prag. Es gehörte dem österreichischen Baron Theodor von Liebig, der damit im Jahr 1894 die erste große Fernreise mit einem Motorwagen unternahm. Sie führte den damals 22jährigen Textilindustriellen von Reichenberg (Böhmen) nach Koblenz, Reims (Frankreich), Mannheim und zurück. Die 1900 km lange Strecke wurde in 10 Etappen zurückgelegt, in Anbetracht der Höchstgeschwindigkeit von nur 20 km/h eine ganz erstaunliche Leistung. Der 4 PS-Motor verbrauchte dabei im Durchschnitt etwa 21 Liter Benzin und etwa 150 Liter (!) Kühlwasser auf 100 Kilometer. In der Tat war die Kühlung ein Hauptproblem der ersten Motorwagen.

Motor
Zylinderzahl
Bohrung × Hubraum
Hubraum
Leistung
Vergaser
Ventile
Kurbelwellenlager
Kühlung
Schmierung
Zündung
Batterie
Kraftstofftank
Kraftstofförderung
Anlasser

Kraftübertragung

Kupplung
Getriebe

Schaltung
Übersetzungen
Antriebsübersetzung

Fahrwerk
Vorderradaufhängung
Hinterradaufhängung
Lenkung

Fußbremse
Handbremse
Schmierung

Allgemeine Daten
Radstand
Spur
Gesamtmaße
Räder
Reifen
Wagengewicht
Höchstgeschwindigkeit
Verbrauch/100 km

Preise und Modelle

<table>
<tr><th>Patent-Motorwagen
Benz »Victoria«
Benz »Vis-à-Vis«
1893–1896</th><th>Patent-Motorwagen
Benz »Victoria«
Benz »Vis-à-Vis«
1894 – 1895</th><th>Patent-Motorwagen
Benz »Victoria«
Benz »Vis-à-Vis«
1895 – 1898</th><th>Patent-Motorwagen
Benz »Victoria«
Benz »Vis-à-Vis«
1898 – 1900</th></tr>
<tr><td colspan="4">Vierrad-Kutschwagen, 2 bzw. 4 Sitze</td></tr>
<tr><td colspan="4">Fahrersitz über Hinterachse</td></tr>
<tr><td colspan="4">Motor hinten liegend eingebaut</td></tr>
<tr><td colspan="4">Benz</td></tr>
<tr><td colspan="4">Viertakt-Einzylinder, Schwungrad senkrecht</td></tr>
<tr><td>130 × 130 mm</td><td>130 × 150 mm</td><td>150 × 150 mm</td><td>150 × 165 mm</td></tr>
<tr><td>1730 ccm</td><td>1990 ccm</td><td>2650 ccm</td><td>2915 ccm</td></tr>
<tr><td>3 PS bei 450 U/min</td><td>4 PS bei 500 U/min</td><td>5 PS bei 600 U/min</td><td>6 PS bei 700 U/min</td></tr>
<tr><td colspan="4">Benz Oberflächen- bzw. (ab 1894) Benz Schwimmervergaser</td></tr>
<tr><td colspan="4">Automatisches Saugventil, gesteuertes Auslaßventil, stehend</td></tr>
<tr><td colspan="4">2</td></tr>
<tr><td colspan="4">Wasser/Thermosyphon (Verdampfungskühlung, ab 1895 mit Kondensator)</td></tr>
<tr><td colspan="4">Tropföler auf offenen Kurbeltrieb</td></tr>
<tr><td colspan="4">Elektrische Hochspannungs-Summer-Zündung</td></tr>
<tr><td colspan="4">6 V</td></tr>
<tr><td colspan="4">unter Fahrersitz</td></tr>
<tr><td colspan="4">Gefälle</td></tr>
<tr><td colspan="4">Drehen des Schwungrads bzw. (ab 1896) Andrehkurbel</td></tr>
<tr><td colspan="4">2 Lederriemen vom Motor zur Stufenscheibe</td></tr>
<tr><td colspan="4">Differential, beiderseits zu jedem Hinterrad 1 Kette</td></tr>
<tr><td colspan="4">Ohne</td></tr>
<tr><td colspan="4">Zweistufen-Flachriemengetriebe + Vorgelege bzw. (ab 1896 auch) zusätzliches Planetengetriebe für III. und Rückwärtsgang</td></tr>
<tr><td colspan="4">2 bzw. 4 Handhebel unter Lenkradkurbel</td></tr>
<tr><td colspan="4">Rahmenloser Wagenaufbau aus Holz</td></tr>
<tr><td colspan="4">Starrachse, Volleliptikfedern</td></tr>
<tr><td colspan="4">Starrachse, Volleliptikfedern</td></tr>
<tr><td colspan="4">Achsschenkellenkung</td></tr>
<tr><td colspan="4">Lenkradkurbel auf senkrechter Lenksäule in Wagenmitte</td></tr>
<tr><td colspan="4">Ab 1896: Außenbandbremse auf Hinterräder</td></tr>
<tr><td colspan="4">Holzklotz-Bremse auf Hinterradreifen, Bergstütze</td></tr>
<tr><td colspan="4">Fettbüchsen</td></tr>
<tr><td colspan="4">1650 mm</td></tr>
<tr><td colspan="4">1300 mm</td></tr>
<tr><td colspan="4">3200 × 1650 × 1750 mm (ohne Verdeck)</td></tr>
<tr><td colspan="4">Holzspeichen</td></tr>
<tr><td colspan="4">Vollgummi (bis 1894 Hinterräder mit Eisenreifen)</td></tr>
<tr><td colspan="4">je nach Motor und Ausrüstung 650 bis 780 kg</td></tr>
<tr><td colspan="4">je nach Motor 18 bis 30 km/h</td></tr>
<tr><td colspan="4">20 bis 25 Liter</td></tr>
<tr><td>»Victoria« Mk. 3800,–
»Vis-à-Vis« Mk. 4000,–</td><td>»Victoria« Mk. 3950,–
»Vis-à-vis« Mk. 4150,–

»Phaeton« Mk. 4800,–
(4 Sitze, Fahrer über Vorderachse, Gew. 850 kg)

»Landauer« Mk. 6000,–
(6 Sitze, Fahrer über Vorderachse, Gew. 1000 kg)</td><td>»Victoria« Mk. 4100,–
»Vis-à-Vis« Mk. 4300,–

»Phaeton« Mk. 4950,–
(4 Sitze, Fahrer über Vorderachse)
»Phaeton« (8 Sitze)
»Landauer« Mk. 6150,–
(6 Sitze, Fahrer über Vorderachse)
»Landauer« (8 Sitze)
»Dos-à-Dos« (4 Sitze)
»Coupé« (2 Sitze, Glasaufbau, festes Dach)
»Landaulet« (2 Sitze, Glasaufbau, Klappverdeck)</td><td>»Victoria« Mk. 4400,–
»Vis-à-Vis« Mk. 4600,–

»Phaeton« Mk. 5100,–
(4 Sitze, Fahrer über Vorderachse)
»Phaeton« (8 Sitze)</td></tr>
</table>

Patent-Motorwagen Benz »Vis-à-Vis«

Links unten:
Patent-Motorwagen Benz »Vis-à-Vis«
mit Sonnendach
(ausgestellt im
Deutschen Museum, München)

Rechts unten:
Patent-Motorwagen Benz »Landaulet«

→

Patent-Motorwagen Benz 1895
5 PS Phaeton 6 Sitze
mit Sonnendach

Patent-Motorwagen Benz 1896
6 PS Landauer 6 Sitze
(mit Klappdach und Türfenstern
völlig schließbar)

→

Patent-Motorwagen Benz 1894
4 PS Phaeton 4 Sitze
vorn: Carl und Richard Benz
hinten: Julius Ganss, Klara Benz

Patent-Motorwagen Benz »Velo«, das erste Serienautomobil der Welt 1894–1900

Patent-Motorwagen Benz »Comfortable« (entspricht dem »Velo«, jedoch bessere Ausstattung, abgerundeter Motorkasten) 1898–1901

Patent-Motorwagen Benz »Ideal« (Nachfolger des »Velo«, aber weniger erfolgreich)

Patent-Motorwagen Benz »Ideal« Modell 1901 mit Frontscheibe und Wetterverdeck

Patent-Motorwagen Benz »Duc« 1900 – 1901 mit Luftreifen

Patent-Motorwagen Benz »Velo« (»Velociped«)
1894 – 1900
Patent-Motorwagen Benz »Comfortable« (»Velociped Comfortable«)
1898 – 1901

Kleiner Zweisitzer-Kutschierwagen
Motor hinten liegend eingebaut

<table>
<tr><th>1894 – 1898</th><th>1896 – 1900</th><th>1900</th><th>1901</th></tr>
<tr><td>Benz</td><td>Benz</td><td>Benz</td><td>Benz</td></tr>
<tr><td>Viertakt-Einzylinder</td><td>Viertakt-Einzylinder</td><td>Viertakt-Einzylinder</td><td>Viertakt-Einzylinder</td></tr>
<tr><td>Schwungrad stehend</td><td>Schwungrad stehend</td><td>Schwungrad stehend</td><td>Schwungrad stehend</td></tr>
<tr><td>110 × 110 mm</td><td>110 × 110 mm</td><td>110 × 110 mm</td><td>110 × 110 mm</td></tr>
<tr><td>1045 ccm</td><td>1045 ccm</td><td>1045 ccm</td><td>1045 ccm</td></tr>
<tr><td>1,5 PS bei 450 U/min</td><td>2,75 PS bei 600 U/min</td><td>3 PS bei 700 U/min</td><td>3,5 PS bei 800 U/min</td></tr>
<tr><td>zunächst noch Oberflächen-, dann Benz Schwimmervergaser</td><td colspan="3">Benz Schwimmervergaser</td></tr>
<tr><td>Einlaß hängend, automatisch
Auslaß stehend, gesteuert</td><td colspan="3">Einlaßventil (automatisch) und Auslaßventil (gesteuert) waagrecht gegenüberliegend</td></tr>
<tr><td>2</td><td colspan="3">2</td></tr>
<tr><td>Wasser/Thermosyphon</td><td colspan="3">Wasser/Thermosyphon</td></tr>
<tr><td>Verdampfungskühlung</td><td colspan="3">Verdampfungskühlung mit Kondensator</td></tr>
<tr><td>Tropföler und Fettbüchsen</td><td colspan="3">Druckumlauf</td></tr>
<tr><td>Hochspannungs-Summer-Zündung ohne Zündzeitpunktverstellung</td><td colspan="3">Hochspannungs-Summer-Zündung mit Zündzeitpunktverstellung</td></tr>
<tr><td>Induktor</td><td colspan="3">Batterie 6 V</td></tr>
<tr><td>unter Fahrersitz</td><td colspan="3">unter Fahrersitz</td></tr>
<tr><td>Gefälle</td><td colspan="3">Gefälle</td></tr>
<tr><td>Drehen der Schwungscheibe</td><td colspan="3">Andrehkurbel</td></tr>
</table>

2 Lederriemen vom Motor zur Stufenscheibe
Differential, beiderseits zu jedem Hinterrad 1 Kette
Ohne
Zweistufen-Flachriemengetriebe + Vorgelege bzw.
(ab 1896 wahlweise und ab 1900 Serie)
zusätzliches Planetengetriebe für III. und Rückwärtsgang

Holzrahmen mit Eisenverstärkung, Wagenaufbau aus Holz
Starrachse, Volleliptikfedern
Starrachse, Volleliptikfedern
Achsschenkellenkung
Lenkradkurbel auf senkrechter Lenksäule in Wagenmitte
Ab 1896: Außenbandbremse auf Hinterräder
Holzklotz-Bremse auf Hinterradreifen (nur bei Vollgummi), Bergstütze
Fettbüchsen

1340 mm
1000/1040 mm
Velo 2250 bzw. Comfortable 2400 × 1250 × 1350 mm
Drahtspeichen (Vollgummi vorn 550, hinten 850 mm ∅, Luftreifen vorn 540, hinten 780 mm ∅)
Vollgummi bzw. (ab 1896 wahlweise) Luftreifen
Velo: 280 bis 320 kg
Comfortable: 360 bis 425 kg
je nach Motor 20 bis 30 km/h
14 Liter
18 Liter

»Velo« Mk. 2000,–	»Velo« Mk. 2200,– »Comfortable« Mk. 2500,–	»Velo« Mk. 2200,– »Comfortable« Mk. 2500,–	»Comfortable« Mk. 2800,–

Sonderausstattungen: Spritzleder + Halbverdeck + Mk. 200,–, Sonnendach + Mk. 100,–, III. Gang + Mk. 200,–, Luftreifen + Mk. 350,–.

»Velo« und »Comfortable« waren die ersten preisgünstigen Serien-Kleinwagen der Welt. Produktion etwa 1200 Stück. Die Mehrzahl der Wagen, die in Frankreich »Éclair« hießen, wurde exportiert.

Patent-Motorwagen Benz »Ideal«
1898 – 1902

Kleiner Zweisitzer-Kutschierwagen
Motor querliegend über Hinterachse, Kühlwasser-Behälter vorn eingebaut

<table>
<tr><th></th><th>1898</th><th>1899 – 1901</th><th>1902</th></tr>
<tr><td>Motor</td><td>Benz</td><td>Benz</td><td>Benz Contra-Motor</td></tr>
<tr><td>Zylinderzahl</td><td>Viertakt-Einzylinder
Schwungrad stehend</td><td>Viertakt-Einzylinder
Schwungrad stehend</td><td>Viertakt-Zweizylinder (Boxer)
Schwungrad stehend</td></tr>
<tr><td>Bohrung × Hub</td><td>110 × 110 mm</td><td>115 × 110 mm</td><td>100 × 110 mm</td></tr>
<tr><td>Hubraum</td><td>1045 ccm</td><td>1140 ccm</td><td>2090 ccm</td></tr>
<tr><td>Leistung</td><td>3 PS bei 700 U/min</td><td>4,5 PS bei 960 U/min</td><td>8 PS bei 1000 U/min</td></tr>
<tr><td>Vergaser</td><td colspan="3">Benz Schwimmervergaser</td></tr>
<tr><td>Ventile</td><td colspan="3">Einlaßventil (automatisch) und Auslaßventil (gesteuert)
waagrecht gegenüberliegend</td></tr>
<tr><td>Kurbelwellenlager</td><td colspan="3">2</td></tr>
<tr><td>Kühlung</td><td colspan="3">Wasser/Pumpe
Rohrschlangenkühler unter dem Wagen</td></tr>
<tr><td>Schmierung</td><td colspan="3">Druckumlauf</td></tr>
<tr><td>Zündung</td><td colspan="3">Hochspannungs-Summer-Zündung
mit Zündzeitpunktverstellung</td></tr>
<tr><td>Batterie</td><td colspan="3">6 V</td></tr>
<tr><td>Kraftstofftank</td><td colspan="3">unter Fahrersitz</td></tr>
<tr><td>Kraftstofförderung</td><td colspan="3">Gefälle</td></tr>
<tr><td>Anlasser</td><td colspan="3">Andrehkurbel</td></tr>
<tr><td>Kraftübertragung</td><td colspan="3">1 Lederriemen vom Motor zum Zahnradvorgelege
Differential, beiderseits zu jedem Hinterrad 1 Kette</td></tr>
<tr><td>Kupplung</td><td colspan="3">Ohne</td></tr>
<tr><td>Getriebe</td><td colspan="3">3 Vorwärtsgänge, 1 Rückwärtsgang
2 Handhebel unter Lenkradkurbel</td></tr>
<tr><td>Fahrwerk</td><td colspan="3">Profilstahl-Rahmen mit aufgesetzter Karosserie</td></tr>
<tr><td>Vorderradaufhängung</td><td colspan="3">Starrachse, Volleliptikfedern</td></tr>
<tr><td>Hinterradaufhängung</td><td colspan="3">Starrachse, Volleliptikfedern</td></tr>
<tr><td>Lenkung</td><td colspan="3">Achsschenkellenkung
Lenkradkurbel auf senkrechter Lenksäule in Wagenmitte</td></tr>
<tr><td>Fußbremse</td><td colspan="3">Außenbandbremse auf Hinterräder</td></tr>
<tr><td>Handbremse</td><td colspan="3">Außenbandbremse auf Hinterräder</td></tr>
<tr><td>Schmierung</td><td colspan="3">Fettbüchsen</td></tr>
<tr><td>Allgemeine Daten</td><td colspan="3"></td></tr>
<tr><td>Radstand</td><td>1560 mm</td><td>1560 mm</td><td>1620 mm</td></tr>
<tr><td>Spur</td><td>1120 mm</td><td>1120 mm</td><td>1150 mm</td></tr>
<tr><td>Gesamtmaße</td><td colspan="3">2400 × 1350 × 1500 bzw. (mit Verdeck) 2250 mm</td></tr>
<tr><td>Räder</td><td colspan="3">Drahtspeichen</td></tr>
<tr><td>Reifen</td><td colspan="3">Luftreifen</td></tr>
<tr><td>Wagengewicht</td><td>425 kg</td><td>425 kg</td><td>600 kg</td></tr>
<tr><td>Höchstgeschwindigkeit</td><td>30 km/h</td><td>35 km/h</td><td>50 km/h</td></tr>
<tr><td>Verbrauch/100 km</td><td></td><td></td><td></td></tr>
<tr><td>Tankinhalt</td><td></td><td></td><td></td></tr>
<tr><td>Preise und Modelle</td><td>Mk. 3800,–</td><td>Mk. 4500,–</td><td>Mk. 5200,–</td></tr>
<tr><td></td><td colspan="3">Nur etwa 300 Stück gebaut, sehr schwer verkäuflich</td></tr>
</table>

Weitere Modelle:

»Duc« (1900 – 1901): 2 Sitze + Dienersitz hinten, Halbverdeck, 5 oder 6 PS Einzylinder-Motor, 4 Vorwärtsgänge, Holzspeichenräder, Luftreifen, Luxusausstattung, Spur 1300 mm, Gesamtmaße 2700 × 1600 × 2200 mm (mit Verdeck), Gewicht 830 kg, Geschwindigkeit 30 bis 35 km/h, Preis Mk. 6000,–

»Charette« (1901): 4 Sitze, 6 PS Einzylinder-Motor, 4 Vorwärtsgänge, Spur 1300 mm, Gesamtmaße 3000 × 1700 × 1700 mm, Gewicht 850 kg, Geschwindigkeit 30 bis 35 km/h, Vollgummi- oder Luftreifen, Preis Mk. 5500,– bzw. Mk. 5700,–

Benz 5 PS »Dos-à-Dos« 1899 – 1900

Motor
Zylinderzahl
Bohrung × Hub
Hubraum
Leistung
Antrieb
Getriebe
Gesamtmaße
Wagengewicht
Räder und Reifen
Geschwindigkeit
Preis

Benz 8 PS »Dos-à-Dos« 1899, mit Luftreifen

Motor
Zylinderzahl
Bohrung × Hub
Hubraum
Leistung
Antrieb

Getriebe
Gesamtmaße
Wagengewicht
Räder und Reifen
Geschwindigkeit
Preis

Benz 10 PS »Dos-à-Dos«, 6 Sitze und Sonnendach
(Besitzer: Verkehrsmuseum Dresden)

Motor
Zylinderzahl
Bohrung × Hub
Hubraum
Leistung
Antrieb
Getriebe
Gesamtmaße
Wagengewicht
Räder und Reifen
Geschwindigkeit
Preis

Benz »Dos-à-Dos« 1899 – 1900	Benz »Dos-à-Dos« Benz »Mylord« Benz »Phaeton américain« 1899	Benz »Dos-à-Dos« Benz »Mylord« Benz »Phaeton américain« 1900	Benz »Dos-à-Dos« Benz »Mylord Coupé« 1901

Kutschwagen, Motor hinten liegend eingebaut
Dos-à-Dos: 4 Sitze (»Rücken an Rücken«), Fahrersitz über Hinterachse
Mylord und Phaeton: 4 Sitze, Fahrersitz über Vorderachse
Benz Contra-Motor
Viertakt-Zweizylinder (Boxer)

100 × 110 mm	120 × 120 mm	120 × 120 mm	120 × 120 mm
1710 ccm	2690 ccm	2690 ccm	2690 ccm
5 PS bei 940 U/min	8 PS bei 920 U/min	9 PS bei 920 U/min	10 PS bei 920 U/min

Riemen auf Vorgelege, Ketten auf Hinterräder
3 Vorwärtsgänge, 1 Rückwärtsgang
Mylord Coupé: 3300 × 1850 × 2200 mm (mit Verdeck)
je nach Ausführung 650 bis 1300 kg
Holzspeichen, Vollgummi- oder Luftreifen
35 bis 40 km/h
je nach Ausführung Mk. 3800,– bis Mk. 7800,–

Benz »Break« 8 Sitze 1899 – 1901	Benz »Break« 12 Sitze 1898 – 1900	Benz »Spider« Benz »Tonneau« 1900 – 1901	Benz »Elegant« Zweisitzer Benz »Elegant Tonneau« Benz »Elegant Phaeton« 1900 – 1902
Kutschwagen, Motor hinten liegend eingebaut 2 Rücksitzbänke quer, Fahrersitz über Vorderachse Benz Contra-Motor Viertakt-Zweizylinder (Boxer)		Motor hinten liegend, Kühlwasserbehälter vorn eingebaut Benz Contra-Motor Viertakt-Zweizylinder (Boxer)	Motor vorn liegend eingebaut Benz Viertakt-Einzylinder
120 × 120 mm	130 × 160 mm	120 × 120 mm	115 × 110 mm
2000 ccm	4245 ccm	2690 ccm	1090 ccm
8 bis 10 PS bei 920 U/min	13 bis 15 PS bei 820 U/min	10 PS bei 920 U/min	5 bis 6 PS bei 980 U/min
Riemen auf Vorgelege, Ketten auf Hinterräder 3 Vorwärtsgänge		Riemen auf Vorgelege, Ketten auf Hinterräder 4 Vorwärtsgänge	Riemen auf Vorgelege, Ketten auf Hinterräder 4 Vorwärtsgänge
	3250 × 1750 × 1800 mm	2900 × 1600 × 1750 mm	2900 × 1580 × 1500 mm
	je n. Ausführung ab 1050 kg	1000 kg	Phaeton 750 kg
Holzspeichen, Vollgummi- oder Luftreifen 30 km/h ab Mk. 6500,–		Holzspeichen, Luftreifen 40 bis 45 km/h ab Mk. 8500,–	Holzspeichen, Luftreifen 40 bis 45 km/h Phaeton Mk. 7500,–

Benz »Tonneau«
Benz »Phaeton«
1902

4 Sitze, Motor vorn liegend eingebaut
Benz Contra-Motor
Viertakt-Zweizylinder (Boxer)

100 × 110 mm	120 × 120 mm	125 × 120 mm	135 × 130 mm
1710 ccm	2690 ccm	2940 ccm	3720 ccm
9 PS bei 920 U/min	12 PS bei 980 U/min	15 PS bei 1020 U/min	20 PS bei 980 U/min

Riemen auf Vorgelege, Ketten auf Hinterräder
4 Vorwärtsgänge
3350 × 1600 × 1700 mm
900 bis 1000 kg
Holzspeichen, Luftreifen
50 bis 60 km/h

Mk. 7520,–	Mk. 8900,–	Mk. 12 000,–	Mk. 15 200,–

Benz »Mylord« 1899 – 1900

Benz 10 PS »Mylord-Coupé« 1901

Benz 10 PS »Spider« 1900 – 1901

Benz 10 PS »Tonneau« 1900 – 1901

Benz 15 PS »Break« 1901

Benz 6 PS »Elegant« Zweisitzer 1901

Benz 6 PS »Elegant Phaeton« 1902 (Lenksäule schräg)

Benz 15 PS »Phaeton« 1902 (Lenksäule schräg)

Benz Parsifal 8/10 PS Phaeton 1902/03

Benz Parsifal Coupé 1902 (8/10, 10/12 oder 12/14 PS)

Benz Parsifal Tonneau 1903 (4 Zylinder, 18 PS)

Motor
Zylinderzahl
Bohrung × Hub
Hubraum
Leistung
Vergaser
Ventile

Antrieb
Kupplung
Getriebe
Rahmen

Radstand
Spur
Räder
Reifen

Wagengewicht
Geschwindigkeit
Preis

Motor
Zylinderzahl
Bohrung × Hub
Hubraum
Leistung
Vergaser
Ventile

Antrieb
Kupplung
Getriebe
Rahmen
Radstand
Gesamtlänge
Räder
Reifen
Wagengewicht
Geschwindigkeit
Preis

Benz Parsifal 8/10 PS 1902 – 1903	**Benz Parsifal 10/12 PS 1902 – 1903**	**Benz Parsifal 12/14 PS 1902 – 1903**	**Benz Parsifal 16/20 PS 1902 – 1903**
Motor vorn stehend	Motor vorn stehend	Motor vorn stehend	Motor vorn stehend
2 (Reihe)	2 (Reihe)	2 (Reihe)	4 (Reihe, paarweise)
90× 120 mm	100 × 110 mm	105 × 130 mm	90 × 110 mm
1527 ccm	1727 ccm	2250 ccm	3100 ccm
8 bis 10 PS bei 1250 U/min	10 bis 12 PS bei 1280 U/min	12 bis 14 PS bei 1200 U/min	16 bis 20 PS bei 1280 U/min
	Spritzdüsenvergaser		Spritzdüsenvergaser
	Einlaßventil automatisch		Ein- und Auslaßventil
	Auslaßventil seitlich stehend		seitlich stehend (T-Anordnung)
	Seitliche Nockenwelle		Seitliche Nockenwelle
	Antrieb durch Stirnräder		Antrieb durch Stirnräder
	Kardanwelle		Ketten
	Lederkonuskupplung		Lederkonuskupplung
	3 Gang		3 Gang
	Profilstahlrahmen, mit Holz armiert		Profilstahlrahmen, mit Holz armiert
2100 mm	2340 mm	2800 mm	
1220 mm	1380 mm		
Holzspeichen	Holzspeichen	Holzspeichen	Holzspeichen
Luft	Luft	Luft	Luft vorn 810 × 90
			Luft hinten 810 × 100
800 kg			950 kg
35 bis 40 km/h			60 km/h
Tonneau, Phaeton	Tonneau, Phaeton	Tonneau, Phaeton	Tonneau, Phaeton
Mk. 6500,–	Mk. 7500,–	Mk. 8000,–	Mk. 15 000,–

Benz Parsifal 8 PS 1903 – 1904	**Benz Parsifal 12 PS 1903 – 1905**	**Benz Parsifal 22 PS 1903 – 1905**	**Benz Parsifal 35 PS 1903 – 1904**
Motor vorn stehend	Motor vorn stehend	Motor vorn stehend	Motor vorn stehend
1	2 (Reihe)	4 (Reihe, paarweise)	4 (Reihe, paarweise)
105 × 110 mm	105 × 130 mm	94 × 126 mm	120 × 130 mm
952 ccm	2250 ccm	3496 ccm	5880 ccm
8 PS bei 1400 U/min	12 PS bei 1300 U/min	22 PS bei 1300 U/min	35 PS bei 1300 U/min
Spritzdüsenvergaser			
Ein- und Auslaßventil seitlich stehend (T-Anordnung)			
Seitliche Nockenwelle, Antrieb durch Stirnräder			
Kardanwelle	Kardanwelle	Kardanwelle oder Ketten	Ketten
Metall-Innenbacken-Kupplung	Metall-Innenbacken-Kupplung	Metall-Innenbacken-Kupplung	Lederkonuskupplung
3 Gang	3 Gang	3 oder 4 Gang	4 Gang
Preßstahlrahmen	Preßstahlrahmen	Preßstahlrahmen	Preßstahlrahmen
2100 mm	2320 oder 2920 mm	2645 mm	3050 mm
3220 mm	3335 oder 3935 mm		
Holzspeichen	Holzspeichen	Holzspeichen	Holzspeichen
Luft	Luft	Luft	Luft
		1400 kg	
		80 bis 85 km/h	
Tonneau, Phaeton	Tonneau, Phaeton	Tonneau, Phaeton	Tonneau, Phaeton
Mk. 5200,–	Mk. 7500,–	Mk. 15 000,–	Mk. 22 000,–

Benz Parsifal 24/30 PS 1904
Doppelphaeton mit aufgesetztem Dach

Benz 40 PS Doppelphaeton 1906/07
»Herkomer-Typ«

	Benz 18 PS 1905 – 1907	Benz 28/30 PS 1905 – 1908	Benz 35/40 PS 1905 – 1907
Motor	Benz	Benz	Benz
Zylinderzahl	4 (Reihe, paarweise)	4 (Reihe, paarweise)	4 (Reihe, paarweise)
Bohrung × Hub	94 × 114 mm	105 × 130 mm	120 × 130 mm
Hubraum	3160 ccm	4520 ccm	5880 ccm
Leistung	18 PS bei 1400 U/min	28 bis 30 PS bei 1400 U/min	35 bis 40 PS bei 1350 U/min
Vergaser	Benz Spritzdüsenvergaser	Benz Spritzdüsenvergaser	Benz Spritzdüsenvergaser
Ventile	Seitlich stehend (T-Anordnung) Seitliche Nockenwelle Antrieb durch Stirnräder	Seitlich stehend (T-Anordnung) Seitliche Nockenwelle Antrieb durch Stirnräder	Seitlich stehend (T-Anordnung) Seitliche Nockenwelle Antrieb durch Stirnräder
Kurbelwellenlager	3	3	3
Kühlung	Wasser/Pumpe	Wasser/Pumpe	Wasser/Pumpe
Schmierung	Druckumlauf	Druckumlauf	Druckumlauf
Zündung	Doppelzündung Magnet und Batterie	Doppelzündung Magnet und Batterie	Doppelzündung Magnet und Batterie
Kraftstofftank	im Heck	im Heck	im Heck
Kraftstofdförderung	Druck der Auspuffgase	Druck der Auspuffgase	Druck der Auspuffgase
Kraftübertragung			
Antrieb	Kardanwelle oder Ketten (überwiegend Kardanwelle)	Kardanwelle oder Ketten (überwiegend Kardanwelle)	Kardanwelle oder Ketten (überwiegend Ketten)
Kupplung	Lederkonuskupplung	Lederkonuskupplung	Lederkonuskupplung
Getriebe	4 Gang (1905 auch 3 Gang)	4 Gang	4 Gang
Schaltung	Kulisse, rechts außen	Kulisse, rechts außen	Kulisse, rechts außen
Übersetzungen		I. 3,80 II. 2,70 III. 2,00 IV. 1,00	
Antriebs-Übersetzung			
Fahrwerk			
Rahmen	Preßstahlrahmen	Preßstahlrahmen	Preßstahlrahmen
Vorderradaufhängung	Starrachse, Halbfedern	Starrachse, Halbfedern	Starrachse, Halbfedern
Hinterradaufhängung	Starrachse, Halbfedern	Starrachse, Halbfedern	Starrachse, Halbfedern
Lenkung	Schraubenspindel, rechts	Schraubenspindel, rechts	Schraubenspindel, rechts
Fußbremse	Außenbacken, Getriebe	Außenbacken, Getriebe	Außenbacken, Getriebe
Handbremse	Innenbacken, Hinterräder	Innenbacken, Hinterräder	Innenbacken, Hinterräder
Allgemeine Daten			
Radstand	Kardanwagen 2800 oder 3080 Kettenwagen 2927 mm	Kardanwagen 3015 oder 3160 Kettenwagen 3015 oder 3238	Kettenwagen 3130 oder 3268 Kardanwagen 3200 mm
Spur	1440 mm	1440 mm	1440 mm
Gesamtlänge	3840 bis 4125 mm	4090 bis 4315 mm	
Räder	Holzspeichen	Holzspeichen	Holzspeichen
Reifen		810 × 100 oder 875 × 105 oder 880 × 120	810 × 100
Fahrgestellgewicht	980 kg	1050 kg	1150 kg
Wagengewicht	1350 kg	1650 kg	1800 kg
Zulässiges Gesamtgewicht			
Höchstgeschwindigkeit		75 km/h	90 km/h
Verbrauch/100 km		20 Liter	
Tankinhalt			
Preise	Doppelphaeton Mk. 12 500,– Limousine Mk. 14 500,– Ketten-Antrieb + Mk. 1000,–	Doppelphaeton Mk. 18 500,– Limousine Mk. 20 500,– Landaulet Mk. 20 500,– Ketten-Antrieb + Mk. 1000,–	Doppelphaeton Mk. 23 000,– Limousine Mk. 25 000,– Landaulet Mk. 25 000,– Ketten-Antrieb + Mk. 1000,–

Benz 28/50 PS Phaeton 1910

Benz 50 PS Sport-Phaeton 1907

Benz 70 PS Triple-Phaeton
Bild: Prinz Heinrich von Preußen am Steuer seines zweiten Benz-Wagens

	Benz 50 PS 1906 – 1908 Benz 28/50 PS 1909 – 1910	Benz 60 PS 1906 – 1908 Benz 35/60 PS 1909 – 1910	Benz 70 PS 1907 – 1908 Benz 37/70 PS 1909
Motor	Benz	Benz	Benz
Zylinderzahl	4 (Reihe, paarweise)	4 (Reihe, paarweise) 1906 – 1907: 1908 – 1910:	4 (Reihe, paarweise)
Bohrung × Hub	130 × 140 mm	145 × 140 mm 135 × 150 mm	140 × 160 mm
Hubraum	7430 ccm	9240 ccm 8885 ccm	9850 ccm
Leistung	50 PS bei 1400 U/min	60 PS bei 1350 U/min	70 PS bei 1300 U/min
Vergaser	Benz Spritzdüsenvergaser	Benz Spritzdüsenvergaser	Benz Spritzdüsenvergaser
Ventile	Seitlich stehend (T-Anordnung) Seitliche Nockenwelle Antrieb durch Stirnräder	Seitlich stehend (T-Anordnung) Seitliche Nockenwelle Antrieb durch Stirnräder	Einlaß hängend Auslaß seitlich stehend Seitliche Nockenwelle Antrieb durch Stirnräder
Kurbelwellenlager	3	3	3
Kühlung	Wasser/Pumpe	Wasser/Pumpe	Wasser/Pumpe
Schmierung	Druckumlauf	Druckumlauf	Druckumlauf
Zündung	Doppelzündung Magnet und Batterie	Doppelzündung Magnet und Batterie	Doppelzündung Magnet und Batterie
Kraftstofftank	im Heck	im Heck	im Heck
Kraftstofförderung	Druck der Auspuffgase	Druck der Auspuffgase	Druck der Auspuffgase
Kraftübertragung			
Antrieb	Ketten oder Kardanwelle	Ketten	Ketten
Kupplung	Lederkonuskupplung	Lederkonuskupplung	Lederkonuskupplung
Getriebe	4Gang	4Gang	4Gang
Schaltung	Kulisse, rechts außen	Kulisse, rechts außen	Kulisse, rechts außen
Übersetzungen	IV. 1,00	I. 3,80 II. 2,70 III. 2,00 IV. 1,00	IV 1,00
Antriebs-Übersetzung			
Fahrwerk			
Rahmen	Preßstahlrahmen	Preßstahlrahmen	Preßstahlrahmen
Vorderradaufhängung	Starrachse, Halbfedern	Starrachse, Halbfedern	Starrachse, Halbfedern
Hinterradaufhängung	Starrachse, Halbfedern	Starrachse, Halbfedern	Starrachse, Halbfedern
Lenkung	Schraubenspindel, rechts	Schraubenspindel, rechts	Schraubenspindel, rechts
Fußbremse	Getriebe, Außenbacken mit Wasserkühlung (2 Fußhebel)	Getriebe, Außenbacken mit Wasserkühlung (2 Fußhebel)	Getriebe, Außenbacken mit Wasserkühlung (2 Fußhebel)
Handbremse	Innenbacken, Hinterräder Bergstütze	Innenbacken, Hinterräder Bergstütze	Innenbacken, Hinterräder Bergstütze
Allgemeine Daten			
Radstand	Kettenwagen 3200 mm Kardanwagen 3145 oder 3245	3130 oder 3245 oder 3350 mm	3350 mm
Spur	1440 mm	1440 mm	1440 mm
Gesamtmaße			
Räder	Holzspeichen	Holzspeichen	Holzspeichen
Reifen	vorn 920 × 120 hinten 935 × 135	vorn 920 × 120 hinten 935 × 135	vorn 875 × 105 hinten 935 × 110
Fahrgestellgewicht	1200 bis 1300 kg	1250 bis 1350 kg	1350 kg
Wagengewicht	1700 bis 1850 kg	1750 bis 1850 kg	1850 kg
Höchstgeschwindigkeit	90 km/h	95 km/h	100 km/h
Verbrauch/100 km	24 Liter	28 Liter	32 Liter
Tankinhalt			
Preise	Mk. 25 000,–	Mk. 27 000,–	Mk. 30 000,–
	50 PS Sport 1907: Bohrung × Hub 135 × 140 mm Hubraum 8016 ccm 50 PS bei 1500 U/min 115 km/h		

Die wichtigsten motorsportlichen Veranstaltungen jener Zeit waren die Prinz-Heinrich-Fahrten 1908, 1909 und 1910. Die Fahrt von 1908 gewann Fritz Erle auf dem 50 PS Benz Tourenwagen, der sich schon bei den Herkomer-Fahrten der Jahre 1905 bis 1907 ausgezeichnet bewährt hatte. Die Firma Benz konnte zwar 1909 und 1910 ihre früheren Erfolge nicht wiederholen, baute aber zu diesen Anlässen einen bemerkenswerten Viersitzer-Sportwagen mit »stromlinienförmigem« Spitzheck, ausgerüstet sowohl mit 80 PS als auch mit 100 PS Motor.

	Benz Prinz-Heinrich-Wagen 1908	Benz Prinz-Heinrich-Wagen 1908
Zylinderzahl	4 (Reihe, paarweise)	4 (Reihe, paarweise)
Bohrung × Hub	115 × 180 mm	115 × 160 mm
Hubraum	7475 ccm	6644 ccm
Leistung	105 PS bei 2000 U/min	80 PS bei 2000 U/min

	Benz Prinz-Heinrich-Wagen 1910–1911	Benz Prinz-Heinrich-Wagen 1910–1911
Motor	Benz	Benz
Zylinderzahl	4 (Reihe, paarweise)	4 (Reihe, paarweise)
Bohrung × Hub	115 × 175 mm	105 × 165 mm
Hubraum	7267 ccm	5712 ccm
Leistung	100 PS bei 2500 U/min	80 PS bei 2500 U/min
Verdichtung	4,70	4,70
Vergaser	Benz Spritzdüsenvergaser mit verstellbarem Düsenquerschnitt	
Ventile	4 V-förmig schräg hängende Ventile je Zylinder Stoßstangen und Kipphebel, 2 seitliche Nockenwellen, Antrieb durch Stirnräder	
Kurbelwellenlager	3	
Kühlung	Pumpe/Wasser	
Schmierung	Druckumlauf	
Zündung	Doppel-Magnet-Zündung, 2 Kerzen je Zylinder	
Kraftstofftank	im Heck	
Kraftstofförderung	Druck der Auspuffgase	
Kraftübertragung		
Antrieb	Kardanwelle	
Kupplung	Lederkonuskupplung	
Getriebe	4 Gang	
Schaltung	Kulisse, rechts außen	
Antriebs-Übersetzung	2,48	
Fahrwerk		
Rahmen	Preßstahlrahmen	
Vorderradaufhängung	Starrachse, Halbfedern	
Hinterradaufhängung	Starrachse, Halbfedern	
Lenkung	Schraubenspindel, rechts	
Fußbremse	Getriebe, Außenbacken mit Wasserkühlung, 2 Fußhebel	
Handbremse	Hinterräder, Innenbacken	
Allgemeine Daten		
Radstand	3000 mm	
Spur	1250 mm	
Gesamtmaße		
Räder	Holzspeichen mit abnehmbaren Felgen	
Reifen	810 × 100	
Wagengewicht	1350 kg	
Höchstgeschwindigkeit	125 bis 135 km/h	
Bemerkungen	Nur Einzelanfertigung	

Benz 20/35 PS
Doppel-Phaeton
mit Halbverdeck
1910

Benz 24/40 PS
Limousine
1910

Benz 25/45 PS
Landaulet
1910/11

	Benz 20/35 PS 1909 – 1910	Benz 24/40 PS 1907 – 1910	Benz 25/45 PS 1909 – 1912
Motor	Benz	Benz	Benz
Zylinderzahl	4 (Reihe, paarweise)	4 (Reihe, paarweise)	4 (Reihe, paarweise)
	1909: 1910:		
Bohrung × Hub	105 × 150 mm 105 × 140 mm	120 × 135 mm	120 × 140 mm
Hubraum	5195 ccm 4850 ccm	6105 ccm	6330 ccm
Leistung	35 PS bei 1400 U/min	40 PS bei 1400 U/min	45 PS bei 1400 U/min
Vergaser	Benz Spritzdüsenvergaser	Benz Spritzdüsenvergaser	Benz Spritzdüsenvergaser
Ventile	Seitlich stehend (T-Anordnung) Seitliche Nockenwelle Antrieb durch Stirnräder	Seitlich stehend (T-Anordnung) Seitliche Nockenwelle Antrieb durch Stirnräder	Seitlich stehend (T-Anordnung) Seitliche Nockenwelle Antrieb durch Stirnräder
Kurbelwellenlager	3	3	3
Kühlung	Wasser/Pumpe	Wasser/Pumpe	Wasser/Pumpe
Schmierung	Druckumlauf	Druckumlauf	Druckumlauf
Zündung	Doppelzündung Magnet und Batterie 2 Kerzen je Zylinder	Doppelzündung Magnet und Batterie 2 Kerzen je Zylinder	Doppelzündung Magnet und Batterie 2 Kerzen je Zylinder
Kraftstofftank	im Heck	im Heck	im Heck
Kraftstofförderung	Druck der Auspuffgase	Druck der Auspuffgase	Druck der Auspuffgase
Kraftübertragung			
Antrieb	Kardanwelle oder Ketten	Kardanwelle oder Ketten	Kardanwelle oder Ketten
Kupplung	Lederkonuskupplung	Lederkonuskupplung	Lederkonuskupplung
Getriebe	4 Gang	4 Gang	4 Gang
Schaltung	Kulisse, rechts außen	Kulisse, rechts außen	Kulisse, rechts außen
Übersetzungen	IV. 1,00	I. 3,80 II. 2,70 III. 2,00 IV. 1,00	I. 3,80 I. 3,80 II. 1,74 II. 1,90 III. 1,40 III. 1,45 IV. 1,00 IV. 1,00
Antriebsübersetzung			2,80 2,50
Fahrwerk			
Rahmen	Preßstahlrahmen	Preßstahlrahmen	Preßstahlrahmen
Vorderradaufhängung	Starrachse, Halbfedern	Starrachse, Halbfedern	Starrachse, Halbfedern
Hinterradaufhängung	Starrachse, Halbfedern	Starrachse, Halbfedern	Starrachse, Halbfedern
Lenkung	Schraubenspindel, rechts	Schraubenspindel, rechts	Schraubenspindel, rechts
Fußbremse	Außenbacken, Getriebe	Außenbacken, Getriebe	Außenbacken, Getriebe
Handbremse	Innenbacken, Hinterräder Bergstütze	Innenbacken, Hinterräder Bergstütze	Innenbacken, Hinterräder Bergstütze
Allgemeine Daten			
Radstand	Kardanwagen 3090 oder 3200 Kettenwagen 3210	Kardanwagen 3120 mm Kettenwagen 3000 oder 3170	Kardanwagen 3170 mm Kettenwagen 3150 oder 3300
Spur	1440 mm	1440 mm	1440 mm
Gesamtmaße			
Räder	Holzspeichen	Holzspeichen	Holzspeichen ab 1911 mit abnehmbaren Felgen
Reifen	vorn 880 oder 920 × 120 hinten 895 oder 935 × 135	vorn 880 oder 920 × 120 hinten 895 oder 935 × 135	vorn 880 oder 920 × 120 hinten 895 oder 935 × 135
Fahrgestellgewicht	1050 bis 1200 kg	1100 bis 1250 kg	1150 bis 1300 kg
Wagengewicht			
Zuläss. Gesamtgewicht			
Höchstgeschwindigkeit	75 km/h	80 km/h	85 km/h
Verbrauch/100 km	22 Liter	23 Liter	24 Liter
Tankinhalt			
Preise	Fahrgestell Mk. 13 500,– Doppel-Phaeton Mk. 15 500,– Limousine Mk. 17 500,– Landaulet Mk. 17 500,– Ketten-Antrieb + Mk. 1000,–	Fahrgestell Mk. 16 000,– Ketten-Antrieb + Mk. 1000,–	Fahrgestell Mk. 16 000,– Ketten-Antrieb + Mk. 1000,–

Benz 10/20 PS Landaulet 1911

Benz 10/30 PS Runabout Sportmodell 1913

Benz 10/25 PS Landaulet 1912

Benz 10/30 PS Limousine abnehmbar 1914

Benz 10/30 PS Limousine Luxus-Ausführung 1912

	Benz 6/14 PS 1910
Motor	Benz
Zylinderzahl	4 (Reihe, Block)
Bohrung × Hub	70 x 102 mm
Hubraum	1570 ccm
Leistung	14 PS bei 1500 U/min
Verdichtung	
Vergaser	Benz Spritzdüsenvergas
Ventile	Seitlich stehend (L-Anordnung) Seitliche Nockenwelle Antrieb durch Stirnräde
Kurbelwellenlager	3
Kühlung	Thermosyphon/Wasser
Schmierung	Tauchschmierung
Zündung	Hochspannungs-Magne
Batterie	
Kraftstofftank	unter Fahrersitz
Kraftstofförderung	Druck der Auspuffgase
Kraftübertragung	
Antrieb	Kardanwelle
Kupplung	Lamellenkupplung
Schaltung	Kulisse, rechts außen
Getriebe	3 Gang
Überrsetzungen	
Antriebs-Übersetzung	
Fahrwerk	
Rahmen	Preßstahlrahmen
Vorderradaufhängung	Starrachse, Halbfeder
Hinterradaufhängung	Starrachse, Halbfederr
Lenkung	Schraubenspindel, rech
Fußbremse	Außenbacken, Getrieb
Handbremse	Innenbacken, Hinterräd
Allgemeine Daten	
Radstand	2550 mm
Spur	1200 mm
Gesamtmaße	
Räder	Holzspeichen mit abnehmbaren Felg
Reifen	760 x 90
Fahrgestellgewicht	600 kg
Wagengewicht	Doppelphaeton 800 kg Landaulet 950 kg
Zuläss. Gesamtgewicht	
Höchstgeschwindigkeit	
Verbrauch/100 km	
Tankinhalt	
Preise	Doppelphaeton Mk. 600 Landaulet Mk. 7000,–

Benz 10/18 PS 1908 – 1910	Benz 10/20 PS 1909 – 1912	Benz 10/25 PS 1912 Benz 10/30 PS 1912 – 1914	Benz 12/30 PS 1913 – 1914
Benz	Benz	Benz	Benz
4 (Reihe, Block)	4 (Reihe, Block)	4 (Reihe, Block)	4 (Reihe, Block)
80 × 120 mm	85 × 115 mm	80 × 130 mm	86 × 130 mm
2410 ccm	2610 ccm	2610 ccm	3020 ccm
18 PS bei 1400 U/min	20 PS bei 1500 U/min	25 PS bei 1600 U/min bzw. 30 PS bei 1750 U/min	32,5 PS bei 1800 U/min
		1:4,6 bis 4,75	1:4,3 bis 4,6
Benz Spritzdüsenvergaser	Benz Spritzdüsenvergaser	Benz Spritzdüsenvergaser bzw. (30 PS) Zenith	Zenith
Seitlich stehend (L-Anordnung)	Seitlich stehend (L-Anordnung)	Seitlich stehend (L-Anordnung)	Seitlich stehend (L-Anordnung)
Seitliche Nockenwelle	Seitliche Nockenwelle	Seitliche Nockenwelle	Seitliche Nockenwelle
Antrieb durch Kette	Antrieb durch Kette	Antrieb durch Kette	Antrieb durch Kette
3	3	3	3
Wasser/Pumpe	Wasser/Pumpe	Pumpe 13,5 l Wasser oder Thermosyphon, 17 l Wasser	Pumpe, 12 Liter Wasser
Druckumlauf	Druckumlauf	Druckumlauf	Druckumlauf
Doppelzündung	Doppelzündung	Doppelzündung	Doppelzündung
Magnet und Batterie	Magnet und Batterie	Magnet und Batterie	Magnet und Batterie
12 V	12 V	12 V	12 V
im Heck	im Heck	im Heck	im Heck
Druck der Auspuffgase	Druck der Auspuffgase	Druck der Auspuffgase	Druck der Auspuffgase
Kardanwelle	Kardanwelle	Kardanwelle	Kardanwelle
Lederkonuskupplung	Lederkonuskupplung	Lederkonuskupplung	Lederkonuskupplung
Kulisse, rechts außen	Kulisse, rechts außen	Kulisse, rechts außen	Kulisse, rechts außen
3 Gang	3 oder 4 Gang	4 Gang	
I. 3,80 II. 2,00 III. 1,00		10/25 PS: I. 4,30 II. 2,10 III. 1,50 IV. 1,00 10/30 PS: I. 4,30 II. 2,90 III. 1,90 IV. 1,00	
Phaeton: 3,52 Limousine: 3,12	3,75 oder 3,52	3,05 3,53	
Preßstahlrahmen	Preßstahlrahmen	Preßstahlrahmen	Preßstahlrahmen
Starrachse, Halbfedern	Starrachse, Halbfedern	Starrachse, Halbfedern	Starrachse, Halbfedern
Starrachse, Halbfedern	Starrachse, Halbfedern	Starrachse, Halbfedern	Starrachse, Halbfedern
Schraubenspindel, rechts	Schraubenspindel, rechts	Schraubenspindel, rechts	Schraubenspindel, rechts
Außenbacken, Getriebe	Außenbacken, Getriebe	Außenbacken, Getriebe	Außenbacken, Getriebe
Innenbacken, Hinterräder	Innenbacken, Hinterräder	Innenbacken, Hinterräder	Innenbacken, Hinterräder
2625 oder 2780 mm	2780 oder 2985 mm	3150 mm	3120 mm
1300 mm	1300 mm	1400 mm	1350 mm
		4350 × 1650 × 2180 mm	4325 × 1640 × 2160 mm
Holzspeichen	Holzspeichen mit abnehmbaren Felgen	Holzspeichen mit abnehmbaren Felgen	Holzspeichen mit abnehmbaren Felgen
810 × 90 oder 815 × 105	810 × 90 oder 815 × 105	820 × 120	820 × 120
750 kg	800 kg Doppelphaeton 950 kg Landaulet 1100 kg	960 kg	910 kg Droschken-Landaulet 910 kg
			2100 kg
Geschloss. Wagen: 65 km/h Offene Wagen: 69 km/h	Geschloss. Wagen: 65 km/h Offene Wagen: 69 km/h	Geschloss. Wagen: 68 km/h Offene Wagen: 71 km/h	67 km/h
15 bis 16 Liter	15 bis 16 Liter	15 bis 17 Liter	17 Liter
		60 bis 70 Liter	70 Liter
Doppelphaeton Mk. 9000,– Limousine Mk. 11 000,– Landaulet Mk. 11 000,–	Doppelphaeton Mk. 9000,– Limousine Mk. 11 000,– Landaulet Mk. 11 000,–		Nur als Droschken-Landaulet
1907: Erster Versuchswagen mit 8/12 PS-Motor (Bohrung × Hub 75 × 110 mm)		Sportwagen: Radstand 3050 mm, Spur 1350 mm Reifen 815 × 105	

Benz 8/20 PS
Landaulet 1912

Benz 8/20 PS
Zweisitzer 1912

Benz 8/18 PS
Runabout 1911

Unten links:
Benz 8/20 PS
Kastenwagen 1912/13

Unten rechts:
Benz 8/20 PS
Kastenwagen 1920/21

	Benz 8/18 PS 1910 – 1912	Benz 8/20 PS 1912 – 1918	Benz 8/20 PS 1914 – 1921
Motor	Benz	Benz	Benz
Zylinderzahl	4 (Reihe, Block)	4 (Reihe, Block)	4 (Reihe, Block)
Bohrung x Hub	72 x 120 mm	72 x 120 mm	74,5 x 120 mm
Hubraum	1950 ccm	1950 ccm	2090 ccm
Leistung	18 PS bei 1800 U/min	20 PS bei 1800 U/min	20 PS bei 1900 U/min
Verdichtung	1:4,2	1:4,5	1:4,5
Vergaser	Benz Spritzdüsenvergaser	Zenith	Pallas
Ventile	Seitlich stehend	Seitlich stehend	Seitlich stehend
	Seitliche Nockenwelle	Seitliche Nockenwelle	Seitliche Nockenwelle
	Antrieb durch Kette	Antrieb durch Kette	Antrieb durch Kette
Kurbelwellenlager	3	3	3
Kühlung	Thermosyphon, 18 l Wasser	Thermosyphon, 18 l Wasser	Thermosyphon, 18 l Wasser
Schmierung	Druckumlauf	Druckumlauf	Druckumlauf
Zündung	Magnet	Magnet	Magnet
Batterie	12 V	12 V	12 V
Kraftstofftank	Runabout: unter Fahrersitz	im Heck	im Heck
	Limousine: im Heck		
Kraftstofförderung	Runabout: Gefälle	Druck der Auspuffgase	Druck der Auspuffgase
	Lim.: Druck der Auspuffgase		
Kraftübertragung			
Antrieb	Kardanwelle	Kardanwelle	Kardanwelle
Kupplung	Lederkonuskupplung	Lederkonuskupplung	Lederkonuskupplung
Schaltung	Kulisse, rechts außen	Kulisse, rechts außen	Kulisse, rechts außen
Getriebe	4 Gang	4 Gang	4 Gang
Übersetzungen		I. 4,00	I. 4,00
		II. 2,50	II. 2,26
		III. 1,80	III. 1,58
		IV. 1,00	IV. 1,00
Antriebs-Übersetzung	4,26	Runabout: 4,26	4,50
		Limousine: 4,50	
Fahrwerk			
Rahmen	Preßstahlrahmen	Preßstahlrahmen	Preßstahlrahmen
Vorderradaufhängung	Starrachse, Halbfedern	Starrachse, Halbfedern	Starrachse, Halbfedern
Hinterradaufhängung	Starrachse, Halbfedern	Starrachse, Halbfedern	Starrachse, Halbfedern
Lenkung	Schraubenspindel, rechts	Schraubenspindel, rechts	Schraubenspindel, rechts
Fußbremse	Mechanisch, Getriebe	Mechanisch, Getriebe	Mechanisch, Getriebe
Handbremse	Mechanisch, Hinterräder	Mechanisch, Hinterräder	Mechanisch, Hinterräder
Allgemeine Daten			
Radstand	2850 mm	2850 mm	2850 mm
Spur	1250 mm	1350 mm	1350 mm
Gesamtmaße	3900 x 1500 x 2050 mm	4000 x 1600 x 2050 mm	4000 x 1600 x 2050 mm
Räder	Holzspeichen	Holzspeichen	Holzspeichen
		mit abnehmbaren Felgen	mit abnehmbaren Felgen
Reifen	Runabout: 810 x 110	815 x 105	815 x 105
	Limousine: 815 x 105		
Fahrgestellgewicht	700 kg	760 kg	780 kg
Wagengewicht	900 bis 1100 kg	1000 bis 1200 kg	1000 bis 1200 kg
Zuläss. Gesamtgewicht		1660 kg	1680 kg
Höchstgeschwindigkeit	62 km/h	62 km/h	65 km/h
Verbrauch/100 km	14 bis 15 Liter	14 bis 15 Liter	14 bis 15 Liter
Tankinhalt		50 Liter	50 Liter
Preise	Fahrgestell Mk. 6200,–	Fahrgestell Mk. 6500,–	
	Runabout Mk. 7200,–	Zweisitzer Mk. 8250,–	
	Limousine Mk. 8500,–	Runabout Mk. 9150,–	
	Landaulet Mk. 8500,–	Limousine Mk. 10 200,–	

Benz 14/30 PS
Phaeton-Landaulet
1909

Benz 14/30 PS
Phaeton 1911

Benz 14/30 PS
Limousine 1914

	Benz 14/30 PS 1909 – 1922	Benz 16/35 PS 1912 Benz 16/40 PS 1912 – 1914	Benz 18/45 PS 1914 – 1921
Motor	Benz	Benz	Benz
Zylinderzahl	4 (Reihe, paarweise)	4 (Reihe, Block)	4 (Reihe, paarweise)
Bohrung × Hub	90 × 140 mm	95 × 140 mm	100 × 150 mm
Hubraum	3560 ccm	3950 ccm	4710 ccm
Leistung	30 PS bei 1650 U/min	35 PS bei 1600 U/min bzw. 40 PS bei 1700 U/min	45 PS bei 1650 U/min
Verdichtung	4,3	4,3	4,15
Vergaser	Benz Spritzdüsenvergaser bzw. (ab 1913) Zenith-Vergaser	Benz Spritzdüsenvergaser bzw. (ab 1913) Zenith-Vergaser	Zenith
Ventile	Seitlich stehend (L-Anordnung) Seitliche Nockenwelle Zahnräder bzw. (später) Kette	Seitlich stehend (L-Anordnung) Seitliche Nockenwelle Antrieb durch Kette	Seitlich stehend (L-Anordnung) Seitliche Nockenwelle Antrieb durch Kette
Kurbelwellenlager	3	3	3
Kühlung	Pumpe, 12 Liter Wasser	Pumpe, 15 Liter Wasser	Pumpe, 15 Liter Wasser
Schmierung	Druckumlauf	Druckumlauf	Druckumlauf
Zündung	Doppelzündung Magnet und Batterie	Doppelzündung Magnet und Batterie	Doppelzündung Magnet und Batterie
Kraftstofftank	im Heck	im Heck	im Heck
Kraftstofförderung	Druck der Auspuffgase	Druck der Auspuffgase	Druck der Auspuffgase
Kraftübertragung	Antrieb über Kardanwelle	Antrieb über Kardanwelle	Antrieb über Kardanwelle
Kupplung	Lederkonuskupplung	Lederkonuskupplung	Lederkonuskupplung
Schaltung	Kulisse, r. außen oder innen	Kulisse, rechts innen	Kulisse, rechts innen
Getriebe	4 Gang	4 Gang 16/35 PS 16/40 PS	4 Gang
Übersetzungen	I. 4,30 I. 4,30 II. 2,30 II. 2,90 III. 1,50 III. 1,90 IV. 1,00 IV. 1,00	I. 4,30 I. 4,30 II. 2,26 III. 2,90 III. 1,46 III. 1,90 IV. 1,00 IV. 1,00	
Antriebs-Übersetzung	3,44 2,78	3,26 2,78	
Fahrwerk			
Rahmen	Preßstahlrahmen	Preßstahlrahmen	Preßstahlrahmen
Vorderradaufhängung	Starrachse, Halbfedern	Starrachse, Halbfedern	Starrachse, Halbfedern
Hinterradaufhängung	Starrachse, Halbfedern	Starrachse, Halbfedern	Starrachse, Halbfedern
Lenkung	Schraubenspindel, rechts	Schraubenspindel, rechts	Schraubenspindel, rechts
Fußbremse	Außenbacken, Getriebe	Außenbacken, Getriebe	Außenbacken, Getriebe
Handbremse	Innenbacken, Hinterräder Bergstütze	Innenbacken, Hinterräder Bergstütze	Innenbacken, Hinterräder Bergstütze
Allgemeine Daten			
Radstand	3150, Sport 2920 mm	3250 mm	3400 mm
Spur	1400 mm	1400 mm	1400 mm
Gesamtmaße	Limousine: 4355 × 1720 × 2180 mm	Limousine: 4525 × 1720 × 2180 mm	Limousine: 4680 × 1720 × 2180 mm
Räder	Holzspeichen mit abnehmbaren Felgen oder Rudge-Drahtspeichen	Holzspeichen mit abnehmbaren Felgen oder Rudge-Drahtspeichen	Holzspeichen mit abnehmbaren Felgen oder Rudge-Drahtspeichen
Reifen	vorn 810 × 90 oder 815 × 105 hinten 820 oder 880 × 120	880 × 120	880 × 120 oder 935 × 135
Fahrgestellgewicht	1000 kg	1100 kg	1250 kg
Wagengewicht	Doppelphaeton 1550 kg	Runabout 1350 kg	
Höchstgeschwindigkeit	74 km/h	80 km/h	75 km/h
Verbrauch/100 km	19 Liter	20 Liter	20 Liter
Tankinhalt	75 Liter	80 Liter	75 Liter
Preise	Fahrgestell Mk. 11 000,–	Fahrgestell Mk. 12 500,–	
	Vorläufer-Modell 1908: 25/35 PS bei 1600 U/min Bohrung × Hub 85 × 140 mm 3175 ccm, 85 km/h	Sport-Modell 1913: 52 PS bei 1850 U/min bis 60 PS bei 2600 U/min Verdichtung 5,15 Radstand 3150 mm Reifen vorn 880 × 120, hinten 880 × 170 115 km/h	

Benz 16/40 PS
Landaulet abnehmbar
1913

Benz 16/40 PS
Runabout
mit Schmalkühler
1913

Benz 18/45 PS
Runabout 1913

Benz 18/45 PS
Limousine
1915 – 1921

Benz 18/45 PS
Krankenwagen
1914

Benz 18/45 PS
Lieferwagen
mit Pritschenaufbau
1919

Benz 25/55 PS
Landaulet
mit Flachkühler
1914 – 1918
für die preußische
Heeresverwaltung

Benz 25/55 PS
Landaulet
mit Spitzkühler
1915

Benz 16/40 PS
Landaulet
mit Schmalkühler
1914

Benz 33/75 PS
Runabout
mit Flachkühler
1913

Benz 25/65 PS
Landaulet
mit Spitzkühler
1915
für einen Monarchen

Benz 39/100 PS
Runabout
mit Schmalkühler
1912 – 1915

	Benz 25/55 PS 1912 – 1915, 1918 – 1920	Benz 29/60 PS 1909 – 1914	Benz 33/75 PS 1912 – 1918
Motor	Benz	Benz	Benz
Zylinderzahl	4 (Reihe, paarweise)	4 (Reihe, paarweise)	4 (Reihe, paarweise)
Bohrung × Hub	120 × 144 mm	125 × 150 mm	130 × 160 mm
Hubraum	6510 ccm	7360 ccm	8430 ccm
Leistung	55 PS bei 1500 U/min	60 PS bei 1400 U/min	75 PS bei 1400 U/min
Verdichtung	4,1		3,9 bis 4,1
Vergaser	Zenith	Zenith	Benz oder Zenith
Ventile	Seitlich stehend (L-Anordnung) Seitliche Nockenwelle Antrieb durch Stirnräder	Seitlich stehend (L-Anordnung) Seitliche Nockenwelle Antrieb durch Stirnräder	Seitlich stehend (L-Anordnung) Seitliche Nockenwelle Antrieb durch Stirnräder
Kurbelwellenlager	3	3	3
Kühlung	Pumpe/Wasser	Pumpe/Wasser	Pumpe, 15 Liter Wasser
Schmierung	Druckumlauf	Druckumlauf	Druckumlauf
Zündung	Doppelzündung Magnet und Batterie 2 Kerzen je Zylinder	Doppelzündung Magnet und Batterie 2 Kerzen je Zylinder	Doppelzündung Magnet und Batterie 2 Kerzen je Zylinder
Kraftstofftank	im Heck	im Heck	im Heck
Kraftstofförderung	Druck der Auspuffgase	Druck der Auspuffgase	Druck der Auspuffgase
Kraftübertragung	Kardanwelle oder (bis 1915 auch) Ketten	Kardanwelle oder (bis 1911 auch) Ketten	Kardanwelle
Kupplung	Lederkonuskupplung	Lederkonuskupplung	Lederkonuskupplung
Getriebe	4 Gang	4 Gang	4 Gang
Schaltung	Kulisse, rechts außen	Kulisse, rechts außen	Kulisse, rechts außen
Antriebs-Übersetzung	2,78	2,50 oder 2,25	2,50
Fahrwerk			
Rahmen	Preßstahlrahmen	Preßstahlrahmen	Preßstahlrahmen
Vorderradaufhängung	Starrachse, Halbfedern	Starrachse, Halbfedern	Starrachse, Halbfedern
Hinterradaufhängung	Starrachse, Halbfedern	Starrachse, Halbfedern	Starrachse, Halbfedern
Lenkung	Schraubenspindel, rechts	Schraubenspindel, rechts	Schraubenspindel, rechts
Fußbremse	Außenbacken, Getriebe	Außenbacken, Getriebe	Außenbacken (wassergekühlt) Getriebe
Handbremse	Innenbacken, Hinterräder	Innenbacken, Hinterräder	Innenbacken, Hinterräder
Allgemeine Daten			
Radstand	3400 bzw. (ab 1914) 3500	3170 oder 3400 mm	3400 bzw. (ab 1913) 3500
Spur	1440 mm	1440 mm	1440 mm
Gesamtmaße	Limousine: 4700 × 1720 × 2200 mm	Runabout: 4700 × 1720 × 1740 mm	Limousine: 4700 × 1720 × 2400 mm
Räder	Holzspeichen mit abnehmbaren Felgen oder Rudge-Drahtspeicher	Holzspeichen mit abnehmbaren Felgen oder Rudge-Drahtspeichen	Holzspeichen mit abnehmbaren Felgen oder Rudge-Drahtspeichen
Reifen	vorn 880 oder 895 × 120 hinten 835 × 135 bzw. (ab 1914) 895 oder 935 × 135	vorn 880 oder 920 × 120 hinten 895 oder 935 × 135	vorn 920 x 120 oder 935 × 135, hinten 935 × 135
Fahrgestellgewicht	1250 kg	1300 kg	1400 kg
Wagengewicht	Doppelphaeton 1700 kg Limousine 1900 kg	Doppelphaeton 1750 kg Limousine 1950 kg	Doppelphaeton 1850 kg Limousine 2050 kg
Höchstgeschwindigkeit	85 km/h	90 km/h	98 km/h
Verbrauch/100 km	25 Liter	27 Liter	29 Liter
Tankinhalt	100 Liter		120 Liter
Preise	Fahrgestell Mk. 15 500,–	Fahrgestell Mk. 16 500,– Doppelphaeton Mk. 19 000,– Limousine Mk. 21 000,– Landaulet Mk. 21 000,–	Fahrgestell Mk. 19 000,– Runabout Mk. 22 500,– Limousine Mk. 24 000,– Landaulet Mk. 24 000,–
	Ab 1913 mit elektr. Licht und elektr. Anlasser	Ab 1913 mit elektr. Licht und elektr. Anlasser	Ab 1913 mit elektr. Licht und elektr. Anlasser
			90 PS Spezial (1914 für Amerika) 4 Zyl., 114 × 160 mm, 6532 ccm

Benz 21/50 PS 1914 – 1920	Benz 25/65 PS 1915 – 1918	Benz 39/100 PS 1912 – 1920	Benz 82/200 PS 1912 – 1914
Benz	Benz	Benz Luftschiffmotor	Benz Luftschiffmotor
6 (Reihe, paarweise)	6 (Reihe, paarweise)	4 (Reihe, paarweise)	4 (Reihe, paarweise)
90 × 140 mm	100 × 138 mm	130 × 190 mm	185 × 200 mm
5340 ccm	6503 ccm	10087 ccm	21495 ccm
50 PS bei 1650 U/min	65 PS bei 1650 U/min	100 PS bei 1400 U/min	200 PS bei 1300 U/min
4,3		4,6	
		Benz oder Zenith	
Seitlich stehend	Seitlich stehend	Seitlich stehend	Seitlich stehend
(L-Anordnung)	(L-Anordnung)	(L-Anordnung)	(L-Anordnung)
Seitliche Nockenwelle	Seitliche Nockenwelle	Seitliche Nockenwelle	Seitliche Nockenwelle
Antrieb durch Stirnräder	Antrieb durch Stirnräder	Antrieb durch Stirnräder	Antrieb durch Stirnräder
4	4	3	3
Pumpe/Wasser	Pumpe/Wasser	Pumpe, 28 Liter Wasser	Pumpe/Wasser
Druckumlauf	Druckumlauf	Druckumlauf	Druckumlauf
Doppelzündung	Doppelzündung	Doppelzündung	Doppelzündung
Magnet und Batterie	Magnet und Batterie	Magnet und Batterie	Magnet und Batterie
2 Kerzen je Zylinder	2 Kerzen je Zylinder	2 Kerzen je Zylinder	2 Kerzen je Zylinder
im Heck	im Heck	im Heck	im Heck
Druck der Auspuffgase	Druck der Auspuffgase	Druck der Auspuffgase	Druck der Auspuffgase
Kardanwelle	Kardanwelle	Kardanwelle	Ketten
Lederkonuskupplung	Lederkonuskupplung	Lederkonuskupplung	Lederkonuskupplung
4 Gang	4 Gang	4 Gang	4 Gang
Kulisse, rechts außen	Kulisse, rechts außen	Kulisse, rechts außen	Kulisse rechts außen
offen 3,41, Limousine 3,62		2,08	
Preßstahlrahmen	Preßstahlrahmen	Preßstahlrahmen	Preßstahlrahmen
Starrachse, Halbfedern	Starrachse, Halbfedern	Starrachse, Halbfedern	Starrachse, Halbfedern
Starrachse	Starrachse	Starrachse, Halbfedern	Starrachse, Halbfedern
Cantilever-Auslegerfedern	Cantilever-Auslegerfedern		
Schraubenspindel, rechts	Schraubenspindel, rechts	Schraubenspindel, rechts	Schraubenspindel, rechts
Außenbacken, Getriebe	Außenbacken, Getriebe	Außenbacken (wassergekühlt),	Außenbacken (wassergekühlt),
		Getriebe	Getriebe
Innenbacken, Hinterräder	Innenbacken, Hinterräder	Innenbacken, Hinterräder	Innenbacken, Hinterräder
3560 mm		3500 mm	2775 mm
1440 mm		1440 mm	1320 mm
Limousine:		Sportwagen:	Sportwagen:
4940 × 1720 × 2400 mm		4800 × 1700 × 1450 mm	3800 × 1300 × 1450 mm
Holzspeichen	Holzspeichen	Holzspeichen	Rudge-Drahtspeichen
mit abnehmbaren Felgen	mit abnehmbaren Felgen	mit abnehmbaren Felgen	
oder Rudge-Drahtspeichen	oder Rudge-Drahtspeichen	oder Rudge-Drahtspeichen	
895 oder 935 × 135		vorn 920 × 120	vorn 875 × 105
		hinten 935 × 135	hinten 895 × 135
1300 kg	1450 kg	1450 kg	1250 kg
		Doppelphaeton 1870 kg	
82 km/h	95 km/h	110 km/h	170 km/h
23 Liter		30 Liter	
100 Liter		120 Liter	130 Liter
		Fahrgestell Mk. 23 000,–	Fahrgestell Mk. 36 000,–
		Runabout Mk. 26 500,–	
		Limousine Mk. 28 500,–	
		Landaulet Mk. 28 500,–	
Elektr. Licht u. Anlasser	Elektr. Licht u. Anlasser	Elektr. Licht u. Anlasser	Elektr. Licht. u. Anlasser

Benz 6/18 PS
Sport-Zweisitzer
1918 – 1921

Benz 6/18 PS
Sport-Dreisitzer
1918 – 1921

Benz 27/70 PS Chauffeur-Limousine 1921
Karosserie: Fahrzeugwerke Lueg (Essen) ↑

↓ **Benz 27/70 PS Tourenwagen offen 1918 – 1923**

6149

	Benz 6/18 PS 1918 – 1921	Benz 27/70 PS 1918 – 1923
Motor	Benz	Benz
Zylinderzahl	4 (Reihe, paarweise)	6 (Reihe, paarweise)
Bohrung × Hub	68 × 108 mm	100 × 150 mm
Hubraum	1570 ccm	7065 ccm
Leistung	18 PS bei 2100 U/min	70 PS bei 1550 U/min
Verdichtung		4,1
Vergaser	Zenith	Zenith Doppelvergaser
Ventile	Hängend Obenliegende Nockenwelle Antrieb durch Königswelle	Seitlich stehend (L-Anordnung) Seitliche Nockenwelle Antrieb durch Kette
Kurbelwellenlager	3	4
Kühlung	Thermosyphon/Wasser Spitzkühler	Pumpe/Wasser Spitzkühler
Schmierung	Druckumlauf	Druckumlauf
Zündung	Magnet	Magnet-Doppelzündung
Batterie	12 V	12 V
Kraftstofftank	im Motorraum	im Heck
Kraftstofförderung	Gefälle	Unterdruck (Luftpumpe)
Kraftübertragung	Motor vorn, Antrieb über Getriebe und Kardanwelle auf Hinterräder	Motor vorn, Antrieb über Getriebe und Kardanwelle auf Hinterräder
Kupplung	Lederkonuskupplung	Lederkonuskupplung
Getriebe	3 oder 4 Gang	4 Gang
Schaltung	Kulisse, rechts außen	Kulisse, rechts außen bzw. (später auch) rechts innen
Übersetzungen		I. 4,11 II. 2,81 III. 1,80 IV. 1,00
Antriebsübersetzung		3,11
Fahrwerk		
Rahmen	Preßstahlrahmen	Preßstahlrahmen
Vorderradaufhängung	Starrachse, Halbfedern	Starrachse, Halbfedern
Hinterradaufhängung	Starrachse, Halbfedern	Starrachse, Cantilever-Auslegerfedern
Lenkung	Schraubenspindel, rechts	Schraubenspindel, rechts
Fußbremse	Außenbacken. Getriebe	Außenbacken (wassergekühlt), Getriebe
Handbremse	Innenbacken, Hinterräder	Innenbacken, Hinterräder
Allgemeine Daten		
Radstand	2545 mm	3650 mm
Spur	1280 mm	1440 mm
Gesamtmaße		5130 × 1800 × 1720 mm
Räder	Holzspeichenräder mit abnehmbaren Felgen oder Rudge-Drahtspeichenräder	Holzspeichenräder mit abnehmbaren Felgen oder Rudge-Drahtspeichenräder
Reifen	760 × 100	vorn 935 × 135 oder 150 hinten 935 × 150
Fahrgestellgewicht	820 kg	1450 kg
Wagengewicht		Tourenwagen 2200 kg Limousine 2360 kg
Zulässiges Gesamtgewicht		2750 kg
Höchstgeschwindigkeit	85 km/h	95 km/h
Verbrauch/100 km		28 Liter
Tankinhalt		120 Liter
Bemerkungen	**6/45 PS Sportwagen 1921 – 1923:** 45 PS bei 3200 U/min Wagengewicht 820 kg 115 km/h	

IVB-08966

IVB-08966

IVB
08966

IVB
08966

Meistbestauntes Schaustück der an Attraktionen überreichen Berliner Automobil-Ausstellung 1921 war ohne Zweifel das Rumpler Tropfen-Auto. Ihn hielt nicht nur das Publikum, sondern auch ein gar nicht geringer Teil der Fachwelt für zukunftsweisend. Man war weithin überzeugt, daß hier zum mindesten die Richtung aufgezeigt würde, welche die Technik des Automobils früher oder später einschlagen müßte. In bezug auf gewisse elementare Konstruktionsmerkmale des Rumplerschen Tropfen-Autos ist es dann ja auch tatsächlich so gekommen. Jedenfalls hielten es die Firma Benz und ihr Chefkonstrukteur Nibel für richtig, sich sofort als erste und einzige Automobilfabrik der Welt die Nachbaurechte für das Rumpler Tropfen-Auto zu sichern. Der Versuchswagen von 1922 trug zwar das Markenschild von Benz auf dem Bug, aber es dürfte mit Sicherheit ein in Berlin gebauter Original Rumpler-Wagen gewesen sein. Nun hatte man ja ohnehin nicht vor, dieses Auto so nachzubauen, wie es war. Vielmehr sollten – in Zusammenarbeit mit Rumpler – Zug um Zug in die normale Serienproduktion solche Elemente oder auch Baugruppen einfließen, von welchen man sich einen echten Fortschritt erhoffte.

Einziges praktisches Ergebnis der Zusammenarbeit mit Rumpler blieb jedoch der Benz Tropfen-Rennwagen. Er besaß einen Sechszylinder-Viertakt-Motor im Heck, Hubraum 2 Liter, Leistung 80 PS bei 4500 U/min. Der Zweisitzer lief 160 km/h. Obwohl dem Benz Tropfen-Rennwagen 1923 in Monza nur ein Achtungserfolg beschieden war, verwirklichte er mit seiner Stromlinienform, dem Heckmotor und der hinteren Schwingachse doch bereits Baugrundsätze, die ihrer Zeit zu weit voraus waren. Zehn Jahre später hat Porsche mit dem Auto-Union Rennwagen von 1934 das gleiche Rezept realisiert.

Benz 11/40 PS Runabout 1923 – 1925

Benz 11/40 PS Limousine 1923 – 1925

Benz 11/40 PS Pullman-Limousine, Karosserie Karmann

Motor
Zylinderzahl
Bohrung × Hub
Hubraum
Leistung

Verdichtung
Vergaser
Ventile

Kurbelwellenlager
Kühlung

Schmierung
Zündung
Batterie
Kraftstofftank
Kraftstofförderung

Kraftübertragung
Kupplung
Getriebe
Schaltung

Übersetzungen

Antriebs-Übersetzung

Fahrwerk
Vorderradaufhängung
Hinterradaufhängung

Lenkung
Fußbremse

Handbremse

Allgemeine Daten
Radstand

Spur
Gesamtmaße
Räder

Reifen

Fahrgestellgewicht
Wagengewicht

Höchstgeschwindigkeit
Verbrauch/100 km
Tankinhalt

Preise

Benz 10/30 PS 1921 – 1926 Mercedes-Benz 10/35 PS 1926 – 1927	**Benz 11/40 PS 1923 – 1925**	**Benz 16/50 PS 1921 – 1926 Mercedes-Benz 16/50 PS 1926 – 1927**	**Benz 16/50 PS Sport 1923 – 1925**
Benz	Benz	Benz	Benz
4 (Reihe, Block)	6 (Reihe, Block)	6 (2 × 3 in Reihe)	6 (2 × 3 in Reihe)
80 × 130 mm	72 × 117 mm	80 × 138 mm	80 × 138 mm
2610 ccm	2860 ccm	4160 ccm	4160 ccm
30 PS bei 2000 U/min bzw. (ab 1926) 35 PS bei 2500 U/min	40 PS bei 2250 U/min	50 PS bei 2000 U/min	75 PS bei 2800 U/min
4,6 bzw. (ab 1926) 4,75	4,75	4,75	5,75
Zenith	Zenith Doppelvergaser	2 Zenith Flachstromvergaser	2 Zenith Flachstromvergaser
Seitlich stehend (L-Anordnung)	Seitlich stehend (L-Anordnung)	Seitlich stehend (L-Anordnung)	Seitlich stehend (L-Anordnung)
Seitliche Nockenwelle	Seitliche Nockenwelle	Seitliche Nockenwelle	Seitliche Nockenwelle
Antrieb durch Kette	Antrieb durch Kette	Antrieb durch Kette	Antrieb durch Kette
3	4	4	4
Thermosyphon, 23 l Wasser	Pumpe, 18 Liter Wasser	Pumpe, 19 Liter Wasser	Pumpe, 22 Liter Wasser
Spitz- bzw. (ab 1926) Flachkühler	Spitzkühler	Spitz- bzw. (ab 1926) Flachkühler	Flachkühler
Druckumlauf	Druckumlauf	Druckumlauf	Druckumlauf
Batterie	Batterie	Batterie	Batterie
12 V	12 V	12 V	12 V
im Heck	im Heck	im Heck	im Heck
Pallas-Autovac (Unterdruck)	Pallas-Autovac (Unterdruck)	Pallas-Autovac (Unterdruck)	Pallas-Autovac (Unterdruck)
Antrieb über Kardanwelle	Antrieb über Kardanwelle	Antrieb über Kardanwelle	Antrieb über Kardanwelle
Lederkonuskupplung	Lederkonuskupplung	Lederkonuskupplung	Lederkonuskupplung
4 Gang	4 Gang	4 Gang	4 Gang
Kulisse, rechts außen bzw. (ab 1924) innen	Kulisse, rechts außen bzw. (ab 1924) innen	Kulisse, rechts außen bzw. (ab 1924) innen	Kulisse, rechts außen bzw. (ab 1924) innen
I. 3,89	I. 4,00	I. 3,89	I. 3,89
II. 2,86	II. 2,28	II. 2,59	II. 2,59
III. 1,70	III. 1,50	III. 1,71	III. 1,71
IV. 1,00	IV. 1,00	IV. 1,00	IV. 1,00
4,00 bzw. (ab 1926) 4,57	4,26 oder 4,57	4,00 oder 3,73	3,73
Preßstahlrahmen	Preßstahlrahmen	Preßstahlrahmen	Preßstahlrahmen
Starrachse, Halbfedern	Starrachse, Halbfedern	Starrachse, Halbfedern	Starrachse, Halbfedern
Starrachse, Underslung-Halbfedern	Starrachse, Underslung-Halbfedern	Starrachse, Underslung-Halbfedern	Starrachse, Underslung-Halbfedern
Schraubenspindel, rechts	Schraubenspindel, rechts	Schraubenspindel, rechts	Schraubenspindel, rechts
Mechanisch, Kardanwelle bzw. (ab 1925) Kardanwelle + Vorderräder	Mechanisch, Kardanwelle bzw. (ab 1925) Kardanwelle + Vorderräder	Mechanisch, Kardanwelle bzw. (ab 1925) Kardanwelle + Vorderräder	Mechanisch, Kardanwelle bzw. (ab 1925) Kardanwelle + Vorderräder
Mechanisch, Hinterräder	Mechanisch, Hinterräder	Mechanisch, Hinterräder	Mechanisch, Hinterräder
3125 bzw. (ab 1926) 3145 oder 3245 mm	3274 mm	3480 mm	3274 mm
1350 mm	1350 mm	1420 mm	1420 mm
4300 – 4500 × 1740 × 1950	4600 × 1740 × 1950 mm	4800 × 1830 × 1950 mm	4600 × 1740 × 1800 mm
KPZ-Stahlspeichen oder Rudge-Drahtspeichen	Holzspeichen oder Rudge-Drahtspeichen	Holzspeichen oder Rudge-Drahtspeichen	Rudge-Drahtspeichen
820 × 120 oder 32 × 6,20 bzw. (bei Radstand 3425 mm) 895 × 150	820 × 120	880 × 135 oder 33 × 6,75	880 × 135 oder 33 × 6,75
1050 kg	1150 kg	1250 kg	1250 kg
Tourenwagen 1500 kg	Tourenwagen 1600 kg	Tourenwagen 1750 kg	Tourenwagen 1700 kg
Limousine 1630 kg	Limousine 1730 kg	Limousine 1900 kg	
78 km/h	80 km/h	90 km/h	110 km/h
15 bis 17 Liter	15 bis 17 Liter	16 bis 18 Liter	18 bis 20 Liter
65 Liter	65 Liter	80 Liter	100 Liter
Tourenwagen RM 16 500,– **1926 – 1927:** Tourenwagen 6 Sitze RM 9700,– Limousine 6 Sitze RM 12 800,–	Tourenwagen RM 18 000,–	Tourenwagen RM 19 500,– **1926 – 1927:** Tourenwagen 6 Sitze RM 12 900,– Limousine 6 Sitze RM 15 000,–	

Benz 10/30 PS
Limousine
(mit Spitzkühler)
1921 – 1926

Mercedes-Benz 10/35 PS
Limousine
(mit Flachkühler)
1926 – 1927

Mercedes-Benz 10/35 PS
Tourenwagen offen
(mit Flachkühler)
1926 – 1927
für Berliner
Automobil-Ausstellung

Benz 10/30 PS
Polizeiwagen für
Überfallkommando
1925

Benz 10/30 PS
Lieferwagen mit
Kastenaufbau
für 750 kg Nutzlast
1925

Benz 10/30 PS
Wagen für
Geschäftsreisende
(Persil-Vertreter)
1925

Benz 16/50 PS Tourenwagen 1924

Benz 16/50 PS Sport Runabout 1925

Benz 11/40 PS Sport-Viersitzer 1925

Benz 16/50 PS Limousine 1925

Benz 16/50 PS Landaulet 1921

Benz 16/50 PS Pullman-Limousine 1922 (Karosserie Karmann)

Gottlieb Daimler, sein Leben, sein Werk, Daimler Motorwagen und Mercedes Personenautomobile von 1886 bis 1926

Gottlieb Daimler (1834 – 1900) und Carl Benz (1844 – 1929) haben, ohne sich gegenseitig zu kennen und ohne von dem Vorhaben des anderen zu wissen, im Jahr 1886 jeder seinen ersten Motorwagen fertiggestellt. Die Gleichzeitigkeit war reiner Zufall, erfolgte aber auch mit einer gewissen Zwangsläufigkeit, weil in jener Zeit der Technisierung und Industrialisierung die Erfindung des Automobils geradezu in der Luft lag. Die Motorisierung des Straßenverkehrs mußte kommen. Nicht daß die damalige Menschheit oder gar das deutsche Volk die Revolution des schienenlosen Personen- und Gütertransports herbeigesehnt oder auch nur angestrebt hätten, doch es bedurfte eines Anstoßes, damit nach der notwendigen Entwicklungs- und Übergangszeit praktisch brauchbare Verkehrsmittel zur Verfügung stünden, sobald die Nachfrage einen rasch wachsenden Markt entstehen ließ. Und so geschah es dann auch. Benz und Daimler hatten genau zum richtigen Zeitpunkt die Motorisierung des Straßenverkehrs eingeleitet.

Freilich waren Carl Benz und Gottlieb Daimler zwei sehr ungleiche Persönlichkeiten. Ebenso unterschieden sich nicht nur ihre ersten Motorwagen, sondern auch ihr Lebensweg und ihr Lebenswerk.

Gottlieb Daimler kam am 17. März 1834 in Schorndorf zur Welt. Sein Vater, ein angesehener Bürger der württembergischen Kleinstadt, betrieb dort eine Bäckerei mit Weinstube. Weil sich der Sohn aber schon von Kind auf mehr für die Technik interessierte, durfte er die Büchsenmacherei erlernen, ein Handwerk, bei dem es auf äußerste Präzision ankommt. Nach dieser Lehre besuchte der junge Daimler die Landesgewerbeschule und anschließend zwei Jahre lang bis Herbst 1859 die Polytechnische Schule in Stuttgart. Zunächst ging der nunmehrige Ingenieur in den Lokomotivbau, verbrachte auch ein Jahr in England, und sammelte dann vielerlei Erfahrung bei Maschinenbauanstalten in Geislingen, Reutlingen und Karlsruhe. Zu großem beruflichen und auch finanziellen Erfolg brachte er es bei der Deutzer Gasmotorenfabrik. Genau zehn Jahre lang, nämlich von 1. 8. 1872 bis 31. 7. 1882 war er deren Technischer Direktor. Mit Nikolaus August Otto, dem autodidaktischen Erfinder des Ottomotors, verstand er sich zwar gar nicht gut, weshalb er schließlich aus der Firma wieder ausschied, aber er brachte diese aus bescheidenen Anfängen zu marktbeherrschender Bedeutung, indem er unerbittlich die bestmögliche Fertigungsqualität durchsetzte, ohne dabei aber die Wirtschaftlichkeit des Betriebes zu vernachlässigen.

Produziert wurden in Deutz damals Gasmotoren für industrielle und gewerbliche Zwecke. Schon in jener Zeit aber erkannte Gottlieb Daimler, daß ein kleiner, leichtgewichtiger und schnellaufender Verbrennungsmotor gebraucht würde, um die damals üblichen Straßenfuhrwerke, Schienenbahnen und Passagierboote beweglicher zu machen. Weil die Geschäftsleitung der Deutzer Gasmotorenfabrik solchen Plänen aber abgeneigt war, fand Daimler dort kaum Gelegenheit zu entsprechenden Entwicklungen und Versuchen. Immerhin aber hatte er bereits vor seinem Eintritt in die Firma einen für sich so günstigen Vertrag mit Gewinnbeteiligung ausgehandelt, daß er dank seiner überaus erfolgreichen Tätigkeit bis zu seinem Ausscheiden ein wohlhabender Mann geworden war.

Infolgedessen konnte er nun endlich seine eigenen Pläne verwirklichen. Daß ihm dies verhältnismäßig rasch gelang, verdankte er seinem tüchtigen Konstrukteur Wilhelm Maybach (1846 – 1929), dem Sohn eines Schreinermeisters in Heilbronn. 1867 hatten sich Daimler und Maybach in Reutlingen kennengelernt. Seither blieben sie in enger Freundschaft und Zusammenarbeit bis zu Daimlers Tod verbunden. Schon in den zehn Deutzer Jahren bewährte sich Wilhelm Maybach als wichtigster Mitarbeiter Gottlieb Daimlers. Und als dieser die Gasmotorenfabrik verließ, folgte ihm Maybach in eine immerhin noch recht ungewisse Zukunft.

Gottlieb Daimler ließ sich in Bad Cannstatt bei Stuttgart nieder, wo er sich für 75 000 Mark ein herrschaftliches Anwesen nächst den dortigen Heilquellen kaufte. Die Ortswahl erfolgte, weil sowohl er selbst als auch seine Frau herzleidend waren und hofften, sich in Cannstatt gewissermaßen einer Dauerkur unterziehen zu können. Im geräumigen Gewächshaus seiner Villa richtete Daimler eine Werkstatt ein, wo er nunmehr, zusammen mit Maybach, umgehend begann, den schnellaufenden Verbrennungsmotor zu entwickeln. Dies geschah in der unwahrscheinlich kurzen Zeit von wenig mehr als einem Jahr, und etwa ein weiteres Jahr dauerten die Feinarbeiten bis zur praktischen Verwendbarkeit des neuen Motors.

Um diese effektiv feststellen und beweisen zu können, bauten Daimler und Maybach im Sommer 1885 den sogenannten »Reitwagen«. Dieses bereits gut durchdachte Zweirad bot die einfachste Möglichkeit, den neuen Motor im Fahrbetrieb zu erproben. Es war nämlich verhältnismäßig leicht zu bauen und es gab keine Probleme mit der Lenkung oder einem Differential. Paul Daimler, der älteste Sohn des Erfinders, unternahm mit dem Reitwagen im November 1885 mehrere Fahrten auf der drei Kilometer langen Strecke von Bad Cannstatt nach Untertürkheim. Das Fahrzeug funktionierte recht gut, und damit war, ohne es eigentlich zu wollen, Gottlieb Daimler der Erfinder des Motorrads geworden. Weil aber diesbezügliche Ambitionen gar nicht bestanden und der Reitwagen lediglich als Versuchsträger gedacht war, unterblieb jegliche Weiterentwicklung dieses neuartigen Verkehrsmittels.

Im April 1886 kaufte Gottlieb Daimler beim Stuttgarter Hoflieferanten Wimpff & Sohn einen Americain-Kutschwagen. Er kostete alles in allem 800 Mark und wurde Ende August 1886 geliefert. Umgehend ließ Daimler den Wagen zur Maschinenfabrik Esslingen bringen und dort nach seinen genauen Anweisungen den hierfür bestimmten Motor sowie das Riemengetriebe, den Hinterradantrieb und die Lenkung einbauen. Im April 1887 konnten die ersten Probefahrten stattfinden. Diese wurden anfangs zwischen Esslingen und Cannstatt und dann zwischen Cannstatt und Untertürkheim durchgeführt. Der Wagen lief zur allseitigen Zufriedenheit und erreichte Geschwindigkeiten bis 18 km/h. Mehr wollte man zunächst auch gar nicht.

Doch Gottlieb Daimler beschäftigte sich damals eigentlich nur nebenbei mit dem Motorwagen. Er hatte seinen Motor inzwischen in ein Boot eingebaut, das seit Anfang August mit bis zu elf Personen an Bord aufsehenerregende Fahrten auf dem Neckar unternahm. Ebenso bewies Daimler die Verwendbarkeit seines Motors in Schienenwagen und Draisinen, in Stromaggregaten und Feuerspritzen, ja 1888 sogar in einem Fesselballon. Diese Versuche hatte das Publikum viel ernster und wichtiger genommen als den Reitwagen und die Motorkutsche. Solche Fahrzeuge galten noch als feuergefährliches Teufelswerk, während man beispielsweise beim Motorboot im Falle eines Brandes oder einer Explosion auf dem Wasser wohl nicht so großen Schaden befürchtete. Der Motorwagen wurde deshalb vorerst nicht mehr in Betrieb gesetzt, zumal hierfür eine polizeiliche Genehmigung zunächst versagt blieb.

Rasch wuchs die Zahl der Interessenten für den Daimler-Motor. Mit dessen Einzelfertigung konnte man schon bald der Nachfrage nicht mehr genügen. Man mußte unbedingt zur industriellen Herstellung übergehen. Gottlieb Daimler schlug der Deutzer Gasmotorenfabrik, zu deren Aktionären er nach wie vor gehörte, eine entsprechende Zusammenarbeit vor, doch diese lehnte im November 1884 ab und leitete überdies sogar einen Patentprozeß ein, den sie aber verlor. Die selbst gut beschäftigte Esslinger Maschinenfabrik half Daimler zwar freundschaftshalber mittels Zulieferung von Teilen, doch war zu erkennen, daß nur noch die selbständige Produktion weiterhin ein ordentliches Geschäft ermöglichte. So erwarb Gottlieb Daimler im Juli 1887 am Cannstatter Seelberg um 30 200 Mark die für den augenblicklichen Bedarf noch viel zu großen Hallen einer ehemaligen Vernickelungsanstalt. Der rasch eingerichtete Betrieb begann mit 23 Arbeitern die Produktion. Wichtigstes Erzeugnis waren zunächst Daimlers Motorboote, die für den Hafenverkehr in alle großen Seestädte der Welt gingen. Die Daimler Feuerspritzen hingegen, die ersten ihrer Art, erwiesen sich als schwieriges Geschäft. Die verschiedensten Schienenfahrzeuge, für welche Daimler die Motoren lieferte, baute die Maschinenfabrik Esslingen.

Erst im Sommer 1888 ließ Gottlieb Daimler seine Motorkutsche wieder in Cannstatt und Stuttgart herumfahren. Durch die Motorboote und vor allem durch die pferdelosen Trambahnen hatten sich die Leute inzwischen an die neue Antriebsart gewöhnt sowie von deren Betriebssicherheit und Ungefährlichkeit überzeugt. Andererseits bedeutete der Motorwagen noch weiterhin für nahezu jeden der vielen Kutscher, Fuhrleute, Bauern und Polizisten ein verdammenswertes Ärgernis. So hielt Daimler, der sowieso keine Motorwagen, sondern nur Motoren für andere Wagenbaufirmen liefern wollte, diesen Markt immer noch nicht für reif. Er hatte ja genügend Abnehmer, die seinen Motor betreiben konnten, ohne ihre Umgebung zu erschrecken oder zu verdrießen. Maybach andererseits drängte nicht, weil ihm die bloße Motorisierung von Fuhrwerken unbefriedigend erschien. Schließlich kannte er inzwischen den Patent-Motorwagen von Carl Benz, in Sonderheit dessen erstes Exemplar. Und ein passionierter Ingenieur wie Wilhelm Maybach erkannte ganz klar, daß dort bereits weiter in die Zukunft weisende Gedanken verwirklicht worden waren als bei der Daimler'schen Motorkutsche.

So schuf Wilhelm Maybach in gedanklicher Anlehnung an den Benz Patent-Motorwagen den sogenannten Stahlradwagen. Genau wie dort wurde nun auch hier der Versuch unternommen, den Motor und das Fahrzeug als organische Einheit zu konstruieren, also einen echten Motorwagen, ein echtes Automobil, und nicht bloß eine mehr oder weniger behelfsmäßig motorisierte Kutsche zu bauen. Daimler selbst kannte solche Irritationen nicht, denn ihm ging es ausschließlich darum, seinen Motor möglichst vielseitig und zahlreich zu vermarkten. Der Stahlradwagen trug und trägt offiziell den Namen Daimlers, doch Maybach hat ihn allein, ja gegen dessen Willen gebaut. Immerhin durfte Maybach den Stahlradwagen (mit der Wagennummer 2 und der Motornummer 83) auf der Pariser Weltausstellung 1889 zeigen. Das Publikum beachtete ihn kaum, doch bei einigen Fachleuten erregte er die größte Aufmerksamkeit. Ein hervorragendes Merkmal des neuen Fahrzeugs war das von Maybach verwendete Zahnradgetriebe, das sich bei der Reise nach Paris vorzüglich bewährte. So erschien es Maybach selbstverständlich, daß künftige Motorwagen nur noch mit Zahnradgetrieben gebaut würden, zumal nach seiner Überzeugung der Riemenantrieb sowieso keine Zukunft besaß. Doch Daimler, ein eigensinniger und starrköpfiger Mann, beharrte auf dessen Beibehaltung, wobei freilich sein Einwand schon stimmte, daß die damals noch ungehärteten Zahnräder zu rasch verschleißen würden. Dennoch ärgerte sich Maybach sehr.

Nach der Rückkehr aus Paris befaßte er sich zunächst hauptsächlich mit dem Entwurf eines leichten Vierrad-Motorwagens mit Achsschenkellenkung. Er wollte damit dem vielgekauften Benz-Velo Konkurrenz machen. Doch es kam nicht zum Bau dieses Fahrzeugs, und zwar vermutlich deshalb, weil Gottlieb Daimler nach wie vor noch gar kein Interesse an der Produktion kompletter Motorwagen hatte.

Die Vorführung des Stahlradwagens auf der Pariser Weltausstellung 1889 gab den Anstoß zur Entstehung der französischen Automobilindustrie und brachte eine durchschlagende Belebung der mit Frankreich bestehenden Geschäftsverbindungen Daimlers. Dank guter persönlicher Beziehungen, die er noch von seiner Deutzer Zeit her pflegte, hatte sich die Firma Panhard & Levassor in Paris die Rechte für den Lizenz-Nachbau des Daimler-Motors gesichert. Emile Levassor (1843 – 1897) begann 1888 mit deren Herstellung und entwickelte 1890 einen Wagen mit erstmalig vorn eingebautem Daimler-Motor. Auch andere Marken, die nun den Bau von »Selbstfahrern« aufnahmen, bezogen die Daimler-Motoren von Levassor. Größter Kunde war das Familienunternehmen Peugeot, welches nach Abschluß der Weltausstellung den Stahlradwagen gekauft und diesen als erstes Benzinautomobil Frankreichs in Betrieb gesetzt hatte. Die weiteren Wagen eigener Herstellung glichen zunächst ebenfalls diesem Vorbild. Peugeot wurde zur zeitweise größten Automobilfabrik Frankreichs: Produzierte die Firma 1889 noch vier Motorwagen, so waren es um 1900 bereits 500 pro Jahr. Bis 1906 baute Peugeot ausschließlich Daimler-Motoren von Panhard & Levassor ein. Im übrigen machte der französische Lizenznehmer mit Motorbooten, Trambahnen, Draisinen, Stromaggregaten und Feuerspritzen ebenfalls einträgliche Geschäfte.

In England dauerte es länger, bis sich der Motorwagen durchsetzte. Dort liefen bereits verhältnismäßig viele Dampfwagen, und selbst der Betrieb dieser schwerfälligen Fahrzeuge war durch ungemein restriktive Verkehrsregelungen (schon damals zugunsten der Eisenbahn!) arg behindert. Erst nach mühsamer Überwindung dieser Gesetze war an den Betrieb der moderneren Motorwagen zu denken. 1896 kam es zur Gründung der Daimler Motor Ltd. in Coventry, wobei auch Gottlieb Daimler dem Vorstand angehörte. Die Gesellschaft beherrschte lange Zeit nahezu allein den dortigen Markt, wurde dann infolge des ersten Weltkrieges vom Stammwerk unabhängig, doch existiert die Marke Daimler in England noch heute.

Daimlers Interessen in Amerika vertrat der deutschstämmige Klavierfabrikant Steinway, der Ende 1896 starb. Noch zu dessen Lebzeiten machten sich zahlreiche Nachahmer skrupellos und ohne Rücksicht auf dessen Prioritäten die Arbeit Daimlers zunutze. Dieser, damals schon krank und zu Hause mit Sorgen belastet, vermochte an der unerfreulichen Situation nichts mehr zu ändern.

Ähnlich wie in Frankreich wußte Gottlieb Daimler auch in der österreichisch-ungarischen Monarchie Verbindungen aus der Deutzer Zeit nunmehr für seine eigenen Geschäfte zu verwerten. Seit 1890 bestand eine Vertretung in Wien. Im Sommer 1899 erfolgte die Gründung der »Österreichischen Daimler-Motoren-Gesellschaft« in Wiener-Neustadt. Das war zunächst ein vom Stammhaus abhängiger Zweigbetrieb, dessen technische Leitung von 1902 bis 1905 Paul Daimler oblag. Nach Verselbständigung der Firma im Jahre 1906 gedieh der »Austro-Daimler« zu einer hochangesehenen Luxusmarke.

Während Gottlieb Daimler im Ausland viel Anerkennung und Erfolg fand, litt er zu Hause zwar nicht unter finanzieller Not, aber unter zermürbenden geschäftlichen Ärgernissen. Zu den einflußreichsten Persönlichkeiten Württembergs zählte damals ein gewisser Kilian Steiner (1833 – 1903), der es im Laufe der Jahre zu ungeheurem Reichtum und damit einhergehend zum Kgl. Württ. Geheimen Kommerzienrat Dr. jur. Kilian von Steiner, Bankdirektor und Besitzer von Schloß Laupheim, gebracht hatte. Schon sein Vater hatte als Händler in dem Städtchen Laupheim gelebt, wo es eine große Judengemeinde gab, die 1860 bereits 800 Seelen zählte. 1828 hatte der Vater, dessen ursprünglicher Namen nicht mehr feststellbar ist, den Familiennamen Steiner angenommen. Kilian Steiner nun vermehrte das vom Vater ererbte Geld, indem es ihm gelang, nahezu alle kleinen Privatbanken des Landes kapitalmäßig von sich abhängig zu machen und dann zur 1865 gegründeten Württembergischen Vereinsbank zusammenzuschließen. Darüber hinaus gründete er wenige Jahre später die Württembergische Notenbank und schließlich beherrschte er auch noch – daher wohl sein Titel und Adelsprädikat – die Kgl. Württ. Hofbank. Über riesige Kredite, welche vor allem die Vereinsbank zwar großzügig, aber unter hinterhältigen Bedingungen vergab, verwandelte Kilian Steiner erfolgreiche oder erfolgversprechende Industriebetriebe von privaten in anonyme Gesellschaften, die er von ihm zuverlässig ergebenen und fürstlich bezahlten Vertrauensleuten – Strohmän-

Daimler-Motorwagen-Produktion 1886–1907

	Motorwagen		davon für Export
1886	1		–
1887	–		–
1888	–		–
1889	2		–
1890	–	*)	–
1891	–	*)	–
1892	4	*)	–
1893	2	*)	2
1894	1	*)	–
1895	8	*)	4
1896	24		20
1897	26		12
1898	57		13
1899	108		56
1900	96		54
1901	144		82
1902	197		155
1903	232		188
1904	698		568
1905	863		639
1906	546		437
1907	149		122

*) Nach einer anderen Quelle sollen in der Zeit von 1890 bis 1895 im Werk Cannstatt der Daimler-Motoren-Gesellschaft 19 und im Hotel Hermann 12 Motorwagen fertiggestellt worden sein.

Daimler-Automobilproduktion 1908 – 1926

	Personenwagen	Lastwagen und Omnibusse	Gesamtzahl
1908	109	122	231
1909	671	158	829
1910	1106	199	1305
1911	1490	291	1781
1912	1866	317	2183
1913	1567	358	1925
1914	1404	568	1972
1915	1302	605	1907
1916	428	718	1146
1917	401	792	1193
1918	108	996	1104
1919	621	550	1171
1920	1616	536	2152
1921	1581	294	1875
1922	962	380	1342
1923	1020	449	1469
1924	1333	543	1876
1925	1406	881	2287
1926	627	616	1243

nern – verwalten und führen ließ. Am liebsten stellte er dabei angesehene eingesessene Geschäftsleute oder auch die ehemaligen Inhaber an die Spitze seiner Unternehmungen. Letzteres hatte vor allem den Vorteil, daß die Öffentlichkeit den Besitzwechsel gar nicht bemerkte. Er selbst hielt sich nämlich völlig im Hintergrund, bieb der breiten Bevölkerung unbekannt und vermied auch jegliche Publizität.

Zu Kilian Steiners wichtigsten Vertrauensleuten zählten der Geheimrat Max bzw. ab 1896 Max von Duttenhofer (1843 – 1903) und der Kommerzienrat Wilhelm Lorenz (geb. 1842), der eine Pulver-, der andere Patronenfabrikant. Beiden, und zwar vor allem Lorenz auf sehr rigorose Art, hatte Kilian Steiner ihre Fabriken abgenommen, wußte aber die tüchtigen Männer sehr geschickt anderweitig zur Ausweitung seiner Geschäfte zu verwenden. So beispielsweise auch im Fall Daimler.

Seit Gottlieb Daimler die Fabrik am Cannstatter Seelberg betrieb, bedrängten ihn Geheimrat Duttenhofer und Kommerzienrat Lorenz mit verlockenden Angeboten, seine Einzelfirma in eine Aktiengesellschaft umzuwandeln, für welche sie bedeutende Kapitaleinlagen zusagten. So kam es tatsächlich Ende des Jahres 1890 zur Gründung der Daimler-Motoren-Gesellschaft AG., aber auch sofort danach zu einem erbitterten Streit mit den beiden Teilhabern. Diese glaubten, wie das in ähnlichen Fällen ja durchaus häufig vorkommt, kraft ihrer finanziellen Überlegenheit alles viel besser zu wissen als der Herr Daimler, der ihrer Meinung nach wohl früher mal ein paar gute Einfälle hatte, sich aber nun still und bescheiden im Hintergrund halten sollte. Noch mehr als die Überheblichkeit der beiden Geldleute aber kränkte Gottlieb Daimler der Umstand, daß sich nun auch einige seiner ältesten Freunde auf deren Seite und damit gegen ihn stellten: Aus schäbigem Opportunismus. Doch Gottlieb Daimler nahm das ihn entwürdigende und zudem geschäftsschädigende Verhalten seiner so wenig partnerschaftlichen Partner nicht hin. Er beendete die aktive Mitarbeit in der Firma seines Namens und pachtete kurzerhand für 1800 Mark Jahresmiete den großen Gartensaal des aufgelassenen Hotels Hermann in Cannstatt. Wilhelm Maybach, seinen kaufmännischen Vertrauten Karl Linck und 12 ausgesuchte Arbeiter nahm er mit, um eine pikfeine Versuchswerkstatt einzurichten. Von März 1893 an arbeitete man dort intensiv an der Entwicklung neuer Motoren und auch eines marktfähigen Motorwagens. Zu dessen wichtigsten Errungenschaften zählte schließlich der Phoenix-Motor mit zwei parallel stehenden Zylindern und der von Maybach erdachte Spritzdüsenvergaser. Es handelte sich um den sogenannten »Riemenwagen«, der später jahrelang zum Hauptprodukt der Daimler-Motoren-Gesellschaft wurde.

Inzwischen hatte Duttenhofer einen Ingenieur Max Schroedter (geb. 1842) zum Technischen Direktor gemacht. Der war ein durchaus fähiger Mann, hatte aber vom Motorenbau keine Ahnung und begriff gar nicht die wesentliche Eigenart der Konstruktionen Daimlers und Maybachs. Den schlechten Geschäftsgang der Gesellschaft führte er vielmehr auf das Fehlen eines langsamlaufenden Einzylindermotors zurück. So entwarf

Mercedes Personenwagen-Produktion von 1919 bis zur Fusion 1926

Typ	1919	1920	1921	1922	1923	1924	1925	1926 (bis zur Fusion)
6/25/40 PS					190	151	–	–
6/40/65 PS Sport					–	18	–	–
10/40/65 PS					346	504	–	1
16/45 PS Knight					282	11	–	–
16/50 PS Knight					–	294	2	–
28/60 PS					48	10	–	–
28/95 PS					139	134	–	–
2 l Rennwagen					5	10	–	–
4½ l Rennwagen					–	1	–	–
2 Liter 8/38 PS					–	–	–	26
4 Liter Typ 400					–	114	918	367
6 Liter Typ 630					–	86	486	233
Lieferwagen Typ U 2 T					10	–	–	–
Gesamtzahl	**621**	**1616**	**1581**	**962**	**1020**	**1333**	**1406**	**627**

er eine neue Motorenreihe, die sich aber für die Fabrikation und sowieso auch für die Praxis als unbrauchbar erwies. Überdies traute er sich eine verbesserte Ausgabe des Stahlradwagens zu. Zwar war er zunächst an dessen Konzeption gebunden, weil Maybach noch vor der Hotel-Hermann-Zeit 20 Stahlrohr-Fahrgestelle bei den Neckarsulmer Fahrradwerken fest bestellt hatte. Doch bei richtiger Selbsteinschätzung hätte Schroedter den Stahlradwagen unverändert auf den Markt gebracht. Die mißglückte Abwandlung aber, die ja immerhin als »Daimler Motorwagen« angeboten wurde, fand nur wenige Käufer: Kaum ein Dutzend in zwei Jahren! Zur Kennzeichnung seiner Herkunft wird dieses Modell inzwischen von den Historikern des Hauses Daimler-Benz vornehm-distanziert als »Schroedter-Wagen« bezeichnet. Auch in der kaufmännischen Geschäftsführung führten Fehlentscheidungen der Geldgeber zu einer katastrophalen Mißwirtschaft. Mitte des Jahres 1895 stand die Daimler-Motoren-Gesellschaft vor dem Bankrott.

Nicht nur diese Tatsache, sondern vor allem die offensichtlich fruchtbare Arbeit der Daimler'schen Versuchswerkstatt im Hotel Hermann und nicht zuletzt die energischen Vorhaltungen wichtiger Firmenvertreter führten schließlich dazu, daß Duttenhofer und Lorenz die Aussöhnung mit Daimler suchten. Diese gelang auch nach zähen Verhandlungen, in welchen Gottlieb Daimler dieses eine Mal in der stärkeren Position war. Was schon 1890 vertraglich vereinbart, dann aber kaltschnäuzig nicht eingehalten worden war, wurde nun zugestanden: Gottlieb Daimler übernahm die Oberleitung der Gesellschaft, Wilhelm Maybach wurde zum Technischen Direktor und sein wichtigster Mitarbeiter, Ingenieur Moeves, zum Chefkonstrukteur ernannt. Von der seitherigen Geschäftsführung behielt lediglich Gustav Vischer seinen Posten als Kaufmännischer Direktor. Schroedter mußte gehen. Daimler und Maybach erhielten Entschädigungen für die Unkosten und die Unbill der letzten Jahre. Aufgebracht wurden diese Summen wie überhaupt die Kosten der Sanierung durch eine hohe Lizenzzahlung aus England, die aber auch nur unter der Voraussetzung geleistet worden war, daß Gottlieb Daimler wieder die Oberleitung der Gesellschaft übernahm. Das unter Lorenz nach Karlsruhe verlegte Konstruktionsbüro kam wieder nach Cannstatt. Der Betrieb im Hotel Hermann wurde im November 1895 aufgelöst und in die Fabrik verbracht.

Von Stund' an liefen die Geschäfte der Daimler-Motoren-Gesellschaft wieder wie geschmiert. Das Hauptgewicht lag nunmehr auf dem Bau der Motorwagen. Der im Hotel Hermann entwickelte Riemenwagen verkaufte und bewährte sich bestens. 1897 begann die Lieferung des Phoenix-Wagens mit vorn eingebautem Motor. Seit 1899 gab es für diesen wahlweise auch einen 6 PS Vierzylinder-Motor. Ab Herbst 1899 ersetzte Daimler bei seinen Fahrzeugmotoren endlich die Glührohrzündung, deretwegen so mancher Riemenwagen in Brand geraten war, durch die von Robert Bosch eingeführte Niederspannungs-Magnet-Abreißzündung. Es entstanden die ersten Rennwagen, Lastwagen und Omnibusse. Bald freilich war die Kapazität und Ausbaufähigkeit der Anlagen am Cannstatter Seelberg erschöpft. So kaufte Gottlieb Daimler im Jahre 1897 ein großes Areal zum Bau einer neuen Fabrik in Untertürkheim, dort, wo heute noch das Hauptwerk der Daimler-Benz AG. steht.

Die Zusammenarbeit mit Geheimrat Duttenhofer, der nach außen weiterhin maßgebenden Persönlichkeit im Aufsichtsrat, bereitete zunächst keinen besonderen Ärger mehr. Aber nur knapp zwei Jahre dauerte der Frieden, nämlich so lange, bis die Gesellschaft wieder gesund dastand. Kilian Steiner und seine Leute hatten es keineswegs aufgegeben, die Daimler-Motoren-Gesellschaft an sich zu bringen. Nachdem im ersten Anlauf das Ziel verfehlt worden war, suchte man dieses nun auf einem Umweg zu erreichen. Duttenhofer, Lorenz und der ebenfalls zur Steiner-Gruppe gehörende Isidor Loewe gründeten 1897 in Berlin eine Allgemeine Motorwagen-GmbH., die alsbald mit der Fabrikation begann, und zwar nach Daimler-Lizenzen, die Duttenhofer ohne Gottlieb Daimlers Wissen der neuen Firma überlassen hatte. Und überdies wurden die in Berlin gebauten Fahrzeuge als »Daimler-Motorwagen« verkauft und sogar exportiert, obwohl sie qualitativ bei weitem nicht den Ansprüchen Gottlieb Daimlers entsprachen. Schon

Daimler Reitwagen 1885

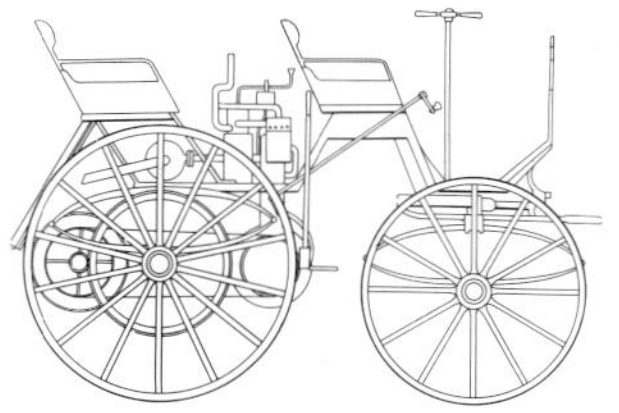
Daimler Motorwagen 1886

Daimler Stahlradwagen 1889

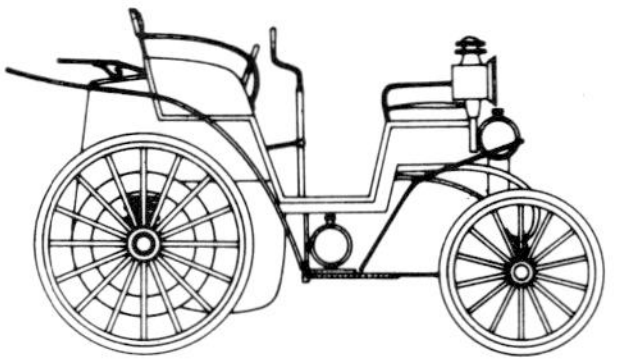
Daimler Riemenwagen 1894

Daimler Victoria 1897

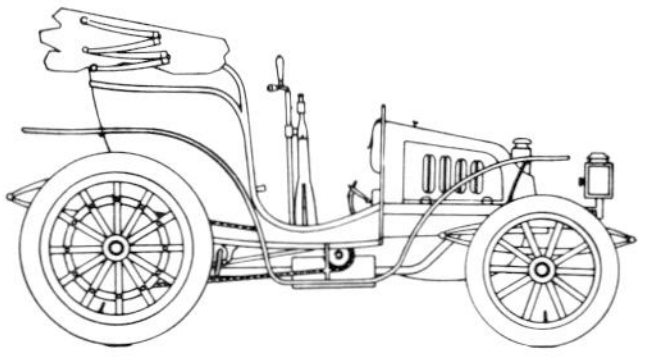
Paul-Daimler-Wagen 1901

Erster Mercedes 1901

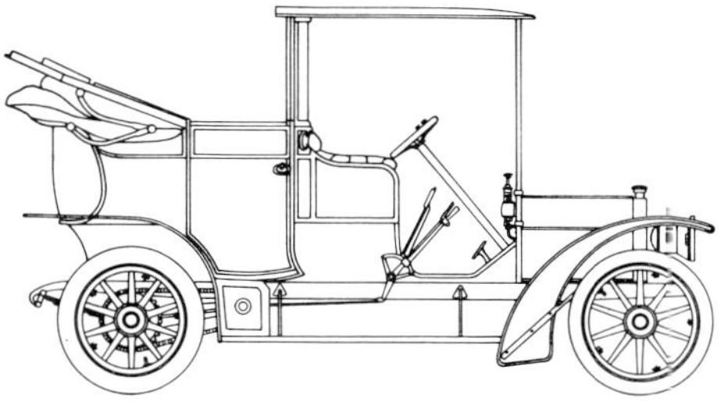
Mercedes-Simplex Landaulet 1902

Mercedes-Simplex Tonneau 1903

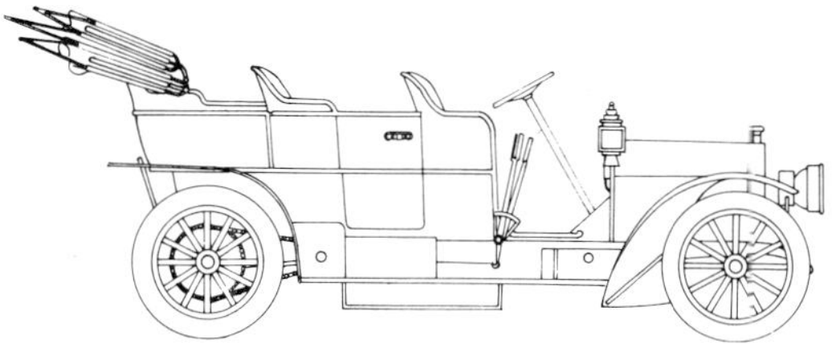
Mercedes-Simplex Tourenwagen 1903

Mercedes-Simplex Phaeton 1903

Mercedes-Simplex Doppeltonneau 1904

ihrer niedrigen Kampfpreise wegen wurden die Berliner sofort zu einer harten Konkurrenz für Cannstatt. Die Firma wuchs rasch, erwarb ein großes Fabrikgelände in Berlin-Marienfelde und nannte sich nun »Motor-Fahrzeug- und Motoren-Fabrik Berlin-Marienfelde«. Isidor Loewe wurde deren Geschäftsführer, Duttenhofer Vorsitzender des Aufsichtsrates.

Gottlieb Daimler, der sich gerade von den Anstrengungen und Aufregungen der vergangenen Jahre einigermaßen erholt hatte, war dem erneuten Zugriff auf sein Lebenswerk nicht mehr gewachsen. Eine Zeitlang wehrte er sich noch unter Aufbietung aller seiner Kräfte, doch verließen ihn diese zusehends. Ab August 1899 mußte er in ärztlicher Pflege bleiben. Am 10. Januar 1900 führte er zum letzten Mal ein einstündiges Gespräch mit dem unglaublich skrupellosen Geheimrat von Duttenhofer, das ihn endgültig niederwarf. Am 6. März 1900 verließ Gottlieb Daimler erbittert und enttäuscht diese Welt. Zwei Tage später wurde er zu Grabe getragen. Die prominentesten Persönlichkeiten der deutschen, französischen und englischen Motorwagen-Industrie waren anwesend. Nur Max von Duttenhofer ließ aus Berlin sein Fernbleiben wegen dringender geschäftlicher Abhaltungen »entschuldigen«!

Das Kapital der Daimler-Motoren-Gesellschaft betrug nur 900 000 Mark. Es war auf diesem viel zu niedrigen Stand gehalten worden und überdies sorgte Duttenhofer für frisierte Bilanzen, damit Gottlieb Daimler keinen zu großen persönlichen Nutzen daraus ziehen konnte. Dabei hatte man es geschafft, daß bereits zur Generalversammlung im Oktober 1901 der Steiner-Gruppe 680 und der Familie Daimler nur mehr 130 der insgesamt 900 Daimler-Aktien gehörten. Und weil der Firmengründer nun tot war, hatte auch das Berliner Konkurrenzunternehmen (Kapital knapp drei Millionen Mark) seinen Sinn verloren, weshalb die Generalversammlung im Juni 1902 dessen Übernahme als Zweigniederlassung Berlin-Marienfelde in die Daimler-Motoren-Gesellschaft beschloß. Damit gehörte der Daimler-Familie nur noch 1/30 der Firma. In deren Aufsichtsrat wurden Isidor Loewe, Hermann Steiner (ein Vetter Kilian Steiners) und Alfred von Kaulla zugewählt.

Seither war und blieb die Daimler-Motoren-Gesellschaft im Besitz mächtiger Kapitalgruppen. Für die majorisierte und damit in arg schofler Art enteignete Gründerfamilie muß dies bitter gewesen sein, der Firma selbst ist es allerdings per saldo recht gut bekommen.

Schon vor dem Tod Gottlieb Daimlers war ein Mann in Erscheinung getreten, der schließlich nicht nur ein paar Jahre lang die Geschicke der Daimler-Motoren-Gesellschaft entscheidend mitprägte, sondern darüber hinaus auch den gesamten Automobilbau nachhaltig beeinflußte. Emil Jellinek (1853 – 1917), österreichisch-ungarischer Generalkonsul in Nizza, kaufte im Oktober 1897 einen 6 PS Daimler-Riemenwagen als Doppel-Phaeton mit Luftreifen. Jellinek, ein wohlhabender Mann, der im gesellschaftlichen Leben seiner Zeit eine tonangebende Rolle spielte, besaß einerseits einen ausgeprägten Sinn für technische Möglichkeiten, andererseits ein durchschlagendes Verkaufstalent. In rascher Folge nahm er bis zu Daimlers Tod 34 Wagen ab, wobei er nachdrücklich auf immer höhere Motorleistungen und Geschwindigkeiten drängte. Da er aber einsah, daß hier mit den damals üblichen Motorwagen nicht viel mehr zu erreichen war, schlug er eine völlig neue Konstruktion vor, deren wesentlichstes Merkmal, die niedrige Bauart, mehr Fahrsicherheit und damit höhere Geschwindigkeiten erhoffen ließ. Da Jellinek die Abnahme der ersten 36 Wagen zusagte, begann Wilhelm Maybach unverzüglich mit deren Konstruktion. Das Ergebnis war ein Hochleistungsautomobil, das sowohl in seiner äußeren Form als auch in vielen technischen Merkmalen neue Wege aufzeigte. Neben der für damals enormen Leistung von 35 PS waren vor allem der aus Leichtmetall gefertigte Motorblock und der von Maybach erfundene Bienenwabenkühler bemerkenswert, bei welchem man mit wesentlich weniger Kühlwasser auskam und womit die bis dahin noch problematisch gebliebene Kühlungsfrage endgültig und bis auf den heutigen Tag gelöst blieb. Der neue Wagen erregte ungeheu-

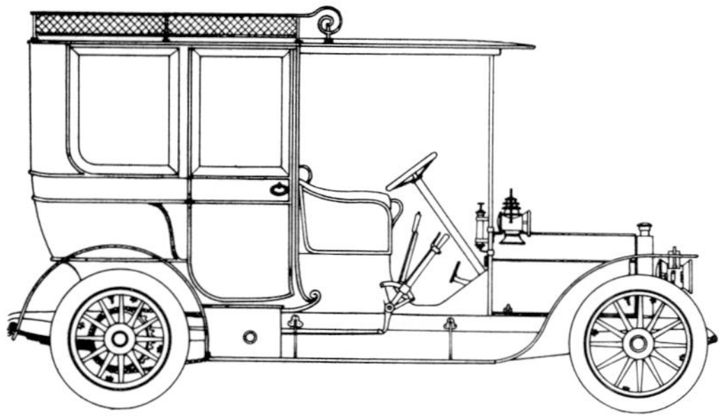

Mercedes 45 PS Reiselimousine 1906

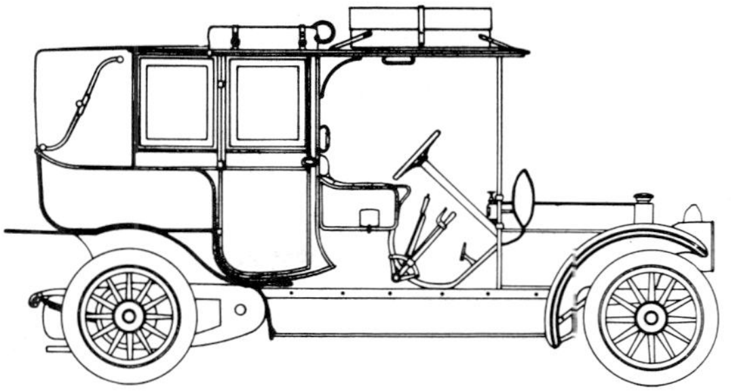

Mercedes 70 PS Landaulet 1908

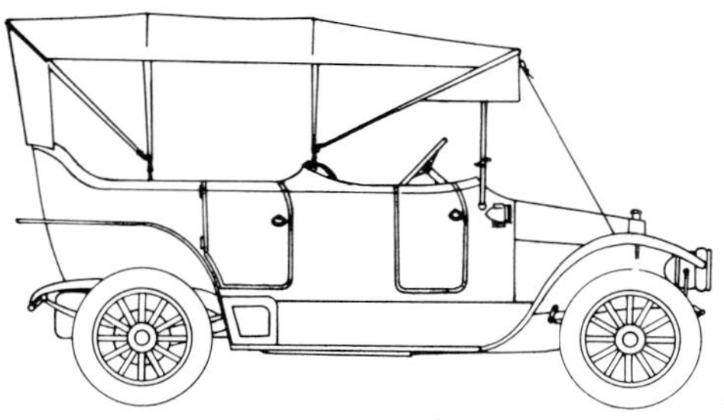

Mercedes 14/30 PS Tourenwagen 1910

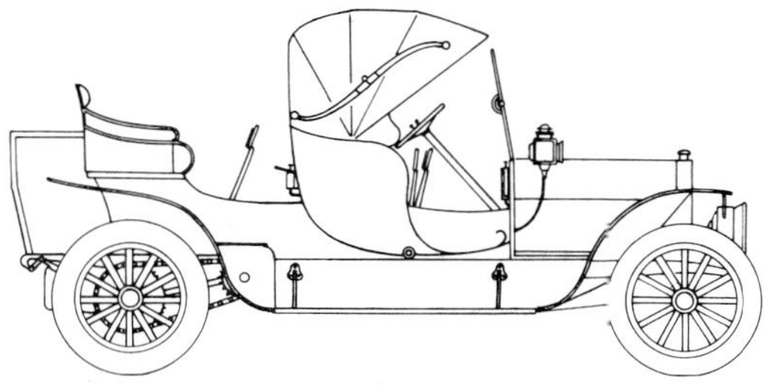

Mercedes 28/60 PS Doppelphaeton 1910

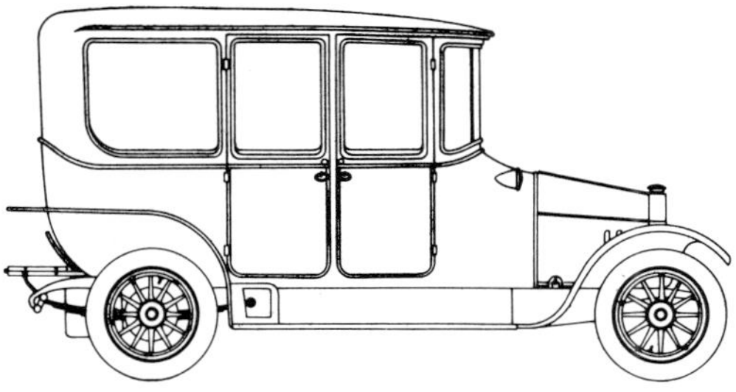

Mercedes-Knight 16/40 PS Limousine 1911

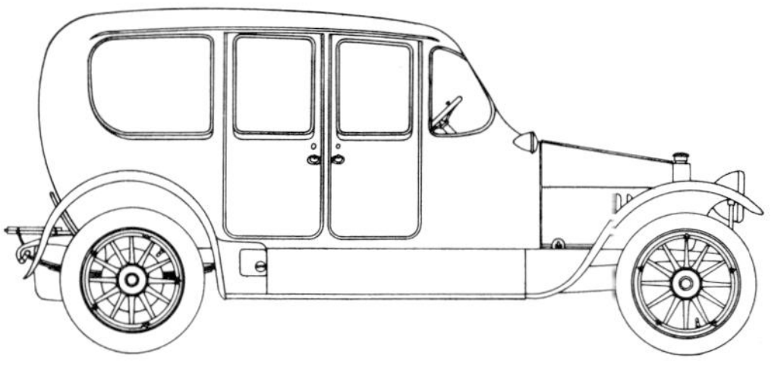

Mercedes 22/50 PS Limousine 1911

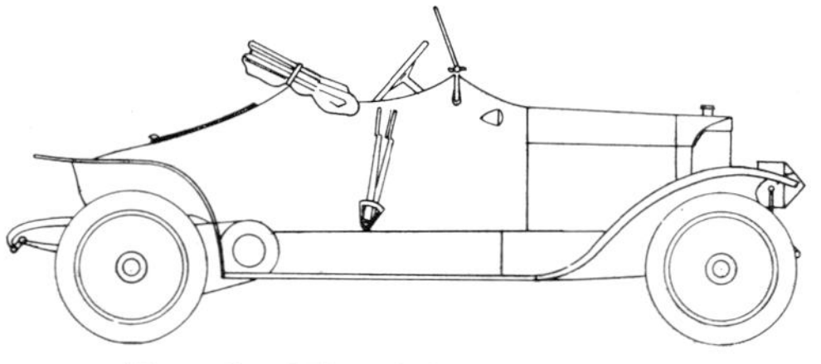

Mercedes 37/90 PS Sportwagen 1911

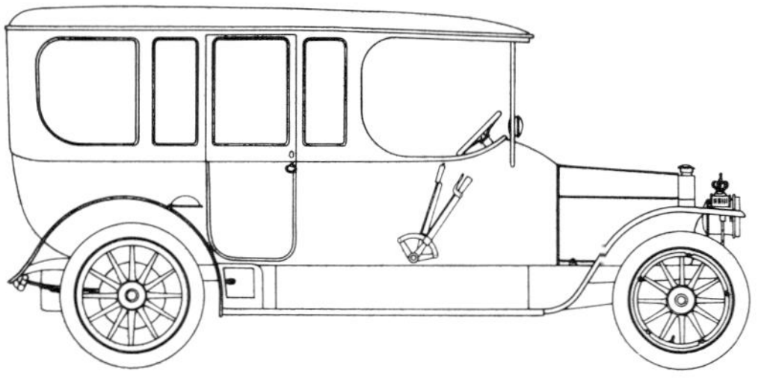

Mercedes 22/40 PS Reisewagen 1912

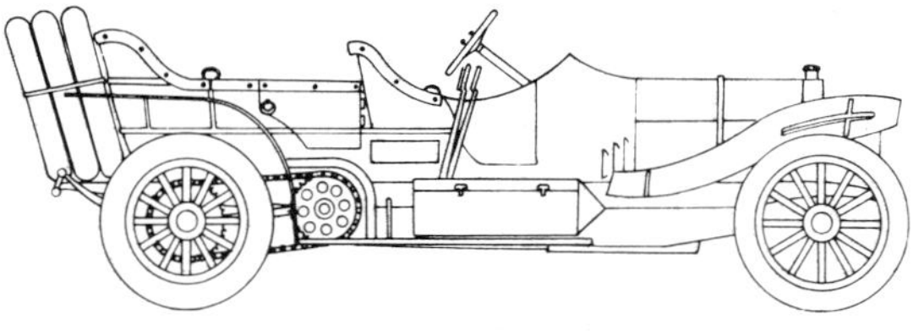

Mercedes 38/70 PS Sportphaeton 1912

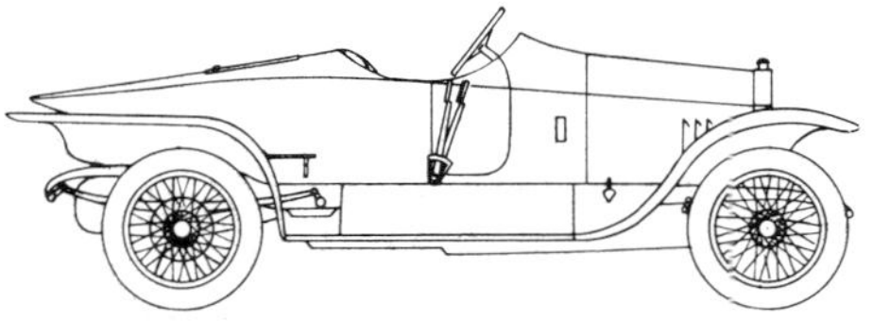

Mercedes 14/35 PS Sportwagen 1913

res Aufsehen, und die gesamte Fachwelt war sich einig, daß die seitherige Vorherrschaft der französischen Automobilindustrie damit gebrochen war. Jellinek sicherte sich den Alleinvertrieb für Österreich-Ungarn, Frankreich, Belgien und Amerika. In seinem Bereich führte er die neuen Daimler-Wagen unter der Marke „Mercedes" ein, dem Namen seiner Lieblingstochter. Nachdem diese Markenbezeichnung sofort nicht nur berühmt, sondern auch zum Sprachgebrauch wurde, verwendete sie die Daimler-Motoren-Gesellschaft nunmehr für die gesamte Produktion. – Im Jahr 1905 ließ sich Jellinek sein Verkaufsmonopol ablösen. Seine weiteren Unternehmungen im Automobilgeschäft gerieten zu einem gewaltigen Mißerfolg, so daß er 1908 seinen gesamten Aktienbesitz verkaufen mußte.

Adolf Daimler (1871 – 1912), der zweitälteste Sohn Gottlieb Daimlers, besorgte seit Ende der neunziger Jahre die Betriebsleitung der Daimler-Motoren-Gesellschaft und des öfteren vertrat er den Vater bei geschäftlichen Verhandlungen. – Paul Daimler (1869 bis 1945), den ältesten Sohn, holte der Vater 1897 in das Cannstatter Konstruktionsbüro. Dort war er mit durchaus wichtigen Aufgaben betraut, vermochte aber nicht, mit Wilhelm Maybach ein gedeihliches Einvernehmen zu erzielen. Es kam soweit, daß für Paul Daimler ein selbständiges, von Maybach unabhängiges und von diesem geradezu als Konkurrenz betrachtetes Konstruktionsbüro eingerichtet wurde. Dieses beschäftigte sich ab 1899 mit der Entwicklung eines kleinen 4/8 PS Wagens, der werksintern „Pauline", „Paul-Daimler-Wagen" oder „P.D.-Wagen" genannt wurde. Er wies verschiedene Neuerungen und fortschrittliche Einzelheiten auf. Weil aber das Werk inzwischen mit der neuen Mercedes-Baureihe voll ausgelastet war und weil andererseits Paul Daimler im Jahr 1902 die Technische Leitung der Österreichischen Daimler-Motoren-Gesellschaft übernahm, wurden zwar in den Jahren 1901/02 in Cannstatt und dann auch in Wiener-Neustadt einige wenige Musterfahrzeuge des kleinen Wagens fertiggestellt, doch kam es nie zu deren serienmäßiger Fabrikation.

Im Jahr 1903 starb der Geheimrat Max von Duttenhofer, der Maybachs Fähigkeiten mittlerweile sehr zu schätzen gelernt hatte. Kommerzienrat Lorenz hingegen, der nunmehr den Vorsitz im Aufsichtsrat innehatte, mochte den Technischen Direktor überhaupt nicht leiden. Mehr und mehr beschnitt er dessen Einfluß, bis er ihn soweit brachte, daß er zum 1. August 1907 seinen Posten aufgab und in den Aufsichtsrat der Daimler-Motoren-Gesellschaft überwechselte. Immerhin blieb Wilhelm Maybach ein schöner und langer Lebensabend vergönnt. In vielfacher Weise wurde er geehrt und ausgezeichnet. So erhielt er 1915 Titel und Rang eines Oberbaurats und 1916 verlieh ihm die Technische Hochschule Stuttgart die Würde eines Dr.-Ing. ehrenhalber. Am 29. Dezember 1929 starb Wilhelm Maybach nach kurzer Krankheit. Er wurde auf dem gleichen Friedhof in Cannstatt beigesetzt, auf dem 29 Jahre zuvor Gottlieb Daimler seine letzte Ruhestätte gefunden hatte.

Für die Daimler-Motoren-Gesellschaft wurde 1903 in vieler Hinsicht zu einem ereignisreichen Jahr. In der Nacht zum 10. Juni zerstörte ein Großbrand, dessen Ursache nie geklärt wurde, die Montierhalle und den größten Teil der Cannstatter Fabrik. Hundert mehr oder weniger fertige Autos gingen verloren. Die Maschinenhalle und die Dreherei konnten gerettet, vor allem aber die Modelle und Zeichnungen rechtzeitig in Sicherheit gebracht werden. Die Produktion wurde umgehend in der Maschinenfabrik Esslingen, in einer großen Blechschmiede und in bereits fertigen Neubauten des Werks Untertürkheim fortgesetzt. Schon 1904 konnte man dort den vollen Betrieb aufnehmen, und so erwies es sich als Segen, daß Gottlieb Daimler für den früher oder später sowieso notwendigen Umzug – er war inzwischen für das Jahr 1905 geplant gewesen – vorgesorgt hatte.

In der Zeit von 1906 bis 1908 mußte die Gesellschaft einen erheblichen Markteinbruch hinnehmen. Die Ursachen hierfür dürften mehrschichtig gewesen sein, jedenfalls nicht allein die zweifellos schwierigen wirtschaftlichen Verhältnisse jener Jahre. Auch Maybachs Ausscheiden mag sich ausgewirkt haben, vor allem aber wohl das in solchem

Belegschaft der Daimler-Motoren-Gesellschaft

	Werk Cannstatt	Werk Untertürkheim	Werk Sindelfingen	Werk Berlin-Marienfelde
1887	23			
1889	34			
1890	123			
1891	150			
1892	92			
1893	121			
1894	125			
1895	139			
1896	206			
1897	184			
1898	261			
1899	327			
1900	344			
1901	424			
1902	503			
1903		821		
1904		2 200		1 310
1905		3 260		
1906		3 030		
1907		2 460		
1908		1 650		1 210
1909		1 800		1 010
1910		2 230		1 000
1911		2 600		
1913		3 800		1 250
1914		4 717		1 268
1915		5 527		1 670
1916		7 965		1 986
1917		12 100	1 530	3 064
1918		16 000	5 450	3 240
1919		9 116	1 454	2 118
1920		4 345	1 391	1 098
1921		4 345	1 330	1 021
1922		3 922	1 294	1 504
1923		3 787		1 785
1924		4 913	1 193	1 663
1925		2 120	525	1 833

Maße kaum erwartete Wiedererstarken des Hauptkonkurrenten, der Firma Benz & Cie. in Mannheim. Dies wiederum führte zu einem öffentlich ausgetragenen Streit zwischen beiden Firmen, welche die Priorität der Erfindung des Benzinautomobils in Anspruch nehmen dürfe. Es war die reine Spiegelfechterei, ein Streit um des Kaisers Bart. Immerhin hat sich für den objektiven Betrachter schon damals der Eindruck ergeben, daß Benz die überzeugenderen Argumente vorbringen konnte, auch wenn man den zeitlichen Vorsprung seiner ersten Probefahrten außer acht ließ. Man darf wohl behaupten, daß Carl Benz als Ingenieur origineller und genialer dachte als Daimler und Maybach zusammen. Alle drei erkannten völlig richtig, daß nur ein schnellaufender, mit flüssigem Energieträger betriebener Verbrennungsmotor für den Betrieb von Straßenfahrzeugen geeignet sei. Ihre völlig unabhängig voneinander entwickelten Fahrzeugmotoren waren konstruktiv, qualitativ und leistungsmäßig weitgehend ähnlich und gleichwertig, wobei allerdings die elektrische Zündung von Benz ein sehr entscheidender Vorteil gegenüber der von Daimler und Maybach verwendeten Glührohrzündung war. Und während Gottlieb Daimler ursprünglich überhaupt nur seinen Motor in bereits vorhandene Verkehrsmittel einbauen wollte, bemühte sich Carl Benz von Anfang an um die sinnvolle Gestaltung des Motorwagens in seiner Gesamtheit. Auch als Wegbereiter des Automobilismus hatte er die größere Bedeutung, denn er produzierte Motorwagen in stattlicher Zahl bereits zu einer Zeit, als Gottlieb Daimler hierfür noch gar keine Neigung zeigte. Die Firma Benz & Cie. war unbestreitbar die älteste Automobilfabrik der Welt. Daimler wiederum mag der geschäftstüchtigere und wohl auch mehr weltmännische beider Erfinder gewesen sein, weshalb er mit seinen Motoren vor allem im Ausland die weit größeren Geschäftserfolge erzielte sowie beispielsweise in Frankreich zu einer Automobilindustrie den Anstoß gab, die heute noch überragende Bedeutung besitzt.

Und Wilhelm Maybach in seiner bescheidenen Freundlichkeit war seinem Naturell nach weder ein Unternehmertyp noch ein Erfinder im eigentlichen Sinn. Maybach war vor allem ein ganz hervorragender Ingenieur und Konstrukteur. Wohl hat er einige bedeutende Errungenschaften zur Automobiltechnik beigetragen, so insbesondere den Spritzdüsenvergaser und den Bienenwabenkühler. Aber überwiegend beruhten seine Konstruktionen, die er dann allerdings mit bewunderungswürdiger Perfektion ausführte, auf Anstößen von außen: Die Idee zum schnellaufenden Leichtmotor stammte von Gottlieb Daimler, die Anregung zum Stahlradwagen lieferte der Patent-Motorwagen von Carl Benz, die Verlegung des Motors nach vorn hatte Emile Levassor vorexerziert, der Mercedes-Wagen entstand auf Initiative von Emil Jellinek.

Als Nachfolger Wilhelm Maybachs wurde am 1. April 1907 Paul Daimler zum Technischen Direktor berufen. Sein Interesse galt vorrangig dem Motorenbau und da wiederum waren es die ganz vorzüglichen Flugmotoren im ersten Weltkrieg, die seinen Nachruhm begründeten. Mit dem Erwerb der Lizenz für den Knight-Motor bestieg er zwar einen falschen Zug, doch kennzeichnete auch diese Fehlentscheidung das Streben Paul Daimlers nach größtmöglicher Vollkommenheit des Automobilmotors. Er war es schließlich auch, der wesentliche Konstruktionsmerkmale des Flugmotors und nach dem Krieg sogar den Kompressor in den Automobilbau einführte, was sich zwar nur bedingt bewährte, dem Markenruf aber einen bis heute nachwirkenden Auftrieb gab. Es bleibt eine Ironie des Schicksals, daß Paul Daimler seinen berühmten Achtzylindermotor erst bei der Konkurrenzmarke Horch verwirklichen konnte, nachdem er wegen Differenzen mit dem Aufsichtsrat zum Jahresende 1922 aus der Daimler-Motoren-Gesellschaft ausgeschieden war. Seine Stelle nahm im April 1923 Ferdinand Porsche, von Austro-Daimler kommend, ein.

1911 trat Kommerzienrat Gustav Vischer, seit 1891 Kaufmännischer Direktor, in den Aufsichtsrat über. Der neue Vorstand der Daimler-Motoren-Gesellschaft setzte sich wie folgt zusammen: Direktor Ernst Berge (Kaufmännische Leitung), Baurat Paul Daimler (Technik), Adolf Daimler (Betriebsleitung) sowie mit Zuständigkeit für das Zweigwerk Berlin-Marienfelde Dr. Carl Schippert (Kfm.) und Oberingenieur Ernst Moeves (Technik).

Das Geschäft entwickelte sich in jenen Vorkriegsjahren wieder sehr gut, wozu mit beigetragen haben mag, daß Kaiser Wilhelm fast ausschließlich seine verschiedenen Daimler-Wagen benutzte. Entscheidend aber war vor allem der ausgezeichnete Ruf der großen deutschen Automarken im Ausland: Vor dem Kriegsausbruch exportierte die Daimler-Motoren-Gesellschaft, genau wie übrigens auch Benz & Cie., 70 Prozent ihrer Produktion!

Während des ersten Weltkriegs konnte der Automobilbau bei Daimler, wenngleich inzwischen fast ausschließlich für den Heeresbedarf bestimmt, aufrechterhalten bleiben. Weit größere Bedeutung freilich erhielt nun der Flugmotorenbau, für den 1917 ein neues Zweigwerk in Sindelfingen errichtet werden mußte. Unter Hans Klemm, dem Pionier des Leichtflugzeugbaus, kam dort 1918 eine Flugzeugproduktion hinzu. Als sich nach Kriegsende die Deutschen von der Fliegerei zunächst ausgeschlossen fanden, wurde Sindelfingen als Karosseriefabrik eingerichtet.

Die Wirren der Nachkriegszeit und die Inflation hat die Daimler-Motoren-Gesellschaft trotz ihres damals keineswegs zeitgemäßen Bauprogramms einigermaßen gesund überstanden, so daß sie schließlich als der wirtschaftlich und finanziell deutlich stärkere Partner die Fusion mit der Firma Benz & Cie. vollziehen konnte.

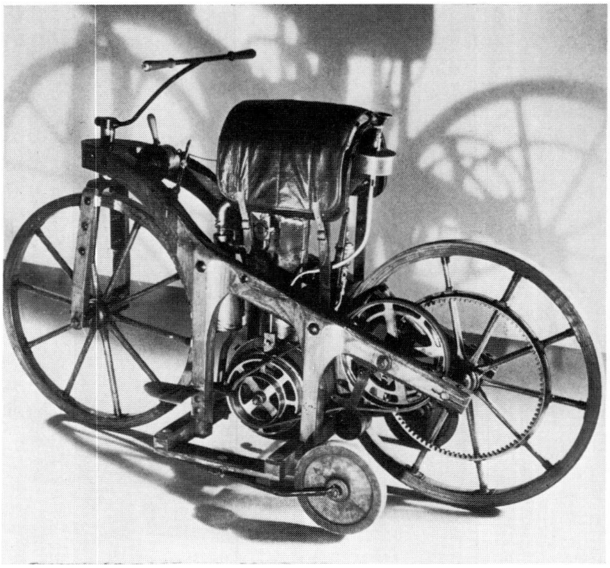

Als ihr erstes Kraftfahrzeug bauten Gottlieb Daimler und Wilhelm Maybach im Jahr 1885 den sogenannten „Reitwagen". Es wurde daraus, ohne daß man dies beabsichtigt gehabt hätte, das erste Motorrad der Welt. Den beiden Erfindern aber war es lediglich darauf angekommen, ihren neuen schnellaufenden Verbrennungsmotor praktisch in einem möglichst problemlosen Fahrzeug zu erproben, einem Fahrzeug also, das beispielsweise mit einer unkomplizierten Lenkung auskam und das kein Differential benötigte. Dieser Versuchsträger, den sie »Reitwagen« nannten, besaß einen stehenden Viertakt-Einzylindermotor mit 264 ccm Hubraum (58 × 100 mm) und 0,5 PS Leistung bei 700 U/min., dazu die Glührohrzündung und eine Gebläse-Luftkühlung. Sonstige Daten: Zweigang-Flachriemen-Antrieb, Holzrahmen, Radstand 1030 mm, Gewicht 90 kg, Geschwindigkeit 12 km/h, Steigfähigkeit bis 9%. Der Reitwagen im Museum der Daimler-Benz AG ist eine Nachbildung, weil das Original 1903 beim Brand der Cannstatter Fabrik unterging.

Daimler Motorwagen 1886

Daimler Motorwagen
1886

Bauart des Wagens	Vierrad-Kutschwagen »Americain« (Phaeton), 4 Sitze Fahrersitz über Vorderachse, Motor zwischen Vorder- und Rücksitz
Motor	Daimler
Zylinderzahl	Viertakt-Einzylinder Motor stehend, Schwungrad senkrecht
Bohrung × Hub	70 × 120 mm
Hubraum	462 ccm
Leistung	1,1 PS bei 650 U/min (Höchstdrehzahl 900 U/min)
Verdichtung	1:2,6
Vergaser	Oberflächenvergaser
Ventile	Einlaß hängend, automatisch arbeitend Auslaß stehend, gesteuert über Stößel, dieser betätigt durch Kurvenführung im Schwungrad
Kurbelwellenlager	2
Kühlung	Wasser, Lamellenkühler (hinter dem Rücksitz) aus Weißblech
Schmierung	Sumpfschmierung, Ölbad im Kurbelgehäuse
Zündung	Glührohrzündung (Patent Daimler)
Kraftstofftank	Kein Kraftstofftank, 2 Liter Kraftstoff im Oberflächenvergaser
Kraftstoffförderung	–
Anlassen des Motors	Handkurbel links am Wagen
Gewicht des Motors	92 kg
Kraftübertragung	
Antrieb	Motor – Flachriemen – Vorgelegewelle – Ketten – Ritzel – Zahnkränze an den Hinterrädern
Kupplung	Ausrückbarer Holzkegel im Graugußkonus an Motorwelle Betätigung durch Handhebel rechts
Getriebe	2 Übersetzungen durch verschieden große Riemenscheiben an Kupplungs- und Vorgelegewelle
Schaltung	Umlegen der Riemen (nur bei Stillstand des Wagens) mittels Handhebel
Übersetzungen	
Antriebs-Übersetzung	
Differential	Kein Differential, jedoch zwecks Differentialwirkung Antriebsritzel der Vorgelegewelle beiderseits in Leder-Rutschkupplungen gelagert
Fahrwerk	
Rahmen	Holz, mit Eisen verstärkt
Vorderradaufhängung	Starrachse, Volleliptikfedern
Hinterradaufhängung	Starrachse, Volleliptikfedern
Lenkung	Drehschemel, betätigt über Zahnbogensegment und Ritzel durch einen auf der senkrechten Lenksäule befindlichen Speichenkranz aus Eisen mit 4 Holzgriffen
Fußbremse	Ohne
Handbremse	Klotzbremse auf Hinterräder, betätigt durch Handkurbel
Schmierung	Einzelschmierung von Hand
Allgemeine Daten	
Radstand	1300 mm
Spur	1160 mm
Gesamtmaße	2530 × 1475 × 1695 mm (Höhe über Lenksäule)
Räder	Holzspeichen, vorn 930 mm Ø, hinten 1165 mm Ø
Reifen	Eisenreifen, 37 mm breit
Wagengewicht	290 kg
Höchstgeschwindigkeit	18 km/h
Verbrauch/100 km	
Kraftstoffvorrat	2 Liter (im Oberflächenvergaser)
Bemerkungen	Nur 1 Versuchswagen, unverkäuflich Für die ersten Fahrversuche war ein gleicher Motor wie im »Reitwagen« eingebaut: Luftgekühlter Einzylinder, Bohrung × Hub 58 × 100 mm, Hubraum 264 ccm, Leistung 0,5 PS bei 600 U/min, Höchstgeschwindigkeit 12 km/h.

Daimler Stahlradwagen 1889
An der Lenkstange:
Wilhelm Maybach

Daimler Stahlradwagen 1889

Daimler-Wagen mit Kettenantrieb
(»Schroedter-Wagen«)
1892 – 1895

<table>
<tr><th></th><th>Daimler Stahlradwagen
1889</th><th>Daimler-Wagen mit Kettenantrieb
(»Schroedter-Wagen«)
1892 – 1895</th></tr>
<tr><td>Bauart des Wagens</td><td>Leichte Vierrad-Kutsche »Quadricycle«
2 Sitze
Motor vor der Hinterachse
und unter dem Sitz stehend eingebaut</td><td>Leichte Vierrad-Kutsche, 2 Sitze + (auf Wunsch) Not- oder Kindersitz vis-à-vis
Motor vor der Hinterachse
und unter dem Sitz stehend eingebaut</td></tr>
<tr><td>Motor</td><td>Daimler</td><td>Daimler</td></tr>
<tr><td>Zylinderzahl</td><td>Viertakt-Zweizylinder (17°V-Form)</td><td>Viertakt-Parallel-Zweizylinder</td></tr>
<tr><td>Bohrung × Hub</td><td>60 × 100 mm</td><td>67 × 108 mm 75 × 120 mm</td></tr>
<tr><td>Hubraum</td><td>565 ccm</td><td>760 ccm 1060 ccm</td></tr>
<tr><td>Leistung</td><td>1,5 PS bei 700 U/min</td><td>1,8 PS bei 750 U/min 2,1 PS bei 720 U/min</td></tr>
<tr><td>Verdichtung</td><td>1:2,5</td><td></td></tr>
<tr><td>Vergaser</td><td>Oberflächenvergaser</td><td>Oberflächenvergaser</td></tr>
<tr><td>Ventile</td><td colspan="2">Einlaß hängend, automatisch arbeitend
Auslaß seitlich stehend, gesteuert durch Kurvenführung im Schwungrad</td></tr>
<tr><td>Kurbelwellenlager</td><td colspan="2">2</td></tr>
<tr><td>Kühlung</td><td colspan="2">Wasser/Pumpe
Kühlwasserumlauf durch die Stahlrohre des Fahrgestellrahmens</td></tr>
<tr><td>Schmierung</td><td colspan="2">Tropföler, Tauchschmierung</td></tr>
<tr><td>Zündung</td><td colspan="2">Glührohrzündung</td></tr>
<tr><td>Kraftstofftank</td><td colspan="2">Kein Kraftstofftank, Kraftstoffvorrat im Vergaser</td></tr>
<tr><td>Kraftstofförderung</td><td colspan="2">–</td></tr>
<tr><td>Anlassen des Motors</td><td colspan="2">von Hand</td></tr>
<tr><td>Kraftübertragung</td><td></td><td></td></tr>
<tr><td>Antrieb</td><td>Direkt über Zahnräder auf Hinterachse</td><td>vom Motor über Ketten auf Hinterräder</td></tr>
<tr><td>Kupplung</td><td>Konuskupplung</td><td>Konuskupplung</td></tr>
<tr><td>Getriebe</td><td>4 Gang-Zahnradgetriebe
(5, 7, 11 und 18 km/h)</td><td>3 Gang-Zahnradgetriebe
(6, 12 und 18 km/h)</td></tr>
<tr><td>Schaltung</td><td></td><td></td></tr>
<tr><td>Übersetzungen</td><td></td><td></td></tr>
<tr><td>Antriebs-Übersetzung</td><td></td><td></td></tr>
<tr><td>Differential</td><td></td><td></td></tr>
<tr><td>Fahrwerk</td><td></td><td></td></tr>
<tr><td>Rahmen</td><td>Stahlrohr-Rahmen</td><td>Stahlrohr-Rahmen</td></tr>
<tr><td>Vorderradaufhängung</td><td>Fahrrad-Gabeln, ohne Achse, ohne Federung</td><td>Fahrrad-Gabeln, ohne Achse, ohne Federung</td></tr>
<tr><td>Hinterradaufhängung</td><td>Starrachse, ohne Federung
(nur die Sitzbank ist auf kleinen Schraubenfedern montiert)</td><td>Starrachse, Halbelliptikfedern</td></tr>
<tr><td>Lenkung</td><td>Drehung der beiden Fahrradgabeln
durch gemeinsame Lenkstange</td><td>Drehung der beiden Fahrradgabeln
durch gemeinsame Lenkstange
(Schrägstellung der Vorderräder
bei Kurvenfahrt)</td></tr>
<tr><td>Fußbremse</td><td>Ohne</td><td>Ohne</td></tr>
<tr><td>Handbremse</td><td>Außenbandbremse im linken Hinterrad</td><td>Vollgummi-Klotzbremsen auf Hinterreifen</td></tr>
<tr><td>Schmierung</td><td>Einzelschmierung von Hand</td><td>Einzelschmierung von Hand</td></tr>
<tr><td>Allgemeine Daten</td><td></td><td></td></tr>
<tr><td>Radstand</td><td>1400 mm</td><td>1600 bis 1700 mm</td></tr>
<tr><td>Spur</td><td>1150 mm</td><td>1150 mm</td></tr>
<tr><td>Gesamtmaße</td><td></td><td></td></tr>
<tr><td>Räder</td><td>Drahtspeichen
vorn 900, hinten 1000 mm Ø</td><td>Holzspeichen
vorn 750, hinten 1000 mm Ø</td></tr>
<tr><td>Reifen</td><td>Vollgummi</td><td>Vollgummi</td></tr>
<tr><td>Wagengewicht</td><td>300 kg</td><td>550 bis 600 kg</td></tr>
<tr><td>Höchstgeschwindigkeit</td><td>18 km/h</td><td>18 km/h</td></tr>
<tr><td>Verbrauch/100 km</td><td></td><td></td></tr>
<tr><td>Kraftstoffvorrat</td><td>2 Liter (im Oberflächenvergaser)</td><td>2 Liter (im Oberflächenvergaser)</td></tr>
<tr><td>Bemerkungen</td><td>Nur 1 oder 2 Musterwagen.
Vorführung auf der
Pariser Weltausstellung 1889.
Bau des Fahrgestells
bei den Neckarsulmer Fahrradwerken.
Erstes Kraftfahrzeug mit Zahnradgetriebe!</td><td>Nur etwa 12 Wagen gebaut.
Bau des Fahrgestells
bei den Neckarsulmer Fahrradwerken.</td></tr>
</table>

Daimler Motor-Kutsche (»Riemenwagen«) 1895

Daimler Motor-Kutsche (»Riemenwagen«)
1895 – 1899

Bauart des Wagens	Vierrad-Kutschwagen, 4 Sitze Fahrersitz bei Victoria und Vis-à-Vis über Hinterachse bzw. bei Phaeton, Landauer, Kalesche und Break über Vorderachse Motor hinter Hinterachse stehend eingebaut
Motor	Daimler »Phoenix«
Zylinderzahl	2 (Reihe, stehend)

Bohrung × Hub	67 × 108 mm	72 × 126 mm	75 × 120 mm	90 × 120 mm	100 × 140 mm
Hubraum	760 ccm	1025 ccm	1060 ccm	1530 ccm	2190 ccm
Leistung	2 PS bei 700 U/min	3 PS bei 700 U/min	4 PS bei 700 U/min	6 PS bei 700 U/min	7,5 – 8 PS bei 700 U/min

Verdichtung	
Vergaser	Spritzdüsenvergaser
Ventile	Einlaß hängend (automatisch) Auslaß stehend (gesteuert)
Kurbelwellenlager	2
Kühlung	Wasser/Schwungradkühlung
Schmierung	Sumpfschmierung, Ölbad im Kurbelgehäuse
Zündung	Glührohrzündung (Patent Daimler)
Kraftstofftank	Zylindrischer Vorratsbehälter unter Wagenmitte
Kraftstofförderung	Druck der Auspuffgase
Anlasser	Andrehkurbel hinten rechts
Kraftübertragung	Motor hinter Hinterachse stehend eingebaut – Stufenscheibe auf der Kurbelwelle – Flachriemen – Stufenscheibe am Vorgelege – Differential – Halbachsen der Antriebswelle – Ritzel – Innenzahnkränze an den Hinterrädern
Kupplung	Riemenspanner (Kuppeln durch Spannen bzw. Lockern) des jeweils eingeschalteten Antriebsriemens
Getriebe	Riemengetriebe, 4 Vorwärtsgeschwindigkeiten, 1 Rückwärtsgang
Schaltung	Gangwechsel und Kuppeln mittels Schalthebel (Kulissenführung)
Übersetzungen	
Antriebs-Übersetzung	
Fahrwerk	
Rahmen	Holz-Eisen-Konstruktion
Vorderradaufhängung	Starrachse, 1 Halbfeder quer
Hinterradaufhängung	Starrachse, Schraubenfedern
Lenkung	Drehschemel- bzw. (später) Achsschenkellenkung Lenkradkurbel aus Eisen auf senkrechter Lenksäule
Fußbremse	Holzbacke auf Vorgelege
Handbremse	Eisenbacken auf Vollgummireifen der Hinterräder Feststellbremse, Handstoßhebel links
Schmierung	Einzelschmierung von Hand
Allgemeine Daten	
Radstand	1580 mm
Spur	1140 mm
Gesamtmaße	Je nach Ausführung 2500 bis 3200 × 1500 × 1600 mm
Räder	Holzspeichen mit Eisenfelgen (nicht abnehmbar)
Reifen	Vollgummi- oder (ab 1897 auch) Luftreifen
Wagengewicht	Je nach Ausführung 715 bis 1050 kg
Höchstgeschwindigkeit	18 km/h (4 PS), 25 km/h (6 PS), 40 km/h (6 PS und Luftreifen)
Verbrauch/100 km	12 Liter (mit 4 PS-Motor)
Tankinhalt	32 Liter

Preise

2 PS Victoria 2 Sitze + 2 Kindersitze Vis-à-Vis	Mk 3800,–
3 PS Victoria 2 Sitze + 2 Kindersitze Vis-à-Vis	Mk 4250,–
4 PS Vis-à-Vis 4 Sitze	Mk 4800,–
4 PS Victoria 4 Sitze	Mk 5200,–
4 PS Phaeton 4 Sitze	Mk 5200,–
6 PS Phaeton 4 Sitze	Mk 6400,–
6 PS Kalesche 6 Sitze	Mk 7000,–
6 PS Landauer 6 Sitze	Mk 7000,–

Hergestellt wurden etwa 150 »Riemenwagen« (einschl. einiger Lastwagen), überwiegend, nämlich etwa 110 Wagen, mit 4 PS-Motor

Daimler Vis-à-Vis
(»Riemenwagen«)
1897

Daimler Vis-à-Vis
(»Riemenwagen«)
mit Sonnenpavillon
1897

→

Daimler »Riemenwagen«
1. Motor-Taxameter
1896

Daimler »Riemenwagen«
6 PS Gesellschaftswagen
1895

→

Daimler Motor-Droschke
(»Riemenwagen«)
1897

Frei

Eine der ersten Kraftdroschken:
Daimler Taxameter 1898/99 in Berlin-Grunewald

Daimler Motor-Kutsche (»Phoenix-Wagen«)
1897 – 1902

<table>
<tr><td>Bauart des Wagens</td><td colspan="2">Vierrad-Kutschwagen, 4 oder 6 Sitze
Motor vorn stehend eingebaut
Fahrersitz hinter dem Motor bzw.
(bei Kalesche und Landauer) über dem Motor</td></tr>
<tr><td>Motor</td><td>1897 – 1902
Daimler »Phoenix«</td><td>1899 – 1902
Daimler »Phoenix«</td></tr>
<tr><td>Zylinderzahl</td><td>2 (Reihe, stehend)</td><td>4 (Reihe, stehend)</td></tr>
<tr><td>Bohrung × Hub</td><td>75 × 120 mm</td><td>70 × 120 mm</td></tr>
<tr><td>Hubraum</td><td>1060 ccm</td><td>1845 ccm</td></tr>
<tr><td>Leistung</td><td>4 PS bei 700 U/min</td><td>6 PS</td></tr>
<tr><td>Verdichtung</td><td colspan="2"></td></tr>
<tr><td>Vergaser</td><td colspan="2">Spritzdüsenvergaser</td></tr>
<tr><td>Ventile</td><td colspan="2">Einlaß hängend (automatisch)
Auslaß stehend (gesteuert)</td></tr>
<tr><td>Kurbelwellenlager</td><td colspan="2">2</td></tr>
<tr><td>Kühlung</td><td colspan="2">Wasser, Röhrenkühler</td></tr>
<tr><td>Schmierung</td><td colspan="2">Sumpfschmierung, Ölbad im Kurbelgehäuse</td></tr>
<tr><td>Zündung</td><td colspan="2">Glührohrzündung bzw. (ab Herbst 1898) Niederspannungs-Magnetzündung</td></tr>
<tr><td>Kraftstofftank</td><td colspan="2">vorn unter Wagen</td></tr>
<tr><td>Kraftstoffförderung</td><td colspan="2"></td></tr>
<tr><td>Anlasser</td><td colspan="2">Handrad links am Wagen</td></tr>
<tr><td>Kraftübertragung</td><td colspan="2"></td></tr>
<tr><td>Antrieb</td><td colspan="2">Motor vorn, Antrieb über Ketten auf Hinterräder</td></tr>
<tr><td>Kupplung</td><td colspan="2">Lederkonuskupplung</td></tr>
<tr><td>Getriebe</td><td colspan="2">4 Gang Zahnrad-Wechselgetriebe</td></tr>
<tr><td>Schaltung</td><td colspan="2"></td></tr>
<tr><td>Übersetzungen</td><td colspan="2"></td></tr>
<tr><td>Antriebs-Übersetzung</td><td colspan="2"></td></tr>
<tr><td>Differential</td><td colspan="2"></td></tr>
<tr><td>Fahrwerk</td><td colspan="2"></td></tr>
<tr><td>Rahmen</td><td colspan="2">U-Profil-Stahlblech-Rahmen, Längsträger gerade</td></tr>
<tr><td>Vorderradaufhängung</td><td colspan="2">Starrachse, Halb- oder Vollelliptikfedern</td></tr>
<tr><td>Hinterradaufhängung</td><td colspan="2">Starrachse, Halb- oder Vollelliptikfedern</td></tr>
<tr><td>Lenkung</td><td colspan="2">Achsschenkellenkung, betätigt durch Lenkkurbel, Lenkradkurbel oder Lenkrad</td></tr>
<tr><td>Fußbremse</td><td colspan="2">Außenbacken, Antriebswelle</td></tr>
<tr><td>Handbremse</td><td colspan="2">Außenbacken, Hinterräder, zusätzlich Bergstütze</td></tr>
<tr><td>Schmierung</td><td colspan="2">Einzelschmierung von Hand</td></tr>
<tr><td>Allgemeine Daten</td><td></td><td></td></tr>
<tr><td>Radstand</td><td></td><td></td></tr>
<tr><td>Spur</td><td></td><td></td></tr>
<tr><td>Gesamtmaße</td><td></td><td></td></tr>
<tr><td>Räder</td><td>Holzspeichen</td><td>Holzspeichen</td></tr>
<tr><td>Reifen</td><td>Vollgummi oder Luft</td><td>Vollgummi oder Luft</td></tr>
<tr><td>Wagengewicht</td><td>1000 kg</td><td>1200 kg</td></tr>
<tr><td>Höchstgeschwindigkeit</td><td></td><td></td></tr>
<tr><td>Verbrauch/100 km</td><td></td><td></td></tr>
<tr><td>Tankinhalt</td><td></td><td></td></tr>
<tr><td>Preise</td><td>Kurzes Fahrgestell:
Dog-car 2 Sitze Mk 9 400,–
Vis-à-Vis 4 Sitze Mk 9 400,–

Langes Fahrgestell:
Victoria Mk 9 500,–
Phaeton Mk 9 500,–
Coupé Mk 10 000,–
Landauer –

Dog-car auch mit 2 oder 3 PS-, übrige Modelle auch mit 6 PS-Motor lieferbar</td><td>Kurzes Fahrgestell:
Dog-car 2 Sitze Mk 12 800,–
Vis-à-Vis 4 Sitze Mk 12 800,–

Langes Fahrgestell:
Victoria Mk 12 000,–
Phaeton Mk 12 000,–
Coupé Mk 12 500,–
Landauer Mk 13 100,–

Auch mit 8 oder 10 PS-Motor lieferbar</td></tr>
</table>

Oben links:
Daimler Kutschierwagen mit
6 PS Zweizylinder Phoenix-Motor
1897/98

Oben rechts:
Daimler Vis-à-Vis mit
6 PS Zweizylinder Phoenix-Motor
1897/98

Bild rechts:
Daimler Phaeton mit
6 PS Zweizylinder Phoenix-Motor
1897/98

Bild unten:
Daimler Motor-Landaulet
1900

Daimler Dos-à-Dos mit
6 PS Vierzylinder Phoenix-Motor
1899

Daimler Tonneau 1899
28 PS Vierzylinder Phoenix-Motor
Am Steuer: C. Jellinek

Oben links:
Daimler Tonneau
»Paul Daimler-Wagen«
2 Zylinder, 4/8 PS
Prototyp Modell 1901/02

Oben rechts:
Daimler Phaeton
Typ Mercedes 8/11 PS
Modell 1902/03
mit Obering. Balz (am Steuer),
Adolph Daimler und ihren Frauen

Bild links:
Daimler Typ Mercedes 12/16 PS
Phaeton Modell 1902/03
mit abnehmbarem Sonnendach

Bild unten:
Mercedes-Simplex 18/22 PS
Tonneau mit abnehmbarem Dach
Modell 1904

	Daimler Typ Mercedes 8/11 PS 1902 – 1903	Daimler Typ Mercedes 12/16 PS 1902 – 1903	Daimler Typ Mercedes 18/22 PS 1901 Mercedes-Simplex 18/22 PS 1902 – 1905
Motor	Daimler	Daimler	Daimler
Zylinderzahl	4 (Reihe, paarweise)	4 (Reihe, paarweise)	4 (Reihe, paarweise)
Bohrung × Hub	75 × 100 mm	91 × 110 mm	100 × 130 mm
Hubraum	1760 ccm	2860 ccm	4080 ccm
Leistung	8 PS	12 PS	18 PS bei 1200 U/min
Verdichtung			
Vergaser	Kolben- oder Kastenvergaser	Kolben- oder Kastenvergaser	Kolbenvergaser
Ventile	Seitlich stehend (T-Anordnung)	Seitlich stehend (T-Anordnung)	Seitlich stehend (T-Anordnung)
Kühlung	Wasser/Pumpe Bienenwabenkühler	Wasser/Pumpe Bienenwabenkühler	Wasser/Pumpe Bienenwabenkühler
Schmierung	Tauchschmierung, Tropföler	Tauchschmierung, Tropföler	Tauchschmierung, Tropföler
Zündung	Niederspannungs-Magnet-Abreißzündung	Niederspannungs-Magnet-Abreißzündung	Niederspannungs-Magnet-Abreißzündung
Kraftstofftank			
Kraftstofförderung			
Anlasser	Andrehkurbel	Andrehkurbel	Andrehkurbel
Kraftübertragung			
Antrieb	Motor vorn, Antrieb über Ketten auf Hinterräder	Motor vorn, Antrieb über Ketten auf Hinterräder	Motor vorn, Antrieb über Ketten auf Hinterräder
Kupplung	Federbandkupplung	Federbandkupplung	Federbandkupplung
Getriebe	4 Gang-Zahnradschubgetriebe	4 Gang-Zahnradschubgetriebe	4 Gang-Zahnradschubgetriebe
Schaltung	Schalthebel (Kulisse) auf dem Lenkrad	Schalthebel (Kulisse) auf dem Lenkrad	Schalthebel (Kulisse) rechts außen
Übersetzungen			
Antriebs-Übersetzung			
Fahrwerk			
Rahmen	U-Profil-Preßstahl-Rahmen	U-Profil-Preßstahl-Rahmen	U-Profil-Preßstahl-Rahmen
Vorderradaufhängung	Starrachse, Halbfedern	Starrachse, Halbfedern	Starrachse, Halbfedern
Hinterradaufhängung	Starrachse, Halbfedern	Starrachse, Halbfedern	Starrachse, Halbfedern
Lenkung	Schraubenspindel, rechts	Schraubenspindel, rechts	Schraubenspindel, rechts
Fußbremse	Mechanisch Antriebswelle	Mechanisch Antriebswelle	Mechanisch (wassergekühlt) Antriebswelle
Handbremse	Mechanisch, Hinterräder	Mechanisch, Hinterräder	Mechanisch, Hinterräder
Schmierung	Einzel	Einzel	Einzel
Allgemeine Daten			
Radstand	2325 mm		2100 oder 2230 mm
Spur	1400 mm		1325 mm
Gesamtmaße			
Räder	Holzspeichen	Holzspeichen	Holzspeichen mit Stahlfelgen (nicht abnehmbar)
Reifen	Luft	Luft	Luft
Fahrgestellgewicht			650 kg
Wagengewicht			
Höchstgeschwindigkeit			70 km/h
Verbrauch/100 km			
Tankinhalt			
Bemerkungen			**20 PS (1902 – 1903):** Radstand 2200 oder 2430 mm Spur 1400 mm Fahrgestellgewicht 850 kg

Daimler Motorwagen
Typ Mercedes 35 PS
Modell 1901

Mercedes-Simplex 28/32 PS
Tourenwagen mit Halbverdeck
Modell 1902

Mercedes-Simplex 28/32 PS
Hotel-Coupé mit hinterem Einstieg
Modell 1904

	Daimler Typ Mercedes 35 PS 1901	Mercedes-Simplex 28/32 PS 1901 – 1905	Mercedes-Simplex 38/40 PS 1901 – 1903
Motor	Daimler	Daimler	Daimler
Zylinderzahl	4 (Reihe, paarweise)	4 (Reihe, paarweise)	4 (Reihe, paarweise)
Bohrung × Hub	116 × 140 mm	110 × 140 mm	116 × 145 mm 118 × 150 mm
Hubraum	5913 ccm	5315 ccm	6129 ccm 6558 ccm
Leistung	35 PS bei 950 U/min	32 PS bei 1200 U/min	40 PS bei 1050 U/min
Verdichtung		4,5	
Vergaser	zunächst Spritzdüsen-, dann Kolbenvergaser	Kolbenvergaser	Kolbenvergaser
Ventile	Seitlich stehend (T-Anordnung) 2 seitliche Nockenwellen Antrieb zunächst über Bronze-, dann über Fiber-Stirnräder	Seitlich stehend (T-Anordnung) 2 seitliche Nockenwellen Antrieb über Fiber-Stirnräder	Seitlich stehend (T-Anordnung) 2 seitliche Nockenwellen Antrieb über Fiber-Stirnräder
Kurbelwellenlager	3	3	3
Kühlung	Wasser/Pumpe, Ventilator, Bienenwabenkühler	Wasser/Pumpe, Ventilator, Bienenwabenkühler	Wasser/Pumpe, Ventilator, Bienenwabenkühler
Schmierung	Handbediente Tropföler Ölbehälter am Rahmen	Handbediente Tropföler Ölbehälter am Rahmen	Handbediente Tropföler Ölbehälter am Rahmen
Zündung	Niederspannungs-Magnet- Abreißzündung	Niederspannungs-Magnet- Abreißzündung	Niederspannungs-Magnet- Abreißzündung
Kraftstofftank	vor der Hinterachse	vor der Hinterachse	vor der Hinterachse
Kraftstoffförderung	Druck der Auspuffgase	Druck der Auspuffgase	Druck der Auspuffgase
Anlasser	Andrehkurbel, Dekompressor	Andrehkurbel, Dekompressor	Andrehkurbel, Dekompressor
Gewicht	230 kg		
Kraftübertragung			
Antrieb	Motor vorn, Antrieb über Ketten auf Hinterräder	Motor vorn, Antrieb über Ketten auf Hinterräder	Motor vorn, Antrieb über Ketten auf Hinterräder
Kupplung	Federbandkupplung	Federbandkupplung	Federbandkupplung
Getriebe	4 Gang Zahnradschubgetriebe	4 Gang Zahnradschubgetriebe	4 Gang Zahnradschubgetriebe
Schaltung	Schalthebel (Kulisse) rechts außen	Schalthebel (Kulisse) rechts außen	Schalthebel (Kulisse) rechts außen
Fahrwerk			
Rahmen	U-Profil-Preßstahl-Rahmen	U-Profil-Preßstahl-Rahmen	U-Profil-Preßstahl-Rahmen
Vorderradaufhängung	Starrachse, Halbfedern	Starrachse, Halbfedern	Starrachse, Halbfedern
Hinterradaufhängung	Starrachse, Halbfedern	Starrachse, Halbfedern	Starrachse, Halbfedern
Lenkung	Schraubenspindel, rechts	Schraubenspindel, rechts	Schraubenspindel, rechts
Fußbremse	Mechanisch (wassergekühlt), Antriebswelle	Mechanisch (wassergekühlt), Antriebswelle	Mechanisch (wassergekühlt), Antriebswelle
Handbremse	Mechanisch, Hinterräder	Mechanisch, Hinterräder	Mechanisch, Hinterräder
Schmierung	Einzelschmierung von Hand	Einzelschmierung von Hand	Einzelschmierung von Hand
Allgemeine Daten			
Radstand		2620 oder 3020 mm	2720 oder 3120 mm
Spur		1414 mm	1414 mm
Gesamtmaße		Doppelphaeton: 4250 × 1810 × 2255 mm (mit Verdeck)	
Räder	Holzspeichen mit Stahlfelgen (nicht abnehmbar)	Holzspeichen mit Stahlfelgen (nicht abnehmbar)	Holzspeichen mit Stahlfelgen (nicht abnehmbar)
Reifen	vorn 910 × 90 hinten 1020 × 120	vorn 870 oder 910 × 90 hinten 1010 × 90 oder 920 × 120	vorn 910 × 90 hinten 910 oder 1020 × 120
Fahrgestellgewicht		1000 kg	1000 kg
Wagengewicht	1200 kg	1250 kg	1250 kg
Zuläss. Gesamtgewicht		1650 kg	1650 kg
Höchstgeschwindigkeit	70 bis 75 km/h	60 km/h	75 km/h
Verbrauch/100 km			
Tankinhalt			
Preise	Phaeton 4 Sitze Mk 16 000,–	Phaeton 4 Sitze Mk 20 000,–	

Mercedes 45 PS
Tonneau 1908

Mercedes 45 PS
Jagdwagen 1907

Mercedes 45 PS
Limousine 1906/07

Mercedes 45 PS Double-Phaeton 1907

Mercedes 26/45 PS Phaeton 1910

Mercedes-Simplex 60 PS
Phaeton 1903/04

Mercedes-Simplex 60 PS
Tonneau-Phaeton mit
amerikanischem Verdeck
1904

Mercedes Simplex 60 PS
Reisewagen 6 Sitze
Fahrgestell 1903
Aufbau etwa 1908

	Mercedes-Simplex 40/45 PS 1903 – 1905 Mercedes 45 PS 1905 – 1909 Mercedes 26/45 PS 1909–1910	Mercedes-Simplex 60 PS 1902 – 1905	Mercedes 36/65 PS 1905 – 1909
Motor	Daimler	Daimler	Daimler
Zylinderzahl	4 (Reihe, paarweise)	4 (Reihe, paarweise)	4 (Reihe, paarweise)
Bohrung × Hub	120 × 150 mm	140 × 150 mm	140 × 150 mm
Hubraum	6785 ccm	9235 ccm	9235 ccm
Leistung	45 PS bei 1100 U/min	60 PS bei 1600 U/min	65 PS bei 1200 U/min
Verdichtung			
Vergaser	Kolbenvergaser	Kolbenvergaser	Kolbenvergaser
Ventile	Seitlich stehend (T-Anordnung) 2 seitliche Nockenwellen Antrieb über Stirnräder	E: hängend in Zylindermitte A: seitlich stehend 1 seitliche Nockenwelle Antrieb über Stirnräder	Seitlich stehend (T-Anordnung) 2 seitliche Nockenwellen Antrieb über Stirnräder
Kurbelwellenlager	3	3	3
Kühlung	Wasser/Pumpe, Ventilator, Bienenwabenkühler	Wasser/Pumpe, Ventilator, Bienenwabenkühler	Wasser/Pumpe, Ventilator, Bienenwabenkühler
Schmierung	Tauchschmierung, Tropföler	Tauchschmierung, Tropföler	Druckumlauf
Zündung	Niederspannungs-Magnet-Abreißzündung	Niederspannungs-Magnet-Abreißzündung	Niederspannungs-Magnet-Abreißzündung
Kraftstofftank	unter Wagenheck	unter Wagenheck	unter Wagenheck
Kraftstofförderung	Druck der Auspuffgase	Druck der Auspuffgase	Druck der Auspuffgase
Anlasser	Andrehkurbel, Dekompressor	Andrehkurbel, Dekompressor	Andrehkurbel, Dekompressor
Kraftübertragung			
Antrieb	Motor vorn, Antrieb über Ketten auf Hinterräder	Motor vorn, Antrieb über Ketten auf Hinterräder	Motor vorn, Antrieb über Ketten auf Hinterräder
Kupplung	Federbandkupplung	Federbandkupplung	Federbandkupplung
Getriebe	4 Gang Zahnradschubgetriebe	4 Gang Zahnradschubgetriebe	4 Gang Zahnradschubgetriebe
Schaltung	Schalthebel (Kulisse) rechts außen oder innen	Schalthebel (Kulisse) rechts außen oder innen	Schalthebel (Kulisse) rechts außen oder innen
Übersetzungen			I. 3,80 II. 2,85 III. 1,90 IV. 1,00
Antriebs-Übersetzung			Kette 1,65:1
Fahrwerk			
Rahmen	U-Profil-Preßstahl-Rahmen	U-Profil-Preßstahl-Rahmen	U-Profil-Preßstahl-Rahmen
Vorderradaufhängung	Starrachse, Halbfedern	Starrachse, Halbfedern	Starrachse, Halbfedern
Hinterradaufhängung	Starrachse, Halbfedern	Starrachse, Halbfedern	Starrachse, Halbfedern
Lenkung	Schraubenspindel, rechts	Schraubenspindel, rechts	Schraubenspindel, rechts
Fußbremse	Mechanisch (wassergekühlt), Antriebswelle	Mechanisch (wassergekühlt), Antriebswelle	Mechanisch (wassergekühlt), Antriebswelle
Handbremse	Mechanisch, Hinterräder	Mechanisch, Hinterräder	Mechanisch, Hinterräder
Schmierung	Einzelschmierung von Hand	Einzelschmierung von Hand	Einzelschmierung von Hand
Allgemeine Daten			
Radstand	2750 oder 3225 oder 3525	2650 oder 2750 oder 3475	3325 oder 3525 mm
Spur	1450 mm	1450 mm	1450 mm
Gesamtmaße		Reise-Limousine 8 Sitze: 4730 × 1870 × 2540 mm	
Räder	Holzspeichen mit Stahlfelgen (nicht abnehmbar)	Holzspeichen mit Stahlfelgen (nicht abnehmbar)	Holzspeichen mit Stahlfelgen (nicht abnehmbar)
Reifen	vorn 910 × 90 hinten 920 oder 1020 × 120	vorn 910 × 100 hinten 920 oder 1020 × 120 Reise-Limousine 8 Sitze mit Zwillings-Hinterrädern	vorn 915 × 105 hinten 935 × 135
Fahrgestellgewicht	1250 kg	1300 kg	1350 kg
Wagengewicht		Reise-Limousine 2230 kg	
Zuläss. Gesamtgewicht			
Höchstgeschwindigkeit	75 – 80 km/h	80 – 90 km/h	90 – 95 km/h
Verbrauch/100 km			
Tankinhalt		120 Liter	
Bemerkungen		Auch mit 90 PS Rennwagen-Motor lieferbar	

Mercedes 15/20 PS
Phaeton mit Halbverdeck
1905

Mercedes 15/20 PS
Sport-Zweisitzer
1908

Mercedes 10/20 PS
Landaulet
1910

Mercedes 10/20 PS
Phaeton
1912

	Mercedes 15/20 PS 1905 – 1909 10/20 PS 1909 – 1912 10/25 PS 1912 – 1915	Mercedes 14/30 PS 1909 – 1912 14/35 PS 1912 – 1915	
Motor	Daimler	Daimler	
Zylinderzahl	4 (Reihe, paarweise)	4 (Reihe, paarweise)	
Bohrung × Hub	80 × 130 mm	90 × 140 mm	
Hubraum	2610 ccm	3560 ccm	
Leistung	25 PS bei 1600 U/min	30 PS bei 1600 U/min 35 PS bei 1700 U/min	
Verdichtung			
Vergaser	Kolbenvergaser	Kolbenvergaser	
Ventile	Einlaß hängend Auslaß stehend eine Nockenwelle seitlich Antrieb durch Stirnräder	Einlaß hängend Auslaß stehend eine Nockenwelle seitlich Antrieb durch Stirnräder	
Kurbelwellenlager	3	3	
Kühlung	Wasser/Pumpe	Wasser/Pumpe	
Schmierung	Druckumlauf	Druckumlauf	
Zündung	Doppelzündung Magnet und Batterie	Doppelzündung Magnet und Batterie	
Kraftstofftank	unter Fahrersitz oder unter Wagenheck	unter Fahrersitz oder unter Wagenheck	
Kraftstofförderung	Druck der Auspuffgase	Druck der Auspuffgase	
Anlasser	Andrehkurbel	Andrehkurbel	
Kraftübertragung			
Antrieb	Motor vorn, Antrieb über Kardanwelle auf Hinterräder	Motor vorn, Antrieb über Kardanwelle auf Hinterräder	
Kupplung	Federband- bzw. (ab 1912) Leder-Doppelkonuskupplung	Federband- bzw. (ab 1912) Leder-Doppelkonuskupplung	
Getriebe	4 Gang	4 Gang	
Schaltung	Schalthebel rechts außen (Kulissenführung)	Schalthebel rechts außen (Kulissenführung)	
Übersetzungen	I. 4,26 II. 2,33 III. 1,43 IV. 1,00	I. 4,26 II. 2,33 III. 1,43 IV. 1,00	
Antriebs-Übersetzung	4,06	3,35	
Fahrwerk			
Rahmen	U-Profil-Preßstahl-Rahmen	U-Profil-Preßstahl-Rahmen	
Vorderradaufhängung	Starrachse, Halbfedern	Starrachse, Halbfedern	
Hinterradaufhängung	Starrachse, Halbfedern	Starrachse, Halbfedern	
Lenkung	Schraubenspindel, rechts	Schraubenspindel, rechts	
Fußbremse	Mechanisch, Antriebswelle	Mechanisch, Antriebswelle	
Handbremse	Mechanisch, Hinterräder	Mechanisch, Hinterräder	
Schmierung	Einzelschmierung von Hand	Einzelschmierung von Hand	
Allgemeine Daten			
Radstand	2400, 2815, 3015 oder 3075	2815, 3015 oder 3075 mm	
Spur	1350 mm	1350 mm	
Gesamtmaße	4450 × 1650 × 2250 mm	4450 × 1650 × 2250 mm	
Räder	Holzspeichen mit Stahlfelgen	Holzspeichen mit Stahlfelgen	
Reifen	815 × 105 oder 820 × 120 mm	820 × 120 mm	
Fahrgestellgewicht	1000 kg	1035 kg	
Wagengewicht	1550 kg	1600 kg	
Zuläss. Gesamtgewicht	2100 kg	2100 kg	
Höchstgeschwindigkeit	65 km/h	75 km/h	
Verbrauch/100 km	15 bis 17 Liter	17 bis 20 Liter	
Tankinhalt	60 Liter	70 Liter	
Preise	Mk 12 800,–		

Mercedes 14/30 PS
Phaeton
1910

Mercedes 14/30 PS
Reise-Limousine
1911/12

Mercedes 14/30 PS
Droschken-Landaulet
1912

Mercedes 14/35 PS
Zweisitzer
1914

	Mercedes 35 PS 1905 – 1909 Mercedes 22/35 PS 1909	Mercedes 22/40 PS 1910 – 1912 Mercedes 22/50 PS 1912 – 1920	Mercedes 55 PS 1905 – 1909 Mercedes 31/55 PS 1909
Motor	Daimler	Daimler	Daimler
Zylinderzahl	4 (Reihe, paarweise)	4 (Reihe, paarweise)	4 (Reihe, paarweise)
Bohrung × Hub	110 × 140 mm	110 × 148 mm 110 × 150 mm	130 × 150 mm
Hubraum	5319 ccm	5623 ccm 5699 ccm	7959 ccm
Leistung	35 PS	40 PS bei 1230 U/min 50 PS bei 1300 U/min	55 PS
Vergaser	Kolbenvergaser	Kolbenvergaser	Kolbenvergaser
Ventile	Seitlich stehend (T-Anordnung) 2 Nockenwellen seitlich Antrieb (Mitte Kurbelwelle) durch Stirnräder	Seitlich stehend (T-Anordnung) 2 Nockenwellen seitlich Antrieb (Mitte Kurbelwelle) durch Stirnräder	Seitlich stehend (T-Anordnung) 2 Nockenwellen seitlich Antrieb (Mitte Kurbelwelle) durch Stirnräder
Kurbelwellenlager	3	3	3
Kühlung	Wasser/Pumpe	Wasser/Pumpe	Wasser/Pumpe
Schmierung	Druckumlauf	Druckumlauf	Druckumlauf
Zündung	Doppelzündung Magnet und Batterie	Doppelzündung Magnet und Batterie	Doppelzündung Magnet und Batterie
Kraftstofftank	unter Heck	unter Heck	unter Heck
Kraftstofförderung	Druck der Auspuffgase	Druck der Auspuffgase	Druck der Auspuffgase
Anlasser	Andrehkurbel	Andrehkurbel	Andrehkurbel
Kraftübertragung			
Antrieb	Kardanwelle auf Hinterräder	Kardanwelle auf Hinterräder	Ketten auf Hinterräder
Kupplung	Federbandkupplung	Federband- bzw. (ab 1912) Leder-Doppelkonuskupplung	Federbandkupplung
Getriebe	4 Gang	4 Gang	4 Gang
Schaltung	Schalthebel rechts außen (Kulissenführung)	Schalthebel rechts außen (Kulissenführung)	Schalthebel rechts außen (Kulissenführung)
Übersetzungen	I. 3,80 II. 2,85 III. 1,90 IV. 1,00	I. 4,00 I. 3,80 II. 3,10 II. 2,10 III. 2,10 III. 1,33 IV. 1,00 IV. 1,00	
Antriebs-Übersetzung	2,80	3,00 oder 2,59 oder 2,40	
Fahrwerk			
Rahmen	U-Profil-Preßstahl-Rahmen	U-Profil-Preßstahl-Rahmen	U-Profil-Preßstahl-Rahmen
Vorderradaufhängung	Starrachse, Halbfedern	Starrachse, Halbfedern	Starrachse, Halbfedern
Hinterradaufhängung	Starrachse, Halbfedern	Starrachse, Halbfedern	Starrachse, Halbfedern
Lenkung	Schraubenspindel, rechts	Schraubenspindel, rechts	Schraubenspindel, rechts
Fußbremse	Mechanisch (wassergekühlt), Antriebswelle	Mechanisch (wassergekühlt), Antriebswelle	Mechanisch (wassergekühlt), Antriebswelle
Handbremse	Mechanisch, Hinterräder	Mechanisch, Hinterräder	Mechanisch, Hinterräder
Allgemeine Daten			
Radstand	3380 mm	3125, 3380, 3430 oder 3475	3355 oder 3555 mm
Spur	1450 mm	1420 mm	1450 mm
Gesamtmaße		4800 × 1750 × 2300 mm	
Räder	Holzspeichen mit Stahlfelgen	Holzspeichen mit Stahlfelgen oder Drahtspeichen	Holzspeichen mit Stahlfelgen
Reifen		vorn 875 oder 895 × 105 hinten 895 × 135	
Fahrgestellgewicht	1200 kg	1230 – 1330 kg	1300 – 1350 kg
Wagengewicht		1900 – 2020 kg	
Höchstgeschwindigkeit	70 km/h	70 – 75 km/h	
Verbrauch/100 km		19 – 23 Liter	
Tankinhalt		90 Liter	
Bemerkungen		Camp- oder Kolonialwagen: Ketten-Antrieb Spur 1600 mm Reifen 1020 × 120 Mercedes 22/60 PS: 3 Versuchswagen 1918 4 Zyl. 90 × 150 mm 3800 ccm	

Mercedes 22/50 PS
Privat-Landaulet
1912 – 1914

Mercedes 22/50 PS
Mode-Luxus-Limousine
1914

Mercedes 22/50 PS
Phaeton
1913

Mercedes 22/50 PS
Sport-Phaeton
1914

Mercedes 28/50 PS
Kardanwagen
Privat-Landaulet
1910

Mercedes 28/50 PS
Kettenwagen
Phaeton
1910

Mercedes 28/60 PS
Kettenwagen
Phaeton
1912

Mercedes 28/60 PS
Kettenwagen
Phaeton
1913

Mercedes 28/60 PS Kardanwagen Landaulet 1913
Stadtwagen für Kaiser Wilhelm II.

Mercedes 38/70 PS Kettenwagen Landaulet 1911
Reisewagen für Kaiser Wilhelm II.

	Mercedes 28/50 PS 1910 – 1912 Mercedes 28/60 PS 1912 – 1920		Mercedes 38/70 PS 1910 – 1912 Mercedes 38/80 PS 1912 – 1915
Motor	Daimler		Daimler
Zylinderzahl	4 (Reihe, paarweise)		4 (Reihe, paarweise)
Bohrung × Hub	120 × 160 mm		140 × 160 mm
Hubraum	7240 ccm		9850 ccm
Leistung	50 PS bei 1200 U/min 60 PS bei 1300 U/min		70 PS bei 1200 U/min 80 PS bei 1250 U/min
Verdichtung			
Vergaser	Kolbenvergaser		Kolbenvergaser
Ventile	Seitlich stehend (T-Anordnung) 2 Nockenwellen seitlich Antrieb (Mitte Kurbelwelle) durch Stirnräder		Seitlich stehend (T-Anordnung) 2 Nockenwellen seitlich Antrieb (Mitte Kurbelwelle) durch Stirnräder
Kurbelwellenlager	3		3
Kühlung	Wasser/Pumpe		Wasser/Pumpe
Schmierung	Druckumlauf		Druckumlauf
Zündung	Doppelzündung Magnet und Batterie		Doppelzündung Magnet und Batterie 2 Zündkerzen je Zylinder
Kraftstofftank	unter Heck		unter Heck
Kraftstofförderung	Druck der Auspuffgase		Druck der Auspuffgase
Anlasser	Andrehkurbel, Dekompressor		Andrehkurbel, Dekompressor
Kraftübertragung			
Antrieb	Motor vorn, Antrieb über Kardanwelle auf Hinterräder	Motor vorn, Antrieb über Ketten auf Hinterräder	Motor vorn, Antrieb über Ketten bzw. (ab 1912 auch) Kardanwelle auf Hinterräder
Kupplung	Federband- bzw. (ab 1912) Leder-Doppelkonuskupplung		Federband- bzw. (ab 1912) Leder-Doppelkonuskupplung
Getriebe	4 Gang		4 Gang
Schaltung	Schalthebel rechts außen (Kulissenführung)		Schalthebel rechts außen (Kulissenführung)
Übersetzungen	I. 4,00 II. 2,20 III. 1,40 IV. 1,00	I. 3,80 II. 2,10 III. 1,33 IV. 1,00	
Antriebs-Übersetzung	2,50	2,59	
Fahrwerk			
Rahmen	U-Profil-Preßstahl-Rahmen		U-Profil-Preßstahl-Rahmen
Vorderradaufhängung	Starrachse, Halbfedern		Starrachse, Halbfedern
Hinterradaufhängung	Starrachse, Halbfedern		Starrachse, Halbfedern
Lenkung	Schraubenspindel, rechts		Schraubenspindel, rechts
Fußbremse	Mechanisch (wassergekühlt), Antriebswelle		Mechanisch (wassergekühlt), Antriebswelle
Handbremse	Mechanisch, Hinterräder		Mechanisch, Hinterräder
Allgemeine Daten			
Radstand	3175 oder 3430 mm	3475 mm	3225 oder 3525 mm
Spur	1420 mm	1450 mm	1420 mm
Gesamtmaße	Limousine: 4820 × 1750 × 2300 mm	Limousine: 4820 × 1750 × 2300 mm	Limousine: 4900 × 1750 × 2300 mm
Räder	Holzspeichen mit Stahlfelgen (ab 1912 abnehmbar) oder Drahtspeichen	Holzspeichen mit Stahlfelgen (ab 1912 abnehmbar)	Holzspeichen mit Stahlfelgen (ab 1912 abnehmbar)
Reifen	vorn 915 × 105 hinten 935 × 135	vorn 915 × 105 hinten 935 ×135	vorn 915 × 105 hinten 935 × 135
Fahrgestellgewicht	1230 – 1280 kg	1250 – 1300 kg	1520 kg
Wagengewicht			1950 kg
Zuläss. Gesamtgewicht	2680 kg	2680 kg	2720 kg
Höchstgeschwindigkeit	80 km/h	80 km/h	95 km/h
Verbrauch/100 km	22 – 24 Liter		
Tankinhalt			125 Liter

Mercedes 38/70 PS Kettenwagen
Sport-Zweisitzer 1903

Mercedes 38/70 PS Kettenwagen
Phaeton 6 Sitze 1907

Mercedes 38/70 PS Kettenwagen
Limousine 6 Sitze 1908

Mercedes 38/70 PS Kettenwagen
Phaeton 6 Sitze 1909

Mercedes 37/90 PS Kettenwagen
Luxus-Limousine 1912

Mercedes 37/90 PS Kettenwagen
Sport-Phaeton 1913

Mercedes 37/90 PS Kettenwagen
Sport-Zweisitzer 1913

Mercedes 37/90 PS Kettenwagen
Sport-Phaeton 1914

Mercedes 39/75 PS Sechszylinder Kettenwagen
Landaulet 1907
Reisewagen für Kaiser Wilhelm II.

Mercedes 39/75 PS Sechszylinder Kettenwagen
Sport-Zweisitzer 1907

Mercedes 39/75 PS Sechszylinder Kettenwagen
Phaeton 6 Sitze 1907

Motor
Zylinderzahl

Bohrung × Hub
Hubraum
Leistung
Verdichtung
Vergaser
Ventile

Kurbelwellenlager
Kühlung
Schmierung
Zündung

Kraftstofftank
Kraftstofförderung
Anlasser

Kraftübertragung
Antrieb
Kupplung
Getriebe
Schaltung
Übersetzungen

Antriebs-Übersetzung

Fahrwerk
Rahmen
Vorderradaufhängung
Hinterradaufhängung
Lenkung
Fußbremse
Handbremse

Allgemeine Daten
Radstand
Spur
Gesamtmaße
Räder

Reifen

Fahrgestellgewicht
Wagengewicht
Zuläss. Gesamtgewicht
Höchstgeschwindigkeit
Verbrauch/100 km
Tankinhalt

Bemerkungen

Mercedes 37/65 PS, 37/70 PS 1906 – 1910	**Mercedes 39/75 PS, 39/80 PS 1906 – 1910**	**Mercedes 37/90 PS, 37/95 PS 1910 – 1914**	**Mercedes 38/100 PS 1915**
Daimler	Daimler	Daimler	Daimler
6 (Reihe, paarweise)	6 (Reihe, paarweise)	4 (Einzelzylinder mit aufgeschweißten Kühlwassermänteln)	4 (Einzelzylinder mit aufgeschweißten Kühlwassermänteln)
120 × 140 mm	120 × 150 mm	130 × 180 mm	132 × 180 mm
9495 ccm	10 180 ccm	9530 ccm	9850 ccm
65 – 70 PS bei 1300 U/min	75 – 80 PS bei 1300 U/min	90 – 95 PS bei 1300 U/min	100 PS bei 1300 U/min
Doppel-Kolbenvergaser		Kolbenvergaser	
Seitlich stehend (T-Anordnung)		Je Zylinder 1 Einlaß- und 2 Auslaßventile hängend	
2 seitliche Nockenwellen		2 seitliche Nockenwellen	
Antrieb durch Stirnräder		Antrieb durch Stirnräder	
4			
Wasser/Pumpe		Wasser/Pumpe	
Druckumlauf		Druckumlauf	
Doppelzündung, Magnet und Batterie		Doppelzündung, Magnet und Batterie	
2 Zündkerzen je Zylinder		2 Zündkerzen je Zylinder	
unter Wagenheck		unter Wagenheck	
Druck der Auspuffgase		Druck der Auspuffgase	
Andrehkurbel, Dekompressor		Andrehkurbel, Dekompressor	
Motor vorn, Antrieb über Ketten auf Hinterräder		Motor vorn, Antrieb über gekapselte Ketten auf Hinterräder	
Federkupplung		Federband- bzw. (ab 1912) Leder-Doppelkonuskupplung	
4 Gang		4 Gang	
Schalthebel (Kulisse) rechts außen		Schalthebel (Kulisse) rechts außen	
		I. 4,00	
		II. 2,20 oder 2,40	
		III. 1,40	
		IV. 1,00	
Kette 1,65:1	Kette 1,54:1	Kette 1,90 oder 1,70:1	
U-Profil-Preßstahl-Rahmen		U-Profil-Preßstahl-Rahmen	
Starrachse, Halbfedern		Starrachse, Halbfedern	
Starrachse, Halbfedern		Starrachse, Halbfedern	
Schraubenspindel, rechts		Schraubenspindel, rechts	
Mechanisch (wassergekühlt), Antriebswelle		Mechanisch (wassergekühlt), Antriebswelle	
Mechanisch, Hinterräder, zusätzlich Bergstütze		Mechanisch, Hinterräder, zusätzlich Bergstütze	
3545 mm	3645 mm	3380 oder 3525 oder 3580 mm	3580 mm
1450 mm	1450 mm	1450 bzw. (ab 1912) 1520 mm	1620 mm
		4870–5100 × 1750 × 1600 mm	
Holzspeichen mit Stahlfelgen (nicht abnehmbar)	Holzspeichen mit Stahlfelgen (nicht abnehmbar)	Holzspeichen mit Stahlfelgen (ab 1912 abnehmbar) oder Drahtspeichen oder Scheiben	Holzspeichen mit Stahlfelgen (abnehmbar)
vorn 915 × 105	vorn 920 × 120	vorn 915 × 105	vorn 935 × 135
hinten 935 × 135	hinten 935 × 135	hinten 935 × 135	hinten 935 × 135
1380 kg	1450 kg	1525 kg	1525 kg
		1950 kg	
		2650 kg	
90 km/h	95 km/h	115 km/h	
		28 – 33 Liter	
		125 Liter	
		Überwiegend mit Sport- oder Rennkarosserie geliefert	
		Einige Wagen auch mit 150 PS Luftschiff-Motor	

Mercedes Rennsportwagen 1913 (für Italien)
mit Sechszylinder 200 PS Luftschiff-Motor

Mercedes Sport-Phaeton 1913 (für Italien)
mit Sechszylinder 200 PS Luftschiff-Motor,
ursprünglich als Gegenstück zum Benz 200 PS vorgesehen

	Mercedes 46/100 PS 1913	Mercedes 79/200 PS 1913	Mercedes 92/160 PS 1917/18
Motor Zylinderzahl Bohrung × Hub Hubraum Leistung Bemerkungen	Daimler Luftschiff-Motor 4 150 × 170 mm 12010 ccm 100 PS Versuchswagen	Daimler Luftschiff-Motor 6 160 × 170 mm 20500 ccm 200 PS 3 Versuchswagen (nach Italien verkauft)	Daimler Luftschiff-Motor 8 150 × 170 mm 24030 ccm 160 PS 3 Versuchswagen

	Mercedes 16/45 PS 1917 – 1918	Mercedes 16/55 PS 1919 – 1920	Mercedes 24/85 PS 1919 – 1920
Motor Zylinderzahl Bohrung × Hub Hubraum Leistung Bemerkungen	Daimler 4 (Reihe) 94 × 150 mm 4160 ccm 45 PS Gußzylinder Stehende Ventile Versuchswagen	Daimler 4 (Reihe) 94 × 150 mm 4160 ccm 55 PS Stahlzylinder Hängende Ventile Versuchswagen	Daimler 6 (Reihe) 94 × 150 mm 6240 ccm 85 PS Stahlzylinder Hängende Ventile Versuchswagen Vorläufer des 24/100/140 PS Typ 630?

Mercedes 8/18 PS
Sport-Zweisitzer
1911

Mercedes 8/18 PS
Phaeton
1911

Mercedes 8/18 PS
Landaulet
1911

	Mercedes 8/18 PS 1910 – 1912 Mercedes 8/20 PS 1912 – 1913	Mercedes 8/22 PS 1913 – 1921	Mercedes 12/32 PS 1915 – 1919
Motor	Daimler	Daimler	Daimler
Zylinderzahl	4 (Reihe, paarweise)	4 (Reihe, Block)	4 (Reihe, Block)
Bohrung × Hub	70 × 120 mm	74 × 120 mm	84 × 140 mm
Hubraum	1846 ccm	2064 ccm	3013 ccm
Leistung	18–20 PS bei 1800 U/min	22 PS bei 1800 U/min	32 PS bei 1800 U/min
Verdichtung			
Vergaser	Kolben-Drehschiebervergaser	Kolben-Drehschiebervergaser	Kolben-Drehschiebervergaser
Ventile	Seitlich stehend (L-Anordnung) 1 seitliche Nockenwelle Antrieb durch Stirnräder	Seitlich stehend (L-Anordnung) 1 seitliche Nockenwelle Antrieb durch Stirnräder	Seitlich stehend (L-Anordnung) 1 seitliche Nockenwelle Antrieb durch Stirnräder
Kurbelwellenlager	3	3	3
Kühlung	Wasser/Pumpe	Wasser/Pumpe	Wasser/Pumpe
Schmierung	Druckumlauf	Druckumlauf	Druckumlauf
Zündung	Doppelzündung Magnet und Batterie	Doppelzündung Magnet und Batterie	Doppelzündung Magnet und Batterie
Batterie	12 V	12 V	12 V
Kraftstofftank	unter Wagenheck	unter Wagenheck	unter Wagenheck
Kraftstofförderung	Druck der Auspuffgase	Druck der Auspuffgase	Druck der Auspuffgase
Anlasser	Andrehkurbel	Andrehkurbel	Andrehkurbel
Kraftübertragung			
Antrieb	Motor vorn, Antrieb über Kardanwelle auf Hinterräder	Motor vorn, Antrieb über Kardanwelle auf Hinterräder	Motor vorn, Antrieb über Kardanwelle auf Hinterräder
Kupplung	Lederkonuskupplung	Lederkonuskupplung	Leder-Doppelkonuskupplung
Getriebe	4 Gang	4 Gang	4 Gang
Schaltung	Schalthebel rechts außen (Kulissenführung)	Schalthebel rechts außen (Kulissenführung)	Schalthebel rechts außen (Kulissenführung)
Übersetzungen			
Antriebs-Übersetzung			
Fahrwerk			
Rahmen	U-Profil-Preßstahl-Rahmen	U-Profil-Preßstahl-Rahmen	U-Profil-Preßstahl-Rahmen
Vorderradaufhängung	Starrachse, Halbfedern	Starrachse, Halbfedern	Starrachse, Halbfedern
Hinterradaufhängung	Starrachse, Halbfedern	Starrachse, Halbfedern	Starrachse, Halbfedern
Lenkung	Schraubenspindel, rechts	Schraubenspindel, rechts	Schraubenspindel, rechts
Fußbremse	Mechanisch, Antriebswelle	Mechanisch, Antriebswelle	Mechanisch (wassergekühlt), Antriebswelle
Handbremse	Seilzug, Hinterräder	Seilzug, Hinterräder	Seilzug, Hinterräder
Schmierung	Fettbuchsen und Schmiernippel	Fettbuchsen und Schmiernippel	Fettbuchsen und Schmiernippel
Allgemeine Daten			
Radstand	2760 mm	2890 mm	3075 oder 3240 mm
Spur	1300 mm	1300 mm	1350 mm
Gesamtmaße		4000 × 1550 × 1580 mm	
Räder	Holzspeichen	Holzspeichen	Holzspeichen
Reifen	815 × 105 mm	815 × 105 mm	820 × 120 mm
Fahrgestellgewicht	780 kg	915 kg	
Wagengewicht		1350 kg	1800 kg
Zuläss. Gesamtgewicht	1650 kg	1900 kg	
Höchstgeschwindigkeit	55 – 60 km/h	60 km/h	
Verbrauch/100 km			
Tankinhalt	60 Liter		
Bemerkungen			

Mercedes 8/18 PS Phaeton 1911 mit amerikanischem Verdeck

Mercedes 12/32 PS Phaeton 1915

Mercedes 8/22 PS Limousine 1921 mit Spitzkühler

Mercedes 8/22 PS Phaeton 1922 mit Flachkühler

Mercedes 12/32 PS
Feld-Sanitätswagen Typ Bayern 1914

Mercedes 12/32 PS Krankenwagen mit Aluminiumkarosserie, ca. 1921
(Karosserie Köther, Düsseldorf)

Daimler-Knight 10/30 PS Krankenwagen 1913

Daimler-Knight 16/45 PS Krankenwagen 1920/21

	Daimler Krankenwagen Typ UK 1 1912	
Motor	Daimler 10/25 PS	
Zylinderzahl	4 (Reihe, paarweise)	
Bohrung × Hub	80 × 130 mm	
Hubraum	2610 ccm	
Leistung	25 PS bei 1600 U/min	
Getriebe	4 Gang	
Antrieb	Kardan	
Radstand	3380 mm	
Spur	1420 mm	
Reifen	Luft 880 × 120	
	Zwillings-Hinterräder	
Fahrgestellgewicht	1350 kg	
Zuläss. Gesamtgewicht	3000 kg	
Tragfähigkeit	2 Tragbahren + Besatzung	
Höchstgeschwindigkeit	35 km/h	

	Daimler Krankenwagen Typ UK 2 1912	Daimler Krankenwagen Typ UK 1913 – 1918
Motor	Daimler 14/35 PS	Daimler Knight-Schiebermotor 10/30 PS
Zylinderzahl	4 (Reihe, paarweise)	4 (Reihe, paarweise)
Bohrung × Hub	90 × 140 mm	80 × 130 mm
Hubraum	3560 ccm	2610 ccm
Leistung	35 PS bei 1700 U/min	30 PS bei 1750 U/min
Getriebe	4 Gang	4 Gang
Antrieb	Kardan	Kardan
Radstand	3380 mm	3330 mm
Spur	1420 mm	1440/1486 mm
Reifen	Luft 880 × 120	Luft 880 × 120
	Zwillings-Hinterräder	Zwillings-Hinterräder
Fahrgestellgewicht	1375 kg	1500 kg
Zuläss. Gesamtgewicht	3025 kg	3000 kg
Tragfähigkeit	2 Tragbahren + Besatzung	max. 4 Tragen + 3 Begleiter
Höchstgeschwindigkeit	45 km/h	50 km/h

	Daimler Krankenwagen Typ UK 1918 – 1919	Daimler Krankenwagen Typ UK 1920 – 1921
Motor	Daimler 12/32 PS	Daimler Knight-Schiebermotor 16/45 PS
Zylinderzahl	4 (Reihe, Block)	4 (Reihe, paarweise)
Bohrung × Hub	84 × 140 mm	100 × 130 mm
Hubraum	3013 ccm	4080 ccm
Leistung	32 PS bei 1800 U/min	45 PS bei 1750 U/min
Getriebe	4 Gang	4 Gang
Antrieb	Kardan	Kardan
Radstand	3240 mm	3430 mm
Spur	1450 mm	1420/1510 mm
Reifen	Luft 895 × 135	Luft 880 × 120
	hinten einfachbereift	Zwillings-Hinterräder
Fahrgestellgewicht	1100 kg	1350 kg
Zuläss. Gesamtgewicht	2600 kg	3000 kg
Tragfähigkeit	2 Tragen + 3 Begleiter	6 Personen
Höchstgeschwindigkeit	50 km/h	50 km/h

Mercedes-Knight 10/30 PS (1912 – 1915)
Mercedes-Knight 16/40, 16/45, 16/50 PS (1910 – 1924)
Mercedes-Knight 25/65 PS (1912 – 1915)

Im Jahr 1907 wurde Paul Daimler als Nachfolger Wilhelm Maybachs mit der Technischen Direktion und der Leitung des Konstruktionsbüros der Daimler-Motoren-Gesellschaft betraut. Paul Daimler strebte danach, Automobile von möglichst hoher Leistung und Qualität zu schaffen, die er bis in die Einzelheiten mit größter Sorgfalt gestaltete. In seinem Streben nach Perfektion erwarb er 1910 die Patente des Amerikaners Knight, nachdem die englische Daimler-Gesellschaft entsprechende Schiebermotoren schon seit Jahren anbot. Unverzüglich brachte nun auch Paul Daimler die Mercedes-Knight Modellreihe mit Schiebermotoren heraus. Geschäftlich blieben diese Autos ein eklatanter Mißerfolg, denn ihre Störungsanfälligkeit kostete das Werk enorm viel Geld, der Markenruf litt sehr beträchtlich und damit die Verkäuflichkeit des gesamten Programms. Als wichtigsten Vorzug der Schieber-Bauart verzeichnete man den für damalige Begriffe außergewöhnlich ruhigen Motorlauf. Außerdem wurde bei niedriger Drehzahl mehr Leistung erzielt als bei gleich großen Ventilmotoren. Auf der anderen Seite verlangte der Schiebermotor eine höchst feinfühlige Bedienung, die er dann allerdings auch mit erstaunlich langer Lebensdauer lohnte. Im übrigen war der Bauaufwand teuer, und außerdem eigneten sich Schiebermotoren nur für Drehzahlen bis zu etwa 1600 U/min, was einer Höchstgeschwindigkeit von ungefähr 80 km/h entsprach. Von den drei Mercedes-Knight Modellen wurde nur der 16/45 PS, ein stattlicher Vierliter-Chauffeurwagen, nach dem ersten Weltkrieg weitergebaut. Zwar bewunderten ihn die Leute wegen seiner Kultiviertheit, doch allein schon die Leistungsgrenzen dieser Bauart ließen deren weitere Verwendung nicht zu. Vom 16/45 PS Knight wurden insgesamt immerhin 5350 Wagen gebaut, während es der kleinere 10/30 PS Knight nur auf etwa 200 und der mächtige 25/65 PS Knight auf ganze 105 Stück brachte.

Mercedes-Knight 16/40 PS
Phaeton 1911

	Mercedes-Knight 10/30 PS 1912 – 1915	Mercedes-Knight 16/40 PS 1910 – 1916, 16/45 PS 1916 – 1923, 16/50 PS 1924	Mercedes-Knight 25/65 PS 1912 – 1915
Motor	Daimler	Daimler	Daimler
Zylinderzahl	4 (Reihe, paarweise)	4 (Reihe, paarweise)	4 (Reihe, paarweise)
Bohrung × Hub	80 × 130 mm	100 × 130 mm	120 × 140 mm
Hubraum	2610 ccm	4080 ccm	6330 ccm
Leistung	30 PS bei 1750 U/min	45 – 50 PS bei 1750 U/min	65 PS bei 1750 U/min
Drehmoment			23,6 mkg bei 1100 U/min
Verdichtung		4:1 bzw. (ab 1916) 5:1	4,6
Vergaser	1 Kolbenvergaser	1 Kolbenvergaser	1 Kolbenvergaser
Ventile	2 Knight Hülsenschieber Seitliche Nockenwelle Antrieb (Mitte Kurbelwelle) durch Stirnräder	2 Knight Hülsenschieber Seitliche Nockenwelle Antrieb (Mitte Kurbelwelle) durch Stirnräder	2 Knight Hülsenschieber Seitliche Nockenwelle Antrieb (am Vorderende der Kurbelwelle) durch Kette
Kurbelwellenlager	5	5	5
Kühlung	Pumpe/Wasser	Pumpe/Wasser	Pumpe/Wasser
Schmierung	Kombinierte Druckumlauf- und Frischöl-Schmierung	Kombinierte Druckumlauf- und Frischöl-Schmierung	Kombinierte Druckumlauf- und Frischöl-Schmierung
Zündung	Doppelzündung Magnet und Batterie	Doppelzündung Magnet und Batterie	Doppelzündung Magnet und Batterie
Batterie	12 V	12 V	12 V
Kraftstofftank	unter Heck	unter Heck	unter Heck
Kraftstofförderung	Abgasdruck	Abgasdruck	Abgasdruck
Anlasser	elektrisch	Andrehkurbel bzw. (ab 1912) elektrisch	elektrisch
Kraftübertragung			
Antrieb	Kardanwelle auf Hinterräder	Kardanwelle auf Hinterräder	Kardanwelle auf Hinterräder
Kupplung	Leder-Doppelkonuskupplung	Leder-Doppelkonuskupplung	Leder-Doppelkonuskupplung
Getriebe	4 Gang	4 Gang	4 Gang
Schaltung	Schalthebel (Kulisse) rechts außen	Schalthebel (Kulisse) rechts außen oder innen	Schalthebel (Kulisse) rechts außen
Übersetzungen		I. 4,26 II. 2,23 III. 1,43 IV. 1,00	I. 4,00 II. 2,00 III. 1,32 IV. 1,00
Antriebs-Übersetzung		3,00	3,33
Fahrwerk			
Rahmen	U-Profil-Preßstahl-Rahmen	U-Profil-Preßstahl-Rahmen	U-Profil-Preßstahl-Rahmen
Vorderradaufhängung	Starrachse, Halbfedern	Starrachse, Halbfedern	Starrachse, Halbfedern
Hinterradaufhängung	Starrachse, Halbfedern	Starrachse, Halbfedern	Starrachse, Halbfedern
Lenkung	Schraubenspindel, rechts	Schraubenspindel, rechts	Schraubenspindel, rechts
Fußbremse	Mechanisch, Antriebswelle	Mechanisch, Antriebswelle + (ab 1922) Vorderräder	Mechanisch (wassergekühlt), Antriebswelle
Handbremse	Mechanisch (Gestänge), Hinterräder	Mechanisch (Gestänge), Hinterräder	Mechanisch (Gestänge), Hinterräder
Allgemeine Daten			
Radstand	3105 oder 3240 mm	2320, 2960, 3180 oder 3240	3620 oder 3645 mm
Spur	1300/1350 mm	1300/1350 bzw. (ab 1923) 1400	1420 oder 1520 mm
Gesamtmaße	4500 × 1580 × 2250 mm	4700 × 1700 × 2250 mm	4900 × 1760 × 2300 mm
Räder	Holzspeichen mit Stahlfelgen (abnehmbar)	Holzspeichen mit Stahlfelgen (abnehmbar)	Holzspeichen mit Stahlfelgen (abnehmbar)
Reifen	820 × 120	820 × 120 oder 820 × 135 oder 825 × 150	vorn 915 × 105 hinten 935 × 135
Fahrgestellgewicht	1100 – 1150 kg	1150 – 1200 kg	1525 kg
Wagengewicht	1700 kg	1750 kg	2075 kg
Zuläss. Gesamtgewicht	2100 kg	2200 – 2500 kg	2650 kg
Höchstgeschwindigkeit	70 km/h	80 km/h	85 km/h
Verbrauch/100 km			23 Liter
Tankinhalt		70, später 100 Liter	80 Liter
Bemerkungen		Zunächst mit Aluminium-, dann mit Grauguß-Zylindern Mercedes-Knight 17/50 PS: 3 Versuchswagen 1912 – 1914 Bohrung × Hub 100 × 140 mm Hubraum 4400 ccm, 50 PS	

Mercedes-Knight 16/40 PS
Stadt-Coupé 1910

→

Mercedes-Knight 16/40 PS
Jagdwagen 1911
für Kaiser Wilhelm II.

Mercedes-Knight 25/65 PS
Landaulet 1913
Kaiser Wilhelm II. mit
dem rumänischen Thronfolger

→

Mercedes-Knight 16/40 PS
Limousine 1913

Mercedes-Knight 16/40 PS
Phaeton 1912
mit Zweisitzer-Anhänger

Mercedes-Knight 16/40 PS
Sport-Phaeton 1913

→

Mercedes-Knight 25/65 PS
Phaeton 1913
(Besitzer:
Deutsches Museum, München)

Mercedes-Knight 16/45 PS
Limousine 1921

Mercedes-Knight 16/45 PS
Zweisitzer 1922

Mercedes-Knight 16/45 PS
Krankenwagen 1924

Mercedes-Knight 16/45 PS
Sport-Phaeton 1924
mit Aufsetzdach

Mercedes-Knight 16/45 PS
Phaeton 1924

Mercedes-Knight 16/45 PS
Limousine 1924
(Mit diesem Wagen fuhr Kommerzienrat Röchling, Saarbrücken, 1 Million Kilometer in 10 Jahren)

Mercedes 28/95 PS (1914 – 1915, 1920 – 1924)

Entsprechend dem sogenannten Kaiserpreis-Flugmotor entwarf Paul Daimler im Jahr 1913 für den neuen Grand-Prix-Rennwagen einen Motor mit V-förmig hängenden Ventilen, obenliegender Nockenwelle und Königswellenantrieb. Sein Streben nach Leichtbau kennzeichneten Aluminiumkolben, das Kurbelgehäuse aus Aluminium und die Stahlzylinder mit aufgeschweißtem Kühlwassermantel. Gleichzeitig mit dem Renntriebwerk wurde die Konstruktion eines entsprechenden 28/95 PS Sechszylinder-Tourenwagen-Motors in Angriff genommen. Mit den gleichen Baumerkmalen entstanden dann im ersten Weltkrieg die berühmten Daimler-Flugmotoren. Der 28/95 PS, obgleich fälschlicherweise oft als solcher bezeichnet, hatte allerdings niemals als Flugmotor Verwendung gefunden. Während des Krieges wurde er nur in wenigen Exemplaren gebaut, sofort danach aber diente er jahrelang als Triebwerk für das Spitzenmodell der Daimler-Motoren-Gesellschaft. Der 28/95 PS war der erste in der ruhmreichen Reihe der »großen« Mercedes Automobile, und er sieht heute noch imponierend und überzeugend aus. Allerdings war er eher ein Sport- als ein Repräsentationswagen. Um ihn zu fahren, brauchte man viel Kraft, Mut und großes Können. So mühelos wie die heutigen großen Autos von Mercedes ließ er sich nicht bewegen. Da besteht ein Unterschied wie zwischen zwei Welten. – Die ersten 25 Serienexemplare des Mercedes 28/95 PS wurden 1914/15 ausgeliefert. Die Gesamtproduktion dieses Typs betrug etwa 590 Stück. Er besaß übrigens als erster seines Zeichens serienmäßig den Spitzkühler und die außenliegenden Auspuffrohre. Beides war schon seit 1912 auch für andere Mercedes-Wagen lieferbar, aber nur auf Wunsch und gegen Aufpreis. Erst später in den zwanziger Jahren machte man die außenliegenden Auspuffrohre zu einem Erkennungsmerkmal der Kompressor-Wagen, ohne daß hierfür eine funktionelle Notwendigkeit bestanden hätte. Den 28/95 PS zeichneten diese eindrucksvollen Metallschläuche aus, ohne daß er jemals – von internen Werksversuchen abgesehen – einen Kompressor besessen hätte.

Mercedes 28/95 PS Sport-Phaeton 1924

	Mercedes 28/95 PS 1914 – 1915 1920 – 1924
Motor	Daimler
Zylinderzahl	6 (Reihe, paarweise) Stahlzylinder mit aufgeschweißten Kühlwassermänteln
Bohrung × Hub	105 × 140 mm
Hubraum	7280 ccm
Leistung	90 PS bei 1800 U/min
Drehmoment	
Verdichtung	
Vergaser	2 Pallas bzw. (ab 1922) 2 Mercedes
Ventile	V-förmig hängend 1 obenliegende Nockenwelle Antrieb durch Königswelle
Kühlung	Pumpe/Wasser
Schmierung	Kombinierte Druckumlauf- und Frischölschmierung
Zündung	Hochspannungs-Magnetzündung
Batterie	12 V
Kraftstofftank	unter Wagenheck
Kraftstofförderung	Unterdruck (Druckluftpumpe)
Anlasser	elektrisch
Kraftübertragung	Motor vorn, Antrieb über Kardanwelle auf Hinterräder
Kupplung	Leder-Doppelkonuskupplung
Getriebe	4 Gang
Schaltung	Schalthebel (Kulisse) außen oder innen rechts
Übersetzungen	I. 3,75 II. 2,10 III. 1,35 IV. 1,00
Antriebs-Übersetzung	2,39, 2,59, 3,00 und andere
Fahrwerk	
Rahmen	U-Profil-Preßstahl-Rahmen
Vorderradaufhängung	Starrachse, Halbfedern
Hinterradaufhängung	Starrachse, Halbfedern
Lenkung	Schraubenspindel, rechts
Fußbremse	Mechanisch, Antriebswelle bzw. (ab 1923) 4 Räder
Handbremse	Mechanisch, Hinterräder
Schmierung	Automatische Kreislauf-Preß-Schmierung
Allgemeine Daten	
Radstand	3390 oder 3555 mm Sportausführung 3065 mm
Spur vorn/hinten	1400/1350 mm
Gesamtmaße	Phaeton 4650 × 1580 × 1600 mm
Räder	Holz- oder Drahtspeichen
Reifen	895 × 135 oder 895 × 150 oder 935 × 135
Fahrgestellgewicht	1260 kg
Wagengewicht	1800 kg
Zuläss. Gesamtgewicht	2200 kg
Höchstgeschwindigkeit	Je nach Übersetzung und Reifen 110 – 138 km/h
Verbrauch/100 km	26 Liter
Tankinhalt	110 Liter
Bemerkungen	

↑ Mercedes 28/95 PS
Zweisitzer 1921

← Mercedes 28/95 PS
Phaeton 1920/21

← Mercedes 28/95 PS
Limousine 1921

← Mercedes 28/95 PS
Reise-Phaeton 1921

→

Mercedes 28/95 PS
Sport-Zweisitzer 1921
mit Mahagoni-Beplankung ↓

Mercedes 28/95 PS
Phaeton 1923

→

←

Mercedes 28/95 PS
Sport-Zweisitzer 1923

Mercedes 28/95 PS
Rennsport-Zweisitzer 1923

←

→

Mercedes 28/95 PS
Sport-Phaeton 1923

←

Mercedes 28/95 PS
Sport-Phaeton 1922
(Besitzer: Auto + Technik
Museum, Sinsheim)

Mercedes 28/95 PS
Stadt-Coupé 1921

←

→

Mercedes 28/95 PS
Phaeton 1924

CONTINENTAL CORD

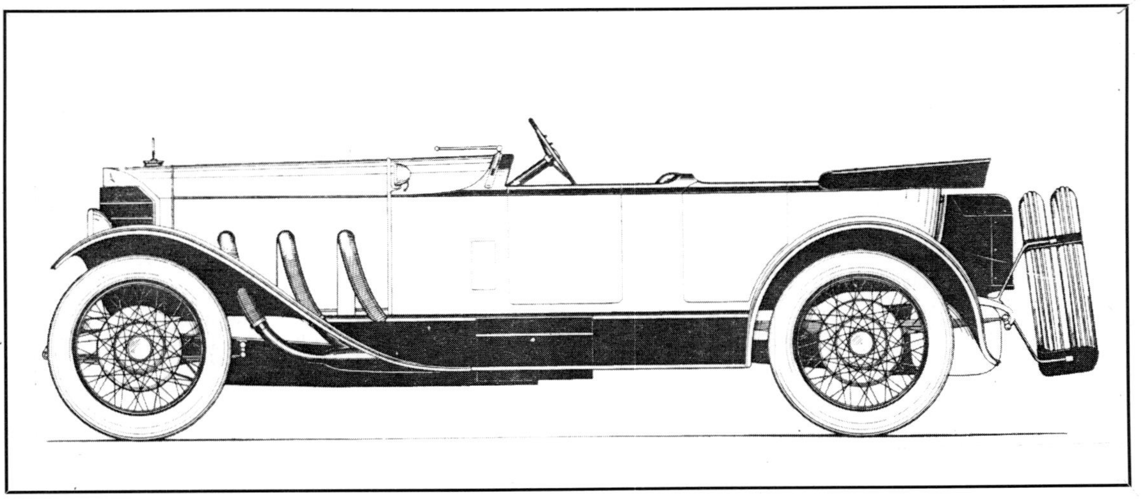

Mercedes 28/95 PS Touring Car 1924
Mercedes 28/95 PS Sport Sedan 1924

Auch damals schon waren die großen Mercedes-Wagen trotz ihrer stolzen Preise bei den Amerikanern hochgeschätzt. Aber es wurden, von wenigen Ausnahmen abgesehen, nur Fahrgestelle importiert und dann mit amerikanischen Karosserien versehen. Das geschah einerseits aus Kostengründen, andererseits aber vor allem deshalb, weil Formen und Styling der Karosserien zu jener Zeit dort drüben viel eleganter waren als hierzulande. Bei den hier oben abgebildeten Wagen kann man Stilelemente finden, die bei unseren Automobilen erst Jahre später nachempfunden wurden. Diesen Vorsprung hielten die Amerikaner bis etwa Mitte der fünfziger Jahre.

Wilhelm Kissel, sein Leben, sein Werk, Mercedes und Mercedes-Benz Personenwagen von 1921 bis 1945

Schon 1916 erwog man im Vorstand der Daimler-Motoren-Gesellschaft die Möglichkeit einer Fusion mit der Firma Benz & Cie. Wegen der zu erwartenden Schwierigkeiten bei der Abwicklung hatte man das Vorhaben wieder aufgegeben. 1919 ergriff nun Benz eine entsprechende Initiative, die sogar zu Verhandlungen führte. Diese blieben zunächst ohne Ergebnis, weil Daimler im Fall einer Fusion nur die Übernahme, nicht aber eine Gleichstellung der Konkurrenzmarke anzubieten bereit war. Aber Benz-Aufsichtsrat Dr. Carl Jahr, Direktor der Rheinischen Creditbank, erreichte schließlich doch, daß es im Mai 1924 zu einer Verkaufs- und Interessengemeinschaft und im Juni 1926 zum Zusammenschluß beider Firmen kam. Seitens des Daimler-Vorstands war freilich der Wunsch zur Fusion mit Benz noch keineswegs besonders ausgeprägt. Vielmehr drängte dazu Dr. Georg Emil von Stauss, Direktor der Deutschen Bank und seit 1920 Aufsichtsratsmitglied der Daimler-Motoren-Gesellschaft.

Hier muß erwähnt werden, daß die 1865 von Kilian Steiner (siehe Seite 71) gegründete Württembergische Vereinsbank, die Hausbank der Daimler-Motoren-Gesellschaft, bereits seit 1906 von der Deutschen Bank beherrscht und 1924 in diese überführt wurde. Andererseits hatte die Deutsche Bank, seit 1922 im Besitz von deren Mehrheit, 1929 die Rheinische Creditbank übernommen, die Hausbank der Benz & Cie. AG. Diese Konstellation hat den Zusammenschluß der beiden Konkurrenzmarken Daimler und Benz wesentlich erleichert.

Sowohl die Daimler-Motoren-Gesellschaft als auch die Firma Benz & Cie. verfügten zum Zeitpunkt ihrer Fusion über je eine voneinander getrennte Personenwagen- und Nutzfahrzeugfabrikation. Daimler baute in Stuttgart-Untertürkheim und -Sindelfingen, Benz in Mannheim Personenwagen. Andererseits bauten Daimler in Berlin-Marienfelde, Benz im badischen Gaggenau Lastwagen und Omnibusse. Die Verschmelzung dieser fünf Werke und der beiderseitigen Verwaltungen zu einer in sich ausgeglichenen und gefestigten Firmeneinheit dauerte Jahre, ja eigentlich sogar zwei Jahrzehnte lang, und sie wäre vielleicht heute noch nicht endgültig abgeschlossen, wenn nicht der Wiederaufbau nach 1945 ohnehin eine straffe Neugliederung des Konzerns erzwungen hätte.

Die Konsolidierung der beiden nunmehr vereinigten Firmen machte aus vielerlei Gründen enorme Schwierigkeiten. Immerhin galt es, zwei harte und jahrzehntelang sogar verfeindet gewesene Konkurrenten in kürzester Zeit nicht nur zu Partnern und Freunden, sondern zu einer friedlichen Familie zu vereinigen. Beide Ursprungsfirmen rühmten sich einer stolzen eigenständigen Tradition, die man weder verleugnen konnte noch wollte. Erschwerend kam hinzu, daß sich ehemals führende Daimler-Leute kaum damit abfinden mochten, daß nun hauptsächlich Männer von Benz, dem wirtschaftlich viel schwächer gewesenen Unternehmen, den Ton angaben. Andererseits nagte es am Stolz der Mannheimer Automobilbauer, daß ihre anerkannt guten und bewährten, ja vielleicht sogar besseren Personenwagen sang- und klanglos von der Bühne verschwanden und daß ihr so schönes Werk künftig womöglich nur mehr für Zulieferungen nach Stuttgart gut sein sollte. Rundum zufrieden fühlte man sich eigentlich nur in Gaggenau, wo man den gesamten Nutzfahrzeugbau konzentrierte, während das Werk Berlin-Marienfelde am schlechtesten wegkam: Seine Stillegung zum 1. April 1927 war beschlossen. Dazu kam es dann zwar nicht, aber Marienfelde blieb viele Jahre lang nur noch als Reparaturwerk sowie mit der Durchführung einiger Sonderentwicklungen beschäftigt. Wie tief die Fusion im übrigen sogar die landsmannschaftlichen Gefühle der angestammten Bevölkerung berührt haben muß, hat die Alltagsprache über fast 60 Jahre hinweg bewahrt: Wie zu Großvaters und Vaters Zeiten schafft auch heute noch ein echter Schwabe »beim Daimler« und ein Badener, der auf sich hält, »beim Benz«!

In den Jahren nach dem ersten Weltkrieg standen beide Ursprungsunternehmen vor schwierigen Problemen, die keineswegs nur inflationsbedingt, sondern durchaus auch hausgemachter Art waren. Baurat Paul Daimler (1869 – 1945), Technischer Direktor der Daimler-Motoren-Gesellschaft, hatte zwar mit den ersten Kompressor-Automobilen zum Weltruhm seiner Marke beigetragen, ihr damit aber noch keineswegs zu einem einträglichen Verkaufsprogramm verholfen. Und nun hoffte man halt, daß sein Nachfolger Ferdinand Porsche mehr Sinn für die Realitäten des Marktes zeigen möchte. Die Firma Benz andererseits bot zwar gut verkäufliche Autos an, war aber durch die Spekulationen des Großaktionärs Schapiro in existenzbedrohende Verstrickungen geraten. 1926 schlossen sich beide Firmen zur Daimler-Benz AG. zusammen, und zwar wohl gerade zur rechten Zeit, denn es erscheint durchaus zweifelhaft, ob sie getrennt die harten Jahre der Wirtschaftskrise hätten durchstehen können. Unter der Markenbezeichnung »Mercedes-Benz« wurde von nun an ein reich gegliedertes Personenwagen-, Lastwagen- und Omnibus-Programm angeboten, welches den Firmenverband bald zur umsatzmäßig zweitgrößten Automobilfabrik Deutschlands – Opel war bis 1945 die größte – werden ließ.

Die Hauptlast an Mühe und Verantwortung bei der Vorbereitung und beim Ablauf der Fusion, wie sie auf Seite 18 ff. dieses Buches beschrieben steht, trug Wilhelm Kissel (1885 – 1942). Der gebürtige Pfälzer und Sohn eines Eisenbahners war 1904 zu Benz gekommen, wo er sich rasch emporarbeitete. Schon als 23jährigen bestimmte man ihn zum Leiter der Einkaufsabteilung. Sein Organisationstalent bewährte sich hier besonders bei der Rohstoffbeschaffung während des ersten Weltkriegs. 1917 war er Prokurist, 1922 Abteilungs-Direktor geworden. 1924 erfolgte die Berufung in den Vorstand, wo er energisch den Zusammenschluß mit Daimler vorantrieb. Durch seine Leistungen und Erfolge gewann Wilhelm Kissel die unbestrittene Führung in der nunmehrigen Daimler-Benz AG. Seit 1930 führte er den Vorsitz im Vorstand der Gesellschaft. 1933 ernannte ihn die Technische Hochschule Darmstadt zum Dr. Ing. E .h. Neben Carl Benz und Gottlieb Daimler zählt Wilhelm Kissel als dritter zu den denkwürdigen Gründerpersönlichkeiten der Daimler-Benz AG., was merkwürdigerweise in der werksoffiziellen Historie des sonst so geschichtsbewußten Unternehmens bisher kaum gebührend zum Ausdruck kommt.

Zum Zeitpunkt des Zusammenschlusses beschäftigte der neue Konzern etwa 14 000 Mitarbeiter. Ihre Zahl sank bis 1932 auf 8850 ab, hatte sich aber bis Ende 1933 bereits wieder verdoppelt und lag 1938 bei 35 000. Das Stammkapital betrug nach der Fusion etwas über 36 Mill. RM, wovon Jakob Schapiro 18,3 Mill. RM (bis 1929), Camillo Castiglioni 3,4 Mill. RM (ebenfalls bis 1929) und die Deutsche Bank 10 Mill. RM hielten. Deren Direktor Dr. h. c. Emil Georg von Stauss, Aufsichtsratsvorsitzender der Daimler-Benz AG., hatte Wilhelm Kissels Fusionsbestrebungen und Schapiros Hinauswurf entscheidend unterstützt.

Eine weitere Gefahr war noch abzuwenden. Jakob Goldschmidt, maßgeblicher Mann der Darmstäder und Nationalbank (Danatbank), vereinigte die Braunschweiger Büssing AG. mit dem Lastwagenbau der Berliner NAG. Gern hätte er in diese Kombination auch die Werke Marienfelde und Gaggenau der Daimler-Benz AG. einbezogen, was jedoch Baurat Friedrich Nallinger und Direktor Wilhelm Kissel im Verein mit Dr. von Stauss zu verhindern wußten. Ein weiterer Versuch Goldschmidts, mittels einer von ihm gegründeten Automobil-Bank wenigstens das Verkaufsgeschäft der Daimler-Benz AG. in die Hand zu bekommen, wurde ebenfalls mit Erfolg abgeschlagen. Kissel begann, mit Hilfe der Deutschen Bank den Kauf von Kraftwagen mittels Ratenzahlungen selbst zu finanzieren

Aber auch Dr. von Stauss hatte eine weitergehende Fusion im Sinn. Er war nicht nur Aufsichtsratsvorsitzer der Daimler-Benz AG., sondern seit 1927 auch der Bayerischen

Motoren Werke AG. Er sorgte dafür, daß Camillo Castiglioni seine Beteiligung an BMW (5 Mill. RM Aktien) und an Daimler-Benz (3,4 Mill. RM Aktien) einem Bankenkonsortium unter Führung der Deutschen Bank und der Danat-Bank überließ und aus den Aufsichtsräten beider Firmen ausschied. Andererseits veranlaßte Stauss, daß BMW-Generaldirektor Franz Popp dem Aufsichtsrat von Daimler-Benz und Direktor Wilhelm Kissel dem Aufsichtsrat von BMW zugewählt wurden (bis 1932). Das gegenseitige freundschaftliche Einvernehmen beider Firmen führte zum Bau der Karosserien für den 3/20 PS BMW in Sindelfingen sowie zu mancherlei gegenseitigen Konsultationen. Aber zu der Fusion, die Dr. von Stauss gern gesehen hätte, kam es nicht, nachdem die Unternehmen mit dem Mercedes-Benz Typ 170-Sechszylinder einerseits und mit der Entwicklung des BMW Typ 303-Sechszylinders andererseits in unmittelbare Konkurrenz zueinander gerieten. (Im Jahr 1959 mißlang es bekanntlich der Deutschen Bank zum zweiten Mal, die damals marode BMW AG. von Daimler-Benz schlucken zu lassen.)

Staatsrat Dr. Emil von Stauss blieb Aufsichtsratsvorsitzender der Daimler-Benz AG. bis zu seinem Tod im Jahre 1943. Mindestens ebenso, wenn nicht noch mehr hat sich Kommerzienrat Dr. Carl Jahr, Direktor der Rheinischen Creditbank und später der Deutschen Bank, um das Unternehmen verdient gemacht. Er war bis 1953 stellvertretender und nach dem Krieg geschäftsführender Aufsichtsratsvorsitzender der Daimler-Benz AG. Er pflegte besonders enge Kontakte zu Dr. Kissel und seinen Nachfolgern. Nahezu alle wichtigen Entscheidungen seit der Fusion hat er mit vorbereitet, mitgetragen und mitverantwortet. Gestorben ist Kommerzienrat Dr. Jahr 1959 im Alter von 85 Jahren.

Einen ersten bescheidenen Gewinn von 870 000 RM erzielte die neue Gesellschaft im Jahr 1928. Von 130 Mill. RM. Umsatz entfielen damals übrigens nur 15 Prozent auf den Export. Kritisch für den Konzern gestalteten sich die Jahre 1931 und 1932, die einen Verlust von 13,4 Mill. RM brachten. Dann aber ging es rapid aufwärts. 1936 wurde aus 300 Mill. RM Umsatz (Exportanteil allerdings nur 10 Prozent) ein Reingewinn von 6 Mill. RM erwirtschaftet. Vor allem aber war und blieb das Unternehmen so gesund, daß selbst die schweren Zerstörungen des zweiten Weltkriegs seine Existenz nicht mehr in Frage stellten.

Kissel machte sich sehr klare Vorstellungen darüber, wie er nach der Fusion die Produktion möglichst rationell auf die vorhandenen Betriebe aufzuteilen gedachte. Im Stammwerk Stuttgart-Untertürkheim sollten die Motoren und Fahrgestelle aller Personenwagen entstehen. Den gesamten Karosseriebau plante man im Werk Sindelfingen zusammenzufassen. Mannheim war für den Bau von Lieferwagen und Omnibussen bestimmt, während Gaggenau die Lastwagenproduktion zu übernehmen hatte. Aus vielerlei Gründen aber ließ sich diese klare Gliederung niemals vollständig verwirklichen. Zunächst mußte ein Teil der geplanten Umstellungen aus Geldmangel, in den Krisenjahren dann aus arbeitsmarktpolitischen Rücksichten unterbleiben.

Als besonders wichtig betrachtete Kissel die Vereinheitlichung des Karosseriebaus. Anstelle von Hans Klemm, dem seitherigen Direktor des Sindelfinger Werkes, hatte Porsche zum 1. Oktober 1927 einen Karosseriefachmann von Steyr, den Österreicher Josef Bildstein, geholt. Die Flugzeugabteilung in Sindelfingen wurde an den Klemm-Leichtflugzeugbau abgegeben. Man wollte nun im Karosseriebau von der Handarbeit zur Großserienproduktion und gleichzeitig in Untertürkheim zur Fließbandmontage übergehen. Damit errechnete man beispielsweise für den Zweiliter-Wagen eine Einsparung von 600 RM. Im Sommer 1928 bestellte Kissel ungeachtet der Bedenken einiger Vorstandskollegen die erste große Kniehebel-Ziehpresse und ließ Sindelfingen planmäßig auf eine moderne Fertigung umstellen. Allerdings konnte dieses Werk während der Krisenjahre selbst mit der Produktion des gesamten Eigenbedarfs nicht ausgelastet werden, weshalb man dann sogar Lohnaufträge für Fremdfirmen übernehmen mußte. 1930/31 lieferte Sindelfingen die Limousinen-Aufbauten des 6/30 PS Wanderer und 1932 bis 1934 alle Serienkarosserien für den 3/20 PS BMW. Anstelle des offenbar überforderten Oberingenieurs Bildstein übertrug der Vorstand die Leitung des Werkes Sindelfingen zum 1. Januar 1932 an Dr. Ing. Wilhelm Haspel, einem langjährigen engen Mitarbeiter und

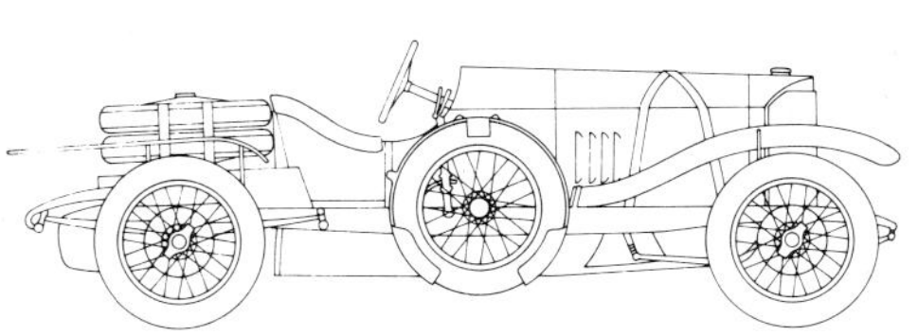

Mercedes 28/95 PS Sportwagen 1921

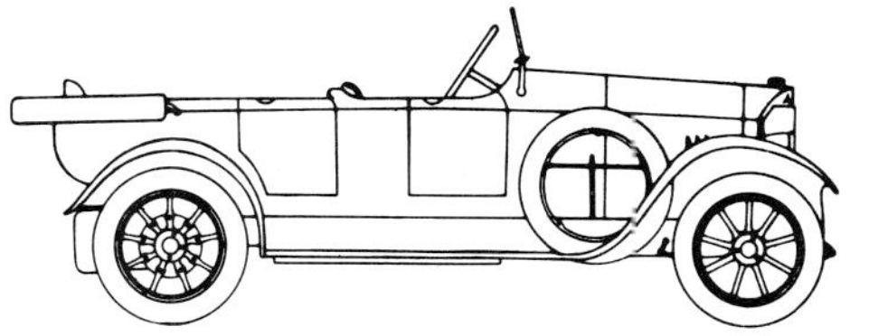

Mercedes 10/40/65 PS Tourenwagen 1922

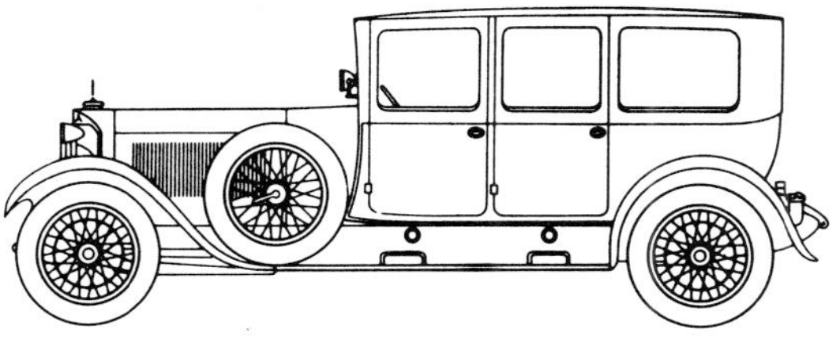

Mercedes 15/70/100 PS Pullman-Limousine 1924

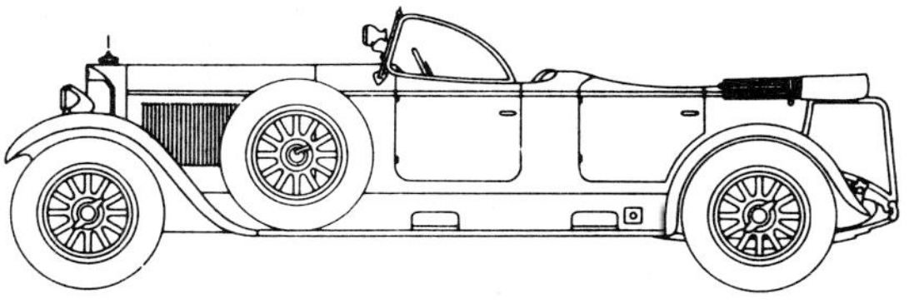

Mercedes 24/110/160 PS Tourenwagen 1924

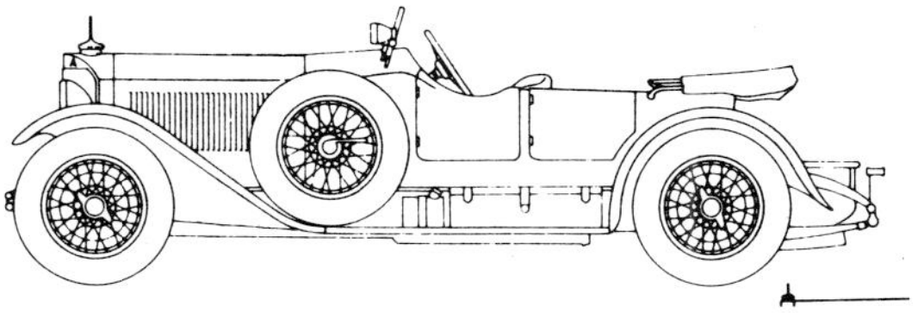

Mercedes-Benz 24/110/160 PS Modell K 1926

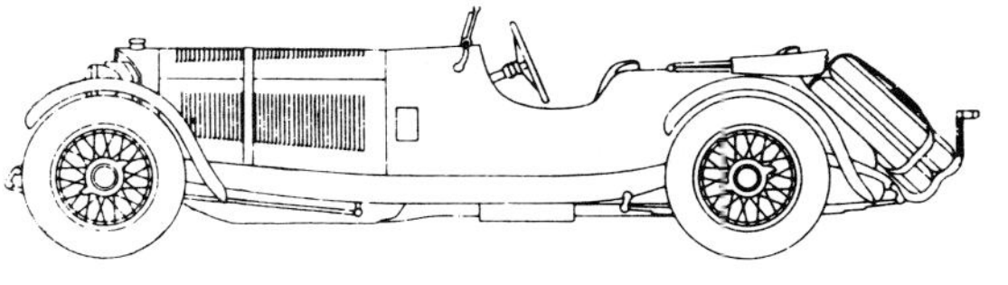

Mercedes-Benz 26/120/180 PS Modell S 1927

Mercedes-Benz SS Cabriolet 1928

Mercedes-Benz Stuttgart 200 Limousine 1929

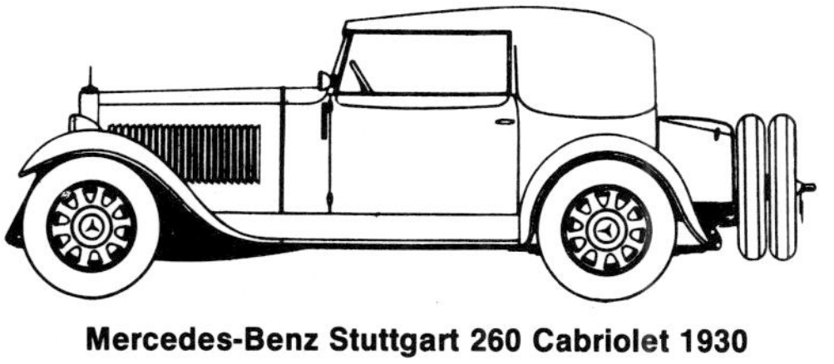

Mercedes-Benz Stuttgart 260 Cabriolet 1930

Mercedes-Benz Nürburg Pullman-Limousine 1930

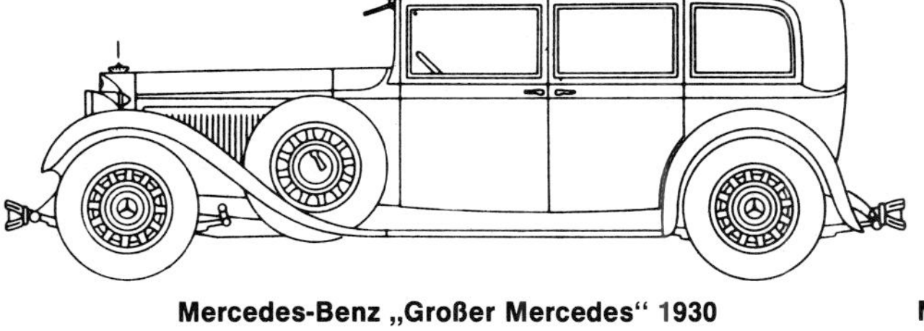

Mercedes-Benz „Großer Mercedes“ 1930

Mercedes-Benz Mannheim 370 S Sport-Cabriolet 1931

Vertrauten Kissels. Bildstein übernahm Anfang 1934 den in Mannheim wieder eingerichteten Karosseriebau. Im Juni 1935 schloß Dr. Haspel einen Lizenzvertrag mit Ambi-Budd (Berlin), der dem Sindelfinger Werk künftig die Herstellung von Ganzstahlkarosserien modernster Bauart ermöglichte.

Die Hektik der Jahre ab 1933 sorgte freilich nicht nur wieder für die völlige Auslastung aller Werke, sondern verlangte darüber hinaus auch rasche Improvisationen, die Kissels klares Konzept vollends über den Haufen warfen. So mußte ein Teil der Personenwagen-Produktion in Mannheim verbleiben, und ab 1937/38 wurden dort stattdessen die leichteren Lastwagen bis 3 to Nutzlast hergestellt. 1934 ließ man in Berlin-Marienfelde den Produktionsbetrieb wieder anlaufen. Das dortige Bauprogramm umfaßte Wehrmachtkraftfahrzeuge, Stationär-, Schiffs- und Großmotoren sowie immer mehr Flugmotoren, mit denen man sich in Untertürkheim seit 1926 wieder beschäftigt hatte und deren Bau in Berlin nun ein nie geahntes Ausmaß annahm. Eine Folge der 1934/35 einsetzenden Wiederaufrüstung war, daß nicht nur aus Kapazitätsgründen, sondern vor allem auch wegen der sich verknappenden Rohstoffe und wegen der zunehmenden Engpässe bei der Beschaffung neuer Werkzeugmaschinen die Produktion von Personenwagen trotz ansehnlichen Zuwachses sich längst nicht in jenem Maße ausweitete, wie dies vom Markt her möglich gewesen wäre. Das traf freilich für die gesamte deutsche Automobilindustrie zu, so daß insoweit keine Firma benachteiligt war. Dieser Situation war sich allerdings die Bevölkerung damals überhaupt nicht bewußt, denn jedermann bekam, von durchaus annehmbaren Lieferfristen abgesehen, ohne weiteres genau das Auto, das er haben wollte. Aber bei unbehinderten Fabrikationsmöglichkeiten hätte sich damals auf dem Markt ein noch viel größeres Käuferpotential erschließen lassen.

Zwischen dem von der Daimler-Motoren-Gesellschaft übernommenen Technischen Direktor Ferdinand Porsche und dem in jeder Beziehung ganz anders veranlagten Wilhelm Kissel herrschte von Anfang an ein gespanntes Verhältnis. Zwar unterschätzte Kissel keineswegs die Bedeutung der Renn- und Luxuswagen für den Markenruf, doch Porsche andererseits zeigte wenig Lust, sich mit der Entwicklung von normalen Gebrauchsautomobilen zu beschäftigen, welche für die Rentabilität der Firma unerläßliche Voraussetzung waren. Es bedurfte offenbar sehr eindringlicher Vorstellungen Kissels und des Aufsichtsrates, um Ferdinand Porsche zu bewegen, endlich auch Mittelklassewagen für den Alltagsgebrauch zu konstruieren. Weil man aber auch diese Modelle keineswegs für sehr gelungen hielt, verließ Porsche Ende 1928 im Zorn die Daimler-Benz AG.

Einen Nachfolger brauchte man nicht erst zu suchen, denn er war schon da. Hans Nibel (1880–1934), seit 1908 Chefkonstrukteur und seit 1917 Vorstandsmitglied der Benz-Werke sowie seit 1922 Dr. Ing E. h. der Technischen Hochschule Karlsruhe, trat noch am gleichen Tag die Nachfolge des Ferdinand Porsche an. Dank seiner vielseitigen Interessen und Fähigkeiten hat er sich um sein Haus außergewöhnliche Verdienste erworben. Er verstand es, die von Porsche hinterlassenen Typen 200, 350 und 460 derart neu und vor allem marktgerecht zu gestalten, daß sie sich hinfort nicht nur gut, sondern auch gewinnbringend verkaufen ließen. Nibel zeichnete für den ersten Schwingachsen-Typ 170 verantwortlich, der sich vom Tag der Einführung an hervorragend bewährte, wußte aber ebenso mit dem ersten »Silberpfeil« den damals wohl besten Rennwagen der Welt zu schaffen. Und vor allem war es ebenfalls Nibel, der den Dieselmotor für die Verwendung im Kraftwagen brauchbar gemacht hat. Nach Dr. Nibels Tod folgte Max Sailer, ein Pragmatiker und Mann der Praxis, der sich schon seit 1910 in vielen leitenden Stellungen bei Daimler hervorgetan hatte.

Weithin ist wenig bekannt, daß Wilhelm Kissel aus freien Stücken und in voller Überzeugung sehr tatkräftig die Schaffung des Volkswagens unterstützt hat. Er vertrat dabei einen anderen Standpunkt als fast alle maßgebenden Leute der übrigen deutschen Automobilindustrie. Kissel nämlich hatte die Entstehung des Volkswagens aus der Überlegung heraus begrüßt, daß mit diesem eine untere Preisgrenze festgesetzt war, die

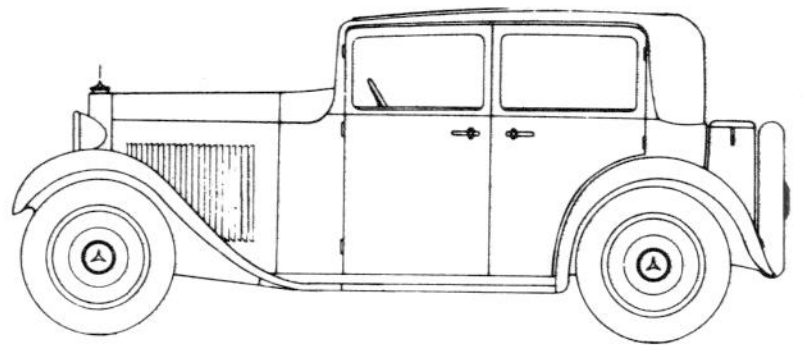

Mercedes-Benz Typ 170 Limousine 1931

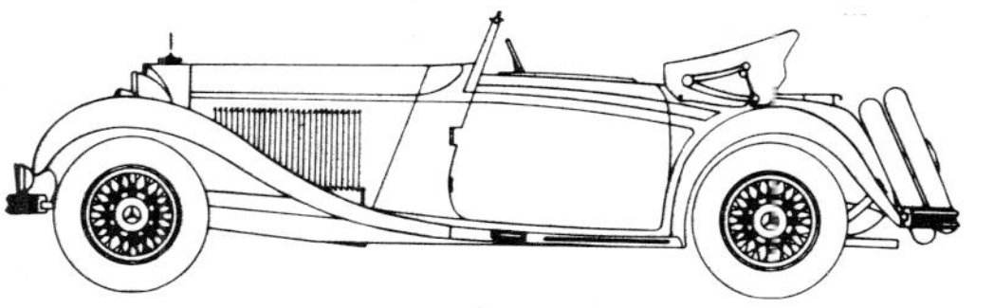

Mercedes-Benz Typ 380 Cabriolet 1933

Mercedes-Benz Typ 130 Limousine 1934

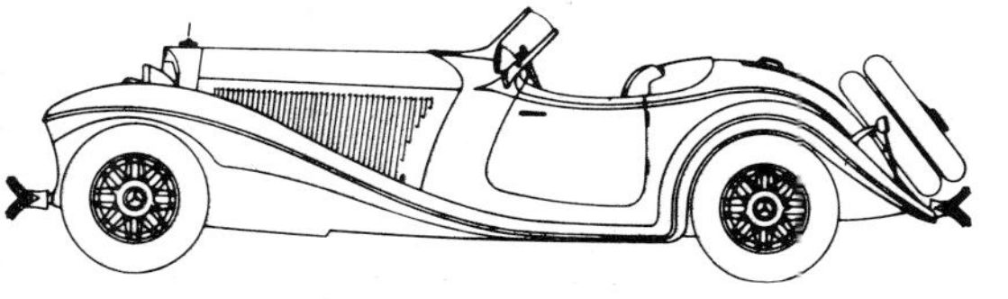

Mercedes-Benz Typ 500 K Roadster 1934

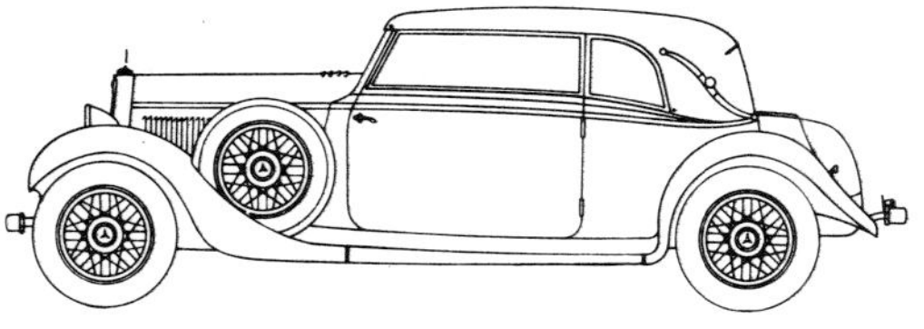

Mercedes-Benz Typ 290 Cabriolet 1933

Mercedes-Benz Typ 260 Diesel Limousine 1935

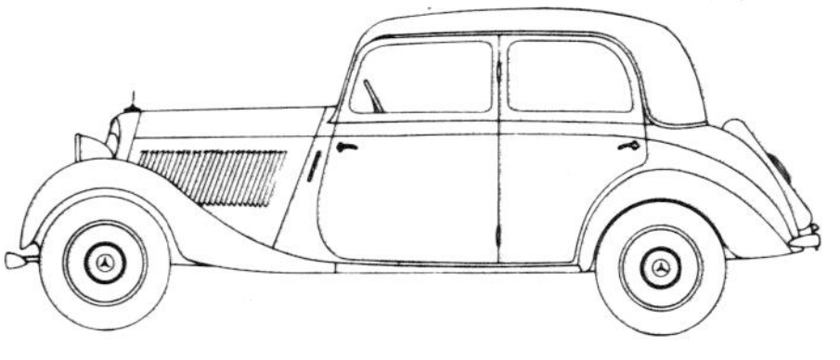

Mercedes-Benz Typ 170 V Limousine 1935

Mercedes-Benz Typ 170 H Limousine 1936

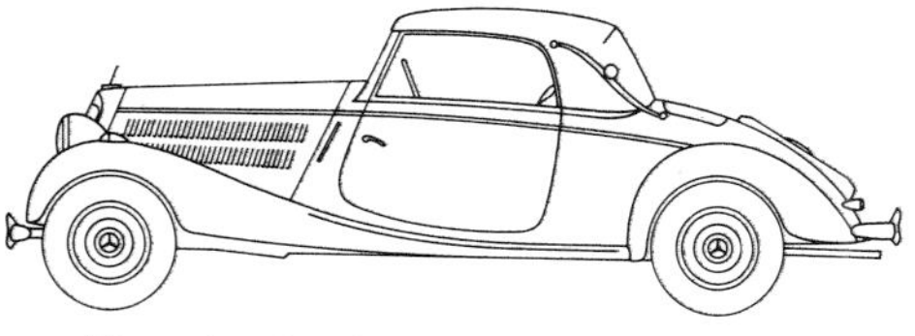

Mercedes-Benz Typ 170 V Cabriolet A 1936

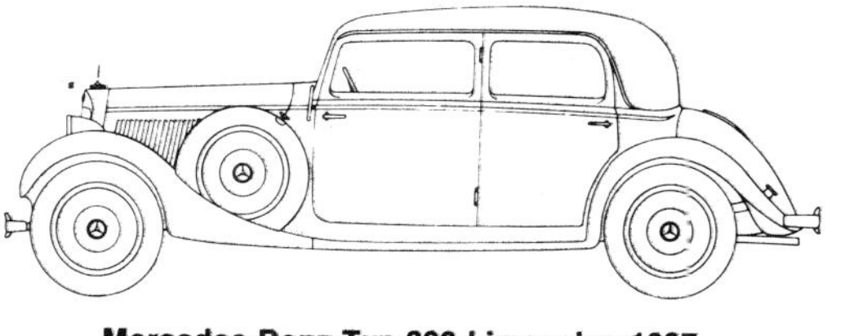

Mercedes-Benz Typ 320 Limousine 1937

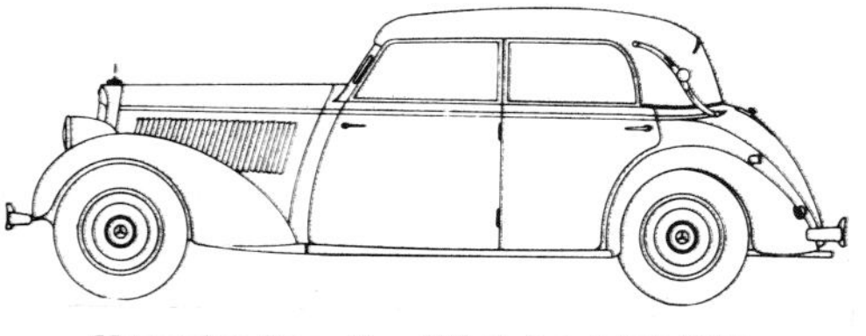

Mercedes-Benz Typ 230 Cabriolet D 1938

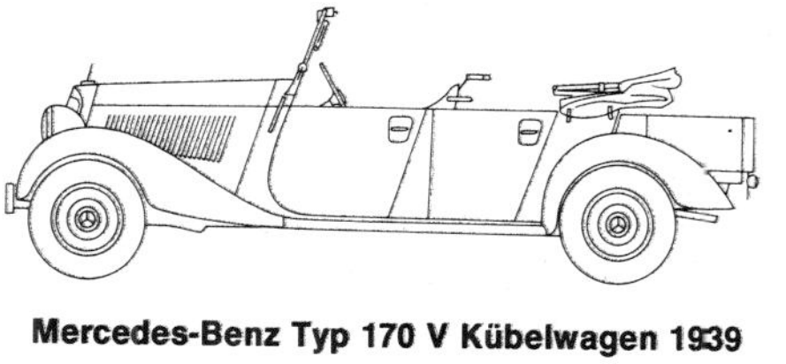

Mercedes-Benz Typ 170 V Kübelwagen 1939

hoffen ließ, daß damit der Wettlauf der Firmen um den immer noch billigeren Wagen aufhören und folglich eine gewisse Stabilität in den Typen-Programmen eintreten würde. Freilich tat sich da Kissel leichter als die Konkurrenten, weil seine Firma sowieso keinen kleinen oder billigen Wagen anbot. Im Geschäftsbericht 1934 hieß es: »Wir fördern die Arbeit an der Lösung des Volkswagen-Problems durch Herstellung von wichtigen Einzelteilen und durch Lieferung der Karosserie.« Auch die bekannte Serie von 30 Versuchswagen des Jahres 1937 wurde in Untertürkheim gebaut. Es war wohl so, daß Ferdinand Porsche nach außen hin als Träger der Volkswagen-Entwicklung galt, doch was wirklich in die Tat umgesetzt wurde, das geschah bei Daimler-Benz. Daß dann bald darauf, nicht ohne Zusammenhang mit dem Volkswagen, eine Typenbeschränkung (Schell-Programm) zwangsweise verordnet wurde, hat Kissels ursprüngliche Begeisterung nachhaltig gedämpft.

Gestorben ist Wilhelm Kissel am 18. Juli 1942. Todesursache war der Opel-Blitz. Dem außergewöhnlich pflichtbewußten und fleißigen Mann hatten die Anstrengungen und Aufregungen der kriegsbedingten Produktionsschwierigkeiten sowieso schon sehr zugesetzt, als er auch noch die Aufgabe übernahm, ein großes Flugmotorenwerk bei Wien zu errichten. Daß man dabei trotz seiner umsichtigen Vorbereitungen und Organisation in jener Zeit nur mehr schleppend vorankam und die von ihm fest zugesicherten Termine nicht einhalten konnte, wertete er als sein persönliches Versagen. Dazu erschütterte Wilhelm Kissel zutiefst der Soldatentod seines einzigen Sohnes. Als weiteren Schlag traf ihn die Entscheidung des Rüstungsministers Speer, daß Daimler-Benz die Serienherstellung von Panzerwagen einstellen und künftig im Rahmen des Panzerprogramms nur noch Ersatzteil-Lieferwerk sein solle. Als ihn dann am 4. Juni 1942 auch noch die Anordnung Hitlers erreichte, die Produktion des Werkes Mannheim sofort vom

Zahl der Beschäftigten bei Daimler-Benz 1927 bis 1948

	Werk Untertürkheim	Werk Sindelfingen	Werk Mannheim	Werk Gaggenau	Werk Berlin-Marienfelde	Niederlassungen	Gesamtzahl
1927	5 562	2 149	4 453	3 933	397	1 630	18 124
1928	4 811	1 867	3 190	4 234	476	2 155	16 733
1929	4 087	1 806	2 980	2 629	423	2 347	14 281
1930	3 121	1 133	982	1 942	245	2 363	9 786
1931	3 203	1 585	410	1 866	239	2 031	9 334
1932	3 084	1 487	459	1 615	217	1 988	8 850
1933	4 896	3 144	729	2 446	460	2 328	14 003
1934	7 503	5 093	1 455	3 941	1 626	3 007	22 625
1935	7 048	5 140	1 839	5 390	1 694	3 720	24 831
1936	7 653	5 057	2 169	5 744	2 355	4 701	27 679
1937	8 678	5 176	2 561	5 919	2 715	5 474	30 523
1938	9 661	6 462	3 205	6 336	3 067	6 392	35 123
1939	8 361	5 539	3 231	5 083	3 026	5 855	31 095
1940	7 963	6 460	3 653	4 562	3 503	5 452	31 593
1941	8 682	6 510	3 474	4 780	4 578	5 384	33 408
1942	9 434	5 982	3 734	5 187	5 057	5 676	35 070
1943	8 695	6 877	3 732	4 610	5 448	5 286	34 648
1944	8 950	5 332	4 153	3 935	5 825	5 717	33 912
1945	3 713	2 254	2 139	2 555		2 188	12 849
1946	4 835	2 556	3 055	3 419	549	3 434	17 848
1947	5 260	2 964	3 239	3 874	530	4 374	20 241
1948	5 815	4 197	3 647	4 473	493	4 010	22 635

eigenen Dreitonner-Lastwagen auf den Dreitonner Opel-Blitz umzustellen, empfand dies Kissel als einen geradezu katastrophalen Schaden für das Ansehen »seines« Unternehmens. In der Tat hatten es dessen Lastwagenbauer nicht zustande gebracht, dem Opel-Blitz ein gleich gutes und vor allem ebenso kriegsbrauchbares Modell gegenüberzustellen. Jedenfalls mußte das Zusammentreffen so vieler unglückseliger Ereignisse nicht nur den Stolz und die Willenskraft, sondern auch das Herz Wilhelm Kissels brechen. Sechs Wochen später war er tot.

Zum Nachfolger Dr. Wilhelm Kissels wurde Dr. Wilhelm Haspel (1898 – 1952), Sohn eines Stuttgarter Werkmeisters, bestellt. Er zählte schon seit 1924 zu den engsten Mitarbeitern Kissels, hatte 1927 an der Technischen Hochschule Stuttgart zum Dr. Ing. promoviert und war seit 1932 Direktor des Werkes Sindelfingen, seit 1935 stellvertretendes und seit 1941 ordentliches Vorstandsmitglied. Im Gegensatz zu seinem Vorgänger führte er auch offiziell den Titel Generaldirektor. Neben anderen Ehrungen besaß er die Würde eines Dr. Ing. E. h. der Technischen Universität Berlin. Am 6. Januar 1952 verstarb er völlig unerwartet nach kurzer, schwerer Krankheit. Dr. Haspel hatte das Unternehmen in ganz besonders schwierigen Zeiten geführt. Die unendlichen Widrigkeiten der letzten Kriegsjahre erforderten seinen vollen persönlichen Einsatz wie ebenso danach die Wiedererrichtung der zerstörten Werksanlagen sowie das Ingangsetzen und die Ausweitung der Nachkriegsproduktion.

Mercedes-Benz Personenwagen-Produktion von 1926 bis 1945 (I. Teil)

	Werksbezeichnung Wagentyp	Motortyp	1926	1927	1928	1929	1930	1931	1932
10/35 und 16/50 PS (Benz Auslauf-Typen)			1 279	592					
400 (15/70/100 PS)			367	305	234	5			
630 (24/100/140 PS)			213	44	229	22			
Modell K			20	74	54	2			
630 mit K-Motor					24	86	5		2
5/25 PS	W 01	M 01	8						
5/25 PS	W 14	M 14			28				
8/38 PS			26	4 788	3 922	369			
L $^{3}/_{4}$ Lieferwagen				2	103				
300 (12/55 PS)	W 03		22	812					
300 (12/55 PS)	W 04	M 03		1 281	1 204				
320 (12/55 PS)	W 04	M 04			202				
350 (14/60 PS)	W 05	M 09			355				
350 (14/60 PS)	W 09	M 09			113	245			
G 1 (Gelände-Kfz)	W 103	M 03	5	1	1				
Nürburg 460 (Hochrahmen)	W 08	M 08			347	1 038			
»S«	W 06	M 06		22	124				
»SS«	W 06	M 06			4	67	30	2	6
»SSK«	WS 06	MS 06			3	20	2	6	2
Stuttgart 200	W 02	M 02				1 631	2 966	1 235	528
Stuttgart 260	W 11	M 11			16	3 640	1 487	1 085	357
Stuttgart 260 lang	W 11 L	M 11							
Stuttgart 260 Kübel	W 11 III	M 11							
L 1000 (Lieferwagen)	W 11	M 11			67	455	358	324	146
Mannheim 350	W 10	M 10				17	48		
Mannheim 370	W 10	M 10 II				41	507	253	167
Mannheim 370 K	W 10	M 10 II						122	84
Mannheim 370 S	WS 10	MS 10						117	64
Nürburg 460	W 08	M 08				614	666	152	32
Nürburg 500	W 08	M 08 II						110	116
770 »Großer Mercedes«	W 07 (K)	M 07 (K)					4	42	9
170 (6 Zylinder)	W 15	M 15						173	4 438
L 300 (Lieferwagen)	W 15	M 15							43
200	W 21	M 21							2
200 lang	W 21	M 21							
290	W 18	M 18							
290 lang	W 18 II	M 18 II							
290 Kübelsitzer I	W 18 III	M 18							
290 Kübelsitzer II	W 135	M 18 II							

1933	1934	1935	1936	1937	1938	1939	1940	1941	1942	1943	Gesamtzahl
											1 871
											911*
											508**
											150
											117
											8
											28
											9 105
											105
											834
											2 485
											202
											355
											358
											7
											1 385
											146
2											111
											33
92											6 452
119	53										6 757
50											50
	525	982									1 507
178	266	349	233								2 376
											65
165	29										1 162
7											213
2											183
44											1 508
141	183	139	87	54	50	51					931
4	11	11	10	13	13						117
3 139	2 508	3 020	497								13 775
63	10	10									126
2 788	2 367	3 033	1 091								9 281***
	941	3 801	1 599								6 341
1 320	1 312	551	293								3 476
	915	1 583	1 222	209							3 929
	28	62									90
			519	110							629

* ab 1924 insgesamt 1913
** ab 1924 insgesamt 1080
*** einschl. 105 Roadster (Radst. 2600 mm)

Mercedes-Benz Personenwagen-Produktion von 1926 bis 1945 (II. Teil)

	Werksbezeichnung Wagentyp	Motortyp	1926	1927	1928	1929	1930	1931	1932
120 (Heckmotor) (Versuch)	W 17	M 17						12	
130 (Heckmotor)	W 23	M 23							
150 (Heckmotor) (Roadster)	W 30	M 30							
150 (Heckmotor) (Sport)	W 130	M 30							
150 V (Frontmotor) (Sport)	W 130 II	M 30							
170 H	W 28	M 28 II							
Volkswagen V 60									
170 V	W 136	M 136							
170 V Kastenwagen	W 136	M 136							
170 VK Wehrmacht-Kübel	W 136 K	M 136							
200 V (Sportwagen)	W 149 II	M 149 II							
170 VG (Kübelwagen 4 × 4)	W 133 III	M 28 II							
170 VL (Kübelwagen 4 × 4)	W 139	M 136 MIL							
G 5 (Gelände-Pkw)	W 152	M 149 II							
170 S (Versuch)	W 136 IV	M 136 III							
130 VB Röhr/Versuch)	W 144	M 144							
190 VB (Röhr/Versuch)	W 145	M 145							
260 VB (Röhr/Versuch)	W 146	M 146							
400 V (Röhr/Versuch)	W 147	M 147							
400 VMS (Röhr/Versuch)	W 161	M 147							
400 VM (Röhr/Versuch)	W 160	M 160							
120 FX (Versuch)	W 185	M 185							
150 BX (Versuch)	W 164	M 164							
170 VX (Versuch)	W 158	M 158							
240 (Versuch)	W 132	M 132							
260 (Versuch)	W 159	M 159							
230 n	W 143	M 143							
230 lang	W 143	M 143							
230 (neu)	W 153	M 153							
230 SV Roadster (Sport)	W 153	M 134 S							
230 Sport (Limousine)	W 153	M 153 S							
260 D	W 138	OM 138							
170 DX (Versuch)	W 141	OM 141							
290 D (Versuch)	W 166	OM 166							
290 D (Versuch)	W 168	OM 168							
320 (einschl. 320 n)	W 142	M 142							
340 Kübelwagen	W 142 IV	M 142 II							
380 (Kompressor)	W 22	M 22							
500 K	W 29	M 24 I							
540 K	W 29	M 24 II							
G 4 (Gelände-Pkw 6 × 4)	W 31	M 24							
770 »Großer Mercedes«	W 150	M 150							
600 V (Versuch)	W 148	M 148							
600 K (Versuch)	W 157	M 157							
			1 940	7 921	7 030	8 252	6 073	3 633	5 996

1933	1934	1935	1936	1937	1938	1939	1940	1941	1942	1943	Gesamtzahl
											12
1	2 205	1 781	311								**4 298**
	1	4									**5**
	6										**6**
	7	4									**11**
		8	1 010	50	250	189					**1 507**
				30							**30**
		12	12 683	18 864	17 575	16 305	3 650	1 710	1 174		**71 973**
			44	78	100	130	280	200	157		**989**
					413	1 737	7 560	6 588	2 777		**19 075**
					27	4					**31**
		62									**62**
			42								**42**
				3	79	115	181				**378**
								12			**12**
			12	6							**18**
			4								**4**
			12	4							**16**
					6						**6**
						2					**2**
					8						**8**
						3					**3**
						6					**6**
					2	2	4	4	7		**19**
	16	6									**22**
								8	10		**18**
			7	959							**966**
			3 449	6 105	6 389	2 723	636	22			**19 324**
					40	2 600	1 188	295	53	34	**4 210**
					33						**33**
						19					**19**
		13	55	336	725	620	218				**1 967**
		6	10								**16**
						18					**18**
										4	**4**
				1 073	1 779	1 384	468	242	151		**5 097**
					202	631	931				**1 764**
93	61										**154**
	105	190	59								**354**
			97	145	95	69					**406**
	6	4	1	4	12	30					**57**
					13	44	1	1	10	19	**88**
								8	4		**12**
								4	8		**12**
8 208	**11 555**	**15 631**	**23 347**	**28 043**	**27 811**	**26 682**	**15 117**	**9 094**	**4 394**	**57**	**210 741**

Fahrgestell-Nummern der Mercedes-Benz Personenwagen 1925 bis 1940*)

Typ	Baujahr	Fahrgestell-Nr.	Stückzahl	Bemerkungen
10/35 PS (Benz) **16/50 PS (Benz)**	1925/27	25 000– 35 100		Auslauf-Typen
6/25/38 PS	1925	26 803– 26 824	22	Kompressor
		27 577– 27 601	25	Kompressor
400	1924/28	25 641– 25 642	2	Kompressor
		26 219	1	Kompressor
		26 491– 26 690	200	Kompressor
		27 602– 27 800	199	Kompressor
		28 701– 29 045	345	Kompressor
			747	
630	1925/27	34 901– 35 200	300	Kompressor
(einschl. Modell K	1927/29	35 226– 35 250	25	Kompressor
und 630 mit K-Motor)		35 356– 35 385	30	Kompressor
		35 401– 35 450	50	Kompressor
		35 501– 35 900	400	Kompressor
	1929/30	36 001– 36 020	20	Kompressor
		36 047– 36 082	36	Kompressor
		36 276– 36 330	55	Kompressor
		36 394– 36 396	3	Kompressor
			899	
»S«	1927/28	35 201– 35 225	25	Kompressor
		35 251– 35 255	5	Kompressor
		35 306– 35 355	50	Kompressor
		35 901– 35 925	25	Kompressor
		35 956– 35 985	50	Kompressor
			155	
»SS«	1928/31	36 027– 36 036	10	Kompressor
		36 201– 36 240	40	Kompressor
		36 254– 36 275	22	Kompressor
		36 336– 36 369	34	Kompressor
		36 376	1	Kompressor
			107	
»SSK«	1929/32	35 986– 35 990	5	Kompressor
		36 037– 36 046	10	Kompressor
		36 083– 36 084	2	Kompressor
		36 241– 36 250	10	Kompressor
		36 371– 36 372	2	Kompressor
		36 385	1	Kompressor
		36 390– 36 393	4	Kompressor
		36 938	1	Kompressor
			35	

***) Die Stückzahlen laut Fahrgestell-Numern stimmen nicht genau mit den Produktionszahlen auf den vorhergehenden Seiten überein. Da die Angaben sowohl hier als auch dort aus Werksunterlagen stammen, hat der Verfasser diese Differenzen nicht zu verantworten. Dazu kommt, daß ab 1938 die Fahrgestell-Nummern nicht mehr systematisch zugeteilt wurden, um die Produktions- bzw. die Rüstungskapazität zu verschleiern. Irgendwelche Unterlagen hierüber, vor allem Nummernschlüssel aus jener Zeit, scheinen jedoch nicht mehr vorhanden zu sein.**

Typ	Baujahr	Fahrgestell-Nr.	Stückzahl	Bemerkungen
8/38 PS	1926/29	60 981– 61 000	20	
(einschl. L 3/4)		61 101– 61 200	100	
		61 301– 66 325	5 025	
		66 551– 66 575	25	
		66 601– 68 400	1 800	
		68 701– 70 500	1 800	
		72 251– 72 300	50	
		72 351– 73 100	750	
		75 101– 75 800	700	
			10 270	
Stuttgart 200	1929/30	76 121– 76 620	500	
		78 801– 81 800	3 000	
		83 839	1	Radstand 3080 mm
	1931/32	84 181– 84 680	500	
		84 931– 85 180	250	
		86 601– 87 000	400	
	1932/33	89 151– 89 165	15	
		96 696– 96 745	50	
			4 716	
Stuttgart 260	1928/29	70 501– 71 700	1 200	
(Radstand 2810 mm)		73 101– 75 100	2 000	
		76 621– 77 120	500	
		77 171– 77 620	450	
		77 911– 78 660	750	
		78 731– 78 732	2	
	1929/30	81 801– 82 350	550	
		82 501– 83 025	525	
		83 126– 83 350	225	
	1930/31	83 351– 83 500	150	
		85 301– 85 400	100	
	1931/32	85 401– 85 800	400	
		86 151– 86 300	150	
		86 401– 86 600	200	
			7 202	
L 1000	1930/31	77 661– 77 910	250	
		83 501– 83 800	300	
	1931/32	84 681– 84 780	100	
		85 801– 86 000	200	
	1932/33	93 321– 93 370	50	
		94 871– 94 920	50	
		94 971– 95 020	50	
	1933/34	96 746– 96 795	50	
		98 437–100 000	50	
		104 891–105 080		
	1934/35	105 081–		

Typ	Baujahr	Fahrgestell-Nr.	Stückzahl	Bemerkungen
320, 350	1927/29	36 001– 39 800	3 800	60 PS, Radstand 3430 mm
Mannheim 350	1929/30	39 801– 40 600	800	70 PS, Radstand 3200 mm
Mannheim 370	1930/33	40 601– 42 040	1 440	75 PS, Radstand 3200 mm
Mannheim 370 K	1930/31	83 981– 84 180	200	75 PS, Radstand 3025 mm
		85 192	1	
	1932/33	91 671– 91 685	15	
Mannheim 370 S	1930/31	83 881– 83 930	50	Zweivergaser-Motor
	1931	84 881– 84 930	50	Zweivergaser-Motor
		87 051– 87 130	80	Zweivergaser-Motor
Nürburg 460	1928/29	50 001– 51 400	1 400	Hochrahmen
	1929/30	51 401– 52 200	800	Niederrahmen
		52 201– 52 800	600	Niederrahmen
	1931/34	52 801– 52 900	100	Niederrahmen
			2 900	
Nürburg 500	1930/31	83 931– 83 980	50	Flachkühler
	1931	84 781– 84 880	100	Flachkühler
		86 301– 86 400	100	Flachkühler
	1932	93 271– 93 320	50	Flachkeil-Kühler
		96 796– 96 825	30	Flachkeil-Kühler
	1933/34	98 206– 98 300	75	Flachkeil-Kühler
		103 421–103 470	50	Flachkeil-Kühler
		104 871–104 980	110	Flachkeil-Kühler
		105 081–105 130	50	Flachkeil-Kühler
	1934	109 011–109 060	50	Flachkeil-Kühler
		113 521–113 620	100	Flachkeil-Kühler
		118 781–118 809	29	Flachkeil-Kühler
			894	
500	1934/35	118 921–119 120	200	Fast senkrechte Frontscheibe
		127 031–127 410	380	Fast senkrechte Frontscheibe
	1936	130 091–130 140	50	Schräge Frontscheibe
		137 776–137 825	50	Schräge Frontscheibe
		139 851–139 880	30	Schräge Frontscheibe
	1936/37	153 261–153 310	50	110 PS-Motor
	1937/38	178 511–178 560	50	110 PS-Motor
	1938/39	421 481–421 525	45	110 PS-Motor
	1940	421 526–		
			955	
G 4	1934	105 181–105 186	6	
	1935	117 757–117 760	4	
	1936	142 176	1	
	1937	189 461–189 464	4	
	1938	406 522–406 530	9	
	1939	421 981–421 983	3	
	1940	440 864–440 888	25	
	1940	449 506–449 510	5	
			57	

Typ	Baujahr	Fahrgestell-Nr.	Stückzahl	Bemerkungen
130	1934	100 001–100 050	50	Heckmotor
		101 821–103 320	1 500	Heckmotor
		105 411–105 710	300	Heckmotor
	1934/35	105 711–106 240	530	Heckmotor
	1935	106 241–106 910	670	Heckmotor
		109 982–109 986	5	Heckmotor
		111 821–112 420	600	Heckmotor
		123 891–123 896	6	Heckmotor
	1935/36	127 611–128 260	650	Heckmotor
			4 310	
170	1931	85 193– 85 196	4	noch mit 1,6 Liter-Motor
(6 Zylinder) einschl. L 300	1931/32	87 001– 87 050	50	
		87 131– 89 135	2 005	
		89 166– 90 165	1 000	
	1932/33	90 171– 91 670	1 500	
		91 771– 92 520	750	
		93 371– 94 570	1 200	
		95 946– 96 695	750	
		98 751– 99 350	600	
	1933/34	101 311–101 810	500	
		103 471–103 970	500	
		106 911–107 410	500	
		111 071–111 820	750	
		114 621–115 370	750	
	1934/35	117 771–118 270	500	
		120 421–120 920	500	
		122 681–123 680	1 000	
		130 151–130 750	600	
		130 951–131 400	450	
			13 909	
200	1933/34	92 521– 92 866	346	
		92 867– 92 870	4	Sport-Roadster, Radst. 2600 mm
		92 871– 93 020	150	
		95 021– 95 220	200	
		95 371– 95 670	300	
		95 671– 95 691	21	Sport-Roadster, Radst. 2600 mm
		95 692– 95 695	4	
		96 626– 97 975	1 350	
		99 351– 99 950	600	
	1934/35	100 311–101 210	900	
		101 811–101 820	10	Sport-Roadster, Radst. 2600 mm
		107 411–107 990	580	
		107 991–108 010	20	Sport-Roadster, Radst. 2600 mm
		110 601–111 070	470	
		113 871–114 620	750	
		117 641–117 655	15	Sport-Roadster, Radst. 2600 mm
		118 271–118 520	250	
	1935/36	118 521–118 770	250	
		119 121–120 120	1 000	
		125 251–125 260	10	Sport-Roadster, Radst. 2600 mm
		125 611–126 810	1 200	
		126 811–126 820	10	Sport-Roadster, Radst. 2600 mm
	1936/37	134 401–135 400	1 000	
		136 751–136 775	25	Sport-Roadster, Radst. 2600 mm
			9 465	

Typ	Baujahr	Fahrgestell-Nr.	Stückzahl	Bemerkungen
200 lang	1933/34	101 211–101 310	100	
		103 971–104 270	300	
		108 011–108 310	300	
		110 301–110 600	300	
		117 241–117 640	400	
		120 121–120 420	300	
	1935/36	121 681–122 380	700	
		123 951–124 700	750	
		129 241–130 040	800	
		135 401–135 800	400	
		136 601–136 750	150	
		137 826–139 125	1 300	
			4 100	
230 n	1937	154 661–155 160	500	
(W 143)		171 411–171 490	80	
	1938	171 491–171 860	370	
			950	
230	1936	139 126–139 825	700	
(W 143)		140 006–141 005	1 000	
		142 871–143 870	1 000	
		153 311–154 060	750	
	1937	165 181–161 180	1 000	
		167 451–168 950	1 500	
		169 411–169 900	490	
	1937/38	169 901–171 410	1 510	ZF Vollsynchron-Viergang
		182 081–184 080	2 000	ZF Vollsynchron-Viergang
	1938/39	189 493–189 773	281	ZF Vollsynchron-Viergang
			10 231	
230	1938	404 022–406 521	2 500	
(W 153)		406 531–407 530	1 000	
		409 281–411 280	2 000	
	1938/39	427 241–451 626		
	1940	446 642–		
260 D	1936/37	141 351–141 400	50	
		144 021–144 220	200	
	1937/38	178 661–178 910	250	Elektr. geheizte Glühkerzen
	1938	403 822–404 021	200	ZF Vollsynchron-Viergang
		407 531–407 750	200	ZF Vollsynchron-Viergang
		408 981–409 130	150	ZF Vollsynchron-Viergang
	1938/39	409 131–409 280	150	ZF Vollsynchron-Viergang
		435 411–435 710	300	ZF Vollsynchron-Viergang
		439 896–440 128	233	ZF Vollsynchron-Viergang
	1940	440 129–		ZF Vollsynchron-Viergang
			1 753	

Typ	Baujahr	Fahrgestell-Nr.	Stückzahl	Bemerkungen
290	1932	90 166– 90 170	5	noch mit 2,7 Liter-Motor
	1933	93 021– 93 270	250	Schnellgang/Vakuumschaltung
		94 571– 94 870	300	Schnellgang/Vakuumschaltung
		95 696– 95 945	250	Schnellgang/Vakuumschaltung
		97 976– 98 225	250	Schnellgang/Vakuumschaltung
		98 501– 98 750	250	Schnellgang/Vakuumschaltung
	1933/34	100 061–100 310	250	Schnellgang/Vakuumschaltung
		104 571–104 870	300	Schnellgang/Vakuumschaltung
		108 311–108 610	300	Schnellgang/Vakuumschaltung
	1934	109 661–109 960	300	Schnellgang/Schalthebel
		113 021–113 320	300	Schnellgang/Schalthebel
	1934/35	120 921–121 170	250	68 PS-Motor
		122 381–122 450	70	68 PS-Motor
	1935/36	122 451–122 680	230	Weiße Armaturen
		136 301–136 600	300	Weiße Armaturen
			3 605	
290 lang	1933/34	103 371–103 420	50	Schnellgang/Vakuumschaltung
		104 271–104 570	300	Schnellgang/Vakuumschaltung
		108 611–108 910	300	Schnellgang/Vakuumschaltung
	1934	110 001–110 300	300	Schnellgang/Schalthebel
	1934/35	116 741–117 240	500	68 PS-Motor
		121 171–121 670	500	68 PS-Motor
	1935	128 261–182 860	600	68 PS-Motor
		135 801–136 300	500	68 PS-Motor
	1936	141 401–141 900	500	Weiße Armaturen
	1936/37	147 711–148 210	400	Weiße Armaturen
			3 950	
320	1937	172 001–173 110	900	
(einschl. 320 n)	1937/38	190 821–191 820	1 000	
		407 731–408 030	300	
	1938	408 031–408 330	300	3,4 Liter-Motor
	1938/39	429 241–429 300	50	3,4 Liter-Motor
		434 711–435 310	600	3,4 Liter-Motor
	1939/40	435 331–440 624		3,4 Liter-Motor
		440 625–		
170 V	1935/36	131 401–134 400	3 000	
		139 826–139 850	25	
		139 881–139 885	5	
		142 205–142 210	6	
		144 221–147 200	3 000	
	1936/37	148 211–153 210	5 000	
		155 161–157 309	2 149	
	1937	157 310–165 100	7 790	
		173 511–178 510	5 000	
		184 081–189 080	5 000	
		191 821–196 820	5 000	
		196 821–		
	1938	411 281–415 280		
	1939	417 719–457 110		
	1940	457 111–		
170 H	1936	136 776–137 775	1 000	Heckmotor
		141 316–141 325	10	Heckmotor
		154 161–154 200	40	Heckmotor
	1937/38	154 201–154 650	450	Heckmotor
			1 500	

Typ	Baujahr	Fahrgestell-Nr.	Stückzahl	Bemerkungen
380	1933	95 271– 95 370	100	Kompressor
	1933/34	103 321–103 370	50	Kompressor
		105 410	1	Kompressor
500 K	1933/34	98 453– 98 457	5	Kompressor
		105 131–105 180	50	Kompressor
		105 351–105 400	50	Kompressor
	1934/35	113 621–113 720	100	Kompressor
		123 681–123 780	100	Kompressor
		130 851–130 900	50	Kompressor
540 K	1936/37	130 901–130 950	50	Kompressor
		154 061–154 160	100	Kompressor
		169 311–169 410	100	Kompressor
	1937/38	189 381–189 430	50	Kompressor
	1938/39	408 331–408 430	100	Kompressor
		421 985–421 989	5	Kompressor
770	1929/30	77 653– 77 655	3	Kompressor
»Großer Mercedes«	1930/31	83 801– 83 825	25	Kompressor
(W 07)		83 840	1	Kompressor
	1932/34	85 201– 85 225	25	Kompressor
	1934/36	85 226– 85 275	50	Kompressor
	ab 1936	182 061–182 075	15	Kompressor
			119	
770	1938/43	189 737–189 744	8	Kompressor
»Großer Mercedes«		189 774–189 798	25	Kompressor
(W 150)		397 364–397 367	4	Kompressor
		429 311–429 335	25	Kompressor
		439 408–439 432	25	Kompressor
			87	

Schon vor dem Krieg mußte ein Käufer beträchtliche Zeit auf seinen Mercedes-Benz warten. Im Jahr 1939 galten folgende

Lieferfristen

Typ 170 V	etwa 12–15 Monate
Typ 170 H	etwa 8–10 Wochen
Typ 230	etwa 12–16 Monate
Typ 260 D	etwa 15–18 Monate
Typ 320 (mit 3,4 Liter-Motor)	etwa 9 Monate
Typ 500	etwa 4 Monate
Typ 540 K	etwa 4 Monate
Typ 770 »Großer Mercedes«	etwa 5 Monate

Die meisten im Jahr 1939 erfolgten Bestellungen wurden durch Kriegsausbruch gegenstandslos. Aber die bis dahin – übrigens auch bei den anderen deutschen Marken – üblich und notwendig gewordenen Lieferfristen waren ein Ergebnis der Binnenkonjunktur auf der einen, der Hochrüstung und der Rohstoffknappheit auf der anderen Seite.

Mercedes 10/40/65 PS
Phaeton 1923

Mercedes 6/25/40 PS (1921 – 1925)
Mercedes 10/40/65 PS (1921 – 1924)

Als erste Neukonstruktionen nach dem Krieg brachte Paul Daimler zwei Typen heraus, die durch sehr aufwendige Hochleistungsmotoren gekennzeichnet waren. Mit V-förmig hängenden Ventilen, Königswelle und Einzelzylindern aus Stahl, die durch aufgeschweißte Stahlbleche ummantelt und zu einem Block zusammengefaßt waren, erinnerten sie an die in den zurückliegenden Jahren entwickelten Flugmotoren. Auch war bei letzteren die Aufladung gebräuchlich geworden, um den mit zunehmender Flughöhe einhergehenden Leistungsverlust auszugleichen. Schon im Herbst 1918 hatte Paul Daimler an einem 28/95 PS Mercedes begonnen, versuchsweise im Automobilbau ebenfalls den Kompressor zu verwenden. Mit solchen Gebläsen rüstete er nun die beiden neuen 1,6 und 2,6 Liter-Wagen aus, die er auf der ebenso ereignisreichen wie denkwürdigen Berliner Automobil-Ausstellung 1921 als Typ 6/20 PS und Typ 10/35 PS zum ersten Mal der Öffentlichkeit zeigte. (Die dritte Zahl zur Angabe der Leistung mit Kompressor wurde 1924 eingeführt.) Die Serienherstellung der beiden Typen 6/25/40 PS und 10/40/65 PS begann allerdings erst im Frühjahr 1923. Und dann wurden sie nur kurze Zeit gebaut, woraus man wohl schließen darf, daß sie sich entweder nicht bewährten oder daß sie viel zu teuer waren. Die Herstellung der Stahlmotoren kostete viel Geld und die Überladung mittels Kompressor brachte zwar die erhoffte kurzfristige Leistungssteigerung von bis zu 50%, konnte sich aber nur bei Rennmotoren oder in ausgesprochenen Luxuswagen lohnen. Mit seinem Programm technisch überaus anspruchsvoller Wagentypen bescherte Paul Daimler seiner Firma gewiß nicht die besten Aussichten für ein gewinnträchtiges Verkaufsgeschäft. Doch immerhin leitete er die Kompressor-Ära bei Mercedes ein, welche dem Ruf der Marke erneut weltweite Geltung verschaffte. Gebaut wurden vom 1,6 Liter etwa 360, vom 2,6 Liter etwa 200 Exemplare.

Mercedes 6/25/40 PS
Sport-Zweisitzer 1924

Mercedes 10/40/65 PS
Sport-Zweisitzer 1924

	Mercedes 6/25/40 PS 1921 – 1924 Mercedes 6/25/38 PS 1924 – 1925	Mercedes 6/40/65 PS Sport 1924	Mercedes 10/40/65 PS 1921 – 1924
Motor	Daimler	Daimler	Daimler
Zylinderzahl	4 (Reihe, Block)	4 (Reihe, Block)	4 (Reihe, Block)
Bohrung × Hub	68 × 108 mm	65 × 113 mm	80 × 130 mm
Hubraum	1568 ccm	1499 ccm	2614 ccm
Leistung	20 bis 25 PS bei 2800 U/min bzw. (mit Kompressor) 38 bis 40 PS bei 3200 U/min	40 PS bzw. (mit Kompressor) 65 PS	35 bis 40 PS bei 2400 U/min bzw. (mit Kompressor) 65 PS bei 2800 U/min
Verdichtung			
Kompressor	Roots-Gebläse, 2 Drehflügel, Antrieb durch Kurbelwelle über Kegelräder Einschaltung durch Gaspedal über Mehrscheiben-Spezialkupplung		
Vergaser	1 Mercedes Drosselvergaser mit Ringschwimmer		
Ventile	V-förmig hängend 1 obenliegende Nockenwelle Antrieb durch Königswelle		
Kurbelwellenlager	3		
Kühlung	Wasser/Pumpe		
Schmierung	Druckumlauf		
Zündung	Hochspannungs-Magnetzünder		
Batterie	12 V		
Anlasser	elektrisch		
Kraftstofförderung	Druckluftpumpe		
Kraftübertragung	Motor vorn, Antrieb über Kardanwelle auf Hinterräder	Motor vorn, Antrieb über Kardanwelle auf Hinterräder	Motor vorn, Antrieb über Kardanwelle auf Hinterräder
Kupplung	Leder-Konuskupplung	Leder-Doppelkonuskupplung	Leder-Doppelkonuskupplung
Schaltung	Schalthebel (Kulisse) innen rechts bzw. 1921 noch außen rechts	Schalthebel (Kulisse) innen rechts	Schalthebel (Kulisse) innen rechts bzw. 1921 noch außen rechts
Getriebe	4 Gang	4 Gang	4 Gang
Übersetzungen			I. 4,25 II. 2,45 III. 1,50 IV. 1,00
Antriebs-Übersetzung			4,00 oder 4,20 oder 4,30
Fahrwerk			
Rahmen	U-Profil-Preßstahl-Rahmen	U-Profil-Preßstahl-Rahmen	U-Profil-Preßstahl-Rahmen
Vorderradaufhängung	starr, Halbfedern	starr, Halbfedern	starr Halbfedern
Hinterradaufhängung	starr, Ausleger-Halbfedern	starr, Halbfedern	starr, Ausleger-Halbfedern
Lenkung	Schraubenspindel, rechts	Schraubenspindel, rechts	Schraubenspindel, rechts
Fußbremse	Mechanisch, Kardanwelle + (ab 1924) Vorderräder	Mechanisch, 4 Räder	Mechanisch, Kardanwelle + (ab 1924) Vorderräder
Handbremse	Mechanisch, Hinterräder	Mechanisch, Hinterräder	Mechanisch, Hinterräder
Schmierung	Automatische Kreislauf- Preß-Schmierung	Automatische Kreislauf- Preß-Schmierung	Automatische Kreislauf- Preß-Schmierung
Allgemeine Daten			
Radstand	2790 mm	2650 mm	3050 oder 3365 mm
Spur vorn/hinten	1150/1150 mm	1320/1320 mm	1340/1300 mm
Gesamtmaße	4050 × 1550 × 1550 mm		4350 × 1700 × 2020 mm
Räder	Drahtspeichen	Drahtspeichen	Holz- oder Drahtspeichen
Reifen	760 × 100 oder 765 × 105	765 × 105	820 × 120 oder 820 × 135
Fahrgestellgewicht	800 kg	800 kg	1150 kg
Wagengewicht	Tourenwagen 1120 kg		
Zuläss. Gesamtgewicht	Tourenwagen 1460 kg	Sportwagen 1400 kg	2150 kg
Höchstgeschwindigkeit	100 km/h	120 km/h	110 km/h
Verbrauch/100 km			
Tankinhalt	50 Liter (im Heck)	68 Liter (im Heck)	90 Liter (im Heck)
Preise			Tourenwagen RM 19 500,–

Mercedes 6/20 PS
Sport-Phaeton 1921

←

→

Mercedes 10/40 PS
Phaeton 1923

Mercedes 10/40/65 PS
Pullman-Limousine 1923

→

Mercedes 6/20 PS
Stadt-Coupé 1921

←

→

Mercedes 10/40/65 PS
Sport-Phaeton 1923
Karosserie Papler

Mercedes 10/40/65 PS
Sport-Viersitzer 1923
Karosserie Papler

→

←

Mercedes 6/25 PS
Limousine 1922

Mercedes bzw. Mercedes-Benz 15/70/100 PS Typ 400 (1924 – 1929)
Mercedes bzw. Mercedes-Benz 24/100/140 PS Typ 630 (1924 – 1929)
Mercedes-Benz 24/100/140 bzw. 24/110/160 PS Modell K (1926 – 1930)

1922 verließ Paul Daimler im Zorn das vom Vater gegründete Unternehmen. Er hatte sich mit dem Aufsichtsrat zerstritten, der verständlicherweise endlich ein gut verkäufliches Serienauto auf den Markt bringen wollte, während sich Paul Daimler lieber mit der Entwicklung eines neuen Achtzylinder-Wagens beschäftigte. Er ging, und zwar zu Horch, wo er dann tatsächlich »seinen« Achtzylinder herausbrachte, der samt allen Folgetypen bis zum zweiten Weltkrieg in der Oberklasse zum wichtigsten Konkurrenten von Mercedes-Benz werden sollte.

Als neuen Chefkonstrukteur holte man Ferdinand Porsche (1875–1951) nach Stuttgart, der seit 1905 als Technischer Direktor von Austro-Daimler schon einmal Paul Daimlers Nachfolger war. Aber auch seine Vorliebe galt keineswegs dem wirtschaftlichen Gebrauchsautomobil. Porsche ließ sich vielmehr von der Idee des Kompressors, der man sich in Stuttgart verschrieben hatte, in höchstem Maße faszinieren. Aufgrund der bereits vorhandenen Erfahrungen sah er freilich auch ein, daß die Aufladung (bei den damaligen Gegebenheiten) nur für Rennmotoren und große Luxuswagen sinnvoll erschien. So baute er wie sein Vorgänger siegreiche Rennwagen, brachte aber auch zwei imposante Tourenwagen mit 4 und 6,3 Liter-Motor heraus, die bald als Spitzenmodelle der Weltproduktion Anerkennung fanden. Vom 6,3 Liter gab es einige Zeit später auch noch eine Ausgabe als Sportwagen Modell K.

Dieses Modell K besaß einen kürzeren Radstand, hinten normale Halbfedern, die berühmten Auspuff-Metallschläuche an der rechten Motorhaube und ab 1928 auch eine etwas höhere Motorleistung. Ab Herbst 1927 erhielten die normalen Typen 400 und 630 ebenfalls diese Schläuche sowie die Underslung-Halbfedern statt der bis dahin eingebauten Ausleger-Halbfedern. Diese waren ähnlich wie ein Waagebalken vor der Hinterachse am Rahmen gelagert. Der Schmiernippel befand sich in einer Einsickung dicht oberhalb des Trittbretts unmittelbar vor dem hinteren Kotflügel. Wagen mit Halbelliptik-Federn besaßen an der gleichen Stelle eine rechteckige Klappe, die den Zugang zu den zwei Schmiernippeln der vorderen Federlasche ermöglichte. An diesem kleinen äußeren Merkmal kann man erkennen, ob das Fahrgestell des betreffenden Wagens vor oder ab Herbst 1927 gebaut wurde.

Die exakte Festlegung des Baujahrs bereitet allerdings hier wie bei allen Luxuswagen der damaligen Zeit einige Schwierigkeit. Es kam nämlich vor, daß fertige Fahrgestelle monate- oder manchmal sogar jahrelang gelagert blieben, ehe sie eine Karosserie erhielten. Daimler hatte beispielsweise Restbestände der Typen 400 und 630, überwiegend Fahrgestelle, noch im Juni 1934 vorrätig! Deshalb besaßen einzelne Wagen dieser Typen Aufbauten, deren Form und Linie schwerlich mit dem Baujahr des Fahrgestells in Einklang zu bringen war. Darüber hinaus kam es gar nicht so selten vor, daß ein und dasselbe Fahrgestell im Lauf der Jahre eine zweite und womöglich sogar eine dritte Karosserie erhielt. Für das Baujahr eines Wagens sollte aber doch wohl im Regelfall der Zeitpunkt seiner kompletten Fertigstellung maßgebend sein, wobei vielleicht das Baujahr des Fahrgestells gesondert anzugeben wäre. Erst recht sollte bei einem späteren Um- oder Neuaufbau eine Doppelangabe dienlich sein.

Die Produktion der Typen 400 und 630 lief 1929 aus, die des Modells K im Jahr 1930. In den Verkaufsprospekten war der Typ 630 zuweilen auch als Sechsliter-Wagen oder -Typ beschrieben, aber eine Bezeichnung als Typ 600 ist selbst dann falsch, wenn sie sogar im Museum der Daimler-Benz AG. zu finden ist. Der Typ 630 wurde ab 1928 zunächst wahlweise und zuletzt ausschließlich mit dem etwas stärkeren Motor des Modells K geliefert. Die Bezeichnung dieser Wagen heißt »Typ 630 mit K-Motor«, während die Bezeichnung »Modell K« ausschließlich den Zwei- und Viersitzer-Sportwagen mit kurzem Radstand vorbehalten blieb. Der Buchstabe »K« steht hier für »kurz« oder »kurzer Radstand«. Daraus erhellt, wie widersinnig es ist, einen »Typ 630 mit K-Motor« auf normallangem Radstand als Typ 630 K zu bezeichnen, wie man es leider auch recht oft lesen kann.

	Mercedes 15/70/100 PS 1924 – 1926 Mercedes-Benz Typ 400 1926 – 1929	Mercedes 24/100/140 PS 1924 – 1926 Mercedes-Benz Typ 630 1926 – 1929	Mercedes-Benz Modell K 24/100/140 PS 1926 – 1928 24/110/160 PS 1928 – 1929
Motor	Daimler bzw. Daimler-Benz	Daimler bzw. Daimler-Benz	Daimler-Benz
Zylinderzahl	6 (Reihe)	6 (Reihe)	6 (Reihe)
Bohrung × Hub	80 × 130 mm	94 × 150 mm	94 × 150 mm
Hubraum	3920 (Steuer 3895) ccm	6240 (Steuer 6202) ccm	6240 (Steuer 6202) ccm
Leistung	70 PS bei 2800 U/min bzw. mit Kompressor 100 PS bei 3100 U/min	100 PS bei 2800 U/min bzw. mit Kompressor 140 PS bei 3100 U/min	100 (110) PS bei 2800 U/min bzw. mit Kompressor 140 (160) PS bei 3100 U/min
Drehmoment			44 mkg bei 1400 U/min
Verdichtung	1:4,7 Zuschaltbares Roots-Gebläse	1:4,7 Zuschaltbares Roots-Gebläse	1:4,7 bzw. 1:5,0 Zuschaltbares Roots-Gebläse
Vergaser	1 Mercedes bzw. Mercedes-Benz Drosselvergaser mit Ringschwimmer		
Ventile	Hängend, obenliegende Nockenwelle, Antrieb durch Königswelle und Schraubenräder		
Kurbelwellenlager	4		
Kühlung	Pumpe, Wasser		
Schmierung	Druckumlauf		
Zündung	Hochspannungs-Magnetzünder		
Batterie	12 V 60 oder 75 Ah		
Kraftstofförderung	Unterdruck		
Kraftübertragung	Antrieb auf Hinterräder		
Kupplung	Mehrscheibentrockenkupplung		
Schaltung	Kulissen-Schalthebel außen oder innen rechts oder Mitte		
Getriebe	4 Gang		
Übersetzungen	I. 3,82, II. 2,25, III. 1,44, IV. 1,00		
Antriebs-Übersetzungen	4,88 oder 5,33	4,00 oder 4,36	3,28 (auch 3,00 oder 3,50)
Fahrwerk	U-Profil-Preßstahl-Rahmen		U-Profil-Preßstahl-Rahmen
Vorderradaufhängung	Starrachse, Halbfedern		Starrachse, Halbfedern
Hinterradaufhängung	Starrachse, Ausleger- bzw. (ab 1927) Underslung-Halbfedern		Underslung-Halbfedern
Lenkung	Schraubenspindel rechts oder links		
Fußbremse	Mechanisch, ab 1928/29 mit Saugluft-Unterstützung (Bosch-Dewandre), 4 Räder		
Handbremse	Mechanisch, Hinterräder		
Allgemeine Daten			
Radstand	3630 mm	3750 mm	3400 mm
Spur vorn/hinten	1430/1430 mm	1430/1430 mm	1430/1430 mm
Gesamtmaße	5200 × 1800 × 1950 mm	5320 × 1800 × 1950 mm	4735 × 1760 × 1850 mm
Räder	Holz- oder Drahtspeichen	Holz- oder Drahtspeichen	Holz- oder Drahtspeichen
Reifen	985 × 150 oder 33 × 5″ Hochdruck oder 33 × 6,75 Niederdruck	895 × 150 oder 33 × 5″ Hochdruck oder 33 × 6,75 Niederdruck	33 × 5″ Hochdruck oder 33 × 6,75 Niederdruck oder 34 × 7,3″ SS Ballon
Wendekreis-∅	12,5 Meter	12,7 Meter	12,5 Meter
Fahrgestellgewicht	1450 kg	1550 kg	1500 kg
Wagengewicht	Tourenwagen 2200 kg Limousine 2400 kg	Tourenwagen 2300 kg Limousine 2500 kg	Tourenwagen 2000 kg
Zuläss. Gesamtgewicht	Tourenwagen 3000 kg Limousine 3200 kg	Tourenwagen 3100 kg Limousine 3300 kg	Tourenwagen 2600 kg
Höchstgeschwindigkeit	H'Achse 4,88:112 km/h H'Achse 5,33:105 km/h	H'Achse 4,00:120 km/h H'Achse 4,36:115 km/h	H'Achse 3,28:145 km/h
Verbrauch/100 km	23 Liter	25 Liter	25 Liter
Kraftstofftank	110 Liter (im Heck)	110 Liter (im Heck)	140 Liter (im Heck)
Preise			
Fahrgestell	RM 14 250,–	RM 19 250,–	RM 20 750,–
Tourenwagen 6 Sitze	RM 19 000,– x)	RM 24 000,– x)	RM 26 000,–
Cabriolet 4 Sitze 4 Türen	RM 21 500,– (ab 1925)	RM 26 500,– (ab 1925)	
Pullman-Limousine 6 Sitze	RM 22 750,–	RM 27 750,–	
Coupé-Limousine 6 Sitze	RM 23 000,–	RM 28 000,–	
Landaulet 6 Sitze	RM 23 000,–	RM 28 000,–	
Pullman-Cabriolet 6 Sitze	RM 23 000,–	RM 28 000,–	
	x) mit Limousinen-Aufsetzdach + RM 2750,–	x) mit Limousinen-Aufsetzdach + RM 2750,– Ab 1928 Typ 630 auch mit K-Motor lieferbar: + RM 2000,–	

Mercedes 15/70/100 PS Offener Zweisitzer 1924

Mercedes 24/100/140 PS Typ 630 Chauffeur-Limousine 1925

Mercedes 24/100/140 PS Typ 630 Pullman-Limousine abnehmbar 1925

Mercedes 15/70/100 PS Typ 400 Tourenwagen 4 Sitze 1925

Mercedes 15/70/100 PS Typ 400 Coupé-Limousine 1925

Mercedes 24/100/140 PS Typ 630 Pullman-Limousine 1925

СКОРАЯ МЕДИЦИНСКАЯ ПОМОЩЪ МОСЗДРАВОТДЕЛА
ТЕЛЕФОН БЕЗ НОМЕРА

Münchner
Neueſte Nachrichten
Münchner Illuſtrierte

Mercedes 15/70/100 PS Typ 400
Limousine abnehmbar 1925

→

←

Mercedes 15/70/100 PS Typ 400
Krankenwagen 1924/25
(Dieser sehr teuere Krankenwagen des Schnell-Rettungsdienstes in Moskau blieb sicherlich hohen Parteifunktionären vorbehalten. Denn auch bei den Kommunisten sind längst nicht alle Menschen gleich...)

Mercedes 15/70/100 PS Typ 400
Krankenwagen 1926

←

→

Mercedes 24/100/140 PS Typ 630
Pullman-Limousine 1926

→

Mercedes 15/70/100 PS Typ 400
Kasten-Lieferwagen 1925/26
(Große Zeitungsverlage hielten und halten heute noch Hochleistungs-Lieferwagen zwecks möglichst rascher Zustellung der Zeitungspakete an Verteiler in Orten, die mit öffentlichen Verkehrsmitteln nicht zeitgerecht erreichbar sind.)

←

→

Mercedes 15/70/100 PS Typ 400
Stadt-Coupé 1926

Mercedes-Benz 24/100/140 PS Typ 630 Modell K Sport-Viersitzer 1926

Mercedes-Benz 24/100/140 PS Typ 630 Modell K Sport-Viersitzer 1927

Mercedes-Benz 24/100/140 PS Typ 630 Modell K Sport-Viersitzer 1927

Mercedes-Benz 15/70/100 PS Typ 400 Cabriolet 4 Türen 1926

Mercedes-Benz 24/100/140 PS Typ 630 Cabriolet 4 Türen 1927

Mercedes 15/70/100 PS Typ 400 Tourenwagen 6 Sitze 1926 (Reichswehr)

Mercedes-Benz
15/70/100 PS Typ 400
Tourenwagen 6 Sitze
1927/28

→

←

Mercedes
15/70/100 PS Typ 400
Tourenwagen 6 Sitze
1925

Mercedes-Benz
15/70/100 PS Typ 400
Tourenwagen 4 Sitze
1927/28

←

→

Mercedes-Benz
15/70/100 PS Typ 400
Tourenwagen 6 Sitze
Reichswehr-Ausführung
1928

←

Mercedes-Benz
15/70/100 PS Typ 400
Tourenwagen 6 Sitze
1927/28

Mercedes-Benz
15/70/100 PS Typ 400
Tourenwagen 6 Sitze
1927/28

←

→

Mercedes-Benz
24/100/140 PS Typ 630
Tourenwagen 6 Sitze
Karosserie:
Erdmann & Rossi
1928

RW-0504

Mercedes-Benz
24/100/140 PS Modell K
Sport-Viersitzer
1927

Mercedes-Benz
24/100/140 PS Modell K
Sport-Viersitzer
1928

Mercedes-Benz
24/110/160 PS Modell K
Sport-Viersitzer
1928/29

Mercedes-Benz
24/100/140 PS Modell K
Sport-Roadster mit
amerikanischer Karosserie
1927/28

Mercedes-Benz
15/70/100 PS Typ 400
Weymann-Limousine
Karosserie Papler
1926

Mercedes-Benz
24/100/140 PS Typ 630
Pullman-Cabriolet
Karosserie Papler
1928

Mercedes-Benz
15/70/100 PS Typ 400
Pullman-Landaulet
Karosserie
Balzer (Ludwigsburg)
1927/28

Mercedes-Benz
15/70/100 PS Typ 400
Pullman-Landaulet
Karosserie
Balzer (Ludwigsburg)
1928

Mercedes-Benz
Typ 630
Cabriolet 4 Türen
1927/28

→

←

Mercedes-Benz
15/70 PS Typ 400
Cabriolet 4 Türen
1927/28

Mercedes-Benz
15/70/100 PS Typ 400
Tourenwagen 4 Sitze
1927/28

←

Mercedes-Benz
Typ 630 mit K-Motor
Cabriolet 4 Türen
1928/29

→

←

Mercedes-Benz
15/70/100 PS Typ 400
Cabriolet 4 Türen
1928/29

Mercedes-Benz
Typ 630 mit K-Motor
Limousine 4 Türen
Karosserie
Million Guiet (Paris)
1929

←

→

Mercedes-Benz
Typ 630
Pullman-Limousine
1929

6055

Mercedes-Benz Typ 400
Pullman-Cabriolet 1929

Mercedes-Benz Typ 630
Pullman-Cabriolet
(Jetziger Besitzer:
R. Döge, Oelzschau/DDR)

Mercedes-Benz Typ 630
Cabriolet
Karosserie:
Erdmann & Rossi
1930

Mercedes-Benz
Typ 630 mit K-Motor
Offener Tourenwagen
Karosserie Papler
1930
(für den König von Albanien)

Mercedes-Benz Typ 400
Offener Tourenwagen
etwa 1930
(ebenfalls in der DDR
beheimatet)

Mercedes-Benz
Typ 630
Offener Tourenwagen
1927/28

Mercedes-Benz
Typ 630
Limousine
Karosserie Balzer
(Ludwigsburg)
1927/28

Mercedes-Benz
15/70 PS Typ 400
Fahrgestell 1927
Limousine 4 Türen
Karosserie Reutter
etwa 1930

Mercedes-Benz
Typ 400
Pullman-Limousine
1929

Mercedes-Benz Typ 630 Stadt-Coupé, Karosserie Castagna, etwa 1929

Mercedes-Benz Typ 630 Tourenwagen, Karosserie Papler, etwa 1929

Mercedes-Benz Typ 630 mit K-Motor, Pullman-Limousine 1929/30

Mercedes-Benz Typ 630 mit K-Motor
Tourenwagen 1930, Karosserie Hibbard et Darrin (Paris)

Mercedes-Benz Typ 630
Pullman-Limousine 1930, Karosserie van den Plas (Holland)

Mercedes-Benz Typ 630
Imperial-Limousine 1929, Karosserie Hibbard et Darrin (Paris)

Mercedes-Benz Typ 630 mit K-Motor
Pullman-Limousine 1929, Karosserie Saoutchik (Paris)

Mercedes-Benz
Typ 630 mit K-Motor
Stadt-Coupé 1929/30
Karosserie Farina (Italien)

→

←

Mercedes-Benz
Typ 400
Cabriolet 1930
Karosserie Gindine (Paris)

←

→

Mercedes-Benz
Typ 630 mit K-Motor
Stadt-Coupé 1929/30
Karosserie Saoutchik (Paris)

→

Mercedes-Benz
Typ 630 Modell K
Sport-Cabriolet 1930
Karosserie Hibbard et Darrin

Mercedes-Benz
Typ 630 mit K-Motor
Sport-Cabriolet 1929
Karosserie Hibbard et Darrin

→

←

Mercedes-Benz
Typ 630 mit K-Motor
Fahrgestell 1927
Cabriolet
Karosserie Voll & Ruhrbeck
etwa 1930

Mercedes-Benz Typ 630
Karosserie Saoutchik (Paris)
1928

Mercedes-Benz Typ 630 mit K-Motor
Karosserie Saoutchik (Paris)
1929

Mercedes-Benz Typ 630
Karosserie d'Jeteren et Frères (Brüssel)
1929

Mercedes-Benz Typ 630 mit K-Motor
Karosserie Castagna (Italien)
1930

Mercedes-Benz Typ 630 mit K-Motor
Karosserie Farina (Italien) 1930

Mercedes-Benz Typ 630 mit K-Motor
Karosserie Farina (Italien) 1931
mit dem Sänger Jan Kiepura

Mercedes-Benz Typ 630 mit K-Motor
Karosserie Farina (Italien) 1931

Mercedes-Benz Typ 630 mit K-Motor
Transformations-Cabriolet, Karosserie Zschau (Leipzig) 1931
(siehe auch übernächste Seite 187)

↑ Mercedes-Benz
Typ 630 mit K-Motor
Transformations-Cabriolet
Karosserie Zschau (Leipzig)
1931

Die Typen 400 und 630 wurden bis 1929/30 gebaut, blieben aber bis 1934 ab Lager lieferbar. Derart lange Auslaufzeiten eines Typs waren früher, besonders bei den teueren Wagen, keineswegs außergewöhnlich. Wohl wurden die Preise solcher Fahrzeuge im Lauf der Zeit immer weiter herabgesetzt, was aber bei dem hier in Frage kommenden Kundenkreis wenig bewirkte. Das sehr imposante Cabriolet, das hier abgebildet ist, wurde an den Kasseler Industriellen Oscar R. Henschel geliefert. Die letzten 630er sind daran kenntlich, daß sie bereits mit dem Kühler des Typs »S« ausgerüstet waren, der die Mercedes-Benz Plakette auf der Spitze des Keilkühlers trägt, während sich seither je ein blanker Mercedes-Stern beiderseits der Kühlerspitze befand.

Mercedes-Benz
Typ 630 mit K-Motor
Pullman-Limousine
Karosserie Jos. Neuss (Berlin)
1931

←

←

Mercedes-Benz
Typ 400
Pullman-Cabriolet
Karosserie Jos. Neuss (Berlin)
1929

Diese beiden Wagen waren Sonderanfertigungen für Reichspräsident Generalfeldmarschall von Hindenburg. Die Pullman-Limousine besaß einen ungewöhnlich hohen Dachaufsatz, damit das Staatsoberhaupt zu offiziellen Anlässen in Zivil mit Zylinder oder in Uniform mit Pickelhaube fahren konnte. Hindenburg benützte die beiden Fahrzeuge bis zu seinem Tod im August 1934. Nach diesem Zeitpunkt traten sie nicht mehr in Erscheinung.

Mercedes-Benz 5/25 PS (Prototypen 1926 und 1928)

Es hatte offenbar sehr eindringlicher Vorstellungen seiner Vorstandskollegen und des Aufsichtsrates bedurft, um Dr. Ferdinand Porsche zu bewegen, nicht nur Renn- und Luxuswagen, sondern endlich auch normale Gebrauchsautomobile zu konstruieren. Er nahm ein an sich überzeugendes Programm in Angriff, bestehend aus einem 1,3 Liter-, einem 2 Liter- und einem 3 Liter-Wagen. Vom kleinsten Typ der drei, dem W 01, wurden 1926 acht Musterwagen gebaut. Er besaß einen viel zu teuren und in dieser Größenklase auch nicht gebotenen Sechszylinder-Motor. Daraufhin entwickelte Porsche für den gleichen Wagen als Typ W 14 einen Vierzylindermotor. Immerhin 28 Musterwagen entstanden im Jahr 1928. Diese scheinen befriedigend ausgefallen zu sein, weshalb der Vorstand beschloß, von diesem Typ monatlich 1000 Stück bauen zu lassen. Das hätte einen sofortigen Aufwand von etwa 10 Millionen Mark erfordert. Doch der Aufsichtsrat zeigte sich im Hinblick auf die seitherigen kostspieligen Experimente Porsches nicht bereit, einen entsprechenden Kredit zu bewilligen. So ging auch der W 14 nicht in Serie. Dagegen wurde der 2 Liter- und der 3-Liter-Wagen auf den Markt gebracht. Sie haben schließlich genug an Lehrgeld gekostet.

Mercedes-Benz 5/25 PS Tourenwagen
Prototyp 1928

Mercedes-Benz 5/25 PS Limousine
Prototyp 1928

	Mercedes-Benz 5/25 PS (W 01) Prototyp 1926	**Mercedes-Benz 5/25 PS (W 14) Prototyp 1928**	
Motor	Daimler-Benz M 01	Daimler-Benz M 14	
Zylinderzahl	6 (Reihe)	4 (Reihe)	
Bohrung × Hub	60 × 82 mm	68 × 88 mm	
Hubraum	1392 ccm	1280 ccm	
Leistung	25 PS bei 3100 U/min	25 PS bei 3300 U/min	
Drehmoment	6,5 mkg bei 2000 U/min		
Verdichtung	1:5,5	1:5,8	
Vergaser	1 Zenith	1 Solex 26 FVS	
Ventile	Seitlich stehend	Seitlich stehend	
Kurbelwellenlager	7	3	
Getriebe	3 Gang	4 Gang	
Radstand	2600 mm	2600 mm	
Spur	1340/1340 mm	1340/1340 mm	
Gesamtmaße	3940 × 1630 × 1580 mm	3910 × 1630 × 1580 mm	
Reifen	27 × 4,55 Niederdruck	27 × 4,55 Niederdruck	
Wagengewicht	1025 kg	1000 kg	
Zuläss. Gesamtgewicht	1470 kg	1400 kg	
Höchstgeschwindigkeit	88 km/h	84 km/h	
Verbrauch/100 km	11 Liter	10 Liter	
Kraftstofftank	45 Liter (im Motorraum)	45 Liter (im Motorraum)	

Mercedes-Benz 8/38 PS
Prototyp 1926

Mercedes-Benz 8/38 PS
Prototyp 1926

Mercedes-Benz 8/38 PS (1926 – 1929)

Der 8/38 PS mit Zweiliter-Motor erschien zur Berliner Automobil-Ausstellung im Oktober 1926, seine Auslieferung begann im März 1927. Der Wagen stieß zwar beim Publikum auf großes Interesse, hatte aber dennoch einen ausgesprochen schlechten Start. Von vornherein war nämlich der Einführungspreis entschieden zu hoch angesetzt. Als dann etwa nach einem Jahr der 8/38 PS drastisch verbilligt wurde, war zunächst auch nichts gewonnen, weil die Preisherabsetzung zu Gerüchten führte, daß der Typ nicht weitergebaut und nunmehr ausverkauft würde. Allzu bekannt war es nämlich bereits, daß der Wagen unter vielerlei technischen Anlaufmängeln litt, die schließlich Porsche veranlaßt haben, nach dem ewigen Streit mit Kissel aus der Daimler-Benz AG. auszuscheiden. In der Tat hatten sich die Reklamationen der Kundschaft so gehäuft, daß in einer Sitzung vom 24. Oktober 1928 im Vorstand und Aufsichtsrat die Forderung nach »einem weniger genialen, aber sparsameren, zuverlässigeren und der Einwirkung seiner Kollegen zugänglicheren Konstrukteur« gestellt worden war.

Mercedes-Benz 8/38 PS
Tourenwagen 4 Türen
1927 – 1929

Mercedes-Benz 8/38 PS
Limousine 2 Türen
1927 – 1929

Mercedes-Benz 8/38 PS
Limousine 4 Türen
1927 – 1929

Mercedes-Benz 8/38 PS
Cabriolet 4 Sitze
1927 – 1929

	Mercedes-Benz 8/38 PS (W 02) 1926 – 1928	Mercedes-Benz Lieferwagen Typ L ¾ (W 02) 1927 – 1928
Motor	Daimler-Benz M 02	
Zylinderzahl	6 (Reihe)	
Bohrung × Hub	65 × 100 mm	
Hubraum	1988 (Steuer 1977) ccm	
Leistung	38 PS bei 3400 U/min	
Drehmoment	10 mkg bei 1400 U/min	
Verdichtung	1:5,0	
Vergaser	1 Flachstromvergaser Zenith 30 HKG Mod. TD	
Ventile	Seitlich stehend Seitliche Nockenwelle Antrieb durch Stirnräder	
Kurbelwellenlager	7	
Kühlung	Pumpe, 15 Liter Wasser	
Schmierung	Druckumlauf, 8 Liter Öl	
Batterie	12 V 40 Ah	
Lichtmaschine	75 W	
Anlasser	0,6 PS	
Kraftübertragung	Antrieb auf Hinterräder	
Kupplung	Einscheibentrockenkupplung	
Schaltung	Kugel-Schalthebel Wagenmitte	
Getriebe	3 Gang Mercedes-Benz	
Übersetzungen	I. 3,40, II. 2,00, III. 1,00	
Antriebs-Übersetzung	6,62 oder 6,00	8,25
Fahrwerk		
Rahmen	U-Profil-Preßstahl-Rahmen	
Vorderradaufhängung	Starrachse, Halbfedern	
Hinterradaufhängung	Starrachse, Halbfedern	
Lenkung	Schraubenspindel/Mutter, links	
Fußbremse	Mechanisch, 4 Räder	
Handbremse	Mechanisch, Hinterräder	
Schmierung	Zentral	
Allgemeine Daten	**Personenwagen**	**Kasten-Lieferwagen**
Radstand	2810 mm	3250 mm
Spur vorn/hinten	1425/1425 mm	1425/1425 mm
Gesamtmaße	4060 × 1680 × 1800 mm	4390 × 1730 × 1750 mm
Ladefläche	–	2200 × 1600 mm
Räder	Stahlblechspeichen	Stahlblechspeichen
Reifen	30 × 5,25″	32 × 6,00″
Wendekreis	12 Meter	13 Meter
Fahrgestellgewicht	850 kg	950 kg
Wagengewicht	Tourenwagen 1150 kg Limousine 1250 kg	Pritschenwagen 1200 kg Kastenwagen 1430 kg
Zuläss. Gesamtgewicht	1850 kg	2200 kg
Nutzlast	–	770 kg
Höchstgeschwindigkeit	75 km/h	60 km/h
Verbrauch/100 km	15 Liter	16 Liter
Kraftstofftank	45 Liter (im Motorraum)	45 Liter (im Motorraum)

Preise

		1927	1928
Fahrgestell	RM	6 500,–	6 000,–
Sport-Zweisitzer	RM	–	6 775,–
Tourenwagen 4 Türen	RM	7 800,–	7 100,–
Limousine 2 Türen	RM	8 600,–	7 600,–
Limousine 4 Türen	RM	8 900,–	7 950,–
Cabriolet 2/3 Sitze	RM	9 500,–	9 000,–
Cabriolet 4 Sitze	RM	9 800,–	9 500,–
Droschken-Landaulet	RM	9 200,–	8 500,–

		1927	1928
Fahrgestell	RM	6 600,–	6 300,–
Kastenwagen	RM		9 750,–
Omnibus 10 Sitze	RM		13 600,–

Ab Herbst 1928 bis zum Lieferbeginn des Typs L 1000 wurde der Typ L ¾ bereits mit 2,6 Liter-Motor geliefert.

Mercedes-Benz 8/38 PS
Cabriolet 2/3 Sitze
1927 - 1928

Mercedes-Benz 8/38 PS
Cabriolet 4 Sitze
Einzelausführung
Karosserie Zschau
1929

←

←

Mercedes-Benz 8/38 PS
Droschken-Landaulet
1927 - 1928

Mercedes-Benz L 3/4
Kastenwagen
1927 - 1928

Mercedes-Benz L 3/4
Sechssitzer offen
»Fleischerwagen«
1928

Mercedes-Benz L 3/4
Aussichtswagen 11 Sitze
1928

Mercedes-Benz L 3/4
Hotel-Omnibus
1928

Mercedes-Benz Typ 300, 320, 350 (1926 – 1929)

Der ebenfalls von Porsche entwickelte Typ 300 ließ sich von Anfang an nur schleppend verkaufen. Der Wagen war zu einem großmächtigen Monstrum geraten, zwar geräumig und bequem, aber arg schwerfällig. Die Konstruktion schien sich mehr nach den Gesetzen des Maschinen- und Lokomotivbaus zu richten als nach jenen der Automobiltechnik. Erstmalig vorgeführt wurde der Typ 300 auf der Berliner Automobil-Ausstellung im Oktober 1926, seine Auslieferung begann im Januar 1927. Ohne viel Aufhebens und von der Öffentlichkeit nahezu unbemerkt wurde der Motor dann in ungewöhnlich rascher Folge zunächst durch einen ganz neuen ersetzt, dann auf 3,2 und schließlich auf 3,5 Liter Hubraum gebracht. Allein im Kalenderjahr 1928 kamen drei Motortypen hintereinander zum Einbau! Der letzte Typ 350 galt dann ohnehin nur mehr als eine Übergangserscheinung, denn Nibel arbeitete bereits am Nachfolger, dem Typ Mannheim. Die Typen 300, 320 und 350 wurden in Mannheim hergestellt, aber sie hießen noch keineswegs »Typ Mannheim«. Diese Bezeichnung trug erst der Nachfolger. Ebenso ist es falsch, im Typ 300 einen unmittelbaren Nachfolger der früheren Benz-Typen zu sehen. Er hatte zu diesen außer der gemeinsamen Herstellungsstätte nicht die geringste Gemeinsamkeit.

Mercedes-Benz
12/55 PS Typ 300
Landaulet 6 Sitze
1928
(Geschenk der Daimler-Benz AG. zum 80. Geburtstag des Reichspräsidenten von Hindenburg)

Mercedes-Benz
12/55 PS Typ 300
Tourenwagen 6 Sitze
1926 – 1928

Mercedes-Benz
12/55 PS Typ 300
Weymann-Landaulet 6 Sitze
Karosserie Papler (Köln)
1927 – 1928

←

Mercedes-Benz
12/55 PS Typ 300
Limousine 6 Sitze
1926 – 1927

Mercedes-Benz
14/60 PS Typ 350
Limousine 6 Sitze
1928 – 1929

←

Mercedes-Benz
12/55 PS Typ 320
Cabriolet 4 Türen
1929

Mercedes-Benz 12/55 PS Typ 320
Cabriolet 2/3 Sitze 1928

Mercedes-Benz 12/55 PS Typ 300
Cabriolet 4 Sitze 1928

Mercedes-Benz 12/55 PS Typ 320
Krankenwagen 1928

Motor
Zylinderzahl
Bohrung × Hub
Hubraum
Leistung
Drehmoment
Verdichtung
Vergaser

Ventile

Kurbelwellenlager
Kühlung
Schmierung
Zündung
Batterie
Lichtmaschine
Anlasser

Kraftübertragung
Kupplung
Schaltung
Getriebe
Übersetzungen

Antriebs-Übersetzung

Fahrwerk
Vorderradaufhängung
Hinterradaufhängung
Lenkung
Fußbremse
Handbremse
Schmierung

Allgemeine Daten
Radstand
Spur vorn/hinten
Gesamtmaße
Räder
Reifen
Wendekreis
Fahrgestellgewicht
Wagengewicht

Zuläss. Gesamtgewicht

Höchstgeschwindigkeit
Verbrauch/100 km
Kraftstofftank

Preise
Fahrgestell
Tourenwagen 6 Sitze
Limousine 6 Sitze
Cabriolet 2/3 Sitze
Cabriolet 4 Sitze

Mercedes-Benz 12/55 PS Typ 300 (W 03) 1926 – 1927	Mercedes-Benz 12/55 PS Typ 300 (W 04) 1927 – 1928	Mercedes-Benz 12/55 PS Typ 320 (W 04) 1928	Mercedes-Benz 14/60 PS Typ 350 (W 05) 1928 – 1929
Daimler-Benz M 7456	Daimler-Benz M 03	Daimler-Benz M 04	Daimler-Benz M 09
6 (Reihe)	6 (Reihe)	6 (Reihe)	6 (Reihe)
74 × 115 mm	76 × 110 mm	76 × 115 mm	80 × 115 mm
2968 ccm	3030 ccm	3131 ccm	3444 ccm
55 PS bei 3200 U/min	55 PS bei 3200 U/min	55 PS bei 3200 U/min	60 PS bei 3200 U/min
	14,3 mkg bei 1280 U/min	16,5 mkg bei 1200 U/min	
1:5,0	1:5,1	1:5,0	1:5,0
1 Flachstromvergaser	1 Flachstromvergaser	1 Flachstromvergaser	1 Flachstromvergaser
Zenith HKG	Zenith 36 HK Mod. TD	Zenith 36 HK Mod. TD	Zenith
Seitlich stehend	Seitlich stehend	Seitlich stehend	Seitlich stehend
Seitliche Nockenwelle	Seitliche Nockenwelle	Seitliche Nockenwelle	Seitliche Nockenwelle
Antrieb durch Stirnräder	Antrieb durch Stirnräder	Antrieb durch Stirnräder	Antrieb durch Stirnräder
4	7	7	7
Pumpe, Wasser	Pumpe, Wasser	Pumpe, Wasser	Pumpe, Wasser
Druckumlauf, 8 Liter Öl	Druckumlauf, 8 Liter Öl	Druckumlauf, 8 Liter Öl	Druckumlauf, 8 Liter Öl
Magnetzünder	Magnetzünder	Batterie	Batterie
12 V 40 Ah (unter Boden)	12 V 40 Ah (unter Boden)	12 V 40 Ah (unter Boden)	12 V 60 Ah (unter Boden)
80 W	80 W	90 W	90 W
1,2 PS	1,2 PS	1,2 PS	1,2 PS
Antrieb auf Hinterräder	Antrieb auf Hinterräder	Antrieb auf Hinterräder	Antrieb auf Hinterräder
Mehrscheibentrockenkupplung	Mehrscheibentrockenkupplung	Mehrscheibentrockenkupplung	Mehrscheibentrockenkupplung
Kugel-Schalthebel Wagenmitte	Kugel-Schalthebel Wagenmitte	Kugel-Schalthebel Wagenmitte	Kugel-Schalthebel Wagenmitte
4 Gang	4 Gang	4 Gang	4 Gang
I. 3,85	I. 3,85	I. 3,85	I. 3,85
II. 2,29	II. 2,29	II. 2,29	II. 2,25
III. 1,58	III. 1,58	III. 1,58	III. 1,40
IV. 1,00	IV. 1,00	IV. 1,00	IV. 1,00
5,40	4,80	5,80 oder 5,40 (Flachland)	5,40 oder 5,00 (Flachland)

U-Profil-Preßstahl-Rahmen
Starrachse, Halbfedern
Starrachse, Underslung-Halbfedern
Schraubenspindel, rechts oder links
Mechanisch, 4 Räder
Mechanisch, Hinterräder
Zentral

3430 mm
1420/1420 mm
4650 × 1760 × 1920 mm
Holz-, Stahl- oder Drahtspeichen
32 × 6,00 oder 32 × 6,20 Niederdruck oder 6,00 –20
13,8 Meter
1250 kg
Tourenwagen 1800 kg
Pullmann-Limousine 1980 kg
Tourenwagen 2550 kg
Pullmann-Limousine 2750 kg

100 km/h	105 km/h	95 km/h	100 km/h
18 Liter	18 Liter	18 Liter	18 Liter
60 Liter (im Heck)	60 Liter (im Heck)	85 Liter (im Heck)	85 Liter (im Heck)
RM 9 500,–	RM 9 500,–	RM 9 000,–	RM 9 000,–
RM 11 800,–	RM 11 800,–	RM 11 500,–	RM 11 500,–
RM 13 800,–	RM 13 800,–	RM 13 000,–	RM 13 000,–
RM 13 500,–	RM 13 500,–	RM 14 000,–	RM 14 000,–
RM 14 500,–	RM 14 500,–	RM 15 000,–	RM 15 000,–

Mercedes-Benz Typ G 1 (1926 – 1928)

Als die Führung der Reichswehr überlegte, wie das Automobil für den Einsatz auf dem Gefechtsfeld brauchbar und nutzbar gemacht werden könnte, erachtete man als wichtigste Voraussetzung eine genügende Geländegängigkeit, die wiederum nach den damaligen Vorstellungen nur mit Dreiachs-Konstruktionen zu erreichen war. Zwecks Tarnung forderte dann statt der Reichswehr das Reichsverkehrsministerium die Firmen Daimler-Benz, Horch und Selve auf, im Wettbewerb miteinander je einen geländegängigen Dreiachser der 0,75-to-Nutzlastklasse zu entwickeln. Alle drei Marken stellten in der Konzeption und auch im Aussehen ziemlich ähnliche Fahrzeuge vor, wobei jedoch nur der (von Paul Daimler konstruierte!) Horch 8 Geländewagen mit einem Preis des Reichsverkehrsministeriums ausgezeichnet und schließlich, wenn auch nur in der geringen Zahl von 60 Stück, bei der Reichswehr eingeführt wurde. Gleichwohl hat Daimler-Benz diese Entwicklung weiter betrieben. So entstanden zunächst die Gelände-Lastwagen G 3 und G 3 a sowie schließlich der ein Jahrzehnt später berühmt gewordene Gelände-Personenwagen G 4.

Mercedes-Benz Typ G 1 Geländewagen 1926 – 1928

	Mercedes-Benz Typ G 1 (W 103) 1926 – 1928		
Motor	Daimler-Benz M 03		
Zylinderzahl	6 (Reihe)		
Bohrung × Hub	76 × 110 mm		
Hubraum	3079 ccm		
Leistung	50 PS bei 3000 U/min		
Drehmoment	15,4 mkg bei 1320 U/min		
Verdichtung	1:5,0		
Vergaser	1 Flachstromvergaser Zenith 36		
Ventile	Seitlich stehend Seitliche Nockenwelle Antrieb durch Stirnräder		
Kurbelwellenlager	7		
Kühlung	Pumpe, Wasser		
Schmierung	Druckumlauf, 8 Liter Öl		
Batterie	12 V 40 Ah		
Lichtmaschine	80 W		
Anlasser	1,2 PS		
Kraftübertragung	Antrieb auf 4 Hinterräder		
Kupplung	Mehrscheibentrockenkupplung		
Schaltung	Schalthebel Mitte		
Getriebe	5 Gang		
Übersetzungen	I. 4,50 II. 2,80 III. 1,90 IV. 1,50 V. 1,00		
Antriebs-Übersetzung	6,30		
Fahrwerk			
Rahmen	U-Profil-Preßstahl-Rahmen		
Vorderradaufhängung	Starrachse, Halbfedern		
Hinterradaufhängung	2 Starrachsen je 1 Halbfeder für 2 Räder		
Lenkung	Spindel		
Fußbremse	Mechanisch, 6 Räder		
Handbremse	Mechanisch, vordere Hinterräder		
Allgemeine Daten			
Radstand	Sowohl 2365 + 950 als auch 2353 + 985 mm		
Spur vorn/hinten	1600/1600/1600 mm		
Gesamtmaße	4700 × 2040 × 2100 mm		
Reifen	775 × 145 4 Zwillings-Hinterräder		
Bodenfreiheit	232 mm		
Wendekreis-∅	15,8 Meter		
Fahrzeuggewicht	2400 kg		
Zuläss. Gesamtgewicht	3200 kg		
Nutzlast	800 kg		
Besatzung	1 + 7 Mann		
Höchstgeschwindigkeit	60 km/h		
Verbrauch 100/km	Straße 24, Gelände 30 Liter		
Kraftstofftank	120 Liter (im Heck)		

Mercedes Benz Typ Nürburg 460 (1928–1929)

Damals wollte die Daimler-Motoren-Gesellschaft den neuen Achtzylinder-Wagen nicht haben, den Paul Daimler herauszubringen gedachte. Man ließ ihn ziehen, ohne freilich zu ahnen, daß er sein Vorhaben anderweitig realisieren und damit der vom Vater gegründeten Fabrik eine durchschlagende Konkurrenz bereiten würde. Denn dies geschah mit dem Horch 8, der auf Anhieb den Luxuswagen-Markt in Deutschland eroberte, zumal die nunmehrige Daimler-Benz AG. ausgerechnet jetzt keine Alternative zu bieten hatte. So mußte Ferdinand Porsche in größter Eile für ein Konkurrenzmodell sorgen. Er entwickelte den Typ Nürburg, der zwei Jahre nach dem Horch 8 erschien, sich auch gut verkaufte, aber der Zwickauer Marke bis zu deren Untergang nie mehr die zahlenmäßige Führung in der Oberklasse streitig machen konnte.

Der Mercedes-Benz Typ Nürburg, vorgestellt auf dem Pariser Salon im Herbst 1928, war wie auch Porsches Dreiliter-Wagen ziemlich monströs geraten. Seinen Namen hatte er zur Erinnerung an die Rekordfahrt auf dem Nürburgring erhalten, wo ein Wagen dieses Typs in einem 13 Tage und Nächte währenden Dauerlauf 20 000 Kilometer zurücklegte. (Bei einer entsprechenden Aktion fuhr erst kürzlich, im August 1983, ein Mercedes-Benz 190 E 2,3-16 in nur acht Tagen 50 000 Kilometer!) Jedenfalls hatte Ferdinand Porsche, um wenigstens dieses Mal vor peinlichen Rückschlägen sicher zu sein, den neuen Achtzylinder-Wagen monatelangen Versuchen und Prüfungen unterworfen, ehe er ihn zur Serienfabrikation freigab. In der Tat gab es dann hier kaum Reklamationen, und allgemein gelobt wurde die Elastizität des Motors und die Bequemlichkeit der geräumigen Karosserie.

Trotz seiner unbestrittenen Qualitäten blieb der Hochrahmen-Nürburg schwer verkäuflich. Schon 1929 wurde dieses Modell durch den Niederrahmen-Nürburg abgelöst, doch sechs lange Jahre dauerte der mühselige Verkauf der Restbestände. Erst 1935 verließ der letzte Hochrahmen-Nürburg das Werk.

Mercedes-Benz
Typ Nürburg 460
Tourenwagen 6 Sitze
1928 - 1929

Mercedes-Benz
Typ Nürburg 460 K
Limousine 4 Sitze
1928 - 1929

Mercedes-Benz 18/80 PS
Typ Nürburg 460 (W 08)
1928 – 1929

Motor	Daimler-Benz M 08	
Zylinderzahl	8 (Reihe)	
Bohrung × Hub	80 × 115 mm	
Hubraum	4622 (Steuer 4592) ccm	
Leistung	80 PS bei 3400 U/min	
Drehmoment	24,2 mkg bei 1200 U/min	
Verdichtung	1:5	
Vergaser	1 Zenith	
Ventile	Seitlich stehend, seitliche Nockenwelle, Antrieb durch Stirnräder	
Kurbelwellenlager	9	
Kühlung	Pumpe, 26 Liter Wasser	
Schmierung	Druckumlauf, 10 Liter Öl	
Zündung	Batterie	
Batterie	12 V 60 Ah	
Lichtmaschine	90 W	
Anlasser	1,5 PS	
Kraftübertragung	Antrieb auf Hinterräder	
Kupplung	Mehrscheibentrockenkupplung	
Schaltung	Kugel-Schalthebel Wagenmitte	
Getriebe	4 Gang	
Übersetzungen	I. 3,85, II. 2,30, III. 1,58, IV. 1,00	
Antriebs-Übersetzung	5,00, auch 4,81	
Fahrwerk		
Rahmen	U-Profil-Preßstahl-Hochrahmen	
Vorderradaufhängung	Starrachse, Halbfedern	
Hinterradaufhängung	Starrachse, Underslung-Halbfedern	
Lenkung	Schraubenspindel/Mutter, links	
Fußbremse	Mechanisch mit Saugluftunterstützung (Bosch-Dewandre), 4 Räder	
Handbremse	Mechanisch, Hinterräder	
Schmierung	Zentral	
Allgemeine Daten	**460**	**460 K**
Radstand	3670 mm	3430 mm
Spur vorn/hinten	1425/1425 mm	1425/1425 mm
Gesamtmaße	4890 (mit Koffer 5200) × 1760 × 1900 mm	4650 (mit Koffer 4950) × 1760 × 1900 mm
Räder	Holzspeichen	Holzspeichen
Reifen	6,50 – 20	6,50–20
Wendekreis	14,8 Meter	
Fahrgestellgewicht	1550 kg	1500 kg
Wagengewicht	Pullman-Limousine 2150 kg	Cabriolet 2070 kg
Zuläss. Belastung	650 kg	650 kg
Höchstgeschwindigkeit	100 km/h	100 km/h
Verbrauch/100 km	25 Liter	25 Liter
Kraftstofftank	85 Liter (im Heck)	85 Liter (im Heck)
Preise		
Fahrgestell	RM 10 500,–	RM 10 500,–
Tourenwagen 4 Sitze		RM 13 500,–
Tourenwagen 6 Sitze	RM 14 000,–	
Limousine 4 Sitze		RM 14 500,–
Pullman-Limousine 6 Sitze	RM 15 000,–	
Cabriolet D (4 Türen)		RM 17 500,–

Mercedes-Benz Typ Nürburg 460 Pullman-Limousine 1928 – 1929

Mercedes-Benz Typ Nürburg 460 K Tourenwagen 1928–1929

Mercedes-Benz Typ Nürburg 460 Pullman-Landaulet 1928 – 1929

Mercedes-Benz Typ Nürburg 460 K Cabriolet D 1928–1929

Mercedes-Benz Typ Nürburg 460 K Sport-Roadster 1928 – 1929

Mercedes-Benz Typ Nürburg 460 K Cabriolet C 1929

Mercedes-Benz Typ S, SS, SSK, SSKL (1926 – 1934)

Die einst weltberühmte Typenreihe basierte auf dem Modell K. Sie unterschied sich von diesem hauptsächlich durch den noch größeren Motor und die niedrige Bauart (Niederrahmen). Wie noch das Modell K im Jahre 1926, so wurde der Typ S zum beliebtesten Sportwagen der Jahre 1927 und 1928. Es folgte noch 1928 der ebenso erfolgreiche Typ SS und 1929 der Zweisitzer-Sportwagen SSK (»Super-Sport-Kurz«). Dieser trat ab 1931, wiederum erleichtert, als SSKL (»Super-Sport-Kurz-Leicht«) in Erscheinung. Die Reihe dieser Wagen hatte dem Motorsport von 1927 bis 1933 sowohl im In- als auch im Ausland sein Gepräge gegeben, und Rudolf Caracciola errang damit seinen Weltruhm. Andererseits ist die Hälfte oder noch mehr dieser Sportwagen niemals wettbewerbsmäßig eingesetzt gewesen. – Die Leistung des Sechszylinder-Motors stieg im Lauf der Jahre von 140 auf 300 PS. Der Silumin-Leichtmetall-Motorblock besaß Zylinderlaufbüchsen aus Grauguß. Der abnehmbare Zylinderkopf, ebenfalls aus Grauguß, enthielt die obenliegende Nockenwelle, deren Antrieb mittels einer Königswelle erfolgte. Der Kompressor, ein Roots-Zweiflügel-Gebläse, lief mit dreifacher Motordrehzahl, war an der Stirnseite des Motors angebaut und vor dem Doppelvergaser angeordnet. Er wurde durch volles Durchtreten des Gaspedals eingeschaltet, denn er war nur zur kurzfristigen oder kurzdauernden Leistungserhöhung gedacht, so vor allem zum Überholen und an Steigungen.

Nur knapp 300 Wagen wurden von dieser berühmten Baureihe hergestellt, nämlich etwa 150 Typ S, etwa 110 Typ SS und etwa 35 Typ SSK. Wegen verschiedener Umbauten stehen ganz genaue Zahlen nicht zur Verfügung. So wurden allein im Werk vom Typ S fünf Wagen zu SS und einer zum SSK umgebaut. Weitere 7 SS-Wagen erfuhren ebenfalls den Umbau zum SSK. Bekannt ist die Tatsache, aber nicht die Zahl, daß in ausländischen Niederlassungen der Daimler-Benz AG. und möglicherweise auch bei anderen Betrieben ebenfalls derartige Umbauten vorgenommen worden sind. Bemerkenswert erscheint es ferner, daß in den Kommissionsbüchern des Werks kein einziger SSKL eingetragen ist, obwohl mindestens ' Werksexemplar mit Sicherheit vorhanden war. Dieser Wagen und die wenigen anderen SSKL waren demzufolge als SSK registriert und aus solchen umgebaut worden.

Zur äußeren Erkennung bleibt noch anzumerken, daß der Typ S bis 1928 je einen geprägten, nicht umkränzten Mercedes-Stern beiderseits der Kühlerspitze trug. Im Laufe des Jahres 1928 wurde an deren Stelle die noch heute gebräuchliche Markenplakette auf der Kühlerspitze eingeführt. Ferner könnte interessieren, daß der Typ S sieben, der Typ SS acht und der Typ SSK wiederum sieben Kühlerblöcke besaß.

Die mächtigen Kompressor-Boliden hatten Dr. Ferdinand Porsche offensichtlich besonders am Herzen gelegen, und so blieben sie weithin das bekannteste Ergebnis seiner Tätigkeit be Daimler-Benz. Die relativ wenigen Wagen brachten dem Werk sicherlich keinen finanzieller Nutzen. Doch ihre Käufer waren großenteils prominente Leute rund um die Welt, was ebensc wie die Sport- und Rennerfolge für den internationalen Ruf der Marke von unschätzbarem Wert war und bis heute blieb. Inzwischen sind die noch verhältnismäßig vielen gut erhaltenen Wagen dieser Baureihe ein Vermögen wert.

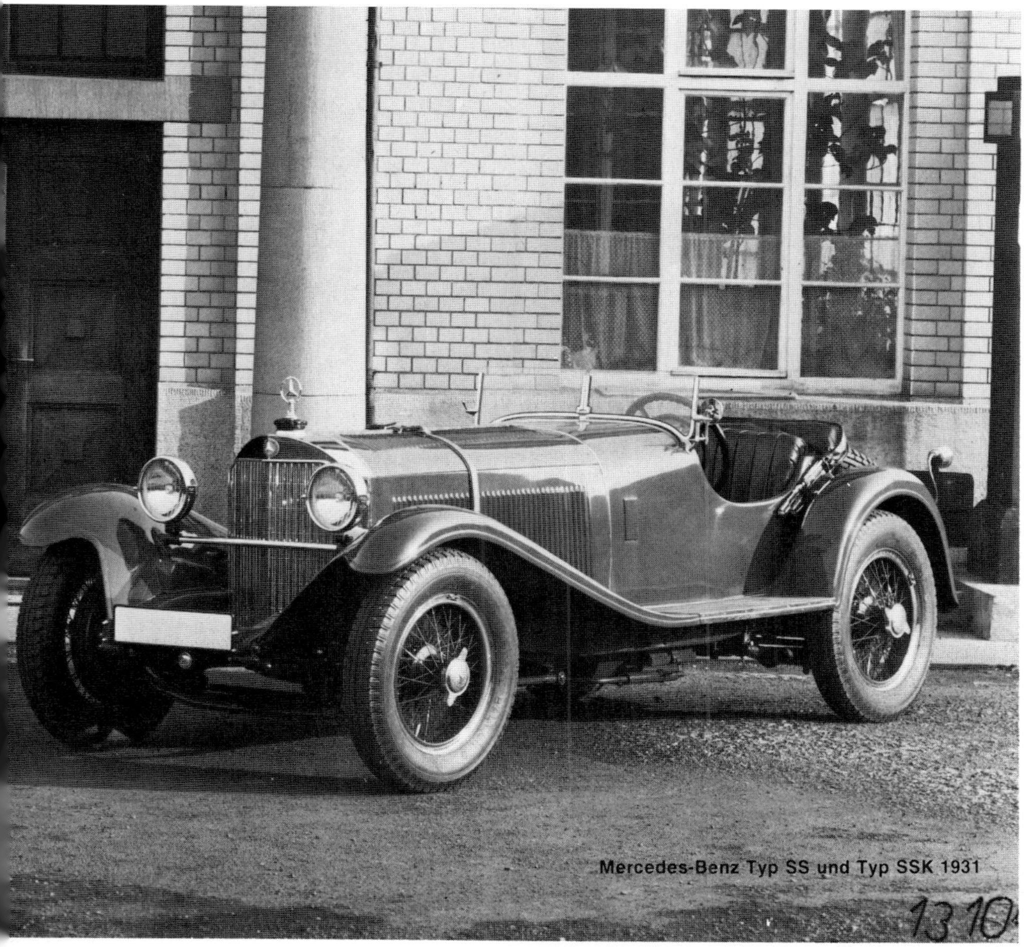

Mercedes-Benz Typ SS und Typ SSK 1931

	Mercedes-Benz Typ S 26/120/180 PS 1926 – 1930	Mercedes-Benz Typ SS (W 06) 27/140/200 PS 1928 – 1930 27/160/200 PS 1930 – 1932	Mercedes-Benz Typ SS (W 06) 27/170/225 PS 1928 – 1934
Motor	Daimler-Benz	Daimler-Benz M 06	Daimler-Benz M 06
Zylinderzahl	6 (Reihe)	6 (Reihe)	6 (Reihe)
Bohrung × Hub	98 × 150 mm	100 x 150 mm	100 × 150 mm
Hubraum	6800 (Steuer 6740) ccm	7065 (Steuer 7020) ccm	7065 (Steuer 7020) ccm
Leistung	120 PS, mit Kompressor 180 PS bei 3000 U/min	140 (160) PS, mit Kompressor 200 PS bei 3300 U/min	170 PS, mit Kompressor 225 PS bei 3300 U/min
Drehmoment	44 mkg bei 1850 U/min	45,9 mkg bei 1920 U/min	46,2 mkg bei 1900 U/min
Verdichtung	1:4,7 Zuschaltbares Roots-Gebläse	1:5,2 Zuschaltbares Roots-Gebläse	1:6,2 Zuschaltbares Roots-Gebläse
Vergaser	2 Mercedes-Benz Steigstrom-Ringschwimmer-Vergaser		
Ventile	Senkrecht hängend, 1 obenliegende Nockenwelle, Antrieb durch Königswelle und Schraubenräder		
Kurbelwellenlager	4		
Kühlung	Pumpe, 24 Liter Wasser		
Schmierung	Druckumlauf, 8 Liter Öl		
Zündung	Doppelzündung, kombinierte Magnet- und Batteriezündung mit 2 Zündkerzen je Zylinder		
Batterie	12 V 60 Ah		
Lichtmaschine	130 W		
Anlasser	1,2 PS	1,2 PS	1,2 oder 1,5 PS
Kraftübertragung	Antrieb auf Hinterräder	Antrieb auf Hinterräder	Antrieb auf Hinterräder
Kupplung	Mehrscheibentrockenkupplung	Mehrscheibentrockenkupplung	Mehrscheibentrockenkupplung
Schaltung	Kugel-Schalthebel Wagenmitte	Kugel-Schalthebel Wagenmitte	Kugel-Schalthebel Wagenmitte
Getriebe	4 Gang	4 Gang	4 Gang
Übersetzungen	I. 3,15 II. 1,81 III. 1,21 IV. 1,00	I. 2,75 II. 1,55 III. 1,12 IV. 1,00	I. 2,75 II. 1,55 III. 1,12 IV. 1,00
Antriebs-Übersetzung	2,76 oder auch 2,50 oder 3,09	2,76 oder auch 2,50 oder 3,09	2,48 oder 2,55
Fahrwerk	U-Profil-Preßstahl-Rahmen		
Vorderradaufhängung	Starrachse, Halbfedern		
Hinterradaufhängung	Starrachse, Underslung-Halbfedern		
Lenkung	Schraubenspindel, links oder rechts		
Fußbremse	Mechanisch, 4 Räder		
Handbremse	Mechanisch, Hinterräder		
Schmierung	Nippel		
Allgemeine Daten			
Radstand	3400 mm	3400 mm	3400 mm
Spur vorn/hinten	1425/1425 mm	1425/1425 mm	1425/1425 mm
Gesamtmaße	4700 – 5000 × 1700 × 1800 mm	4700 – 5200 × 1700 × 1750 mm	4700 – 5200 × 1700 × 1750 mm
Räder	Drahtspeichen	Drahtspeichen	Drahtspeichen
Reifen	30 × 5,00 Hochdruck oder 6,50-20 Niederdruck	6,50 oder 7,00-20 Niederdruck	6,50 oder 7,00-20 Niederdruck
Wendekreis	14,5 Meter	14,5 Meter	14,5 Meter
Fahrgestellgewicht	1450 kg	1450 kg	1500 kg
Wagengewicht	Tourenwagen 1900 kg Cabriolet 2000 kg	Tourenwagen 2000 kg Cabriolet 2100 kg	Tourenwagen 2000 kg Cabriolet 2100 kg
Zuläss. Gesamtgewicht	Tourenwagen 2500 kg Cabriolet 2600 kg	Tourenwagen 2500 kg Cabriolet 2600 kg	Tourenwagen 2500 kg Cabriolet 2600 kg
Höchstgeschwindigkeit	H'Achse 2,76:170 km/h	H'Achse 2,76:185 km/h	H'Achse 2,48:190 km/h
Verbrauch/100 km	26 Liter	27 Liter	27 Liter
Kraftstofftank	120 Liter (im Heck)	120 Liter (im Heck)	120 Liter (im Heck)
Preise	Fahrgestell RM 26 000,– Sport-Viersitzer RM 30 000,–	Fahrgestell RM 31 000,– Sport-Viersitzer RM 35 000,– Cabriolet A RM 42 000,– Cabriolet C RM 44 000,–	

Mercedes-Benz Typ SSK (W 06 II) 27/140/200 PS 1928 – 1929 27/160/200 PS 1929 – 1932	Mercedes-Benz Typ SSK (W 06 III) 27/170/225 PS 1928 – 1930	Mercedes-Benz Typ SSK (WS 06) 27/180/250 PS 1929 – 1930	Mercedes-Benz Typ SSKL (W 06 RS) 27/240/300 PS 1929 – 1932
Daimler-Benz M 06	Daimler-Benz M 06	Daimler-Benz MS 06	Daimler-Benz M 06 RS
6 (Reihe)	6 (Reihe)	6 (Reihe)	6 (Reihe)
100 x 150 mm	100 x 150 mm	100 x 150 mm	100 × 150 mm
7065 (Steuer 7020) ccm	7065 (Steuer 7020) ccm	7065 (Steuer 7020) ccm	7065 (Steuer 7020) ccm
140 (160) PS, mit Kompressor	170 PS, mit Kompressor	180 PS, mit Kompressor	240 PS, mit Kompressor
200 PS bei 3300 U/min	225 PS bei 3300 U/min	250 PS bei 3300 U/min	300 PS bei 3400 U/min
45,9 mkg bei 1920 U/min	46,7 mkg bei 1900 U/min	57,3 mkg bei 1900 U/min	70,2 mkg bei 2000 U/min
1:5,2	1:6,2	1:6,2	1:7
Zuschaltbares Roots-Gebläse	Zuschaltbares Roots-Gebläse	Zuschaltbares Roots-Gebläse	Permanent zugeschaltetes Roots-Gebläse

2 Mercedes-Benz Steigstrom-Ringschwimmer-Vergaser
Senkrecht hängend, 1 obenliegende Nockenwelle,
Antrieb durch Königswelle und Schraubenräder
4
Pumpe, 24 Liter Wasser
Druckumlauf, 8 Liter Öl
Doppelzündung, kombinierte Magnet- und Batteriezündung mit 2 Zündkerzen je Zylinder
12 V 60 Ah
130 W
1,5 PS

Antrieb auf Hinterräder	Antrieb auf Hinterräder	Antrieb auf Hinterräder	Antrieb auf Hinterräder
Vierscheibentrockenkupplung	Vierscheibentrockenkupplung	Vierscheibentrockenkupplung	Vierscheibentrockenkupplung
Kugel-Schalthebel Wagenmitte	Kugel-Schalthebel Wagenmitte	Kugel-Schalthebel Wagenmitte	Kugel-Schalthebel Wagenmitte
4 Gang	4 Gang	4 Gang	4 Gang
I. 2,75	I. 2,75	I. 2,75	verschieden
II. 1,55	II. 1,55	II. 1,55	
III. 1,12	III. 1,12	III. 1,12	
IV. 1,00	IV. 1,00	IV. 1,00	
2,76 oder auch 2,50 oder 3,09	2,76 oder auch 2,50 oder 3,09	2,76 oder auch 2,50 oder 3,09	verschieden

U-Profil-Preßstahl-Rahmen
Starrachse, Halbfedern
Starrachse, Underslung-Halbfedern
Schraubenspindel, links oder rechts
Mechanisch, 4 Räder
Mechanisch, Hinterräder
Nippel

2950 mm	2950 mm	2950 mm	2950 mm
1425/1425 mm	1425/1425 mm	1425/1425 mm	1425/1425 mm
4250 × 1700 × 1725 mm	4250 × 1700 × 1725 mm	4250 × 1700 × 1725 mm	4250 × 1700 × 1250 mm
Drahtspeichen	Drahtspeichen	Drahtspeichen	Drahtspeichen
6,50 oder 7,00-20 Niederdruck	6,50 oder 7,00-20 Niederdruck	6,50-20 Niederdruck	30 × 5,00 Hochdruck
13,5 Meter	13,5 Meter	13,5 Meter	13,5 Meter
1400 kg	1400 kg	1400 kg	
1700 kg	1700 kg	1700 kg	1500 kg
2000 kg	2000 kg	2000 kg	1750 kg
H'Achse 2,76:180 km/h	H'Achse 2,76:188 km/h	H'Achse 2,76:188 km/h	max. 235 km/h
H'Achse 2,50:185 km/h	H'Achse 2,50:192 km/h	H'Achse 2,50:192 km/h	
27 Liter	27 Liter	27 Liter	27 bis 32 Liter
120 Liter (im Heck)	120 Liter (im Heck)	120 Liter (im Heck)	120 Liter (im Heck)
	Fahrgestell RM 29 000,– Sport-Zweisitzer RM 33 000,–		Rennsport-Zweisitzer RM 40 000,–

Mercedes-Benz Typ S
Sport-Viersitzer
Rennversion
1928

←

Mercedes-Benz Typ S
Sport-Viersitzer
1928

←

Mercedes-Benz Typ S
Tourenwagen
1926/27

Mercedes-Benz Typ S
Sport-Viersitzer
1928

Mercedes-Benz Typ SS
Sport-Cabriolet 4 Sitze
Karosserie Papler (Köln)
1928
Besitzer:
Kurt Gütermann, Gutach

IIIA-17357

IIIC-2593

Mercedes-Benz Typ S
Tourenwagen
Karosserie Papler
1928

Mercedes-Benz Typ S
Tourenwagen
Karosserie Sindelfingen
1928/29

Mercedes-Benz Typ S
Tourenwagen
Karosserie Zietz (Genf)
1928/29

Mercedes-Benz Typ S
Tourenwagen 4 Türen
Karosserie Erdmann & Rossi
1929

Mercedes-Benz Typ SS
Sport-Viersitzer
Rennversion
1928/29

Mercedes-Benz Typ SSK
Sport-Zweisitzer
1929

Mercedes-Benz Typ SS
Sport-Zweisitzer
1929
(Tiger-Jagdwagen eines indischen Maharadschahs)

Mercedes-Benz Typ SS
Cabriolet 4 Sitze
1929

Mercedes-Benz Typ SSK
Sport-Zweisitzer
Spezialausführung
1929

IA 24578

Mercedes-Benz Typ SS
Cabriolet 4 Sitze
Karosserie Keibl (Wien)
1929

Mercedes-Benz Typ SS
Cabriolet 4 Sitze
Karosserie Saoutchik (Paris)
1929

Mercedes-Benz Typ SS
Cabriolet 4 Sitze
Hersteller ?
1931

Mercedes-Benz Typ SS
Cabriolet 2 Sitze
d'Jeteren Frères (Brüssel)
1930

Mercedes-Benz Typ SS
Cabriolet 4 Sitze
Karosserie Reutter (Stuttgart)
1932

Mercedes-Benz Typ SS
Cabriolet 4 Sitze
Karosserie Papler (Köln)
1932

Mercedes-Benz Typ SS
Sport-Cabriolet
Freestone & Webb (England)
1932

Mercedes-Benz Typ SS
Cabriolet 4 Sitze
Karosserie Castagna (Italien)
1930

Mercedes-Benz Typ SSK
27/170/225 PS
Sportwagen 2 Sitze
1929

Dieser Roadster ist nicht nur einer der elegantesten und besterhaltenen SSK, sondern auch typengeschichtlich ein besonders interessanter Wagen. Sein Fahrgestell wurde von der British Mercedes Ltd. London Ende Mai 1929 bestellt und Mitte Dezember 1929 zum Versand gebracht. Im Kommissionsbuch der Daimler-Benz AG lautet die Typenbezeichnung »SS lang«, die ungebräuchlich war und ist, sich aber wohl daraus erklärt, daß die ersten SSK werksintern als »SS kurz« bezeichnet worden waren. Merkwürdig aber ist vor allem, daß das Auto noch einen Kühler des Typs S besitzt. Nicht bekannt ist, ob das Fahrgestell zunächst einen dem Typ SS gemäßen Aufbau und später erst nach dem Umbau die heutige Roadster-Karosserie erhielt oder ob das Fahrgestell bereits im Neuzustand den Spezifikationen des SSK entsprechend umgerüstet wurde. Jedenfalls ist dieses irgendwann geschehen, aber nicht im Stuttgarter Werk. Das nunmehrige SSK-Fahrgestell erhielt eine ungemein rassige, elegante und teuer ausgeführte Zweisitzer-Karosserie, angeblich von Saoutchic (Paris), vermutlich aber eher von einer englischen Firma. Der Umbau könnte übrigens auch eine Erklärung für den »falschen« S-Kühler sein, denn ein solcher könnte verwendet worden sein, weil der SSK einen gleich hohen Kühler wie der S, der Typ SS aber einen niedrigeren besaß. Der Roadster besitzt, wenigstens im heutigen Zustand, eine feuerrote Karosserie mit ebensolchen Kotflügeln, dazu eine lange Motorhaube aus gehämmertem, silberglänzendem Aluminium sowie verchromte Drahtspeichenräder. Der 1985 verstorbene Günther Graf von Hardenberg (Baden-Baden) hatte den SSK von Mr. Charles Howard (London) gekauft.

BAD-HM2

Mercedes-Benz Typ SS
Sport-Cabriolet
Karosserie:
Armbruster (Wien)
1932
(Privatwagen des
Rennfahrers Hans Stuck)

←
←

←
←

Mercedes-Benz Typ SS
Sport-Cabriolet
Karosserie Papler (Köln)
1932

→
→

Mercedes-Benz Typ SS
Cabriolet 4 Sitze
Karosserie ?
1932

Mercedes-Benz Typ SS
Tourenwagen
Karosserie Sindelfingen
1930/31

→
→

Mercedes-Benz Typ SS
Tourenwagen
Karosserie Sindelfingen
1931/32

Mercedes-Benz Typ SSK
Sport-Cabriolet
Karosserie Papler (Köln)
1931
(Wagen des Fürsten
Karl zu Hohenlohe-Bartenstein,
ein gleicher Wagen mit
anderer Lackierung gehörte
einem Prinzen Hohenlohe)

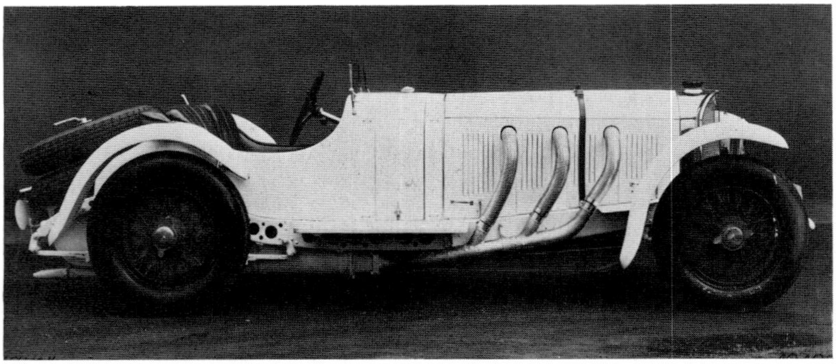

Mercedes-Benz Typ SSKL
Rennsport-Zweisitzer
1931/32

D

Mercedes-Benz Typ SS
Sport-Cabriolet
Karosserie Erdmann & Rossi
1930

Mercedes-Benz Typ SS
Cabriolet 4 Sitze
Karosserie Sindelfingen
1931/32
(Wagen des Rennfahrers
Rudolf Caracciola)

Mercedes-Benz Typ SS
Sport-Cabriolet
1932

Mercedes-Benz Typ SS
Roadster 2 (2) Sitze
1933

Mercedes-Benz Typ SS Sport-Cabriolet 1932
Wagen der Filmschauspielerin Lilian Harvey

Mercedes-Benz Typ SS Sport-Cabriolet 1933
Wagen des Filmschauspielers Willy Forst

Mercedes-Benz Typ Stuttgart 200 und 260 (1928 – 1936)

Dr. Ing. E. h. Hans Nibel, der am 1. Januar 1929 als Technischer Direktor offiziell die Alleinverantwortung für Konstruktion und Technik bei Daimler-Benz übernahm, hatte sich schon monatelang vorher dem 8/38 PS als dem wichtigsten Typ des Hauses gewidmet. Er sorgte für die Behebung der zahlreichen noch bestehenden Mängel, modernisierte und kultivierte das an sich ja gute Auto und sorgte auch für dessen gefälligere äußere Erscheinung. Der Wagen hieß seit Herbst 1928 »Typ Stuttgart« und ab Januar 1929 erhielt er wahlweise einen 2,6 Liter-Motor, nachdem sich der Zweiliter für viele Ansprüche als zu schwach erwiesen hatte. So war der Typ Stuttgart nun zum ersten preiswerten Mercedes der Mittelklasse herangereift, der allgemeine Anerkennung fand. Mit Seitenventilmotor und Dreiganggetriebe (ab Mitte 1930 allerdings auch mit Schon- und Schnellgang lieferbar) erregte er zwar in technischer Hinsicht kein Aufsehen, aber ein wichtiger Kaufanreiz bestand darin, einen soliden Qualitätswagen mit angesehenem Markenzeichen zu einem relativ günstigen Preis erstehen zu können. Immerhin war

Preise

	1929	1930	1931	1932	1933
Stuttgart 200					
Fahrgestell	5 880,–	5 150,–	5 150,–	4 600,–	4 400,–
Limousine 4 Türen	6 880,–	5 980,–	5 980,–	5 500,–	5 500,–
Off. Tourenwagen 4 Türen	6 800,–	6 680,–	6 980,–	6 500,–	5 500,–
Cabriolet NC		7 250,–	7 250,–	6 700,–	6 400,–
Stuttgart 200 Spezial-Ausführung					
Limousine 4 Türen	7 100,–				
Off. Tourenwagen 4 Türen	7 000,–				
Sport-Zweisitzer	6 700,–				
Cabriolet A	8 250,–				
Cabriolet B	8 500,–				
Cabriolet C	9 300,–				
Stuttgart 260					
Fahrgestell	6 500,–	6 350,–	6 350,–	6 000,–	5 400,–
Limousine 4 Türen	7 880,–	7 180,–	7 180,–	7 180,–	6 500,–
Off. Tourenwagen 4 Türen	7 420,–	8 180,–	8 180,–	7 900,–	
Sport-Zweisitzer	7 320,–				
Cabriolet NC		8 400,–	8 400,–	7 500,–	7 400,–
Stuttgart 260 Luxus- oder Sonder-Ausführung					
Fahrgestell	7 000,–	7 000,–	7 000,–	6 500,–	5 800,–
Limousine 4 Türen	8 650,–	8 350,–	8 350,–	7 950,–	
Off. Tourenwagen 4 Türen	7 920,–	8 350,–	8 550,–	8 350,–	
Cabriolet A	9 250				
Cabriolet B	9 520,–				
Cabriolet C	10 320,–	9 800,–	9 800,–	8 900,–	8 600,–
Cabriolet D	10 600,–	10 300,–	10 300,–	9 700,–	9 300,–

	1934
Stuttgart 260 mit langem Fahrgestell	
Pullmann-Limousine 6 Sitze	7 800,–

Mehrpreis für Schnellgang (ab 1930) RM 575,–

	Mercedes-Benz 8/38 PS Typ Stuttgart 200 (W 02) 1928 – 1933	Mercedes-Benz 10/50 PS Typ Stuttgart 260 (W 11) 1929 – 1934	Mercedes-Benz 10/50 PS Typ Stuttgart 260 (W 11 L) 1933
Motor	Daimler-Benz M 02	Daimler-Benz M 11	
Zylinderzahl	6 (Reihe)	6 (Reihe)	
Bohrung × Hub	65 × 100 mm	74 × 100 mm	
Hubraum	1988 (Steuer 1977) ccm	2581 (Steuer 2562) ccm	
Leistung	38 PS bei 3400 U/min	50 PS bei 3400 U/min	
Drehmoment	10,6 mkg bei 1400 U/min	13,8 mkg bei 1200 U/min	
Verdichtung	1:5,6. Ab 1930: 1:6,2	1:5,0 bzw. (ab 1930) 1:5,65	
Vergaser	1 Solex 30 MOHLT bzw. (ab 1931) 1 Solex 30 BFLH	1 Solex 35 MOHLT bzw. (ab 1931) 1 Solex 35 FHLS	
Ventile	Seitlich stehend Seitliche Nockenwelle Antrieb durch Stirnräder	Seitlich stehend Seitliche Nockenwelle Antrieb durch Stirnräder	
Kurbelwellenlager	7	7	
Kühlung	Pumpe, 15 Liter Wasser	Pumpe, 15 Liter Wasser	
Schmierung	Druckumlauf, 8 Liter Öl	Druckumlauf, 8 Liter Öl	
Batterie	12 V 45 Ah	12 V 45 oder 60 Ah	
Lichtmaschine	75 W	75 W	
Anlasser	0,6 PS	1,2 PS	
Kraftübertragung	Antrieb auf Hinterräder	Antrieb auf Hinterräder	
Kupplung	Einscheibentrockenkupplung	Einscheibentrockenkupplung	
Schaltung	Schalthebel Wagenmitte	Schalthebel Wagenmitte	
Getriebe	3 Gang bzw. (ab 1930 auch) 3 Gang + Schnellgang	3 Gang bzw. (ab 1930 auch) 3 Gang + Schnellgang	
Übersetzungen	I. 3,40 II. 2,00 III. 1,00 (S. 0,76)	I. 3,40 II. 1,78 III. 1,00 (S. 0,76)	
Antriebs-Übersetzung	6,62 oder auch 5,66 oder 6,10	5,30 oder auch 5,66 oder 4,63	
Fahrwerk	U-Profil-Preßstahl-Rahmen	U-Profil-Preßstahl-Rahmen	
Vorderradaufhängung	Starrachse, Halbfedern	Starrachse, Halbfedern	
Hinterradaufhängung	Starrachse, Halbfedern	Starrachse, Halbfedern	
Lenkung	Schraubenspindel/Mutter, links oder (Export) rechts	Schraubenspindel/Mutter, links oder (Export) rechts	
Fußbremse	Mechanisch, 4 Räder	Mechanisch, 4 Räder	
Handbremse	Mechanisch, Hinterräder	Mechanisch, Hinterräder	
Schmierung	Zentral	Zentral	
Allgemeine Daten			
Radstand	2810 mm	2810 mm	3080 mm
Spur vorn/hinten	1425/1425 mm	1425/1425 mm	1425/1425 mm
Gesamtmaße	4060 (mit Stoßstangen 4380) × 1680 × 1800 mm	4060 (mit Stoßstangen 4380) × 1680 × 1800 mm	4650 × 1710 × 1800 mm
Räder	Stahlblechspeichen	Stahlblechspeichen	Stahlblechspeichen
Reifen	5,25-20 bzw. (1933) 5,25-18	5,25-20	5,25-20
Wendekreis	12 Meter	12 Meter	12,8 Meter
Fahrgestellgewicht	850 kg	900 kg	950 kg
Wagengewicht	Tourenwagen 1180 kg Limousine 1300 kg Cabriolet 1350 kg	Tourenwagen 1180 kg Limousine 1300 kg Cabriolet 1350 kg	Tourenwagen 1250 kg Limousine 1400 kg
Zuläss. Gesamtgewicht	1850 kg	1950 kg	2100 kg
Höchstgeschwindigkeit	80 km/h	90 km/h	90 km/h
Verbrauch/100 km	15 Liter	17 Liter	18 Liter
Kraftstofftank	45 Liter (im Motorraum)	45 Liter (im Motorraum)	45 Liter (im Motorraum)
Bemerkungen			Langes Fahrgestell für Sechssitzer-Sonderaufbauten

dieses Auto jetzt nur mehr unwesentlich teurer als seine drei wichtigsten Konkurrenten (Adler Favorit, Opel 8/40 PS, Ford A-Modell), ihnen allen aber in qualitativer Hinsicht deutlich überlegen. Der Typ Stuttgart blieb viele Jahre lang das Hauptgeschäft der Daimler-Benz AG. Es gab ihn schließlich in zahlreichen Varianten, wobei seine solide und stabile Bauart auch für außergewöhnlihe Anforderungen genügte, wie sie Drosch-

Mercedes-Benz Typ Stuttgart 200 Spezial Limousine 4 Türen 1928/29

Mercedes-Benz Typ Stuttgart 260 Standard Tourenwagen 4 Türen 1929

Mercedes-Benz Typ Stuttgart 200 Spezial Cabriolet B 1928/29

Mercedes-Benz Typ Stuttgart 200 Cabriolet C, Karosserie Keibl (Wien)1929

Mercedes-Benz Typ Stuttgart 260 Luxus Cabriolet A 1929

ken- und Mietwagen, Kübelwagen beim Militär und Lieferwagen in der gewerblichen Wirtschaft abverlangt werden. Die Herstellung des Typs Stuttgart in allen seinen serienmäßigen Ausführungen erfolgte ausschließlich im Werk Untertürkheim mit Karosserien aus dem Werk Sindelfingen. Die Personenwagen wurden bis 1934, die Kübelwagen bis 1935 und die Lieferwagen bis 1936 gebaut.

Mercedes-Benz
Typ Stuttgart 200
Typ Stuttgart 260
Kraftdroschke
1928–1931

Mercedes-Benz
Typ Stuttgart 200 Standard
Tourenwagen 4 Türen
1929

Mercedes-Benz Typ Stuttgart 200
Cabriolet C 1929 – 1931

Mercedes-Benz Typ Stuttgart 260
Sport-Zweisitzer Alpenfahrt 1929

Mercedes-Benz
Typ Stuttgart 200
Limousine 4 Türen
1929 – 1932

Mercedes-Benz
Typ Stuttgart 260 Luxus
Limousine 4 Türen
1929 – 1932

Mercedes-Benz Typ Stuttgart 260
Luxus-Cabriolet C Modell 1930

Mercedes-Benz Typ Stuttgart 260
Luxus-Cabriolet D Modell 1930

Mercedes-Benz
Typ Stuttgart 200
Typ Stuttgart 260
Tourenwagen 4 Türen
1930 – 1932

**Mercedes-Benz
Typ Stuttgart 260
Limousine 4 Türen
Sonderausführung
1931**

**Mercedes-Benz
Typ Stuttgart 260
Normal-Roadster
Karosserie Reutter
1929/30**

←

←

**Mercedes-Benz
Typ Stuttgart 260
Cabriolet C
1929/30**

Mercedes-Benz
Typ Stuttgart 200
Cabriolet C
Karosserie Reutter
1930/31

Mercedes-Benz
Typ Stuttgart 260
Cabriolet C
Modell 1932
(schräge Frontscheibe
ab Herbst 1931)

Mercedes-Benz
Typ Stuttgart 200
Cabriolet C
(schräge Frontscheibe)
1932/33

Mercedes-Benz
Typ Stuttgart 260
Aerable monobloc
Karosserie Autenrieth
1932

Mercedes-Benz
Typ Stuttgart 260
Limousine 4 Türen
1932 – 1934

Mercedes-Benz
Typ Stuttgart 260
Cabriolet D
1933

Mercedes-Benz
Typ Stuttgart 260
Tourenwagen 4 Türen
Karosserie Reutter
1933

Mercedes-Benz
Typ Stuttgart 260 (lang)
Pullman-Limousine
1934

Etwa von 1930 bis 1935 war der Mercedes-Benz Typ Stuttgart mit 10/50 PS 2,6 Liter Sechszylinder-Motor wohl der meistgefahrene Kübelwagen bei der Reichswehr und der Wehrmacht. Er war nicht zu klein und nicht zu groß, war leistungsfähig, zuverlässig, robust und dauerhaft. Die Aufbauten dieses besonders bewährten Modells wurden teils im Werk Sindelfingen, teils bei den Firmen Trutz (Coburg) und Gaubschat (Berlin) hergestellt.

Mercedes-Benz
2,6 Liter Taxe
mit Rollverdeck
auf Fahrgestell L ¾ (lang)
1929

←
←

Mercedes-Benz Typ L 1000
Taxi-Landaulet
Karosserie Hornig (Meerane)
1930

←

Mercedes-Benz Typ L 1000
Aussichtswagen
Karosserie Käßbohrer (Ulm)
1934

	Mercedes-Benz Kübelwagen Typ Stuttgart 260 (W 11 III) 1929 – 1935	Mercedes-Benz Lieferwagen L 1000 Expreß (W 37) 1929 – 1936
Motor	Daimler-Benz M 11	
Zylinderzahl	6 (Reihe)	
Bohrung × Hub	74 × 100 mm	
Hubraum	2581 (Steuer 2562) ccm	
Leistung	50 PS bei 3400 U/min	
Drehmoment	13,8 mkg bei 1200 U/min	
Verdichtung	1:5,0 bzw. (ab 1930) 1:5,65	
Vergaser	1 Flachstromvergaser Solex 35 MOHLT bzw. (ab 1931) 1 Solex 35 FHLS	
Ventile	Seitlich stehend Seitliche Nockenwelle Antrieb durch Stirnräder	
Kurbelwellenlager	7	
Kühlung	Pumpe, 15 Liter Wasser	
Schmierung	Druckumlauf, 8 Liter Öl	
Batterie	12 V 60 Ah	
Lichtmaschine	75 W	
Anlasser	1,2 PS	
Kraftübertragung	Antrieb auf Hinterräder	
Kupplung	Einscheibentrockenkupplung	
Schaltung	Schalthebel Wagenmitte	
Getriebe	3 Gang bzw. (ab 1930) z. T. auch 3 Gang + Schnellgang	
Übersetzungen	I. 3,40, II. 1,78, III. 1,00 (S 0,76)	
Antriebs-Übersetzung	5,20	7,25
Fahrwerk	U-Profil-Preßstahl-Rahmen	
Vorderradaufhängung	Starrachse, Halbfedern	
Hinterradaufhängung	Starrachse, Halbfedern	
Lenkung	Schraubenspindel/Mutter, links	
Fußbremse	Mechanisch, 4 Räder	
Handbremse	Mechanisch, Hinterräder	
Schmierung	Zentral	
Allgemeine Daten	**Kübelwagen**	**Kastenwagen**
Radstand	2810 mm	3250 mm
Spur vorn/hinten	1425/1425 mm	1425/1425 mm
Gesamtmaße	4380 × 1680 × 1750 mm (mit Verdeck)	4750 × 1730 × 1970 mm
Laderaum	–	2000 × 1430 × 1280 mm
Räder	Scheiben	Stahlblechspeichen
Reifen	6,00 – 20 Gelände	6,50 – 20 extra
Wendekreis	11 Meter	14 Meter
Fahrgestellgewicht		1100 kg
Wagengewicht	1250 kg	Pritschenwagen 1450 kg Kastenwagen 1600 kg
Zuläss. Gesamtgewicht	1860 kg	2600 kg
Nutzlast	610 kg	1000 kg
Höchstgeschwindigkeit	85 km/h	60 km/h
Verbrauch/100 km	Straße 17 Liter	18 Liter
Kraftstofftank	45 Liter (im Motorraum)	45 Liter (im Motorraum)

Preise

Kübelwagen komplett mit Reichswehr-Ausrüstung RM 7700,–

	bis 1930	ab 1931
Fahrgestell	RM 5 900,–	RM 5 500,–
Pritschenwagen	RM 7 000,–	RM 6 430,–
Kastenwagen	RM 8 100,–	RM 7 250,–
Krankenwagen		RM 9 450,–
Omnibus 10 Sitze	RM 11 000,–	

Mercedes-Benz Typ L 1000
Polizei-Notrufwagen
1930

Mercedes-Benz Typ L 1000
Polizei-Notrufwagen
1930

Mercedes-Benz L ¾ (lang)
Kombinationswagen
1929

Mercedes-Benz Typ L 1000
Kombinationswagen
1932

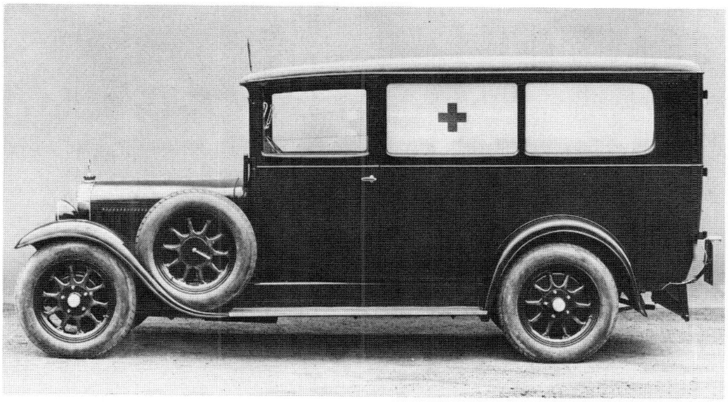

Mercedes-Benz Typ L 1000
Krankenwagen
Karosserie Reutter (Stuttgart)
1930

Mercedes-Benz Typ L 1000
Krankenwagen
Karosserie Lueg (Essen)
1932

Mercedes-Benz
Typ L 1000 Expreß
Kasten-Lieferwagen
1932 – 1936

Mercedes-Benz
Typ L 1000 Expreß
Landpostkraftwagen
1929 – 1935

Mercedes-Benz Typ Mannheim 350, 370 (1929 – 1934)

Aus Porsches unhandlichem Riesenauto der Typenreihe 300/320/350 machte Hans Nibel den im Herbst 1929 vorgestellten Typ »Mannheim«, der auf ein vernünftiges Maß gebracht war und vor allem auch optisch viel eleganter aussah. Es gab davon eine ganze Palette durchweg sehr schön gezeichneter Limousinen, Cabriolets und Tourenwagen, die bis zum Jahr 1934 in der Produktion blieben. Trotz seines relativ großen Motors zählte der Typ Mannheim nach den damaligen Begriffen übrigens noch keineswegs zur Luxus- oder Oberklasse, sondern »nur« zur gehobenen Mittelklasse. Was freilich mit daher kommt, daß damals für die Oberklasse teilweise noch viel größere Motoren verwendet wurden als heute. – Gebaut wurden alle Wagen des Typs W 10 mit 3,5 und 3,7 Liter-Motor im Werk Mannheim, hingegen der kurze Typ WK 10 und die sportlichen Ausführungen WS 10 im Werk Untertürkheim. – Der Mannheim 370 S (WS 10) brachte es unter allen Modellen dieser Typenreihe zur größten Berühmtheit. Er war als kleinere Ausgabe des nur wenigen Käufern erreichbaren Typs SS gedacht und wurde serienmäßig ausschließlich als Zweisitzer-Cabriolet oder auch als Roadster geliefert. Diese Autos waren keineswegs sonderlich schnell oder leistungsstark, und der Einstieg bei geschlossenem Verdeck erforderte akrobatische Gelenkigkeit, aber die Linienführung war so hinreißend schön, daß ihretwegen schon viele Leute gern zu anderweitigen Verzichten bereit waren oder, was noch weit häufiger vorkam, bereit gewesen wären.

Mercedes-Benz Typ 350 leicht Limousine 4 Türen, Prototyp 1929

Motor
Zylinderzahl
Bohrung × Hub
Hubraum
Leistung

Verdichtung
Vergaser

Ventile
Kurbelwellenlager
Kühlung
Schmierung
Batterie

Kraftübertragung
Kupplung
Schaltung
Getriebe

Übersetzungen

Antriebs-Übersetzung

Fahrwerk

Vorderradaufhängung
Hinterradaufhängung
Lenkung
Fußbremse

Handbremse
Schmierung

Allgemeine Daten
Radstand
Spur vorn/hinten
Gesamtmaße
Räder
Reifen
Wendekreis
Fahrgestellgewicht
Wagengewicht

Höchstgeschwindigkeit
Verbrauch/100 km
Kraftstofftank

Preise

Mercedes-Benz 14/70 PS Typ Mannheim 350 (W 10) 1929 – 1930	**Mercedes-Benz 15/75 PS Typ Mannheim 370 (W 10) 1929 – 1935**	**Mercedes-Benz 15/75 PS Typ Mannheim 370 K (WK 10) 1930 – 1933**	**Mercedes-Benz 15/75 PS Typ Mannheim 370 S (WS 10) 1930 – 1933**
Daimler-Benz M 10 6 (Reihe) 80 × 115 mm 3444 ccm 70 PS bei 3200 U/min	Daimler-Benz M 10 II 6 (Reihe) 82,5 × 115 mm 3689 (Steuer 3663) ccm 75 PS bei 3200 U/min		Daimler-Benz MS 10 6 (Reihe) 82,5 × 115 mm 3689 (Steuer 3663) ccm 75 PS bei 3200 U/min bzw. 1933: 78 PS bei 3400 U/min
1:5,2 1 Flachstromvergaser Zenith 39 HK Mod. TD	1:5,0 bzw. (ab 1933) 1:5,5 1 Flachstromvergaser Zenith 39 HK Mod. TD oder Solex 40 MOHRT		1:5,5 bzw. (ab 1933) 5,75 2 Flachstromvergaser Solex 35 MOHLT
Seitlich stehend, seitliche Nockenwelle, Antrieb durch Stirnräder			
7 Pumpe, 18 Liter Wasser Druckumlauf, 8 Liter Öl 12 V 60 Ah	7 Pumpe, 18 Liter Wasser Druckumlauf, 8 Liter Öl 12 V 60 Ah		7 Pumpe, 18 Liter Wasser Druckumlauf, 8 Liter Öl 12 V 60 Ah
Antrieb auf Hinterräder Mehrscheibentrockenkupplung Schalthebel Wagenmitte 3 Gang	Antrieb auf Hinterräder Einscheibentrockenkupplung Schalthebel Wagenmitte 3 Gang oder 3 Gang + Schnellgang	Antrieb auf Hinterräder Einscheibentrockenkupplung Schalthebel Wagenmitte 3 Gang + Schnellgang	Antrieb auf Hinterräder Einscheibentrockenkupplung Schalthebel Wagenmitte 3 Gang + Schnellgang
I. 3,25 II. 1,65 III. 1,00	I. 3,23 II. 1,52 III. 1,00 S. 0,76	I. 3,23 II. 1,52 III. 1,00 S. 0,76	I. 3,23 II. 1,52 III. 1,00 S. 0,76
5,30 auch 5,10	5,66, mit Schnellgang 5,10	5,30	4,90
U-Profil-Preßstahl-Rahmen	U-Profil-Preßstahl-Rahmen	U-Profil-Preßstahl-Rahmen	U-Profil-Preßstahl-Niederrahmen
starr, Halbfedern starr, Underslung-Halbfedern Schraubenspindel Mechanisch, 4 Räder Mechanisch, Hinterräder Zentral	starr, Halbfedern starr, Underslung-Halbfedern Schraubenspindel Mechanisch/Saugluft (Bosch-Dewandre), 4 Räder Mechanisch, Hinterräder Zentral	starr, Halbfedern starr, Underslung-Halbfedern Schraubenspindel Mechanisch/Saugluft (Bosch-Dewandre), 4 Räder Mechanisch, Hinterräder Zentral	starr, Halbfedern starr, Underslung-Halbfedern Schraubenspindel Mechanisch/Saugluft (Bosch-Dewandre), 4 Räder Mechanisch, Hinterräder Zentral
3200 mm 1425/1425 mm 4900 × 1710 × 1780 mm Stahl- oder Drahtspeichen 5,50 – 20 12,8 Meter 1200 kg Tourenwagen 1550 kg Limousine 1650 kg 95 km/h 20 Liter 70 Liter (im Heck)	3200 mm 1425/1425 mm 4900 × 1710 × 1780 mm Stahl- oder Drahtspeichen 6,00 – 20 oder Aero 6,50 – 18 12,8 Meter 1260 kg Tourenwagen 1680 kg Limousine 2360 kg 100 km/h 18,5 Liter 70 Liter (im Heck)	3025 mm 1425/1425 mm 4650 × 1740 × 1780 mm Drahtspeichen 5,50 – 20 12,6 Meter 1175 kg Cabriolet C 1575 kg 105 km/h 18,5 Liter 70 Liter (im Heck)	2850 mm 1425/1425 mm 4480 × 1730 × 1480 mm Drahtspeichen 5,50 – 18 12,2 Meter 1100 kg Roadster 1500 kg Cabriolet 1550 kg 115 km/h 18,5 Liter 70 Liter (im Heck)
1929 – 1930 Fahrgestell RM 8 900,– Tourenwagen RM 12 500,– Limousine 4 Sitze RM 14 300,– Pullman-Lim. RM 15 000,– Cabriolet D RM 15 000,– **1931** Fahrgestell RM 8 300,– Pullman-Lim. RM 10 800,– Cabriolet D RM 13 600,–	**1929 – 1930** Fahrgestell RM 8 900,– Tourenwagen RM 12 500,– Limousine 4 Sitze RM 14 300,– Pullman-Lim. RM 15 000,– Cabriolet D RM 15 000,– **1931 – 1933** Fahrgestell RM 8 300,– Pullman-Lim. RM 10 800,– Tourenwagen RM 12 500,– Cabriolet C RM 13 500,– Cabriolet D RM 13 600,– **1934** Pullman-Lim. RM 8 750,– Cabriolet C RM 12 400,– Schnellgang + RM 1 200,–	**1931 – 1932** Fahrgestell RM 9 600,– Cabriolet NC RM 11 500,– **1932 – 1933** Cabriolet NC RM 11 500,– Cabriolet C RM 13 000,–	**1931 – 1932** Fahrgestell RM 9 800,– Roadster RM 12 800,– Sport-Cabriolet RM 13 800,– **1932 – 1933** Roadster RM 10 800,– Sport-Capriolet RM 12 800,–

Mercedes-Benz
Typ Mannheim 350
Typ Mannheim 370
Pullman-Limousine
1929 – 1932

Mercedes-Benz
Typ Mannheim 370
Pullman-Landaulet
1931 – 1932

Mercedes-Benz
Typ Mannheim 350
Typ Mannheim 370
Tourenwagen
1929 – 1932

Mercedes-Benz
Typ Mannheim 370
Cabriolet C
1930 – 1932

Mercedes-Benz
Typ Mannheim 370
Sonder-Cabriolet C
»Pariser Form«
März 1932–1933

Mercedes-Benz
Typ Mannheim 350
Typ Mannheim 370
Cabriolet D
1929–1931

Mercedes-Benz
Typ Mannheim 370
Cabriolet D
1931–1932
(schräge Frontscheibe
ab Herbst 1931)

Mercedes-Benz Typ Mannheim 370 K Normal-Limousine 4 Türen 1931

Mercedes-Benz Typ Mannheim 370 K Cabriolet NC 1932/33

 Mercedes-Benz Typ 370 Pullman-Limousine 1933 – 1935

Mercedes-Benz
Typ Mannheim 370 S
Sport-Roadster
1930 – 1933

Mercedes-Benz
Typ Mannheim 370 S
Sport-Cabriolet
1930 – 1933

Mercedes-Benz Typ Nürburg 460 (1929–1933)
Mercedes-Benz Typ Nürburg 500 (1931–1933)

Schon bei seinem Erscheinen im Herbst 1928 machte der nagelneue Typ Nürburg (mit Hochrahmen) einen altmodischen Eindruck. Wieder mußte Nibel ran! Noch kein Jahr später, nämlich schon Mitte 1929, erschien der Nürburg mit Niederrahmen und anderen, nun sehr eleganten Proportionen, so daß er in dieser Hinsicht dem inzwischen ebenfalls modernisierten Horch 8 nicht mehr nachstand. Doch obwohl der Nürburg, vor allem in Bezug auf den Motor, technisch viel weniger anspruchsvoll konzipiert war, lag sein Preis beträchtlich über dem des Horch 8. Und weil dieser ebenfalls ein sehr gutes, ansehnliches und erstklassig verarbeitetes Auto darstellte, entschied sich für ihn die Mehrheit der angesprochenen Käufer. Dabei blieb es auch, seit der Nürburg ab Mitte 1931 wahlweise mit 5 Liter-Motor lieferbar wurde.

In verhältnismäßig geringer Zahl baute man übrigens schon in der Hoch- und nun ebenfalls in der Niederrahmenausführung auch ein kurzes Fahrgestell Nürburg 460 K (K = Kurz, nicht etwa K = Kompressor). Dieses kurze Fahrgestell war für die 4/5 Sitzer-Serienaufbauten sowie für Sonderkarosserien bestimmt, doch bevorzugten angesichts des minimalen Preisunterschieds die Käufer das längere Fahrgestell, weshalb beim Nürburg 500 und seinen Nachfolgern nur noch dieses im Programm blieb. Auf dem langen Fahrgestell bot das Werk 1932/33 ein Cabriolet der Firma Gläser an. Der Stil der an sich sehr schön gezeichneten Gläser-Karosserie paßte aber bezeichnenderweise viel besser zum Horch als zum Mercedes. Für das Pullman-Cabriolet (Cabriolet F) lieferte Daimler überhaupt keine eigenen Karosserien,sondern stellte Fremdaufbauten der Firmen Neuss, Gläser, Erdmann & Rossi, Voll & Ruhrbeck oder Papler zur Wahl.

Die Produktion sämtlicher Nürburg-Typen und ihrer Nachfolger fand in Mannheim statt.

Mercedes-Benz Typ Nürburg Pullman-Limousine 1929 – 1932

	Mercedes-Benz 18/80 PS Typ Nürburg 460 (W 08/4) 1929 – 1933	Mercedes-Benz 19/100 PS Typ Nürburg 500 (W 08) 1931–1933
Motor	Daimler-Benz M 08/4	Daimler-Benz M O8 II
Zylinderzahl	8 (Reihe)	8 (Reihe)
Bohrung × Hub	80 × 115 mm	82,5 × 115 mm
Hubraum	4622 (Steuer 4592) ccm	4918 (Steuer 4884) ccm
Leistung	80 PS bei 3400 U/min	100 PS bei 3100 U/min
Drehmoment	24,2 mkg bei 1200 U/min	25,8 mkg bei 1250 U/min
Verdichtung	1:5 bzw. (ab 1932) 5,75	1:5 bzw. ab 1932) 5,75
Vergaser	1 Flachstromvergaser Solex 40 MOHRT	1 Doppel-Flachstromvergaser Solex 35 MMOV
Ventile	Seitlich stehend Seitliche Nockenwelle Antrieb durch Stirnräder	Seitlich stehend Seitliche Nockenwelle Antrieb durch Stirnräder
Kurbelwellenlager	9	9
Kühlung	Pumpe, 26 Liter Wasser	Pumpe, 26 Liter Wasser
Schmierung	Druckumlauf, 10 Liter Öl	Druckumlauf, 10 Liter Öl
Zündung	Batterie	Batterie
Batterie	12 V 60 Ah bzw. (ab 1932) 75 Ah	12 V 75 Ah
Lichtmaschine	90 W bzw. (ab 1932) 100 W	100 W
Anlasser	1,5 PS	1,5 PS
Kraftübertragung	Antrieb auf Hinterräder	Antrieb auf Hinterräder
Kupplung	Mehrscheibentrockenkupplung	Einscheibentrockenkupplung
Schaltung	Schalthebel Wagenmitte	Schalthebel Wagenmitte
Getriebe	4 Gang oder 4 Gang + Schnellgang	4 Gang + Schnellgang
Übersetzungen	I. 3,85 II. 2,30 (auch 3,14) III. 1,58 IV. 1,00 (S. 0,70)	I. 3,85 II. 2,30 III. 1,58 IV. 1,00 S. 0,76
Antriebs-Übersetzung	5,30, auch 4,81 oder 5,77	5,30

Fahrwerk	
Rahmen	U-Profil-Preßstahl-Niederrahmen
Vorderradaufhängung	Starrachse, Halbfedern
Hinterradaufhängung	Starrachse, Underslung-Halbfedern
Lenkung	Schraubenspindel/Mutter, links
Fußbremse	Mechanisch mit Saugluftunterstützung (Bosch-Dewandre), 4 Räder
Handbremse	Mechanisch, Hinterräder
Schmierung	Zentral

Allgemeine Daten	**460**	**460 K**	**500**
Radstand	3670 mm	3430 mm	3670 mm
Spur vorn/hinten	1485/1485 mm	1485/1485 mm	1485/1485 mm
Gesamtmaße	5380 × 1820 × 1820 mm	5140 × 1820 × 1790 mm	5380 × 1820 × 1820 mm
Räder	Holzspeichen	Holzspeichen	Holzspeichen
Reifen	6,50-20	6,50-20	6,50-20
Wendekreis	14,8 Meter		14,8 Meter
Fahrgestellgewicht	1650 kg	1600 kg	1700 kg
Wagengewicht	Pullman-Limousine 2250 kg Tourenwagen 2120 kg	Cabriolet 2170 kg	Pullman-Limousine 2300 kg Tourenwagen 2170 kg
Zuläss. Belastung	650 kg	650 kg	650 kg
Höchstgeschwindigkeit	100 km/h	100 km/h	110 km/h
Verbrauch/100 km	25 Liter	25 Liter	25 Liter
Kraftstofftank	85 Liter (im Heck)	85 Liter (im Heck)	85 Liter (im Heck)
Preise			
Fahrgestell	RM 10 500,–	RM 10 500,–	RM 12 500,–
Tourenwagen 4 Sitze	–	RM 13 500,–	–
Tourenwagen 6 Sitze	RM 14 000,–	–	RM 16 000,–
Limousine 4 Sitze	–	RM 14 500,–	–
Pullman-Limousine	RM 15 000,–	–	RM 17 500,–
Cabriolet C (2 Fenster)	–	RM 18 000,–	RM 20 500,–
Cabriolet D (4 Türen)	–	RM 18 000,–	RM 20 800,–
Cabriolet F (6 Fenster)	RM 20 000,–	–	RM 21 800,–
	Schnellgang + RM 1400,–	Schnellgang + RM 1400,–	einschl. Schnellgang

Mercedes-Benz
Typ Nürburg 460
Typ Nürburg 500
Tourenwagen 6 Sitze
1929 – 1932

←
←
←

Mercedes-Benz
Typ Nürburg 460
Pullman-Limousine
1930/31

Einige wenige Exemplare des Typs Nürburg 460 – darunter ein für den damaligen Papst bestimmter Wagen – wurden als Pullman-Limousinen mit der Karosserie des Großen Mercedes Typ 770 gebaut.

Mercedes-Benz
Typ Nürburg 460 K
Cabriolet C
1929/30
(mit Rudolf Caracciola)

Mercedes-Benz
Typ Nürburg 460 K
Cabriolet C
1929/30

Mercedes-Benz
Typ Nürburg 460
Cabriolet C
Karosserie Gläser
1932 – 1933

Mercedes-Benz
Typ Nürburg 500
Cabriolet C
Karosserie Sindelfingen
1932/33

Mercedes Benz
Typ Nürburg 460
Chauffeur-Cabriolet
Karosserie Erdmann & Rossi
1931
(für den Verleger
Rudolf Ullstein, Berlin)

→

←

Mercedes-Benz
Typ Nürburg 460 K
Cabriolet A
1930

←

Mercedes-Benz
Typ Nürburg 460
Cabriolet D
Karosserie Papler
1932

←

→

Mercedes-Benz
Typ Nürburg 460
Pullman-Cabriolet F
Karosserie Gläser
1931

Mercedes-Benz
Typ Nürburg 460
Cabriolet D
Karosserie Sindelfingen
1932

←

→

Mercedes-Benz
Typ Nürburg 500
Pullman-Cabriolet F
Karosserie Sindelfingen
1932

OS-RC 29

Mercedes-Benz Typ Nürburg 460 Pullman-Cabriolet (Karosserie Reutter) 1930

Mercedes-Benz Typ Nürburg 500 Pullman-Cabriolet (Karosserie Bauer) 1932

Mercedes-Benz Typ Nürburg 460 Pullman-Cabriolet (Karosserie Papler) 1931

Mercedes-Benz
Typ Nürburg 460
Krankenwagen
1932 – 1933

Mercedes-Benz Typ 770 »Großer Mercedes« (1930 – 1938)

Als größten, schwersten und teuersten Typ ihres umfangreichen Personenwagen-Programms präsentierte die Daimler-Benz AG. auf dem Pariser Salon im Herbst 1930 den »Großen Mercedes« mit 7,7 Liter Reihen-Achtzylinder-Motor, je nach Wunsch mit oder ohne Kompressor lieferbar. Nur 13 Käufer freilich wollten das Superauto tatsächlich ohne Kompressor haben! Der »Große Mercedes« war hauptsächlich dazu bestimmt, mit dem damals aufsehenerregenden Maybach »Zeppelin« Zwölfzylinder zu konkurrieren, der sowohl dem Typ Nürburg als auch dem immer noch angebotenen Typ 630 nur allzu leicht den Rang als absoluter deutscher Spitzenwagen hätte abnehmen können. Die Fachwelt freilich beurteilte den »Großen Mercedes« zunächst zurückhaltend, denn es enttäuschte einerseits seine absolut konservative Standardbauart, während man andererseits die Gediegenheit und Sorgfalt der gesamten Konstruktion sehr wohl anerkannte. Jedenfalls wurde der Typ 770 bald von den Staatsoberhäuptern vieler Länder bevorzugt. Ansonsten konnten sich ein Auto solchen Kalibers ja nur sehr reiche Leute leisten. So lief der »Große Mercedes« zwar nur in wenigen Exemplaren, aber zum Weltruf der Marke hat er gewiß viel beigetragen. – Das Fahrgestell des Typs 770 wurde in Untertürkheim hergestellt, wo auch die Endmontage erfolgte. Die Karosserien stammten, von wenigen Einzelstücken abgesehen, aus dem Werk Sindelfingen.

Karosserien beim Typ 770 (W 07)

Pullmann-Limousine	42
Offener Tourenwagen	26
Cabriolet D	18
Cabriolet F	8
Cabriolet C	4
Cabriolet B	2
Fahrgestelle	19*)
	119

*) davon 4 an Erdmann & Rossi

Mercedes-Benz Typ 770 »Großer Mercedes« Fahrgestell 1930-1938

Mercedes-Benz Typ 770 »Großer Mercedes« (W 07)
1930 – 1938

Motor	Daimler-Benz M 07	Daimler-Benz M 07 K
Zylinderzahl	8 (Reihe)	8 (Reihe)
Bohrung × Hub	95 × 135 mm	95 × 135 mm
Hubraum	7655 (Steuer 7603) ccm	7655 (Steuer 7603) ccm
Leistung	150 PS bei 2800 U/min	150 PS bzw. (mit Kompressor) 200 PS bei 2800 U/min
Drehmoment		
Verdichtung	1:4,7	1:4,7
		Zuschaltbares Roots-Gebläse
Vergaser	1 Mercedes-Benz Dreidüsen-Doppelvergaser	1 Mercedes-Benz Dreidüsen-Doppelvergaser
Ventile	Hängend, seitliche Nockenwelle, Antrieb durch Stirnräder	Hängend, seitliche Nockenwelle, Antrieb durch Stirnräder
Kurbelwellenlager	9	9
Kühlung	Pumpe, 32 Liter Wasser	Pumpe, 32 Liter Wasser
Schmierung	Druckumlauf, 9 Liter Öl	Druckumlauf, 9 Liter Öl
Zündung	Doppelzündung (kombinierte Batterie- und Magnetzündung mit 2 Zündkerzen je Zylinder)	Doppelzündung (kombinierte Batterie- und Magnetzündung mit 2 Zündkerzen je Zylinder)
Batterie	12 V 75 Ah	12 V 75 Ah
Lichtmaschine	225 W	225 W
Anlasser	zunächst 2,5 PS, später 2,8 PS	zunächst 2,5 PS, später 2,8 PS
Kraftübertragung	Antrieb auf Hinterräder	Antrieb auf Hinterräder
Kupplung	Zweischeibentrockenkupplung	Zweischeibentrockenkupplung
Schaltung	Schalthebel Wagenmitte Halbautomatische Saugluft-Schaltung des Schnellgangs durch Hebel am Lenkrad	Schalthebel Wagenmitte Halbautomatische Saugluft-Schaltung des Schnellgangs durch Hebel am Lenkrad
Getriebe	3 Gang + Schnellgang (Maybach oder Daimler-Benz)	3 Gang + Schnellgang (Maybach oder Daimler-Benz)
Synchronisierung	II – III und Schnellgang	II – III und Schnellgang
Übersetzungen	I. 2,73, II. 1,52, III. 1,00, Schnellgang 0,71 oder 0,76	I. 2,73, II. 1,52, III. 1,00, Schnellgang 0,71 oder 0,76
Antriebs-Übersetzung	4,50 oder 4,88 oder 4,30	4,50 oder 4,88 oder 4,30
Fahrwerk		
Rahmen	U-Profil-Preßstahl-Niederrahmen mit Kreuzverstrebung	U-Profil-Preßstahl-Niederrahmen mit Kreuzverstrebung
Vorderradaufhängung	starr, Halbfedern	starr, Halbfedern
Hinterradaufhängung	starr, Underslung-Halbfedern	starr, Underslung-Halbfedern
Lenkung	Schraubenspindel	Schraubenspindel
Fußbremse	Mechanisch mit Saugluftunterstützung (Bosch-Dewandre), 4 Räder	Mechanisch mit Saugluftunterstützung (Bosch-Dewandre), 4 Räder
Handbremse	Mechanisch, Hinterräder	Mechanisch, Hinterräder
Schmierung	Zentral, automatisch	Zentral, automatisch
Allgemeine Daten		
Radstand	3750 mm	3750 mm
Spur vorn/hinten	1500/1500 mm	1500/1500 mm
Gesamtmaße	5600 × 1840 × 1830 mm	5600 × 1840 × 1830 mm
Räder	Holz- oder Drahtspeichen	Holz- oder Drahtspeichen
Reifen	7,00 – 20	7,00 – 20
Wendekreis	14,1 Meter	14,1 Meter
Fahrgestellgewicht	1950 kg	1950 kg
Wagengewicht	2700 kg	2700 kg
Zuläss. Gesamtgewicht	3500 kg	3500 kg
Höchstgeschwindigkeit	150 km/h	160 km/h
Verbrauch/100 km	29 Liter	30 Liter
Tankinhalt	120 Liter (im Heck)	120 Liter (im Heck)

Preise

	M 07	M 07 K
1930 – 1936		
Fahrgestell	RM 29 500,–	RM 32 500,–
Tourenwagen 6 Sitze	RM 39 000,–	RM 42 000,–
Pullman-Limousine	RM 38 000,–	RM 41 000,–
Cabriolet C (2 Fenster)	RM 41 500,–	RM 44 500,–
Cabriolet B (4 Fenster)	RM 44 500,–	RM 47 500,–
Cabriolet D (4 Türen)	RM 44 500,–	RM 47 500,–
Cabriolet F (6 Sitze)	RM 44 500,–	RM 47 500,–
1937 – 1938		
Fahrgestell		RM 24 000,–

Mercedes-Benz
Typ 770 »Großer Mercedes«
Tourenwagen 6 Sitze
Ausführung 1931

Mercedes-Benz
Typ 770 »Großer Mercedes«
Tourenwagen 6 Sitze
Sonderausführung 1932

Mercedes-Benz
Typ 770 »Großer Mercedes«
Tourenwagen 6 Sitze
Ausführung 1935

Mercedes-Benz
Typ 770 »Großer Mercedes«
Pullman-Limousine
1930-1933

12270

Mercedes-Benz
Typ 770 »Großer Mercedes«
Cabriolet C
Karosserie Reutter
1930/31

Mercedes-Benz
Typ 770 »Großer Mercedes«
Cabriolet C
1931/32

←

Mercedes-Benz
Typ 770 »Großer Mercedes«
Cabriolet B
1932

←

Mercedes-Benz Typ 770 »Großer Mercedes« Cabriolet D 1930/31

Mercedes-Benz Typ 770 »Großer Mercedes« Cabriolet D 1931/32

←

Mercedes-Benz
Typ 770 »Großer Mercedes«
Zweisitzer-Cabriolet
Karosserie Auer
1931

Mercedes-Benz
Typ 770 »Großer Mercedes«
Pullman-Cabriolet F
1931
(Sonderausführung für
Kaiser Wilhelm II.
im holländischen Exil,
am Steuer:
Oberwagenführer W. Lange)

←
←
←

Mercedes-Benz Typ 770 »Großer Mercedes« Pullman-Cabriolet (Karosserie Erdmann & Rossi) 1931

Mercedes-Benz Typ 770 »Großer Mercedes« Cabriolet F 1932

Mercedes-Benz Typ 770 »Großer Mercedes« Pullman-Limousine 1934-1935

Mercedes-Benz Typ 770 »Großer Mercedes« Tourenwagen 1934

Mercedes-Benz Typ 770 »Großer Mercedes« Cabriolet D 1935

Mercedes-Benz Typ 770 »Großer Mercedes« Cabriolet F 1935

Mercedes-Benz Typ 770 »Großer Mercedes«
Sedanca de Ville (Karosserie Jos. Neuss),
Farbe: Beige und Schwarz, geliefert im
April 1932 an Federico J. Vollmer, Hamburg und Venezuela

Mercedes-Benz Typ 770 »Großer Mercedes« Tourenwagen 6 Sitze 1936

Mercedes-Benz Typ 770 »Großer Mercedes« Tourenwagen 6 Sitze 1937
(Sonderausführung für Reichsminister Hermann Göring)

Mercedes-Benz Typ 770 »Großer Mercedes« Pullman-Limousine 1936/37

Mercedes-Benz Typ 770 »Großer Mercedes« Pullman-Limousine 1937
(Sonderausführung für den Münchener Oberbürgermeister Fiehler)

Mercedes-Benz
Typ 770 »Großer Mercedes«
Pullman-Cabriolet F
1937

Mercedes-Benz
Typ 770 »Großer Mercedes«
Cabriolet D
1937

Mercedes-Benz
Typ 770 »Großer Mercedes«
Cabriolet F
1937

Mercedes-Benz Typ 770 »Großer Mercedes« Tourenwagen 4 Sitze 1937

Mercedes-Benz Typ 770 »Großer Mercedes« Cabriolet D 1938

Mercedes-Benz Typ 170 (1931 – 1936)

Auf dem Pariser Salon im Oktober 1931 stellte Daimler-Benz den Typ 170 vor, der als wichtigste Neuerscheinung des Modelljahrs 1932 weltweit Beachtung fand. Zudem darf man diesen Wagen als die bedeutendste Schöpfung des Chefkonstrukteurs Hans Nibel bezeichnen, dessen besonderes Interesse schon geraume Zeit den Möglichkeiten der unabhängigen oder achslosen Radaufhängung galt. Und so waren denn auch vornehmlich die »Schwingachsen« das markanteste Merkmal des Typs 170. Sie brachten von nun an allen Automobilen von Mercedes den Ruf ein, generell über ungewöhnlich sichere Fahreigenschaften zu verfügen.

Ein besonders glücklicher Zufall für Nibel war es dabei, daß der neue Typ 170 zu einem Zeitpunkt fertig wurde, als er für das Werk wie gerufen kam. Der verhältnismäßig kleine und entsprechend preisgünstige Wagen paßte goldrichtig in jene schlimme Zeit und trug somit wesentlich dazu bei, daß Daimler-Benz ohne großen Schaden die damalige Wirtschaftskrise durchstand. So wurde zunächst relativ und dann absolut der Typ 170, wohlgemerkt mit Sechszylindermotor, zu einem großen Verkaufserfolg. Man brachte ihn allerdings auch schon von vornherein recht preisgünstig heraus, und das mit einer sehr vollständigen und ordentlichen Ausstattung, wozu beispielsweise schon damals ein serienmäßiges Zünd-Lenkungs-Schloß als Diebstahlsicherung gehörte. Der auffallend humane Preis hing übrigens mit einer weiteren Vorliebe Nibels zusammen, der nämlich stets danach strebte, seine Autos möglichst kompakt zu bauen. Auch in dieser Beschränkung zeigte sich der Meister, wofür freilich vielen Leuten das rechte Verständnis fehlte. (Von den Typen 200 und 290 wurden überwiegend die Modelle mit langem Radstand gekauft.)

Der Typ 170 war rundum so gut gelungen, daß er während der sechsjährigen Produktionsdauer keinerlei nennenswerter Änderungen am Motor oder am Fahrgestell bedurfte. Auch die Karosserien, deren gefällige Linienführung zunächst deutlich vom Jubiläumsmodell 1929 des amerikanischen Buick beeinflußt war, brauchten nur geringfügige Retuschen, um ihr zeitgemäßes Aussehen zu wahren. Im ersten Produktionsjahr gab es den Typ 170 ausschließlich als Viertüren-Limousine und als Cabriolet C. Die letztere Karosserieform erfreute sich bei uns in der Vorkriegszeit großer Beliebtheit, obwohl die Sicht nach hinten sowie bei geschlossenem Dach der Ausblick von den Rücksitzen miserabel waren. Als fortschrittliche Errungenschaft besaßen sowohl die Limousine als auch das Cabriolet einen serienmäßigen Außenkoffer, der zwar viel zu klein, aber immerhin ein löblicher Anfang war. Weil er in einem Abstand von etwa 2 cm hinter der Karosserie stand, ergab sich ein kaum sauber zu haltender Zwischenraum. Deshalb ließ man ab 1934 diesen Kofferraum unmittelbar an die Karosserie anschließen. Zur Erweiterung des Lieferprogramms gab es ab Frühjahr 1932 einen Kasten-Lieferwagen sowie ab Herbst 1932 einen sehr hübsch gezeichneten Zweisitzer-Roadster und ein elegantes, aber teueres Zweisitzer-Cabriolet. Ab Februar 1935 wurde der Flachkühler durch einen Kühler mit flacher Keilform ersetzt, außerdem die Armaturentafel modernisiert. Vor allem aber hat man eine Zweitüren-Limousine auf der Berliner Automobil-Ausstellung im Februar 1935 vorgestellt und ab Mai 1935 geliefert, die im Stil dem 170 V glich, aber nicht recht auf den kürzeren Radstand des Sechszylindertyps passen wollte. Eher gefiel da schon das vom gleichen Zeitpunkt an entsprechend gestaltete Cabriolet C. Doch diese Baureihe verlor sowieso rasch an Bedeutung, als der 170 V auf den Markt kam. Um die Jahresmitte 1936 ging die Produktion des soliden und seriösen, aber auch recht behäbigen 170-Sechszylinder zu Ende.

Mercedes-Benz Typ 170 (W 15)
1931 – 1936

Motor	Daimler-Benz M 15
Zylinderzahl	6 (Reihe)
Bohrung × Hub	65 × 85 mm
Hubraum	1692 (Steuer 1680) ccm
Leistung	32 PS bei 3200 U/min
Verdichtung	1:5,75 bis 6,0
Vergaser	1 Steigstromvergaser Solex 30 FVST oder Solex 30 BFV
Ventile	Seitlich stehend Seitliche Nockenwelle, Antrieb durch Stirnräder
Kurbelwellelager	4
Kühlung	Pumpe, 11 Liter Wasser
Schmierung	Druckumlauf, 5 Liter Öl
Batterie	6 V 75 Ah (unter Fahrersitz)
Lichtmaschine	60 W bzw. (ab 1933) 90 W
Anlasser	0,6 PS
Kraftübertragung	Antrieb auf Hinterräder
Kupplung	Einscheibentrockenkupplung
Schaltung	Schalthebel Wagenmitte
Getriebe	3 Gang + Schnellgang
Synchronisierung	III - Schnellgang
Übersetzungen	I. 3,33, II. 1,71, III. 1,00, Schnellgang 0,73
Antriebs-Übersetzung	6,11
Fahrwerk	
Rahmen	U-Profil- bzw. (ab 1934) Kastenprofil-Preßstahl-Niederrahmen
Vorderradaufhängung	2 Querfedern
Hinterradaufhängung	Pendelachse, Doppel-Schraubenfedern
Lenkung	Schnecke
Fußbremse	Hydraulisch, 4 Räder
Handbremse	Mechanisch, Außenbandbremse vorn am Differentialgehäuse
Schmierung	Zentral
Allgemeine Daten	
Radstand	2600 mm
Spur vorn/hinten	1340/1340 mm
Gesamtmaße	3940 (mit Stoßstangen 4060) × 1630 × 1650 mm
Räder	Scheiben
Reifen	5,25-17 (Prototypen 4,75/5,00-18)
Wendekreis	10 Meter
Fahrgestellgewicht	750 kg
Wagengewicht	1050 bis 1200 kg
Zuläss. Gesamtgewicht	1455 kg
Höchstgeschwindigkeit	90 km/h
Verbrauch/100 km	11 Liter
Kraftstofftank	33 Liter (im Motorraum)

Besondere Daten für Kastenwagen Typ L 300 (1932 – 1935):
Gesamtlänge 3700 mm
Laderaum
1260 × 1260 × 980 mm
Wagengewicht 1150 kg
Nutzlast 300 kg

Preise	1931	1932/33	1934	1935	1936
Fahrgestell	RM 3800,–	RM 3800,–	RM 3800,–	RM 3800,–	RM 3800,–
Limousine 4 Türen (Koffer freistehend)	RM 4400,–	RM 4400,–	RM 4150,–	–	–
Limousine 4 Türen (Koffer angebaut)	–	–	RM 4400,–	RM 4400,–	RM 3950,–
Limousine 2 Türen (mit Kofferraum)	–	–	–	RM 4300,–	RM 3950,–
Rolldach für Limousinen	+RM 140,–	+RM 140,–	+RM 140,–	+RM 185,–	+RM 185,–
Cabriolet C (Koffer freistehend)	RM 5575,–	RM 5575,–	RM 4975,–	–	–
Cabriolet C (Koffer angebaut)	–	–	RM 5575,–	–	–
Cabriolet C (mit Kofferraum)	–	–	–	RM 5300,–	RM 4700,–
Tourenwagen 2 Türen	–	–	RM 5200,–	RM 5200,–	RM 4800,–
Tourenwagen »Sindelfingen« 2 Türen	–	–	RM 5400,–	RM 5400,–	RM 4950,–
Sport-Roadster 2 (2) Sitze	–	RM 5500,–	RM 5500,–	RM 5500,–	RM 5100,–
Sport-Cabriolet A 2/3 Sitze	–	–	RM 7000,–	RM 7000,–	RM 6500,–
Kasten-Lieferwagen	–	RM 4450,–	RM 4450,–	RM 4450,–	–

Mercedes-Benz Typ 170
Limousine 4 Türen
1931 – 1934

←
←
←

→
→

Mercedes-Benz Typ 170
Cabriolet C
1931 – 1934

Mercedes-Benz Typ 170
Cabriolet A
Spezialkarosserie Auer
1932

Mercedes-Benz Typ 170
Cabriolet A
Karosserie Reutter
1932

↑ ↑ Mercedes-Benz Typ 170 Roadster 2 (2) Sitze (Karosserie Sindelfingen) 1932 – 1936

↑ ↑ ↓ Mercedes-Benz Typ 170 Cabriolet A (Karosserie Sindelfingen) 1932 – 1934

Mercedes-Benz Typ 170 Tourenwagen (Karosserie Reutter) 1934 – 1936 ↑ ↓

Mercedes-Benz Typ 170
Combinationswagen
1933 – 1934

Mercedes-Benz Typ L 300
Kasten-Lieferwagen
1932 – 1934

Mercedes-Benz Typ 170
Combinationswagen
1934 – 1936

Mercedes-Benz Typ L 300
Kasten-Lieferwagen
1934 – 1936

Zur Berliner Automobil-Ausstellung im Februar 1933 kleidete Erdmann & Rossi (Berlin) einen Mercedes-Benz Typ 170 als Stromlinien-Limousine ein. Die elegante Dame, eine Miß Traud Emser, trug dazu das passende Stromlinien-Kleid!

Mercedes-Benz Typ 170
Cabriolet C
Karosserie Sindelfingen
1934

→
→

Mercedes-Benz Typ 170
Kübelsitzwagen
Musterwagen 1932
keine Serie

Mercedes-Benz Typ 170 Limousine 4 Türen 1934

Mercedes-Benz Typ 170 Limousine 4 Türen 1935 – 1936

Mercedes-Benz Typ 170 Limousine 2 Türen 1935 – 1936

Mercedes-Benz Typ 200 (1933 – 1936)
Mercedes-Benz Typ 230 (1936 – 1937)
Mercedes-Benz Typ 260 D (1936 – 1937)

Der Typ 200 war in seiner ersten Ausführung mit dem Typ 170 näher verwandt als mit dem Typ Stuttgart, den er ablöste. Er besaß den gleichen, lediglich auf 2 Liter Inhalt aufgebohrten und mit Doppelvergaser ausgerüsteten Sechszylinder-Motor wie der Typ 170. Das Fahrgestell und die Karosserien stimmten ebenfalls weitgehend überein. Auch der Typ 200 stand anfangs nur als Viertüren-Limousine und als Cabriolet C zur Verfügung, die im ersten Jahr noch einen flachen Kühler besaßen. Dieser erhielt dann aber schon 1934 die flache Keilform, die bis heute erhalten blieb.

Ab 1936 gab es eine Zweitüren-Limousine und das Cabriolet C mit Kofferraum. Es waren wiederum die gleichen Karosserien, die beim Typ 170 bereits ein Jahr früher eingeführt worden waren, mit dem Unterschied allerdings, daß sich dort das Reserverad im Kofferraum befand und die Vorderkotflügel offen waren, während die entsprechenden Ausführungen des Typs 200 mit zwei Reserverädern, je eines links und rechts in den geschürzten Vorderkotflügeln, geliefert wurden.

Der relativ kleine, gut ausgestattete und für damalige Begriffe recht leistungsfähige Typ 200 war ein liebenswerter Wagen, wirkte aber bei gleichem Preis bescheidener als der Vorgänger-Typ Stuttgart, was mit der auch zu jener Zeit schon vorherrschenden Käufermentalität kaum in Einklang zu bringen war. Vor allem aber eignete sich dieses kompakte Auto nicht als Taxi, weshalb es schon ab 1934 ein verlängertes Fahrgestell mit Sechssitzer-Aufbauten gab. Und wegen besagter Käufermentalität erschienen 1935 auf dem langen Fahrgestell eine in der Form völlig neue Viersitzer-Limousine und entsprechende Viersitzer-Cabriolets, die sich bald größeren Zuspruchs erfreuten als die Modelle auf dem kürzeren Normalfahrgestell. Natürlich dauerte es dann nicht lang, bis den

Preise	**1933**	**1934**	**1935**	**1936**	**1937** (ab Sept. 1936)
Normales Fahrgestell	RM 4 400,–	RM 4 400,–	RM 4 200,–	RM 4 200,–	RM 3 700,–
Limousine 4 Türen (Koffer angebaut)	RM 5 300,–	RM 5 300,–	RM 4 950,–	RM 4 950,–	RM 4 450,–
Limousine 2 Türen (mit Kofferraum)	–	–	–	RM 5 150,–	RM 4 450,–
Rolldach für Limousinen	+RM 150,–	+RM 150,–	+RM 185,–	+RM 185,–	+RM 185,–
Cabriolet C (Koffer angebaut)	RM 6 400,–	RM 6 400,–	RM 5 950,–	–	–
Cabriolet C (mit Kofferraum)	–	–	–	RM 6 150,–	RM 5 650,–
Tourenwagen »Mannheim« 2 Türen	–	RM 5 800,–	RM 5 800,–	RM 5 800,–	RM 5 300,–
Tourenwagen »Sindelfingen« 4 Türen	RM 6 500,–	RM 6 500,–	RM 6 500,–	–	–
Sport-Roadster 2(2) Sitze	–	RM 6 350,–	RM 6 200,–	RM 6 200,–	RM 5 700,–
Sport-Cabriolet A 2/3 Sitze	–	RM 7 800,–	RM 7 650,–	RM 7 650,–	RM 7 150,–
					1937 (2,3 Liter-Motor, ab Mai 1936)
Langes Fahrgestell	–	RM 4 800,–	RM 4 500,–	RM 4 500,–	RM 4 675,–
Pullman-Limousine 6 Sitze	–	RM 6 850,–	RM 6 550,–	RM 6 550,–	RM 6 725,–
Pullman-Landaulet 6 Sitze	–	RM 7 150,–	RM 6 900,–	RM 6 900,–	RM 7 075,–
Tourenwagen 6 Sitze	–	RM 6 950,–	RM 6 950,–	RM 6 950,–	RM 7 125,–
Limousine 4 Türen	–	–	RM 5 700,–	RM 5 700,–	RM 5 875,–
Cabriolet B	–	RM 7 500,–	RM 6 990,–	RM 6 990,–	RM 7 165,–
Cabriolet D	–	–	–	RM 8 200,–	RM 8 375,–
Cabriolet A	–	–	RM 11 500,–	RM 11 500,–	RM 11 675,–
Stromlinien-Limousine 4 Türen	–	–	RM 9 400,–	–	–
Typ 260 D					**1936/37**
Pullman-Landaulet 6 Sitze					RM 7 900,–

Mercedes-Benz Typ 200 Sport-Roadster. Die Fabrikmannschaft Kappler, Bernet und Neubauer (ganz rechts) blieb bei der Dreitage-Harzfahrt 1933 strafpunktfrei und erhielt die große Goldene Medaille.

Mercedes-Benz Typ 200 »Leichter Sportwagen« für die Fabrikmannschaft bei der 2000 Kilometer-Fahrt 1933.

Leuten der Motor für die großen Karosserien zu schwach erschien, weshalb Daimler für diese ab Mai 1936 zum 2,3 Liter-Motor überging.

Zu den Überraschungen der ereignisreichen Berliner Automobil-Ausstellung im Februar 1936 gehörte der Mercedes-Benz Typ 260 D als einer der beiden ersten serienmäßigen Diesel-Personenwagen der Welt. (Den anderen präsentierte Hanomag beim gleichen Anlaß.) Bereits im Herbst 1933 hatte sich bei Daimler-Benz in Untertürkheim der erste Dieselmotor für Personenwagen auf dem Prüfstand befunden. Es war ein 3,8 Liter Sechszylinder, der gut 80 PS bei 2800 U/min leistete, womit man also in einen Drehzahlbereich gelangt war, der den Betrieb eines Personenwagens ermöglichte. Der Motor wurde in mehrere Versuchswagen des Typs Mannheim eingebaut, welche aber, wie sich herausstellte, die aus den verhältnismäßig hohen Drehzahlen resultierenden Schwingungen des Dieselmotors nicht aushielten. Man verzichtete deshalb darauf, den Mannheim-Diesel auf der Automobil-Ausstellung 1934 vorzustellen. Um dennoch ein brauchbares Ergebnis zu erreichen, beschränkte man sich nun auf eine geringere Leistung mit einem 2,6 Liter Vierzylinder-Motor gleicher Zylindergröße. Mit diesem OM 138, der einigermaßen ruhig, ziemlich rauchfrei und bemerkenswert wirtschaftlich arbeitete, entstand nun der Typ 260 D, dessen Serienproduktion bereits Ende 1935 begann. Es handelte sich um das Sechssitzer-Landaulet des Typs 200/230, versehen mit eben diesem 2,6 Liter Dieselmotor. Von dieser Urform des Diesel-Personenwagens baute Daimler etwa 170 Exemplare, die wohl ausnahmslos als Taxi zum Einsatz kamen. Der solcherart veranstaltete Großversuch verlief zur allgemeinen Zufriedenheit.

Mit den Sechssitzer-Limousinen und -Landaulets der damaligen Typen 200, 230 und 260 D, die ja äußerlich alle gleich aussahen, war es Daimler-Benz gelungen, binnen kürzester Zeit die absolute Führung bei den Taxen, Droschken und Mietwagen zu erringen. Jahrelang waren hier der Adler Favorit und der Adler Standard 6 Marktführer gewesen. Daimler brachte die neuen Sechssitzer zufälligerweise genau zu jenem Zeitpunkt heraus, als die Adlerwerke kein für diesen Zweck geeignetes Nachfolgemodell mehr anzubieten hatten. Seitdem und bis auf den heutigen Tag ist Mercedes-Benz nicht nur in Deutschland, sondern auch in zahllosen anderen Staaten das meistgefahrene Taxi.

Mercedes-Benz Typ 200 Limousine 4 Türen 1933

Mercedes-Benz Typ 200 Cabriolet C 1933
Karosserie Sindelfingen

Mercedes-Benz Typ 200 Tourenwagen 4 Türen 1933
Karosserie Sindelfingen

Mercedes-Benz Typ 200 Spezial-Roadster (Karosserie Sindelfingen) für Berliner Automobil-Ausstellung 1933

Motor

Zylinderzahl
Bohrung × Hub
Hubraum
Leistung
Drehmoment
Verdichtung
Vergaser

Ventile

Kurbelwellenlager
Kühlung
Schmierung
Batterie
Lichtmaschine
Anlasser

Kraftübertragung
Kupplung
Schaltung
Getriebe
Übersetzungen
Antriebs-Übersetzung

Fahrwerk
Rahmen
Vorderradaufhängung
Hinterradaufhängung
Lenkung
Fußbremse
Handbremse
Schmierung

Allgemeine Daten
Radstand
Spur vorn/hinten
Gesamtmaße
Räder
Reifen
Wendekreis
Fahrgestellgewicht
Wagengenwicht
Zuläss. Gesamtgewicht
Höchstgeschwindigkeit
Verbrauch/100 km
Kraftstofftank

Bemerkungen

Mercedes-Benz Typ 200 (W 21) 1933 – 1936	Mercedes-Benz Typ 200 lang (W 21) 1934 – 1936	Mercedes-Benz Typ 230 (W 21) 1936 – 1937	Mercedes-Benz Typ 260 D (W 138) 1936 – 1937
Daimler-Benz M 21		Daimler-Benz M 143	Daimler-Benz OM 138
			Vorkammer-Dieselmotor
6 (Reihe)		6 (Reihe)	4 (Reihe)
70 × 85 mm		72,5 × 90 mm	90 × 100 mm
1961 (Steuer 1949) ccm		2229 (Steuer 2213) ccm	2545 (Steuer 2527) ccm
40 PS bei 3200 U/min		55 PS bei 3600 U/min	45 PS bei 3000 U/min
11,4 mkg bei 1100 U/min		13,9 mgk bei 1800 U/min	
1:5,75 bis 6,0		1:6,6	1:20,5
1 Steigstromvergaser		1 Doppel-Fallstromvergaser	Einspritzpumpe Bosch
Solex 35 BFLV		Solex 30 JFFK	
Seitlich stehend		Seitlich stehend	Hängend
Seitliche Nockenwelle		Seitliche Nockenwelle	Seitliche Nockenwelle
Antrieb durch Stirnräder		Antrieb durch Stirnräder	Antrieb durch Stirnräder
4		4	5
Pumpe, 11 Liter Wasser		Pumpe, 11 Liter Wasser	Pumpe, 11 Liter Wasser
Druckumlauf, 5 Liter Öl		Druckumlauf, 5,5 Liter Öl	Druckumlauf, 6 Liter Öl
6 V 75 Ah (unter Fahrersitz)		6 V 75 Ah (unter Fahrersitz)	12 V 75 Ah
6 V 90 W		6 V 90 W	12 V 200 W
6 V 0,6 PS		6 V 0,6 PS	12 V 2,5 PS
Antrieb auf Hinterräder			
Einscheibentrockenkupplung			
Schalthebel Wagenmitte			
3 Gang + Schnellgang			
I. 3,33, II. 1,71, III. 1,00, Schnellgang 0,73			
6,125 oder 6,11	6,38 oder 6,45		3,97
Kastenprofil-Preßstahl-Niederrahmen			
2 Querfedern			
Pendelachse, Doppel-Schraubenfedern			
Schnecke, ZF-Roß			
Hydraulisch, 4 Räder			
Mechanisch, Außenbandbremse vorn am Differentialgehäuse			
Zentral			
2700 mm	3050 mm		
1340/1380 mm	1340/1380 mm		
4060 – 4150 × 1630 × 1580 mm	4390 (Pullman 4550) × 1630 × 1600 mm		
Scheiben	Scheiben		
5,25 oder 5,50-17	5,25 oder 5,50-17		
10,4 Meter	11,8 Meter		
850 kg	930 kg	1000 kg	1030 kg
1130 bis 1350 kg	1425 bis 1500 kg	Pullman-Limousine 1500 kg	Pullman-Limousine 1530 kg
1560 bis 1700 kg	1875 kg	1900 kg	2100 kg
98 km/h	93 km/h	110 km/h	90 km/h
13 Liter	15 Liter	16 Liter	11 Liter Diesel
33 bzw. (ab Wagen 401)	38 Liter (im Motorraum)	Pullman:	38 Liter (im Motorraum)
38 Liter (im Motorraum)		38 Liter (im Motorraum)	
		Limousine und Cabriolet:	
		45 Liter (im Heck)	
Sport-Roadster: Radstand 2600 mm z. T. normales 4 Gang-Getriebe (IV. Gang 1:1), dazu Antriebs-Übersetzung 4,36 oder 4,54			

Mercedes-Benz Typ 200 Limousine 4 Türen 1934 – 1936

Mercedes-Benz Typ 200 Roadster 2 (2) Sitze 1935 – 1936

Mercedes-Benz Typ 200
Cabriolet C
Karosserie Sindelfingen
1934 – 1935

→

Mercedes-Benz Typ 200
Tourenwagen 2 Türen
Karosserie Mannheim
1934 – 1937

→

Mercedes-Benz Typ 200
Cabriolet A
Karosserie Sindelfingen
1934 – 1937

Mercedes-Benz Typ 200
Cabriolet A Sonderausführung
Karosserie Sindelfingen
1934

Mercedes-Benz
Typ 200 lang
Cabriolet B
1934 – 1935

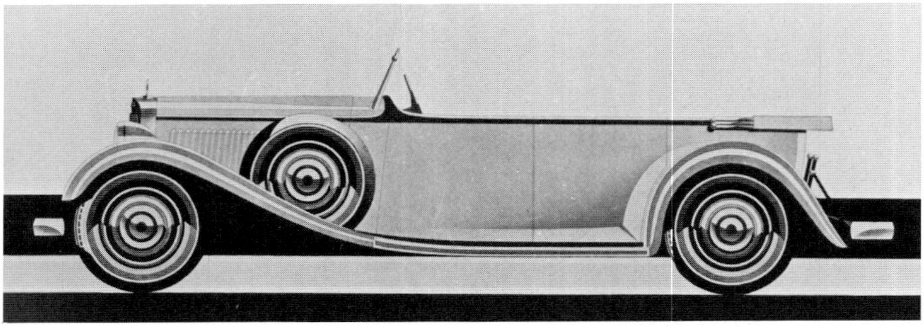

Mercedes-Benz
Typ 200 lang
Tourenwagen
1934 – 1935

←

Mercedes-Benz
Typ 200 lang
Cabriolet A
1934 – 1935

←

Mercedes-Benz Typ 200 lang Pullman-Limousine 6 Sitze 1934 – 1935

Mercedes-Benz Typ 200 lang Pullman-Landaulet 6 Sitze 1934 – 1935

Mercedes-Benz
Typ 200 lang
Limousine 4 Türen
1935 – 1936

Mercedes-Benz
Typ 200 lang
Cabriolet B
1935 – 1936

Mercedes-Benz
Typ 200 lang
Cabriolet D
1935 – 1936

Mercedes-Benz
Typ 200 lang
Pullman-Limousine
1935 – 1936

Mercedes-Benz Typ 200 Limousine 2 Türen 1936 – 1937

Mercedes-Benz Typ 200 Cabriolet B 1936 – 1937

Mercedes-Benz Typ 200
Jaray Stromlinien-Versuchswagen 1934

Mercedes-Benz Typ 200 lang
Stromlinien-Spezial-Limousine 4 Türen 1935

Mercedes-Benz Typ 230
Cabriolet D
1936 – 1937

Mercedes-Benz Typ 230
Cabriolet A
1936 – 1937

Mercedes-Benz Typ 230
Tourenwagen 6 Sitze
1936 – 1937

Mercedes-Benz Typ 230
Pullman-Landaulet
1936 – 1937

Mercedes-Benz Typ 260 D Droschken-Landaulet
Vorserienwagen auf der Berliner Automobil-Ausstellung 1936

Mercedes-Benz Typ 260 D Pullman-Limousine 1936 – 1937

Mercedes-Benz Typ 260 D Droschken-Landaulet 1936 – 1937
(Ab Mitte 1936 besaß das Landaulet feste Seitenteile!)

Mercedes-Benz Typ 290 (1933 – 1937)

Als Nachfolger des Typs Mannheim, wenn auch mit wesentlich kleinerem Motor, brachte Daimler-Benz zur Berliner Automobil-Ausstellung im Februar 1933 den Schwingachser-Typ 290 heraus. Sowohl in seinem technischen Aufbau als auch im Stil seiner Karosserien stellte er eine vergrößerte Ausgabe des Typs 200 dar. Und man machte hier wiederum die gleiche Erfahrung: Die später hinzugekommenen Modelle auf dem langen Fahrgestell gewannen zahlenmäßig bald die viel größere Bedeutung. Meistens ergab es sich schließlich so, daß die kompakten Modelle auf dem kürzeren Radstand von den Selbstfahrern, die langen Modelle hingegen als Chauffeurwagen bevorzugt wurden. Die 290er samt ihren Nachfolgern mit 3,2 und 3,4 Liter-Motor entsprachen auf dem Markt in etwa der heutigen S-Klasse. Nur stand früher eine weit größere Zahl von Karosserieausführungen zur Wahl, wobei vor allem der hohe Anteil der verschiedenen Cabriolets bemerkenswert erscheint. Andererseits ist inbezug auf Motorleistung und Fahreigenschaften ein 290 von damals mit einem 280 S von heute überhaupt nicht mehr vergleichbar. An jenen nun 50 Jahre alten Automobilen anerkennt und bewundert man heute noch die eindrucksvolle harmonische Linienführung der meisten (nicht aller) Karosserien, aber die für moderne Begriffe unzureichende Motorleistung, die miserablen Bremsen und die schwergängige Lenkung dämpfen sogleich die Begeisterung. Die Ansprüche haben sich eben gewandelt. 100 km/h galten noch als eine praktisch fast nie erreichbare Traumgrenze, denn die engen und kurvenreichen Straßen waren weit überwiegend von schlechter Beschaffenheit, und Autobahnen gab es 1933 noch nicht. Nur ganz wenige Leute fuhren per Auto weitere Strecken. Das konnte sich nur leisten, wer viel Zeit und Geld hatte. Der fuhr dann sowieso gemütlich, und bei schönem Wetter mit offenem Dach: Daher die relativ vielen Cabriolets, zumal bei den größeren Wagen. Abgelöst wurde der Typ 290 im Jahr 1937 durch den Typ 320.

Mercedes-Benz Typ 290 Sport-Zweisitzer bei der Brandenburgischen Geländefahrt 1934

Mercedes-Benz Typ 290
(W 18)
1933 – 1937

Motor	Daimler-Benz M 18
Zylinderzahl	6 (Reihe)
Bohrung × Hub	78 × 100 mm
Hubraum	2867 (Steuer 2847) ccm
Leistung	60 PS bzw. (ab 1935) 68 PS bei 3200 U/min
Verdichtung	1:5,75 bis 6 bzw. (ab 1935) 6,6
Vergaser	1 Steigstromvergaser Solex 35 BFV
Ventile	Seitlich stehend, seitliche Nockenwelle, Antrieb durch Stirnräder
Kurbelwellenlager	7
Kühlung	Pumpe, 19 Liter Wasser
Schmierung	Druckumlauf, 8 Liter Öl
Batterie	12 V 45 oder 50 Ah
Lichtmaschine	90 W
Anlasser	1,4 PS

Kraftübertragung	Antrieb auf Hinterräder	
Kupplung	Einscheibentrockenkupplung	
Schaltung	Schalthebel Wagenmitte	
Getriebe	3 Gang + Schnellgang	Ab 1937: 4 Gang
Synchronisierung	III – Schnellgang	III – IV
Übersetzungen	I. 3,60 II. 1,75 III. 1,00 S. 0,75	I. 4,35 II. 2,27 III. 1,41 IV. 1,00
Antriebs-Übersetzung	Radstand 2880 mm: 5,66 oder 5,77 Radstand 3300 mm: 6,12	Radstand 2880 mm: 5,77 Radstand 3300 mm: 6,12

Fahrwerk	Kasten-Preßstahl-Niederrahmen
Vorderradaufhängung	je 1 Querlenker, 1 Querfeder, Schraubenfedern innenliegend
Hinterradaufhängung	Pendelachse, Doppel-Schraubenfedern, Zusatz-Ausgleichfedern
Lenkung	Schraubenspindel
Fußbremse	Hydraulisch, 4 Räder
Handbremse	Mechanisch, Hinterräder
Schmierung	Zentral

Allgemeine Daten	**Typ 290 (1933 – 1937)**	**Typ 290 lang (1934 – 1937)**
Radstand	2880 mm	3300 mm
Spur vorn/hinten	1435/1476 mm	1435/1476 mm
Gesamtmaße	4450 × 1730 × 1660 mm Cabriolet A: 4590 × 1730 × 1440 mm	4870 × 1730 × 1660 mm
Räder	Scheiben oder Drahtspeichen	Scheiben oder Drahtspeichen
Reifen	6,50-17	6,50-17
Wendekreis	11,3 Meter	12,7 Meter
Fahrgestellgewicht	1225 kg	1325 kg
Wagengewicht	Limousine 1725 kg Cabriolet D 1840 kg	Pullman-Limousine 1850 kg Cabriolet F 1980 kg
Zuläss. Gesamtgewicht	2175 kg	2350 kg
Höchstgeschwindigkeit	108 km/h	103 km/h
Verbrauch/100 km	17 Liter	18 Liter
Kraftstofftank	56 Liter (im Heck)	56 Liter (im Heck)

Preise

Typ 290		Typ 290 lang	
Fahrgestell	RM 6 600,–	Fahrgestell	RM 7 600,–
Limousine 4 Türen	RM 7 950,–	Limousine 4 Türen (ab 1935)	RM 9 500,–
Tourenwagen 4 Türen	RM 9 500,–	Pullman-Limousine	RM 9 900,–
Cabriolet C	RM 9 300,–	Tourenwagen 6 Sitze	RM 9 900,–
Cabriolet B	RM 9 500,–	Cabriolet B	RM 11 500,–
Cabriolet D	RM 9 700,–	Cabriolet D	RM 11 900,–
Cabriolet A (1935)	RM 12 500,–	Cabriolet F (ab 1935)	RM 12 800,–
Cabriolet A (ab 1936)	RM 11 000,–	Cabriolet A (ab 1936)	RM 13 000,–
		Roadster (ab 1936)	RM 13 000,–
		Stromlinien-Limousine (1935)	RM 12 000,–
		Spezial-Limousine (1936)	RM 15 000,–

Bemerkungen

Abweichende Daten für Kübelwagen
Antriebs-Übersetzung 6,12, Spur 1475/1494, Gesamtmaße 4480 × 1780 × 1665 mm, Reifen 6,00 – 17 Gelände, Gewicht 1500 kg zuläss. Gesamtgewicht 1950 kg, Kraftstofftank 80 Liter

Mercedes-Benz Typ 290 Limousine 4 Türen 1933 – 1936

Mercedes-Benz Typ 290 Limousine 4 Türen 1933 – 1936
mit Drahtspeichenrädern und Anbaukoffer als Sonderausstattung

Mercedes-Benz Typ 290
Cabriolet C
1933 – 1936

Mercedes-Benz Typ 290
Cabriolet B
1933 – 1936

Mercedes-Benz Typ 290
Cabriolet B
Sonderausführung
1933 – 1936

Mercedes-Benz Typ 290
Cabriolet D
1933 – 1936

Mercedes-Benz Typ 290
Sport-Cabriolet 2 Sitze
Sonderanfertigung
Karosserie Papler
1934

←

Mercedes-Benz Typ 290
Cabriolet A
Karosserie Sindelfingen
1935

←

Mercedes-Benz Typ 290
Roadster 2 Sitze
Karosserie Sindelfingen
Sonderanfertigung
1936

Mercedes-Benz Typ 290 Wehrmacht-Kübelwagen (Aufbau Gaubschat) 1936 – 1937

Mercedes-Benz Typ 290 Reichswehr-Kübelwagen 1933 – 1934

Mercedes-Benz Typ 290 Wehrmacht-Kübelwagen (Aufbau Trutz) 1934 – 1935

Mercedes-Benz Typ 290 lang
Limousine 4 Türen
1935 – 1937

Mercedes-Benz Typ 290 lang
Cabriolet B
Karosserie Sindelfingen
1934 – 1937

Mercedes-Benz Typ 290 lang
Cabriolet D
Karosserie Sindelfingen
1934 – 1937

Mercedes-Benz Typ 290 lang
Cabriolet D
Wehrmacht-Sonderausführung
Karosserie Erdmann & Rossi
1935 – 1937

Mercedes-Benz Typ 290 lang Roadster (Karosserie Erdmann & Rossi)
Musterwagen für die Berliner Automobil-Ausstellung 1935

Mercedes-Benz Typ 290 lang Cabriolet A 1935 – 1937

Mercedes-Benz Typ 290 lang Stromlinien-Limousine 4 Türen 1935 – 1936

Mercedes-Benz Typ 290 lang Spezial-Limousine 4 Türen 1935 – 1936

Mercedes-Benz Typ 290 lang Pullman-Limousine 1934 – 1937

Mercedes-Benz Typ 290 lang Pullman-Landaulet 1935

Mercedes-Benz Typ 290 lang
Cabriolet F
(Transformations-Cabriolet)
Karosserie Erdmann & Rossi
1936

Mercedes-Benz Typ 290 lang
Cabriolet F
(Universal-Cabriolet)
Karosserie Mannheim
1935

Mercedes-Benz Typ 290 lang
Cabriolet F
(Pullman-Cabriolet)
Karosserie Mannheim
1935 – 1937

Mercedes-Benz Typ 290 lang
Tourenwagen 6 Sitze
1934 – 1937

Mercedes-Benz Typ 380 (1933-1934)

Der Mercedes-Benz Typ Mannheim 380 S (S=Sonderausführung) war ein Zwischentyp, den es im offiziellen Verkaufsprogramm niemals gab. Der Wagen, basierend auf dem Sechszylinder Mannheim 370 S (S=Sport), besaß jedoch einen Achtzylinder-Motor, der vom Sechszylinder M 18 des Typs 290 abgeleitet war. Und vom 380 S existierten wiederum zwei Ausführungen, die sich in der Motorleistung nur gering, umso mehr aber im Fahrgestell unterschieden. Die eine besaß noch Starrachsen und mechanische Bremsen, die andere war bereits ein Vollschwingachser mit hydraulischen Bremsen. Beide Versionen, von denen keinerlei Bilder überliefert sind, liefen gewiß nur in wenigen Versuchsexemplaren. Daß vom Starrachser 94 Stück gebaut worden seien und vom Schwingachswagen immerhin noch deren 20, wie gelegentlich behauptet wird, ist unglaubhaft.

Auf der Berliner Automobil-Ausstellung im Februar 1933 gab Daimler den Typ 380, der übrigens zu seiner Zeit niemals Typ 380 K hieß, der allgemeinen Bewunderung preis. Er wurde auch gebührend bestaunt, erfüllte dann aber doch nicht so recht die hochgespannten Erwartungen seiner Kundschaft. Den Typ 380 gab es, was ebenfalls kaum nach außen drang, mit vier Motoren, nämlich den M 22 ohne Kompressor, den M 22 mit angebautem Kompressor, den M 22 K mit integriertem Kompressor und schließlich den auf 4 Liter aufgebohrten M 22 I. Gewissermaßen handelsüblich aber waren nur der 15/90/120 PS und der 15/90/140 PS. Im Vergleich zum Mannheim 380 S sind ein zwar gleich großer, aber völlig anders konstruierter Motor mit hängenden statt stehenden Ventilen, mit 5 statt 9 Kurbelwellenlagern, einem serienmäßigen Schnellganggetriebe und Schraubenfeder- statt Querfeder-Aufhängung der

Sindelfinger Karosserien beim Typ 380

Cabriolet B	54
Cabriolet C	44
Cabriolet A	16
Offener Tourenwagen	11
Roadster	7
Limousine 4 Türen	6
Fahrgestelle	19*)
	157

*) davon 8 an Erdmann & Rossi

Vorderräder zu verzeichnen. Der Typ 380 galt insofern als Schrittmacher, weil es bis dahin in Serie keinen Vollschwingachser dieser Größenordnung gegeben hat. Er gefiel aber auch wegen seiner hinreißend schönen Karosserien. Andererseits erwiesen sich seine Fahreigenschaften gegenüber vergleichbaren Starrachswagen als so deutlich überlegen, daß sich die Kundschaft nun mit den erreichbaren Fahrleistungen nicht mehr zufriedengeben wollte. Überdies durfte im Bereich der Höchstgeschwindigkeit nur kurze Zeit gefahren werden. So brachte es der Typ 380 nur auf 154 oder 157 Exemplare, weil er schon bald durch den aus ihm entwickelten, sowohl leistungsstärkeren als auch robusteren Typ 500 K ersetzt wurde.

Übrigens hatten alle Wagen des Typs 380 trotz ein wenig voneinander abweichenden Prospektangaben den gleichen Radstand. Folglich stimmt auch die Behauptung nicht, es habe einige 380 K mit etwas kürzerem Radstand gegeben. Zur brillanten Optik des Typs 380 trug der verhältnismäßig lange Vorderwagen bei. Um diesen Eindruck bei einigen (nicht bei allen) Zweisitzern noch zu verstärken, gab es außer dem Normal-Fahrgestell bei gleichem Radstand auch ein Fahrgestell »für Sportwagen«, bei welchem der Kühler, der Motor-Getriebe-Block, die Lenkung und der Fahrersitz deutlich zurückversetzt waren. Erwähnt sei schließlich noch, daß der Typ 380 nicht wie seine späteren Nachfolger 500 K und 540 K jene imposanten Auspuff-Metallschläuche an der rechten Seite der Motorhaube aufwies, welche irrtümlich selbst heute noch von vielen Leuten als typisches und notwendiges Attribut des Kompressor-Motors betrachtet werden.

Mercedes-Benz Typ 380 Sportwagen bei der 2000 km-Fahrt 1934. Prinz Max zu Schaumburg-Lippe traf strafpunktfrei zwei Stunden vor seiner Sollzeit am Ziel ein. Dies blieb jedoch der einzige sportliche Wettbewerb, bei welchem der Typ 380 zum Einsatz kam.

<table>
<tr><th></th><th>Mercedes-Benz 15/80 PS
Typ Mannheim 380 S (W 10)
1932 – 1933</th><th>Mercedes-Benz 15/85 PS
Typ 380 S (W 19)
1932 – 1933</th></tr>
<tr><td>Motor</td><td>Daimler-Benz M 19</td><td>Daimler-Benz M 19 II</td></tr>
<tr><td>Zylinderzahl</td><td>8 (Reihe)</td><td>8 (Reihe)</td></tr>
<tr><td>Bohrung × Hub</td><td>78 × 100 mm</td><td>78 × 100 mm</td></tr>
<tr><td>Hubraum</td><td>3820 (Steuer 3796) ccm</td><td>3820 (Steuer 3796) ccm</td></tr>
<tr><td>Leistung</td><td>80 PS bei 3200 U/min</td><td>85 PS bei 3200 U/min</td></tr>
<tr><td>Verdichtung</td><td>1:5,6</td><td>1:6,0</td></tr>
<tr><td>Vergaser</td><td colspan="2">2 Solex MMOVS</td></tr>
<tr><td>Ventile</td><td colspan="2">Seitlich stehend
Seitliche Nockenwelle
Antrieb durch Stirnräder</td></tr>
<tr><td>Kurbelwellenlager</td><td colspan="2">9</td></tr>
<tr><td>Kühlung</td><td colspan="2">Pumpe, 20 Liter Wasser</td></tr>
<tr><td>Schmierung</td><td colspan="2">Druckumlauf, 8 Liter Öl</td></tr>
<tr><td>Batterie</td><td colspan="2">6 V 75 Ah</td></tr>
<tr><td>Kraftübertragung</td><td colspan="2">Antrieb auf Hinterräder</td></tr>
<tr><td>Kupplung</td><td colspan="2">Einscheibentrockenkupplung</td></tr>
<tr><td>Schaltung</td><td colspan="2">Schalthebel Wagenmitte</td></tr>
<tr><td>Getriebe</td><td colspan="2">4 Gang + (auf Wunsch) Schnellgang</td></tr>
<tr><td>Synchronisierung</td><td colspan="2">Ohne bzw. IV – Schnellgang</td></tr>
<tr><td>Übersetzungen</td><td colspan="2">I. 3,85
II. 2,30
III. 1,58
IV. 1,00, S. 0,76</td></tr>
<tr><td>Antriebs-Übersetzung</td><td colspan="2">5,11</td></tr>
<tr><td>Fahrwerk</td><td></td><td></td></tr>
<tr><td>Rahmen</td><td colspan="2">Kastenprofil-Preßstahl-Niederrahmen</td></tr>
<tr><td>Vorderradaufhängung</td><td>Starrachse
Halbfedern</td><td>Querlenker oben
1 Querfeder unten</td></tr>
<tr><td>Hinterradaufhängung</td><td>Starrachse
Underslung-Halbfedern</td><td>Pendel-Schwingachse
Doppel-Schraubenfedern
Zusatz-Ausgleichsfedern</td></tr>
<tr><td>Lenkung</td><td>Schraubenspindel</td><td>Schraubenspindel</td></tr>
<tr><td>Fußbremse</td><td>Mechanisch, 4 Räder</td><td>Hydraulisch, 4 Räder</td></tr>
<tr><td>Handbremse</td><td>Mechanisch, Hinterräder</td><td>Mechanisch, Hinterräder</td></tr>
<tr><td>Schmierung</td><td>Zentral</td><td>Zentral</td></tr>
<tr><td>Allgemeine Daten</td><td></td><td></td></tr>
<tr><td>Radstand</td><td>3200 mm</td><td>3200 mm</td></tr>
<tr><td>Spur vorn/hinten</td><td>1420/1420 mm</td><td>1427/1427 mm</td></tr>
<tr><td>Gesamtmaße</td><td>4900 × 1740 × 1780 mm</td><td>4900 × 1740 × 1780 mm</td></tr>
<tr><td>Räder</td><td>Rudge-Drahtspeichen</td><td>Rudge-Drahtspeichen</td></tr>
<tr><td>Reifen</td><td>6,50-18</td><td>6,50-18</td></tr>
<tr><td>Wendekreis</td><td>12,6 Meter</td><td>12,6 Meter</td></tr>
<tr><td>Fahrgestellgewicht</td><td></td><td></td></tr>
<tr><td>Wagengewicht</td><td>1820 kg</td><td>1840 kg</td></tr>
<tr><td>Zuläss. Gesamtgewicht</td><td>2130 kg</td><td>2150 kg</td></tr>
<tr><td>Höchstgeschwindigkeit</td><td>120 km/h</td><td>120 km/h</td></tr>
<tr><td>Verbrauch/100 km</td><td>20 Liter</td><td>20 Liter</td></tr>
<tr><td>Kraftstofftank</td><td>90 Liter (im Heck)</td><td>90 Liter (im Heck)</td></tr>
<tr><td>Preise</td><td>Cabriolet A
Cabriolet C 2 Fenster
Cabriolet B 4 Fenster</td><td>RM 16 500,–
RM 16 500,–
RM 16 500,–</td></tr>
</table>

Mercedes-Benz Typ 380
(W 22)
1933 – 1934

Daimler-Benz M 22	Daimler-Benz M 22 K	Daimler-Benz M 22 I
8 (Reihe)	8 (Reihe)	8 (Reihe)
ohne Kompressor oder mit angebautem Kompressor	mit integriertem Kompressor	mit integriertem Kompressor
78 × 100 mm	78 × 100 mm	80 × 100 mm
3823 (Steuer 3796) ccm	3823 (Steuer 3796) ccm	4019 (Steuer 3985) ccm
Ohne Kompressor: 90 PS bei 3200 U/min	Ohne Kompressor: 90 PS bei 3200 U/min	Ohne Kompressor: 90 PS bei 3200 U/min
Mit Kompressor: 120 PS bei 3400 U/min	Mit Kompressor: 140 PS bei 3600 U/min	Mit Kompressor: 144 PS bei 3600 U/min
Ohne Kompressor 6,0 Mit Kompressor 5,54	5,54	5,54

1 Mercedes-Benz Steigstrom-Spezial-Doppelvergaser
Hängend
Seitliche Nockenwelle
Antrieb durch Stirnräder
5
Pumpe, 20 Liter Wasser
Druckumlauf, 8 Liter Öl
12 V 60 Ah

Antrieb auf Hinterräder
Einscheibentrockenkupplung
Schalthebel Wagenmitte
3 Gang + Schnellgang
III – Schnellgang

I. 2,86	I. 2,86	I. 3,41
II. 1,80	II. 1,80	II. 1,60
III. 1,00	III. 1,00	III. 1,00
S. 0,70	S. 0,70	S. 0,70
5,11 oder 4,70	5,11 oder 4,70	5,11 oder 4,70

Kastenprofil-Preßstahl-Niederrahmen
Doppel-Querlenker
Schraubenfedern
Pendel-Schwingachse
Doppel-Schraubenfedern
Zusatz-Ausgleichsfedern
Schraubenspindel
Hydraulisch, 4 Räder, mit Bosch-Dewandre-Servohilfe
Mechanisch, Hinterräder
Zentral

Normal-Fahrgestell und Fahrgestell »für Sportwagen«
3140 mm
1435/1480 mm
4690 × 1730 × 1620 mm
Rudge-Drahtspeichen
6,50-17
12,4 Meter
1350 kg
Cabriolet C 2100 kg
Cabriolet C 2420 kg

Ohne Kompressor: 120 km/h	Hinterachse 5,11: 135 km/h	Hinterachse 5,11: 135 km/h
Mit Kompressor: 130 km/h	Hinterachse 4,70: 145 km/h	Hinterachse 4,70: 145 km/h

23 Liter
85 Liter (im Heck)

Fahrgestell	RM 13 000,–
Cabriolet A 2 Sitze	RM 19 500,–
Cabriolet C 2 Fenster	RM 19 500,–
Cabriolet B 4 Fenster	RM 19 500,–
Limousine 4 Türen	RM 19 500,–
Tourenwagen 2 Türen	RM 19 500,–
Sport-Roadster 2 Sitze	RM 19 500,–

Mercedes-Benz Typ 380 Cabriolet B 1932/33
Musterwagen (Einzelstück) für ersten Verkaufsprospekt

Mercedes-Benz Typ 380 Cabriolet A 1933/34

Mercedes-Benz Typ 380 Sport-Roadster. Musterwagen (Einzelstück), geliefert im August 1933 an Dipl.-Ing. Fritz von Opel. Endgültige Ausführung des Sport-Roadster (Seite 306) hatte weniger tiefe Türausschnitte und flache statt keilförmige Frontscheibe. Heutiger Besitzer des Wagens: A. Popov, Herne 2.

↑ →
→

Mercedes-Benz
Typ 380
Tourenwagen
1933/34

Mercedes-Benz
Typ 380
Sport-Roadster
1933/34

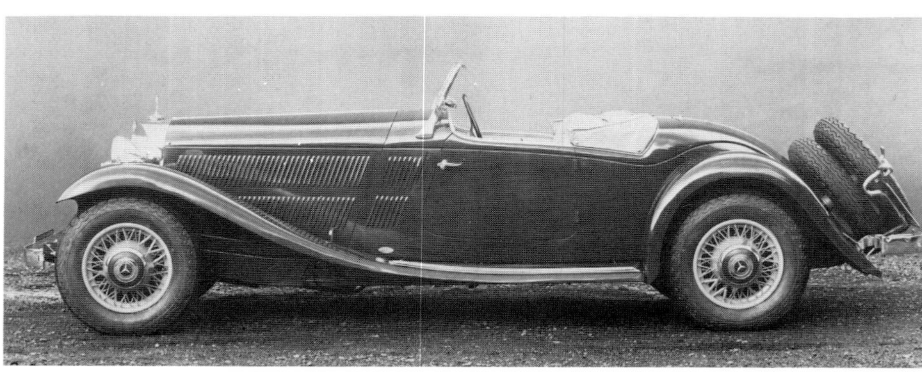

Mercedes-Benz
Typ 380
Cabriolet A
(Sportwagen–
Fahrgestell)
1933

Mercedes-Benz
Typ 380
Cabriolet A
1934

Mercedes-Benz Typ 380
Cabriolet B 1933 – 1934

Mercedes-Benz Typ 380
Cabriolet C 1933 – 1934

Mercedes-Benz Typ 380
Cabriolet C 1934
Karosserie Autenrieth

Mercedes-Benz Typ 380
Cabriolet B 1934
Karosserie Sindelfingen

Mercedes-Benz Typ 380
Limousine 4 Türen
1933 – 1934

Mercedes-Benz Typ 380
Limousine 4 Türen
Karosserie Baur
1933

→
→

Mercedes-Benz Typ 380
Roadster/Coupé mit
auswechselbarem Coupé-
dach und Roadster-Verdeck
(Sportwagen-Fahrgestell)
Musterwagen 1936

Mercedes-Benz Typ 130 (1934 – 1936)

In den dreißiger Jahren wuchs die Überzeugung, daß das Auto der Zukunft durch die Heckmotor-Bauart geprägt sei. Das hing mit dem Glauben an die Stromlinienform zusammen, in deren Heck viel Platz für den Motor blieb, der wiederum aus Kostengründen mit der Antriebsachse verblockt sein sollte. Kleinstwagen mit Heckmotor gab es wegen des billigen Kettenantriebs schon lange. Nun aber beschäftigten sich auch Automobilfabriken von Rang mit einschlägigen Entwicklungen. Rumpler war wohl der prominenteste Vorreiter, doch den entscheidenden Impuls gab Tatra-Chefkonstrukteur Ledwinka. Joseph Ganz trommelte eifrig, Skoda und Hanomag machten eine Zeit lang entsprechende Versuche, und Porsche griff die Bauart ebenfalls auf. Doch der Daimler-Benz AG. blieb es vorbehalten, mit dem Typ 130 das erste vollwertige Automobil mit Heckmotor in Serie herauszubringen.

Mit dessen Entwicklung hatte Chefkonstrukteur Hans Nibel im Jahr 1930 begonnen. Schon 1931 liefen Versuche eines Kleinwagens Typ W 17 mit luftgekühltem 1,2 Liter (Bohrung × Hub 70 × 78 mm) Vierzylinder-Boxermotor M 17 im Heck. Bereits bei diesem Auto betrug der Radstand 2500 mm. Ein anderes Projekt, das allerdings nicht realisiert wurde, war durch einen im Heck quergestellten und seitlich nach vorn geneigten Reihen-Vierzylinder gekennzeichnet. Ein bemerkenswertes Beispiel für die Vielfalt der Überlegungen ist der Typ 175 (W 25 D) mit 30 PS Dreizylinder-Dieselmotor OM 134 im Heck. 12 Versuchswagen dieses Typs liefen 1933, aber deren Motorschwingungen erwiesen sich als derart hartnäckig, daß man diesen Weg nicht weiterging. Im äußeren Erscheinungsbild des Typs 175 zeichnete sich aber bereits die Form des späteren Serienwagens deutlich erkennbar ab.

Alle diese Versuche waren der Öffentlichkeit völlig verborgen geblieben. Um so größer war die Sensation, als zur allgemeinen Überraschung Daimler auf der Berliner Automobil-Ausstellung im Februar 1934 den Typ 130 präsentierte. Schließlich handelte es sich nicht nur um das erste serienmäßige Auto mit Heckmotor, sondern auch um den ersten

Preise	**1934**	**1935**	**1936**
Fahrgestell	RM 2800,–	RM 2800,–	
Limousine 2 Türen	RM 3425,–	RM 3680,–	RM 3200,–
Cabrio-Limousine 2 Türen	RM 3625,–	RM 3900,–	RM 3350,–
Tourenwagen 2 Türen	RM 3900,–	RM 4400,–	–

und bisher einzigen Mercedes-Benz in der kleinen Wagenklasse. Der Typ 130 (er hieß übrigens niemals Typ 130 H!) wurde als großer Schlager gefeiert, denn nicht nur seine Technik, die in die Zukunft zu weisen schien, sondern auch die ansprechende Karosserieform fand bei Fachwelt und Publikum großen Beifall.

Doch der Schlager geriet zum Fehlschlag. Mit 65% Last auf der Hinterachse erwies sich der Typ 130 als gefährliche Heckschleuder, die man vernünftigerweise recht bald wieder aus dem Verkaufsprogramm verschwinden ließ. Der erste Serienwagen war noch Ende 1933 entstanden, und Anfang 1934 setzte die Auslieferung ein. Die Kotflügel des Typs 130 waren beim Modell 1934 stets schwarz, der Aufbau einfarbig, der des Modells 1935/36 zweifarbig lackiert. Ende 1936 wurde der Typ 130 aufgegeben. Obwohl man übrigens das blanke Fahrgestell hätte kaufen können, hat es sich offenbar keine der vielen damaligen Karosseriefirmen zugetraut, für diesen Heckmotorwagen einen noch gefälligeren Aufbau zu schneidern als die serienmäßige Werkskarosserie. Jedenfalls ist kein einziger 130 mit einer speziellen Linienführung bekannt geworden.

Mercedes-Benz Typ 150 (1934 – 1936)
Mercedes-Benz Typ 150 V (1934 – 1936)

Zeitgemäßer Tradition des Hauses entsprechend strebte Daimler auch nach sportlicher Bewährung der neuen Heckmotor-Bauart. 1934 wurden für die 2000 Kilometer-Fahrt, der damals in Deutschland populärsten Motorsportveranstaltung. 6 Sport-Limousinen mit 1,5 Liter-Heckmotor vorbereitet und eingesetzt. Der wichtigste Unterschied zum Typ 130 bestand freilich bemerkenswerterweise darin, daß man den Motor hier vor statt hinter der Hinterachse plazierte. Dieser »Mittelmotor«, wie man heute sagen würde, ergab naturgemäß ein freundlicheres Kurvenverhalten, ermöglichte aber andererseits nur die Unterbringung von zwei Sitzplätzen. 1935 brachte das Werk auf dem gleichen Fahrgestell einen rasant aussehenden Sport-Roadster heraus, der zum allgemeinen Verkauf freigegeben war, aber überhaupt keinen Anklang fand. Erstens war das Auto wohl zu teuer, zweitens fehlte selbst ein minimaler Gepäckraum, drittens kommt ein offener Zweisitzer sowieso nur für einen sehr kleinen Kundenkreis in Betracht und viertens mißtraute man nun eben dem Kurvenverhalten und der Beherrschbarkeit des Heckmotorwagens. Um die Jahresmitte 1936 verschwand der Typ 150 sang- und klanglos in der Versenkung.

Aus welchen Gründen auch immer, möglicherweise um einen eventuellen Mißerfolg der Sportlimousine mit 1,5 Liter-Heckmotor überspielen zu können, baute Daimler für die Saison 1934 auch ein paar Sport-Roadster herkömmlicher Bauart, bei welchen der gleiche 1,5 Liter-Motor vorn eingebaut war und die Hinterräder antrieb. Dieser Typ 150 V erwies sich bei verschiedenen Straßen- und Geländewettbewerben als zuverlässiges und robustes Fahrzeug. Nachdem die Wehrmacht Interesse daran bekundete, wurden einige 150 V als kleine Kübelwagen dorthin geliefert. Eine Nachbestellung erfolgte jedoch nicht, so daß die Serienproduktion des 150 V unterblieb.

Mercedes-Benz Typ M 17, Kleinwagen-Prototyp 1931/32 mit luftgekühltem 1,2 Liter Vierzylinder-Boxermotor im Heck. Leistung 25 PS bei 3000 U/min. Radstand 2500 mm. Der Motor kann heute noch im Museum der Daimler-Benz AG. besichtigt werden.

Mercedes-Benz Typ M 23 D, Kleinwagen-Prototyp 1933/34 mit 30 PS Dreizylinder-Dieselmotor im Heck und Stromlinienkarosserie. Der Motor erwies sich als noch nicht brauchbar, aber deutlich erkennbar zeichnete sich bereits die Form des späteren Serienwagens Typ 130 ab.

	Mercedes-Benz Typ 130 (W 23) 1934 – 1936	Mercedes-Benz Typ 150 (W 30) 1934 – 1936	Mercedes-Benz Typ 150 V (W 130) 1934 – 1936
Motor	Daimler-Benz M 23	Daimler-Benz M 30	Daimler-Benz M 30
Zylinderzahl	4 (Reihe)	4 (Reihe)	4 (Reihe)
Bohrung × Hub	70 × 85 mm	72 × 92 mm	72 × 92 mm
Hubraum	1308 (Steuer 1299) ccm	1498 (Steuer 1488) ccm	1498 (Steuer 1488) ccm
Leistung	26 PS bei 3400 U/min	55 PS bei 4600 U/min	55 PS bei 4600 U/min
Verdichtung	1:6,0 bis 6,5	1:7,1	1:7,1
Vergaser	1 Steigstromvergaser Solex 26 BFRV oder 26 FVS	1 Doppel-Steigstromvergaser Solex 30 FFVS	1 Doppel-Steigstromvergaser Solex 30 FFVS
Ventile	Seitlich stehend Seitliche Nockenwelle Antrieb durch Stirnräder	Hängend Seitliche Nockenwelle Antrieb durch Stirnräder	Hängend Seitliche Nockenwelle Antrieb durch Stirnräder
Kurbelwellenlager	3	3	3
Kühlung	Pumpe, 9,5 Liter Wasser	Pumpe, 13 Liter Wasser	Pumpe, 13 Liter Wasser
Schmierung	Druckumlauf, 5 Liter Öl	Druckumlauf, 5 Liter Öl	Druckumlauf, 5 Liter Öl
Batterie	6 V 75 Ah (unter Rücksitz rechts)	12 V 45 Ah	12 V 45 Ah
Lichtmaschine	90 W	90 W	90 W
Anlasser	0,5 PS	0,6 PS	0,6 PS
Kraftübertragung	Hecktriebblock. Motor hinter, Getriebe vor der Hinterachse	Hecktriebblock. Motor vor, Getriebe hinter der Hinterachse	Motor vorn, Antrieb auf Hinterräder
Kupplung	Einscheibentrockenkupplung	Einscheibentrockenkupplung	Einscheibentrockenkupplung
Schaltung	Schalthebel Wagenmitte	Schalthebel Wagenmitte	Schalthebel Wagenmitte
Getriebe	3 Gang + Schnellgang	3 Gang + Schnellgang	4 Gang
Synchronisierung	III – Schnellgang	III – Schnellgang	Ohne
Übersetzungen	I. 3,70 II. 1,75 III. 1,00 S. 0,66	I. 3,40 II. 1,78 III. 1,13 S. 0,75	I. 3,75 II. 2,00 III. 1,16 IV. 1,08
Antriebs-Übersetzung	6,75	5,625	6,02
Fahrwerk			
Rahmen	Zentralrohrrahmen Gabel im Heck	Zentralrohrrahmen Gabel im Heck	Kastenrahmen
Vorderradaufhängung	achslos, 2 Querfedern	achslos, 2 Querfedern	Doppel-Querlenker Schraubenfedern
Hinterradaufhängung	Pendel-Schwingachse Schraubenfedern	Pendel-Schwingachse Doppel-Schraubenfedern	Pendel-Schwingachse Doppel-Schraubenfedern
Lenkung	Zahnstange	Zahnstange	Zahnstange
Fußbremse	Hydraulisch, 4 Räder	Hydraulisch, 4 Räder	Hydraulisch, 4 Räder
Handbremse	Mechanisch, Hinterräder	Mechanisch, Hinterräder	Mechanisch, Hinterräder
Schmierung	Zentral	Zentral	Zentral
Allgemeine Daten			
Radstand	2500 mm	2600 mm	2600 mm
Spur vorn/hinten	1270/1270 mm	1300/1270 mm	1340/1300 mm
Gesamtmaße	4050 × 1520 × 1510 mm	4200 × 1600 × 1380 mm	3945 × 1630 × 1350 mm
Räder	Scheiben	Scheiben oder Drahtspeichen	Scheiben
Reifen	5,00-17	5,00-17	5,25-17
Wendekreis	10 Meter	10,4 Meter	10,7 Meter
Fahrgestellgewicht	550 kg	650 kg	
Wagengewicht	980 kg	980 kg	985 kg
Zuläss. Gesamtgewicht	1320 kg	1230 kg	1390 kg
Höchstgeschwindigkeit	92 km/h	125 km/h	125 km/h
Verbrauch/100 km	10 Liter	15 Liter	15 Liter
Kraftstofftank	30 Liter (hinten im Motorraum)	60 Liter (vorn im Wagen)	60 Liter
Preise	siehe Tabelle beim Text	Sport-Roadster RM 6600,– Sport-Limousine 2 Sitze kein Listenpreis	Sport-Roadster kein Listenpreis

Mercedes-Benz Typ 130 Limousine 2 Türen Modell 1934

Mercedes-Benz Typ 130 Cabrio-Limousine 2 Türen Modell 1934

Mercedes-Benz Typ 130 Tourenwagen 2 Türen Modell 1934

Mercedes-Benz Typ 130
Limousine 2 Türen
Modell 1935/36

Mercedes-Benz Typ 130
Cabrio-Limousine 2 Türen
Modell 1935/36

Mercedes-Benz Typ 130
Kübelsitzwagen
Musterwagen 1934

Mercedes-Benz Typ 150
Sport-Limousine 2 Sitze
für 2000 km-Fahrt 1934

Mercedes-Benz Typ 150 V
Sport-Roadster 2 Sitze
für 2000 km-Fahrt 1934

Mercedes-Benz Typ 150
Sport-Roadster 2 Sitze
1934 – 1936

Mercedes-Benz Typ 170 V (1936 – 1942)

Auf der Berliner Automobil-Ausstellung im Februar 1936 wurde der Mercedes-Benz 170 V vorgestellt, dessen Produktion bereits seit Ende 1935 lief. Im Vergleich zum Typ 170 (W 15) mit Sechszylinder-Motor war der 170 V technisch anspruchsloser und in der äußeren Erscheinung weniger ambitioniert, ein für die Massenproduktion bestimmtes Alltags- und Jedermanns-Automobil, zuverlässig und wirtschaftlich, mit vielen guten, aber ohne brillante Eigenschaften. Selbst der Roadster und das (aus der gleichen Rohkarosserie angefertigte) Cabriolet A sahen eher hausbacken als elegant aus. Immerhin aber war der 170 V von Anfang an so gut zur allgemeinen Zufriedenheit ausgefallen, daß sich bis in den Krieg hinein keinerlei nennenswerte Änderungen als notwendig erwiesen. Nur ein einziges Mal wurde eine solche augenfällig, und selbst dazu mußte man schon genauer hinsehen. Als der 170 V herauskam, saß der Stern unmittelbar auf dem Kühler, wobei sich die Verschraubung unter der Motorhaube befand. Ab Anfang 1937 bekam der Wagen dann jedoch einen etwas anders geformten Kühler, bei welchem der Stern wieder die als Einfüllöffnung dienende Kühlerverschraubung zierte. Ferner sei noch vermerkt, daß das Cabriolet B ab April 1937 mit einer neuartigen Verdeckkonstruktion und ohne die bis dahin zwischen den beiden Seitenscheiben vorhanden gewesene Säule ausgeliefert wurde. Obwohl man beim 170 V mehr denn jemals vorher auf möglichst rationelle Fertigung bedacht war, gab es ihn vor dem Krieg immer noch in

Karosserie-Produktion für den Typ 170 V im Werk Sindelfingen	**1935**	**1936**	**1937**	**1938**	**1939**	**1940**	**1941**	**1942**	**Gesamtzahl 1935–1941**
Limousine 2 Türen	13	{ 3 414	2 943	1 945	1 488	116			**9 906** } + 13
Limousine 4 Türen		5 403	9 957	9 974	9 613	1 818	916		**37 681**
Cabrio-Limousine		2 384	3 500	2 723	2 424	565	147		**11 743**
Cabriolet B		1 182	1 786	1 976	1 888	652	584		**8 068**
Cabriolet A		76	204	272	198	34	10		**794**
Roadster		82	70	73	38	8			**271**
Tourenwagen offen		158	314	220	226	48	27		**993**
Kastenwagen		44	78	100	129	280	200		**831**
Kübelwagen		125	11	968*)	1 973	7 738	5 500		**16 315**
	13	**12 868**	**18 863**	**18 251**	**17 977**	**11 259**	**7 384**	**ca. 3 400**	**86 615**

*) Große Stückzahlen ab Oktober 1938

Mercedes-Benz Typ 170 V
Cabriolet B
Schnittmodell

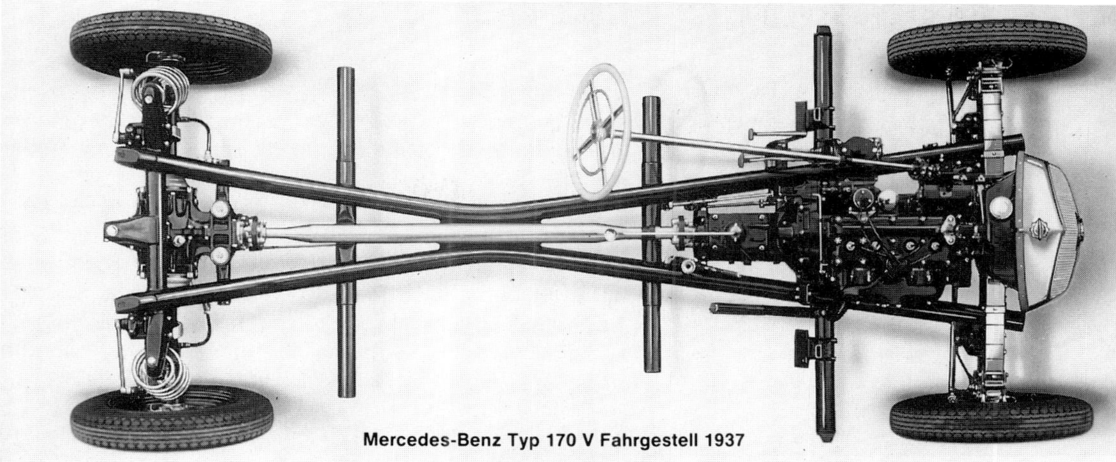

Mercedes-Benz Typ 170 V Fahrgestell 1937

zahlreichen Karosserieausführungen, die später niemals wiederkehrten. Das ergab sich vor allem dadurch, daß man die Aufbauten für den 170 V früher in Gemischtbauweise (Holzgerippe mit Stahlblechverkleidung), nach 1945 aber in Ganzstahlbauart hergestellt hat. Jedenfalls wurde der 170 V zum meistgebauten Vorkriegs-Personenwagen der Daimler-Benz AG., und dann zum weiterhin erfolgreichen Ausgangstyp der Nachkriegsproduktion.

Ursprünglich war beabsichtigt gewesen, den Wagen als Typ 160 V und die Heckmotor-Ausführung als Typ 160 H auf den Markt zu bringen. In der Tat waren beide bis in die Vorserien hinein mit einem 1,6 Liter-Motor (Bohrung × Hub 72 × 98 mm) ausgerüstet. Daß aber, wie der Verfasser einer werksinternen Typologie behauptet, die ersten 3000 Wagen des Typs 170 V und die ersten 1000 Wagen des Typs 170 H tatsächlich mit 1,6 Liter-Motoren gebaut und ausgeliefert worden sein sollen, stimmt nicht. Der Trugschluß dürfte auf einer irrigen Auslegung irgendwelcher Unterlagen beruhen.

Für jeden Gebrauchswagentyp, der größere Verbreitung finden sollte, galt in jenen Jahren die Beteiligung an motorsportlichen Wettbewerben weniger als Angelegenheit der Werbung, sondern gewissermaßen als eine Pflichtübung. Geländefahrten standen dabei im Vordergrund, aber auch Langstreckenrennen auf großenteils schlechten Straßen, womit die Veranstalter harte Dauererprobungen bezweckten. Sinn der Sache war nicht etwa die Schaffung spezieller Militärfahrzeuge, denn dazu bedurfte es keiner öffentlichen Schauspiele. Man wollte vielmehr die Kriegsbrauchbarkeit marktgängiger Alltagsautomobile feststellen und durch immer schwierigere Bedingungen vorantreiben.

Für diesen Zweck begnügte sich Daimler-Benz beim 170 V zunächst damit, 1936/37 den Geländesportwagen Typ 170 VR einzusetzen. Der unterschied sich vom serienmäßigen Roadster bloß durch größere Räder, stärkere Federn und andere Übersetzungen. Ob man damit nicht zufrieden oder jetzt erst richtig auf den Geschmack gekommen war? Zur Kraftfahrzeugwinterprüfung 1938 erschien Daimler mit einem völlig neuen Geländesportwagen Typ 170 VS, gekennzeichnet durch eine auffallend niedrige Bauart, durch einen auf 2 Liter aufgebohrten Motor und eine um 260 kg leichtere Karosserie, deren Körper aus Elektron und deren Kotflügel aus Aluminium bestanden. Als Abwandlungen dieses Wagens entstanden noch die Typen 170 SV und 200 V.

Doch scheint diese hochwertige Geländewagen-Technik ihr eigentliches Ziel verfehlt zu haben. Als es nämlich tatsächlich zum Krieg kam und die Wehrmacht den 170 V in großer Zahl als Kübelwagen benötigte, wurde sicherlich ganz bewußt eben doch das nur geringfügig abgewandelte Fahrgestell des handelsüblichen und völlig normalen Typs 170 V bevorzugt. Und das hat sich bestens bewährt, obwohl von Haus aus die konstruktiven Voraussetzungen keineswegs sehr geeignet schienen.

Mercedes-Benz Typ 170 H (1936 – 1939)

Gleichzeitig mit dem Typ 170 V wurde im Februar 1936 auch der Typ 170 H vorgestellt, ein Parallelmodell mit dem gleichen, aber im Heck eingebauten Motor. Er galt als Nachfolger des Typs 130, verfügte jedoch über deutlich diszipliniertere Kurveneigenschaften. Ebenso wie Adler ein paar Jahre vorher mit den Typen Trumpf und Primus bot jetzt Daimler-Benz den Käufern eine interessante Wahlmöglichkeit zwischen zwei konstruktiv verschieden gestalteten Wagen. Der 170 H galt bald, weil er teurer, seltener sowie in Form und Ausstattung exklusiver war, als das »feinere« Auto. Trotzdem blieb ihm der Erfolg versagt, denn auch seine Nachteile ließen sich nicht übersehen: Er war lauter und unpraktischer als der 170 V, und blieb ihm natürlich auch im Fahr-, Lenkungs- und Kurvenverhalten unterlegen. Stückzahlmäßig weit ins Hintertreffen geraten, lohnte sich seine Herstellung nicht mehr. 1939 wurden die letzten Exemplare ausgeliefert.

Seine Sternstunde erlebte der Typ 170 H erst nach dem Krieg. Weil ihn die Wehrmacht verschmähte, weil er sich für den Anbau einer Generatorgas-Anlage wenig eignete und weil er vordem meistens als Privatwagen gekauft worden war, gab es nach 1945 noch fast neuwertige Exemplare, die damals außergewöhnlich hohen Prestigewert besaßen und entsprechende Superpreise kosteten. Aber nahezu ausnahmslos wurden sie dann in jenen betriebsamen Jahren emsiger Geschäftigkeit regelrecht aufgebraucht, weshalb ein 170 H heute viel viel rarer ist als ein Kompressor-Cabriolet.

Mercedes-Benz Typ G 5 (1937 – 1941)

In den dreißiger Jahren entwickelte das Heeres-Waffenamt der Wehrmacht bekanntlich eine eigene Typenreihe geländegängiger Einheits-Kraftwagen. Doch keineswegs erst in heutiger Zeit, sondern auch und sogar schon damals schuf Daimler-Benz auf eigene Rechnung Alternativen zu heereseigenen Konstruktionen. 1935 und 1936 versuchte man, mit den Kübelwagen Mercedes-Benz Typ 170 VG und Typ 170 VL ins Geschäft zu kommen. Sie blieben völlig unbekannt, obwohl von beiden zusammen immerhin rund 100 Stück an die Wehrmacht geliefert worden sein sollen. Der 170 VL unterschied sich vom Vorgänger hauptsächlich durch die Vierrad-Lenkung. Allrad-Antrieb besaßen sie beide.

Weil diese Kübelwagen bei der Wehrmacht nicht den erhofften Anklang fanden, baute man als deren Weiterentwicklung mit dem Typ G 5 die dritte Version. Wiederum übernahm die Wehrmacht lediglich einige Musterwagen, interessierte sich aber nicht weiter für das Fahrzeug. Da ergriff Daimler-Benz sozusagen die Flucht nach vorn, und präsentierte den Typ G 5 auf der Londoner Motor-Show im Oktober 1938 der Öffentlichkeit. Man bot ihn als »Kolonial- und Jagdwagen« an, doch mit dieser Widmung blieb der Erfolg ebenfalls gering. Bis 1941 wurden nur 378 Stück hergestellt, die überwiegend in den Export gingen. Serienmäßig gab es drei Karosserieausführungen, nämlich den Wehrmacht-Kübelaufbau, einen Cabriolet-ähnlichen Tourenwagen mit Seitenfenstern und tropenfestem Verdeck sowie einen vereinfachten Kübelaufbau für Polizei und Parteiformationen. Ein solcher Kübelwagen einfacher Art lief nach dem Krieg noch zwei Jahrzehnte lang bei der Bergwacht in Berchtesgaden. – Man kann im G 5 einen Vorläufer der heute so beliebt gewordenen Privat-Geländewagen sehen, doch dafür bestand zu jener Zeit noch keine Nachfrage. Damals interessierte fast nur die militärische Verwendbarkeit. Als Kübelwagen aber war der G 5 zu aufwendig konstruiert, und als Kommandeur-Cabriolet bot er zu wenig Leistung und vor allem zu wenig Platz.

	Mercedes-Benz Typ 170 V (W 136) 1936 – 1942	Mercedes-Benz Typ 170 H (W 28) 1936 – 1939
Motor	Daimler-Benz M 136	Daimler-Benz M 28 II
Zylinderzahl	4 (Reihe)	4 (Reihe)
Bohrung × Hub	73,5 × 100 mm	73,5 × 100 mm
Hubraum	1697 (Steuer 1685) ccm	1697 (Steuer 1685) ccm
Leistung	38 PS bei 3400 U/min	38 PS bei 3400 U/min
Drehmoment	10,2 mkg bei 1800 U/min	10,2 mkg bei 1800 U/min
Verdichtung	1:6	1:6
Vergaser	1 Steigstromvergaser Solex 30 BFLVS	1 Steigstromvergaser Solex 30 BFRV
Ventile	Seitlich stehend Seitliche Nockenwelle Antrieb durch Stirnräder	Seitlich stehend Seitliche Nockenwelle Antrieb durch Stirnräder
Kurbelwellenlager	3	3
Kühlung	Pumpe, 11 Liter Wasser	Gebläse + Pumpe, 9 Liter Wasser
Schmierung	Druckumlauf, 5 Liter Öl	Druckumlauf, 5 Liter Öl
Batterie	6 V 75 Ah (unter Fahrersitz)	6 V 75 Ah (unter Rücksitz rechts)
Lichtmaschine	90 bzw. (ab Ende 1940) 130 W	90 W
Anlasser	0,6 PS	0,5 PS
Kraftübertragung	Motor vorn, Antrieb auf Hinterräder	Hecktriebblock Motor hinter, Getriebe vor der Hinterachse
Kupplung	Einscheibentrockenkupplung	Einscheibentrockenkupplung
Schaltung	Schalthebel Wagenmitte	Schalthebel Wagenmitte
Getriebe	1936 – 1939: 4 Gang 1940 – 1942: 4 Gang	4 Gang (IV. = Schnellgang)
Synchronisierung	1936 – 1939: III – IV 1940 – 1942: I – IV	III – IV
Übersetzungen	1936 – 1939: I. 4,32 oder 4,17; II. 2,47; III. 1,42; IV. 1,00 1940 – 1942: I. 4,025; II. 2,28; III. 1,42; IV. 1,00	I. 3,41 II. 1,94 III. 1,17 IV. 0,78
Antriebs-Übersetzung	1936 – 1939: 4,125 1940 – 1942: 4,125	5,13
Fahrwerk		
Rahmen	X-Form-Ovalrohr-Rahmen	Zentralrohr-Rahmen, Gabel im Heck
Vorderradaufhängung	achslos, 2 Querfedern	achslos, 2 Querfedern
Hinterradaufhängung	Pendelachse, Schraubenfedern	Pendelachse, Schraubenfedern
Lenkung	Schnecke ZF-Roß	Zahnstange
Fußbremse	Hydraulisch, 4 Räder	Hydraulisch, 4 Räder
Handbremse	Mechanisch, Hinterräder	Mechanisch, Hinterräder
Schmierung	Zentral	Zentral
Allgemeine Daten		
Radstand	2845 mm	2600 mm
Spur vorn/hinten	1320/1310 mm	1315/1270 mm
Gesamtmaße	4270 × 1570 × 1560 mm	4200 × 1580 × 1600 mm
Räder	Scheiben 3,25 D × 16	Scheiben 3,00 D × 17
Reifen	5,25-16	5,00-17
Wendekreis	11 Meter	11,4 Meter
Fahrgestellgewicht	700 kg	650 kg
Wagengewicht	1100 bis 1160 kg	1125 kg
Zuläss. Gesamtgewicht	1500 kg	1500 kg
Höchstgeschwindigkeit	108 km/h	110 km/h
Verbrauch/100 km	11 Liter	11 Liter
Kraftstofftank	33 bzw. (ab 1939) 43 Liter (im Motorraum)	40 Liter (vorn im Wagen)
Preise	Fahrgestell RM 2850,– Limousine 2 Türen RM 3750,– Limousine 4 Türen RM 3850,– Cabrio-Limousine 4 Türen RM 3980,– Tourenwagen 2 Türen (bis 1937) RM 4500,– Tourenwagen 4 Türen (ab 1938) RM 4600,– Cabriolet B (4 Fenster) RM 4750,– Roadster 2 (2) Sitze RM 5500,– Cabriolet A (ab Ende 1935) RM 5980,– Polizei-Kübelsitzer (ab 1937) RM 4350,–	Fahrgestell RM 3300,– Limousine 2 Türen RM 4350,– Cabrio-Limousine 2 Türen RM 4500,–

Mercedes-Benz Typ 170 H
Limousine 2 Türen
1936 – 1939

←
←

Mercedes-Benz Typ 170 H
Cabrio-Limousine 2 Türen
1936 – 1939

Mercedes-Benz Typ 170 H
Stromlinien-Versuchswagen der Aerodynamischen Versuchsanstalt Göttingen
(Entwurf: Ing. Karl Schlör)
Aufbau: Ludewig, Essen
1938

←
←

→
→
→

Mercedes-Benz Typ 170 V
Limousine 4 Türen
Modell 1936

IIA-35358

A-35358

Mercedes-Benz Typ 170 V
Limousine 2 Türen
Modell 1936

←

←

Mercedes-Benz Typ 170 V
Tourenwagen 2 Türen
Modell 1936

←

Mercedes-Benz Typ 170 V
Cabriolet A
Modell 1936

←

Mercedes-Benz Typ 170 V
Cabriolet B
Modell 1936

Mercedes-Benz Typ 170 V
Cabrio-Limousine 4 Türen
Kraftdroschke
mit Trennscheibe
1936/37

Mercedes-Benz Typ 170 V
Kasten-Lieferwagen
1936/37

Mercedes-Benz Typ 170 V
Limousine 2 Türen
1937 – 1942

→
→

→

Mercedes-Benz Typ 170 V
Limousine 4 Türen
1937 – 1942

→

Mercedes-Benz Typ 170 V
Cabrio-Limousine 4 Türen
1937 – 1942

←

←

Mercedes-Benz Typ 170 V
Limousine 4 Türen als
Kraftdroschke mit Trenn-
scheibe und Kofferbrücke
Preis RM 3750,–
1937 – 1940

Mercedes-Benz Typ 170 V
Cabrio-Limousine 4 Türen als
Kraftdroschke mit Trenn-
scheibe und Kofferbrücke
Preis RM 3850,–
1937 – 1940

Mercedes-Benz Typ 170 V
Tourenwagen 2 Türen
1936/37

Mercedes-Benz Typ 170 V
Tourenwagen 4 Türen
1937 – 1940

Mercedes-Benz Typ 170 V
Cabriolet B
(Verdeck älterer Art)
1936/37

Mercedes-Benz Typ 170 V
Cabriolet B
(Verdeck neuerer Art)
1937 – 1940

Mercedes-Benz Typ 170 V
Cabriolet A 2 Sitze
1937 – 1940

→
→

Mercedes-Benz Typ 170 V
Roadster 2 (2) Sitze
Modell 1939/40
(Stoßstangen neuerer Art)

Mercedes-Benz Typ 170 VR
Geländesportwagen
1936 – 1937

Mercedes-Benz Typ 170 VS
Mercedes-Benz Typ 170 SV
Mercedes-Benz Typ 200 V
Geländesport-Zweisitzer
1938 – 1939

<table>
<tr><th></th><th colspan="2">Mercedes-Benz Typ 170 VS
(W 136 S)
1938 – 1939</th><th colspan="2">Mercedes-Benz Typ 200 V
(W 149)
1938 – 1939</th></tr>
<tr><td>Motor</td><td colspan="2">Daimler-Benz M 149</td><td colspan="2">Daimler-Benz M 149 II</td></tr>
<tr><td>Zylinderzahl</td><td colspan="2">4 (Reihe)</td><td colspan="2">4 (Reihe)</td></tr>
<tr><td>Bohrung × Hub</td><td colspan="2">80 × 95 mm</td><td colspan="2">82 × 95 mm</td></tr>
<tr><td>Hubraum</td><td colspan="2">1912 ccm</td><td colspan="2">2007 ccm</td></tr>
<tr><td>Leistung</td><td>50 PS bei 3600 U/min</td><td>60 PS bei 3600 U/min</td><td>53 PS bei 3600 U/min</td><td>64 PS bei 3600 U/min</td></tr>
<tr><td>Verdichtung</td><td>1:7,5</td><td>1:7,5</td><td>1:7,5</td><td>1:7,5</td></tr>
<tr><td>Vergaser</td><td>1 Solex 35 JFP</td><td>2 Solex 35 JFP</td><td>1 Solex 35 JFP</td><td>2 Solex 35 JFP</td></tr>
<tr><td>Ventile</td><td colspan="4">Seitlich stehend
Seitliche Nockenwelle
Antrieb durch Stirnräder</td></tr>
<tr><td>Kurbelwellenlager</td><td colspan="4">3</td></tr>
<tr><td>Kühlung</td><td colspan="4">Pumpe/Wasser</td></tr>
<tr><td>Schmierung</td><td colspan="4">Druckumlauf/Öl</td></tr>
<tr><td>Batterie</td><td colspan="4">6 V 75 Ah</td></tr>
<tr><td>Lichtmaschine</td><td colspan="4">90 W</td></tr>
<tr><td>Anlasser</td><td colspan="4">0,6 PS</td></tr>
<tr><td>Kraftübertragung</td><td colspan="4">Motor vorn, Antrieb auf Hinterräder</td></tr>
<tr><td>Kupplung</td><td colspan="4">Einscheibentrockenkupplung</td></tr>
<tr><td>Schaltung</td><td colspan="4">Schalthebel Wagenmitte</td></tr>
<tr><td>Getriebe</td><td colspan="4">4 Gang oder 5 Gang</td></tr>
<tr><td>Übersetzungen</td><td colspan="2">I. 4,00
II. 2,20
III. 1,60
IV. 1,00
(V. 0,78)</td><td colspan="2">I. 3,75
II. 2,02
III. 1,49
IV. 1,00
(V. 0,75)</td></tr>
<tr><td>Antriebs-Übersetzung</td><td colspan="2">4,60</td><td colspan="2">4,80</td></tr>
<tr><td>Fahrwerk</td><td colspan="4"></td></tr>
<tr><td>Rahmen</td><td colspan="4">X-Form-Ovalrohr-Rahmen</td></tr>
<tr><td>Vorderradaufhängung</td><td colspan="4">achslos, 2 Querfedern</td></tr>
<tr><td>Hinterradaufhängung</td><td colspan="4">Pendelachse, Schraubenfedern</td></tr>
<tr><td>Lenkung</td><td colspan="4">Schnecke, ZF-Roß</td></tr>
<tr><td>Fußbremse</td><td colspan="4">Hydraulisch, 4 Räder</td></tr>
<tr><td>Handbremse</td><td colspan="4">Mechanisch, 4 Räder</td></tr>
<tr><td>Schmierung</td><td colspan="4">Zentral</td></tr>
<tr><td>Allgemeine Daten</td><td colspan="4"></td></tr>
<tr><td>Radstand</td><td colspan="4">2845 mm</td></tr>
<tr><td>Spur vorn/hinten</td><td colspan="4">1320/1310 mm</td></tr>
<tr><td>Gesamtmaße</td><td colspan="4">3980 × 1570 × 1562 mm</td></tr>
<tr><td>Räder</td><td colspan="4">Scheiben</td></tr>
<tr><td>Reifen</td><td colspan="4">5,25-16</td></tr>
<tr><td>Wendekreis</td><td colspan="4">10,8 Meter</td></tr>
<tr><td>Fahrgestellgewicht</td><td colspan="2"></td><td colspan="2"></td></tr>
<tr><td>Wagengewicht</td><td colspan="2">1000 kg</td><td colspan="2">1020 kg</td></tr>
<tr><td>Zuläss. Gesamtgewicht</td><td colspan="2">1400 kg</td><td colspan="2">1420 kg</td></tr>
<tr><td>Höchstgeschwindigkeit</td><td>110 km/h</td><td>112 km/h</td><td>116 km/h</td><td>120 km/h</td></tr>
<tr><td>Verbrauch/100 km</td><td>11 Liter</td><td>12 Liter</td><td>12 Liter</td><td>13 Liter</td></tr>
<tr><td>Kraftstofftank</td><td>60 Liter (im Heck)</td><td>60 Liter (im Heck)</td><td>60 Liter (im Heck)</td><td>60 Liter (im Heck)</td></tr>
<tr><td>Bemerkungen</td><td colspan="4">Geländesport-Zweisitzer: kein Listenpreis

Insgesamt wurden etwa 30 Geländesport-Zweisitzer dieser Art gebaut

Typ 170 SV (W 149 I):
Gleiches Fahrzeug mit Motor M 149 II sowie mit verstärktem Fahrwerk und Geländereifen</td></tr>
</table>

Mercedes-Benz Typ 170 VG
mit Holzgas-Generator
1939 – 1943

Mercedes-Benz Typ 170 V
Kastenlieferwagen
1938 – 1942

Mercedes-Benz Typ 170 V
Kastenlieferwagen
Reichspost-Ausführung
1939

Mercedes-Benz Typ 170 V
Sanitätswagen
im Krieg

Mercedes-Benz Typ 170 VG
(W 136 G)
1939 – 1943

Motor	Daimler-Benz M 136 G mit Holzgasgenerator Daimler-Benz G.136
Zylinderzahl	4 (Reihe)
Bohrung × Hub	73,5 × 100 mm
Hubraum	1697 (Steuer 1685) ccm
Leistung	22 PS bei 3200 U/min
Drehmoment	
Verdichtung	1:8,7
Generator	Holzgasgenerator mit Querstromvergasung und Mischventil. Sauggas-Betrieb
Ventile	Seitlich stehend Seitliche Nockenwelle Antrieb durch Stirnräder
Kurbelwellenlager	3
Kühlung	Pumpe, 11 Liter Wasser
Schmierung	Druckumlauf, 5 Liter Öl
Batterie	2 × 6 V 75 Ah
Lichtmaschine	90 oder 130 W
Anlasser	0,6 PS
Kraftübertragung	Motor vorn, Antrieb auf Hinterräder
Kupplung	Einscheibentrockenkupplung
Schaltung	Schalthebel Wagenmitte
Getriebe	4 Gang
Antriebs-Übersetzung	4,125 bzw. (für Gebirge) 5,86
Fahrwerk	
Rahmen	X-Form-Ovalrohr-Rahmen
Vorderradaufhängung	achslos, 2 Querfedern
Hinterradaufhängung	Pendelachse, verstärkte Schraubenfedern
Lenkung	Schnecke ZF-Roß
Fußbremse	Hydraulisch, 4 Räder
Handbremse	Mechanisch, Hinterräder
Schmierung	Zentral
Allgemeine Daten	
Radstand	2845 mm
Spur vorn/hinten	1320/1310 mm
Gesamtmaße	4550 × 1570 × 1770 mm
Räder	Scheiben, 3,25 D × 16
Reifen	5,25-16
Wendekreis	11 Meter
Wagengewicht	1240 kg
Zuläss. Gesamtgewicht	1600 kg
Höchstgeschwindigkeit	80 km/h
Verbrauch/100 km	15 kg Generatorholz
Betriebsmittelvorrat	30 kg Generatorholz
Bemerkung	Die Anlage zum Preis von etwa 1000 RM wurde weit überwiegend zum nachträglichen Einbau in bereits vorhandene Fahrzeuge geliefert.

→
→

Mercedes-Benz Typ 170 V
Kübelsitzwagen
Polizei-Ausführung
1937 – 1938

Mercedes-Benz Typ 170 VK
Kübelsitzwagen
Wehrmacht-Ausführung
1938 – 1942

→
→

<table>
<tr><th></th><th>Mercedes-Benz Typ 170 V Lieferwagen
(W 136)
1937–1942</th><th>Mercedes-Benz Typ 170 VK
(W 136 K)
1938 – 1942</th></tr>
<tr><td>Motor</td><td colspan="2">Daimler-Benz M 136</td></tr>
<tr><td>Zylinderzahl</td><td colspan="2">4 (Reihe)</td></tr>
<tr><td>Bohrung × Hub</td><td colspan="2">73,5 × 100 mm</td></tr>
<tr><td>Hubraum</td><td colspan="2">1697 ccm</td></tr>
<tr><td>Leistung</td><td colspan="2">38 PS bei 3400 U/min</td></tr>
<tr><td>Drehmoment</td><td colspan="2">10,2 mkg bei 1800 U/min</td></tr>
<tr><td>Verdichtung</td><td colspan="2">1:6,0 bis 6,5</td></tr>
<tr><td>Vergaser</td><td colspan="2">1 Steigstromvergaser Solex 30 BFLVS</td></tr>
<tr><td>Ventile</td><td colspan="2">Seitlich stehend
Seitliche Nockenwelle
Antrieb durch Stirnräder</td></tr>
<tr><td>Kurbelwellenlager</td><td colspan="2">3</td></tr>
<tr><td>Kühlung</td><td colspan="2">Pumpe, 11 Liter Wasser</td></tr>
<tr><td>Schmierung</td><td>Druckumlauf, 5 Liter Öl</td><td>Druckumlauf, 6 Liter Öl</td></tr>
<tr><td>Batterie</td><td>6 V 75 Ah (unter Fahrersitz)</td><td>12 V 62,5 Ah (unter Fahrersitz)</td></tr>
<tr><td>Lichtmaschine</td><td>90 oder 130 W</td><td>90 oder 130 W</td></tr>
<tr><td>Anlasser</td><td>0,6 PS</td><td>1 PS</td></tr>
<tr><td>Kraftübertragung</td><td colspan="2">Motor vorn, Antrieb auf Hinterräder</td></tr>
<tr><td>Kupplung</td><td colspan="2">Einscheibentrockenkupplung</td></tr>
<tr><td>Schaltung</td><td colspan="2">Schalthebel Wagenmitte</td></tr>
<tr><td>Getriebe</td><td colspan="2">bis 1939: 4 Gang — ab 1940: 4 Gang</td></tr>
<tr><td>Synchronisierung</td><td colspan="2">bis 1939: III – IV — ab 1940: I – IV</td></tr>
<tr><td>Übersetzungen</td><td colspan="2">bis 1939: I. 4,17 II. 2,47 III. 1,42 IV. 1,00
ab 1940: I. 4,025 II. 2,28 III. 1,42 IV. 1,00</td></tr>
<tr><td>Antriebs-Übersetzung</td><td colspan="2">bis 1939: 4,125 — ab 1940: 4,125</td></tr>
<tr><td>Fahrwerk</td><td colspan="2">X-Form-Ovalrohr-Rahmen</td></tr>
<tr><td>Vorderradaufhängung</td><td colspan="2">achslos, 2 Querfedern</td></tr>
<tr><td>Hinterradaufhängung</td><td colspan="2">Pendelachse, Schraubenfedern</td></tr>
<tr><td>Lenkung</td><td colspan="2">Schnecke, ZF-Roß</td></tr>
<tr><td>Fußbremse</td><td colspan="2">Hydraulisch, 4 Räder</td></tr>
<tr><td>Handbremse</td><td colspan="2">Mechanisch, Hinterräder</td></tr>
<tr><td>Schmierung</td><td colspan="2">Zentral</td></tr>
<tr><td>Allgemeine Daten</td><td></td><td></td></tr>
<tr><td>Radstand</td><td>2845 mm</td><td>2845 mm</td></tr>
<tr><td>Spur vorn/hinten</td><td>1320/1310 mm</td><td>1310/1370 mm</td></tr>
<tr><td>Gesamtmaße</td><td>4190 × 1580 × 1635 mm</td><td>4100 × 1690 × 1830 mm</td></tr>
<tr><td>Laderaum</td><td>1400 × 1320 × 880 mm</td><td>–</td></tr>
<tr><td>Räder</td><td>Scheiben 3,25 D × 16</td><td>Scheiben 3,25 D × 16</td></tr>
<tr><td>Reifen</td><td>5,25-16</td><td>5,25-16 Gelände</td></tr>
<tr><td>Wendekreis</td><td>11 Meter</td><td>11 Meter</td></tr>
<tr><td>Fahrgestellgewicht</td><td>700 kg</td><td></td></tr>
<tr><td>Wagengewicht</td><td>1130 kg</td><td>1235 kg</td></tr>
<tr><td>Zuläss. Gesamtgewicht</td><td>1500 kg</td><td>1660 kg</td></tr>
<tr><td>Nutzlast</td><td>350 kg</td><td>425 kg</td></tr>
<tr><td>Höchstgeschwindigkeit</td><td>108 km/h</td><td>90 km/h</td></tr>
<tr><td>Verbrauch/100 km</td><td>11 Liter</td><td>Straße 13 Liter</td></tr>
<tr><td>Kraftstofftank</td><td>43 Liter (im Motorraum)</td><td>43 Liter (im Motorraum)</td></tr>
<tr><td>Bemerkungen</td><td>Kasten-Lieferwagen RM 3900,–</td><td>Kübelwagen in Wehrmacht-Ausführung:
Behördenpreis unbekannt</td></tr>
</table>

Mercedes-Benz Typ 170 VG
Mercedes-Benz Typ 170 VL
Kübelsitzwagen
1935 – 1936

Mercedes-Benz Typ G 5
Kübelsitzwagen
Wehrmacht-Ausführung
1937 – 1941

Mercedes-Benz Typ G 5
Kübelsitzwagen
Bergwacht-Ausführung
1937 – 1939

Mercedes-Benz Typ G 5
Kolonial- und Jagdwagen
Tourenwagen 4 Türen
1937 – 1939

	Mercedes-Benz Typ 170 VG (W 123 III) 1935	Mercedes-Benz Typ 170 VL (W 139) 1936	Mercedes-Benz Typ G 5 (W 152) 1937 – 1941
Motor	Daimler-Benz M 28 II	Daimler-Benz M 136 MIL	Daimler-Benz M 149 II
Zylinderzahl	4 (Reihe)	4 (Reihe)	4 (Reihe)
Bohrung × Hub	73,5 × 100 mm	73,5 × 100 mm	82 × 95 mm
Hubraum	1697 ccm	1697 ccm	2006 ccm
Leistung	38 PS bei 3400 U/min	38 PS bei 3400 U/min	45 PS bei 3700 U/min
Drehmoment	10,4 mkg bei 1800 U/min	10,4 mkg bei 1800 U/min	12,8 mkg bei 1800 U/min
Verdichtung	1:6,5	1:6,5	1:6,5
Vergaser	1 Flachstromvergaser Solex 30 BFRV	1 Flachstromvergaser Solex 30 BFLV	1 Flachstromvergaser Solex 35 BFLVS
Ventile	Seitlich stehend Seitliche Nockenwelle Antrieb durch Stirnräder	Seitlich stehend Seitliche Nockenwelle Antrieb durch Stirnräder	Seitlich stehend Seitliche Nockenwelle Antrieb durch Stirnräder
Kurbelwellenlager	3	3	3
Kühlung	Wasser/Pumpe	Wasser/Pumpe	Wasser/Pumpe
Schmierung	Druckumlauf	Druckumlauf	Druckumlauf
Batterie	6 V 75 Ah	6 V 75 Ah	6 V 105 Ah
Lichtmaschine	90 W	90 W	90 W
Anlasser	0,6 PS	0,6 PS	0,8 PS
Kraftübertragung	Allrad-Antrieb Vorderrad-Antrieb abschaltbar	Allrad-Antrieb	Allrad-Antrieb 3 Sperrdifferentiale
Kupplung	Einscheibentrockenkupplung	Einscheibentrockenkupplung	Einscheibentrockenkupplung
Schaltung	2 Schalthebel/Wagenmitte	Schalthebel/Wagenmitte	Schalthebel/Wagenmitte
Getriebe	5 Gang 4 Gang	5 Gang	5 Gang
Synchronisierung	Ohne Ohne	Ohne	Ohne
Übersetzungen	I. 7,37 II. 4,22 III. 2,60 IV. 1,30 V. 1,00	I. 7,22 II. 4,82 III. 2,26 IV. 1,18 V. 0,885	I. 7,22 II. 4,82 III. 2,26 IV. 1,18 V. 0,885
Antriebs-Übersetzung	6,80	7,22	6,86
Fahrwerk	X-förmiger Ovalrohr-Rahmen	X-förmiger Ovalrohr-Rahmen	Kastenprofil-Rahmen
Vorderradaufhängung	2 Querfedern	2 Querfedern	Doppel-Querlenker Schraubenfedern
Hinterradaufhängung	Pendelachse Schraubenfedern	Pendelachse Schraubenfedern	Doppel-Querlenker Schraubenfedern
Lenkung	Spindellenkung	Vierrad-Spindellenkung Hinterrad-Lenkung abschaltbar	Vierrad-Spindellenkung Hinterrad-Lenkung abschaltbar
Fußbremse	Hydraulisch, 4 Räder	Hydraulisch, 4 Räder	Hydraulisch, 4 Räder
Handbremse	Mechanisch, Hinterräder	Mechanisch, Antriebswelle	Mechanisch, Antriebswelle
Allgemeine Daten			
Radstand	2600 mm	2525 mm	2530 mm
Spur vorn/hinten	1320/1310 mm	1320/1310 mm	1422/1422 bzw. auch 1410/1410 mm
Gesamtmaße (mit Verdeck)	4080 × 1570 × 1600 mm	4065 × 1570 × 1610 mm	3990 × 1680 × 1900 mm
Räder	Stahlblech-Scheiben mit Tiefbettfelgen, 3,25 D – 18	Stahlblech-Scheiben mit Tiefbettfelgen 3,25 D – 18	Stahlblech-Scheiben mit Flachbettfelgen 28 × 5
Reifen	5,25-18	5,25-18	6,00-18 SS Gelände
Bodenfreiheit	200 mm	215 mm	250 mm
Spurkreis-∅	10,8 Meter	Vorderrad-Lenkung 11 Meter Vierrad-Lenkung 7 Meter	Vorderrad-Lenkung 12 Meter Vierrad-Lenkung 7 Meter
Fahrzeuggewicht	1210 kg	1220 kg	1880 kg
Zuläss. Gesamtgewicht	1700 kg	1720 kg	2150 kg
Nutzlast	490 kg	500 kg	270 kg
Besatzung	1 + 3 Mann	1 + 3 Mann	1 + 3 Mann
Höchstgeschwindigkeit	5 Gang 4 Gang 90 km/h 110 km/h mit Vierrad-Antrieb 55 km/h 60 km/h	82 km/h mit Vierrad-Lenkung 30 km/h	85 km/h mit Vierrad-Lenkung 30 km/h
Verbrauch/100 km	Straße 13 Liter	Straße 13 Liter	Straße 18, Gelände 27 Liter
Kraftstofftank	50 Liter	50 Liter	50 Liter
Fahrbereich	Straße 380 km	Straße 380 km	Straße 280, Gelände 180 km

Mercedes-Benz Typ 170 V
Limousine 2 Türen
Entwurf 1938/39

Mercedes-Benz Typ 170 V
Stromlinienwagen
Sport-Limousine 4 Türen
Entwurf 1938/39

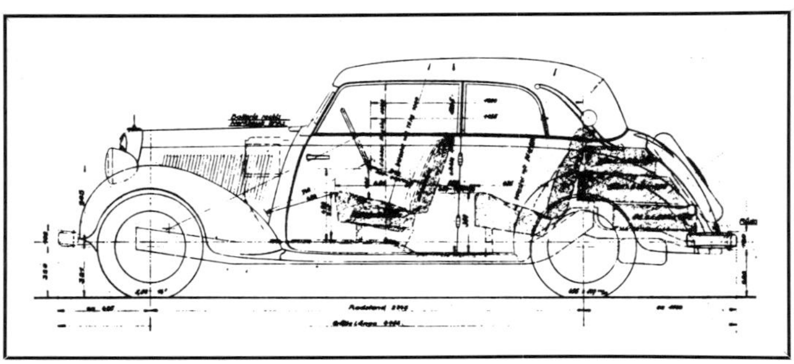

Mercedes-Benz Typ 170 V
Cabriolet B
Entwurf 1938/39

Mercedes-Benz Typ 170 V
Tourenwagen 4 Türen
Entwurf 1938/39

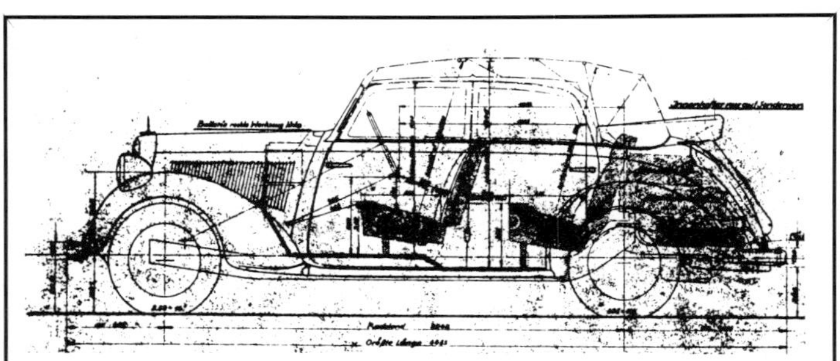

Schon bald nach der Einführung des Typs 170 V begannen die Überlegungen und Entwürfe für das Nachfolgemodell, das ohne Krieg etwa 1941 oder 1942 herausgebracht worden wäre. Ganz deutlich sind bereits die Anklänge an den späteren Typ 170 S erkennbar.

Mercedes-Benz Typ 170 V
Kasten-Lieferwagen
Entwurf 1938/39

Mercedes-Benz Typ 130 VB, 190 VB, 260 VB, 400 V (Prototypen 1936 – 1938)

Ing. Hans Gustav Röhr (1895 – 1937) war von 1931 bis 1935 Chefkonstrukteur, Technischer Direktor und stellv. Vorstandsmitglied der Adlerwerke (Frankfurt). Dort schuf er, zusammen mit seinem Oberingenieur Joseph Dauben, die damals vielbeachteten Frontantrieb-Wagen Adler Trumpf und Adler Trumpf Junior. Nachdem Röhr die Firma Adler im Streit verlassen hatte, engagierte ihn Dr. von Stauss, der Aufsichtsratsvorsitzende von Daimler-Benz, kurzerhand für Stuttgart, ohne sich vorher mit Dr. Kissel zu verständigen und gegen dessen ausdrückliche Bedenken. Dr. von Stauss glaubte wohl, rasch handeln zu müssen, um Röhr für Daimler zu sichern, weil er ihn für den bestgeeigneten Nachfolger des Ende 1934 verstorbenen Dr. Hans Nibel einschätzte. Nach recht unerquicklichen Verhandlungen nahm Röhr, der auch hier wieder den tüchtigen Oberingenieur Dauben mitbrachte, Mitte September 1935 seine Tätigkeit bei Daimler-Benz auf. Mehrmonatige Verzögerungen hatte es nicht nur wegen des anfänglichen Widerstands Kissels und der erheblichen persönlichen Forderungen Röhrs gegeben, sondern auch deshalb, weil die damaligen Machthaber den berühmten Konstrukteur als Sicherheitsrisiko betrachteten. Er war nämlich mit einer Französin verheiratet, die ihre Deutschfeindlichkeit recht unverhohlen offenbarte. So kam es, daß Röhr bei Daimler-Benz zwar Technischer Direktor werden, aber nicht dem Vorstand angehören durfte. Seine Zuständigkeit hatte sich auf die handelsüblichen Personenwagen zu beschränken, und es

Mercedes-Benz Typ 130 VB Cabrio-Limousine 2 Türen Versuchswagen 1936 – 1937

Mercedes-Benz Typ 190 VB Limousine 4 Türen Versuchswagen 1936 – 1937

mußte absolut gewährleistet sein, daß er keinerlei Einblicke in die Rüstungs- und Militärfahrzeug-Produktion bekam. In kürzester Zeit nun entwickelten Röhr und Dauben eine interessante Typenreihe mit je einem 4, 6 und 8 Zylinder-Boxermotor im Baukastensystem (Röhr nannte das »Systemmotor«), mit Frontantrieb und Lenkradschaltung sowie pfostenloser Karosserie bei den Viertüren-Limousinen. Dazu kam als größerer Wagen ein 4 Liter-V8 mit normalem Hinterradantrieb. Von allen vier Typen liefen bereits mehrere Versuchswagen, als Röhr im August 1937 verstarb. Auf einer Fahrt zum Nürburgring im offenen Cabriolet war er in den Regen gekommen und hatte sich eine Lungenentzündung geholt. Die von ihm eingeleiteten Entwicklungen stellte man nach seinem Tod ein, alle Versuchswagen und Modelle wurden sofort verschrottet. Freilich wäre der spätere Personenwagenbau bei Daimler-Benz auch dann kaum anders verlaufen, als es tatsächlich geschah, wenn Röhr länger gelebt hätte. In seinem Nachlaß fand man nämlich einen bereits unterschriebenen Vertrag, demzufolge er Daimler-Benz verlassen und zu Ambi-Budd überwechseln wollte. – Oberingenieur Dauben blieb übrigens noch 20 Jahre lang bei Daimler-Benz, wo ihm bis Kriegsende die Abteilung Vorausentwicklung unterstand.

Mercedes-Benz Typ 260 VB Anschauungsmodelle 1936

Motor
Zylinderzahl
Bohrung × Hub
Hubraum
Leistung
Verdichtung

Vergaser

Ventile

Kurbelwellenlager
Kühlung

Kraftübertragung
Schaltung
Getriebe
Übersetzungen

Antriebs-Übersetzung

Fahrwerk
Vorderradaufhängung

Hinterradaufhängung

Lenkung
Fußbremse
Handbremse

Allgemeine Daten
Radstand
Spur vorn/hinten
Gesamtmaße
Reifen
Wendekreis-∅
Wagengewicht
Zuläss. Gesamtgewicht
Höchstgeschwindigkeit
Verbrauch/100 km
Kraftstofftank

Bemerkungen

Mercedes-Benz Typ 130 VB (W 144) Prototyp 1936 – 1937	Mercedes-Benz Typ 190 VB (W 145) Prototyp 1936 – 1937	Mercedes-Benz Typ 260 VB (W 146) Prototyp 1936 – 1937	Mercedes-Benz Typ 400 V (W 147) Prototyp 1938
Daimler-Benz M 144	Daimler-Benz M 145	Daimler-Benz M 146	Daimler-Benz M 147
4 (Boxer)	6 (Boxer)	8 (Boxer)	8 (80°-V-Form)
74 × 74 mm	74 × 74 mm	74 × 74 mm	82 × 95 mm
1272 ccm	1914 ccm	2544 ccm	4003 ccm
35 PS bei 4300 U/min	50 PS bei 4300 U/min	70 PS bei 4300 U/min	105 PS bei 3500 U/min
1:7,5 (für Gemisch) bzw. 1:6,5 (für Benzin)	1:7,5 (für Gemisch) bzw. 1:6,5 (für Benzin)	1:7,5 (für Gemisch)	1:7,3
1 Fallstromvergaser Solex 26 FVS	2 Fallstromvergaser Solex 26 FVS	2 Fallstrom-Doppelvergaser Solex 30 JFKK	2 Fallstrom-Doppelvergaser Solex 32 IFF
Stehend (liegend)	Stehend (liegend)	Stehend (liegend)	Hängend
Zentrale Nockenwelle	Zentrale Nockenwelle	Zentrale Nockenwelle	Zentrale Nockenwelle
2	4	3	3
Pumpe (Wasser)	Pumpe (Wasser)	Pumpe (Wasser)	Pumpe (Wasser)
Antrieb auf Vorderräder	Antrieb auf Vorderräder	Antrieb auf Vorderräder	Antrieb auf Hinterräder
Lenkradschaltung	Lenkradschaltung	Lenkradschaltung	Schalthebel Mitte
5 Gang	5 Gang	5 Gang	4 Gang Daimler-Benz
I. 3,82	I. 4,20	I. 3,80	I. 4,20
II. 2,26	II. 2,20	II. 2,30	II. 2,20
III. 1,40	III. 1,42	III. 1,40	II. 1,50
IV. 1,00	IV. 1,00	IV. 1,00	IV. 1,00
V. 0,765	V. 0,765	V. 0,765	
5,20	5,00	3,80	4,33
Querlenker, Federstäbe	Querlenker, Federstäbe	2 Querfedern	Doppel-Querlenker Schraubenfedern
Pendelachse	Pendelachse	Pendelachse	Pendelachse
Halbfedern oder Federstäbe	Halbfedern	Doppel-Schraubenfedern	Schraubenfedern
Zahnstange	Zahnstange	Zahnstange	Schraubenspindel
Hydraulisch, 4 Räder	Hydraulisch, 4 Räder	Hydraulisch, 4 Räder	Hydraulisch, 4 Räder
Mechanisch, Hinterräder	Mechanisch, Hinterräder	Mechanisch, Hinterräder	Mechanisch, Hinterräder
2700 mm	3000 mm	3300 mm	3300 mm
1250/1250 mm	1370/1390 mm	1390/1418 mm	1500/1570 mm
4100 × 1560 × 1545 mm	4540 × 1720 × 1615 mm	4850 × 1720 × 1650 mm	5310 × 1880 × 1685 mm
5,25-16	5,25-17	6,50-16	7,00-16
11,2 Meter	11,6 Meter	12 Meter	12,8 Meter
850 kg	1280 kg	1540 kg	1920 kg
1200 kg	1730 kg	2000 kg	2500 kg
100 km/h	120 km/h	110 km/h	130 km/h
12 Liter	16 Liter	20 Liter	20 Liter
40 Liter	60 Liter	80 Liter	120 Liter
18 Versuchswagen	4 Versuchswagen	16 Versuchswagen	6 Versuchswagen Typ 400 VMS (W 161/M 147): 2 Versuchswagen mit anderem Getriebe und Fahrwerk Typ 400 VM (W160/M 160): 8 Versuchswagen 110 PS

Mercedes-Benz Typ 230 (1937 – 1941)

Der 2,3 Liter-Motor war bereits seit Juni 1936 in den Sechssitzer-Karossen des Typs 200 lieferbar. Ab 1937 folgte dem Typ 200 (W 21) der Typ 230 (W 143). Auf dem einstigen Normalfahrgestell mit 2700 mm Radstand wurden die seitherigen Modelle weitergeführt und teilweise, was vor allem für den von Kennern heute noch heißbegehrten Roadster gilt, attraktiver gestaltet. Dennoch fanden die »kleinen« Modelle vom Typ 230 n so wenige Käufer, daß sie nur ein Jahr lang im Programm blieben.

Als Normalausführung des Typs 230 galt nunmehr das lange Fahrgestell, wobei man die recht beliebt gewordenen Viersitzer-Aufbauten vom bisherigen Typ 200 übernahm, den Pullmans hingegen breitere Karosserien als vorher gab. In dieser Form blieb der »alte« 230 bis 1941 in der Produktion. Jene Modelle, auch die kurzen, die vom früheren Typ 200 übernommen worden waren, erkannte man als Typ 230 daran, daß ab Modelljahr 1937 die Scheinwerfer mit gegossenen Füßen unmittelbar auf den Vorderkotflügeln standen. Dabei entfiel der seitherige Querbügel vor dem Kühler, was manche Kunden sehr bedauerten. Niemand aber trauerte den mickrigen Stoßecken der Jahre 1936/37 nach, als sie ab 1938 wieder durch ordentliche Stoßstangen ersetzt wurden.

Mercedes-Benz Typ 260 D (1937 – 1940)

Als 1937 der Typ 230 mit den breiteren Sechssitzer-Karosserien anlief, wurden diese auch für den Typ 260 D verwendet. Auf Grund der Erfahrungen mit der Anlaufserie sorgte man zum gleichen Zeitpunkt auch für eine technische Überarbeitung des Diesel-Personenwagens, um ihn von nun an nicht mehr nur dem Taxigewerbe, sondern ebenso der privaten Kundschaft anzubieten. Da überraschend großes Interesse bestand, gab es bald auch die Viersitzer-Limousine und die Cabriolets mit Dieselmotor. Zwar blieb insgesamt die Zahl der Diesel-Personenwagen in den letzten Vorkriegsjahren bescheiden, aber dennoch zeichnete sich ihr späterer Massenerfolg schon damals bereits recht deutlich ab. Es steht aber auch fest, daß nur Daimler-Benz dem Diesel-Personenwagen zum Durchbruch verhelfen konnte, denn keine andere Marke hätte so viel Prestige aufgebracht, daß einschlägige Käufer die Leistungsschwäche und den lärmenden Lauf der einstigen Motoren dieser Bauart derart gleichmütig hinzunehmen bereit gewesen wären.

Preise

Typ 230 n	**1937**	**Typ 230**	**1937 – 1938**	**Typ 260 D**	**1937 – 1940**
Fahrgestell	RM 4200,–	Fahrgestell	RM 4675,–	Fahrgestell	RM 5800,–
Limousine 2 Türen	RM 4990,–	Limousine 4 Türen	RM 5875,–	Limousine 4 Türen	RM 6800,–
Limousine 4 Türen	RM 5270,–	Cabriolet B	RM 7615,–	Cabriolet B	RM 8500,–
Cabriolet C	RM 6500,–	Cabriolet D	RM 8375,–	Cabriolet D	RM 9500,–
Roadster	RM 6500,–	Cabriolet A	RM 9500,–		
Cabriolet A	RM 7500,–				
			1937 – 1941		
		Pullman-Limousine	RM 6725,–	Pullman-Limousine	RM 7600,–
		Pullman-Landaulet	RM 7075,–	Pullman-Landaulet	RM 7900,–
		Tourenwagen 6 Sitze	RM 7125,–		
		Droschken-Limousine	RM 6075,–	Droschken-Limousine	RM 6750,–
		Droschken-Landaulet	RM 6275,–	Droschken-Landaulet	RM 6950,–

<table>
<tr><th></th><th>Mercedes-Benz Typ 230 n
(W 143)
1937</th><th>Mercedes-Benz Typ 230
(W 143)
1937 – 1941</th><th>Mercedes-Benz Typ 260 D
(W 138)
1937 – 1940</th></tr>
<tr><td>Motor</td><td colspan="2">Daimler-Benz M 143</td><td>Daimler-Benz OM 138
Vorkammer-Dieselmotor</td></tr>
<tr><td>Zylinderzahl</td><td colspan="2">6 (Reihe)</td><td>4 (Reihe)</td></tr>
<tr><td>Bohrung × Hub</td><td colspan="2">72,5 × 90 mm</td><td>90 × 100 mm</td></tr>
<tr><td>Hubraum</td><td colspan="2">2229 (Steuer 2213) ccm</td><td>2545 (Steuer 2527) ccm</td></tr>
<tr><td>Leistung</td><td colspan="2">55 PS bei 3600 U/min</td><td>45 PS bei 3000 U/min</td></tr>
<tr><td>Drehmoment</td><td colspan="2">13,9 mkg bei 1800 U/min</td><td></td></tr>
<tr><td>Verdichtung</td><td colspan="2">1:6,6 oder 7,25</td><td>1:20,5</td></tr>
<tr><td>Vergaser</td><td colspan="2">1 Doppel-Fallstromvergaser Solex 30 JFKK</td><td>Einspritzpumpe Bosch</td></tr>
<tr><td>Ventile</td><td colspan="2">Seitlich stehend
Seitliche Nockenwelle
Antrieb durch Stirnräder</td><td>Hängend
Seitliche Nockenwelle
Antrieb durch Stirnräder</td></tr>
<tr><td>Kurbelwellenlager</td><td colspan="2">4</td><td>5</td></tr>
<tr><td>Kühlung</td><td colspan="2">Pumpe, 11 Liter Wasser</td><td>Pumpe, 11 Liter Wasser</td></tr>
<tr><td>Schmierung</td><td colspan="2">Druckumlauf, 5,5 Liter Öl</td><td>Durckumlauf, 6 Liter Öl</td></tr>
<tr><td>Batterie</td><td>6 V 75 oder 105 Ah
(unter Fahrersitz)</td><td>6 V 75 oder 105 Ah
(unter Rücksitz links)</td><td>2 × 12 V 62,5 Ah</td></tr>
<tr><td>Lichtmaschine</td><td colspan="2">6 V 90 W</td><td>24 V 200 W</td></tr>
<tr><td>Anlasser</td><td colspan="2">6 V 0,6 PS</td><td>24 V 4 PS</td></tr>
<tr><td>Kraftübertragung</td><td colspan="2">Antrieb auf Hinterräder</td><td>Antrieb auf Hinterräder</td></tr>
<tr><td>Kupplung</td><td colspan="2">Einscheibentrockenkupplung</td><td>Einscheibentrockenkupplung</td></tr>
<tr><td>Schaltung</td><td colspan="2">Schalthebel Wagenmitte</td><td>Schalthebel Wagenmitte</td></tr>
<tr><td>Getriebe</td><td>Bis Mitte 1937:
4 Gang</td><td>Ab Mitte 1937:
4 Gang ZF</td><td>4 Gang ZF</td></tr>
<tr><td>Synchronisierung</td><td>III – IV</td><td>I – IV</td><td>I – IV</td></tr>
<tr><td>Übersetzungen</td><td>I. 3,83
II. 2,02
III. 1,44
IV. 1,00</td><td>I. 3,75
II. 2,02
III. 1,49
IV. 1,00</td><td>I. 5,27
II. 2,52
III. 1,50
IV. 1,00</td></tr>
<tr><td>Antriebs-Übersetzung</td><td>4,70 oder 4,50</td><td>4,70 oder 4,50</td><td>6,125</td></tr>
<tr><td>Fahrwerk</td><td colspan="3"></td></tr>
<tr><td>Rahmen</td><td colspan="3">Kastenprofil-Preßstahl-Niederrahmen</td></tr>
<tr><td>Vorderradaufhängung</td><td colspan="3">2 Querfedern</td></tr>
<tr><td>Hinterradaufhängung</td><td colspan="3">Pendelachse, Doppel-Schraubenfedern</td></tr>
<tr><td>Lenkung</td><td colspan="3">Schnecke, ZF-Roß</td></tr>
<tr><td>Fußbremse</td><td colspan="3">Hydraulisch, 4 Räder</td></tr>
<tr><td>Handbremse</td><td colspan="3">Mechanisch, Antriebswelle bzw. (ab 1938) Hinterräder</td></tr>
<tr><td>Schmierung</td><td colspan="3">Zentral</td></tr>
<tr><td>Allgemeine Daten</td><td colspan="3"></td></tr>
<tr><td>Radstand</td><td>2700 mm</td><td colspan="2">3050 mm</td></tr>
<tr><td>Spur vorn/hinten</td><td>1370/1390 mm</td><td colspan="2">1370/1390 bzw. (ab 1938) 1382/1412 mm</td></tr>
<tr><td>Gesamtmaße</td><td>4400 × 1710 × 1600 mm</td><td colspan="2">4580 (Pullman 4790) × 1710 × 1610 mm</td></tr>
<tr><td>Räder</td><td>Scheiben</td><td colspan="2">Scheiben</td></tr>
<tr><td>Reifen</td><td>5,50-17</td><td colspan="2">5,50-17 bzw. (ab 1938) 6,50-16</td></tr>
<tr><td>Wendekreis</td><td>10,4 Meter</td><td colspan="2">11,8 Meter</td></tr>
<tr><td>Fahrgestellgewicht</td><td>950 kg</td><td>1000 kg</td><td>1100 kg</td></tr>
<tr><td>Wagengewicht</td><td>Limousine 1320 kg
Cabriolet C 1420 kg</td><td>Limousine 1450 kg
Pullman-Limousine 1580 kg</td><td>Limousine 1550 kg
Pullman-Limousine 1680 kg</td></tr>
<tr><td>Zuläss. Gesamtgewicht</td><td>1800 kg</td><td>1900 kg</td><td>2125 kg</td></tr>
<tr><td>Höchstgeschwindigkeit</td><td>116 km/h</td><td>112 km/h</td><td>94 km/h</td></tr>
<tr><td>Verbrauch/100 km</td><td>14 Liter</td><td>16 Liter</td><td>11 Liter Diesel</td></tr>
<tr><td>Kraftstofftank</td><td>38 Liter (im Motorraum)</td><td>50 Liter (im Heck)</td><td>50 Liter (im Heck)</td></tr>
</table>

Mercedes-Benz Typ 230 n
Limousine 2 Türen
1937

Mercedes-Benz Typ 230 n
Limousine 4 Türen
1937

Mercedes-Benz Typ 230 n
Cabriolet C
1937

Mercedes-Benz Typ 230 n
Cabriolet A
1937

Mercedes-Benz Typ 230 n
Roadster 2 (2) Sitze
1937

Mercedes-Benz Typ 230 Limousine 4 Türen 1937 – 1941
Mercedes-Benz Typ 260 D Limousine 4 Türen 1937 – 1940

Mercedes-Benz Typ 230 Kombinations-Limousine 4 Türen 1937 – 1940

Mercedes-Benz Typ 230
Mercedes-Benz Typ 260 D
Cabriolet B
1937 – 1940

←

Mercedes-Benz Typ 230
Mercedes-Benz Typ 260 D
Cabriolet D
1937 – 1940

←

←

Mercedes-Benz Typ 230
Cabriolet A
1937 – 1938

←

Mercedes-Benz Typ 230
Mercedes-Benz Typ 260 D
Droschken-Limousine
1937 – 1940

Mercedes-Benz Typ 230
Mercedes-Benz Typ 260 D
Pullman-Limousine
1937 – 1940

←

Mercedes-Benz Typ 230
Mercedes-Benz Typ 260 D
Tourenwagen 6 Sitze
1937 – 1940

←

→
→
→

Mercedes-Benz Typ 230
Mercedes-Benz Typ 260 D
Droschken-Landaulet
1937 – 1940

Mercedes-Benz Typ 230 (1938 – 1943)

Als »neuer« Typ 230 (W 153) erschien zur Berliner Automobil-Ausstellung 1939 ein bereits Ende 1938 in Produktion gegangener Wagen mit völlig neuem Fahrgestell und völlig neuer Karosserie. Im Zeichen der damaligen Konjunktur stand auf dem deutschen Automarkt die gehobene Mittelklasse im Vordergrund des Interesses, dem dieser neue Mercedes ebenso Rechnung trug wie seine ebenfalls frischgebackenen Konkurrenten Adler 2,5 Liter und Opel Kapitän. Doch wie diese kam auch der Typ 230 wegen des Krieges nicht mehr voll zur Entfaltung, blieb aber noch bis in die 50er Jahre für die Konzeption der Typen 170 S und 220 maßgebend.

Mercedes-Benz Typ 230
Limousine 4 Türen
1938 – 1943

Mercedes-Benz Typ 230
Cabriolet B
1938 – 1943

Mercedes-Benz Typ 230
Cabriolet D
1938 – 1943

Mercedes-Benz Typ 230
Cabriolet A
1938 – 1940

Mercedes-Benz Typ 230 Geländesportwagen 1937/38

Mercedes-Benz Typ 230 SV Geländesport-Zweisitzer 1938/39

Motor
Zylinderzahl
Bohrung × Hub
Hubraum
Leistung
Drehmoment
Verdichtung
Vergaser
Ventile

Kurbelwellenlager
Kühlung
Schmierung
Batterie
Lichtmaschine
Anlasser

Kraftübertragung
Kupplung
Schaltung
Getriebe
Synchronisierung
Übersetzungen
Antriebs-Übersetzung

Fahrwerk
Rahmen
Vorderradaufhängung
Hinterradaufhängung
Lenkung
Fußbremse
Handbremse
Schmierung

Allgemeine Daten
Radstand
Spur vorn/hinten
Gesamtmaße
Räder
Reifen
Wendekreis
Fahrgestellgewicht
Wagengewicht
Zuläss. Gesamtgewicht
Höchstgeschwindigkeit
Verbrauch/100 km
Kraftstofftank

Preise

←
←

Mercedes-Benz Typ 230 SV Sport-Limousine 1938/39

<table>
<tr><th colspan="2">Mercedes-Benz Typ 230
(W 153)</th><th colspan="2">Mercedes-Benz Typ 230 SV
(W 153 Sport)</th></tr>
<tr><th>1938</th><th>1939 – 1943</th><th>1938</th><th>1938 – 1939</th></tr>
<tr><td>Daimler-Benz M 143</td><td>Daimler-Benz M 153</td><td>Daimler-Benz M 143 Sport</td><td>Daimler-Benz M 153 Sport</td></tr>
<tr><td>6 (Reihe)</td><td>6 (Reihe)</td><td>6 (Reihe)</td><td>6 (Reihe)</td></tr>
<tr><td>72,5 × 90 mm</td><td>73,5 × 90 mm</td><td>72,5 × 90 mm</td><td>73,5 × 90 mm</td></tr>
<tr><td>2229 (Steuer 2213) ccm</td><td>2289 ccm</td><td>2229 (Steuer 2213) ccm</td><td>2289 ccm</td></tr>
<tr><td>55 PS bei 3600 U/min</td><td>55 PS bei 3500 U/min</td><td>58 PS bei 3800 U/min</td><td>58 PS bei 3800 U/min</td></tr>
<tr><td>13,9 mkg bei 1800 U/min</td><td>14,0 mkg bei 1800 U/min</td><td>14,2 mkg bei 1800 U/min</td><td>14,4 mkg bei 1800 U/min</td></tr>
<tr><td>1:6,25 oder 7,00</td><td>1:6,6</td><td>1:7,25</td><td>1:7,5</td></tr>
<tr><td colspan="4">1 Doppel-Fallstromvergaser Solex 30 JFFK</td></tr>
<tr><td colspan="4">Seitlich stehend</td></tr>
<tr><td colspan="4">Seitliche Nockenwelle, Antrieb durch Stirnräder</td></tr>
<tr><td colspan="4">4</td></tr>
<tr><td>Pumpe, 11 Liter Wasser</td><td>Pumpe, 11,7 Liter Wasser</td><td>Pumpe, 11 Liter Wasser</td><td>Pumpe, 11,7 Liter Wasser</td></tr>
<tr><td>Druckumlauf, 5,5 Liter Öl</td><td>Druckumlauf, 5,5 Liter Öl</td><td>Druckumlauf, 5,5 Liter Öl</td><td>Druckumlauf, 5,5 Liter Öl</td></tr>
<tr><td>6 V 75 Ah (im Motorraum)</td><td>6 V 75 Ah (im Motorraum)</td><td>6 V 105 Ah (im Motorraum)</td><td>6 V 105 Ah (im Motorraum)</td></tr>
<tr><td>90 W</td><td>130 W</td><td>90 W</td><td>130 W</td></tr>
<tr><td>0,8 PS</td><td>0,8 PS</td><td>0,8 PS</td><td>0,8 PS</td></tr>
<tr><td colspan="4">Antrieb auf Hinterräder</td></tr>
<tr><td colspan="4">Einscheibentrockenkupplung</td></tr>
<tr><td colspan="4">Schalthebel Wagenmitte</td></tr>
<tr><td colspan="4">4 Gang ZF</td></tr>
<tr><td colspan="4">I – IV</td></tr>
<tr><td colspan="4">I. 3,75, II. 2,02, III. 1,49, IV. 1,00</td></tr>
<tr><td>4,625</td><td>4,625</td><td>4,5 oder 4,125</td><td>4,86 oder 4,125</td></tr>
<tr><td colspan="4">X-Form-Ovalrohr-Rahmen</td></tr>
<tr><td colspan="4">2 Querfedern</td></tr>
<tr><td colspan="4">Pendelachse, Doppel-Schraubenfedern</td></tr>
<tr><td colspan="4">Schnecke, ZF-Roß</td></tr>
<tr><td colspan="4">Hydraulisch, 4 Räder</td></tr>
<tr><td colspan="4">Mechanisch, Hinterräder</td></tr>
<tr><td colspan="4">Zentral</td></tr>
<tr><td colspan="2">3050 mm</td><td colspan="2">2700 mm</td></tr>
<tr><td colspan="2">1382/1412 mm</td><td colspan="2">1382/1412 mm</td></tr>
<tr><td colspan="2">4700 × 1720 × 1610 mm</td><td colspan="2">4390 × 1720 × 1510 mm</td></tr>
<tr><td colspan="2">Scheiben</td><td colspan="2">Scheiben</td></tr>
<tr><td colspan="2">6,00-16</td><td colspan="2">6,00-16</td></tr>
<tr><td colspan="2">11,8 Meter</td><td colspan="2">11 Meter</td></tr>
<tr><td colspan="2">1000 kg</td><td colspan="2"></td></tr>
<tr><td colspan="2">Limousine 1470 kg</td><td colspan="2">Sport-Roadster 1120 kg</td></tr>
<tr><td colspan="2">1900 kg</td><td colspan="2">1520 kg</td></tr>
<tr><td colspan="2">116 km/h</td><td colspan="2">125 bis 130 km/h</td></tr>
<tr><td colspan="2">16 Liter</td><td colspan="2">16 Liter</td></tr>
<tr><td colspan="2">50 Liter (im Heck)</td><td colspan="2">50 Liter (im Heck)</td></tr>
<tr><td>Limousine 4 Türen</td><td>RM 5875,–</td><td>Sport-Roadster</td><td>kein Listenpreis</td></tr>
<tr><td>Cabriolet B 2 Türen</td><td>RM 7615,–</td><td>Sport-Limousine</td><td>kein Listenpreis</td></tr>
<tr><td>Cabriolet D 4 Türen</td><td>RM 8375,–</td><td></td><td></td></tr>
<tr><td>Cabriolet A 2 (2) Sitze</td><td>RM 9500,–</td><td></td><td></td></tr>
<tr><td>Fahrgestell</td><td>RM 4675,–</td><td></td><td></td></tr>
</table>

Mercedes-Benz Typ 260 (Prototypen 1938 – 1940)

Als nächsten völlig neuen Personenwagen nach dem Typ 230 (W 153) hätte Daimler-Benz wohl den Typ 260 (W 159) auf den Markt gebracht, wenn es nicht zum Krieg gekommen wäre. Er hätte dann vermutlich auch den immer noch gebauten Typ 230 älterer Art (W 143) ersetzt, zumal für den neuen Typ 260 ebenfalls Vier- und Sechssitzer-Aufbauten (Radstand 3050 bzw. 3450 mm) vorgesehen waren. Der Wagen besaß einen Sechszylinder-Motor mit hängenden Ventilen, Bohrung × Hub 80 × 86 mm, Hubraum 2594 ccm, Verdichtung 1:6,3, Leistung 68 PS bei 4000 U/min. Fünfganggetriebe mit direktem IV. und mit 0,715 untersetztem V. Gang. Ab 1938 entstanden 18 Versuchswagen, von welchen einige während des Krieges auf Flüssiggas und auf Generatorgas umgestellt wurden. Dieser Typ 260 ging nicht in Serie, doch historisch kommt ihm aus zwei Gründen Bedeutung zu. Sein 2,6 Liter-Motor fand ab 1941 in beträchtlicher Stückzahl für die Typen L 1500 und L 1500 A Verwendung, während die Karosserie nur verhältnismäßig geringer Nacharbeit bedurfte, um 1951 dem berühmten Typ 300 (Radstand 3050 mm) viel Bewunderung einzubringen.

Mercedes-Benz Typ 260
Limousine 4 Türen
Holzmodell 1939

Mercedes-Benz Typ 260
Pullman-Limousine
Versuchswagen 1940

Mercedes-Benz Typ 260
Tourenwagen 6 Sitze
Versuchswagen 1940

Mercedes-Benz Typ 260
Limousine 4 Türen
Entwurf 1940

Mercedes-Benz Typ 260
Cabriolet D
Entwurf 1940

Mercedes-Benz Typ 260
Pullman-Limousine
Entwurf 1940

Mercedes-Benz Typ 260
Tourenwagen 6 Sitze
Entwurf 1940

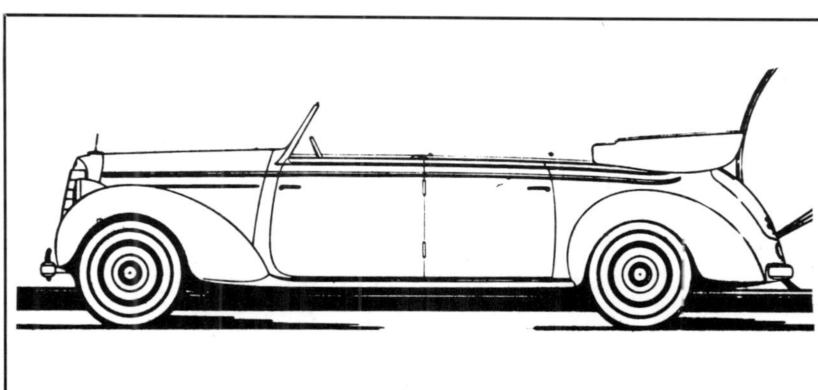

Mercedes-Benz Typ 320 (1937 – 1942)

Im Februar 1937 wurde der Typ 320 als Nachfolger des Typs 290 eingeführt. Die Karosserien auf dem langen Fahrgestell entsprachen in der Linienführung wiederum denen des Typs 230. Allerdings erhielten die Cabriolets B und D ein rundes Heck und keilförmige Windschutzscheiben. Auf dem kürzeren Fahrgestell (Typ 320 n) gab es nur noch einen recht hübschen Zweisitzer im 540 K-Stil, wahlweise lieferbar als Cabriolet oder als Coupé, dessen Dach gegen ein leichtes Verdeck ausgetauscht werden konnte. Das letztere Modell nannte Daimler Kombinationswagen oder Kombinations-Coupé.

Den Querbügel vor dem Kühler (zwischen den Scheinwerfern) besaßen noch alle Modelle des Typs 290 außer der Stromlinien-Limousine und dem Roadster. Ab Typ 320 entfiel der Querbügel bei allen Modellen außer einigen Vorserienwagen und den Wehrmacht-Kübelwagen. Eingeführt wurden mit dem Typ 320 die Stoßstangenhörner.

Ab Herbst 1938 wurde der Motor auf 3,4 Liter vergrößert, aber nicht um die Leistung zu erhöhen, sondern um die nachlassende Benzinqualität (mit sinkender Oktanzahl) auszugleichen. Die offizielle Verkaufsbezeichnung blieb Typ 320 auch beim 3,4 Liter-Motor. Zusätzlich erhielt der Wagen den ZF-Ferngang, mit dem die Höchstgeschwindigkeit als Dauergeschwindigkeit gefahren werden konnte. Inzwischen gab es ja doch schon etliche längere Autobahnstrecken. Ferner war seit dem Übergang zum 3,4 Liter-Motor die Pullman-Limousine serienmäßig mit einem großen Anbaukoffer versehen, der tadellos zum Gesamtbild des Wagens paßte. In der Tat mußte man es schon längst als unzeitgemäß betrachten, daß ausgerechnet die Eigner von Pullman-Karosserien ihr Reisegepäck (samt Inhalt) auf einer offenen Kofferbrücke einstauben lassen sollten.

Schließlich war doch gerade der Typ 320 als Reisewagen prädestiniert. Viel Platz, Bequemlichkeit und Komfort zählten zu seinen herausragenden Vorzügen. Temperament und Sportlichkeit hingegen prägten gewiß nicht seinen Charakter. Daß man mit diesem stattlichen Automobil dennoch verhältnismäßig hohe Reisegeschwindigkeiten erzielen konnte, mußte man der (für jene Zeit) hervorragenden Straßenlage sowie dessen recht müheloser und kräftesparender Handhabung zugute halten.

Motor
Zylinderzahl
Bohrung × Hub
Hubraum
Leistung
Drehmoment
Verdichtung
Vergaser
Ventile

Kurbelwellenlager
Kühlung
Schmierung
Batterie
Lichtmaschine
Anlasser

Kraftübertragung
Kupplung
Schaltung
Getriebe
Synchronisierung
Übersetzungen

Antriebs-Übersetzung

Fahrwerk
Vorderradaufhängung
Hinterradaufhängung
Lenkung
Fußbremse
Handbremse
Schmierung

Allgemeine Daten
Radstand
Spur vorn/hinten
Gesamtmaße

Räder
Reifen
Wendekreis
Fahrgestellgewicht
Wagengewicht
Zuläss. Gesamtgewicht
Höchstgeschwindigkeit
Verbrauch/100 km
Kraftstofftank

Preise

<table>
<tr><th>Mercedes-Benz Typ 320 n
(W 142 I)
1937 – 1938</th><th>Mercedes-Benz Typ 320
(W 142 II)
1937 – 1938</th><th>Mercedes-Benz Typ 320
(W 142 IV)
1938 – 1942</th></tr>
<tr><td colspan="2">Daimler-Benz M 142 I</td><td>Daimler-Benz M 142 II</td></tr>
<tr><td colspan="2">6 (Reihe)</td><td>6 (Reihe)</td></tr>
<tr><td colspan="2">82,5 × 100 mm</td><td>85 × 100 mm</td></tr>
<tr><td colspan="2">3208 (Steuer 3185) ccm</td><td>3405 ccm</td></tr>
<tr><td colspan="2">78 PS bei 4000 U/min</td><td>78 PS bei 4000 U/min</td></tr>
<tr><td colspan="2">22,2 mkg bei 1700 U/min</td><td>22,2 mkg bei 1700 U/min</td></tr>
<tr><td colspan="2">1:5,6 oder 6,6 oder 7,25</td><td>1:6,25 oder 7,0</td></tr>
<tr><td colspan="3">1 Doppel-Fallstromvergaser Solex 32 JFF</td></tr>
<tr><td colspan="3">Seitlich stehend</td></tr>
<tr><td colspan="3">Seitliche Nockenwelle, Antrieb durch Stirnräder</td></tr>
<tr><td colspan="3">7</td></tr>
<tr><td colspan="3">Pumpe, 13 Liter Wasser</td></tr>
<tr><td colspan="3">Druckumlauf, 8 Liter Öl</td></tr>
<tr><td colspan="3">12 V 45, 50 oder 60 Ah</td></tr>
<tr><td colspan="3">130 W</td></tr>
<tr><td colspan="3">1,4 PS</td></tr>
<tr><td colspan="2">Antrieb auf Hinterräder</td><td>Antrieb auf Hinterräder</td></tr>
<tr><td colspan="2">Einscheibentrockenkupplung</td><td>Einscheibentrockenkupplung</td></tr>
<tr><td colspan="2">Schalthebel Wagenmitte</td><td>Schalthebel Wagenmitte</td></tr>
<tr><td colspan="2">4 Gang</td><td>4 Gang + Schnellgang</td></tr>
<tr><td colspan="2">I – IV</td><td>I – S.</td></tr>
<tr><td colspan="2">I. 3,90, II. 2,16, III. 1,49, IV. 1,00</td><td>I. 3,90, II. 2,16, III. 1,49, IV. 1,00
Schnellgang 0,74</td></tr>
<tr><td colspan="2">4,33</td><td>4,33 bzw. (mit Schnellgang) 3,18</td></tr>
<tr><td colspan="3">Kasten-Preßstahl-Niederrahmen</td></tr>
<tr><td colspan="3">je 1 Querlenker, 1 Querfeder unten, Schraubenfedern innenliegend</td></tr>
<tr><td colspan="3">Pendelachse, Doppel-Schraubenfedern, Zusatz-Ausgleichsfedern</td></tr>
<tr><td colspan="3">Schraubenspindel, ZF-Roß</td></tr>
<tr><td colspan="3">Hydraulisch, 4 Räder</td></tr>
<tr><td colspan="3">Mechanisch, Hinterräder</td></tr>
<tr><td colspan="3">Zentral</td></tr>
<tr><td>2880 mm</td><td colspan="2">3300 mm</td></tr>
<tr><td>1475/1500 mm</td><td colspan="2">1475/1500 mm</td></tr>
<tr><td>4700 × 1770 × 1500 mm</td><td colspan="2">Limousine: 5100 × 1770 × 1640 mm
Cabriolet B und D: 5100 × 1770 × 1600 mm
Pullman-Limousine: 5250 × 1850 × 1790 mm
Cabriolet A: 5100 × 1770 × 1520 mm</td></tr>
<tr><td>Drahtspeichen</td><td colspan="2">Scheiben oder Drahtspeichen</td></tr>
<tr><td>6,50-17</td><td colspan="2">6,50-17 bzw. (Cabriolet F) 7,00-17</td></tr>
<tr><td>11 Meter</td><td colspan="2">12,4 Meter</td></tr>
<tr><td>1250 kg</td><td colspan="2">1350 kg</td></tr>
<tr><td>1725 kg</td><td colspan="2">1850 bis 1950 kg</td></tr>
<tr><td>2300 kg</td><td colspan="2">2425 bis 2525 kg</td></tr>
<tr><td>130 km/h</td><td colspan="2">126 km/h</td></tr>
<tr><td>17 Liter</td><td colspan="2">18 Liter</td></tr>
<tr><td>72 Liter (im Heck)</td><td colspan="2">72 Liter (im Heck)</td></tr>
<tr><td>Fahrgestell RM 6 500,–
Cabriolet A (2/3 Sitze) RM 11 800,–
Coupé (Dach abnehmbar) RM 12 300,–</td><td colspan="2">Fahrgestell RM 6 800,–
Limousine (4 Türen, 4 Fenster) RM 8 950,–
Pullman-Limousine RM 9 800,–
Tourenwagen (6 Sitze) RM 9 900,–
Cabriolet B (4 Fenster) RM 9 900,–
Cabriolet D (4 Türen) RM 10 400,–
Pullman-Cabriolet F RM 12 500,–
Cabriolet A (2/3 Sitze) RM 13 500,–
Roadster (2/2 Sitze, nur 1937) RM 13 500,–
Stromlinien-Limousine (bis 1938) RM 14 500,–</td></tr>
</table>

Mercedes-Benz Typ 320 n
Cabriolet A
1937 – 1938

Mercedes-Benz Typ 320 n
Kombinations-Coupé
1937 – 1938

Mercedes-Benz Typ 320
Cabriolet A
1937 – 1940

Mercedes-Benz Typ 320
Reise-Coupé 1938
Sonderanfertigung für
Rudolf Caracciola und
Manfred von Brauchitsch

Mercedes-Benz Typ 320
Limousine 4 Türen
1937 – 1942

Mercedes-Benz Typ 320
Cabriolet B
1937 – 1942

Mercedes-Benz Typ 320
Cabriolet D
1937 – 1942

Mercedes-Benz Typ 320
Pullman-Limousine
(ohne Außenkoffer)
1937 – 1938

Mercedes-Benz Typ 320
Pullman-Limousine
(Außenkoffer in Serie)
1938 – 1942

Mercedes-Benz Typ 320
Pullman-Landaulet
1938

Mercedes-Benz Typ 320
Tourenwagen 6 Sitze
1937 – 1942

Mercedes-Benz Typ 320
Pullman-Cabriolet F
1937 – 1942

Mercedes-Benz Typ 320 WK
Wehrmacht-Kübelwagen
1936 – 1939

Mercedes-Benz Typ 340 WK
Wehrmacht-Kübelwagen
1939 – 1940

Mercedes-Benz 3,4 Liter
Krankenwagen
1940

	Mercedes-Benz Typ 320 WK (W 142 III) 1936 – 1939	Mercedes-Benz Typ 340 WK (W 142 IV) 1939 – 1940
Motor	Daimler-Benz M 142 I	Daimler-Benz M 142 II
Zylinderzahl	6 (Reihe)	6 (Reihe)
Bohrung × Hub	82,5 × 100 mm	85 × 100 mm
Hubraum	3208 (Steuer 3185) ccm	3405 ccm
Leistung	78 PS bei 4000 U/min	80 PS bei 4000 U/min
Drehmoment	22,2 mkg bei 1700 U/min	22,6 mkg bei 1800 U/min
Verdichtung	1:6,5	1:6
Vergaser	1 Doppel-Fallstromvergaser Solex 32 JFF	
Ventile	Seitlich stehend Seitliche Nockenwelle Antrieb durch Stirnräder	
Kurbelwellenlager	7	
Kühlung	Pumpe, 13 Liter Wasser	
Schmierung	Druckumlauf, 8 Liter Öl	
Batterie	12 V 62,5 Ah	
Lichtmaschine	130 W	
Anlasser	1,4 PS	
Kraftübertragung	Antrieb auf Hinterräder	
Kupplung	Einscheibentrockenkupplung	
Schaltung	Schalthebel Wagenmitte	
Getriebe	4 Gang, ZF AKS-20	
Synchronisierung	I – IV	
Übersetzungen	I. 4,00 II. 2,25 III. 1,50 IV. 1,00	
Antriebs-Übersetzung	4,33	
Fahrwerk		
Rahmen	Kastenprofil-Niederrahmen	
Vorderradaufhängung	je 1 Querlenker, 1 Querfeder unten, Schraubenfedern	
Hinterradaufhängung	Pendelachse, Doppel-Schraubenfedern	
Lenkung	Schraubenspindel, ZF-Roß	
Fußbremse	Hydraulisch, 4 Räder	
Handbremse	Mechanisch, Hinterräder	
Schmierung	Zentral	
Allgemeine Daten		
Radstand	2880 mm	3300 mm
Spur vorn/hinten	1475/1494 mm	1475/1494 mm
Gesamtmaße	4555 × 1810 × 1715 mm	5265 × 1810 × 1745 mm
Räder	Scheiben	Scheiben
Reifen	6,50-20 Gelände	6,50-20 Gelände
Wendekreis	11 Meter	12,4 Meter
Wagengewicht	1710 kg	1920 kg
Zuläss. Gesamtgewicht	2320 kg	2520 kg
Höchstgeschwindigkeit	118 km/h	118 km/h
Verbrauch/100 km	Straße 17 Liter	Straße 18 Liter
Kraftstofftank	140 Liter	140 Liter

Mercedes-Benz Typ 500 (1932 – 1939)

Mit dem Typ 500 wurde der Typ Nürburg weitergeführt. In technischer Hinsicht bestanden nur geringfügige Unterschiede, jedoch wurden die Karosserien modernisiert. Den Flachkühler des Nürburg ersetzte ein leicht schräggestellter Kühler in flacher Keilform und die Windschutzscheibe stand zunächst fast unmerklich, dann ab 1936 deutlich schräg. Ferner stieg 1936 die Motorleistung von 100 auf 110 PS. So blieb der Nürburg mit seinem Nachfolger Typ 500 (auch Typ 500 N genannt) der langlebigste Mercedes-Wagen der 20er und 30er Jahre. Schließlich stand er als letzter Starrachser im Programm und als letzter Serienwagen der Welt besaß er noch serienmäßig Holzspeichenräder. Zeitgenossen behielten das große Auto als Musterbeispiel eines repräsentativen Direktionswagens in Erinnerung, als kultiviertes Luxusgefährt, geräumig und komfortabel, für Stadt- und Nahverkehr freilich besser geeignet als für weite Reisen. Denn hohe Geschwindigkeiten paßten nicht zu seiner vornehm zurückhaltenden Art, und außerdem schon gar nicht zu seinen Bremsen. Die waren und blieben nämlich beim Typ 500 immer nur von recht mittelmäßiger Wirksamkeit. Zeit ihres Bestehens standen der Nürburg und der Typ 500 im Schatten ihres wichtigsten Konkurrenten, des Horch 5 Liter. Umso mehr mag es erstaunen, daß Daimler nicht längst im Verlauf der 30er Jahre einen in Technik und Form eindeutig überlegenen Typ 500 herausgebracht hat.

Mercedes-Benz Typ 500 Pullman-Limousine 1932-1935

	Mercedes-Benz Typ 500 (W 08) 1932 – 1936		Mercedes-Benz Typ 500 (W 08) 1936 – 1939
Motor	Daimler-Benz M 08 II		Daimler-Benz M 08 III
Zylinderzahl	8 (Reihe)		8 (Reihe)
Bohrung × Hub	82,5 × 115 mm		82,5 × 115 mm
Hubraum	4918 (Steuer 4884) ccm		4918 (Steuer 4884) ccm
Leistung	100 PS bei 3100 U/min		110 PS bei 3300 U/min
Drehmoment	26,0 mkg bei 1250 U/min		26,2 mkg bei 1250 U/min
Verdichtung	1:6,0		1:6,6
Vergaser	1 Doppel-Flachstromvergaser Solex 35 MMOV		1 Doppel-Flachstromvergaser Solex 35 MMOV
Ventile	Seitlich stehend Seitiche Nockenwelle Antrieb durch Stirnräder		Seitlich stehend Seitiche Nockenwelle Antrieb durch Stirnräder
Kurbelwellenlager	9		9
Kühlung	Pumpe, 26 Liter Wasser		Pumpe, 26 Liter Wasser
Schmierung	Druckumlauf, 10 Liter Öl		Druckumlauf, 10 Liter Öl
Zündung	Batteriezündung, z. T. auch Magnetzündung		Batteriezündung, z. T. auch Magnetzündung
Batterie	12 V 75 Ah		12 V 75 Ah
Lichtmaschine	100 oder 130 W		100 oder 130 W
Anlasser	1,5 oder 1,8 PS		1,5 oder 1,8 PS
Kraftübertragung	Antrieb auf Hinterräder		Antrieb auf Hinterräder
Kupplung	Einscheibentrockenkupplung		Einscheibentrockenkupplung
Schaltung	Schalthebel Wagenmitte		Schalthebel Wagenmitte
Getriebe	4 Gang + (auf Wunsch) Schnellgang		4 Gang + (auf Wunsch) Schnellgang
Synchronisierung	III – IV bzw. III – S		III – IV bzw. III – S
Übersetzungen	I. 4,12, II. 2,21, III. 1,49, IV. 1,00, Schnellgang 0,71		I. 4,12, II. 2,21, III. 1,49, IV. 1,00, Schnellgang 0,71
Antriebs-Übersetzung	5,77 bzw. (mit Schnellgang) 4,15		5,77 bzw. (mit Schnellgang) 4,15
Fahrwerk			
Rahmen	U-Profil-Preßstahl-Niederrahmen		U-Profil-Preßstahl-Niederrahmen
Vorderradaufhängung	Starrachse, Halbfedern		Starrachse, Halbfedern
Hinterradaufhängung	Starrachse, Underslung-Halbfedern		Starrachse, Underslung-Halbfedern
Lenkung	Schnecke/Lenkfinger		Schnecke/Lenkfinger
Fußbremse	Mechanisch bzw. (ab 1937) hydraulisch, jeweils mit Saugluftunterstützung (Bosch-Dewandre) 4 Räder		Mechanisch bzw. (ab 1937) hydraulisch, jeweils mit Saugluftunterstützung (Bosch-Dewandre) 4 Räder
Handbremse	Mechanisch, Hinterräder		Mechanisch, Hinterräder
Schmierung	Zentral		Zentral
Allgemeine Daten			
Radstand	3670 mm		3670 mm
Spur vorn/hinten	1485/1485 mm		1485/1485 mm
Gesamtmaße	5380 × 1820 × 1820 mm		5380 × 1820 × 1820 mm
Räder	Holzspeichen		Holzspeichen
Reifen	6,50 oder 7,00-20 oder 7,00-18 (mit Drahtspeichenrädern)		6,50 oder 7,00-20 oder 7,00-18 (mit Drahtspeichenrädern)
Wendekreis	14,8 Meter		14,8 Meter
Fahrgestellgewicht	1800 kg		1800 kg
Wagengewicht	Pullman-Limousine 2400 kg		Pullman-Limousine 2400 kg
Zuläss. Gesamtgewicht	2850 kg		2850 kg
Höchstgeschwindigkeit	115 km/h		123 km/h
Verbrauch/100 km	26 Liter		26 Liter
Kraftstofftank	90 Liter (im Heck)		90 Liter (im Heck)
Preise	**1934/35**	**1935/36**	**1936–1939**
Fahrgestell	RM 12 500,–	RM 11 500,–	RM 11 500,–
Pullman-Limousine	RM 17 500,–	RM 16 500,–	RM 17 500,–
Tourenwagen 6 Sitze	RM 18 500,–	RM 16 500,–	RM 16 500,–
Cabriolet C (2 Fenster)	RM 20 500,–	RM 17 500,–	–
Cabriolet D (4 Türen)	RM 20 800,–	RM 17 800,–	–
Cabriolet F (6 Fenster)	RM 21 800,–	RM 18 900,–	RM 18 900,– (bis 1938)

Mercedes-Benz Typ 500
Tourenwagen 6 Sitze
1932 – 1939

Mercedes-Benz Typ 500
Cabriolet D
1933 – 1936

Mercedes-Benz Typ 500
Transformations-Cabriolet
Karosserie:
Erdmann & Rossi, Berlin
etwa 1934

Mercedes-Benz Typ 500
Pullman-Cabriolet F
1934/35

Mercedes-Benz Typ 500 Pullman-Limousine 1935 – 1939

Mercedes-Benz Typ 500 Pullman-Cabriolet F 1934/35

Mercedes-Benz Typ 500 Pullman-Cabriolet F 1935 – 1939 (Foto: 1937)

Mercedes-Benz Typ 500 K (1934 – 1936)
Mercedes-Benz Typ 540 K (1936 – 1939)

Die Tradition der weltberühmten S- und SS-Modelle setzten die Typen 500 K und 540 K fort, die zwar nicht so urwüchsig und kraftstrotzend wie jene waren, aber ebenso leistungsfähig sowie vor allem viel eleganter, handlicher und komfortabler. Es gab die Kompressor-Typen mit zahlreichen imposanten Karosserien von meist sportlichem und manchmal auch pseudosportlichem Charakter. Dabei stimmten die einzelnen Wagen durchaus nicht immer mit den Prospektbildern überein, weil hier das Werk individuelle Wünsche der Käufer weitgehend berücksichtigte. Da andererseits die werkseigenen Sindelfinger Aufbauten in unübertrefflicher Weise die »Persönlichkeit« dieser Wagen zum Ausdruck brachten, mochten sich nur ganz wenige Käufer für die Sonderanfertigung bei einer anderen Karosseriefirma entscheiden, wie dies sonst damals bei Luxusautomobilen sehr häufig vorkam.

Der Typ 500 K, vorgestellt bei der Berliner Automobil-Ausstellung im Februar 1934, wurde ab Jahresmitte 1934 ausgeliefert. Auf dem Pariser Salon im Oktober 1936 hatte er sich zum Typ 540 K gewandelt. Diesen wiederum sollte 1939/40 der Typ 580 K ersetzen.

Wie schon für den Typ 380, so wurden auch für die Typen 500 K und 540 K zwei Fahrgestell-Bauarten, beide mit gleichem Radstand, verwendet:

- Beim normalen Fahrgestell, das für Viersitzer und 2+2 Sitzer sowie ab 1938 auch für reine Zweisitzer eingesetzt wurde, stand der Kühler ziemlich genau über der Vorderachse.

- Zweisitzer und 2/3 Sitzer besaßen ein Fahrgestell, bei welchem der Kühler um etwa 185 mm hinter die Vorderachse zurückverlegt war, wodurch optisch der Eindruck des besonders langen Vorderwagens entstand. Auch der Motor-Getriebe-Block, die Lenkung und der Fahrersitz waren entsprechend weit nach hinten gerückt. Diese Fahrgestelle hießen bis 1935 »Fahrgestell für Sportwagen« und danach »Fahrgestell mit zurückgesetztem Motor«. Vom Modelljahrgang 1938 an wurden diese Fahrgestelle im Hinblick auf die inzwischen aktuell gewordene Stromlinie nicht mehr verwendet.

- Schließlich gab es noch eine dritte Fahrgestell-Variante mit kurzem Radstand, bei welcher der Kühler wieder über der Vorderachse stand. Dieses Fahrgestell wurde nur für einige ganz wenige (etwa 5) Zweisitzer-Sonderaufbauten verwendet, war dann aber als Normalausführung für den geplanten Typ 580 K vorgesehen. Dabei sollte dann der Kühler weniger spitzwinklig und nun ein Stück vor die Vorderachse gerückt sein.

Fahrgestelle für den Typ 540 K wurden nur bis 1939 gebaut, wobei jedoch die letzten, nämlich etwa 50 Stück, erst 1940 und einige noch später ihre Karosserie erhielten. Diese Wagen wurden zum größeren Teil exportiert, einige aber auch für Göring und andere Größen jener Zeit hergerichtet. Die beiden allerletzten Fahrgestelle fielen der »Aktion P« anheim. Damit hatte es folgende Bewandtnis:

Ende Mai 1942 wurde Reinhard Heydrich, Reichsprotektor von Böhmen und Mähren, in einem offenen Cabriolet des Typs 320 durch eine Prager Vorstadt fahrend, ermordet. Daraufhin ließ die Reichskanzlei noch im Sommer 1942 die »Aktion P« anlaufen. Diese bestand darin, daß 20 Wagen des Typs 770 (Limousinen, Pullman-Limousinen und Tourenwagen) sowie 20 Limousinen des Typs 540 K, alle in gepanzerter Sonderausführung, bei Daimler-Benz zur schnellstmöglichen Lieferung bestellt wurden. Die Autos waren für die Führer befreundeter Mächte sowie für die Statthalter und Gouverneure der besetzten Gebiete bestimmt. Die Panzer-Limousinen des Typs 540 K sind in den werksoffiziellen Produktionsübersichten nirgends aufgeführt. Verwendet wurden nämlich hierfür außer den zwei erwähnten, noch vorhandenen Neu-Fahrgestellen je 6 neuwertige Cabriolet B, Cabriolet A und normale Zweitüren-Limousinen, deren Karosserien man durch die gepanzerten Aufbauten ersetzte. Alle

Wagen dieser Aktion P wurden noch im Laufe des Jahres 1942 ausgeliefert. Vorher aber haben SS-Offiziere einen für diesen Zweck ohne Motor und Innenausstattung bereitgestellten Wagen zerstört. Soweit bekannt, hat nur ein einziger dieser 540 K, ein ehemaliges Cabriolet B von 1939, bis heute überlebt. Er steht im Prager Technischen Museum. Im September

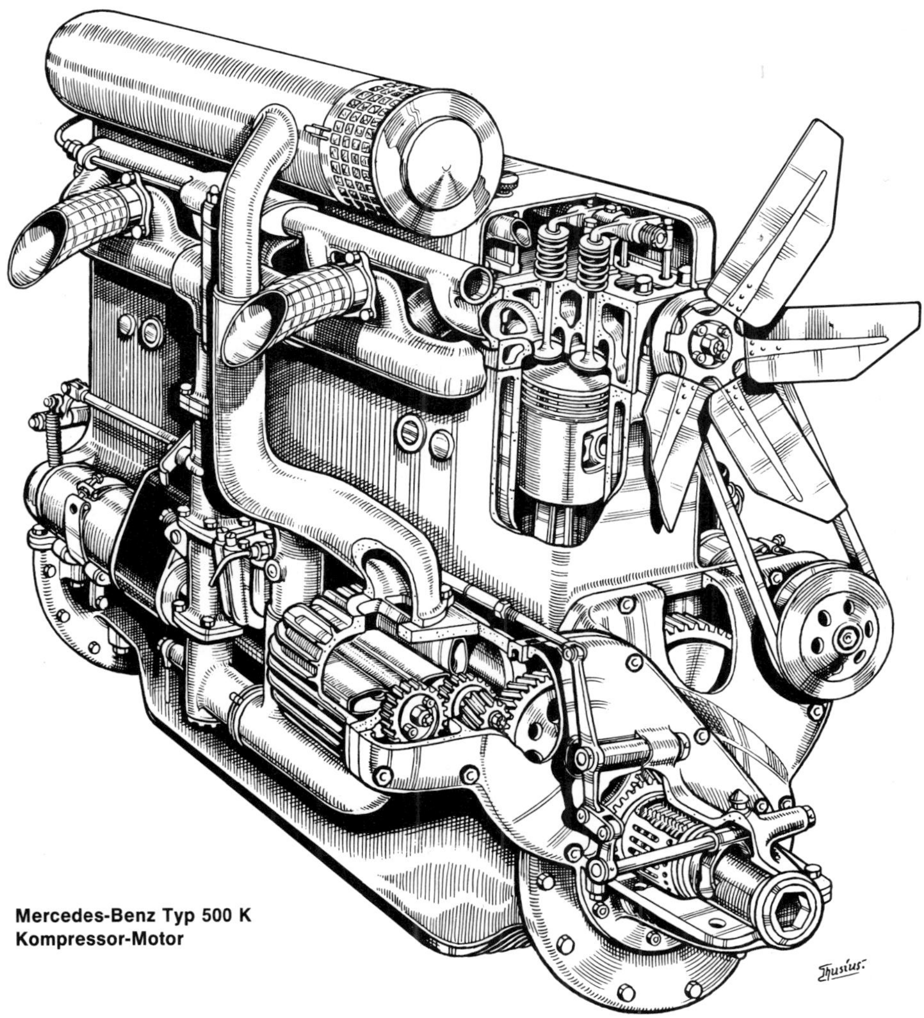

Mercedes-Benz Typ 500 K
Kompressor-Motor

1943 erfolgte eine weitere Bestellung der Reichskanzlei über einen Tourenwagen und drei Limousinen des Typs 770 sowie 17 Limousinen des Typs 540 K. Die Auslieferung fand im Februar und im April 1944 statt. Zur Verwendung kamen hierfür ausschließlich Fahrgestelle noch neuwertiger Wagen der Baujahre 1938/39. Die Kriegslage stellte sich zu diesem Zeitpunkt längst so düster und ausweglos dar, daß die Besitzer der Panzer-Limousinen kaum mehr viel Freude an ihren neuen Dienstfahrzeugen gehabt haben dürften.

Um eine weitere bemerkenswerte Besonderheit handelt es sich beim Typ 540 K lang. Wiewohl diese Autos damals jedermann kannte, wurde ihr Typ von der Öffentlichkeit völlig falsch identifiziert. 1934/35 befanden sich bei Daimler einige 5 Liter-Wagen im Versuch, die, freilich ohne Kompressor, den Motor des 500 K sowie eine bei dieser Marke erstmals angewendete Doppelgelenkachse besaßen. Es bleibe dahingestellt, ob es sich bei diesem 5 Liter Typ W 24 (mit Motor M 24) um einen Nachfolger für den schon sehr bejahrten Typ 500 (W 08) handeln sollte oder um eine Vorstudie für die geplante Neuausgabe des »Großen Mercedes« Typ 770, den W 150, der 1938 erschien. Jedenfalls ergab es sich, daß man vom Typ W 24 wohl als Musterfahrzeug einen völlig neu gestalteten Tourenwagen in drei Exemplaren baute, nämlich zwei für die Reichskanzlei und einen für den Reichsleiter Dr. Ley. Im Hinblick auf die notwendige Leistung und das wesentlich höhere Wagengewicht wurde der Motor auf 5,4 Liter vergrößert und wieder mit Kompressor versehen, wie man ihn dann auch für den handelsüblichen Typ 540 K verwendete. Die für Hitler im November 1936 gelieferten Wagen hießen werksintern Typ 540 K lang, wogegen sie das Publikum ohne weiteres als »Große Mercedes« einstufte. Insgesamt gab es vom Typ W 24 wohl 12 Wagen, die überwiegend Versuchszwecken dienten, aber daß, wie gelegentlich behauptet wird, 78 Wagen gebaut worden sein sollen, dürfte völlig unwahrscheinlich sein. Erst recht trifft es nicht zu, daß die für Hitler bestimmten Tourenwagen des Typs W 24 gepanzert gewesen seien. Allenfalls hatte man vielleicht einige Partien mit dünnen Schutzplatten versehen. Der erste richtiggehend gepanzerte Führer-Wagen dürfte jener Typ 770 (W 150) gewesen sein, der im November 1938 bestellt und im März 1940 geliefert wurde.

Sindelfinger Karosserien	**500 K**	**540 K**
Cabriolet B	106	190
Cabriolet C	90	32
Cabriolet A	33	83
Roadster	29	29 *)
Limousine 4 Türen	19	5
Limousine 2 Türen	1	28
Offener Tourenwagen	16	12
Coupé	3	9 **)
Autobahn-Kurier	4	2
Fahrgestelle	41***)	29****)
	342	419

*) 4 Normal-Roadster, 25 Spezial-Roadster
**) einschl. 2 Coupé mit abnehmbarem Dach (Kombinations-Coupé)
***) davon 18 an Erdmann & Rossi
****) davon 12 an Erdmann & Rossi

Motor
Zylinderzahl
Bohrung × Hub
Hubraum
Leistung
Drehmoment
Verdichtung

Vergaser
Ventile

Kurbelwellenlager
Kühlung
Schmierung
Zündung
Batterie
Lichtmaschine
Anlasser

Kraftübertragung
Kupplung
Schaltung
Getriebe
Synchronisierung
Übersetzungen
Antriebs-Übersetzung

Fahrwerk
Vorderradaufhängung
Hinterradaufhängung
Lenkung
Fußbremse
Handbremse
Schmierung

Allgemeine Daten

Radstand
Spur vorn/hinten
Gesamtmaße

Räder
Reifen
Wendekreis
Fahrgestellgewicht
Wagengewicht
Zuläss. Gesamtgewicht
Höchstgeschwindigkeit
Verbrauch/100 km
Kraftstofftank

Preise

Mercedes-Benz Typ 500 K
(W 29)
1934–1936

Daimler-Benz M 24 I
8 (Reihe)
86 × 108 mm
5018 (Steuer 4982) ccm
100 PS,mit Kompressor 160 PS bei 3400 U/min

1:5,5, je nach Kraftstoff bis 6,5
Zuschaltbares Zweiflügel-Roots-Gebläse
1 Steigstrom-Doppelvergaser Mercedes-Benz
Hängend
Seitliche Nockenwelle, Antrieb durch Stirnräder
9
Pumpe, 26 Liter Wasser
Druckumlauf, 10 Liter Öl
Batteriezündung
12 V 60 Ah (unter Fahrersitz)
130 W
1,5 PS

Antrieb auf Hinterräder
Einscheibentrockenkupplung
Schalthebel Wagenmitte

4 Gang	5 Gang
II–V	II–V
I. 3,42, II. 1,62, III. 1,00, IV. 0,62	I. 4,12, II. 2,21, III. 1,49, IV. 1,00, V. 0,71
4,88 (oder auch 5,11, 4,46, 4,18)	5,77

Kastenprofil-Preßstahl-Niederrahmen
Doppel-Querlenker, Schraubenfedern
Pendelachse, Doppel-Schraubenfedern, Zusatz-Ausgleichsfeder
Schraubenspindel
Hydraulisch mit Saugluftunterstützung (Bosch-Dewandre), 4 Räder
Mechanisch, Hinterräder
Zentral

500 K mit Normal-Fahrgestell	**500 K mit zurückgesetztem Motor**	**500 K mit kurzem Radstand**
3290 mm	3290 mm	2980 mm
1515/1502 oder 1535/1547 mm	1535/1547 mm	1535/1547 mm
Cabriolet B und C: 5250 × 1880 × 1635 mm Limousine: 5150 × 1820 × 1650 mm Tourenwagen: 5200 × 1880 × 1580 mm	Roadster: 5000 × 1880 × 1530 mm Cabriolet A: 5100 × 1880 × 1640 mm Autobahn-Kurier: 5170 × 1820 × 1520 mm	Sport-Roadster, Sport-Coupé 4880 × 1900 × 1500 mm
Drahtspeichen	Drahtspeichen	Drahtspeichen
6,50, 7,00 oder 7,50–17 extra	7,00–17 extra	7,00–17 extra
12,8 Meter	12,8 Meter	11,8 Meter
1700 kg	1700 kg	
2300–2350 kg	2250–2350 kg	2170–2250 kg
2700 kg	2700 kg	
160 km/h	160 km/h	160 km/h
27 Liter	27 Liter	27 Liter
110 Liter (im Heck)	110 Liter (im Heck)	110 Liter (im Heck)

Fahrgestell	RM 15 500,–	Fahrgestell	RM 15 500,–	Fahrgestell	RM 15 500,–
Cabriolet B und C	RM 22 000,–	Roadster 2(2) Sitze	RM 22 000,–	Sport-Roadster	RM 22 000,–
Limousine 4 Türen	RM 22 000,–	Coupé 2/3 Sitze	RM 22 000,–	Sport-Coupé	RM 22 000,–
Tourenwagen 2 Türen	RM 22 000,–	Cabriolet A	RM 22 000,–		
		Autobahn-Kurier (1935/36)	RM 24 000,–		
		Spezial-Roadster (1935)	RM 26 000,–		
		Spezial-Roadster (1936)	RM 28 000,–		

Mercedes-Benz Typ 540 K
(W 29)
1936–1939

Motor	Daimler-Benz M 24 II	
Zylinderzahl	8 (Reihe)	
Bohrung × Hub	88 × 111 mm	
Hubraum	5401 (Steuer 5363) ccm	
Leistung	115 PS, mit Kompressor 180 PS bei 3400 U/min	
Drehmoment	44 mkg bei 2200 U/min	
Verdichtung	1:5,2, je nach Kraftstoff bis 6,5	
	Zuschaltbares Zweiflügel-Roots-Gebläse	
Vergaser	1 Steigstrom-Doppelvergaser Mercedes-Benz	
Ventile	Hängend	
	Seitliche Nockenwelle, Antrieb durch Stirnräder	
Kurbelwellenlager	9	
Kühlung	Pumpe, 26 Liter Wasser	
Schmierung	Druckumlauf, 10 Liter Öl	
Zündung	Batteriezündung	
Batterie	12 V 60 Ah (unter Fahrersitz)	
Lichtmaschine	130 W	
Anlasser	1,8 PS	
Kraftübertragung	Antrieb auf Hinterräder	
Kupplung	Einscheibentrockenkupplung	
Schaltung	Schalthebel Wagenmitte	
Getriebe	Bis 1938: 4 Gang	1939: 5 Gang
Synchronisierung	II–IV	II–V
Übersetzungen	I. 3,90, II. 2,88, III. 1,45, IV. 1,00	I. 3,65, II. 2,25, III. 1,48, IV. 1,00, V. 0,80
Antriebs-Übersetzung	3,08 oder 3,60	3,50
Fahrwerk	Kastenprofil-Preßstahl-Niederrahmen	
Vorderradaufhängung	Doppel-Querlenker, Schraubenfedern	
Hinterradaufhängung	Pendelachse, Doppel-Schraubenfedern, Zusatz-Ausgleichsfedern (bis 1938)	
Lenkung	Schraubenspindel	
Fußbremse	Hydraulisch mit Saugluftunterstützung (Bosch-Dewandre), 4 Räder	
Handbremse	Mechanisch, Hinterräder	
Schmierung	Zentral	

Allgemeine Daten	**540 K mit Normal-Fahrgestell**	**540 K mit zurückgesetztem Motor**
Radstand	3290 mm	3290 mm
Spur vorn/hinten	1535/1547 (auch 1515/1502) mm	1535/1547 mm
Gesamtmaße	Cabriolet B und C: 5250 × 1880 × 1635 mm	Roadster: 5000–5180 × 1880 × 1530 mm
	Limousine: 5150 × 1880 × 1650 mm	Cabriolet A: 5000–5180 × 1880 × 1640 mm
	Tourenwagen: 5100–5360 × 1880 × 1580 mm	Coupé: 5000–5180 × 1880 × 1640 mm
	Roadster: 5240–5350 × 1880 × 1530 mm	Autobahn-Kurier: 5200 × 1880 × 1600 mm
	Cabriolet A: 5350 × 1930 × 1650 mm	
	Coupé: 5360 × 1930 × 1650 mm	
Räder	Drahtspeichen	Drahtspeichen
Reifen	6,50 oder 7,00 oder 7,50–17 extra	7,00 oder 7,50–17 extra
Wendekreis	12,8 Meter	12,8 Meter
Fahrgestellgewicht	1800 kg	1800 kg
Wagengewicht	2400–2500 kg	2350–2450 kg
Zuläss. Gesamtgewicht	2850 kg	2850 kg
Höchstgeschwindigkeit	170 km/h	170 km/h
Verbrauch/100 km	29 Liter	29 Liter
Kraftstofftank	110 Liter (im Heck)	110 Liter (über Heck)

Preise				
	Fahrgestell	RM 15 500,–	Fahrgestell	RM 15 500,–
	Cabriolet B	RM 22 000,–	Roadster 2 (2) Sitze (bis 1937)	RM 22 000,–
	Cabriolet C (bis 1937)	RM 22 000,–	Coupé 2/3 Sitze (bis 1938)	RM 22 000,–
	Limousine 2 Türen	RM 22 000,–	Cabriolet A (bis 1938)	RM 22 000,–
	Tourenwagen 2 Türen (bis 1938)	RM 22 000,–	Autobahn-Kurier (1936)	RM 24 000,–
	Coupé 2/3 Sitze (ab 1938)	RM 22 000,–	Spezial-Roadster (bis 1937)	RM 28 000,–
	Cabriolet A (ab 1938)	RM 22 000,–		
	Spezial-Roadster (ab 1938)	RM 28 000,–		

Mercedes-Benz Typ 540 K kurz (W 29) 1936–1939	Mercedes-Benz Typ 540 K Gepanzerte Sonderausführung (W 24) 1943/44	Mercedes-Benz Typ 540 K lang (W 24) 1936	Mercedes-Benz Typ 580 K (W 129) Prototyp 1939/40
			Daimler-Benz M 124 8 (Reihe) 95 × 100 mm 5800 ccm 130/200 PS bei 3400 U/min 44,8 mkg bei 2200 U/min 1:6,5
5 Gang	5 Gang	4 Gang	5 Gang
3,50	3,50		3,20 oder 3,08
Kastenprofil-Preßstahl-Niederrahmen Doppel-Querlenker, Schraubenfedern Pendelachse, Doppel-Schraubenfedern	Kastenprofil-Preßstahl-Niederrahmen Doppel-Querlenker, Schraubenfedern Pendelachse, Doppel-Schraubenfedern	Kastenprofil-Preßstahl-Niederrahmen Starrachse, Halbfedern DeDion-Doppelgelenkachse, Doppel-Schraubenfedern	Kastenprofil-Preßstahl-Niederrahmen Doppel-Querlenker, Schraubenfedern Pendelachse Doppel-Schraubenfedern
Schraubenspindel			
Hydraulisch mit Saugluftunterstützung (Bosch-Dewandre), 4 Räder			
Mechanisch, Hinterräder			
Zentral			
540 K mit kurzem Radstand	**540 K Gepanzerte Sonderausführung**	**540 K Tourenwagen mit langem Radstand**	**580 K mit kurzem Radstand**
2980 mm 1535/1547 mm Sport-Roadster: 4480 × 1880 × 1530 mm Sport-Coupé: 4650 × 1900 × 1480 mm	3290 mm 1535/1547 mm Limousine 2 Türen: 5300 × 2000 × 1700 mm	3880 mm 1535/1590 mm Tourenwagen 6 Sitze: 6000 × 2070 × 1800 mm	2980 mm 1535/1547 mm Sport-Roadster: 4480 × 1940 × 1520 mm
Drahtspeichen 7,50–17 extra 11,8 Meter	Scheiben 7,50–17 beschußsicher 13 Meter	Scheiben 7,50–17 extra 15 Meter	Drahtspeichen 7,50–17 extra 11,8 Meter
2250 kg 2650 kg 170 km/h 29 Liter 110 Liter (im Heck)	3100 kg 80 km/h 32 Liter 110 Liter (im Heck)	3000 kg 3310 kg 140 km/h 30 Liter 120 Liter (im Heck)	2250 kg 2650 kg 180 km/h 30 Liter 120 Liter (im Heck)
Fahrgestell RM 15 500,– Sport-Roadster RM 22 000,– Sport-Cabriolet A RM 22 000,–	Kein Listenpreis	Kein Listenpreis	Kein Listenpreis

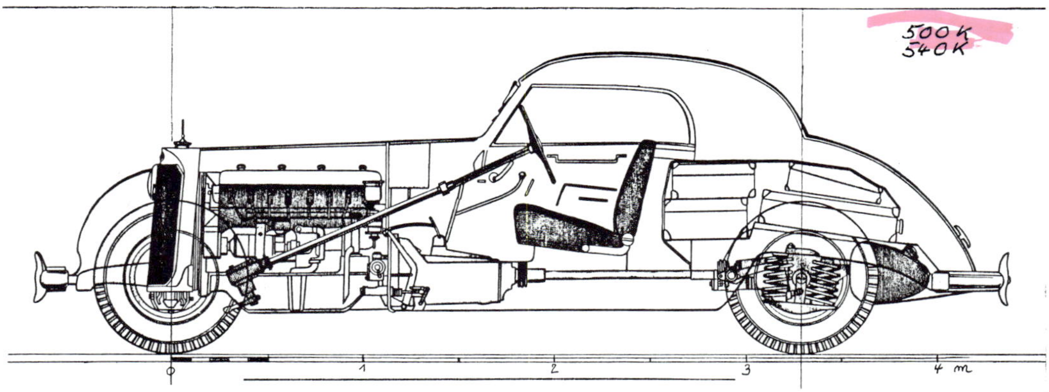

Normal-Fahrgestell (Radstand 3290 mm)
für Viersitzer- und 2+2 Sitzer-,
ab 1938 auch für Zweisitzer-Aufbauten

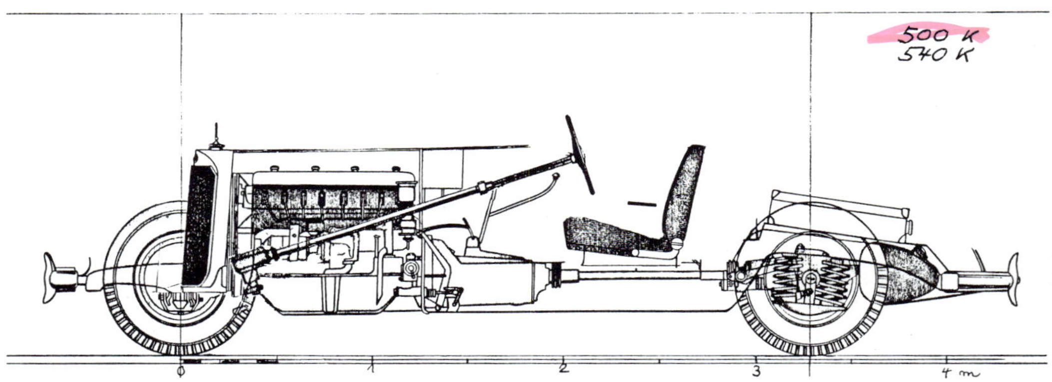

Fahrgestell mit zurückversetztem Motor (Radstand 3290 mm)
für Zweisitzer und 2+2 Sitzer-Aufbauten, nur bis 1938

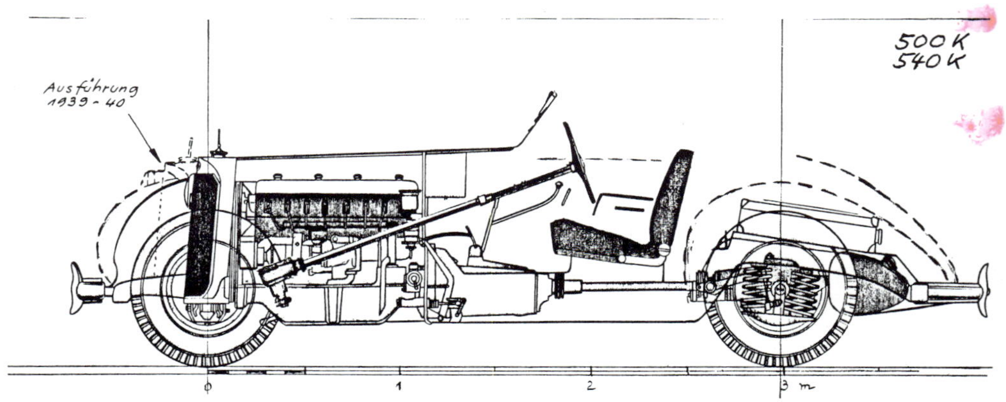

Fahrgestell mit kurzem Radstand (2980 mm)
für wenige Zweisitzer-Einzelexemplare

Mercedes-Benz Typ 500 K
Sport-Roadster
Werkswagen für
2000 km-Fahrt 1934
(Fahrgestell mit
zurückversetztem Motor)

Mercedes-Benz Typ 500 K
Sport-Limousine
Werkswagen für
2000 km-Fahrt 1934
(Fahrgestell mit
zurückversetztem Motor)

Mercedes-Benz Typ 500 K
Cabriolet C
1934 – 1936

Mercedes-Benz Typ 500 K
Cabriolet B
1934 – 1936

Mercedes-Benz Typ 500 K Cabriolet B 1936

Mercedes-Benz Typ 500 K Cabriolet A 1934–1935
(Fahrgestell mit zurückversetztem Motor)

Mercedes-Benz Typ 500 K Cabriolet C
Karosserie Windover (England), Einzelanfertigung 1935
Jetziger Standort des Wagens:
Automuseum Schloß Kremsegg, Kremsmünster/Oberösterreich

Mercedes-Benz Typ 500 K »Autobahn-Kurier«
Sport-Limousine 4 Sitze, 1935–1936
(Erster Wagen mit gebogenen Seitenscheiben!)
Fahrgestell mit zurückversetztem Motor

Mercedes-Benz Typ 500 K Stromlinien-Limousine, Karosserie Erdmann & Rossi, geliefert im Februar 1936 an F. von Siemens. Fischsilberblaue Aluminium-Karosserie mit Plexiglas-Schiebedach und hellbeigegrauem Leder.

Mercedes-Benz Typ 500 K Sport-Cabriolet, von Erdmann & Rossi im April 1935 an einen Herrn Auer nach Köln geliefert. Offensichtlich aber handelt es sich hier um den Aufbau eines Horch Cabriolets. Es steht zu vermuten, daß E & R für den Horch eine Spezialkarosserie bauen mußte und den Originalaufbau dann auf den 500 K setzte. So kam die wohl einmalige Kreuzung zustande.

Mercedes-Benz Typ 500 K Tourenwagen 4 Türen, Karosserie Erdmann & Rossi, für einen Kaufmann aus Danzig.

Mercedes-Benz Typ 500 K Stromlinien-Roadster, Karosserie Erd-

mann & Rossi, geliefert Ende 1935 an den König von Irak. Der Wagen steht heute in einem Automobilmuseum in Bagdad. Einen Typ 290 mit entsprechend gleicher Karosserie hatte E & R auf der Berliner Automobilausstellung im Februar 1935 gezeigt.

Mercedes-Benz Typ 500 K
Limousine 2 Türen
1936

Mercedes-Benz Typ 500 K
Cabriolet A 1935–1936
(Fahrgestell mit
zurückversetztem Motor)

Mercedes-Benz Typ 500 K
Sport-Limousine 1935
(Fahrgestell mit
zurückversetztem Motor)

Mercedes-Benz Typ 500 K
Roadster 2 Sitze 1935–1936
(Fahrgestell mit
zurückversetztem Motor)

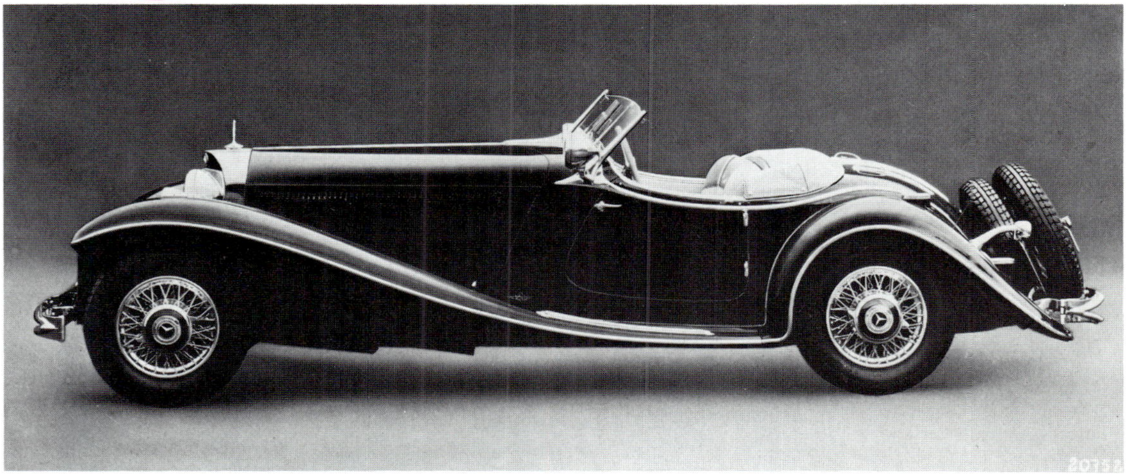

Mercedes-Benz Typ 500 K
Sport-Coupé
Spezialausführung 1936
(Fahrgestell mit
zurückversetztem Motor)

Mercedes-Benz Typ 540 K
Sport-Roadster 1938
mit kurzem Radstand.
Spezialausführung für
NSKK-Korpsführer Hühnlein

Mercedes-Benz Typ 500 K
Cabriolet C mit
Spezial-Kotflügeln
1935

Mercedes-Benz Typ 500 K
Roadster in Spezialausführung
Karosserie Erdmann & Rossi
Automobil-Ausstellung
Berlin 1936

Mercedes-Benz Typ 500 K Spezial-Roadster 1936
Mercedes-Benz Typ 540 K Spezial-Roadster 1936–1937
(Fahrgestell mit zurückversetztem Motor)

Mercedes-Benz Typ 540 K Limousine 2 Türen 1936 – 1939

Mercedes-Benz Typ 540 K Limousine 4 Türen 1936 – 1937

Mercedes-Benz Typ 540 K Cabriolet B 1936 – 1938

Mercedes-Benz Typ 540 K Cabriolet B 1936 – 1938

Mercedes-Benz Typ 540 K Cabriolet C 1936 – 1938

Mercedes-Benz Typ 540 K Cabriolet A 1936–1937 (mit zurückversetztem Motor)

Mercedes-Benz Typ 540 K
Roadster 2 (2) Sitze
1936 – 1937

←

←

Mercedes-Benz Typ 540 K
Roadster 2 (2) Sitze
Spezialausführung
1937

Mercedes-Benz Typ 540 K
Sport-Limousine
Spezialausführung 1937
(Fahrgestell mit
zurückversetztem Motor)

Mercedes-Benz Typ 540 K
Sport-Cabriolet 2 Sitze 1937
Karosserie Voll & Ruhrbeck
(Fahrgestell mit
zurückversetztem Motor)

Mercedes-Benz Typ 540 K
Coupé 2 Sitze 1937–1938
(Fahrgestell mit
zurückversetztem Motor)

Mercedes-Benz Typ 540 K
Kombinations-Coupé mit
zwei auswechselbaren Dächern
1937–1938
(Fahrgestell mit
zurückversetztem Motor)

→
→
→

Mercedes-Benz Typ 540 K
Cabriolet A (Rechtslenkung)
1936–1937
(Fahrgestell mit
zurückversetztem Motor)

Mercedes-Benz Typ 540 K
Cabriolet A Modell 1937
(Fahrgestell mit
zurückversetztem Motor)

Mercedes-Benz Typ 540 K
Cabriolet C
1936–1937

→

Mercedes-Benz Typ 540 K
Cabriolet B
1936–1937

→

←

←

Mercedes-Benz Typ 540 K
(Kurzes Fahrgestell)
Cabriolet A
1937 – 1939

←

Mercedes-Benz Typ 540 K
Roadster-Cabriolet
Karosserie Erdmann & Rossi
IAMA Berlin 1938
(Der Wagen steht jetzt
im Schlumpf-Museum)

Mercedes-Benz Typ 540 K
Spezial-Roadster
1938 – 1939

Mercedes-Benz Typ 540 K
Tourenwagen 2 Türen
(Spezialausführung für
Reichsleiter Dr. Ley)
1937

Mercedes-Benz Typ 540 K
Tourenwagen 2 Türen
Modell 1938

Mercedes-Benz 540 K
Cabriolet C
Modell 1938

Mercedes-Benz Typ 540 K
Coupé 2 Sitze
Modell 1938

Mercedes-Benz Typ 540
(ohne Kompressor)
Stromlinien-Coupé
für Fahrversuche der
Dunlop-Reifenwerke
Karosserie Sindelfingen
(Jaray Stromlinienform)
1938

Mercedes-Benz Typ 540 K Spezial-Coupé, Sonderausführung 1939

Mercedes-Benz Typ 540 K Spezial-Coupé, Modell 1939

Mercedes-Benz Typ 540 K Limousine 2 Türen 1939

Mercedes-Benz Typ 540 K (oder 580 K?) Cabriolet A 1940 mit kurzem Fahrgestell

Mercedes-Benz Typ 540 K
Cabriolet B 1939
Sonderausführung für
Reichsmarschall Göring

Mercedes-Benz Typ 540 K
Cabriolet B
Sonderausführung 1941

Mercedes-Benz Typ 540 K Cabriolet A (Normal-Fahrgestell) Sonderausführung 1941

Mercedes-Benz Typ 540 K lang Tourenwagen 8 Sitze 1936
Sonderanfertigung für die Reichskanzlei

Mercedes-Benz Typ 540 K
Limousine 2 Türen 1942/43
Gepanzerte Sonderausführung
für Aktion »P«
der Reichskanzlei

Versuchsweise zerstörtes
Musterfahrzeug
Böblingen Sept. 1942

Vermutlich einziges
noch vorhandenes Fahrzeug
dieser Ausführung im
Technischen Museum Prag

Mercedes-Benz Typ G 4 (1934 – 1939)

Daimler-Benz beschäftigte sich, schon lange vor Hitler, auch mit der Entwicklung eines schweren geländegängigen Pkw für die Reichswehr. Damaligen Vorstellungen entsprechend entstand ein Dreiachser, genannt Typ G 4, von dem ab 1934 jährlich einige Stück hergestellt wurden. Da er für die Reichswehr zu schwer und vor allem viel zu teuer ausgefallen war, hätten es diese paar Wagen wohl nie zu besonderer Bedeutung gebracht, wenn sie nicht später von Hitler und anderen Größen jener Zeit entdeckt und bei Manöverbesuchen, bei der Eingliederung Österreichs, bei der Besetzung der Tschechoslowakei und dann vor allem für Fahrten in den rückwärtigen Kriegsgebieten benutzt worden wären. Hierfür war der Mercedes-Benz G 4 nicht nur durch seine Geländegängigkeit, sondern weit mehr noch durch seine Größe und Exklusivität hervorragend geeignet. – Vom Motor gab es mit der Zeit drei Varianten, und ebenso wurde die Karosserie äußerlich mehrmals abgewandelt. Einige Wagen waren gepanzert und mit beschußsicheren Reifen ausgerüstet. Soweit bekannt, haben nur drei G 4 den Krieg überlebt. Einer davon befand sich fahrbereit und unübertrefflich restauriert im Privatbesitz eines französischen Sammlers, der das Auto aber leider Ende 1984 einem Amerikaner überlassen hat. Es ist jammerschade, daß dieser prächtige G 4, der eines nicht zu fernen Tages gewiß der wertvollste Mercedes der Welt sein wird, nicht den Weg in das Museum der Daimler-Benz AG. gefunden hat. Hier und nirgendwo anders gehört er eigentlich hin! Ein zweiter Wagen steht, jammervoll heruntergekommen, bei einem amerikanischen Filmausstatter, und ein dritter, der aus der Tschechoslowakei in die Bundesrepublik zurückgeholt wurde, wartet in zerlegtem Zustand darauf, ob, wie und wann jemals seine Wiederherstellung gelingt.

Mercedes-Benz Typ G 4, Von Lecoq (Paris) großartig restauriert, im Besitz eines amerikanischen Sammlers

Mercedes-Benz Typ G 4 im Requisitenbestand eines amerikanischen Filmausstatters

Mercedes-Benz Typ G 4
(W 31)
1934 – 1939

	1934 – 1936	**1937 – 1938**	**1938 – 1939**
Motor	Daimler-Benz M 24	Daimler-Benz M 24	Daimler-Benz M 24 II
Zylinderzahl	8 (Reihe)	8 (Reihe)	8 (Reihe)
Bohrung × Hub	86 × 108 mm	88 × 108 mm	88 × 111 mm
Hubraum	5018 (Steuer 4982) ccm	5252 ccm	5401 (Steuer 5353) ccm
Leistung	100 PS bei 3400 U/min	115 PS bei 3400 U/min	110 PS bei 3400 U/min
Drehmoment	28,8 mkg bei 1400 U/min	29 mkg bei 1400 U/min	
Verdichtung	1:5,6	1:5,6	1:5,2
Vergaser	1 Doppelvergaser Solex 40 MMDVS	1 Doppelvergaser Solex 40 MMDVS	1 Doppelvergaser Mercedes-Benz
Ventile	Hängend Seitliche Nockenwelle Antrieb durch Stirnräder	Hängend Seitliche Nockenwelle Antrieb durch Stirnräder	Hängend Seitliche Nockenwelle Antrieb durch Stirnräder
Kurbelwellenlager	9	9	9
Kühlung	Pumpe, 26 Liter Wasser	Pumpe, 26 Liter Wasser	Pumpe, 34 Liter Wasser
Schmierung	Druckumlauf, 10 Liter Öl	Druckumlauf, 10 Liter Öl	Druckumlauf, 10 Liter Öl
Batterie	12 V 60 Ah	12 V 105 Ah	12 V 105 Ah
Lichtmaschine	130 W	130 W	130 W
Anlasser	1,5 PS	1,8 PS	1,8 PS

Kraftübertragung	Antrieb auf 4 Hinterräder, 2 Sperrdifferentiale bzw. z. T. Antrieb auf alle 6 Räder, 3 Sperrdifferentiale
Kupplung	Einscheibentrockenkupplung
Getriebe	4 Gang ZF-Aphon G 35 + Vorgelege (Mercedes-Benz)
Schaltung	2 Schalthebel Wagenmitte
Übersetzungen	I. 4,10, II. 2,21, III. 1,49, IV. 1,00 Vorgelege: Straße 1,00, Gelände 3,06
Antriebs-Übersetzung	
Fahrwerk	Kastenprofil-Rahmen
Vorderradaufhängung	Starrachse, Halbfedern
Hinterradaufhängung	2 Starrachsen, beiderseits je 1 Halbfeder für 2 Räder
Lenkung	Schraubenspindel
Fußbremse	Hydraulisch, 4 Räder, z. T. mit Bosch-Dewandre Saugluftunterstützung
Handbremse	Mechanisch, vordere Hinterräder
Schmierung	Zentral
Allgemeine Daten	
Radstand	3100 + 950 mm
Spur vorn/hinten	1620/1570/1570 mm
Gesamtmaße	5360–5720 × 1870 × 1900 mm (mit Verdeck)
Räder	Stahlscheiben mit Tiefbettfelgen L 4,00 F × 17 bzw. (bei Verwendung beschußsicherer Reifen) 6,00 F × 17
Reifen	7,5-17 Gelände (normal oder beschußsicher) Alle 6 Räder einfachbereift
Bodenfreiheit	233 mm
Spurkreis-∅	16 Meter
Wendekreis-∅	17 Meter
Fahrzeuggewicht	3550 kg
Zuläss. Gesamtgewicht	4400 kg
Nutzlast	850 kg
Besatzung	1 + 6 Mann
Höchstgeschwindigkeit	Reifenbedingt erlaubt 67 km/h
Verbrauch/100 km	Straße 28, Gelände 38 Liter
Kraftstofftank	90 bzw. z. T. 140 Liter

Mercedes-Benz Typ G 4 Ausführung 1934 bzw. (unteres Bild) 1936

Mercedes-Benz Typ G 4 Ausführung 1937

30678

Mercedes-Benz Typ G 4
Tourenwagen 7 Sitze
Ausführung 1938

←

Mercedes-Benz Typ G 4
Tourenwagen 7 Sitze
Ausführung 1939

←
←

→
→

Mercedes-Benz Typ G 4
Ausführung 1939 als
Funkwagen der Reichspost
beim Führerhauptquartier

Mercedes-Benz Typ 770 »Großer Mercedes« (1938 – 1943)

Der »Große Mercedes«, in seiner ersten Ausführung 1930 herausgekommen, wäre sicherlich im Lauf der folgenden Jahre ebenso wieder verschwunden wie der Maybach Zeppelin, der Horch 12 und andere gigantische Luxusautos jener Zeit, wenn er sich nicht bei den Parteiführern im Dritten Reich höchster Wertschätzung erfreut hätte. Es kam sogar dazu, daß der »Große Mercedes« als einziger deutscher Wagen der Superklasse noch im Jahr 1938 eine völlige Neuauflage erlebte. Daimler-Benz war bestrebt, in diesem Typ möglichst viele Errungenschaften der damaligen Automobiltechnik zu verwirklichen. Kennzeichnend für den neuen 770 waren vor allem der wunderschöne Leichtmetallmotor, der Ovalrohrrahmen, Einzelaufhängung der Vorderräder und Doppelgelenk-Hinterachse, aber auch die eindrucksvolle Linienführung der meisten Karosserien.

Die Fertigung des »Großen Mercedes« erstreckte sich von 1938 bis ins Kriegsjahr 1943, wenn auch stets nur in geringen Stückzahlen. Zuletzt wurden fast nur noch die gepanzerten Sonderausführungen hergestellt, bestimmt für Hitler, Göring und Himmler, aber auch für führende Persönlichkeiten in damals mit Deutschland verbündeten Ländern. Hitler selbst benützte übrigens gepanzerte Wagen und insbesondere solche mit beschußsicheren Reifen nur ungern, weil ihn wegen seiner Magenempfindlichkeit das Schlagen der Räder störte, die man damals noch nicht hinreichend auszuwuchten verstand. Mit aus diesem Grund auch war die zulässige Geschwindigkeit solcher Fahrzeuge vom Werk auf 80 km/h beschränkt. Folglich hätte es wohl auch wenig Sinn gehabt, wenn die Motorleistung der gepanzerten Sonderausführungen des Typs 770 durch höhere Verdichtung, zwei Doppelvergaser und, wie ebenfalls gelegentlich behauptet wird, durch zwei Kompressoren auf 400 PS gebracht worden wäre. Möglicherweise gab es entsprechende Versuche, die dann aber wohl kaum in die Praxis umgesetzt wurden. Wozu auch? Die zulässigen 80 km/h waren mit den serienmäßigen 230 PS allemal mühelos erreichbar.

Mercedes-Benz Typ 770 »Großer Mercedes«
Modellprogramm 1939:

Pullman-Limousine 7/8 Sitze
Cabriolet D 4/5 Sitze
Pullman-Cabriolet F 7/8 Sitze
Tourenwagen 7/8 Sitze
Spezial-Tourenwagen 7/8 Sitze

Mercedes-Benz Typ 770 »Großer Mercedes«
(W 150)
1938 – 1943

Motor	Daimler-Benz M 150
Zylinderzahl	8 (Reihe)
Bohrung × Hub	95 × 135 mm
Hubraum	7655 ccm
Leistung	155 PS bei 3000 U/min bzw. mit Kompressor 230 PS bei 3200 U/min
Verdichtung	1:6,1, zuschaltbares Roots-Gebläse
Vergaser	1 Mercedes-Benz Dreidüsen-Doppelvergaser
Ventile	Hängend Seitliche Nockenwelle, Antrieb durch Stirnräder
Kurbelwellenlager	9
Kühlung	Pumpe, 32 Liter Wasser
Schmierung	Druckumlauf, 9 Liter Öl
Zündung	Doppelzündung (kombinierte Batterie- und Magnetzündung mit 2 Zündkerzen je Zylinder)
Batterie	12 V 75 Ah
Lichtmaschine	225 W
Anlasser	3 PS
Kraftübertragung	Antrieb auf Hinterräder
Kupplung	Einscheibentrockenkupplung
Schaltung	Schalthebel Wagenmitte
Getriebe	5 Gang (V. = Schnellgang)
Synchronisierung	II – V
Übersetzungen	I. 3,76, II. 2,26, III. 1,435, IV. 1,00, V. 0,713
Antriebs-Übersetzung	4,11
Fahrwerk	Ovalrohr-Rahmen
Vorderradaufhängung	Doppel-Querlenker, Schraubenfedern
Hinterradaufhängung	Doppelgelenkachse, Schrauben- bzw. (ab 1939) Doppel-Schraubenfedern (ineinanderliegend)
Lenkung	Schraubenspindel
Fußbremse	Hydraulisch mit Saugluftunterstützung (Bosch-Dewandre), 4 Räder
Handbremse	Mechanisch, Hinterräder
Schmierung	Zentral

Allgemeine Daten	**Serienausführung**	**Tourenwagen in gepanzerter Sonderausführung**
Radstand	3880 mm	3880 mm
Spur vorn/hinten	1600/1650 mm	1630/1680 mm
Gesamtmaße	6000 × 2070 × 1800 mm	6000 × 2100 × 1900 mm
Räder	Stahlblech-Scheibenräder mit Zentralverschluß	Panzerblech-Scheibenräder mit Zentralverschluß
Reifen	8,25 – 17	8,25 – 17 Spezial verstärkt oder 20 Kammern-Zellenreifen beschußsicher
Wendekreis	15 Meter	15,7 Meter
Fahrgestellgewicht	2100 kg	
Wagengewicht	je nach Karosserie 3400 bis 3600 kg	je nach Karosserie 4400 bis 4800 kg
Zuläss. Gesamtgewicht	4200 kg	5420 kg
Höchstgeschwindigkeit	145 bzw. (mit Kompressor) 170 km/h	mit Rücksicht auf die Beanspruchung der Reifen wegen des hohen Fahrzeuggewichts nur 80 km/h zulässig
Verbrauch/100 km	30 Liter	40 Liter
Kraftstofftank	195 Liter (im Heck)	195 Liter (im Heck)

Preise

Serienausführung	
Fahrgestell	RM 30 000,–
Pullman-Limousine Tourenwagen (7 Sitze)	RM 44 000,–
Cabriolet D (4 Türen)	RM 46 000,–
Cabriolet F (6 Sitze)	RM 47 500,–

Tourenwagen in gepanzerter Sonderausführung: Kein Listenpreis

Gepanzerte Sonderausführung mit 40 mm Panzerglas-Scheiben rundum, elektromagnetischem Türverschluß, Karosserie aus 18 mm Panzerstahl und seitliche Ersatzräder als Panzerschild. Andererseits Gewichtseinsparung durch Kotflügel aus Leichtmetall.

Mercedes-Benz Typ 770 »Großer Mercedes« Pullman-Limousine Modell 1938

Mercedes-Benz Typ 770 »Großer Mercedes« Pullman-Limousine Modell 1939

Mercedes-Benz
Typ 770
»Großer Mercedes«
Pullman-Limousine
Modell 1940

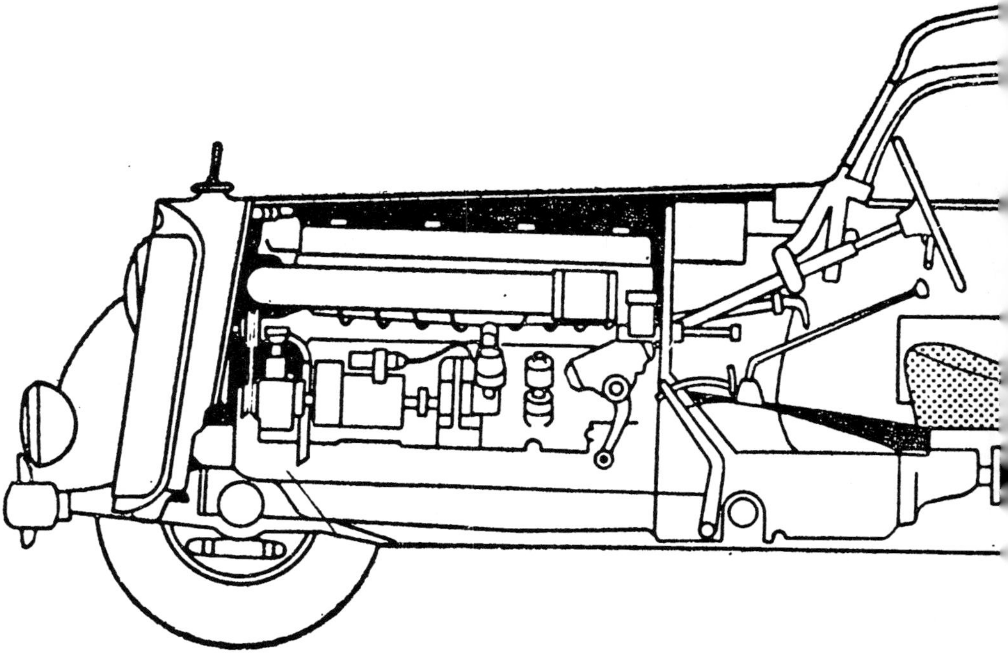

Karosserien beim Typ 770 (W 150)

		davon in gepanzerter Sonderausführung
Offener Tourenwagen	46	einige
Pullmann-Limousine	18	etwa 8
Limousine 4 Türen	10	alle
Cabriolet F	7	einige
Cabriolet D	5	einige
Cabriolet B	1	–
Fahrgestell	1	–
	88	

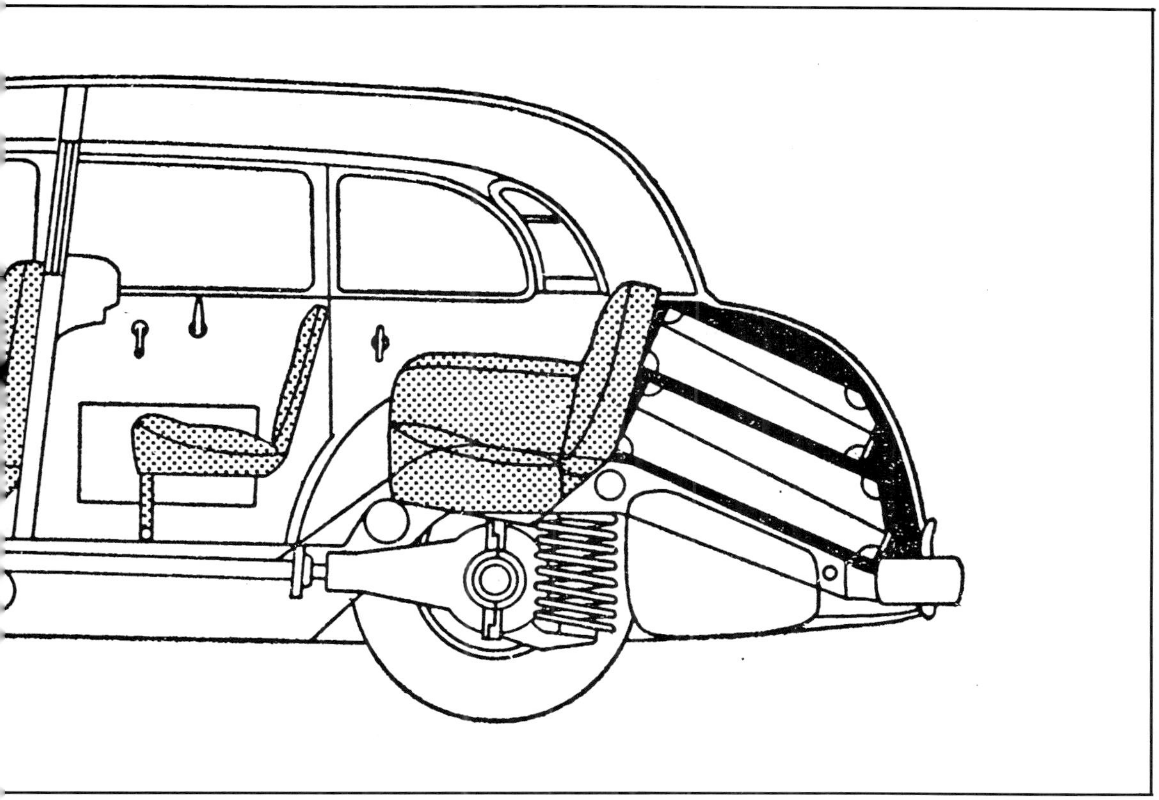

Mercedes-Benz Typ 770
»Großer Mercedes«
Cabriolet B
Sonderanfertigung für
den Kronprinzen von Persien
1940 fertiggestellt, aber
nicht mehr geliefert.
Der Wagen befindet sich
jetzt in der Sowjet-Union.

←
←

Mercedes-Benz Typ 770
»Großer Mercedes«
Cabriolet D
1938 – 1940

←
←
←

→
→
→

Mercedes-Benz Typ 770
»Großer Mercedes«
Cabriolet F
1938 – 1940

Mercedes-Benz Typ 770
»Großer Mercedes«
Tourenwagen 7/8 Sitze
1938 – 1940

←
←

Mercedes-Benz Typ 770
»Großer Mercedes«
Spezial-Tourenwagen
Ausführung 1938

←
←

→
→
→

Mercedes-Benz Typ 770
»Großer Mercedes«
Spezial-Tourenwagen
Ausführung 1939

IA-148485

Mercedes-Benz Typ 770
»Großer Mercedes«
Spezial-Tourenwagen
Gepanzerte Sonderausführung
für die Reichskanzlei
(Hitler benutzte die
»Staatskarosse«
ab Juli 1940)

Mercedes-Benz Typ 770
»Großer Mercedes«
Pullman-Limousine
Gepanzerte Sonderausführung
1942

Mercedes-Benz Typ 770
»Großer Mercedes«
Limousine 4 Türen
Gepanzerte Sonderausführung
für Aktion »P«
der Reichskanzlei
1942/43

Mercedes-Benz Typ 600 V, 600 K (Prototypen 1941 – 1942)

Schon lange vor dem Krieg spielte man bei Daimler-Benz mit dem Gedanken an zwei neue Baureihen mit 6 Liter-V12-Motor. Der kürzere und leichtere Typ 600 K sollte zu gegebener Zeit den 540 K bzw. 580 K ersetzen, der 600 V und 600 K mit langem Radstand war als Nachfolger des Typs 770 (W 150) vorgesehen. Bereits 1937 lief versuchsweise ein 540 K mit V12-Motor. Direktor Hermann Ahrens, im Werk Sindelfingen verantwortlich für alle Sonderkarosserien, entwarf für die beiden Zwölfzylinder-Baureihen eine Serie höchst imposanter Aufbauten, wobei die Linienführung des sportlichen 600 K bereits bei den letzten Modellen des 540 K vorweggenommen war, während sich die Form der

Mercedes-Benz Typ 600 K (W 157) Roadster
Modell 1:5 (August 1940)

Mercedes-Benz Typ 600 K (W 157) Coupé
Modell 1:5 (August 1940)

Sechs- bis Siebensitzer kaum vom Typ 770 unterschied. 1941/42 sollen insgesamt 32 Versuchswagen mit verschiedenen Karosserien hergestellt worden sein.

Hier und da wird berichtet, daß je zwei Zwölfzylinder-Wagen an Hitler und an Göring übergeben worden seien. Es gibt hierfür keinerlei überzeugende Beweise, vor allem aber spricht dagegen, daß Hitler am 22. März 1942 bei einer Konferenz mit Reichsminister Speer ausdrücklich erklärte, daß er derzeit kein Interesse an dem Zwölfzylinder von Daimler-Benz hätte. Offensichtlich war dem Führer also ein derartiger Wagen angetragen worden, was aber selbst ihm trotz seiner bekannten Autobegeisterung nicht mehr zeitgemäß erschien. Übrigens befahl er in diesem Zusammenhang, sofort jede weitere Arbeit an irgendwelchen Luxuswagen einzustellen, was man jedoch bei Daimler-Benz keineswegs gewissenhaft befolgte.

Mercedes-Benz Typ 600 K (W 157) Cabriolet C
Modell 1:5 (August 1940)

Mercedes-Benz Typ 600 K (W 157) Limousine
Modell 1:5 (August 1940)

Mercedes-Benz Typ 600 K (W 157) Cabriolet B, Versuchswagen 1941

	Mercedes-Benz Typ 600 V (W 148) Prototyp 1941 – 1942	Mercedes-Benz Typ 600 K (W 148) Prototyp 1941 – 1942	Mercedes-Benz Typ 600 K (W 157) Prototyp 1941 – 1942
Motor	Daimler-Benz M 148	Daimler-Benz M 157	
Zylinderzahl	V 12 (80°-V-Form)	V 12 (80°-V-Form)	
Bohrung × Hub	82 × 95 mm	82 × 95 mm	
Hubraum	6020 ccm	6020 ccm	
Leistung	170 PS bei 3600 U/min	155 PS bzw. (mit Kompressor) 240 PS bei 3600 U/min	
Drehmoment	39,4 mkg bei 2000 U/min	57,5 mkg bei 2200 U/min	
Verdichtung	1:6,3	1:6,3	
		Zuschaltbares Roots-Gebläse	
Vergaser	1 Fallstrom-Doppelvergaser Solex 32 IFF		
Ventile	Hängend, zentrale Nockenwelle, Antrieb durch Stirnräder		
Kurbelwellenlager	4		
Kühlung	Pumpe/Wasser		
Schmierung	Druckumlauf/Öl		
Zündung	Doppelzündung (kombinierte Batterie- und Magnetzündung mit 1 Zündkerze je Zylinder)		
Batterie	12 V 100 Ah		
Lichtmaschine	225 W		
Anlasser	2,8 PS		
Kraftübertragung	Antrieb auf Hinterräder		
Kupplung	Zweischeibentrockenkupplung		
Schaltung	Schalthebel Wagenmitte		
Getriebe	5 Gang (V. = Schnellgang)		
Übersetzungen	I. 3,76, II. 2,26, III. 1,435, IV. 1,00, V. 0,713		
Antriebs-Übersetzung	3,60	3,60	4,11
Fahrwerk	Ovalrohr-Rahmen		
Vorderradaufhängung	Doppel-Querlenker, Schraubenfedern		
Hinterradaufhängung	Doppelgelenkachse, Doppel-Schraubenfedern (ineinanderliegend)		
Lenkung	Schraubenspindel		
Fußbremse	Hydraulisch mit Saugluftunterstützung (Bosch-Dewandre), 4 Räder		
Handbremse	Mechanisch, Hinterräder		
Schmierung	Zentral		
Allgemeine Daten			
Radstand	3780 oder 3880 mm		3280 oder 3415 mm
Spur vorn/hinten	1600/1650 mm		1475/1500 mm
Gesamtmaße	5870 – 6000 × 2070 × 1800 mm		5000 × 1900 × 1700 mm
Räder	Scheiben		Scheiben oder Drahtspeichen
Reifen	8,25-17		7,50-17
Wendekreis	15 – 15,7 Meter		13 – 14 Meter
Wagengewicht	3200 – 3400 kg		2000 kg
Zuläss. Gesamtgewicht	4000 kg		2400 kg
Höchstgeschwindigkeit	160 km/h	170 km/h	190 km/h
Verbrauch/100 km	32 Liter	35 Liter	35 Liter
Kraftstofftank	195 Liter (im Heck)	195 Liter (im Heck)	120 Liter (im Heck)
Bemerkungen	Vorgesehen als: Pullman-Limousine, Tourenwagen, Cabriolet F, Innenlenker-Limousine, Cabriolet D		Vorgesehen als: Roadster, Coupé, Cabriolet A, Limousine, Cabriolet B, Cabriolet C

Mercedes-Benz Typ 600 V (W 148)
Innenlenker-Limousine
Modell 1:5 (April 1940)

←
←

Mercedes-Benz Typ 600 V (W 148)
Pullman-Limousine
Modell 1:5 (April 1940)

←
←

→
→

Mercedes-Benz Typ 600 W (W 148)
Innenlenker-Limousine
Versuchswagen 1940/41

← →

Mercedes-Benz Typ 600 W (W 148)
Pullman-Cabriolet F
Versuchswagen 1940/41

Mercedes-Benz Typ 1500 A (1941 – 1943)

Als Gruppenwagen oder großen Mannschaftswagen verwendete die Wehrmacht zu Beginn des Krieges, soweit man sich nicht mit Lastwagen behelfen mußte, überwiegend den schweren Einheits-Pkw heereseigener Konstruktion. Bald freilich stellte sich heraus, daß diese stolzen Automobile unnötig kompliziert gebaut und folglich auch gewichtsmäßig viel zu schwer ausgefallen waren. Unter den harten Bedingungen des Rußlandkrieges kam es nämlich nicht auf eine technisch großartige und optisch eindrucksvolle Konstruktion der Fahrzeuge an, sondern auf Einfachheit und Robustheit. Dieser späten Einsicht wurden die ursprünglich als 1,5 Tonner-Lastwagen geplanten, dann aber überwiegend mit geräumigen, jedoch einfachen Achtsitzer Pkw-Aufbauten versehenen 1500 A-Typen der Firmen Daimler-Benz, Steyr und Phänomen gerecht, welche ab 1941/42 die schweren Einheits-Pkw ersetzten.

Rückblickend mag interessieren, daß die 1,5 Tonner von Steyr und von Phänomen bereits durch das Schell-Programm sanktioniert waren, während sich Daimler-Benz nach dieser Richtlinien-Verordnung auf Lastwagen mit 3, 4,5 und 6 to Nutzlast beschränken sollte. Doch bezeichnenderweise setzten sich die Stuttgarter, wie schon so manches Mal in ähnlichen Fällen, über die staatlichen Direktiven hinweg. Sie entwickelten ihren eigenen 1,5 Tonner, und am Ende waren Führung und Wehrmacht sicherlich recht froh, daß es dieses Fahrzeug gab.

Es standen zwei Versionen zur Verfügung, der L 1500 S mit Hinterrad- und der L 1500 A mit Allrad-Antrieb. Abgesehen von einigen wenigen Musterexemplaren mit Pritschen- und anderen Aufbauten kam der L 1500 S fast ausnahmslos als Leichtes Löschgruppenfahrzeug (LFG bzw. LF 8) bei den Feuerwehren im Heimatkriegsgebiet zum Einsatz, während der L 1500 A ebenso fast ausnahmslos als Mannschaftswagen an die Wehrmacht ging. Die Produktion beider Versionen begann im Juni 1941 und dauerte bis Juli 1943 beim L 1500 A sowie bis Juli 1944 beim L 1500 S. Die Gesamtzahl betrug 9000 Wagen, nämlich 4900 vom A- und 4100 vom S-Typ. Ihre Produktion fand in Untertürkheim statt. Damit wurde eine Beeinträchtigung des übrigen Lastwagenprogramms vermieden und man erreichte, daß auch im Stammwerk keine branchenfemden Rüstungsgüter erzeugt werden mußten.

Die Vorbereitung des L 1500 wurde sofort begonnen, als man den kommenden Bedarf für ein solches Fahrzeug erkannte. Der bis dahin meistgebaute 1,5 Tonner, der kleine Opel-Blitz, sollte nämlich zugunsten des viel dringender benötigten Dreitonners von Opel aufgegeben werden. Der überaus raschen Entwicklung des L 1500 kam es zustatten, daß ein passender Motor hierfür bereits serienreif zur Verfügung stand. Es handelte sich um den 2,6 Liter M 159, vorgesehen für jenen Typ 260 (siehe Seite 320/321), der schon seit 1938 als Prototyp lief.

Der Mercedes-Benz L 1500 A wie auch der L 1500 S bewährten sich im gnadenlosen Kriegseinsatz ganz ausgezeichnet. Die Wehrmacht wäre um einen guten Wagentyp ärmer gewesen, wenn sich Daimler mit den Einschränkungen des Schell-Programms resignierend abgefunden hätte . . .

	Mercedes-Benz Typ L 1500 A (L 301) 1941 – 1943
Motor	Daimler-Benz M 159
Zylinderzahl	6 (Reihe)
Bohrung × Hub	80 × 86 mm
Hubraum	2594 ccm
Leistung	60 PS bei 3000 U/min
Drehmoment	
Verdichtung	1:6,3
Vergaser	1 Doppel-Fallstromvergaser Solex 32 FFJP II
Ventile	Hängend Seitliche Nockenwelle Antrieb durch Stirnräder
Kurbelwellenlager	4
Kühlung	Wasser/Pumpe
Schmierung	Druckumlauf/Öl
Batterie	12 V 62,5 Ah
Lichtmaschine	130 W
Anlasser	0,6 PS
Kraftübertragung	Allrad-Antrieb bzw. bei Straßen-Übersetzung nur Antrieb auf Hinterräder 2 Sperrdifferentiale
Kupplung	Einscheibentrockenkupplung
Getriebe	4 Gang + Vorgelege
Schaltung	2 Schalthebel Wagenmitte
Synchronisierung	Ohne
Übersetzungen Getriebe	I. 6,38, II. 3,63, III. 1,83, IV. 1,00
Übersetzungen Vorgelege	Straße 1,00, Gelände1,41
Antriebs-Übersetzung	6,31
Fahrwerk	Kastenprofil-Rahmen
Vorderradaufhängung	Starrachse, Halbfedern
Hinterradaufhängung	Starrachse, Halbfedern
Lenkung	Schnecke ZF-Roß
Fußbremse	Hydraulisch, 4 Räder
Handbremse	Mechanisch (Seilzug), Hinterräder
Allgemeine Daten	**Mannschaftswagen**
Radstand	3000 mm
Spur vorn/hinten	1575/1634 mm
Gesamtmaße	4930 × 2050 × 2225 mm
Räder	Stahlscheiben
Reifen	190-20 Gelände
Bodenfreiheit	240 mm
Watfähigkeit	700 mm
Wendekreis-∅	14 Meter
Fahrzeuggewicht	2390 kg
Zuläss. Gesamtgewicht	Straße 4080, Gelände 3850 kg
Nutzlast	Straße 1410, Gelände 1200 kg
Höchstgeschwindigkeit	Straße 84, Gelände 60 km/h
Verbrauch/100 km	Straße 19, Gelände 30 Liter
Kraftstofftank	70 Liter (unter Fahrersitz)
Fahrbereich	Straße 370, Gelände 230 km

Mercedes-Benz Typ L 1500 A
Mannschaftswagen 8 Sitze
1941 – 1943

Mercedes-Benz Typ L 1500 A
Mannschaftswagen 8 Sitze
(hier mit Sandreifen)
1941 – 1943

Mercedes-Benz Typ L 1500 A
Kommandeur-Cabriolet
Karosserie Erdmann & Rossi
2 Musterwagen 1942

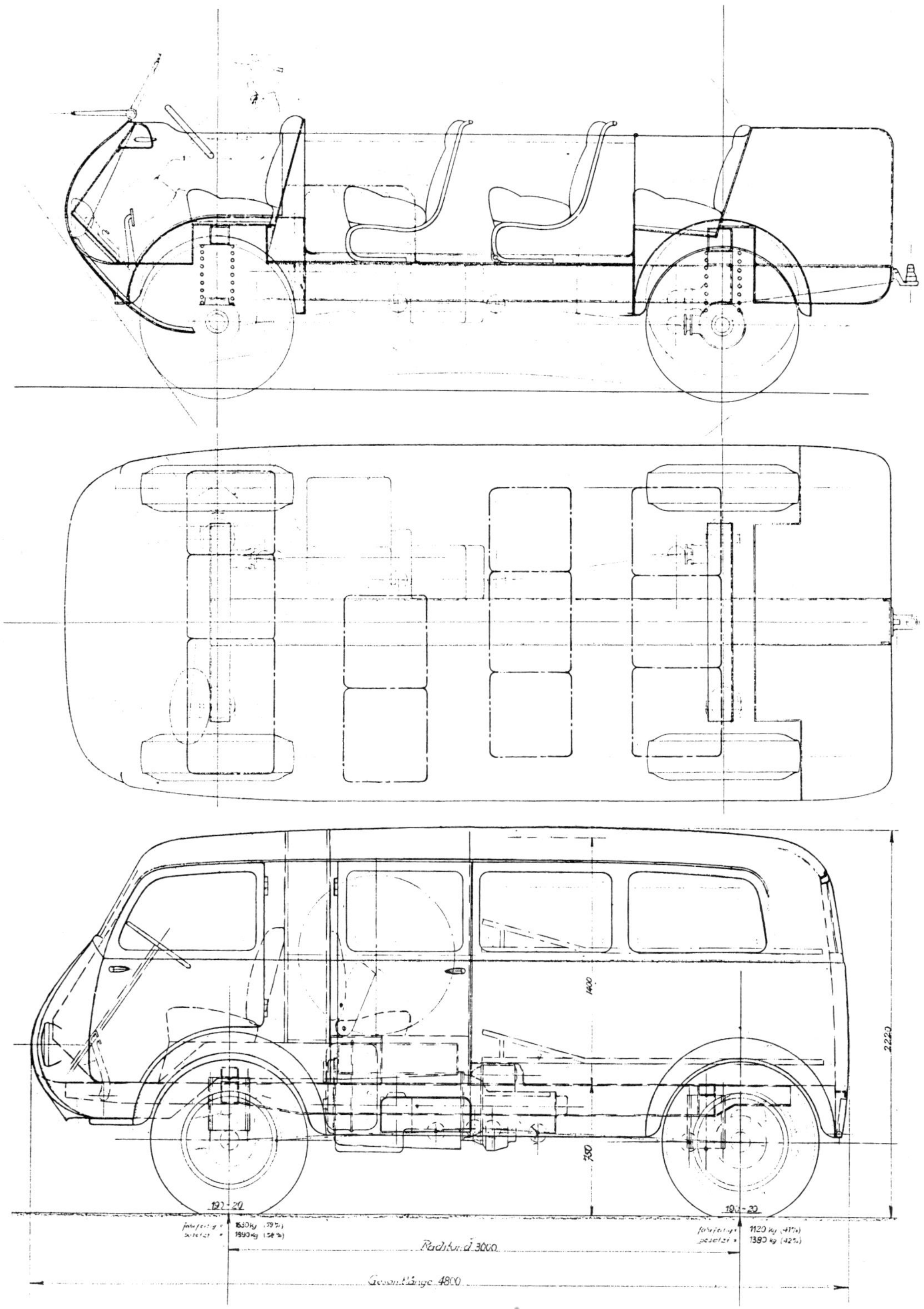

Bereits 1942 begann Daimler-Benz mit der Planung eines Nachfolgers für den Typ L 1500 A. Vorgesehen war ein Frontlenker mit Motor hinter dem Beifahrersitz. Dabei untersuchte man zwei Möglichkeiten, nämlich einen wassergekühlten, seitlich geneigten 4 Liter V8-Motor oder einen luftgekühlten, liegend eingebauten 4 Liter Sechszylinder-Reihenmotor. Allrad-Antrieb. Radstand 3000 mm. Typ G 6 mit 1,5 to bzw. Typ G 6 a mit 2,5 to Nutzlast. Die Skizzen zeigen die Entwürfe für einen Mannschaftswagen (1 + 10 Sitze) und für einen Sanitätskraftwagen. Der Typ G 6 wurde jedoch niemals realisiert.

Mitten im Krieg dachte man bei Daimler-Benz aber keineswegs nur etwa über einen neuen Mannschaftswagen nach, obwohl der vorhandene Typ L 1500 A bestens genügte. Weit darüber hinaus beschäftigte man sich mit Entwürfen für ein Projekt, das unter dem Stichwort »Gelände-Führerwagen« lief. Es sollte ein hochmoderner Nachfolger des Typs G 4 werden. Auf die Dreiachsigkeit gedachte man zu verzichten, obschon gerade ihretwegen der G 4 so martialisch und imponierend aussah. Dennoch sollte der neue Geländewagen nicht etwa kleiner, sondern im Gegenteil noch größer sein: Gesamtlänge 5865 statt 5360 mm bei einem Radstand von nunmehr 3500 mm. Vor allem war ein wesentlich größerer Gepäckraum vorgesehen, obwohl hierfür keine einleuchtende Notwendigkeit bestand, weil den Automobilen Hitlers stets sowieso ein riesiger Troß folgte. – Der hier nach einer ziemlich verwitterten Lichtpause wiedergegebene Entwurf stammt vom März 1942.

Daimler-Benz und die Mercedes-Benz Personenwagen von 1945 bis heute

Die Zerstörungen, Schäden und Folgen des zweiten Weltkriegs hatten die einzelnen Werke der Daimler-Benz AG. unterschiedlich betroffen. Total ausgefallen war das Werk Berlin-Marienfelde, weshalb dort erst im Sommer 1950, über fünf Jahre nach dem Ende des Krieges, der Motorenbau wieder aufgenommen werden konnte. Als unwiederbringliche Verluste mußte man jene während des Krieges eingerichteten Produktionsbetriebe hinnehmen, die nunmehr in der russischen Besatzungszone lagen und der Enteignung anheimfielen. Einer davon, nämlich das Werk Ludwigsfelde, wurde seitdem im Rahmen des staatlichen IFA-Konzerns zur wichtigsten Lastwagenfabrik der DDR ausgebaut. Man fertigt dort den Fünftonner-Lastwagen IFA W 50. Nur geringe Schäden hatten die Werke Mannheim und Gaggenau erlitten, die beide schon bald nach der Kapitulation mit der Herstellung ihrer Lastwagen weitermachen konnten. Die Verwüstungen in Untertürkheim und Sindelfingen veranschlagte man auf 60 Prozent, doch immerhin konnte bereits im Mai 1946 die Produktion des Typs 170 V fortgesetzt werden. Die Belegschaft der beiden Stuttgarter Betriebe war zu jener Zeit etwa halb so groß wie im Jahr 1938.

Obwohl der Neu- und Wiederaufbau der einzelnen Werke recht zügig erfolgte, konnte zunächst die Produktion nur zaghaft anlaufen und auf bescheidenem Niveau mühsam durchgezogen werden. Ursache hierfür war vordergründig der scheinbare Rohstoffmangel, tatsächlich aber war es vor allem die Zwangsbewirtschaftung mit dem schrecklichen Wust von Kontingenten, Bezugsscheinen und Stop-Preisen. Schwarzmarkt und Schwarzarbeit standen in höchster Blüte.

Den für die gesamte Wirtschaft entscheidenden Anstoß und Fortschritt brachte schlagartig Ende Juni 1948 die Währungsreform, die einzige große, die wichtigste und erfolgreichste Reform, die seit 1945 bis heute in Deutschland stattfand. Die Einführung einer kaufkräftigen Währung beseitigte von einem Tag auf den anderen den Mangel an qualifizierten Fachkräften und der bei der Industrie bis auf 25 Prozent gestiegene Krankenstand ging sofort auf ein normales Maß von drei bis vier Prozent zurück. Vor allem aber waren ganz plötzlich Eisen, Stahl und anderes Material wieder in jeder Menge verfügbar. Die Belebung der Wirtschaft setzte derart stürmisch ein, daß beispielsweise die Automobilfabriken nur wenige Wochen nach der Währungsreform Lieferzeiten von zwölf Monaten und mehr in Anspruch nehmen mußten. Es kam so weit, daß ab 1951 zeitweise tatsächlich Material- und Versorgungsschwierigkeiten entstanden, von denen freilich der Bürger im einzelnen kaum jemals etwas spürte.

Auch bei Daimler-Benz wußte man das durch die Währungsreform eingeleitete »Wirtschaftswunder« bestmöglich zu nutzen. Die Produktionszahlen wuchsen so rapid, daß nach nur zehn Jahren alle in den vorhandenen Betriebsstätten verfügbaren Kapazitäten voll und ganz ausgeschöpft waren. Wer sie miterlebt hat, wird gern an diese gewiß hektische, aber dennoch schöne Zeit zurückdenken. Es wurde hart und viel gearbeitet, aber man tat es gern und war zufrieden. Denn es ging aufwärts, und die Leute wußten damals noch, wie gut sie es hatten, besser als jemals zuvor. Volksverhetzer und Klassenkampfprediger konnten in diesen Aufbaujahren kaum mit Erfolgen rechnen.

Im Aufsichtsrat der Daimler-Benz AG. fanden entscheidende Neubesetzungen statt. Zum 1. Juli 1955 wurden Hermann J. Abs als Vorsitzender sowie Friedrich Flick und Herbert Quandt als dessen Stellvertreter hinzugewählt. Vor dem zweiten Weltkrieg hatte es keine

Person oder Gesellschaft mehr gegeben, die einen größeren Anteil am Geschäftskapital der Firma besaß. Wohl vertrat die Deutsche Bank über Depotstimmen damals zeitweise bis zu 40 Prozent der Aktien, doch dessen ungeachtet war Daimler-Benz eine reine Publikumsgesellschaft. Nun aber gehörten bereits seit 1951 der Industriellen-Familie Quandt 14 Prozent der Aktien, gekauft noch zu einem für heutige Begriffe lächerlich billigen Preis. Als weiterer Großaktionär trat aber vor allem Dr. Friedrich Flick auf, der 1955 mit 18 Prozent und wenige Jahre später schon mit bis zu 40 Prozent am Aktienkapital teilhatte. Das fortdauernde Aufstocken dieses Besitzes trieb den Kurs der Daimler-Aktie in traumhafte Höhen. Im August 1960 betrug er das Sechzigfache des Nennwertes! Drei der insgesamt zehn Aktionärsitze im Aufsichtsrat von Daimler hielten schließlich Flick und seine Leute besetzt.

Der Konzernherr übte aber nicht nur bei Daimler-Benz, sondern auch bei der damaligen Auto-Union GmbH. bestimmenden Einfluß aus. Als deren DKW-Automobile an Beliebtheit verloren und zunehmend Verluste einbrachten, verlangte und erreichte Flick, daß Daimler-Benz per 1. Januar 1959 die Auto-Union übernahm. Deren Produktion konzentrierten die Stuttgarter 1961 im Werk Ingolstadt und verlegten 1962 in das freigewordene Werk Düsseldorf die Herstellung der eigenen Transporter-Baureihe, die, erst im September 1955 auf den Markt gebracht, so rasch anwuchs, daß Untertürkheim und Sindelfingen dringend davon entlastet werden mußten. Nachdem das DKW-Geschäft trotz neuer Typen und rationalisierter Fertigung weiterhin nur schleppend lief, leitete Daimler mittels eines bereits vorhandenen, ursprünglich für einen ganz anderen Zweck vorgesehenen Motors sowie durch die Abstellung einiger hervorragender Konstrukteure den Übergang vom aussichtslos gewordenen DKW-Zweitakter zum erfolgversprechenden Audi-Viertakter ein. Noch vor Abschluß dieser Prozedur freilich verkaufte Daimler Anfang 1965 die ungeliebte Tochter Auto-Union an den Volkswagen-Konzern, behielt dabei aber deren Auslandsbeteiligungen sowie vor allem das Werk Düsseldorf. Nur ungern hatte sich Daimler einstmals auf die von Flick gewünschte Übernahme der Auto-Union eingelassen, doch unter dem Strich wurde das Zwischenspiel zu einem glänzenden Geschäft!

Der Erlös aus dem Verkauf der Auto-Union wurde für die 1962 begonnene Errichtung des neuen, gegenüber Karlsruhe gelegenen Lastwagenwerks Wörth am Rhein mitverwendet. In dieser riesigen Anlage fand hinfort die Endmontage aller leichten, mittleren und schweren Lastwagen statt. Was sich im Personenwagenbau schon seit Jahren bewährt hatte, wurde damit auch im Lastwagenbereich eingeführt, nämlich die Trennung der Aggregate-Fertigung von der Montage. Die so erreichte Großserienfabrikation brachte Kostenvorteile und ermöglichte darüber hinaus die raschere Anpassung an wechselnde Bedürfnisse des Marktes. Weil allerdings das Lastwagengeschäft im Inland schon damals kaum noch Zuwachs erhoffen ließ, mußte die Mehrproduktion künftig im nicht minder schwierigen Export untergebracht werden. Daß und wie dies gelang, ist ein Schulbeispiel für die erfolgreiche Arbeit eines freien Privatunternehmens. Jedenfalls handelt es sich beim Lastwagenwerk Wörth um die wichtigste Investition der Daimler-Benz AG. seit 1945 bis heute.

Die Ertragskraft und Gesundheit der Gesellschaft erlaubte es, daß außerdem 1965 die Maschinenfabrik Esslingen erworben und in den Fertigungsbereich des Stammwerks Untertürkheim einbezogen werden konnte. Überdies hatte man zuvor bereits mehrere kleinere Betriebe vereinnahmt, so 1960 die Horex-Motorradfabrik in Bad Homburg, eine Baumwollspinnerei bei Esslingen und einen Hallenkomplex in Hedelfingen. 1968 kaufte Daimler die Mehrheit der Ernst Heinkel AG. und damit hauptsächlich deren Betrieb in Stuttgart-Zuffenhausen.

Auch für eine kräftige Ausweitung der Motorenherstellung, soweit sie nicht zum Automobilbau gehörte, wurde bei der Daimler-Benz AG. gesorgt. 1960 erfolgte die Beteiligung und 1966 die mehrheitliche Übernahme der Firma Maybach in Friedrichshafen. Alle Großmotoren wurden von da an am Bodensee gefertigt, wozu Daimler auch das frühere Dornier-Gelände in Manzell aufgekauft hatte. Die neue Firmengruppe wiederum betrieb mit der Gründung der Motoren- und Turbinen-Union (MTU) die Zusammenarbeit mit der MAN auf dem Gebiet der Flugzeug-Gasturbinen und der Hochleistungs-Dieselmotoren. An der MTU-München waren Daimler-Benz und MAN je zur Hälfte beteiligt, ehe sie im März 1985 von den Stuttgartern zu 100 % übernommen wurde. Bei der MTU-Friedrichshafen verblieben 16 % des Kapitals bei den Familien Maybach und Zeppelin.

Der größte Zukauf schließlich fand Anfang 1968 statt, als Daimler-Benz von den Rheinischen Stahlwerken (Rheinstahl) die Lastwagenfabriken Hanomag und Henschel übernehmen konnte. Sie wurden ab Frühjahr 1970 in Hanomag-Henschel-Fahrzeugwerke GmbH (HHF) umbenannt und als sogenannter »zweiter Vertriebsweg« weitergeführt. Doch schon 1974 verschwanden die alten Marken und ab Jahresende 1977 gehörten die Werke Bremen, Harburg und Kassel auch dem Namen nach zur Daimler-Benz AG. Das einstige Kasseler Henschel-Lastwagenwerk stellt heute Achsen für alle Nutzfahrzeuge des Konzerns her und montierte jahrelang die schweren Hauben-Lastwagen für den Export. Das frühere Tempo-Werk in Hamburg-Harburg produziert Fahrzeuggestelle und Gelenkwellen. Das Werk Bremen-Sebaldsbrück, 1938 hochmodern errichtet und nach dem Krieg wiederaufgebaut, war einstmals Stolz und Mittelpunkt der Firma Borgward. Nach deren Pleite übernahm Hanomag 1961 die Anlagen und verlegte dorthin die eigene Lastwagenproduktion. 1965 kaufte die nunmehrige Rheinstahl-Hanomag AG. das Tempo-Werk in Hamburg-Harburg und überführte dessen Kleintransporter-Fertigung ebenfalls nach Bremen. Als das Werk schließlich in den Besitz der Daimler-Benz AG. überging, stellte diese den Bau der Hanomag-Lastwagen ein, ließ aber zunächst die Kleintransporter unter dem eigenen Markenzeichen weiterlaufen, weil solche Fahrzeuge im seitherigen Lieferprogramm sowieso noch fehlten. Im Mai 1977 brachte Daimler dann eine völlig neue Reihe leichter Transporter eigener Konstruktion auf den Markt. Auch deren Herstellung erfolgte zunächst in Bremen, aber sie wurde etappenweise bis Mitte 1984 in das Werk Düsseldorf verlegt. Bremen nämlich ist neben Stuttgart als zweiter Schwerpunkt für den Personenwagenbau vorgesehen. Schon seit 1978 läuft dort die T-Reihe, also der von der mittelgroßen Limousine abgeleitete Kombi. 1979 lieferte Bremen bereits 30 000 Wagen dieser Ausführung, außerdem damals noch 50 000 Leichttransporter. Als Hauptaufgabe für Bremen aber ist die Großserienproduktion des kompakten Typs 190 geplant. Die erforderlichen Ausbaumaßnahmen wurden eine Zeitlang durch Bürgerinitiativen blockiert, für die jedoch der Umweltschutz offenbar mehr einen Vorwand als ein Anliegen bedeutet. Das führte dazu, daß die Produktion des völlig neuen Typs 190 Ende 1982 zunächst in Stuttgart anlief und nun wohl auch zum Teil dort verbleiben wird.

Überraschung in der Öffentlichkeit und viel Kritik löste Ende 1974 die sensationelle Nachricht aus, daß die Erben des im Jahr 1967 mit seinem Flugzeug tödlich abgestürzten Harald Quandt ihre 14 Prozent Anteile am Kapital der Daimler-Benz AG. dem Ölscheichtum Kuwait überlassen hatten. Der Wert des Pakets (nominell 165 Millionen DM) betrug etwa 1 Milliarde = 1000 Millionen DM. Notwendig geworden war der Verkauf zwecks Regelung der Erbschaftssteuern, wobei vorher jahrelange Angebote des Paketes an deutsche Großanleger wegen des zu hohen Preises scheiterten. Die Verwaltung des nunmehrigen Kuwait-Besitzes verblieb jedoch in Deutschland, nämlich bei der Dresdner Bank. Das eröffnete insofern einen beachtenswerten Aspekt, als bis dahin außer der Deutschen Bank keine andere Großbank bei Daimler engagiert war. Längst freilich bietet die Teilhabe der Araber an dem renommierten deutschen Unternehmen keinen Grund mehr zur Aufregung, nachdem sich in der zwischenzeitlichen Praxis die damalige Erklärung bestätigt hat, daß keineswegs eine unternehmerische Betätigung, sondern lediglich die Vermögensanlage angestrebt sei.

Freilich verschwand die Quandt-Kuwait-Geschichte hauptsächlich deshalb so rasch aus den Schlagzeilen, weil sich das interessierte Publikum nur sechs Wochen später mit einem viel dickeren Hund konfrontiert sah. Mitte Januar 1975 verkaufte der Flick-Konzern 29 Prozent der Anteile an Daimler-Benz für knapp zwei Milliarden DM an die Deutsche Bank, die damit vorübergehend 57,5 Prozent des Aktienkapitals hielt. Zehn Prozent verblieben bei Flick. Man vermutete, daß ähnlich wie im Fall Quandt auch hier Auseinandersetzungen unter den Erben des im Sommer 1972 verstorbenen Konzern-

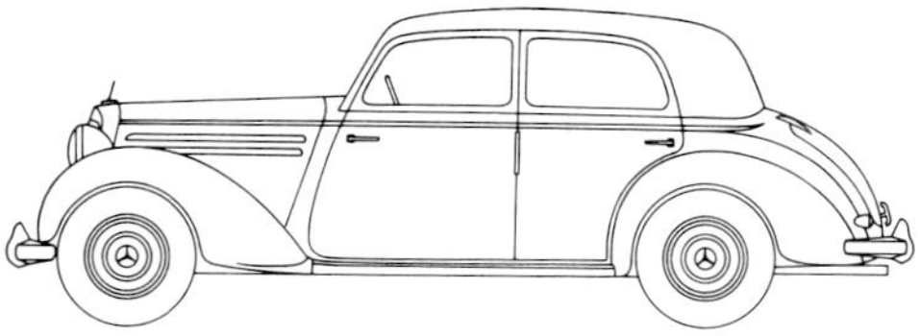

Mercedes-Benz Typ 170 S Limousine 1949

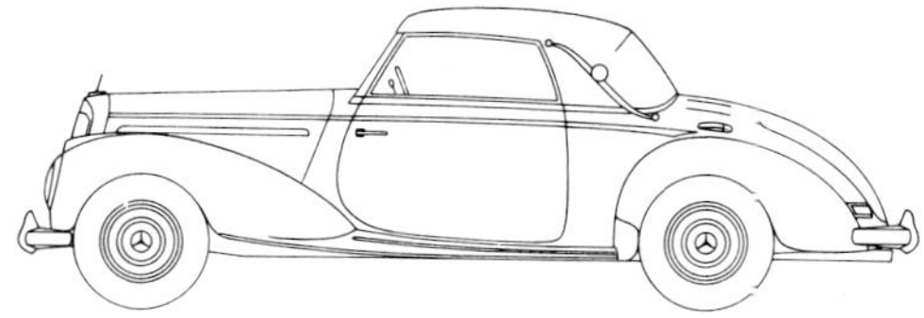

Mercedes-Benz Typ 220 Cabriolet A 1951

Mercedes-Benz Typ 300 Limousine 1951

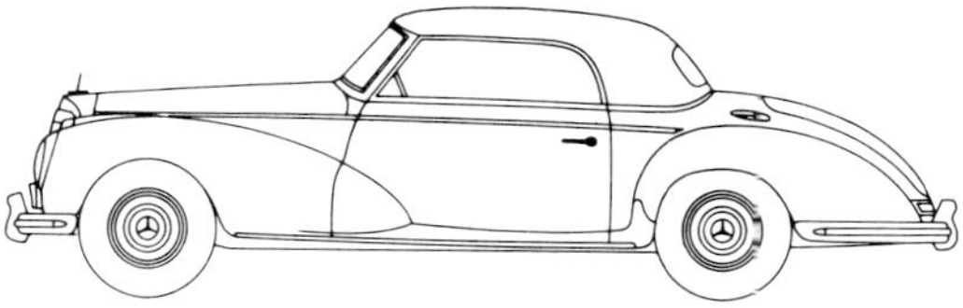

Mercedes-Benz Typ 300 S Coupé 1952

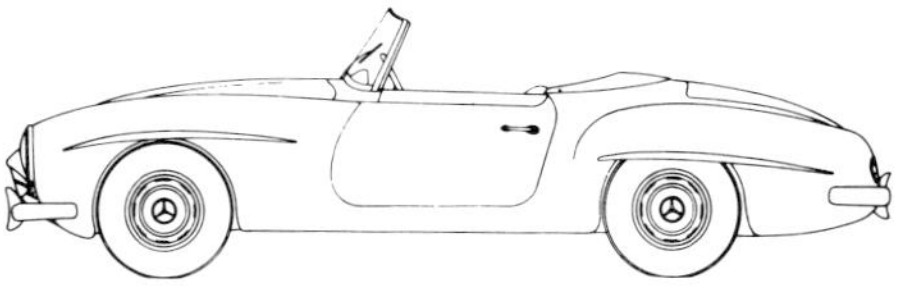

Mercedes-Benz Typ 190 SL Roadster 1955

Mercedes-Benz Typ 300 SL Coupé 1954

Mercedes-Benz Typ 180/180 D Limousine 1953

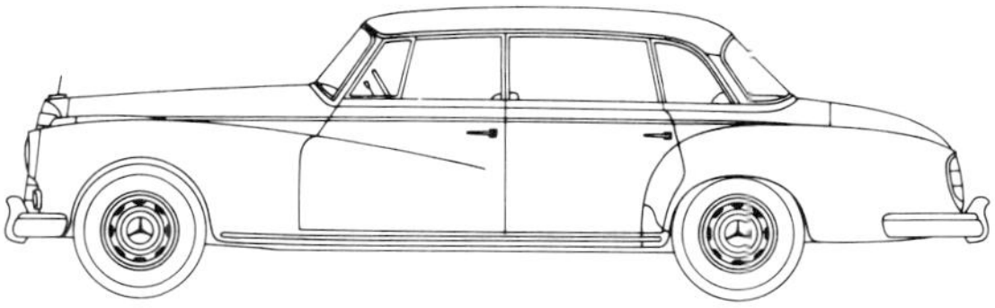

Mercedes-Benz Typ 300 d Limousine 1957

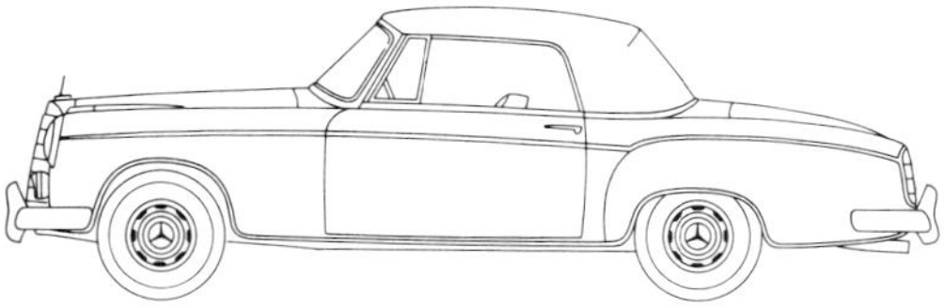

Mercedes-Benz Typ 220 SE Coupé 1958

Mercedes-Benz Typ 220 S Limousine 1956

Mercedes-Benz Typ 190 c Limousine 1961

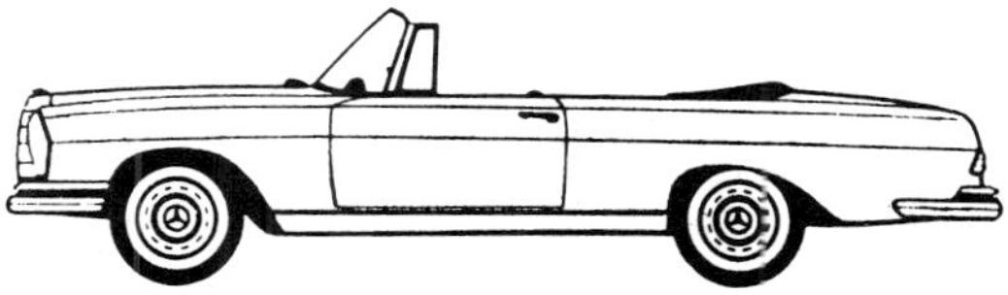

Mercedes-Benz Typ 220 SE Cabriolet 1961

gründers Dr. Friedrich Flick zur Notwendigkeit des Verkaufs führten. Nachdem sich aber bald herausgestellt hatte, daß von Liquiditätsschwierigkeiten überhaupt keine Rede sein konnte, lag das Motiv für den Verkauf vermutlich ganz einfach darin, daß man noch rechtzeitig Kasse machen wollte. Die zu jener Zeit von sozialistischen Systemveränderern heftig geschürte Autoverteufelung erweckte in der Tat den Eindruck, als ob die Automobilindustrie am Ende der Fahnenstange angelangt sei. Nachdem es erfreulicherweise doch anders kam, weil sich Verstand und Leistung gegen eine wirtschaftsschädliche Ideologie durchzusetzen vermochten, hätte sich rückblickend das Haus Flick den Aktienverkauf samt den Problemen der Wiederanlage, der Versteuerung und den bis heute fortdauernden Aufregungen wohl ganz gewiß erspart. Die Fehlspekulationen und Kunstfehler, die da in unschuldiger Naivität passierten, wären zu Zeiten des Vaters Flick unvorstellbar gewesen.

Der Deutschen Bank und ihrem damaligen Vorstandsvorsitzenden Franz Heinrich Ulrich, der seit 1970 als Nachfolger von Dr. Hermann J. Abs auch den Vorsitz im Aufsichtsrats von Daimler-Benz innehatte, ist es hoch anzurechnen, daß er gerade noch im letzten Augenblick das Flick-Paket »gerettet« hat. Schon war der Schah von Persien im Begriff, den gesamten 39prozentigen Kapitalanteil von Flick und dazu gegen ein stattliches Aufgeld die Beteiligung des Kuwait zu holen, um sich bei Daimler-Benz die absolute Mehrheit zu verschaffen. Die Folge wäre gewesen, daß Abgesandte des Ayatollah Khomeini längst die Geschicke der ältesten Automobilfabrik der Welt bestimmen könnten. – Ulrich war es übrigens auch, der Dr. Friedrich Karl Flick, den Sohn des genialen Konzerngründers, dazu überredete, wenigstens zehn seiner 39 Prozent Kapitalanteile zu behalten, weil andernfalls selbst für einen Riesen wie die Deutsche Bank der Brocken vielleicht doch zu groß geraten wäre.

Andererseits bestand bei der Deutschen Bank von vornherein keine Absicht, die neu hinzugekommenen Flick-Aktien selbst zu behalten. Das Institut gründete deshalb im Dezember 1975 die Mercedes Automobil Holding AG. und dieser nachgeordnet die Stern sowie die Stella Automobil-Beteiligungs-GmbH. Die Konstruktion einer doppelstöckigen Holding bezweckte durch Ausnützung des Schachtelprivilegs den Schutz vor steuerlicher Übervorteilung. Im übrigen bestand der Sinn des Unternehmens darin, die ehemaligen Flick-Aktien weit gestreut unter das Volk zu bringen. Dies gelang über Erwarten gut: Innerhalb von zwei Tagen waren die neuen Holding-Aktien glatt plaziert! – Seit 1976 verteilt sich das Grundkapital von Daimler-Benz ungefähr wie folgt: Deutsche Bank 28 Prozent, Mercedes Holding 26 Prozent, Kuweit 14 Prozent, Flick 10 Prozent, Bosch und Siemens je etwa 2 Prozent, Rest von etwa 18 Prozent im Streubesitz von schätzungsweise 60 000 freien Aktionären. Die Mercedes Holding vertritt ihrerseits etwa 50 000 Kleinaktionäre.

Im Dezember 1985 hat F.K. Flick seinen gesamten Aktienbesitz an die Deutsche Bank veräußert, die ihrerseits den damit erworbenen 10 %-Anteil an Daimler-Benz umgehend und mühelos an der Börse unterbrachte.

Seit Mitte 1985 ist Daimler-Benz mit 65,5 % an der Dornier GmbH. beteiligt, die 9000 Mitarbeiter zählt und hauptsächlich in der Luft- und Raumfahrt, aber auch auf anderen zukunftsträchtigen Gebieten tätig ist.

Im Februar 1986 schließlich übernahm Daimler-Benz für etwa 1,6 Milliarden DM mit 56 % die Kapitalmehrheit des Elektrokonzerns AEG. Sinn dieses Geschäfts war die Erschließung neuer Anwendungsbereiche der Hochtechnologie sowie ganz allgemein die Verbreiterung der Unternehmensbasis.

Während das Unternehmen seit der Fusion im Jahre 1926 bis zur Mitte des zweiten Weltkriegs von einem einzigen Mann, nämlich Dr. Wilhelm Kissel, souverän beherrscht, geführt und geprägt wurde, bekleidete und wollte vielleicht auch keiner seiner Nachfolger mehr eine ähnlich dominierende Position. Am ehesten hätte es wohl Dr.-Ing. Wilhelm Haspel † (Generaldirektor von 1942 bis 1952) in normalen Zeiten dem Vorgänger gleichgetan, zumal er vom Anfang seiner Laufbahn an zu den engsten Mitarbeitern Kissels gehört hatte und mit dessen Führungsstil vertraut war. Aber unter den Zwängen der sich immer mehr verschlechternden

Automobil-Produktion der Daimler-Benz AG. seit 1945 (ohne Ausland)

	Personenwagen (und davon abgeleitete Liefer-, Kranken- und Polizeiwagen)	**Geländewagen** (G-Reihe)	**Transporter**	**Lastwagen**	**Klein-Omnibusse**	**Groß-Omnibusse**	**Unimog**	**MB – trac**	**Lastwagen-Teilesätze**	**Omnibus-Teilesätze**
1945	–			1 037						
1946	214			2 019						
1947	1 045			2 406						
1948	5 116			4 688		82				
1949	17 417			5 517		398				
1950	33 906			6 914		1 532				
1951	42 222			11 140		1 081	1 005			
1952	36 824			13 447		1 592	3 799		980	
1953	34 975			12 279		2 173	1 753		480	
1954	48 816			13 415		2 161	2 544		974	
1955	63 683			17 997		2 296	4 727		4 648	
1956	69 601		1 037	20 200	In Zahl der »Transporter« enthalten (1956–1968)	2 035	4 999		10 104	
1957	80 899		6 438	17 256		2 922	5 940		12 092	150
1958	99 209		9 209	17 785		3 263	5 391		20 490	1 344
1959	108 440		8 092	23 945		3 364	6 766		19 324	1 097
1960	122 684		8 209	30 412		4 153	9 450		20 400	336
1961	137 431		8 901	28 929		4 182	9 826		25 344	1 296
1962	146 393		10 140	29 882		4 196	10 514		17 868	1 286
1963	153 182		13 373	33 503		3 778	10 358		18 898	–
1964	165 532		14 609	33 805		3 451	9 596		27 723	536
1965	174 007		13 784	36 758		3 560	8 882		26 222	812
1966	191 625		13 483	41 424		4 548	9 339		40 071	1 542
1967	200 470		14 895	31 533		4 802	6 416		34 251	2 182
1968	216 284		17 297	41 960		6 035	8 368		38 961	3 326
1969	256 713		24 055	52 988	2 791	8 296	12 292		46 643	4 010
1970	280 419		25 672	65 254	4 061	9 531	12 185		28 652	3 676
1971	284 230		29 922	63 459	2 804	8 047	8 290		26 160	2 608
1972	323 878		41 072	63 070	3 698	10 997	7 393		29 204	4 472
1973	331 682		51 498	72 962	5 088	12 100	7 291	520	30 310	2 920
1974	340 006		50 782	81 548	6 605	13 726	9 044	1 100	32 594	1 414
1975	350 098		53 396	105 762	6 572	13 344	5 986	1 468	24 488	2 500
1976	370 348		71 784	98 832	7 425	12 824	7 671	2 093	20 836	5 216
1977	401 255		70 615	95 543	4 421	11 595	7 395	2 150	37 838	6 344
1978	393 203		73 814	81 777	1 657	8 210	7 302	1 998	29 240	9 919
1979	421 159	2 508	80 085	90 008	1 763	8 529	8 149	2 001	32 238	5 927
1980	429 078	6 667	83 977	99 501	1 841	9 643	8 201	1 799	8 300	9 515
1981	440 778	6 455	69 357	107 142	2 335	9 647	7 817	2 113	2 912	7 706
1982	458 345	6 566	64 473	101 446	1 466	7 925	10 497	2 703	2 200	6 882
1983	476 183	5 662	63 050	75 845	908	7 123	7 100	3 700		
1984	478 349	5 532	60 717	68 008	901	5 186	6 108	3 082		

Kriegslage und des anschließenden Wiederaufbaus hatte Dr. Haspel wenig Gelegenheit, eigenwillige Intentionen durchzusetzen. Seinem Nachfolger Heinrich Wagner † waren nur zehn Monate »Regierungszeit« beschieden. Ihm folgten Dr. Fritz Koennecke † (Generaldirektor von 1953 bis 1960) und der österreichische Baurat h. c. Walter Hitzinger † (Generaldirektor von 1961 bis 1966). Beide strebten danach, die Personenwagen aus Stuttgart rar und teuer zu halten. Lange Lieferfristen galten ihnen als Ergebnis einer klugen Geschäftspolitik.

Erst der Finanzexperte Professor Dr. jur. Joachim Zahn (Vorstandsvorsitzender von 1966 bis 1979) bracht wieder mehr Schwung in das Unternehmen. Vor allem sorgte er für einen überproportionalen Anstieg der Automobilproduktion seines Hauses. Sie betrug von 1965 bis 1978 bei den Personenwagen plus 12 % gegenüber plus 4,3 % und bei den Nutzfahrzeugen sogar plus 175 % gegenüber plus 22 % im Durchschnitt aller deutscher Hersteller. Die Absicherung des Wachstums erfolgte durch verstärkten Ausbau der Auslandsbasis, so durch die Übernahme der unternehmerischen Verantwortung bei Mercedes-Benz Argentina (1960), bei Mercedes-Benz do Brasil (1967), durch eigene Vertriebsgesellschaften in den USA (1964), Frankreich (1969), Großbritannien (1974) und für Nutzfahrzeuge in Italien (1973). Nächster Vorsitzender des Vorstands der Daimler-Benz AG. war von 1980 bis 1983 Dr. jur.

Bilanz-Entwicklung des Gesamtunternehmens (alle Zahlen: Millionen DM)

	Grund-Kapital	Inland-umsatz	Ausland-umsatz	Gesamt-umsatz	Investitionen	Jahres-überschuß	Ausschüttung
1950	72	435	67	502	41	4,6	3,6
1955	72	925	510	1 435	78	8,9	7,2
1960	270	1 444	1 027	2 471	185	131	32
1965	507	2 822	1 653	4 475	467	155	85
1970	761	6 473	5 202	11 675	967	246	141
1975	1 189	8 102	10 149	19 051	1 096	310	202
1980	1 529	13 855	17 199	31 054	2 140	1 102	297
1982	1 529	13 316	25 589	38 905	3 626	921	350
1984	1 699	14 682	28 823	43 505	3 592	1 104	356

Gerhard Prinz †, vorher Chefeinkäufer des Unternehmens und einstens Vorstandsvorsitzender von Audi-NSU. Ein früher Tod ereilte ihn im Alter von nur 55 Jahren.

Am 1. Dezember 1983 wurde Professor Dipl.-Ing. (und seit Mai 1984) Dr.-Ing. E. h. Werner Breitschwerdt zum Vorsitzenden des Vorstands gewählt. Geboren 1927 in Stuttgart, war er 1953 in die Firma eingetreten, wurde 1960 Leiter des Konstruktionsbüros für Pkw-Aufbauten, übernahm 1974 den Verantwortungsbereich Entwicklung Pkw-Aufbauten, wurde 1977 stellvertretendes und 1979 ordentliches Vorstandsmitglied, zuständig für die Forschung und Entwicklung des gesamten Unternehmens. Seine Ernennung zu dessen obersten Chef bedeutete insofern eine Überrraschung, weil bisher für diese hervorgehobene Position Persönlichkeiten mit kaufmännischer Bewährung bevorzugt worden waren. Es ist erfreulich, daß nun auch einmal ein Repräsentant der Technik zum Zuge kam.

Freilich besaß die Technik bei Daimler-Benz immer einen hohen Stellenwert, was hier die bekanntesten Namen auf dem Personenwagengebiet belegen sollen:

- Professor Dr.-Ing. E. h. Fritz Nallinger (Chefingenieur bis 1965)
- Max Wagner (Leiter der Pkw-Konstruktion bis 1951)
- Professor Dr.-Ing. Dr.-Ing. E. h. Hans Scherenberg (Leiter der Pkw-Konstruktion 1952–1956, Chefingenieur 1965–1977)
- Dipl.-Ing. Josef Müller (Leiter der Pkw-Konstruktion 1956–1967)
- Dr.-Ing. E. h. Dipl.-Ing. Rudolf Uhlenhaut (Leiter des Pkw-Versuchs bis 1972)
- Dr.-Ing. E. h. Karl Wilfert (Entwicklung Pkw-Aufbauten bis 1973)
- und schließlich Professor Breitschwerdt, der jetzige Vorstandsvorsitzende.

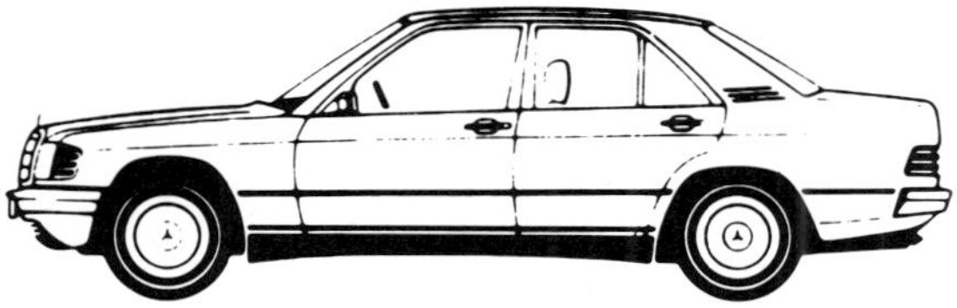

Mercedes-Benz Typ 190 (1982)

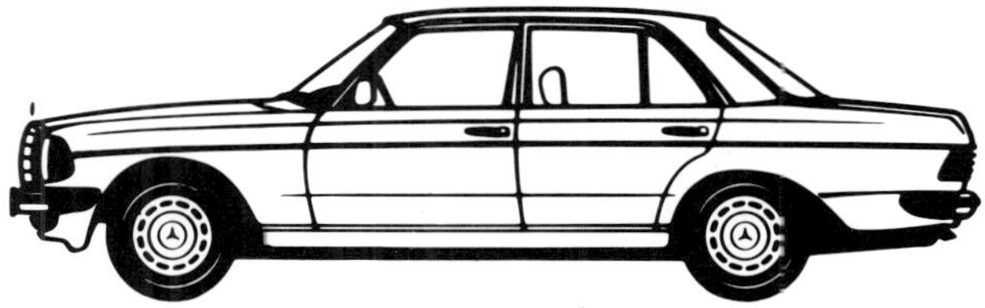

Mercedes-Benz Typ 230 (1979)

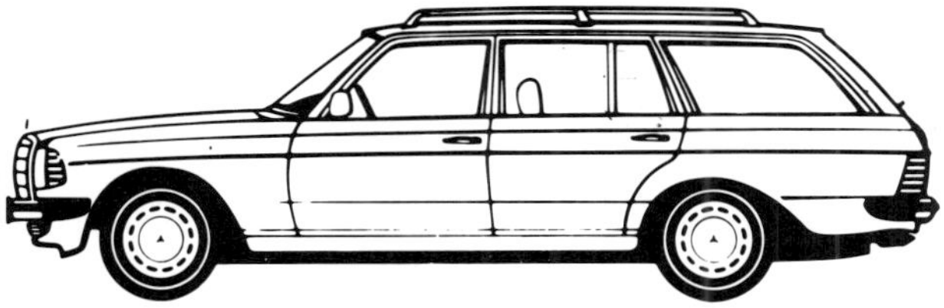

Mercedes-Benz Typ 240 TD (1978)

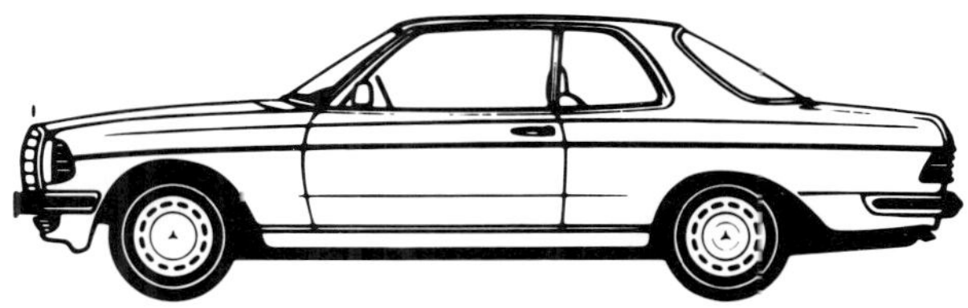

Mercedes-Benz Typ 280 CE (1976)

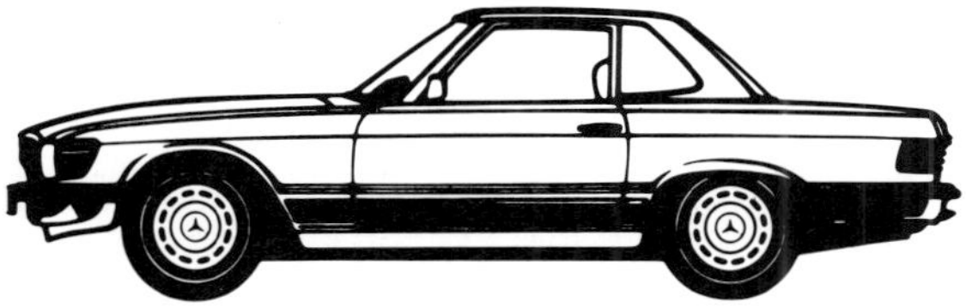

Mercedes-Benz Typ 280 SL (1974)

Mercedes-Benz Typ 280 S (1979)

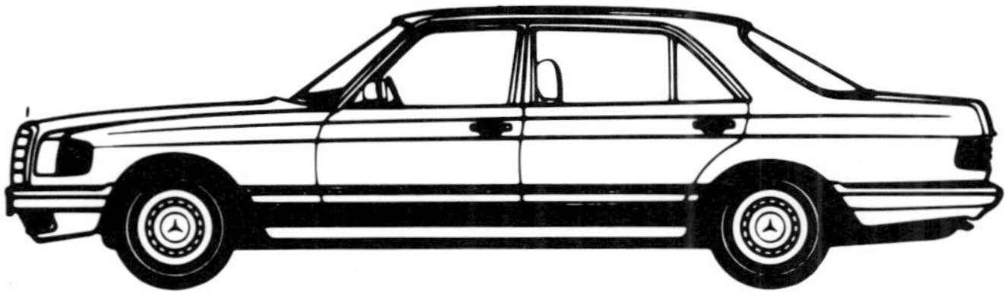

Mercedes-Benz Typ 500 SEL (1979)

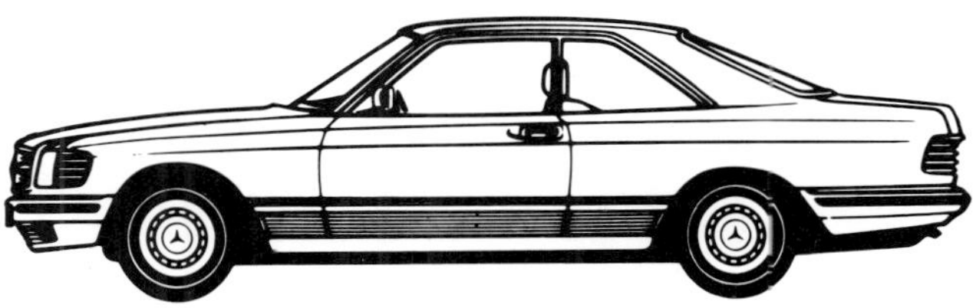

Mercedes-Benz Typ 500 SEC (1981)

Die Daimler-Benz AG. gedieh mittlerweile zum umsatzstärksten Automobilunternehmen Europas. Die Investitionen im Konzern liegen jetzt jährlich bei über drei Milliarden DM. Trotzdem werden bei der Firma Größe und Wachstum keineswegs als Selbstzweck betrachtet. Alles Handeln wird vielmehr bestimmt vom ständigen Ringen um das Bessere oder das Beste. Vorrang hat die Wertbeständigkeit, die Qualität vor der Quantität, die Liebe zum Detail, das Augenmaß für eine möglichst harmonische Entwicklung auf allen Arbeitsgebieten. Moderne und ausgereifte Technik, die konstruktive Ausgewogenheit von Sicherheit, Fortschritt, Lebensdauer und Wirtschaftlichkeit sind die Grundlagen

Zahl der Mitarbeiter

Jahresende	**1950**	**1955**	**1960**	**1965**	**1970**	**1975**	**1980**	**1984**
Zentrale Untertürkheim	864	1 724	3 213	3 903	5 613	6 533	8 810	9 931
Werk Untertürkheim	7 447	10 805	14 049	15 663	20 633	22 095	25 565	27 215
Werk Sindelfingen	9 444	12 504	19 620	21 446	26 440	30 955	37 194	41 300
Werk Mannheim	4 422	8 635	11 437	11 681	12 322	12 900	14 619	14 494
Werk Wörth	–	–	–	2 600	6 952	8 687	10 192	10 743
Werk Gaggenau	4 211	5 501	7 605	8 201	6 020	8 680	9 354	9 682
Werk Bremen	–	–	–	–	3 924	4 099	6 515	10 254
Werk Düsseldorf	–	–	–	4 116	4 932	4 401	5 118	6 404
Werk Kassel	–	–	–	–	5 663	3 838	4 341	4 177
Werk Berlin-Marienfelde	553	1 214	1 868	2 621	2 522	2 886	3 252	3 302
Werk Hamburg-Harburg	–	–	–	–	2 184	1 736	2 535	2 479
Werk Bad Homburg	–	–	307	506	613	692	855	893
Hannover	–	–	–	–	1 078	568		
Niederlassungen	3 905	5 843	9 422	11 108	15 059	14 705	17 182	16 375
Daimler-Benz AG.	**30 846**	**46 226**	**67 521**	**81 845**	**116 985**	**122 775**	**145 532**	**157 249**
Daimler-Benz Konzern								
Ausland						26 597	37 209	41 829
Inland						123 145	146 323	158 043
Gesamtzahl					**144 372**	**149 742**	**183 532**	**199 872**

einer erfolgreichen Modellpolitik. Seit jeher pflegt Daimler-Benz die Vielseitigkeit und Breite des Produktionsprogramms. Umfassend angelegt und zukunftsorientiert ist deshalb die Forschungs- und Entwicklungsarbeit. Allein hierfür werden jährlich rund 1,4 Milliarden DM aufgewendet.

Automobile mit dem Mercedes-Stern sind auf allen Straßen der Welt unterwegs. Fast die Hälfte der Personenwagen und ein noch größerer Anteil der im Inland hergestellten Nutzfahrzeuge werden exportiert, wobei die Schwerpunkte in Westeuropa, in Nordamerika sowie im Nahen und Mittleren Osten liegen.

Zur Betreuung der Mercedes-Benz Personenwagen und Nutzfahrzeuge stehen im Inland rund 1150 Stützpunkte zur Verfügung. Welches Potential in dieser Organisation steckt, verdeutlicht die Zahl der etwa 54 000 hier Beschäftigten. Im Ausland ist Daimler-Benz in rund 170 Ländern mit 4800 Stützpunkten vertreten, in denen 71 000 Leute arbeiten. Für die Betreuung der Kunden in aller Welt sind somit 125 000 Menschen tätig, etwa genauso viele wie in allen inländischen Produktionsbetrieben.

Ein riesiger Stab tüchtiger Ingenieure und Kaufleute sowie ein Heer bewährter Facharbeiter sorgen für Spitzentechnik und Qualität, begründen den internationalen Ruf und den weltweiten Erfolg der Marke Mercedes-Benz.

Mercedes-Benz Typ 170 V (1946 – 1953)
Mercedes-Benz Typ 170 D (1949 – 1953)

Daimler-Benz nahm die Produktion von Personenwagen nach dem zweiten Weltkrieg mit dem bereits von 1936 bis 1942 gebauten Typ 170 V wieder auf. Unter größten Schwierigkeiten – es mangelte an Facharbeitern, an Eisen und Rohmaterial, an Kohle und Strom – kam der Betrieb in Untertürkheim langsam in Gang. Im Februar 1946 hatte man den ersten Nachkriegsmotor fertig, von dem man es im gleichen Jahr noch auf ganze 737 Stück brachte. Im Mai 1946 erfolgte, noch in Untertürkheim, die Endmontage des ersten Fahrzeugs. Hergestellt wurden zunächst nur Lieferwagen in geringer Stückzahl, deren zeitgemäß primitive Aufbauten die Stuttgarter Karosseriefabrik Hägele lieferte. 1650 solcher Kasten-, Kranken-, Pritschen- und Polizeistreifenwagen wurden bis Februar 1949 hergestellt.

Im Juli 1947 konnte auch die Produktion der normalen Viertüren-Limousine wieder beginnen. (Sie war zu diesem Zeitpunkt hauptsächlich deshalb schon möglich, weil die große Tiefziehpresse in Sindelfingen den Krieg fast unbeschädigt überstanden hatte.) Die Limousine wurde nun in Ganzstahlbauweise hergestellt, weshalb die zahlreichen anderen Modellvarianten des Typs 170 V entfielen, die es vor dem Krieg gegeben hatte. Ansonsten entsprach die Viertüren-Limousine, von unbedeutenden Einzelheiten abgesehen, dem Vorkriegsmodell. Sonderausstattungen gab es zunächst noch keine, außerdem war der Wagen nur in schwarzer oder grauer Farbe lieferbar. Bis zur Währungsreform galt der behördlich festgesetzte Höchstpreis von RM 6200,–, während einigermaßen gut erhaltene Vorkriegs-170 V mindestens den doppelten Betrag kosteten. Erst mit der Währungsreform entstanden realistische Neu- und Gebrauchtwagenpreise. Die Produktion der Limousine in der ersten Ausführung endete im Mai 1950.

Mit Beginn der Limousinen-Fertigung trat übrigens eine entscheidende Änderung im Fabrikationsablauf ein. Während früher der 170 V (und die anderen dort gebauten Typen) in Untertürkheim fertiggestellt wurde, verlegte man nunmehr (ursprünglich als Notmaßnahme) die Endmontage nach Sindelfingen, um den Transport der sperrigen Karosserien zu vermeiden. Dabei ist es geblieben, so daß die Endmontage der in Stuttgart gebauten Personenwagen auch heute noch in Sindelfingen stattfindet.

Seit Mai 1949 gab es auch den Typ 170 D, der bis auf den Dieselmotor genau dem Typ 170 V entsprach und äußerlich nur durch das laute Motorengeräusch von diesem unterschieden werden konnte.

Produktion	**1946**	**1947**	**1948**	**1949**	**1950**	**1951**	**1952**	**1953**		
170 V										
Kastenwagen 0,75 t										552
Pritschenwagen 0,75 t	183	464	616	387					**1 650**	658
Polizeistreifenwagen										440
Krankenwagen	31	200	369						**600**	
Off. Tourenwagen										3
Limousinen		381	4130	12 714	11 876	12 687	3 657	1 637	**47 082**	45 741
Fahrgestelle *)										1 338
Kastenwagen 0,5 t							35		**35**	
170 D										
Polizei-Tourenwagen										530
Limousinen				907	5 609	14 306	7 966	4 519	**33 307**	26 758
Fahrgestelle *)										6 020
Kastenwagen 0,5 t						316	149	50	**515**	
	214	1 045	5 116 **)	14 008	17 485	27 309	11 807	6 206	**83 190**	

*) Fahrgestelle für Kasten-, Kombi-, Kranken-, Taxi-Aufbauten usw. durch Fremdfirmen
**) bis 20. 6. 1948 (Währungsreform): 1304 Wagen

Ab Mai 1950 bis April 1952 lief die Produktion der Typen 170 Va und 170 Da. Merkmale: Größerer Hubraum, mehr Leistung, breitere Hinterspur (schon seit Januar 1950), weichere Federung, Teleskop- statt Kolbenstoßdämpfer, größere Bremsen, Gepäckraum von außen zugänglich, Lüftungsblenden an den Vorderfenstern, Frontscheibe nicht mehr ausstellbar (schon seit März 1950), Lenkspindelrohr, Winkerschaltung mittels Signalring auf dem Lenkrad. Ab August 1950 Einbaumöglichkeit für Autoradio, außerdem Liegesitzbeschläge und Kopfstützen als Sonderausstattung. Ab September 1950 Frontscheibe aus Verbundglas.

Ab Mai 1952 bis September 1953 lief die Produktion der Typen 170 Vb und 170 Db. Merkmale: Nochmals breitere Hinterspur, größere Frontscheibe, verdeckter Wischerantrieb, durchgehende Stoßstangen, glatte Motorhaube.

Nachdem die ersten Lieferwagen mit den primitiven Aufbauten nicht mehr hergestellt wurden, erhielt die Firma Lueg (Bochum) den Auftrag, für Daimler-Benz den Typ 170 V als Krankenwagen zu liefern. Dies geschah bis zum Jahr 1953, wobei die gleiche Rohkarosserie auch für Kasten-, Kombi- und Kundendienstwagen Verwendung fand. Außerdem bauten die Fahrzeugwerke Lueg in ziemlich großer Zahl Sechssitzer-Limousinen als Taxi, die jedoch hauptsächlich nach Dänemark exportiert wurden.

Ab März 1951 bis Mitte 1953 gab es den Typ 170 D auch wieder als Kastenwagen mit Sindelfinger Aufbau, der jedoch weniger geräumig als der Lueg-Aufbau war und sich deshalb nicht zum Ausbau als Krankenwagen eignete.

1951/52 erhielt der damals neu aufgestellte Bundesgrenzschutz 530 offene Polizei-Tourenwagen (OTP) des Typs 170 Da als Erstausstattung. Wieso sich die Beschaffer hier für den Diesel- statt für den Vergasertyp entschieden, bleibt unerfindlich und beruhte vermutlich auf einer völlig falschen Einschätzung der Betriebskosten. Der BGS gab die Fahrzeuge seinerzeit bald an die Bereitschaftspolizeien der Länder ab, wo sie teilweise bis zu 20 Jahre lang zuverlässig ihren Dienst verrichteten. Inzwischen sind diese offenen Autos mit Klappverdeck, nach vorn umlegbarer Frontscheibe und seitlichen Einsteckscheiben zu begehrten Liebhaberstücken geworden. Es blieben nämlich nur mehr ganz wenige Wagen übrig, weil besonders geschäftstüchtige Leute den größten Teil derselben phantasievoll mit Tarnfarben, Balkenkreuzen und taktischen Zeichen bemalten, um sie als angebliche Fahrzeuge der ehemaligen Wehrmacht an gutgläubige Sammler nach Amerika zu verkaufen. Das war ein glänzendes Geschäft, und sicherlich glauben viele der neuen Besitzer heute noch an die Echtheit ihrer viel zu teuer eingekauften Scheinheiligtümer.

Mercedes-Benz Typ 170 V
Fahrgestell

	Mercedes-Benz Typ 170 V Lieferwagen (W 136 I) 1946 – 1949	**Mercedes-Benz Typ 170 V Krankenwagen (W 136 I) 1946 – 1948**	**Mercedes-Benz Typ 170 V Krankenwagen (W 136 I) 1948 – 1950**
Aufbau	Werk Sindelfingen	Werk Sindelfingen	Firma Lueg (Bochum)
Motor	4 Zylinder Vergaser	4 Zylinder Vergaser	4 Zylinder Vergaser
Hubraum	1697 ccm	1697 ccm	1697 ccm
Leistung	38 PS bei 3600 U/min	38 PS bei 3600 U/min	38 PS bei 3600 U/min
Getriebe	4 Gang	4 Gang	4 Gang
Antriebs-Übersetzung	1:4,72	1:4,125	1:4,125
Radstand	2845 mm	2845 mm	2845 mm
Spur vorn/hinten	1310/1330 mm	1310/1296 mm	1310/1296 mm
Reifen	6,50–16	5,50–16	5,50–16
Gesamtmaße	4340 × 1620 × 1850 mm	4340 × 1620 × 1850 mm	4450 × 1620 × 1720 mm
Laderaum	Kastenwagen: 1655 × 1410 × 1000 mm Pritschenwagen: 1685 × 1500 mm	1655 × 1410 × 1000 mm	1910 × 1725 × 900 mm
Wagengewicht (mit Fahrer)	Kastenwagen 1130 kg Pritschenwagen 1090 kg	Krankenwagen 1170 kg	Krankenwagen 1230 kg
Zuläss. Gesamtgewicht	2100 kg	1480 kg	1480 kg
Nutzlast	750 kg	300 kg	250 kg
Höchstgeschwindigkeit	80 km/h	100 km/h	108 km/h
Verbrauch/100 km	11 Liter	11 Liter	11 Liter
Preise	1948/49: Pritschenwagen DM 7 200,– Kastenwagen DM 7 770,–	1948: Krankenwagen DM 8 685,–	1949: Krankenwagen DM 9 700,–

	Mercedes-Benz Typ 170 V Krankenwagen (W 136 VI) 1950 – 1953	**Mercedes-Benz Typ 170 D Krankenwagen (W 136 VI D) 1950 – 1953**	**Mercedes-Benz Typ 170 D Lieferwagen (W 136 VI D) 1951 – 1953**
Aufbau	Firma Lueg (Bochum)	Firma Lueg (Bochum)	Werk Sindelfingen
Motor	4 Zylinder Vergaser	4 Zylinder Diesel	4 Zylinder Diesel
Hubraum	1767 ccm	1767 ccm	1767 ccm
Leistung	45 PS bei 3600 U/min	40 PS bei 3200 U/min	40 PS bei 3200 U/min
Getriebe	4 Gang	4 Gang	4 Gang
Antriebs-Übersetzung	1:4,44	1:4,44	1:4,44
Radstand	2845 mm	2845 mm	2845 mm
Spur vorn/hinten	170 Va: 1310/1342 mm 170 Vb: 1310/1360 mm	170 Da: 1310/1342 mm 170 Db: 1310/1360 mm	170 Da: 1310/1342 mm 170 Db: 1310/1360 mm
Reifen	6,00–16	6,00–16	6,00–16
Gesamtmaße	4450 × 1630 × 1720 mm	4450 × 1630 × 1720 mm	4372 × 1670 × 1610 mm
Laderaum	1910 × 1725 × 900 mm	1910 × 1725 × 900 mm	1780 × 1320 × 880 mm
Wagengewicht (mit Fahrer)	1285 kg	1350 kg	1335 kg
Zuläss. Gesamtgewicht	1605 kg	1655 kg	1800 kg
Nutzlast			465 kg
Höchstgeschwindigkeit	110 km/h	100 km/h	100 km/h
Verbrauch/100 km	11 Liter	8 Liter Diesel	8 Liter Diesel
Preis	Krankenwagen DM 11 850,– In entsprechender Ausführung Kastenwagen DM 10 350,– Kombi DM 11 000,– Außerdem lieferbar: Pullman-Limousine (Taxi) 6 Sitze DM 11 400,–	Krankenwagen DM 12 900,– In entsprechender Ausführung Kastenwagen DM 11 400,– Kombi DM 12 050,– Außerdem lieferbar: Pullman-Limousine (Taxi) 6 Sitze DM 12 450,–	Kastenwagen DM 10 400,–

←
←

Mercedes-Benz Typ 170 V
Pritschenwagen
1946 – 1949

Mercedes-Benz Typ 170 V
Polizei-Streifenwagen
1946 – 1948

Mercedes-Benz Typ 170 V
Kasten-Lieferwagen
1946 – 1949

Mercedes-Benz Typ 170 V
Krankenwagen
Modell 1946/47

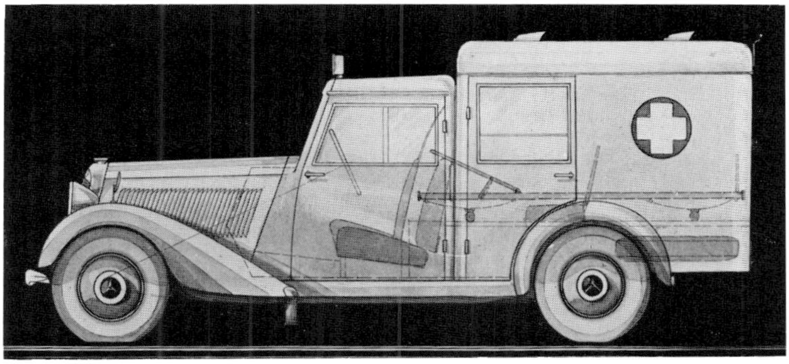

Mercedes-Benz Typ 170 V
Krankenwagen
Modell 1947/48

Motor

Zylinderzahl
Bohrung × Hub
Hubraum
Leistung
Drehmoment
Verdichtung
Vergaser bzw.
Einspritzpumpe
Ventile

Kurbelwellenlager
Kühlung
Schmierung
Batterie

Lichtmaschine
Anlasser

Kraftübertragung
Kupplung
Schaltung
Getriebe
Synchronisierung
Übersetzungen

Antriebs-Übersetzung

Fahrwerk
Vorderradaufhängung
Hinterradaufhängung
Lenkung
Fußbremse

Handbremse
Schmierung

Allgemeine Daten
Radstand
Spur vorn/hinten

Gesamtmaße

Felgen
Reifen
Wendekreis
Wagengewicht
Zuläss. Gesamtgewicht
Höchstgeschwindigkeit
Beschleunigung 0–100 km/h
Verbrauch/100 km
Kraftstofftank

Preise

Mercedes-Benz Typ 170 V (W 136 I) 1947 – 1950	**Mercedes-Benz Typ 170 D (W 136 I D) 1949 – 1950**	**Mercedes-Benz 170 V (W 136 VI) 1950 – 1953**	**Mercedes-Benz Typ 170 D (W 136 VI D) 1950 – 1953**
Daimler-Benz M 136 I	Daimler-Benz OM 636 I	Daimler-Benz M 136 VI	Daimler-Benz OM 636 VI
Vergasermotor	Vorkammer-Dieselmotor	Vergaser	Vorkammer-Dieselmotor
4 (Reihe)	4 (Reihe)	4 (Reihe)	4 (Reihe)
73,5 × 100 mm	73,5 × 100 mm	75 × 100 mm	75 × 100 mm
1697 ccm	1697 ccm	1767 ccm	1767 ccm
38 PS bei 3600 U/min	38 PS bei 3200 U/min	45 PS bei 3600 U/min	40 PS bei 3200 U/min
10 mkg bei 1800 U/min	9,8 mkg bei 2000 U/min	11 mkg bei 1800 U/min	10,3 mkg bei 2000 U/min
1:6 bzw. (ab 1949) 1:6,5	1:19	1:6,5	1:19
1 Steigstromvergaser	Einspritzpumpe Bosch	1 Steigstromvergaser	Einspritzpumpe
Solex 30 BFLVS		Solex 30 BFLVS	
Seitlich stehend	Hängend	Seitlich stehend	Hängend
Seitliche Nockenwelle	Seitliche Nockenwelle	Seitliche Nockenwelle	Seitliche Nockenwelle
Antrieb durch Stirnräder	Antrieb durch Stirnräder	Antrieb durch Stirnräder	Antrieb durch Stirnräder
3	3	3	3
Pumpe, 9 Liter Wasser	Pumpe, 9 Liter Wasser	Pumpe, 9 Liter Wasser	Pumpe, 9 Liter Wasser
Druckumlauf, 4 Liter Öl	Druckumlauf, 4 Liter Öl	Druckumlauf, 4 Liter Öl	Druckumlauf, 4 Liter Öl
6 V 75 Ah	2 × 6 V 75 Ah	6 V 75 Ah	2 × 6 V 75 Ah
(unter Fahrersitz)	(je 1 unter jedem Vordersitz)	(unter Fahrersitz)	(je 1 unter jedem Vordersitz)
130 W	130 W	130 W	130 W
0,6 PS	1,8 PS	0,6 PS	1,8 PS

Antrieb auf Hinterräder, Gelenkwelle einteilig
Einscheibentrockenkupplung
Schalthebel Wagenmitte
4 Gang
I – IV
I. 4,025
II. 2,280
III. 1,420
IV. 1,000
4,125

X-Form-Ovalrohr-Rahmen, Ganzstahlkarosserie
2 Querfedern
Pendel-Schwingachse, Schraubenfedern
Schnecke ZF-Roß (1:14,1)

Hydraulisch	Hydraulisch
Trommel-∅ 240 mm, Bremsfläche 546 cm^2	Trommel-∅ 240 mm, Bremsfläche 736 cm^2
Mechanisch (Seilzug), Hinterräder	Mechanisch (Seilzug), Hinterräder
WV-Eindruck-Zentralschmierung	WV-Eindruck-Zentralschmierung

2845 mm	2845 mm	2845 mm	2845 mm
1310/1296 mm	1310/1296 mm	170 Va: 1310/1342 mm	170 Da: 1310/1342 mm
		170 Vb: 1310/1360 mm	170 Db: 1310/1360 mm
4285 × 1580 × 1610 mm	4285 × 1580 × 1610 mm	4285 × 1630 × 1610 mm	4285 × 1630 × 1610 mm
			Polizei-Tourenwagen (OTP):
			4300 × 1630 × 1650 mm
3,50 D × 16	3,50 D × 16	3,50 D × 16	3,50 D (OTP: 4,00 E) × 16
5,50–16	5,50–16	5,50–16	5,50–16 (OTP: 6,00–16)
11,5 Meter	11,5 Meter	11,5 Meter	11,5 Meter
1160 kg	1250 kg	1185 kg	1250 kg (OTP: 1220 kg)
1480 kg	1540 kg	1505 kg	1565 kg (OTP: 1700 kg)
108 km/h	100 km/h	116 km/h	105 km/h (OTP: 100 km/h)
		Limousine 34 sec	Limousine 50 sec
11 Liter	7,5 Liter Diesel	10 Liter	7,5 (OTP: 8) Liter Diesel
42 Liter (im Motorraum)	37 Liter (im Motorraum)	42 Liter (im Motorraum)	37 Liter (im Motorraum)
Limousine 4 Türen	Limousine 4 Türen	Limousine 4 Türen	Limousine 4 Türen
bis Juni 1948 RM 6200,–	ab Mai 1949 DM 9200,–	170 Va: DM 7400,–	170 Da: DM 8900,–
ab Juli 1948 DM 8180,–	ab Januar 1950 DM 8620,–	170 Vb: DM 7900,–	170 Db: DM 8900,–
ab Mai 1949 DM 7800,–			
ab Januar 1950 DM 7400,–			
Fahrgestell	Fahrgestell	Fahrgestell	Fahrgestell
ab Januar 1950 DM 5500,–	ab Januar 1950 DM 6750,–	170 Va: DM 5500,–	DM 6750,–
		170 Vb: DM 6000,–	

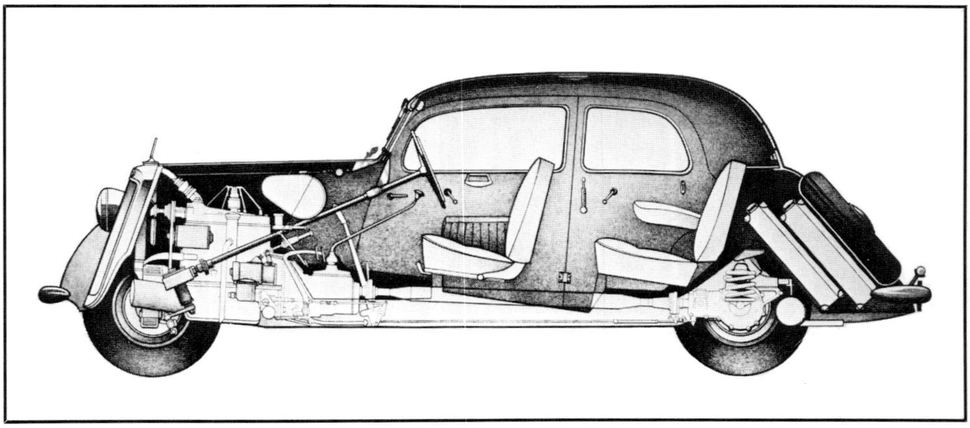

Mercedes-Benz Typ 170 V
Limousine 4 Türen
1947 – 1950

Mercedes-Benz Typ 170 D
Limousine 4 Türen
1949 – 1950

←
←

→
→

Mercedes-Benz Typ 170 Va
Mercedes-Benz Typ 170 Da
Limousine 4 Türen
1950 – 1952

Mercedes-Benz Typ 170 Vb
Mercedes-Benz Typ 170 Db
Limousine 4 Türen
1952 – 1953

→

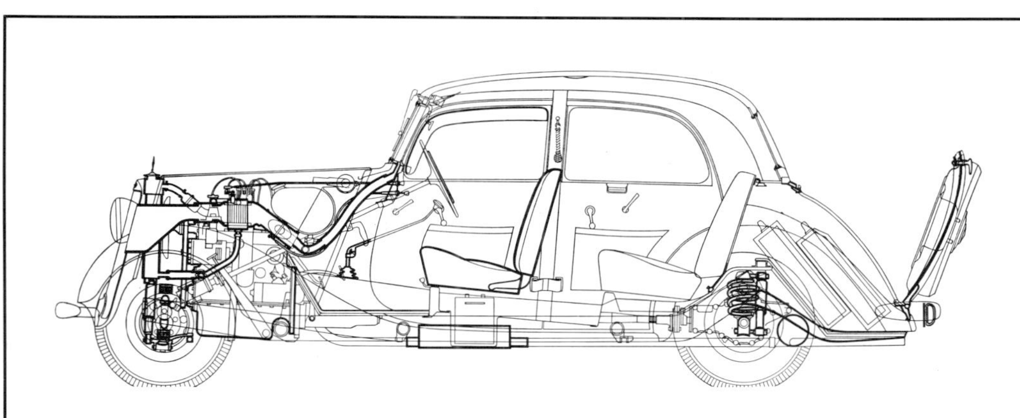

Mercedes-Benz Typ 170 Da
Polizei-Tourenwagen (OTP)
1951 – 1952

←
←
←
←

→

Mercedes-Benz Typ 170 D
Droschken-Limousine 6 Sitze
Aufbau Lueg (Bochum)
1949 – 1953
(nur für Export)

Mercedes-Benz Typ 170 D
Droschken-Limousine 6 Sitze
Feierliche Übergabe des
100. Diesel-Taxis im
Juli 1953 in Kopenhagen

→

→

Mercedes-Benz Typ 170 D
Kasten-Lieferwagen
Aufbau Sindelfingen
1951 – 1953

52490

Mercedes-Benz Typ 170 V
Mercedes-Benz Typ 170 D
Krankenwagen
Aufbau Lueg (Bochum)
Modell 1949 – 1950

←

→

Mercedes-Benz Typ 170 Va
Mercedes-Benz Typ 170 Da
Kombiwagen
Aufbau Lueg (Bochum)
1950 – 1952

Mercedes-Benz Typ 170 Vb
Mercedes-Benz Typ 170 Db
Kombiwagen
Aufbau Lueg (Bochum)
1952 – 1953

→

←

Mercedes-Benz Typ 170 V
Mercedes-Benz Typ 170 D
Krankenwagen
Aufbau Lueg (Bochum)
Modell 1951 – 1953

←

→

→

Mercedes-Benz Typ 170 Vb
Mercedes-Benz Typ 170 Db
Kundendienstwagen
Aufbau Lueg (Bochum)
1952 – 1953

Mercedes-Benz Typ 170 S (1949 – 1953)
Mercedes-Benz Typ 170 DS (1952 – 1953)

Geradezu als ein Symbol des angehenden Wirtschaftswunders erschien im Mai 1949 der Typ 170 S, nicht viel größer, aber deutlich komfortabler und repräsentativer als der Typ 170 V. Es gab damit zum ersten Mal einen Wagen der S-Klasse, deren Größe von da an bis heute ein Maßstab für einen höheren Grad von Wohlstand blieb. Für jüngere Leute ist es vielleicht kaum mehr vorstellbar, daß ein 170 S damals (bis zum Erscheinen des Typs 220) rasch zum bevorzugten Auto der Direktoren und Geschäftsführer, der Vermögenden und Spitzenverdiener wurde. Man lebte und dachte eben noch relativ bescheiden. Und gar der 170 S als Cabriolet A galt als ehrwürdig bewundertes Traumauto, schon wegen seines Preises von fast 16 000 DM für die Begriffe des zeitgenössischen Normalverbrauchers ein unerreichbarer Luxus.

Der Typ 170 S war die Weiterentwicklung des Typs 170 V. Er besaß jedoch eine größere und modernere Karosserie im Stil des Vorkrieg-Typs 230, eine neue Vorderradaufhängung und eine höhere Motorleistung. Die Limousine der ersten Ausführung wurde von Mai 1949 bis Februar 1952 gebaut, die beiden Cabriolets bis November 1951.

Nur mehr als Limousine gab es den, wenn auch von außen gar nicht sichtbar, überarbeiteten Typ 170 Sb von Januar 1952 bis August 1953. Seine besonderen Merkmale: Lenkradschaltung, bessere Heizung, Hypoid-Hinterachse, Nockenwellen-Antrieb durch Kette, breitere Spur, Knopf-Anlasser am Armaturenbrett. Der verfeinerte Typ 170 Sb blieb immer noch ein Auto von hohem Prestigewert.

Parallel zum Typ 170 Sb gab es ebenfalls von Januar 1952 bis August 1953 nun auch eine Diesel-Ausführung als Typ 170 DS. Der kratzte aber schon am Image des 170 S!

Mercedes-Benz Typ 170 S
Fahrgestell

Mercedes-Benz Typ 170 DS
Fahrgestell

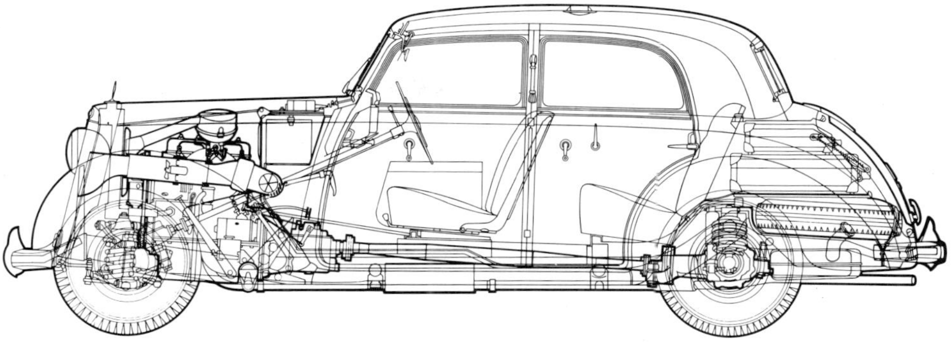

Mercedes-Benz Typ 170 Sb

Mercedes-Benz Typ 170 S-V (1953 – 1955)
Mercedes-Benz Typ 170 S-D (1953 – 1955)

Im Zuge der Einführung des neuen Typs 180, angeboten zum etwa gleichen Preis wie der seitherige Typ 170 S, wurden zum Zweck einer deutlichen Verbilligung die Typen 170 V und 170 S sowie die Dieselbrüder 170 D und 170 DS miteinander gewissermaßen verschmolzen. Man setzte die nun einfacher ausgestattete Karosserie des 170 S bzw. DS auf das Fahrgestell der (im wahrsten Sinn des Wortes) alten Typen 170 V bzw. 170 D. Die Autos, die sich daraus ergaben, waren zwar äußerlich für den Laien von den seitherigen S-Typen kaum zu unterscheiden, standen aber dennoch beim Publikum in geringerem Ansehen und minderten überdies dasjenige der vorhandenen 170 S in einem Maße, wie es sonst Mercedes-Besitzer bei Modellwechseln kaum kennen. Woraus man sieht, daß die Leute zwar die bessere Technik eines neueren Typs nicht als Entwertung des älteren betrachten, wohl aber, wenn ein vorhandener Typ mit reduzierter Technik weitergeführt wird. Es paßt in dieses Bild, daß der Mischtyp fast nur noch als Diesel verkauft wurde, also an eine weniger sensible Kundschaft. – Die Produktion des Typs 170 S-V lief von Juli 1953 bis Februar 1955, die des Typs 170 S-D von Juli 1953 bis September 1955.

Produktion	1949	1950	1951	1952	1953	1954	1955		
170 S	3 370	14 735	10 333	326				**28 764**	28 708 Limousinen 56 Fahrgestelle
170 S Cabriolet	39	1 686	708					**2 433**	1 603 Cabriolet B 830 Cabriolet A
170 Sb				4 580	3 514			**8 094**	8 080 Limousinen 14 Fahrgestelle
170 DS				6 734	6 251			**12 985**	12 857 Limousinen 128 Fahrgestelle
170 S-V					2 102	880	140	**3 122**	3 002 Limousinen 120 Fahrgestelle
170 S-D					6 494	5 992	2 401	**14 887**	11 800 Limousinen 3 087 Fahrgestelle
	3 409	**16 421**	**11 041**	**11 640**	**18 361**	**6 872**	**2 541**	**70 285**	

Mercedes-Benz Typ 170 S
Limousine 4 Türen
Versuchswagen 1948/49

←

Mercedes-Benz Typ 170 S
Limousine 4 Türen
1949 – 1952

←

→
→

Mercedes-Benz Typ 170 S
Cabriolet B
1949 – 1951

Mercedes-Benz Typ 170 S
Cabriolet A
1949 – 1951

→
→

←

Mercedes-Benz Typ 170 Sb
Limousine 4 Türen
1952 – 1953

Mercedes-Benz Typ 170 S
Polizei-Funkwagen
Aufbau Binz (Lorch/Württ.)
1950 – 1951

Mercedes-Benz Typ 170 S
Polizei-Streifenwagen
Aufbau: Hersteller?
1950 – 1953

Mercedes-Benz Typ 170 DS
Droschken-Limousine
Aufbau Lueg (Bochum)
1952 – 1953

Mercedes-Benz Typ 170 DS
Taxi 6 Sitze
mit dänischem Aufbau
1952 – 1953

Mercedes-Benz Typ 170 S
Mercedes-Benz Typ 170 DS
Kombi 5 bis 7 Sitze
1952 – 1953

	Mercedes-Benz Typ 170 S (W 136 IV) 1949 – 1952	Mercedes-Benz Typ 170 Sb (W 191) 1952 – 1953	Mercedes-Benz Typ 170 DS (W 191 D) 1952 – 1953
Motor	Daimler-Benz M 136 III Vergasermotor	Daimler-Benz M 136 III Vergasermotor	Daimler-Benz OM 636 VI Vorkammer-Dieselmotor
Zylinderzahl	4 (Reihe)	4 (Reihe)	4 (Reihe)
Bohrung × Hub	75 × 100 mm	75 x 100 mm	75 × 100 mm
Hubraum	1767 ccm	1767 ccm	1767 ccm
Leistung	52 PS bei 4000 U/min	52 PS bei 4000 U/min	40 PS bei 3200 U/min
Drehmoment	11,4 mkg bei 1800 U/min	11,4 mkg bei 1800 U/min	10,3 mkg bei 2000 U/min
Verdichtung	1:6,5	1:6,5	1:19
Vergaser bzw. Einspritzpumpe	1 Fallstromvergaser Solex 32 PICB	1 Fallstromvergaser Solex 32 PICB	Einspritzpumpe Bosch
Ventile	Seitlich stehend Seitliche Nockenwelle Antrieb durch Stirnräder	Seitlich stehend Seitliche Nockenwelle Antrieb durch Duplex-Kette	Hängend Seitliche Nockenwelle Antrieb durch Stirnräder
Kurbelwellenlager	3	3	3
Kühlung	Pumpe, 10,5 Liter Wasser	Pumpe, 10,5 Liter Wasser	Pumpe, 10,1 Liter Wasser
Schmierung	Druckumlauf, 4 Liter Öl	Druckumlauf, 4 Liter Öl	Druckumlauf, 4 Liter Öl
Batterie	6 V 75 Ah (im Motorraum)	6 V 75 Ah (im Motorraum)	2 × 6 V 75 Ah (im Motorraum)
Lichtmaschine	130 W	130 W	130 W
Anlasser	0,6 PS	0,6 PS	1,8 PS
Kraftübertragung	Antrieb auf Hinterräder Gelenkwelle einteilig	Antrieb auf Hinterräder Gelenkwelle einteilig	Antrieb auf Hinterräder Gelenkwelle einteilig
Kupplung	Einscheibentrockenkupplung	Einscheibentrockenkupplung	Einscheibentrockenkupplung
Schaltung	Schalthebel Wagenmitte	Lenkradschaltung	Lenkradschaltung
Getriebe	4 Gang	4 Gang	4 Gang
Synchronisierung	I – IV	I – IV	I – IV
Übersetzungen	I. 4,025 II. 2,280 III. 1,420 IV. 1,000	I. 4,025 II. 2,280 III. 1,420 IV. 1,000	I. 4,025 II. 2,280 III. 1,420 IV. 1,000
Antriebs-Übersetzung	4,375	4,44	4,125
Fahrwerk	X-Form-Ovalrohr-Rahmen, Ganzstahlkarosserie		
Vorderradaufhängung	Doppel-Querlenker, Schraubenfedern, Stabilisator		
Hinterradaufhängung	Pendel-Schwingachse, Doppel-Schraubenfedern		
Lenkung	Schnecke (13,9:1), 2,75 Lenkraddrehungen		
Fußbremse	Hydraulisch, 4 Räder Trommel-∅ 240 mm. Bremsfläche 736 cm^2		
Handbremse	Mechanisch (Seilzug), Hinterräder		
Schmierung	WV-Eindruck-Zentralschmierung		
Allgemeine Daten			
Radstand	2845 mm	2845 mm	2845 mm
Spur vorn/hinten	1315/1420 mm	1315/1435 mm	1315/1435 mm
Gesamtmaße	Limousine und Cabriolet B: 4455 × 1684 × 1610 mm Cabriolet A: 4510 × 1684 × 1560 mm	Limousine: 4455 × 1684 × 1610 mm	Limousine: 4455 × 1684 × 1610 mm
Felgen	4,50 K × 15	4,50 K × 15	3,50 D × 16
Reifen	6,40–15	6,40–15	5,50–16
Wendekreis	12 Meter	12 Meter	12 Meter
Wagengewicht	Limousine: 1220 kg Cabriolet A und B: 1270 kg	Limousine: 1250 kg	Limousine: 1275 kg
Zuläss. Gesamtgewicht	Limousine: 1540 kg Cabriolet B: 1605 kg Cabriolet A: 1530 kg	Limousine: 1625 kg	Limousine: 1640 kg
Höchstgeschwindigkeit	122 km/h	122 km/h	105 km/h
Beschleunigung 0–100 km/h	32 sec	32 sec	56 sec
Verbrauch/100 km	12 Liter	12 Liter	8,5 Liter Diesel
Kraftstofftank	47 Liter (im Heck)	47 Liter (im Heck)	47 Liter (im Heck)
Preise	Limousine DM 10 100,– Cabriolet B DM 12 850,– Cabriolet A DM 15 800,–	Limousine DM 10 100,–	Limousine DM 10 985,–

Mercedes-Benz Typ 170 S-V (W 136 VIII) 1953 – 1955	Mercedes-Benz Typ 170 S-D (W 136 VIII D) 1953 – 1955
Daimler-Benz M 136 VIII	Daimler-Benz OM 636 VIII
Vergasermotor	Vorkammer-Dieselmotor
4 (Reihe)	4 (Reihe)
75 x 100 mm	75 × 100 mm
1767 ccm	1767 ccm
45 PS bei 3600 U/min	40 PS bei 3200 U/min
11 mkg bei 1800 U/min	10,3 mkg bei 2000 U/min
1:6,7	1:19
1 Steigstromvergaser Solex 3O BFLVS	Einspritzpumpe Bosch
Seitlich stehend	Hängend
Seitliche Nockenwelle	Seitliche Nockenwelle
Antrieb durch Duplex-Kette	Antrieb durch Stirnräder
3	3
Pumpe, 10,5 Liter Wasser	Pumpe, 10,1 Liter Wasser
Druckumlauf, 4 Liter Öl	Druckumlauf, 4 Liter Öl
6 V 70 Ah (im Motorraum)	2 × 6 V 84 Ah (im Motorraum)
130 W	130 W
0,6 PS	1,8 PS
Antrieb auf Hinterräder	Antrieb auf Hinterräder
Gelenkwelle einteilig	Gelenkwelle einteilig
Einscheibentrockenkupplung	Einscheibentrockenkupplung
Lenkradschaltung	Lenkradschaltung
4 Gang	4 Gang
I – IV	I – IV
I. 4,025	I. 4,025
II. 2,280	II. 2,280
III. 1,420	III. 1,420
IV. 1,000	IV. 1,000
4,125	4,125

X-Form-Ovalrohr-Rahmen, Ganzstahlkarosserie
2 Querfedern
Pendel-Schwingachse, Schraubenfedern
Schnecke (14,1:1), 2,75 Lenkraddrehungen
Hydraulisch, 4 Räder
Trommel-∅ 240 mm, Bremsfläche 736 cm^2
Mechanisch (Seilzug), Hinterräder
WV-Eindruck-Zentralschmierung

2845 mm	2845 mm
1310/1435 mm	1310/1435 mm
Limousine: 4450 × 1685 × 1590 mm	Limousine: 4450 × 1685 × 1590 mm
3,50 D × 16	3,50 D × 16
5,50–16	5,50–16
12 Meter	12 Meter
Limousine: 1220 kg	Limousine: 1300 kg
Limousine: 1650 kg	Limousine: 1700 kg
115 km/h	105 km/h
39 sec	56 sec
11,5 Liter	8,5 Liter Diesel
47 Liter (im Heck)	47 Liter (im Heck)
Limousine DM 8 300,–	Limousine DM 9 350,–

Mercedes-Benz Typ 170 S-V Limousine 4 Türen 1953 – 1955
Mercedes-Benz Typ 170 S-D Limousine 4 Türen 1953 – 1955

Mercedes-Benz Typ 170 S-V bzw. Typ 170 S-D 1953 – 1955
Krankenwagen, Aufbau Lueg (Bochum)

Mercedes-Benz Typ 170 S-V bzw. Typ 170 S-D 1953 – 1955
Kasten-Lieferwagen, Aufbau Lueg (Bochum)

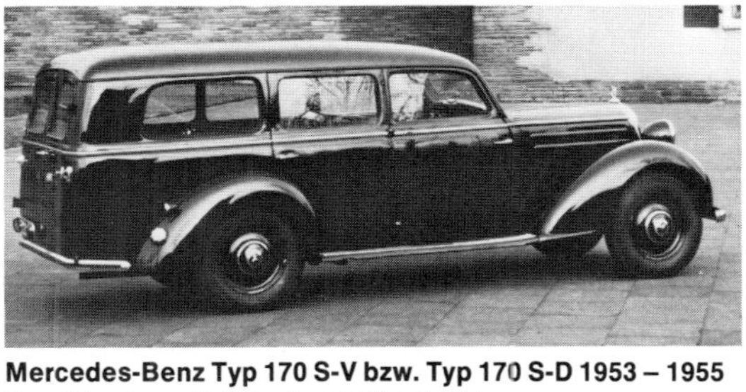

Mercedes-Benz Typ 170 S-V bzw. Typ 170 S-D 1953 – 1955
Kombiwagen, Aufbau Lueg (Bochum)

Mercedes-Benz Typ 220 (1951 – 1955)

Typ 220 (W 187). Neues Modell, vorgestellt auf der Frankfurter Automobil-Ausstellung April 1951. Ganz neuer Motor, Fahrwerk und Karosserie vom Typ 170 S, jedoch Scheinwerfer nicht freistehend. Produktion ab Juli 1951 bis Mai 1954, Cabriolet A bis August 1955. Letzteres wurde ab Mai 1954 in geringer Stückzahl auch als Coupé geliefert.

Der Typ 220, von der einschlägigen Kundschaft freudig begrüßt, war keine Überraschung im eigentlichen Sinn. Ein Wagen solchen Kalibers fehlte inzwischen dringend im Verkaufsprogramm der Daimler-Benz AG. Man konnte und wollte diese Größenklasse auf die Dauer nicht dem kräftig motorisierten und sehr erfolgreichen Opel Kapitän allein überlassen. Zudem weckten die hervorragenden Fahreigenschaften des Typs 170 zunehmend höhere Ansprüche an die Geschwindigkeit und das Beschleunigungsvermögen, was zwingend einen wesentlich stärkeren Motor erforderte. Dessen überaus moderne Konstruktion als Sechszylinder-Kurzhuber mit obenliegender Nockenwelle war nun tatsächlich eine Überraschung. Mit ihm gewann der Typ 220 auf Anhieb eine begeisterte Kundschaft, die aber jetzt andererseits bald wieder mehr Geräumigkeit und Komfort, also eine neue und größere Karosserie verlangte. So brachte es der erste Typ 220, obgleich er sich bestens bewährte, nur auf eine verhältnismäßig kurze Produktionsdauer.

Produktion	**1951**	**1952**	**1953**	**1954**	**1955**		
220	3 453	9 165	3 322	214		**16 154**	16 066 Limousinen 41 Off. Tourenwagen 47 Fahrgestelle
Cabriolet	368	1 178	403	259	152	**2 360**	1 278 Cabriolet A 997 Cabriolet B 85 Coupé
	3 821	**10 343**	**3 725**	**473**	**152**	**18 514**	

Mercedes-Benz Typ 220
Limousine 4 Türen 1951 – 1954

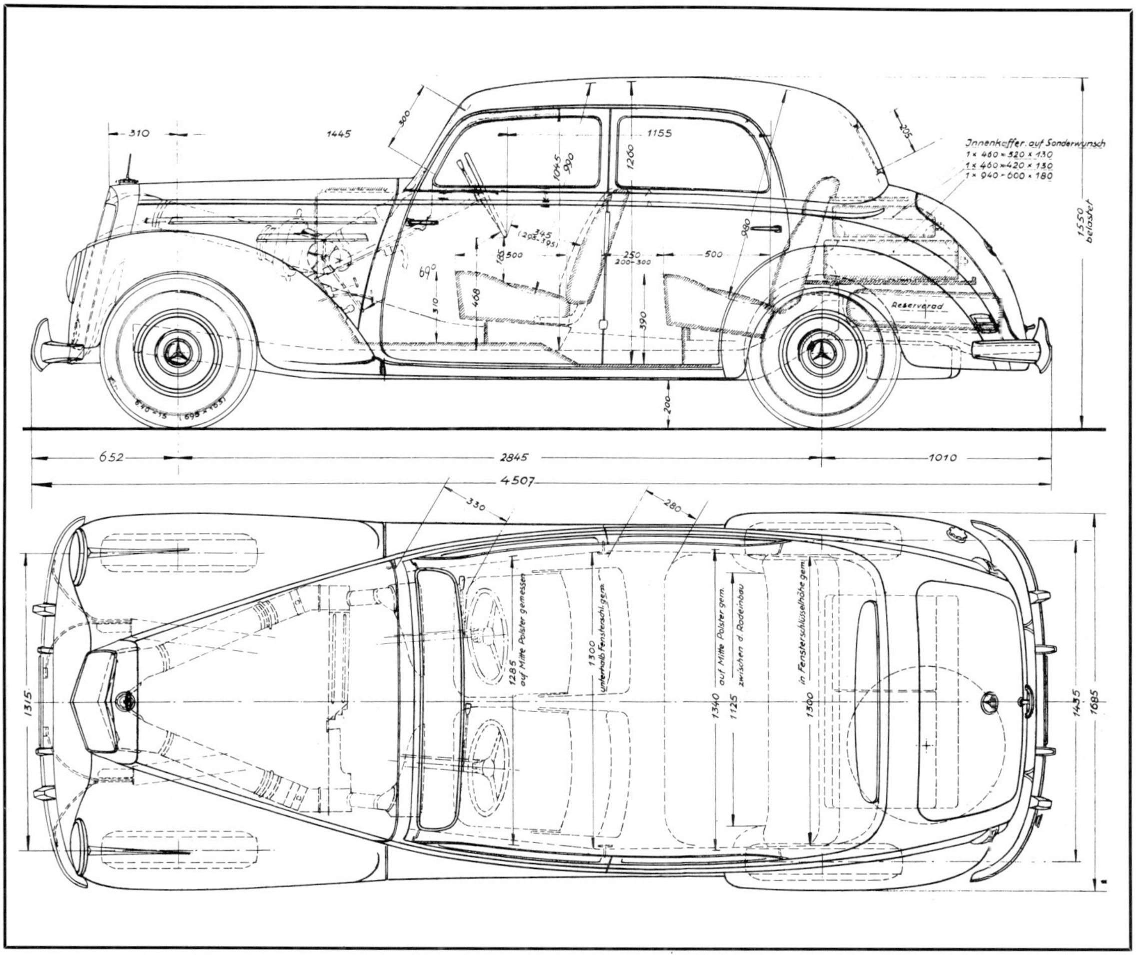

Mercedes-Benz Typ 220
Cabriolet B 1951 – 1954

Mercedes-Benz
Typ 220
Cabriolet A
1951 – 1955

Mercedes-Benz
Typ 220
Coupé 2 Sitze
1954 – 1955

Mercedes-Benz Typ 220
(W 187)
1951 – 1955

Motor	Daimler-Benz M 180 Vergasermotor
Zylinderzahl	6 (Reihe)
Bohrung × Hub	80 × 72,8 mm
Hubraum	2195 ccm
Leistung	80 PS bei 4850 U/min
Drehmoment	14,5 mkg bei 2500 U/min
Verdichtung	1:6,5
Vergaser	1 Doppel-Fallstromvergaser Solex 30 PAAJ
Ventile	Hängend Obenliegende Nockenwelle Antrieb durch Duplex-Kette
Kurbelwellenlager	4
Kühlung	Pumpe, 15,2 Liter Wasser
Schmierung	Druckumlauf, 6 Liter Öl
Batterie	6 V 75 Ah (im Motorraum)
Lichtmaschine	130 W
Anlasser	0,6 PS
Kraftübertragung	Antrieb auf Hinterräder Gelenkwelle geteilt
Kupplung	Einscheibentrockenkupplung
Getriebe	4 Gang
Synchronisierung	I – IV
Übersetzungen	I. 3,68 II. 2,25 III. 1,42 IV. 1,00
Antriebs-Übersetzung	4,44
Fahrwerk	X-Form-Ovalrohr-Rahmen Ganzstahlkarosserie
Vorderradaufhängung	Doppel-Querlenker, Schraubenfedern, Stabilisator
Hinterradaufhängung	Pendel-Schwingachse, Doppel-Schraubenfedern
Lenkung	Schnecke (13,9:1), 2,75 Lenkraddrehungen
Fußbremse	Hydraulisch, 4 Räder Trommel-∅ 240 mm, Bremsfläche 736 cm^2
Handbremse	Mechanisch (Seilzug), Hinterräder
Schmierung	WV-Eindruck-Zentralschmierung
Allgemeine Daten	
Radstand	2845 mm
Spur	1315/1435 mm
Gesamtmaße	4507× 1685 × 1610 mm Cabriolet A: 4538 × 1685 × 1560 mm
Felgen	4,50 K × 15
Reifen	6,40–15
Wendekreis	12 Meter
Wagengewicht	Limousine 1350 kg Cabriolet A und B 1440 kg
Zuläss. Gesamtgewicht	Limousine 1690 kg Cabriolet B 1785 kg Cabriolet A 1680 kg
Höchstgeschwindigkeit	140 km/h, Cabriolet A 145 km/h
Beschleunigung 0–100 km/h	21 sec
Verbrauch/100 km	Limousine 14, Cabriolets 14,5 Liter
Kraftstofftank	65 Liter (im Heck)

Preise

Limousine 4 Türen	1951 – 1954	DM 11 925,–
Limousine 4 Türen, mit Faltschiebedach	1951 – 1954	DM 12 525,–
Cabriolet B (2 Türen)	1951 – 1954	DM 15 160,–
Cabriolet A (2/3 Sitze)	1951 – 1955	DM 18 860,–
Coupé (2/3 Sitze)	1954 – 1955	DM 20 850,–
Coupé (2/3 Sitze) mit Stahlschiebedach	1954 – 1955	DM 22 000,–

Mercedes-Benz Typ 220
Cabriolet 2 Sitze
Karosserie Drews (Essen)
Einzelanfertigung 1952

Mercedes-Benz Typ 220
Cabriolet 2 Sitze
Karosserie Wendler (Reutlinger
Einzelanfertigung 1952

Mercedes-Benz Typ 220
Polizei-Tourenwagen (OTP)
1952 – 1954

←
←

→
→
→

Mercedes-Benz Typ 220
Polizei-Funkwagen
Aufbau Binz (Lorch/Württ.)
1951 – 1954

Mercedes-Benz Typ 300 (1951 – 1962)

Bezeichnenderweise standen bei der Frankfurter Automobil-Ausstellung im April 1951 die Premieren der größeren Autos im Vordergrund des Interesses. Das Publikum drängte sich um den neuen BMW 501, um einen neuen Opel Kapitän, um den neuen Mercedes 220, vor allem aber um den neuen Mercedes 300. Dieser nun größte und schnellste deutsche Serienwagen sollte, ohne daß er jemals so geheißen wurde, zum »Großen Mercedes« der fünfziger Jahre werden. Er genoß zu seiner Zeit ein Ansehen, wie selbst der spätere 600 nicht. Die Autowelt in Deutschland war richtiggehend stolz auf ihn. Daß Bundeskanzler Adenauer und Bundespräsident Heuss bald nur noch mit dem Dreihundert fuhren, erhöhte dessen Ruhm ungemein, zumal diesen höchsten Staatsämtern damals viel mehr breitester Respekt entgegengebracht wurde als heute. Adenauer ging als der prominenteste Mercedes 300-Besitzer in die Automobilgeschichte ein. Jahrelang fuhr er einen 300 der ersten Ausführung, dann einen verlängerten 300 c und schließlich bis zu seinem Tod (1967) einen 300 d, der heute im Daimler-Benz Museum steht. Inzwischen werden die längst klassisch gewordenen Dreihunderter inoffiziell oft als Typ Adenauer oder Adenauer-Wagen bezeichnet. – Es gab insgesamt vier Bauserien:

Typ 300 (W 186 II), Produktion ab November 1951 (Vorserie ab April 1951) bis März 1954.

Typ 300 b (W 188 III) mit höherer Leistung und größeren Bremsen, Produktion ab März 1954 bis August 1955.

Typ 300 c (W 186 IV), wahlweise mit Vierganggetriebe oder Automatic (Borg-Warner) lieferbar. Produktion ab September 1955 bis Juli 1957. Das Cabriolet D wurde nur bis Juni 1956 gebaut. Hingegen gab es ab Juli 1956, ausgehend von einem Wunsch des Bundeskanzlers Adenauer, eine verlängerte Sonderausführung der Limousine (Radstand 3150 mm, Gesamtlänge 5165 mm, Aufpreis 3000 DM). Sie wurde mit einer Trennscheibe ausgerüstet und der hintere Beinraum hatte um 140 mm zugelegt.

Typ 300 d (W 189) mit modernisierter Karosserie in Hardtop-Bauart, längerem Radstand und Einspritzmotor. Normalausstattung mit Automatic, Viergang-Schaltgetriebe nur auf Sonderwunsch. Produktion von August 1957 bis März 1962. Das Cabriolet D wurde offiziell nicht angeboten, aber auf Sonderbestellung ab Juli 1958 wieder geliefert, wenn auch zu einem Preis, der darauf angelegt war, die Nachfrage möglichst zu dämpfen. Umso gesuchter sind heute die äußerst seltenen Cabriolets dieser letzten Dreihunderter-Serie.

Im Jahr 1960 baute das Werk drei Wagen des Typs 300 d in extralanger Sonderausführung mit extrahohem Dachaufsatz. Es handelte sich um eine Limousine und zwei Landaulets. Eines der letzteren erhielt der Papst Johannes XXIII. Die beiden anderen Wagen behielt das Werk, um sie an die Bundesregierung, aber auch an andere zahlungskräftige Interessenten für besondere Anlässe tageweise mit Fahrer zu vermieten. Besondere Daten dieser drei Staatskarossen: Radstand 3600 mm, Gesamtmaße 5640 × 1995 × 1720 mm, Reifen 8,00–15 extra Spezial, Wagengewicht 2365 kg.

In Anlage und Charakter war der 300 d übrigens deutlich anders geartet als seine Vorgänger. Deren sportliche Note hatte er verloren und fuhr sich nun amerikanischer als mancher Amerikaner, obschon er selbstverständlich unvergleichlich solider und sauberer gebaut war. In der Verarbeitung blieb er Spitzenklasse. Weiche Federung und Bedienung mit minimalem Kraftaufwand gehörten zu seinen Spezialitäten. Zum schnellen Fahren außerhalb der Autobahn eignete sich der Typ 300 d wenig, umso mehr aber für repräsentative Zwecke.

Mercedes-Benz Typ 300 S (1951 – 1958)

Der Typ 300 S (W 188 I), abgeleitet aus dem Typ 300, wurde auf dem Pariser Salon im Oktober 1951 vorgestellt. Die Produktion der ersten Serie begann im Juli 1952 (Vorserie September 1951) und endete im August 1955.

Der Typ 300 Sc (W 188 II) erhielt verchromte Lochscheibenräder und reichere Chromverzierungen (viel Lametta) sowie Lüftungsscheiben in den Seitenfenstern, vor allem aber einen PS-stärkeren Einspritzmotor und die neue Eingelenk-Pendel-Hinterachse. Die Produktion dieser zweiten Serie dauerte von September 1955 bis April 1958, wobei das Interesse an diesem im wahrsten Sinn des Wortes prachtvollen Wagen zuletzt stark abfiel.

Seit geraumer Zeit gehören die 300 S, ob aus der ersten oder zweiten Serie, zu den gesuchtesten Liebhaberautos überhaupt. Besitzer, die sich das leisten können, fahren ihn sogar noch im Alltagsbetrieb, wo ein 300 S auch heute noch keineswegs wie ein Oldtimer wirkt, sondern nach wie vor wegen seiner wundervollen Linienführung rundum allgemeine Bewunderung findet. Der 300 S war wohl der letzte deutsche Wagen, dessen Stil an die große Zeit der klassischen Automobile erinnerte.

Mercedes-Benz Typ 300 SL (1954–1963)

Typ 300 SL (W 198 I): Der Rennsport-Prototyp, vorgestellt im Frühjahr 1952, wurde von da an in verschiedenen Entwicklungsstufen bei der Mille Miglia, der Carrera Mexicana und anderen Großveranstaltungen überaus erfolgreich eingesetzt. Als Serien-Sportwagen – Coupé mit nach oben öffnenden Flügeltüren – wurde der 300 SL von August 1954 bis Mai 1957 gebaut. Der Wagen erfreute sich wegen seiner außergewöhnlichen Erscheinung großer Popularität, obgleich viele seiner Besitzer damals die Flügeltüren wegen ihrer Unbequemlichkeit im Alltagsbetrieb gar nicht so sehr schätzten. Ohnehin wurden die privaten 300 SL überwiegend als schnelle Reisewagen verwendet. Dementsprechend wuchs das Verlangen nach mehr innerem Komfort und nach (vermeintlich!) mehr äußerer Attraktivität. Diese versprach sich das Werk – vor allem im Hinblick auf den amerikanischen Markt – von einem offenen Roadster. Außerdem hatte wohl auch der hinreißend schöne BMW 507 Roadster (vorgestellt September 1955, Serie ab November 1956) ein bißchen Beklemmung verursacht.

So kam es zum Typ 300 SL (W 198 II) als Roadster mit normalen Türen. Produktion Februar 1957 bis Februar 1963. Ab September 1958 abnehmbares Coupédach lieferbar. Wesentlicher Mangel dieses Wagens waren die unzureichenden Bremsen infolge der kleinen Räder, deretwegen es auch Probleme mit den Reifen gab. Abhilfe brachten ab März 1961 Dunlop-Scheibenbremsen an allen vier Rädern.

Gewiß war im Gebrauch der Roadster praktischer als das Flügeltüren-Coupé, doch erreichte er niemals dessen Faszination. Das blieb so bis heute. Weltweit dürften noch an die tausend 300 SL vorhanden sein, die, wenn überhaupt, zu Traumpreisen gehandelt werden, wobei ein Flügeltüren-Coupé etwa doppelt so viel kostet wie ein entsprechend erhaltener Roadster.

Produktion	1951	1952	1953	1954	1955	1956	1957	1958	1959	1960	1961	1962	1963	
300, 300 b														
Limousine	47	2 659	1 776	1 185	547									**6 214** [1]
Cabriolet D	2	262	181	87	59									**591**
300 c														
Limousine					330	885	217							**1 432** [2]
Cabriolet D					3	48								**51**
300 d														
Limousine							144	1 165	607	581	535	45		**3 077** [3]
Cabriolet D								3	23	22	16	1		**65**
	49	**2 921**	**1 957**	**1 272**	**939**	**933**	**361**	**1 168**	**630**	**603**	**551**	**46**		**11 430**
300 S														
300 S	2	113	353	37	55									**560** [4]
300 Sc					5	140	52	3						**200** [5]
300 SL														
Coupé				146	867	311	76							**1 400**
Roadster							554	324	211	249	250	244	26	**1 858**
	51	**3 034**	**2 310**	**1 455**	**1 866**	**1 384**	**1 043**	**1 495**	**841**	**852**	**801**	**290**	**26**	**15 448**

[1] darunter 12 Fahrgestelle
[2] darunter 3 Fahrgestelle
[3] darunter 1 Fahrgestell
[4] Coupé 216, Cabriolet A 203, Roadster 141 Wagen
[5] Coupé 98, Cabriolet A 49, Roadster 53 Wagen

Preise

Typ 300 (1951–1954)	Limousine 4 Türen	DM 19 900,–
	Cabriolet D	DM 23 700,–
Typ 300 b (1954–1955)	Limousine 4 Türen	DM 22 000,–
	Cabriolet D	DM 24 700,–
Typ 300 c (1955–1957)	Limousine 4 Türen	DM 22 000,–
	Cabriolet D	DM 24 700,–
	Automatic	+ DM 1 500,–
Typ 300 d (1957–1962)	Limousine 4 Türen	DM 27 000,–
	Cabriolet D	DM 35 500,–
	Automatic	+ DM 1 500,–
Typ 300 S (1951–1955)	Coupé 2/3 Sitze	DM 34 500,–
	Cabriolet A 2/3 Sitze	DM 34 500,–
	Roadster 2/3 Sitze	DM 34 500,–
Typ 300 Sc (1955–1958)	Coupé 2/3 Sitze	DM 36 500,–
	Cabriolet A 2/3 Sitze	DM 36 500,–
	Roadster 2/3 Sitze	DM 36 500,–
Typ 300 SL (1954–1957)	Sport-Coupé 2 Sitze	DM 29 000,–
Typ 300 SL (1957–1963)	Sport-Roadster 2 Sitze	DM 32 500,–
	Coupédach abnehmbar	+ DM 1 500,–

Mercedes-Benz Typ 300
Limousine 4 Türen
1951 – 1954

Mercedes-Benz Typ 300
Cabriolet D
1951 – 1954

	Mercedes-Benz Typ 300 (W 186 II) 1951 – 1954	Mercedes-Benz Typ 300 b (W 186 III) 1954 – 1955
Motor	Daimler-Benz M 186 Vergasermotor	Daimler-Benz M 186 II Vergasermotor
Zylinderzahl	6 (Reihe)	6 (Reihe)
Bohrung × Hub	85 × 88 mm	85 × 88 mm
Hubraum	2996 ccm	2996 ccm
Leistung	115 PS bei 4600 U/min	125 PS bei 4500 U/min
Drehmoment	20 mkg bei 2500 U/min	22,5 mkg bei 2600 U/min
Verdichtung	1:6,4	1:7,4 bis 7,5
Vergaser bzw. Einspritzpumpe	2 Fallstromvergaser Solex 40 PBJC	2 Register-Fallstromvergaser Solex 32 PAITA oder PAIAT mit Startautomatik
Ventile	Hängend Obenliegende Nockenwelle Antrieb durch Duplex-Kette	Hängend Obenliegende Nockenwelle Antrieb durch Duplex-Kette
Kurbelwellenlager	7	7
Kühlung	Pumpe, 20 Liter Wasser	Pumpe, 21 Liter Wasser
Schmierung	Druckumlauf, 6,5 Liter Öl	Druckumlauf, 6,5 Liter Öl
Batterie	12 V 50 Ah (im Motorraum)	12 V 70 Ah (im Motorraum)
Lichtmaschine	150 W	150 W
Anlasser	1,0 PS	1,0 PS
Kraftübertragung	Antrieb auf Hinterräder Kardanwelle geteilt	Antrieb auf Hinterräder Kardanwelle geteilt
Kupplung	Einscheibentrockenkupplung	Einscheibentrockenkupplung
Schaltung	Lenkradschaltung	Lenkradschaltung
Getriebe	4 Gang	4 Gang
Synchronisierung	I – IV	I – IV
Übersetzungen	I. 2,95, später 3,30, II. 2,13, III. 1,46, IV. 1,00	I. 3,44, II. 2,30, III. 1,53, IV. 1,00
Antriebs-Übersetzung	4,44	4,67
Fahrwerk	X-Form-Ovalrohr-Rahmen Ganzstahlkarosserie	X-Form-Ovalrohr-Rahmen Ganzstahlkarosserie
Vorderradaufhängung	Doppel-Querlenker Schraubenfedern, Stabilisator	Doppel-Querlenker Schraubenfedern, Stabilisator
Hinterradaufhängung	Pendel-Schwingachse, Doppel-Schraubenfedern Elektrisch zuschaltbare Drehstabfederung	Pendel-Schwingachse, Doppel-Schraubenfedern Elektrisch zuschaltbare Drehstabfederung
Lenkung	Schnecke (17,9:1), 3,3 Lenkraddrehungen bzw. ab 1952 Kugelumlauf (21,4:1), 3,75 Lenkraddrehungen	Kugelumlauf (21,4:1) 3,75 Lenkraddrehungen
Fußbremse	Hydraulisch, 4 Räder Trommel-Ø 260 mm, Bremsfläche 1270 cm²	Hydraulisch, Servohilfe, 4 Räder Trommel-Ø 260 mm, Bremsfläche 1470 cm²
Handbremse	Mechanisch (Seilzug), Hinterräder	Mechanisch (Seilzug), Hinterräder
Schmierung	WV-Eindruck-Zentralschmierung	WV-Eindruck-Zentralschmierung
Allgemeine Daten		
Radstand	3050 mm	3050 mm
Spur vorn/hinten	1480/1525 mm	1480/1525 mm
Gesamtmaße	4950 × 1840 × 1640 mm	5065 × 1840 × 1640 mm
Felgen	5 K × 15	5 K × 15
Reifen	7,00–15 extra (6 PR)	7,00–15 extra (6 PR)
Wendekreis links/rechts	12,6/13,1 Meter	12,6/13,1 Meter
Wagengewicht	Limousine: 1780 kg Cabriolet D: 1830 kg	Limousine: 1780 kg Cabriolet D: 1830 kg
Zuläss. Gesamtgewicht	Limousine: 2135 kg Cabriolet D: 2185 kg	2220 kg
Höchstgeschwindigkeit	160 km/h	163 km/h
Beschleunigung 0–100 km/h	18 sec	17 sec
Verbrauch/100 km	16,5 Liter	16 Liter Super
Kraftstofftank	72 Liter (im Heck)	72 Liter (im Heck)

Mercedes-Benz Typ 300 c (W 186 IV) 1955 – 1957	**Mercedes-Benz Typ 300 d (W 189) 1957 – 1962**
Daimler-Benz M 186 II	Daimler-Benz M 189
Vergasermotor	Einspritzmotor
6 (Reihe)	6 (Reihe)
85 × 88 mm	85 × 88 mm
2996 ccm	2996 ccm
125 PS bei 4500 U/min	160 PS bei 5300 U/min
22,5 mkg bei 2600 U/min	24,2 mkg bei 4200 U/min
1:7,4 bis 7,5	1:8,55
2 Register-Fallstromvergaser Solex 32 PAITA oder PAIAT mit Startautomatik	Einspritzpumpe Bosch
Hängend	Hängend
Obenliegende Nockenwelle	Obenliegende Nockenwelle
Antrieb durch Duplex-Kette	Antrieb durch Duplex-Kette
7	7
Pumpe, 21 Liter Wasser	Pumpe, 21 Liter Wasser
Druckumlauf, 6,5 Liter Öl	Druckumlauf, 6,5 Liter Öl
12 V 70 Ah (im Motorraum)	12 V 70 Ah (im Motorraum)
150 W	300 W
1,0 PS	1,0 PS
Antrieb auf Hinterräder	Antrieb auf Hinterräder
Kardanwelle geteilt	Kardanwelle geteilt
Einscheibentrockenkupplung	Einscheibentrockenkupplung
Lenkradschaltung	Lenkradschaltung
4 Gang	4 Gang
I – IV	I – IV
I. 3,44, II. 2,30, III.I 1,53, IV. 1,00	I. 3,44, II. 2,30, III. 1,53, IV. 1,00
Auf Wunsch wahlweise: Automatic Hydraulischer Drehmomentwandler + 3 Gang Planetengetriebe I. 2,303, II. 1,435, III. 1,00, Wandler max. 2,1 fach Wählhebel unter Lenkrad	
4,67	4,67
X-Form-Ovalrohr-Rahmen	X-Form-Ovalrohr-Rahmen
Ganzstahlkarosserie	Ganzstahlkarosserie
Doppel-Querlenker	Doppel-Querlenker
Schraubenfedern, Stabilisator	Schraubenfedern, Stabilisator
Eingelenk-Pendelachse, Schubstreben, Doppel-Schraubenfedern Elektrisch zuschaltbare Drehstabfederung	
Kugelumlauf (21,4:1)	Kugelumlauf (21,4:1)
3,75 Lenkraddrehungen	3,75 Lenkraddrehungen
Hydraulisch, Servohilfe, 4 Räder	Hydraulisch, Servohilfe, 4 Räder
Trommel-∅ 260 mm, Bremsfläche 1470 cm^2	Trommel-∅ 260 mm, Bremsfläche 1470 cm^2
Mechanisch (Seilzug), Hinterräder	Mechanisch (Seilzug), Hinterräder
WV-Eindruck-Zentralschmierung	WV-Eindruck-Zentralschmierung
3050 mm	3150 mm
1480/1525 mm	1480/1525 mm
5065 × 1840 × 1600 mm	5190 × 1860 × 1620 mm
5,50 K × 15	5,50 K × 15
7,60 S 15 (6 PR)	7,60 S 15 (6 PR)
12,6/13,1 Meter	12,8/13,3 Meter
Limousine: 1860, Automatic 1900 kg	Limousine: 1950, Automatic 1990 kg
Cabriolet D: 1910, Automatic 1950 kg	Cabriolet D: 2000, Automatic 2040 kg
2360 kg	2450 kg
160, Automatic 155 km/h	170, Automatic 165 km/h
17, Automatic 18 sec	17, Automatic 18 sec
16, Automatic 17 Liter Super	17, Automatic 18 Liter Super
72 Liter (im Heck)	72 Liter (im Heck)

Mercedes-Benz Typ 300 b
Berlina 4 Sitze
Karosserie Pininfarina (Turin)
Einzelanfertigung 1956

←
←

→

Mercedes-Benz Typ 300 b
Limousine 4 Türen
1954 – 1955

Mercedes-Benz Typ 300 b
Cabriolet D
1954 – 1955

→

Mercedes-Benz Typ 300 c
Limousine 4 Türen
Lange Ausführung
1956–1957

→

←
←

Mercedes-Benz Typ 300 b
Luxus-Cabriolet 4 Türen
Hersteller ?
Einzelanfertigung
etwa 1955/56

AW 27 - 2014

Mercedes-Benz Typ 300 c Cabriolet D 1955 – 1956

Mercedes-Benz Typ 300
Krankenwagen
Aufbau Miesen (Bonn)
etwa 1955

Mercedes-Benz Typ 300
Bestattungswagen
Aufbau Kässbohrer (Ulm)
etwa 1955

Mercedes-Benz Typ 300
Bestattungswagen
Aufbau Lueg (Essen)
etwa 1955

Mercedes-Benz Typ 300
Kombiwagen
Aufbau Binz (Lorch/Württ.)
etwa 1957

Mercedes-Benz Typ 300 d
Krankenwagen (für Bern)
Aufbau Binz (Lorch/Württ.)
1958

4,30m

4,30m

S-C 226

Mercedes-Benz Typ 300 d
Limousine 4 Türen
1957 – 1962

←
←
←

↑ ↑

Mercedes-Benz Typ 300 d
Cabriolet D
1958 – 1962

S-A 716

Mercedes-Benz Typ 300 d
Pullman-Limousine
Sonderausführung 1960
für Staatsempfänge

Mercedes-Benz Typ 300 d
Pullman-Landaulet
Sonderausführung 1960
für Staatsempfänge

Mercedes-Benz Typ 300 d
Pullman-Landaulet
Sonderausführung 1960
für Papst Johannes XXIII.

52155

Mercedes-Benz Typ 300 S
Coupé 2/3 Sitze
und Cabriolet A
1951 – 1955

←
←
←

→
→

Mercedes-Benz Typ 300 S
Roadster 2/3 Sitze
1951 – 1955

→
→

Mercedes-Benz Typ 300 S
Cabriolet trasformabile
Karosserie Pininfarina (Torino)
(im Stil eines Duesenberg 1937)
Einzelanfertigung 1956

Mercedes-Benz Typ 300 Sc Coupé 2/3 Sitze 1955 – 1958

Mercedes-Benz Typ 300 Sc Roadster 2/3 Sitze 1955 – 1958

Mercedes-Benz Typ 300 Sc Coupé 4 Sitze, Karosserie Pininfarina (Torino), Einzelanfertigung 1956

	Mercedes-Benz Typ 300 S (W 188 I) 1951 – 1955	Mercedes-Benz Typ 300 Sc (W 188 II) 1955 – 1958
Motor	Daimler-Benz M 188	Daimler-Benz M 199
	Vergasermotor	Einspritzmotor
Zylinderzahl	6 (Reihe)	6 (Reihe)
Bohrung × Hub	85 × 88 mm	85 × 88 mm
Hubraum	2996 ccm	2996 ccm
Leistung	150 PS bei 5000 U/min	175 PS bei 5400 U/min
Drehmoment	23,5 mkg bei 3800 U/min	26 mkg bei 4300 U/min
Verdichtung	1:7,8	1:8,55
Vergaser bzw. Einspritzpumpe	3 Fallstromvergaser Solex 40 PBJC	Einspritzpumpe Bosch
Ventile	Hängend	Hängend
	Obenliegende Nockenwelle	Obenliegende Nockenwelle
	Antrieb durch Duplex-Kette	Antrieb durch Duplex-Kette
Kurbelwellenlager	7	7
Kühlung	Pumpe, 19,5 Liter Wasser	Pumpe, 20 Liter Wasser
Schmierung	Druckumlauf, 6,5 Liter Öl	Trockensumpf, 9 Liter Öl
Batterie	12 V 50 Ah (im Motorraum)	12 V 70 Ah (im Motorraum)
Lichtmaschine	150 W	300 W
Anlasser	1,0 PS	1,0 PS
Kraftübertragung	Antrieb auf Hinterräder	Antrieb auf Hinterräder
	Kardanwelle geteilt	Kardanwelle geteilt
Kupplung	Einscheibentrockenkupplung	Einscheibentrockenkupplung
Schaltung	Lenkradschaltung	Lenkradschaltung
Getriebe	4 Gang	4 Gang
Synchronisierung	I – IV	I – IV
Übersetzungen	I. 3,33, später 3,68	I. 3,55
	II. 2,12, später 2,25	II. 2,30
	III. 1,46, später 1,42	III. 1,53
	IV. 1,00	IV. 1,00
Antriebs-Übersetzung	4,125	4,44
Fahrwerk	X-Form-Ovalrohr-Rahmen	X-Form-Ovalrohr-Rahmen
	Ganzstahlkarosserie	Ganzstahlkarosserie
Vorderradaufhängung	Doppel-Querlenker	Doppel-Querlenker
	Schraubenfedern, Stabilisator	Schraubenfedern, Stabilisator
Hinterradaufhängung	Pendel-Schwingachse	Eingelenk-Pendelachse
	Doppel-Schraubenfedern	Doppel-Schraubenfedern
Lenkung	Kugelumlauf (21,4:1)	Kugelumlauf (21,4:1)
	3,75 Lenkraddrehungen	3,75 Lenkraddrehungen
Fußbremse	Hydraulisch, ab 1954 Servohilfe, 4 Räder	Hydraulisch, Servohilfe, 4 Räder
	Trommel-∅ 260 mm, Bremsfläche 1270 cm^2	Trommel-∅ 260 mm, Bremsfläche 1470 cm^2
Handbremse	Mechanisch (Seilzug), Hinterräder	Mechanisch (Seilzug), Hinterräder
Allgemeine Daten		
Radstand	2900 mm	2900 mm
Spur vorn/hinten	1480/1525 mm	1480/1525 mm
Gesamtmaße	4700 × 1860 × 1510 mm	4700 × 1860 × 1510 mm
Felgen	5 K × 15	5 K × 15
Reifen	6,70–15 extra	6,70–15 extra
Wendekreis links/rechts	12,2/12,7 Meter	12,2/12,7 Meter
Wagengewicht	1760 kg	1780 kg
Zuläss. Gesamtgewicht	2000 kg	2020 kg
Höchstgeschwindigkeit	176 km/h	180 km/h
Beschleunigung 0–100 km/h	15 sec	14 sec
Verbrauch/100 km	17 Liter Super	17 Liter Super
Kraftstofftank	85 Liter (im Heck)	85 Liter (im Heck)

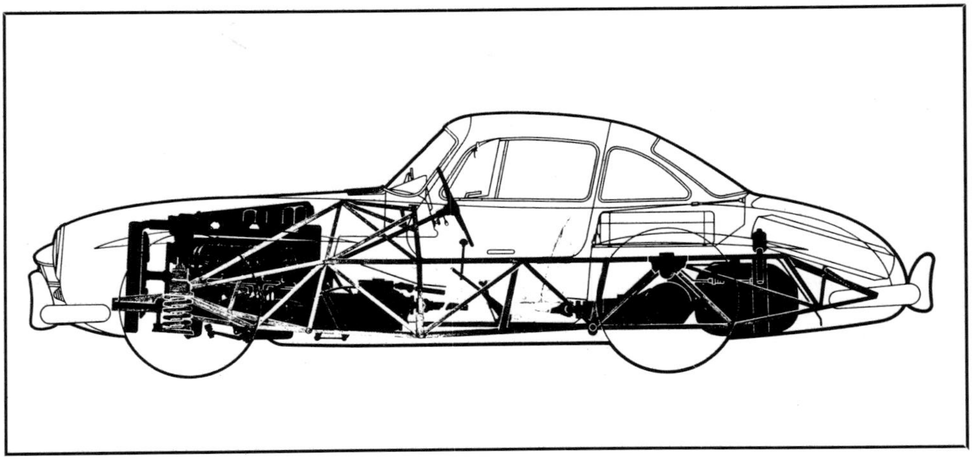

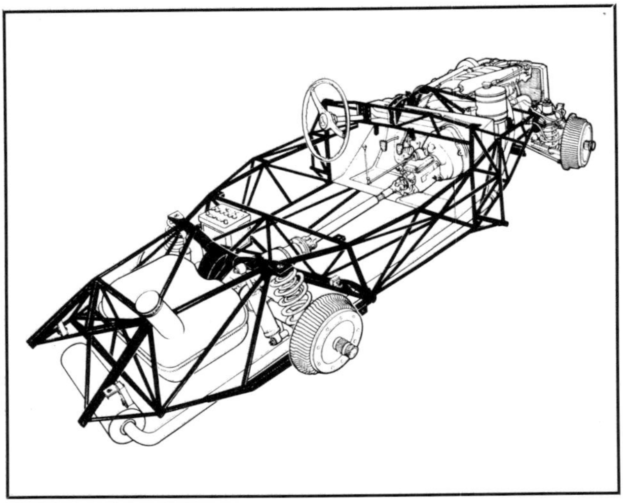

Mercedes-Benz Typ 300 SL
Flügeltüren-Coupé 2 Sitze
1954 – 1957

Mercedes-Benz Typ 300 SL Roadster 2 Sitze 1957 – 1963

Mercedes-Benz Typ 300 SL Roadster 2 Sitze
(mit abnehmbarem Coupédach) 1958 – 1963

<table>
<tr><th></th><th>Mercedes-Benz Typ 300 SL
(W 198 I)
1954 – 1957</th><th>Mercedes-Benz Typ 300 SL
(W 198 II)
1957 – 1963</th></tr>
<tr><td>Motor</td><td colspan="2">Daimler-Benz M 198
Einspritzmotor</td></tr>
<tr><td>Zylinderzahl</td><td colspan="2">6 (Reihe), Block um 45° nach links zur Seite geneigt</td></tr>
<tr><td>Bohrung × Hub</td><td colspan="2">85 × 88 mm</td></tr>
<tr><td>Hubraum</td><td colspan="2">2996 ccm</td></tr>
<tr><td>Leistung</td><td colspan="2">215 PS bei 5800 U/min</td></tr>
<tr><td>Drehmoment</td><td colspan="2">28 mkg bei 4600 U/min</td></tr>
<tr><td>Verdichtung</td><td colspan="2">1:8,55</td></tr>
<tr><td>Einspritzpumpe</td><td colspan="2">Einspritzpumpe Bosch</td></tr>
<tr><td>Ventile</td><td colspan="2">Hängend
Obenliegende Nockenwelle, Antrieb durch Duplex-Kette</td></tr>
<tr><td>Kurbelwellenlager</td><td colspan="2">7</td></tr>
<tr><td>Kühlung</td><td>Pumpe, 25,5 Liter Wasser</td><td>Pumpe, 20 Liter Wasser</td></tr>
<tr><td>Schmierung</td><td colspan="2">Trockensumpf, 11 Liter Öl</td></tr>
<tr><td>Batterie</td><td colspan="2">12 V 56 Ah (hinter Sitz)</td></tr>
<tr><td>Lichtmaschine</td><td colspan="2">150 W</td></tr>
<tr><td>Anlasser</td><td colspan="2">1,0 PS</td></tr>
<tr><td>Kraftübertragung</td><td colspan="2">Antrieb auf Hinterräder</td></tr>
<tr><td>Kupplung</td><td colspan="2">Einscheibentrockenkupplung</td></tr>
<tr><td>Schaltung</td><td colspan="2">Schaltstock Wagenmitte</td></tr>
<tr><td>Getriebe</td><td colspan="2">4 Gang</td></tr>
<tr><td>Synchronisierung</td><td colspan="2">I – IV</td></tr>
<tr><td>Übersetzungen</td><td colspan="2">I. 3,34
II. 1,97
III. 1,385
IV. 1,00</td></tr>
<tr><td>Antriebs-Übersetzung</td><td colspan="2">3,64 oder wahlweise 3,25, 3,42, 3,89, 4,11</td></tr>
<tr><td>Fahrwerk</td><td colspan="2">Stahlrohr-Gitterrahmen
Leichtbau-Stahlblech-Karosserie *)</td></tr>
<tr><td>Vorderradaufhängung</td><td>Doppel-Querlenker
Schraubenfedern, Stabilisator</td><td>Doppel-Querlenker
Schraubenfedern, Stabilisator</td></tr>
<tr><td>Hinterradaufhängung</td><td>Pendel-Schwingachse
Schraubenfedern</td><td>Eingelenk-Pendelachse
Schraubenfedern + Ausgleichs-Schraubenfedern</td></tr>
<tr><td>Lenkung</td><td>Kugelumlauf (17,3:1)
3 Lenkraddrehungen</td><td>Kugelumlauf (17,3:1)
3 Lenkraddrehungen</td></tr>
<tr><td>Fußbremse</td><td>Hydraulisch, Servohilfe, 4 Räder
Trommel-∅ 260 mm, Bremsfläche 1470 cm²</td><td>Hydraulisch, Servohilfe, 4 Räder
Trommel-∅ 260 mm, Bremsfläche 1470 cm²
bzw. (ab März 1961)
Scheibenbremsen vorn und hinten (290 mm ∅)</td></tr>
<tr><td>Handbremse</td><td>Mechanisch, Hinterräder (Seilzug)</td><td>Mechanisch, Hinterräder (Seilzug)</td></tr>
<tr><td>Allgemeine Daten</td><td></td><td></td></tr>
<tr><td>Radstand</td><td>2400 mm</td><td>2400 mm</td></tr>
<tr><td>Spur vorn/hinten</td><td>1385/1435 mm</td><td>1398/1448 mm</td></tr>
<tr><td>Gesamtmaße</td><td>4520 × 1790 × 1300 mm</td><td>4570 × 1790 × 1300 mm</td></tr>
<tr><td>Felgen</td><td>5 K × 15</td><td>5 K × 15</td></tr>
<tr><td>Reifen</td><td>6,50–15 Supersport</td><td>6,70–15 Supersport</td></tr>
<tr><td>Wendekreis links/rechts</td><td>11,4/11,4 Meter</td><td>11,4/11,4 Meter</td></tr>
<tr><td>Wagengewicht</td><td>1310 kg</td><td>Roadster 1420 kg
mit Coupédach 1460 kg</td></tr>
<tr><td>Zuläss. Gesamtgewicht</td><td>1555 kg</td><td>1560 kg bzw.
(ab März 1961) 1660 kg</td></tr>
<tr><td>Höchstgeschwindigkeit</td><td>Hinterachse 3,64: 235 km/h
Hinterachse 3,42: 250 km/h
Hinterachse 3,25: 260 km/h</td><td>220 bis 250 km/h
je nach Hinterachse</td></tr>
<tr><td>Beschleunigung 0–100 km/h</td><td>10 sec</td><td>10 sec</td></tr>
<tr><td>Verbrauch/100 km</td><td>17 Liter Super</td><td>17 Liter Super</td></tr>
<tr><td>Kraftstofftank</td><td>130 Liter (im Heck)</td><td>100 Liter (im Heck)</td></tr>
</table>

*) 29 Wagen mit Aluminium-Karosserie

»Erlkönig« Nummer 1 war ein Mercedes!

»Der Begriff Erlkönig hat zwar seinen Ursprung in Goethes Ballade gleichen Namens (›Wer reitet so spät durch Nacht und Wind?‹), doch denken Menschen, die das Wort heute hören, eher an einen getarnten Versuchswagen, der, ganz im Geist der Ballade, bei Nacht und Nebel unterwegs ist. Der Begriff ›Erlkönig‹ ist bereits so festgefügt, daß ihn selbst der Duden, anerkannter Garant reinen Sprachgewissens, als Ausdruck der Umgangssprache in besagtem Sinne führt.« (Aus: autopress)

In der Tat ist die Bezeichnung »Erlkönig« längst für jeden automobilinteressierten Menschen ein fester Begriff. Nur: Wie es dazu kam, daß dieses Wort zu einem selbstverständlichen Bestandteil unserer Sprache wurde, das weiß heute – außer dem Verfasser dieses Buches – wohl niemand mehr. Ihm sei es daher erlaubt, hier eine persönliche Reminiszenz einzubringen. Werner Oswald, geb. 1920, war acht Jahre lang, nämlich von Anfang 1950 bis Ende 1957, zweiter Mann in der Redaktion der Zeitschrift »auto motor und sport«. Er erzählt:

Vor über 30 Jahren (genau: ab Heft 15 vom 19. Juli 1952) brachten wir in auto motor und sport eine Zeitlang Heft für Heft je das kleine Foto eines Prototyps. Diese nach heutigen Maßstäben lächerlich harmlosen Bildchen galten damals als eine sensationelle, noch nie dagewesene Provokation der Automobilindustrie. Deshalb hatten wir zuvor wochen-, ja vielleicht monatelang überlegt, ob und in welcher Form wir uns den Abdruck dieser Amateurfotos erlauben könnten. Chefredakteur Wieselmann kam schließlich auf die Idee, durch liebenswürdige Begleittexte den betroffenen Industriefirmen die bittere Pille ein wenig zu versüßen. In diesem Sinn reimte er eines schönen Sonntags für die ersten paar Bilder je ein kleines Achtzeilen-Gedicht im Stil des Erlkönig-Poems. Die legte er mir Montagfrüh auf den Tisch mit dem Auftrag, hieraus für die nächsten Hefte eine Folge vorzubereiten und diese mit einer gleichbleibenden Überschrift zu versehen. Nach kurzer Überlegung meinte ich: »Schreiben wir doch einfach ›Erlkönig‹ drüber!« Der Chefredakteur war von dem Vorschlag wenig begeistert und überlegte dann selbst noch eine Weile. Da ihm aber auch nichts Besseres einfiel, akzeptierte er meinen Gedankenblitz, und schließlich gefiel er ihm sogar. Fortan bezeichnete ich in auto motor und sport konsequent jeden Prototyp, gleich welcher Herkunft, als Erlkönig, und so wurde das Wort bekannt und bald zu einem geläufigen Ausdruck.

Unser erster Erlkönig freilich bereicherte keineswegs bloß die Umgangssprache um ein neues Wort. Vor allem löste er eine in diesem Umfang nie erwartete Jagd auf Erlkönig-Fotos aus, die inzwischen längst sogar professionell betrieben wird. Hand in Hand damit begann die systematische Erforschung der künftigen Produktionsprogramme unserer Automarken. Die seitenlangen Berichte hierüber, garniert mit authentischen Erlkönig-Fotos und mehr oder weniger geschickt komponierten Farbzeichnungen, wie man sie heute in den großen Automobilzeitschriften findet, gehen im Grunde alle auf jenes Bildchen zurück, das am 19. Juli 1952 in auto motor und sport abgedruckt war.

Dieser Erlkönig Nummer 1 war ein Prototyp des damals mit größter Spannung erwarteten Mercedes-Benz Typ 180. Das Foto ist, bei aller Undeutlichkeit, auch heute noch interessant, denn es zeigt, daß die Linienführung des Typs 180 ursprünglich weitgehend dem Vorbild des Typs 300 entsprach. Eine sehr ähnliche Form hatten auch mehrere andere Autos jener Zeit, so beispielsweise und vor allem der englische Morris in dreierlei Größen. Wenn schließlich der Typ 180 einen Pontonaufbau mit glatten Seitenflächen erhielt, dann bedeutet dies, daß beim Übergang vom 170 S zum 180 in bezug auf die Karosserieform eine Entwicklungsstufe übersprungen wurde.

Erlkönig

1. Folge

Wer fährt da so rasch durch Regen und Wind?
Ist es ein Straßenkreuzer von drüben,
der nur im Umfang zurückgeblieben
oder gar Daimlers jüngstes Kind?

Der stille Betrachter wär gar nicht verwundert,
wenn jenes durchgreifend neue Modell,
das selbst dem Fotografen zu schnell,
nichts anderes wär als der Sohn vom »Dreihundert«.

Erlkönig, (wohl in Anlehnung an die erste Zeile der Ballade »Erlkönig« von Goethe) (Kfz-Jargon) genannter, probehalber eingesetzter Wagen eines neuen Autotyps: Der Reporter konnte einen E. aufnehmen.

(Aus: Duden,
»Deutsches Universal-Wörterbuch«, Ausgabe 1983)

Erlkönig: Sagengestalt, ugs. (= umgangssprachlich) für getarnter Versuchswagen.

(Aus: Duden,
»Die Rechtschreibung«, 18. Auflage 1980)

Mercedes-Benz Typ 180 (1953 – 1962)
Mercedes-Benz Typ 180 D (1954 – 1962)
Mercedes-Benz Typ 190 (1956 – 1961)
Mercedes-Benz Typ 190 D (1958 – 1961)

Der Typ 180 (W 120) war vom automobilinteressierten Publikum mit größter Spannung erwartet worden, weil damit auch Daimler-Benz den Übergang zur geräumigeren und luftwiderstandsärmeren Pontonkarosserie und gleichzeitig zu deren selbsttragender Bauweise vollzog. Lediglich der Motor wurde noch vom Typ 170 Sb übernommen, was dem Ansehen des Typs 180 der ersten Bauserie (Produktion von Juli 1953 bis Juni 1957) einigen Abbruch tat.

Der Typ 180 a (Produktion von Juli 1957 bis Juli 1959) erhielt den leistungsmäßig reduzierten Hängeventil-Motor des ein Jahr vorher eingeführten Typs 190. Ab April 1958 Ausstellfenster an den vorderen Türen.

Der Typ 180 b (Produktion von Juli 1959 bis August 1961) erhielt den breiteren Kühler und Stoßstangen ohne Hörner.

Der Typ 180 c (Produktion von Juni 1961 bis Oktober 1962) unterschied sich vom Vorgänger lediglich durch einen geänderten Ventilmechanismus.

Produktion	**1953**	**1954**	**1955**	**1956**	**1957**	**1958**	**1959**	**1960**	**1961**	**1962**	**1963**	
180	4 362	20 306	17 704	8 464	1 350							**52 186** [1]
180 a					4 656	15 967	6 730					**27 353** [2]
180 b							7 314	14 384	7 717			**29 415** [3]
180 c									4 980	4 300		**9 280** [4]
180 D	11	15 532	20 345	21 013	22 910	26 693	9 981					**116 485** [5]
180 Db							8 076	11 151	5 449			**24 676** [6]
180 Dc									4 822	7 000		**11 822** [7]
190				16 001	22 578	15 791	6 975					**61 345** [8]
190 b							6 613	12 986	8 864			**28 463** [9]
190 D						5 469	15 160					**20 629** [10]
190 Db							13 709	29 116	18 484			**61 309** [11]
190 SL			1 727	4 032	3 332	2 722	3 949	3 977	3 792	2 246	104	**25 881**
220 a		4 178	19 348	2 411								**25 937**
219				5 474	8 505	9 296	4 570					**27 845** [12]
220 S				10 525	15 459	20 181	9 114					**55 279** [13]
220 S Coupé u. Cabriolet				297	1 066	1 280	786					**3 429** [14]
220 SE						201	1 773					**1 974**
220 SE Coupé u. Cabriolet						114	628	1 200				**1 942** [15]

[1] einschl. 279 Fahrgestelle
[2] einschl. 198 Fahrgestelle
[3] einschl. 382 Fahrgestelle
[4] einschl. 183 Fahrgestelle
[5] einschl. 2 439 Fahrgestelle
[6] einschl. 400 Fahrgestelle
[7] einschl. 222 Fahrgestelle
[8] einschl. 354 Fahrgestelle
[9] einschl. 349 Fahrgestelle
[10] einschl. 136 Fahrgestelle
[11] einschl. 711 Fahrgestelle
[12] einschl. 3 Fahrgestelle
[13] einschl. 11 Fahrgestelle
[14] Cabriolet 2 178, Coupé 1 251 Wagen
[15] Cabriolet 1 112, Coupé 830 Wagen

Der Typ 180 D (W 120) unterschied sich vom Typ 180 und 180 a nur durch den vom Typ 170 DS bzw. 170 S-D übernommenen Dieselmotor und die kürzere Hinterachs-Übersetzung. Ebenfalls ab April 1958 Ausstellfenster in den vorderen Türen. Produktion von Februar 1954 (Vorserie Oktober 1953) bis Juli 1959.

Der Typ 180 Db entsprach mit dem breiteren Kühler und den hörnerlosen Stoßstangen dem Typ 180 c, wie dieser in Produktion von Juli 1959 bis August 1961.

Der Typ 180 Dc mit 2 Liter Kurzhub-Dieselmotor wurde nur noch von Juni 1961 bis Oktober 1962 gebaut.

Der Typ 190 (W 121) besaß die gleiche Karosserie und das gleiche Fahrwerk wie der Typ 180, brachte jedoch einen neuen Hängeventil-Motor und stärkere Bremsen sowie eine anspruchsvollere Ausstattung. Sein wichtigstes Erkennungsmerkmal freilich war die Chromleiste um die Gürtellinie des Wagens, und ihretwegen wohl wurde der 190 auch hauptsächlich gekauft. Sein Besitz war nämlich oft nur eine Prestigeangelegenheit, denn ansonsten konnte einem der billigere und wirtschaftlichere 180 genauso lieb sein, seit er praktisch den gleichen Motor und die gleichen Bremsen besaß. Produktion von März 1956 bis August 1959.

Typ 190 b (Produktion von Juli 1959 bis September 1961): Breiter Kühler, Stoßstangen ohne Hörner.

Typ 190 D (W 121): Unterschied sich vom Typ 190 nur durch den neuen 1,9 Liter Kurzhub-Dieselmotor. Produktion von August 1958 bis Juli 1959.

Typ 190 Db (Produktion von Juli 1959 bis September 1961): Breiter Kühler, Stoßstangen ohne Hörner.

Die bei den Produktionszahlen aufgeführten Fahrgestelle wurden überwiegend für den Bau von Krankenwagen, in geringer Zahl auch für den Bau von Kombiwagen mit 4 Türen verwendet. Hersteller waren das Karosseriewerk Christian Miesen (Bonn) und die Karosseriefabrik Binz & Cie. (Lörrach/Württ.). Wichtigste abweichende Daten: Reifen 6,70 - 13 extra, höheres Gewicht, Nutzlast 650 kg, Gesamtmaße bei Miesen 4425 × 1740 × 1700 mm bzw. bei Binz 4446 × 1740 × 1600 mm, Preis des Kombi je nach Motor zwischen 12 000 und 15 000 DM.

Mercedes-Benz Typ 190 SL (1955 – 1963)

Der Typ 190 SL (W 121), entstanden auf Anregung des damaligen USA-Importeurs Maxi Hoffman, wurde als Prototyp erstmalig im Februar 1954 in New York gezeigt. Der sehr ansprechend gezeichnete Zweisitzer war vom Typ 180 abgeleitet, hatte aber einen neuen, allerdings ziemlich rauhen Motor erhalten, der dann ab März 1956 mit reduzierter Leistung auch für den Typ 190 Verwendung fand. Der 190 SL ging im Mai 1955 (Vorserie Januar 1955) in Serie. Anfangs kamen auch einige Roadster in Rennsportausführung mit leichten Türen und kleiner Plexiglas-Frontscheibe in den Besitz einiger Kunden, was aber bald im Hinblick auf sportgesetzliche Reglementierungen unterblieb. Ohnehin war der 190 SL als sportliches Reisefahrzeug gedacht mit beachtlichen, ausgezeichneten Fahreigenschaften sowie eleganter Linienführung und Ausstattung. Ab September 1959 Coupédach mit großem Heckfenster. Ende der Produktion im Februar 1963. Ein gut erhaltener 190 SL ist heute noch mindestens seinen einstigen Preis wert! Preise:

Roadster, 2 Sitze, mit Verdeck	DM 16 500,–
Roadster, 2 Sitze, mit Verdeck und Coupédach	DM 17 650,–

Mercedes-Benz Typ 220 a (1954 – 1956)
Mercedes-Benz Typ 219 (1956 – 1959)
Mercedes-Benz Typ 220 S (1956 – 1959)
Mercedes-Benz Typ 220 SE (1958 – 1960)

Typ 220 a (W 180 I): Motor vom vorhergehenden Typ 220, Fahrwerk und Karosserie vom Typ 180 abgeleitet. Der Typ 220 a wirkte durch längeren Radstand und Motorvorbau gefälliger proportioniert als die gedrungenen, eher plumpen Limousinen der Typen 180/190. Die gediegene, repräsentative Linienführung der geräumigen Karosserie, die Leistung des hervorragenden, allerdings im Hubraum unnötig bescheidenen Motors sowie die eindrucksvollen Fahrwerksqualitäten machten den Typ 220 a zu einem Spitzenerzeugnis der damaligen Automobiltechnik. Vorgestellt wurde die Limousine im März 1954, ihre Produktion lief von Juni 1954 bis April 1956. Das Cabriolet A/C wurde im September 1955 vorgestellt, ging aber erst als 220 S ein knappes Jahr später in die Produktion.

Typ 219 (W 105): Einfache Ausführung des gleichzeitig angebotenen Typs 220 S. Produktion ab März 1956 bis Juli 1959. Bezeichnung als Typ 219 war zwar einleuchtend, verkaufspsychologisch aber ungeschickt gewählt.

Typ 220 S (W 180 II): Gleicher Wagen wie Vorgänger-Typ 220 a, jedoch etwas höhere Motorleistung und einige zusätzliche, vorteilhaft wirkende Chromverzierungen. Produktion der Limousine von März 1956 bis August 1959. Produktion des in der Form etwas barocken und chromüberladenen Cabriolet A/C ab Juli 1956 (Coupé ab Oktober 1956) bis Oktober 1959.

Typ 220 SE (W 128): Einziger Unterschied zum Typ 220 S war die Benzineinspritzung. Produktion der Limousine ab Oktober 1958 (Vorserie April 1958) bis August 1959, des Cabriolet A/C und des Coupé ab Oktober 1958 (Vorserie Juli 1958) bis November 1960.

Preise	**180**	**180 D**	**190**	**190 D**
Limousine 4 Türen				
1953/54	DM 9 950,–	–	–	–
1954/55	DM 9 450,–	DM 10 300,–	–	–
1956	DM 8 760,–	DM 9 850,–	DM 9 450,–	–
1956–1958	DM 8 760,–	DM 9 450,–	DM 9 450,–	–
1958–1961	DM 8 760,–	DM 9 450,–	DM 9 450,–	DM 9 950,–
ab August 1961	DM 8 950,–	DM 9 450,–	–	–
ab April 1962	DM 9 350,–	DM 9 850,–	–	–
Kombi 4 Türen (Miesen)	DM 13 220,–	DM 13 720,–	DM 13 970,–	DM 14 470,–
Kombi 4 Türen (Binz)	DM 12 000,–	DM 12 500,–	DM 12 750,–	DM 13 250,–

Preise	**220**	**219**	**220 S**	**220 SE**
Limousine 4 Türen	DM 12 500,–	DM 10 500,–	DM 12 500,–	DM 14 400,–
Cabriolet A/C	DM 21 500,–	–	DM 21 500,–	DM 23 400,–
Coupé 4 Sitze	–	–	DM 21 500,–	DM 23 400,–

Mercedes-Benz
Typ 180 (1953 – 1957)
Typ 180 a (1957 – 1958)
Typ 180 D (1954 – 1958)
Limousine 4 Türen

Mercedes-Benz
Typ 180 a
Typ 180 D
Limousine 4 Türen
(mit Ausstellfenstern)
1958 – 1959

Mercedes-Benz
Typ 180 b und 180 c
Typ 180 Db und 180 Dc
Limousine 4 Türen
(Breiter Kühler,
glatte Stoßstangen)
1959 – 1962

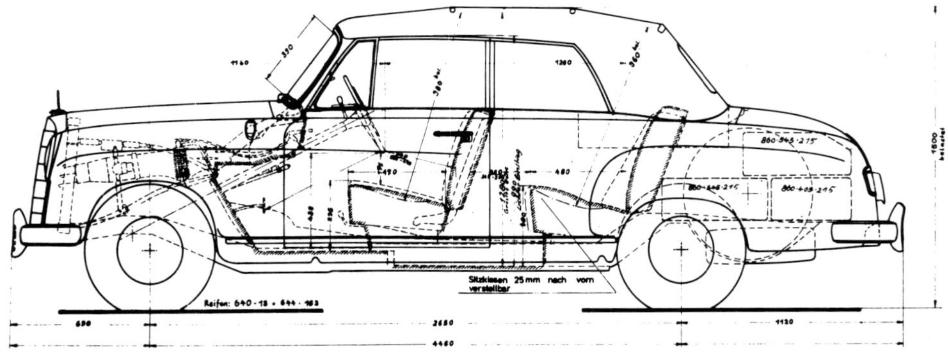

↑ **Mercedes-Benz Typ 180**
Cabriolet B
Entwurf 1953
(nicht ausgeführt)

↓ **Mercedes-Benz Typ 180**
Cabriolet A
Entwurf 1953
(nicht ausgeführt)

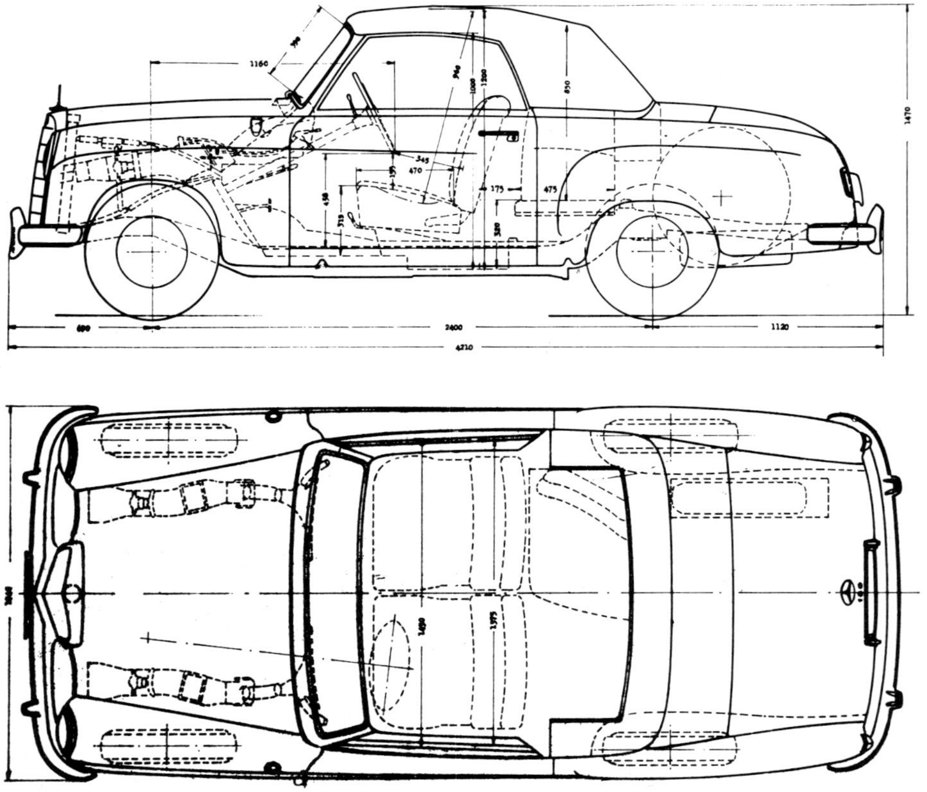

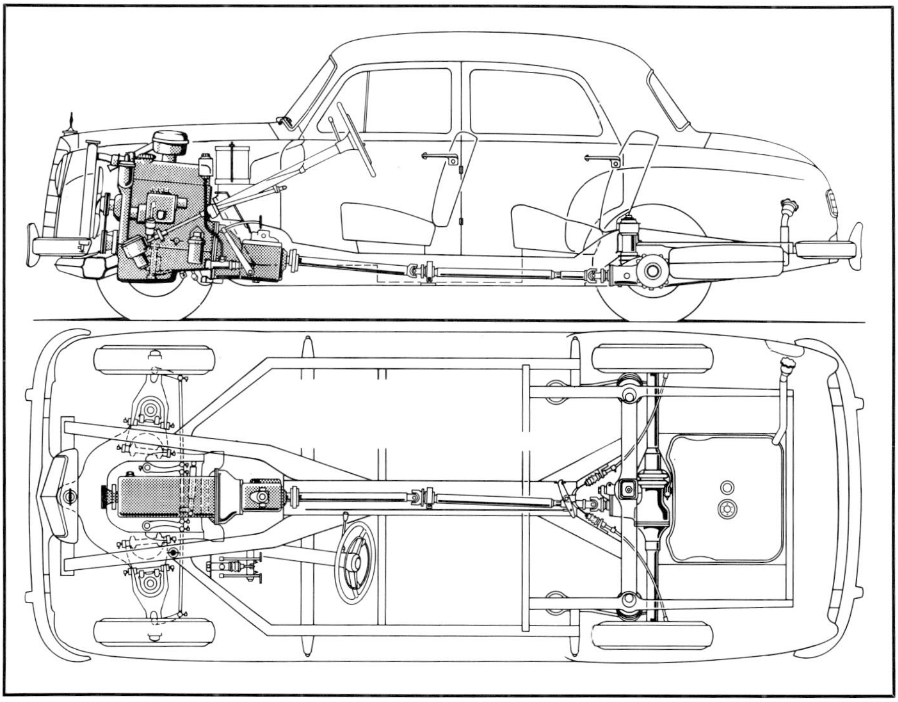

Mercedes-Benz
Typ 190 D
Limousine 4 Türen
1958 – 1959

Mercedes-Benz
Typ 190 Db
Limousine 4 Türen
(Breiter Kühler,
glatte Stoßstangen)
1959 – 1961

←
←

Mercedes-Benz Typ 180
Mercedes-Benz Typ 180 D
Mercedes-Benz Typ 190
Mercedes-Benz Typ 190 D
Krankenwagen
Aufbau Binz
1954 – 1962
(entsprechend auch als Kombi lieferbar)

Mercedes-Benz Typ 180
Mercedes-Benz Typ 180 D
Mercedes-Benz Typ 190
Mercedes-Benz Typ 190 D
Krankenwagen
Aufbau Miesen
1954 – 1962
(entsprechend auch als Kombi lieferbar)

←
←

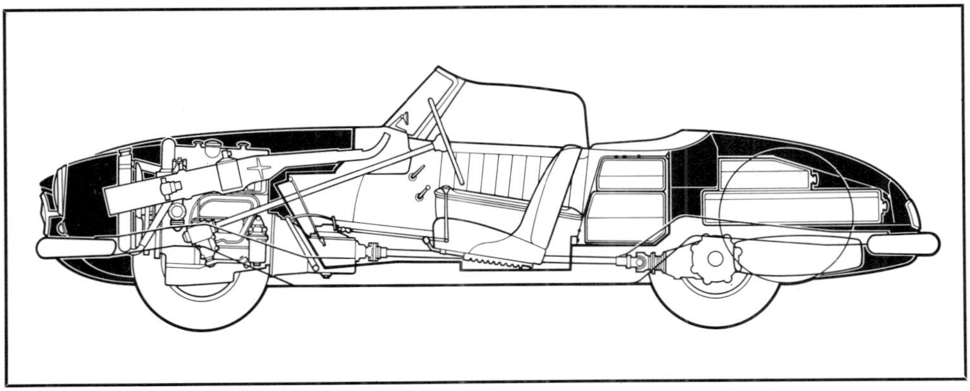

Mercedes-Benz Typ 190 SL
Rennsportausführung 1955

Mercedes-Benz Typ 190 SL
Roadster 2 Sitze 1955 – 1962

Mercedes-Benz Typ 190 SL
Roadster mit Verdeck 1955 – 1962

Mercedes-Benz Typ 190 SL
Roadster mit Coupédach 1955 – 1959

Mercedes-Benz Typ 190 SL
Roadster mit Coupédach (großes Heckfenster) 1959 – 1962

	Mercedes-Benz Typ 180 D (W 120) 1953 – 1961	Mercedes-Benz Typ 180 D (W 120) 1961 – 1962	Mercedes-Benz Typ 190 D (W 121) 1958 – 1961
Motor	Daimler-Benz OM 636 VII Vorkammer-Dieselmotor	Daimler-Benz OM 621 Vorkammer-Dieselmotor	Daimler-Benz OM 621 Vorkammer-Dieselmotor
Zylinderzahl	4 (Reihe)	4 (Reihe)	4 (Reihe)
Bohrung × Hub	75 × 100 mm	87 x 83,6 mm	85 × 83,6 mm
Hubraum	1767 ccm	1988 ccm	1897 ccm
Leistung	40 PS bei 3200 U/min Ab Sept. 1955: 43 PS bei 3500 U/min	48 PS bei 3800 U/min	50 PS bei 4000 U/min
Drehmoment	10,3 mkg bei 2000 U/min	11,0 mkg bei 2200 U/min	11,0 mkg bei 2200 U/min
Verdichtung	1:19	1:21	1:21
Vergaser bzw. Einspritzpumpe	Bosch Einspritzpumpe	Bosch Einspritzpumpe	Bosch Einspritzpumpe
Ventile	Hängend Seitliche Nockenwelle Antrieb durch Stirnräder	Hängend Obenliegende Nockenwelle Antrieb durch Duplex-Kette	Hängend Obenliegende Nockenwelle Antrieb durch Duplex-Kette
Kurbelwellenlager	3	3	3
Kühlung	Pumpe, 8,6 Liter Wasser	Pumpe, 9,3 Liter Wasser	Pumpe, 9,3 Liter Wasser
Schmierung	Druckumlauf, 4 Liter Öl	Druckumlauf, 4 Liter Öl	Druckumlauf, 4 Liter Öl
Batterie	12 V 84 Ah (im Motorraum)	12 V 66 Ah (im Motorraum)	12 V 84 Ah (im Motorraum)
Lichtmaschine	160 W	160 W	160 W
Kraftübertragung	Antrieb auf Hinterräder. Geteilte Kardanwelle		
Kupplung	Einscheibentrockenkupplung		
Schaltung	Lenkradschaltung		
Getriebe	4 Gang		
Synchronisierung	I – IV		
Übersetzungen	I. 4,05 II. 2,38 III. 1,53 IV. 1,00		
Antriebs-Übersetzung	3,70 (37:10)		
Fahrwerk	Selbsttragende Ganzstahlkarosserie		
Vorderradaufhängung	Doppel-Querlenker, Schraubenfedern, Stabilisator		
Hinterradaufhängung	Pendel-Schwingachse Ab Sept. 1955: Eingelenk-Pendelachse Schubstreben Schraubenfedern	Eingelenk-Pendelachse Schubstreben Schraubenfedern	Eingelenk-Pendelachse Schubstreben Schraubenfedern
Lenkung	Kugelumlauf (18,5:1) 3,5 Lenkraddrehungen	Kugelumlauf (18,5:1) 3,5 Lenkraddrehungen	Kugelumlauf (18,5:1) 3,5 Lenkraddrehungen
Fußbremse	Hydraulisch Trommel-∅ 230 mm Bremsfläche 816 cm^2 Typ 180 Db: Bremsfläche 1064 cm^2	Hydraulisch Trommel-∅ 230 mm Bremsfläche 1064 cm^2	Hydraulisch Trommel-∅ 230 mm Bremsfläche 1064 cm^2
Allgemeine Daten			
Radstand	2650 mm	2650 mm	2650 mm
Spur vorn/hinten	1430/1475 mm	1430/1475 mm	1430/1475 mm
Gesamtmaße	4485 × 1740 × 1560 mm	4485 × 1740 × 1560 mm	4485 × 1740 × 1560 mm Typ 190 Db: 4500 × 1740 × 1560 mm
Felgen	Fünfloch 4 ½ K × 13	Fünfloch 4 ½ K × 13	Fünfloch 4 ½ K × 13
Reifen	6,40–13	6,40–13	6,40–13
Wendekreis	11,5 Meter	11,5 Meter	11,5 Meter
Wagengewicht	1220 kg	1220 kg	1250 kg
Zuläss. Gesamtgewicht	1650 kg	1660 kg	1660 kg
Höchstgeschwindigkeit	112 km/h. 43 PS: 115 km/h	120 km/h	126 km/h
Beschleunigung 0–100 km/h	39 sec. 43 PS: 37 sec	36 sec	29 sec
Verbrauch/100 km	8 Liter Diesel	8 Liter Diesel	8,5 Liter Diesel
Kraftstofftank	56 Liter (im Heck)	56 Liter (im Heck)	56 Liter (im Heck)

Mercedes-Benz Typ 180 (W 120) 1953 – 1957	**Mercedes-Benz Typ 180 (W 120) 1957 – 1962**	**Mercedes-Benz Typ 190 (W 121) 1956 – 1961**	**Mercedes-Benz Typ 190 SL (W 121) 1955 – 1963**
Daimler-Benz M 136 VII	Daimler-Benz M 121 B IV	Daimler-Benz M 121 B I	Daimler-Benz M 121 B II
Vergasermotor	Vergasermotor	Vergasermotor	Vergasermotor
4 (Reihe)	4 (Reihe)	4 (Reihe)	4 (Reihe)
75 × 100 mm	85 × 83,6 mm	85 × 83,6 mm	85 × 83,6 mm
1767 ccm	1897 ccm	1897 ccm	1897 ccm
52 PS bei 4000 U/min	65 PS bei 4500 U/min Typ 180 b: 68 PS bei 4400 U/min	75 PS bei 4600 U/min Typ 190 b: 80 PS bei 4800 U/min	105 PS bei 5700 U/min
11,4 mkg bei 1800 U/min	13,0 mkg bei 2200 U/min Typ 180 b: 13,2 mkg bei 2500 U/min	13,9 mkg bei 2800 U/min Typ 190 b: 14,2 mkg bei 2800 U/min	14,5 mkg bei 3200 U/min
1:6,7	1:6,8. Typ 180 b: 1:7,0	1:7,5. Typ 190 b: 1:8,5	1:8,5. Ab Sept. 1959: 1:8,8
1 Fallstromvergaser Solex 32 PICB	1 Fallstromvergaser Solex 32 PICB bzw. ab Typ 180 b: Solex 34 PICB	1 Register-Fallstromvergaser Solex 32 PAITA	2 Register-Fallstromvergaser Solex 44 PHH
Seitlich stehend	Hängend	Hängend	Hängend
Seitliche Nockenwelle	Obenliegende Nockenwelle	Obenliegende Nockenwelle	Obenliegende Nockenwelle
Antrieb durch Duplex-Kette	Antrieb durch Duplex-Kette	Antrieb durch Duplex-Kette	Antrieb durch Duplex-Kette
3	3	3	3
Pumpe, 9 Liter Wasser	Pumpe, 9 Liter Wasser	Pumpe, 9,3 Liter Wasser	Pumpe, 10 Liter Wasser
Druckumlauf, 4 Liter Öl	Druckumlauf, 4 Liter Öl	Druckumlauf, 4 Liter Öl	Druckumlauf, 4 Liter Öl
6 V 70 Ah (im Motorraum) Ab Sept. 1955: 6 V 84 Ah	12 V 56 Ah (im Motorraum)	12 V 56 Ah (im Motorraum)	12 V 56 Ah (im Motorraum)
130 W. Ab Sept. 1955: 160 W	160 W	160 W	160 W
Antrieb auf Hinterräder. Geteilte Kardanwelle			
Einscheibentrockenkupplung			
Lenkradschaltung			Schaltstock Wagenmitte
4 Gang			4 Gang
I – IV			I – IV
I. 4,05			I. 3,52
II. 2,38			II. 2,32
III. 1,53			III. 1,52
IV. 1,00			IV. 1,00
3,89 (35:9)	3,90 (39:10)	4,10	3,90
Selbsttragende Ganzstahlkarosserie			
Doppel-Querlenker, Schraubenfedern, Stabilisator			
Pendel-Schwingachse Ab Sept. 1955: Eingelenk-Pendelachse Schubstreben Schraubenfedern	Eingelenk-Pendelachse Schubstreben Schraubenfedern	Eingelenk-Pendelachse Schubstreben Schraubenfedern	Eingelenk-Pendelachse Schubstreben Schraubenfedern
Kugelumlauf (18,5:1)	Kugelumlauf (18,5:1)	Kugelumlauf (18,5:1)	Kugelumlauf (18,5:1)
3,5 Lenkraddrehungen	3,5 Lenkraddrehungen	3,5 Lenkraddrehungen	3,5 Lenkraddrehungen
Hydraulisch	Hydraulisch	Hydraulisch	Hydraulisch
Trommel-∅ 230 mm	Trommel-∅ 230 mm	Trommel-∅ 230 mm	Trommel-∅ 230 mm
Bremsfläche 816 cm^2	Bremsfläche 816 cm^2 Ab Typ 180 b: Bremsfläche 1064 cm^2 Auf Wunsch: Servohilfe	Bremsfläche 1064 cm^2 Auf Wunsch: Servohilfe	Bremsfläche 1064 cm^2 Auf Wunsch bzw. ab Mai 1956 Serie: Servohilfe
2650 mm	2650 mm	2650 mm	2400 mm
1430/1475 mm	1430/1475 mm	1430/1475 mm	1430/1475 mm
4485 × 1740 × 1560 mm	4485 × 1740 × 1560 mm	4485 × 1740 × 1560 mm Typ 190 b: 4500 × 1740 × 1560 mm	4220 × 1740 × 1320 mm
Fünfloch 4 ½ K × 13	Fünfloch 4 ½ K × 13	Fünfloch 4 ½ K × 13	5 K × 13
6,40–13	6,40–13	6,40–13	6,40–13 Sport
11,5 Meter	11,5 Meter	11,5 Meter	11 Meter
1180 kg Ab Sept. 1955: 1200 kg	1210 kg	1240 kg	Roadster 1160 kg Coupédach + 20 kg
1600 kg	1615 kg	1650 kg	1400 kg. Ab 1961: 1440 kg
126 km/h	136 km/h	139 km/h. Typ 190 b: 144 km/h	17[illegible] km/h
31 sec	21 sec	20,5 sec. Typ 190 b: 19 sec	14,5 sec
11,5 Liter	10,5 Liter	11,5 Liter Super	12,5 Liter Super
56 Liter (im Heck)	56 Liter (im Heck)	56 Liter (im Heck)	65 Liter (im Heck)

Mercedes-Benz Typ 220 a
Limousine 4 Türen
1954 – 1956

←
←

Mercedes-Benz Typ 219
Limousine 4 Türen
1956 – 1959

←
←

→
→
→

Mercedes-Benz Typ 220 S
Limousine 4 Türen
1956 – 1959

Mercedes-Benz Typ 220 SE
Limousine 4 Türen
1958 – 1959

S-C 226

S-C 226

S
C 226

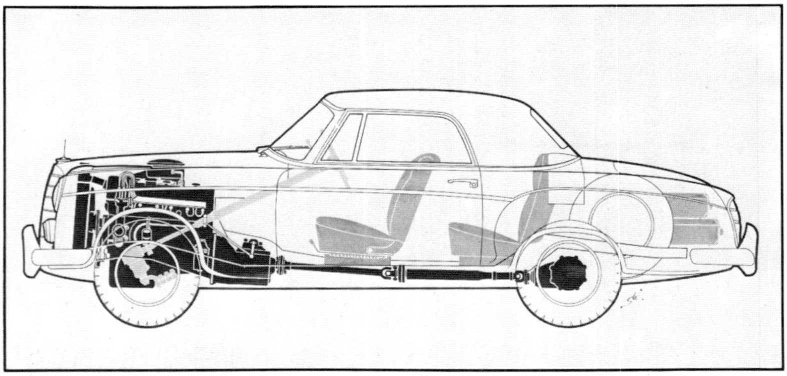

Mercedes-Benz Typ 220 S Cabriolet A/C 1956 – 1959
Mercedes-Benz Typ 220 SE Cabriolet A/C 1958 – 1960

Mercedes-Benz Typ 220 S Coupé 2/2 Sitze 1957 – 1959
Mercedes-Benz Typ 220 SE Coupé 2/2 Sitze 1958 – 1960

Motor

Zylinderzahl
Bohrung × Hub
Hubraum
Leistung

Drehmoment

Verdichtung
Vergaser
bzw. Einspritzpumpe
Ventile
Kurbelwellenlager
Kühlung
Schmierung
Batterie
Lichtmaschine

Kraftübertragung
Kupplung

Schaltung
Getriebe
Synchronisierung
Übersetzungen
Antriebs-Übersetzung

Fahrwerk
Vorderradaufhängung
Hinterradaufhängung
Lenkung
Fußbremse

Allgemeine Daten
Radstand

Spur vorn/hinten
Gesamtmaße

Felgen
Reifen
Wendekreis links/rechts

Wagengewicht

Zuläss. Gesamtgewicht

Höchstgeschwindigkeit
Beschleunigung 0–100 km/h
Verbrauch/100 km

Kraftstofftank

Mercedes-Benz Typ 220 a (W 180 I) 1954 – 1956	**Mercedes-Benz Typ 219 (W 105) 1956 – 1959**	**Mercedes-Benz Typ 220 S (W 180 II) 1956 – 1959**	**Mercedes-Benz Typ 220 SE (W 128) 1958 – 1960**
Daimler-Benz M 180 II	Daimler-Benz M 180 II	Daimler-Benz M 180 III	Daimler-Benz M 127 I
Vergasermotor	Vergasermotor	Vergasermotor	Einspritzmotor
6 (Reihe)	6 (Reihe)	6 (Reihe)	6 (Reihe)
80 × 72,8 mm	80 × 72,8 mm	80 × 72,8 mm	80 × 72,8 mm
2195 ccm	2195 ccm	2195 ccm	2195 ccm
85 PS bei 4800 U/min	85 PS bei 4800 U/min Ab August 1957: 90 PS bei 4800 U/min	100 PS bei 4800 U/min Ab August 1957: 106 PS bei 5200 U/min	115 PS bei 4800 U/min
16 mkg bei 2400 U/min	16 mkg bei 2400 U/min Ab August 1957: 17 mkg bei 2400 U/min	16,5 mkg bei 3500 U/min Ab August 1957: 17,5 mkg bei 3500 U/min	19 mkg bei 3800 U/min
1:7,6	1:7,6. Ab Aug. 1957: 1:8,7	1:7,6. Ab Aug. 1957: 1:8,7	1:8,7
1 Doppel-Fallstromvergaser Solex 32 PAATJ	1 Doppel-Fallstromvergaser Solex 32 PAATJ	1 Register-Fallstromvergaser Solex 32 PAJTA	Bosch Zweistempel- Einspritzpumpe
Hängend. Obenliegende Nockenwelle. Antrieb durch Duplex-Kette			
4			
Pumpe, 11,3 Liter Wasser			
Druckumlauf, 6 Liter Öl			
12 V 42 Ah. Ab Sept. 1955: 12 V 56 Ah (im Motorraum)			
160 W. Typ 220 SE: 240 W			
Antrieb auf Hinterräder. Geteilte Kardanwelle			
Einscheibentrockenkupplung			
Ab August 1957 auf Wunsch: Kupplungsautomat »Hydrak«			
Lenkradschaltung			
4 Gang			
I – IV			
I. 3,52 (Typ 220 anfangs 3,40), II. 2,32, III. 1,52, IV. 1,00			
4,11 (37:9), zuletzt 4,10	4,10. Ab Aug. 1957: 3,90	4,10 (41:10)	4,10 (41:10)
Selbsttragende Ganzstahlkarosserie			
Doppel-Querlenker, Schraubenfedern, Stabilisator			
Eingelenk-Pendelachse, Schubstreben, Schraubenfedern			
Kugelumlauf (21,4:1), 4 Lenkraddrehungen			
Hydraulisch Trommel-∅ 230 mm Bremsfläche 1064 cm² Ab Sept. 1955: Servohilfe	Hydraulisch Trommel-∅ 230 mm Bremsfläche 1064 cm² Auf Wunsch: Servohilfe	Hydraulisch Trommel-∅ 230 mm Bremsfläche 1064 cm² Servohilfe	Hydraulisch Trommel-∅ 230 mm Bremsfläche 1064 cm² Servohilfe
Limousine: 2820 mm	Limousine: 2750 mm	Limousine: 2820 mm Cabr. A/C u. Coupé: 2700 mm	Limousine: 2820 mm Cabr. A/C u. Coupé: 2700 mm
1430/1470 mm	1430/1470 mm	1430/1470 mm	1430/1470 mm
4715 × 1740 × 1560 mm	4680 × 1740 × 1560 mm	4750 × 1740 × 1560 mm Cabriolet A/C und Coupé: 4670 × 1765 × 1530 mm	4750 × 1740 × 1560 mm Cabriolet A/C und Coupé: 4670 × 1765 × 1530 mm
5 K × 13	5 K × 13	5 K × 13	5 K × 13
6,70–13	6,40–13	6,70–13 Sport	6,70–13 Sport
Limousine: 11,7 Meter	Limousine: 11,5 Meter	Limousine: 11,7 Meter Cabr. u. Coupé: 11,4 Meter	Limousine: 11,7 Meter Cabr. u. Coupé: 11,4 Meter
Limousine: 1300 kg	Limousine: 1290 kg	Limousine: 1350 kg Coupé: 1410 kg Cabriolet A/C: 1450 kg	Limousine: 1370 kg Coupé: 1430 kg Cabriolet A/C: 1470 kg
Limousine: 1730 kg	Limousine: 1710 kg	Limousine: 1790 kg Cabr. A/C u. Coupé: 1815 kg	Limousine: 1810 kg Cabr. A/C u. Coupé: 1815 kg
150 km/h	148 km/h	160 km/h	160 km/h
19 sec	17 sec	17 sec	15 sec
13,5 Liter Super	14,5 Liter Super Ab August 1957: 13,5 Liter Super	13,5 Liter Super Cabriolet A/C und Coupé: 14 Liter Super	13 Liter Super Cabriolet A/C und Coupé: 13,5 Liter Super
64 Liter (im Heck)	56 Liter (im Heck)	64 Liter (im Heck)	62 Liter (im Heck)

Mercedes-Benz Typ 220, 220 S, 220 SE (1959 – 1965)
Mercedes-Benz Typ 300 SE (1961 – 1965)

Typ 220 b (W 111/1): Nachfolger des Typs 219. Entsprach bis auf geringere Motorleistung und einfachere Ausstattung dem Typ 220 S b. Ab August 1963 Scheibenbremsen und Zweikreis-Hydraulik. Ab August 1962 Automatic lieferbar. Produktion ab August 1959 (Vorserie Mai 1959) bis August 1965.

Typ 220 S b (W 111/2): Leittyp einer neuen Modellgeneration, diese gekennzeichnet durch die Heckflossen-Einheitskarosserie für das gesamte Programm. Die neue Karosserie, zu ihrer Zeit von bestechender Eleganz, und insbesondere der Typ 220 S fanden enormen Anklang. Ab August 1962 Automatic lieferbar. Ab April 1962 Scheibenbremsen. Ab August 1963 Zweikreis-Hydraulik. Produktion ab August 1959 (Vorserie Mai 1959) bis Juli 1965.

Typ 220 SE b (W 111/3): Unterscheidet sich vom 220 S durch die Benzineinspritzung und deren ganz beträchtlichen Mehrpreis, der in keinem angemessenen Verhältnis zu dem nur unbedeutenden Leistungszuwachs stand. Produktion der Limousine ab August 1959 bis August 1965, Coupé ab Februar 1961 und Cabriolet ab September 1961 bis Oktober 1965.

Typ 300 SE (W 112/3): Unterscheidet sich vom Typ 220 SE durch den Dreiliter-Leichtmetall-Motor, Luftfederung und zusätzliche Ausstattungen, wozu auch ein übertrieben angereicherter Chromzierrat gehörte. Produktion der Limousine ab April 1961 bis Juli 1965, der Limousine lang ab März 1963 (Vorserie Dezember 1962) bis August 1965, des Coupé und Cabriolet ab Februar 1962 bis Dezember 1967 (ab August 1965 mit verstärkter Hinterachse und Bremskraftregler).

Mercedes-Benz Typ 190, 190 D (1961 – 1965)
Mercedes-Benz Typ 200, 200 D (1965 – 1968)

Typ 190 c (W 110): Unter allen Vierzylinder-Modellen, die Daimler-Benz vorher und danach bis heute gebaut hat, gelang beim Typ 190 c das bisherige Optimum im Streben nach einem möglichst günstigen Kompromiß zwischen Geräumigkeit, Komfort, Leistung, Preiswürdigkeit und Wirtschaftlichkeit. Karosserie und Fahrwerk wie Typ 220 S, jedoch kürzere Motorhaube, runde Scheinwerfer, einfache Stoßstangen und bescheidenere Ausstattung. Ab August 1962 Automatic lieferbar. Ab August 1963 Scheibenbremsen und Zweikreis-Hydraulik. Produktion ab April 1961 bis August 1965.

Typ 190 D c (W 110): Unterscheidet sich vom Typ 190 c zwar nur durch den Dieselmotor, dadurch aber auch durch beträchtlich weniger Leistung, Komfort und Laufkultur. Seit August 1963 ebenfalls mit Scheibenbremsen und Zweikreis-Hydraulik. Ab Herbst 1963 mit Automatic lieferbar. Produktion ab Juni 1961 (Vorserie April 1961) bis August 1965.

Typ 200 (W 110): Unterscheidet sich vom Typ 190 c durch auf 2 Liter aufgebohrten Motor mit 2 Vergasern, größerem Tank, Dauerentlüftung am hinteren Dachträger sowie durch ansehnlichere Heckverzierungen. Hatte gegenüber dem Vorgänger zwar etwas an Leistung gewonnen, dafür aber auch deutlich an Sparsamkeit verloren. Produktion ab Juli 1965 bis Februar 1968.

Preise		190	190 D	220	220 S	220 SE	300 SE
Limousine 4 Türen	1959–1961	DM –	–	11 500,–	13 250,–	14 950,–	–
	1961–1962	DM 9 950,–	10 450,–	11 500,–	13 250,–	14 950,–	23 100,–
	1962–1965	DM 10 600,–	11 100,–	12 160,–	13 750,–	15 400,–	23 100,–
Limousine (lang)	1963–1965	DM –	–	–	–	–	26 400,–
Coupé 4 Sitze	1961–1965	DM –	–	–	–	23 500,–	31 350,–
Cabriolet 4 Sitze	1961–1965	DM –	–	–	–	25 500,–	33 350,–
Kombi 4 Türen (Miesen)	1962–1965	DM 15 000,–	15 500,–	–	–	–	–
Kombi 4 Türen (Binz)	1962–1965	DM 15 000,–	15 500,–	–	–	–	–

		200	200 D	230	230 S
Limousine 4 Türen	1965–1968	DM 11 000,–	11 500,–	11 950,–	14 000,–
Limousine 7 Sitze	1967	DM –	15 650,–	–	–
„Universal" Kombi 4 Türen	1966–1967	DM 14 750,–	15 400,–	15 900,–	18 600,–
Kombi 4 Türen (Miesen)	1965–1968	DM 15 500,–	16 000,–	–	–
Kombi 4 Türen (Binz)	1965–1968	DM 15 500,–	16 000,–	–	–

Aufpreise: Automatic + DM 1 400,–, Servolenkung (außer 300 SE) + DM 550,–, Stahl-Schiebedach + DM 550,–.

Typ 200 D (W 110): Gleicher Dieselmotor wie Typ 190 D c, sonst die gleichen Merkmale wie beim Typ 200. Produktion ab Juli 1965 bis Februar 1968.

Ab Mai 1967 gab es den Typ 200 D auch als überlange 7 Sitzer-Limousine, gedacht als Taxi oder Mietwagen, Hotel- oder Flugplatz-Zubringer, für Gruppenfahrten usw. Mit Zweiliter-Dieselmotor absolut untermotorisierter Wagen.

In kleiner Zahl fertigten das Karosseriewerk Christian Miesen (Bonn) und die Karosseriefabrik Binz & Co. (Lorch/Württ.) Kombiwagen der Typen 190, 190 D, 200 und 200 D an. Abweichende Daten: Reifen 7,00-15 L (6 PR), Gesamtmaße 4730 × 1795 × 1580 mm, Wagengewicht 1380 kg (Diesel 1420 kg), zuläss. Gesamtgewicht 2080 kg (Diesel 2130 kg). Zahlenmäßig weit größere Bedeutung hatten jedoch die entsprechenden Krankenwagen beider Firmen.

Ferner führte 1966/67 Daimler-Benz im offiziellen Verkaufsprogramm die Typen 200, 200 D, 230 und 230 S Universal, in Zusammenarbeit mit dem belgischen Montagewerk IMA hergestellte Kombiwagen.

Mercedes-Benz Typ 230, 230 S (1965 – 1968)

Typ 230 (W 110): Nachfolger des Typs 220, jedoch auf 2,3 Liter aufgebohrter Motor unter kurzer Motorhaube. Vom Sechszylinder-Motor abgesehen gleicher Wagen wie Typ 200. Produktion ab Juli 1965. Ab Juli 1966 gleicher Motor wie Typ 230 S. Letzte Wagen im Februar 1968.

Typ 230 S (W 111 I A): Äußerlich fast gleicher Wagen wie bisheriger Typ 220 S, jedoch auf 2,3 Liter aufgebohrter Motor, einfachere Innenausstattung und Hartglas- statt Verbundglas-Frontscheibe. Prestigewert im Hinblick auf inzwischen herausgekommenen Typ 250 S deutlich geringer als beim Vorgängermodell. Produktion ab Juli 1965 bis Januar 1968.

Von 1959 bis 1968 wurden insgesamt 973 000 Limousinen mit der Heckflossen-Einheitskarosserie ausgeliefert!

Produktion	**1959**	**1960**	**1961**	**1962**	**1963**	**1964**	**1965**	**1966**	**1967**	**1968**	
220 b	3 375	13 127	14 842	11 618	10 492	11 327	4 910				**69 691**
220 S b	7 267	26 642	32 238	26 077	26 236	28 732	13 927				**161 119**
220 SE b	1 579	9 247	10 761	10 786	12 648	14 336	6 529				**66 086**
220 SE b Coupé und Cabriolet		2	2 537	4 287	3 755	3 528	2 793				**16 902**
300 SE			13	2 768	995	936	490				**5 202**
300 SE Coupé und Cabriolet				331	630	706	710	497	253		**3 127**
300 SEL				1	387	751	407				**1 546**
190 c			9 249	31 275	35 457	33 776	20 797				**130 554**
190 D c			12 882	45 414	60 784	64 422	42 143				**225 645**
200							16 864	26 842	26 169	332	**70 207**
200 D							30 937	61 707	68 399	575	**161 618**
230							8 548	14 951	16 441	318	**40 258**
230 S							12 621	17 230	11 176	80	**41 107**

Mercedes-Benz Typ 220 b
Limousine 4 Türen
1959 – 1965

→
→

Mercedes-Benz Typ 220 S b
Mercedes-Benz Typ 220 SE b
Limousine 4 Türen
1959 – 1965

↓ ↓

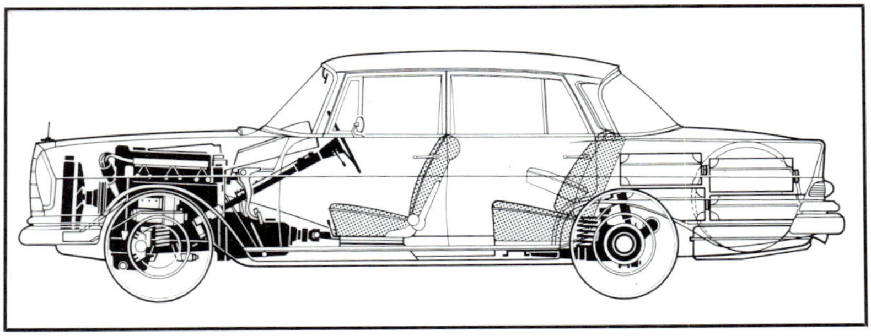

Mercedes-Benz Typ 220 b Limousine (Längsschnitt)

Mercedes-Benz Typ 220 SE b Cabriolet 1961 – 1965

Mercedes-Benz Typ 220 SE b Coupé 1961 – 1965

Motor

Zylinderzahl
Bohrung × Hub
Hubraum
Leistung
Drehmoment
Verdichtung
Vergaser

Ventile
Kurbelwellenlager
Kühlung
Schmierung
Batterie
Lichtmaschine

Kraftübertragung
Kupplung
Schaltung
Getriebe
Synchronisierung
Übersetzungen

Antriebs-Übersetzung

Fahrwerk
Vorderradaufhängung
Hinterradaufhängung

Lenkung

Fußbremse

Allgemeine Daten
Radstand
Spur vorn/hinten

Gesamtmaße
Felgen

Reifen

Wendekreis links/rechts
Wagengewicht

Zuläss. Gesamtgewicht

Höchstgeschwindigkeit
Beschleunigung 0–100 km/h
Verbrauch/100 km
Kraftstofftank

<table>
<tr><th>Mercedes-Benz Typ 220 b
(W 111/1)
1959 – 1965</th><th>Mercedes-Benz Typ 220 S b
(W 111/2)
1959 – 1965</th><th>Mercedes-Benz Typ 220 SE b
(W 111/3)
1959 – 1965</th><th>Mercedes-Benz Typ 220 SE b
Coupé und Cabriolet
(W 111/3)
1961 – 1965</th></tr>
<tr><td>Daimler-Benz M 180 IV
Vergasermotor
6 (Reihe)
80 × 72,8 mm
2195 ccm
95 PS bei 4800 U/min
17,2 mkg bei 3200 U/min
1:8,7
2 Fallstromvergaser
Solex 34 PJCB</td><td>Daimler-Benz M 180 V
Vergasermotor
6 (Reihe)
80 × 72,8 mm
2195 ccm
110 PS bei 5000 U/min
17,5 mkg bei 3500 U/min
1:8,7
2 Register-Fallstromvergaser
Solex 34 PAJTA
Ab Juli 1963:
Zenith 35/40 INAT
mit Startautomatik</td><td>Daimler-Benz M 127 III
Einspritzmotor
6 (Reihe)
80 × 72,8 mm
2195 ccm
120 PS bei 4800 U/min
19,3 mkg bei 3900 U/min
1:8,7
Bosch Zweistempel-
Einspritzpumpe</td><td>Daimler-Benz M 127 III
Einspritzmotor
6 (Reihe)
80 × 72,8 mm
2195 ccm
120 PS bei 4800 U/min
19,3 mkg bei 3900 U/min
1:8,7
Bosch Zweistempel-
Einspritzpumpe</td></tr>
<tr><td colspan="4">Hängend. Obenliegende Nockenwelle. Antrieb durch Duplex-Kette
4
Pumpe, 11,4 Liter Wasser
Druckumlauf, 5,5 Liter Öl</td></tr>
<tr><td>12 V 52 Ah (Motorraum)</td><td>12 V 52 Ah (Motorraum)</td><td>12 V 60 Ah (Motorraum)</td><td>12 V 60 Ah (Motorraum)</td></tr>
<tr><td colspan="4">240 W</td></tr>
<tr><td colspan="4">Antrieb auf Hinterräder. Geteilte Kardanwelle
Einscheibentrockenkupplung. Auf Wunsch bis 1961: Kupplungsautomat »Hydrak«
Limousinen: Lenkrad- oder ab Okt. 1964 Mittelschaltung. Coupé und Cabriolet: Mittelschaltung
4 Gang
I – IV
I. 3,64, II. 2,36 bzw. (ab 1962) 2,28, III. 1,53, IV. 1,00
Auf Wunsch: Automatic. Wählhebel am Lenkrad
Hydraulische Kupplung + 4 Gang-Planetengetriebe
I. 3,98, II. 2,52, III. 1,58. IV. 1,00</td></tr>
<tr><td>3,90</td><td>4,10</td><td>4,10</td><td>4,10</td></tr>
<tr><td colspan="4">Selbsttragende Ganzstahlkarosserie
Doppel-Querlenker, Schraubenfedern, Stabilisator
Eingelenk-Pendelachse, Schubstreben, Schraubenfedern, Ausgleichs-Schraubenfeder
Auf Wunsch ab Sommer 1963: Zusätzliche Luftfederung
Limousine: Kugelumlauf (21,4:1), 3,75 Lenkraddrehungen
Coupé und Cabriolet: Kugelumlauf (22,7:1), 4,1 Lenkraddrehungen
Alle Modelle auf Wunsch: Kugelumlauf (17,3:1) + Servohilfe, 3,2 Lenkraddrehungen</td></tr>
<tr><td>Hydraulisch
Auf Wunsch: Servohilfe
Trommel-∅ 230 mm
Bremsfläche 1064 cm²
Ab August 1963:
Zweikreis-Hydraulik
Servohilfe
Scheibenbr. vorn (253 mm ∅)</td><td>Hydraulisch
Servohilfe
Trommel-∅ 230 mm
Bremsfläche 1064 cm²
Ab April 1962:
Scheibenbr. vorn (253 mm ∅)
Ab August 1963:
Zweikreis-Hydraulik</td><td>Hydraulisch
Servohilfe
Trommel-∅ 230 mm
Bremsfläche 1064 cm²
Ab April 1962:
Scheibenbr. vorn (253 mm ∅)
Ab August 1963:
Zweikreis-Hydraulik</td><td>Hydraulisch
Servohilfe
Scheibenbr. vorn (253 mm ∅)
Trommelbr. hint. (230 mm ∅)
Ab August 1963:
Zweikreis-Hydraulik</td></tr>
<tr><td>2750 mm
1470/1485 mm bzw. (ab Aug. 1963) 1482/1485 mm
4875 × 1795 × 1500 mm
5 JK × 13</td><td>2750 mm
1470/1485 mm bzw. (ab April 1962) 1482/1485 mm
4875 × 1795 × 1500 mm
5 JK × 13</td><td>2750 mm
1470/1485 mm bzw. (ab April 1962) 1482/1485 mm
4875 × 1795 × 1500 mm
5 JK × 13</td><td>2750 mm
1482/1485 mm

4880 × 1845 × 1445 mm
Coupé: 5 JK × 13
Cabriolet: 5 ½ JK × 13</td></tr>
<tr><td>1959/60: 6,70–13
Ab 1960: 7,25–13
12,1/11,9 Meter
1320 kg
Automatic + 40 kg</td><td>1959/60: 6,70–13 Sport
Ab 1960: 7,25–13 Sport
12,1/11,9 Meter
1350 kg
Automatic + 40 kg</td><td>1959/60: 6,70–13 Sport
Ab 1960: 7,25–13 Sport
12,1/11,9 Meter
1380 kg
Automatic + 40 kg</td><td>Coupé: 7,25–13 Sport
Cabriolet: 7,50–13 Sport
12,1/11,9 Meter
Coupé: 1450 kg
Cabriolet: 1520 kg
Automatic + 40 kg</td></tr>
<tr><td>1959/60: 1760 kg
Ab 1960: 1820 kg
160 km/h
16 sec
14, Automatic 15 l Super
65 Liter (im Heck)</td><td>1959/60: 1780 kg
Ab 1960: 1845 kg
165 km/h
15 sec
14, Automatic 15 l Super
65 Liter (im Heck)</td><td>1959/60: 1810 kg
Ab 1960: 1875 kg
172 km/h
14 sec
14, Automatic 15 l Super
65 Liter (im Heck)</td><td>Coupé: 1880 kg
Cabriolet: 1950 kg
172 km/h
14 sec
14,5, Automatic 15,5 l Super
65 Liter (im Heck)</td></tr>
</table>

Mercedes-Benz
Typ 300 SE
Limousine
1961 – 1965

Mercedes-Benz
Typ 300 SE lang
Limousine
1963 – 1965

Mercedes-Benz
Typ 300 SE
Cabriolet
1962 – 1965

280 SE
1964 – 70

<table>
<tr><th></th><th>Mercedes-Benz Typ 300 SE
(W 112/3)
1961 – 1965</th><th>Mercedes-Benz Typ 300 SE lang
(W 112/3)
1963 – 1965</th><th>Mercedes-Benz Typ 300 SE
Coupé und Cabriolet
(W 112/3)
1962 – 1965</th></tr>
<tr><td>Motor</td><td colspan="3">Einspritzmotor Daimler-Benz M 189</td></tr>
<tr><td>Zylinderzahl</td><td colspan="3">6 (Reihe), Leichtmetallblock</td></tr>
<tr><td>Bohrung × Hub</td><td colspan="3">85 × 88 mm</td></tr>
<tr><td>Hubraum</td><td colspan="3">2996 ccm</td></tr>
<tr><td>Leistung</td><td colspan="3">160 PS bei 5000 U/min
Ab Januar 1964: 170 PS bei 5400 U/min</td></tr>
<tr><td>Drehmoment</td><td colspan="3">25,6 mkg bei 3800 U/min
Ab Januar 1964: 25,4 mkg bei 4000 U/min</td></tr>
<tr><td>Verdichtung</td><td colspan="3">1:8,7. Ab Januar 1964: 1:8,8</td></tr>
<tr><td>Einspritzpumpe</td><td colspan="3">Bosch Zweistempel-Einspritzpumpe
Ab Januar 1964: Bosch Sechsstempel-Einspritzpumpe</td></tr>
<tr><td>Ventile</td><td colspan="3">Hängend
Obenliegende Nockenwelle, Antrieb durch Duplex-Kette</td></tr>
<tr><td>Kurbelwellenlager</td><td colspan="3">7</td></tr>
<tr><td>Kühlung</td><td colspan="3">Pumpe (16,8 Liter Wasser)
Ab 1963: Elektromagn. Ventilatorkupplung</td></tr>
<tr><td>Schmierung</td><td colspan="3">Druckumlauf (6 Liter Öl)</td></tr>
<tr><td>Batterie</td><td colspan="3">12 V 66 Ah (im Motorraum)</td></tr>
<tr><td>Lichtmaschine</td><td colspan="3">300 W</td></tr>
<tr><td>Kraftübertragung</td><td colspan="3">Antrieb auf Hinterräder. Geteilte Kardanwelle
Ab März 1962: Sperrdifferential</td></tr>
<tr><td>Kupplung</td><td colspan="3">Einscheibentrockenkupplung</td></tr>
<tr><td>Schaltung</td><td colspan="3">Lenkradschaltung oder Schaltstock Wagenmitte</td></tr>
<tr><td>Getriebe</td><td colspan="3">4 Gang</td></tr>
<tr><td>Synchronisierung</td><td colspan="3">I – IV</td></tr>
<tr><td>Übersetzungen</td><td colspan="3">I. 4,05, II. 2,28, III. 1,53, IV. 1,00
Auf Wunsch: Automatic. Wählhebel am Lenkrad
Hydraulische Kupplung + 4 Gang-Planetengetriebe
I. 3,98, II. 2,52, III. 1,58, IV. 1,00</td></tr>
<tr><td>Antriebs-Übersetzung</td><td colspan="3">Schaltgetriebe 3,92 oder 3,75
Automatic 4,10. Ab 1963: 3,92 oder 3,75</td></tr>
<tr><td>Fahrwerk</td><td colspan="3">Selbsttragende Ganzstahlkarosserie</td></tr>
<tr><td>Vorderradaufhängung</td><td colspan="3">Doppel-Querlenker, Luftkammer-Federbälge, Stabilisator</td></tr>
<tr><td>Hinterradaufhängung</td><td colspan="3">Eingelenk-Pendelachse
Schubstreben, Luftkammer-Federbälge (Niveau-Ausgleich), Stabilisator</td></tr>
<tr><td>Lenkung</td><td colspan="3">Kugelumlauf (17,3:1), Servohilfe, 3,2 Lenkraddrehungen</td></tr>
<tr><td>Fußbremse</td><td colspan="3">Zweikreis-Hydraulik, Servohilfe
Scheiben-Ø vorn 253 mm, hinten 255 mm</td></tr>
<tr><td>Allgemeine Daten</td><td></td><td></td><td></td></tr>
<tr><td>Radstand</td><td>2750 mm</td><td>2850 mm</td><td>2750 mm</td></tr>
<tr><td>Spur vorn/hinten</td><td>1482/1490 mm</td><td>1482/1490 mm</td><td>1482/1490 mm</td></tr>
<tr><td>Gesamtmaße</td><td>4875 × 1795 × 1455 mm</td><td>4975 × 1795 × 1455 mm</td><td>4880 × 1845 × 1400 mm</td></tr>
<tr><td>Felgen</td><td>5 JK × 13</td><td>5 JK × 13</td><td>5 JK × 13</td></tr>
<tr><td>Reifen</td><td>7,50 H 13</td><td>7,50 H 13</td><td>7,50 H 13</td></tr>
<tr><td>Wendekreis links/rechts</td><td>12,1/11,9 Meter</td><td>12,4/12,2 Meter</td><td>12,1/11,9 Meter</td></tr>
<tr><td>Wagengewicht</td><td>1580 kg
Automatic + 40 kg</td><td>1630 kg
Automatic + 40 kg</td><td>1600, Cabriolet 1700 kg
Automatic + 40 kg</td></tr>
<tr><td>Zuläss. Gesamtgewicht</td><td>2065 kg</td><td>2115 kg</td><td>2060, Cabriolet 2160 kg</td></tr>
<tr><td>Höchstgeschwindigkeit</td><td colspan="3">160 PS-Motor + Automatic + H'Achse 3,92: 175 km/h
160 PS-Motor + 4 Gang + H'Achse 3,92: 180 km/h
170 PS-Motor + Automatic + H'Achse 3,92: 185 km/h
170 PS-Motor + 4 Gang + H'Achse 3,92: 190 km/h
170 PS-Motor + Automatic + H'Achse 3,75: 195 km/h
170 PS-Motor + 4 Gang + H'Achse 3,75: 200 km/h</td></tr>
<tr><td>Beschleunigung 0–100 km/h</td><td colspan="3">160 PS: 13 sec
170 PS: 12 sec</td></tr>
<tr><td>Verbrauch/100 km</td><td colspan="3">17 bis 19 Liter Super</td></tr>
<tr><td>Kraftstofftank</td><td colspan="3">65 Liter. Ab Januar 1963: 82 Liter (im Heck)</td></tr>
</table>

Mercedes-Benz
Typ 190 c
Typ 190 Dc
Limousine
1961 – 1965

Mercedes-Benz Typ 190 bzw. Typ 190 D Kombi
Aufbau Binz, 1961 – 1965
(gleicher Aufbau auch als Krankenwagen)

Mercedes-Benz Typ 190 bzw. Typ 190 D Kombi
Aufbau Miesen, 1961 – 1965
(gleicher Aufbau auch als Krankenwagen)

Mercedes-Benz
Typ 200
Typ 200 D
Typ 230
Limousine
1965 – 1968

Mercedes-Benz
Typ 200 D
Limousine
7 Sitze
1967

Mercedes-Benz Typ 190 (W 110) 1961 – 1965	**Mercedes-Benz Typ 190 D (W 110) 1961 – 1965**	**Mercedes-Benz Typ 200 (W 110) 1965 – 1968**	**Mercedes-Benz Typ 200 D (W 110) 1965 – 1968**
Daimler-Benz M 121 B V	Daimler-Benz OM 621 III	Daimler-Benz M 121 B XI	Daimler-Benz OM 621 VIII
Vergasermotor	Vorkammer-Dieselmotor	Vergasermotor	Vorkammer-Dieselmotor
4 (Reihe)	4 (Reihe)	4 (Reihe)	4 (Reihe)
85 × 83,6 mm	87 × 83,6 mm	87 × 83,6 mm	87 × 83,6 mm
1897 ccm	1988 ccm	1988 ccm	1988 ccm
80 PS bei 5000 U/min	55 PS bei 4200 U/min	95 PS bei 5200 U/min	55 PS bei 4200 U/min
14,5 mkg bei 2500 U/min	11,5 mkg bei 2400 U/min	15,7 mkg bei 3600 U/min	11,5 mkg bei 2400 U/min
1:8,7	1:21	1:9,0	1:21
1 Fallstromvergaser Solex 34 PJCB	Bosch Einspritzpumpe	2 Fallstromvergaser Solex 38 PDSJ	Bosch Einspritzpumpe
Hängend. Obenliegende Nockenwelle, Antrieb durch Duplex-Kette			
3		5	
Pumpe, 10,1 Liter Wasser		Pumpe, 10,1 Liter Wasser Auf Wunsch: Viscose-Ventilatorkupplung	
Druckumlauf, 4 Liter Öl		Druckumlauf, 4 Liter Öl	
12 V 52 Ah (im Motorraum)	12 V 66 Ah (im Motorraum)	12 V 44 Ah (im Motorraum)	12 V 66 Ah (im Motorraum)
160 W. Ab Aug. 1963: 240 W		Drehstrom 490 W	
Antrieb auf Hinterräder. Geteilte Kardanwelle		Antrieb auf Hinterräder. Geteilte Kardanwelle	
Einscheibentrockenkupplung		Einscheibentrockenkupplung	
Lenkradschaltung		Lenkradschaltung oder Schaltstock Wagenmitte	
4 Gang		4 Gang	
I – IV		I – IV	
I. 4,05, II. 2,28, III. 1,53, IV. 1,00		I. 4,09, II. 2,25, III. 1,42, IV. 1,00	
Auf Wunsch: Automatic		Auf Wunsch: Automatic	
Wählhebel am Lenkrad		Wählhebel am Lenkrad oder Wählhebel Wagenmitte	
Hydraulische Kupplung + 4 Gang-Planetengetriebe		Hydraulische Kupplung + 4 Gang-Planetengetriebe	
I. 3,98, II. 2,52, III. 1,58. IV. 1,00		I. 3,98, II. 2,52, III. 1,58. IV. 1,00	
4,08	3,92	4,08	3,92
Selbsttragende Ganzstahlkarosserie		Selbsttragende Ganzstahlkarosserie	
Doppel-Querlenker, Schraubenfedern, Stabilisator		Doppel-Querlenker, Schraubenfedern, Stabilisator	
Eingelenk-Pendelachse		Eingelenk-Pendelachse	
Schubstreben, Schraubenfedern, Ausgleichs-Schraubenfeder		Schubstreben, Schraubenfedern, Ausgleichs-Schraubenfeder	
Ab Sommer 1963 auf Wunsch: Zusätzliche Luftfederung		Auf Wunsch: Hydropneumatischer Niveau-Ausgleich	
Kugelumlauf (21,4:1), 3,75 Lenkraddrehungen Ab Mai 1964 auf Wunsch: Kugelumlauf (17,3:1) + Servohilfe, 3,2 Lenkraddrehungen		Kugelumlauf (22,7:1), 4,1 Lenkraddrehungen Auf Wunsch: Kugelumlauf (17,3:1) + Servohilfe, 3,2 Lenkraddrehungen	
Bis Aug. 1963: Hydraulisch, Typ 190 auf Wunsch: Servohilfe Trommel-∅ 230 mm, Bremsfläche 1064 cm^2 Ab Aug. 1963: Zweikreis-Hydraulik, Servohilfe Scheibenbr. vorn (253 mm ∅), Trommelbr. hinten (230 mm ∅)		Zweikreis-Hydraulik, Servohilfe Scheibenbr. vorn (253 mm ∅), Trommelbr. hinten (230 mm ∅)	
2700 mm	2700 mm	2700 mm	2700 mm
1468/1485 mm	1468/1485 mm	1482/1485 mm	1482/1485 mm
Ab Aug. 1963: 1482/1485 mm	Ab Aug. 1963: 1482/1485 mm		
4730 × 1795 × 1495 mm	4730 × 1795 × 1495 mm	4730 × 1795 × 1495 mm	4730 × 1795 × 1495 mm
5 JK × 13	5 JK × 13	5 JK × 13	5 JK × 13
7,00–13	7,00–13	7,00 S13	7,00–13
11,8/11,6 Meter	11,8/11,6 Meter	11,8/11,6 Meter	11,8/11,6 Meter
1280 kg	1320 kg	1310 kg	1350 kg
Automatic + 40 kg	Automatic + 40 kg	Automatic + 40 kg	Automatic + 40 kg
1750 kg	1800 kg	1775 kg	1825 kg
150, Automatic 145 km/h	130, Automatic 127 km/h	161, Automatic 158 km/h	130, Automatic 127 km/h
18, Automatic 22 sec	29, Automatic 30 sec	15, Automatic 16 sec	29, Automatic 30 sec
11,5 Liter Super	9 Liter Diesel	12,5 Liter Super	9 Liter Diesel
Automatic 12,5 Liter Super	Automatic 10 Liter Diesel	Automatic 13,5 Liter Super	Automatic 10 Liter Diesel
51 Liter (im Heck)	51 Liter (im Heck)	65 Liter (im Heck)	65 Liter (im Heck)

	Mercedes-Benz Typ 200 Universal (W 110) 1966 – 1967	Mercedes-Benz Typ 200 D Universal (W 110) 1966 – 1967	Mercedes-Benz Typ 200 D 7 Sitze (W 110) 1967
Motor	Daimler-Benz M 121 B XI Vergasermotor	Daimler-Benz OM 621 VIII Vorkammer-Dieselmotor	
Zylinderzahl	4 (Reihe)	4 (Reihe)	
Bohrung × Hub	87 × 83,6 mm	87 × 83,6 mm	
Hubraum	1988 ccm	1988 ccm	
Leistung	95 PS bei 5200 U/min	55 PS bei 4200 U/min	
Drehmoment	15,7 mkg bei 3600 U/min	11,5 mkg bei 2400 U/min	
Verdichtung	1:9,0	1:21	
Vergaser bzw. Einspritzpumpe	2 Fallstromvergaser Solex 38 PDSJ	Bosch Einspritzpumpe	
Ventile	Hängend. Obenliegende Nockenwelle, Antrieb durch Duplex-Kette		
Kurbelwellenlager	5		
Kühlung	Pumpe, 10,1 Liter Wasser Auf Wunsch: Viscose-Ventilatorkupplung		
Schmierung	Druckumlauf, 4 Liter Öl		
Batterie	12 V 44 Ah (im Motorraum)	12 V 66 Ah (im Motorraum)	12 V 88 Ah (im Motorraum)
Lichtmaschine	Drehstrom 490 W		
Kraftübertragung	Antrieb auf Hinterräder. Geteilte Kardanwelle		
Kupplung	Einscheibentrockenkupplung		
Schaltung	Lenkradschaltung oder Schaltstock Wagenmitte		
Getriebe	4 Gang		
Synchronisierung	I – IV		
Übersetzungen	I. 4,09, II. 2,25, III. 1,42, IV. 1,00		
Antriebs-Übersetzung	4,08		
Fahrwerk	Selbsttragende Ganzstahlkarosserie		
Vorderradaufhängung	Doppel-Querlenker, Schraubenfedern, Stabilisator		
Hinterradaufhängung	Eingelenk-Pendelachse Schubstreben, Schraubenfedern Hydropneumatischer Niveau-Ausgleich		
Lenkung	Kugelumlauf (22,7:1), 4,1 Lenkraddrehungen Auf Wunsch: Kugelumlauf (17,3:1) + Servohilfe, 3,2 Lenkraddrehungen		
Fußbremse	Zweikreis-Hydraulik, Servohilfe Scheibenbr. vorn (253 mm ∅), Trommelbr. hinten (230 mm ∅)		
Allgemeine Daten			
Radstand	2700 mm	2700 mm	3350 mm
Spur vorn/hinten	1482/1485 mm	1482/1485 mm	1482/1485 mm
Gesamtmaße	4740 × 1795 × 1530 mm	4740 × 1795 × 1530 mm	5380 × 1795 × 1495 mm
Felgen	5 J × 15	5 J × 15	
Reifen	7,00 S 15 (6 PR)	7,00–15 (6 PR)	7,00 H 15
Wendekreis links/rechts	11,8/11,6 Meter	11,8/11,6 Meter	13,5 Meter
Wagengewicht	1415 kg	1455 kg	1490 kg
Zuläss. Gesamtgewicht	2105 kg	2155 kg	2110 kg
Höchstgeschwindigkeit	161 km/h	130 km/h	125 km/h
Beschleunigung 0–100 km/h	16 sec		
Verbrauch/100 km	13 Liter Super	9,5 Liter Diesel	10 Liter Diesel
Kraftstofftank	65 Liter (im Heck)	65 Liter (im Heck)	65 Liter (im Heck)

<table>
<tr><th></th><th>Mercedes-Benz Typ 230
(W 110)
1965 – 1966</th><th>Mercedes-Benz Typ 230
(W 110)
1966 – 1968</th><th>Mercedes-Benz
Typ 230 Universal
(W 110)
1966 – 1967</th></tr>
<tr><td>Motor</td><td>Daimler-Benz M 180 VI
Vergasermotor</td><td colspan="2">Daimler-Benz M 180 VIII
Vergasermotor</td></tr>
<tr><td>Zylinderzahl</td><td>6 (Reihe)</td><td colspan="2">6 (Reihe)</td></tr>
<tr><td>Bohrung × Hub</td><td>82 × 72,8 mm</td><td colspan="2">82 × 72,8 mm</td></tr>
<tr><td>Hubraum</td><td>2281 ccm</td><td colspan="2">2281 ccm</td></tr>
<tr><td>Leistung</td><td>105 PS bei 5200 U/min</td><td colspan="2">120 PS bei 5400 U/min</td></tr>
<tr><td>Drehmoment</td><td>17,7 mkg bei 3600 U/min</td><td colspan="2">18,2 mkg bei 4000 U/min</td></tr>
<tr><td>Verdichtung</td><td>1:9,0</td><td colspan="2">1:9,0</td></tr>
<tr><td>Vergaser</td><td>2 Fallstromvergaser
Solex 38 PDSI-2</td><td colspan="2">2 Register-Fallstromvergaser
Zenith 35/40 INAT</td></tr>
<tr><td>Ventile</td><td colspan="3">Hängend. Obenliegende Nockenwelle, Antrieb durch Duplex-Kette</td></tr>
<tr><td>Kurbelwellenlager</td><td colspan="3">4</td></tr>
<tr><td>Kühlung</td><td colspan="3">Pumpe, 11,4 Liter Wasser
Auf Wunsch: Viscose-Ventilatorkupplung</td></tr>
<tr><td>Schmierung</td><td colspan="3">Druckumlauf, 5,5 Liter Öl</td></tr>
<tr><td>Batterie</td><td colspan="3">12 V 44 Ah (im Motorraum)</td></tr>
<tr><td>Lichtmaschine</td><td colspan="3">Drehstrom 490 W</td></tr>
<tr><td>Kraftübertragung</td><td colspan="3">Antrieb auf Hinterräder. Geteilte Kardanwelle</td></tr>
<tr><td>Kupplung</td><td colspan="3">Einscheibentrockenkupplung</td></tr>
<tr><td>Schaltung</td><td colspan="3">Lenkradschaltung oder Schaltstock Wagenmitte</td></tr>
<tr><td>Getriebe</td><td colspan="3">4 Gang</td></tr>
<tr><td>Synchronisierung</td><td colspan="3">I – IV</td></tr>
<tr><td>Übersetzungen</td><td colspan="3">I. 4,09, II. 2,25, III. 1,42, IV. 1,00
Auf Wunsch: Automatic. Wählhebel am Lenkrad oder Wählhebel Wagenmitte
Hydraulische Kupplung + 4 Gang-Planetengetriebe
I. 3,98, II. 2,52, III. 1,58, IV. 1,00</td></tr>
<tr><td>Antriebs-Übersetzung</td><td colspan="3">4,08</td></tr>
<tr><td>Fahrwerk</td><td colspan="3">Selbsttragende Ganzstahlkarosserie</td></tr>
<tr><td>Vorderradaufhängung</td><td colspan="3">Doppel-Querlenker, Schraubenfedern, Stabilisator</td></tr>
<tr><td>Hinterradaufhängung</td><td colspan="2">Eingelenk-Pendelachse
Schubstreben, Schraubenfedern, Ausgleichs-Schraubenfeder
Auf Wunsch: Hydropneumat. Niveau-Ausgleich</td><td>Eingelenk-Pendelachse
Schubstreben, Schraubenfed
Hydropneumat. Niveau-Ausg</td></tr>
<tr><td>Lenkung</td><td colspan="3">Kugelumlauf (22,7:1), 4,1 Lenkraddrehungen
Auf Wunsch:
Kugelumlauf (17,3:1) + Servohilfe, 3,2 Lenkraddrehungen</td></tr>
<tr><td>Fußbremse</td><td colspan="3">Zweikreis-Hydraulik, Servohilfe
Scheibenbr. vorn (253 mm ∅), Trommelbr. hinten (230 mm ∅)</td></tr>
<tr><td>Allgemeine Daten</td><td colspan="2"></td><td></td></tr>
<tr><td>Radstand</td><td colspan="2">2700 mm</td><td>2700 mm</td></tr>
<tr><td>Spur vorn/hinten</td><td colspan="2">1482/1485 mm</td><td>1482/1485 mm</td></tr>
<tr><td>Gesamtmaße</td><td colspan="2">4730 × 1795 × 1495 mm</td><td>4740 × 1795 × 1530 mm</td></tr>
<tr><td>Felgen</td><td colspan="2">5 JK × 13</td><td>5 J × 15</td></tr>
<tr><td>Reifen</td><td colspan="2">7,00 S 13</td><td>7,00 S 15 (6 PR)</td></tr>
<tr><td>Wendekreis links/rechts</td><td colspan="2">11,8/11,6 Meter</td><td>11,8/11,6 Meter</td></tr>
<tr><td>Wagengewicht</td><td colspan="2">1350 kg
Automatic + 40 kg</td><td>1460 kg
Automatic + 40 kg</td></tr>
<tr><td>Zuläss. Gesamtgewicht</td><td colspan="2">1805 kg</td><td>2140 kg</td></tr>
<tr><td>Höchstgeschwindigkeit</td><td>168, Automatic 165 km/h</td><td>175, Automatic 172 km/h</td><td>175, Automatic 172 km/h</td></tr>
<tr><td>Beschleunigung 0–100 km/h</td><td>14, Automatic 16 sec</td><td>13, Automatic 15 sec</td><td>13, Automatic 15 sec</td></tr>
<tr><td>Verbrauch/100 km</td><td>15,5 Liter Super
Automatic 16,5 Liter Super</td><td>16 Liter Super
Automatic 17 Liter Super</td><td>17 Liter Super
Automatic 18 Liter Super</td></tr>
<tr><td>Kraftstofftank</td><td>65 Liter (im Heck)</td><td>65 Liter (im Heck)</td><td>65 Liter (im Heck)</td></tr>
</table>

Mercedes-Benz Typ 230 S (W 111 I A) 1965 – 1968	Mercedes-Benz Typ 230 S Universal (W 111 I A) 1966 – 1967

Daimler-Benz M 180 VIII
Vergasermotor
6 (Reihe)
82 × 72,8 mm
2281 ccm
120 PS bei 5400 U/min
18,2 mkg bei 4000 U/min
1:9,0
2 Register-Fallstromvergaser
Zenith 35/40 INAT
Hängend. Obenliegende Nockenwelle, Antrieb Duplex-Kette
4
Pumpe, 11,4 Liter Wasser
Auf Wunsch: Viscose-Ventilatorkupplung
Druckumlauf, 5,5 Liter Öl
12 V 44 Ah (im Motorraum)
Drehstrom 490 W

Antrieb auf Hinterräder. Geteilte Kardanwelle
Einscheibentrockenkupplung
Lenkradschaltung oder Schaltstock Wagenmitte
4 Gang
I – IV
I. 4,05, II. 2,23, III. 1,42, IV. 1,00
Auf Wunsch Automatic: Wählhebel Lenkrad od. Wagenmitte
Hydraulische Kupplung + 4 Gang-Planetengetriebe
I. 3,98, II. 2,52, III. 1,58. IV. 1,00
4,08

Selbsttragende Ganzstahlkarosserie
Doppel-Querlenker, Schraubenfedern, Stabilisator
Eingelenk-Pendelachse
Schubstreben, Schraubenfedern
Hydropneumat. Niveau-Ausgleich
Kugelumlauf (22,7:1), 4,1 Lenkraddrehungen
Auf Wunsch:
Kugelumlauf (17,3:1) + Servohilfe, 3,2 Lenkraddrehungen
Zweikreis-Hydraulik, Servohilfe
Scheibenbr. vorn (253 mm ∅), Trommelbr. hinten (230 mm ∅)

2750 mm	2750 mm
1482/1485 mm	1482/1485 mm
4875 × 1795 × 1500 mm	4885 × 1795 × 1530 mm
5 JK × 13	5 J × 15
7,25 S 13	7,00 S 15 (6 PR)
12,0/11,8 Meter	12,0/11,8 Meter
1410 kg	1510 kg
Automatic + 40 kg	Automatic + 40 kg
1850 kg	2170 kg
176, Automatic 174 km/h	176, Automatic 174 km/h
13, Automatic 15 sec	13, Automatic 15 sec
16 Liter Super	17 Liter Super
Automatic 17 Liter Super	Automatic 18 Liter Super
65 Liter (im Heck)	65 Liter (im Heck)

Mercedes-Benz Typ 230 S Limousine 1965 – 1968

Mercedes-Benz Typ 190 c Universal 1965
Mercedes-Benz Typ 190 Dc Universal 1965

Mercedes-Benz Typ 200 Universal 1966 – 1967
Mercedes-Benz Typ 200 D Universal 1966 – 1967
Mercedes-Benz Typ 230 Universal 1966 – 1967

Mercedes-Benz Typ 230 S Universal 1966 – 1967

Mercedes-Benz Typ 230 SL (1963 – 1967)
Mercedes-Benz Typ 250 SL (1966 – 1968)
Mercedes-Benz Typ 280 SL (1968 – 1971)

Typ 230 SL (W 113): Nachfolger des 190 SL. Neuer Roadster mit aufgebohrtem und leistungsgesteigertem Sechszylinder-Einspritzmotor des Typs 220 SE. Wie sein Vorgänger war der 230 SL kein Auto für brutalen Renneinsatz, sondern ein zwar schneller, aber gepflegter und kultivierter Reisewagen. Leistungsmäßig übertraf er den 190 SL beträchtlich, allerdings auch inbezug auf den Kaufpreis und die Betriebskosten. Besonders sei vermerkt, daß Daimler-Benz für diesen Wagen 14 statt 13 Zoll-Räder und Gürtelreifen verwendete. Die äußere Erscheinung des Wagens wurde unterschiedlich beurteilt. Insbesondere sah die sogenannte Pagodenform des abnehmbaren Coupédaches ziemlich eigenwillig aus, ermöglichte aber einen verhältnismäßig bequemen Einstieg und große Seitenfenster. Die reichhaltige Innenausstattung mit der prächtigen Instrumentierung sorgten für solide Behaglichkeit. – Vorgestellt wurde der 230 SL im März 1963, seine Produktion begann im Juli 1963 und endete im Januar 1967.

Typ 250 SL (W 113 A): Gleicher Wagen, jedoch 2,5 Liter-Motor mit ebenfalls 150 PS sowie 7 statt 4 Kurbelwellenlagern, aber dennoch für hohe Dauerbeanspruchung wenig geeignet. Größerer Tank. Vierrad-Scheibenbremsen. Serie ab Dezember 1966 und nur bis Januar 1968.

Typ 280 SL (W 113 E 28): Für die Besitzer des nur ein Jahr lang angebotenen 250 SL bedeutete es eine Enttäuschung, daß ihr Wagen bereits nach so kurzer Zeit einen stärkeren Motor erhielt, doch objektiv gesehen erzielte man zweifellos einen deutlichen Fortschritt. Ein Auto dieser Art kann durch mehr Hubraum nur gewinnen. Als 280 SL hatte der Roadster seine beste Verfassung gefunden. Serie ab Ende 1967 bis März 1971.

Produktion	**1963**	**1964**	**1965**	**1966**	**1967**	**1968**	**1969**	**1970**	**1971**	
230 SL	1 465	6 911	6 325	4 945	185					**19 831**
250 SL				17	5 177	2				**5 196**
280 SL					143	6 930	8 047	7 935	830	**23 885**
										48 912

	Mercedes-Benz Typ 230 SL (W 113) 1963 – 1967	Mercedes-Benz Typ 250 SL (W 113 A) 1966 – 1968	Mercedes-Benz Typ 280 SL (W 113 E 28) 1968 – 1971
Motor	Daimler-Benz M 127 II Einspritzmotor	Daimler-Benz M 129 III Einspritzmotor	Daimler-Benz M 130 Einspritzmotor
Zylinderzahl	6 (Reihe)	6 (Reihe)	6 (Reihe)
Bohrung × Hub	82 × 72,8 mm	82 × 78,8 mm	86,5 × 78,8 mm
Hubraum	2281 ccm	2496 ccm	2778 ccm
Leistung	150 PS bei 5500 U/min	150 PS bei 5500 U/min	170 PS bei 5750 U/min
Drehmoment	20,0 mkg bei 4200 U/min	22,0 mkg bei 4200 U/min	24,5 mkg bei 4500 U/min
Verdichtung	1:9,3	1:9,5	1:9,5
Einspritzpumpe	Bosch 6 Stempel-Pumpe	Bosch 6 Stempel-Pumpe	Bosch 6 Stempel-Pumpe
Ventile	Hängend Obenliegende Nockenwelle Antrieb durch Duplex-Kette	Hängend Obenliegende Nockenwelle Antrieb durch Duplex-Kette	Hängend Obenliegende Nockenwelle Antrieb durch Duplex-Kette
Kurbelwellenlager	4	7	7
Kühlung	Pumpe (10,8 Liter Wasser)	Pumpe (12,9 Liter Wasser) Viscose-Ventilatorkupplung	Pumpe (12,5 Liter Wasser) Viscose-Ventilatorkupplung
Schmierung	Druckumlauf (5,5 Liter Öl)	Druckumlauf (5,5 Liter Öl)	Druckumlauf (5,5 Liter Öl)
Batterie	12 V 55 Ah (im Motorraum)	12 V 55 Ah (im Motorraum)	12 V 55 Ah (im Motorraum)
Lichtmaschine	Drehstrom 490 W	Drehstrom 490 W	Drehstrom 490 W
Kraftübertragung	Antrieb auf Hinterräder. Zweiteilige Gelenkwelle		
Kupplung	Einscheibentrockenkupplung		
Schaltung	Schaltstock Wagenmitte		
Getriebe	4 Gang		
Synchronisierung	I – IV		
Übersetzungen	I. 4,42. Ab 1965: 4,05 II. 2,28. Ab 1965: 2,23 III. 1,53. Ab 1965: 1,42 IV. 1,00	I. 4,05 II. 2,23 III. 1,40 IV. 1,00	I. 4,05 II. 2,23 III. 1,40 IV. 1,00
	Auf Wunsch: Automatic. Wählhebel Wagenmitte Hydraulische Kupplung + 4 Gang-Planetengetriebe I. 3,98, II. 2,52, III. 1,58, IV. 1,00		
Antriebs-Übersetzung	3,75. Ab Sept. 1965: 3,92 oder 3,69	3,92 oder 3,69	3,92 oder 3,69
Fahrwerk	Selbsttragende Ganzstahlkarosserie		
Vorderradaufhängung	Doppel-Querlenker, Schraubenfedern, Stabilisator		
Hinterradaufhängung	Eingelenk-Pendelachse, Schubstreben, Schraubenfedern, Ausgleichs-Schraubenfeder		
Lenkung	Kugelumlauf (22,7:1), 4,1 Lenkraddrehungen Auf Wunsch: Kugelumlauf (17,3:1) + Servohilfe, 3,2 Lenkraddrehungen		
Fußbremse	Zweikreis-Hydraulik Servohilfe Scheibenbr. vorn (253 mm ∅) Trommelbr. hint. (230 mm ∅)	Zweikreis-Hydraulik Servohilfe Scheibenbr. vorn (273 mm Ø) Scheibenbr. hint. (279 mm Ø)	Zweikreis-Hydraulik Servohilfe Scheibenbr. vorn (273 mm Ø) Scheibenbr. hint. (279 mm Ø)
Allgemeine Daten			
Radstand	2400 mm	2400 mm	2400 mm
Spur vorn/hinten	1485/1485 mm	1485/1485 mm	1485/1485 mm
Gesamtmaße	4285 × 1760 × 1305 bzw. (mit Roadster-Verdeck) 1320 mm	4285 × 1760 × 1305 bzw. (mit Roadster-Verdeck) 1320 mm	4285 × 1760 × 1305 bzw. (mit Roadster-Verdeck) 1320 mm
Felgen	5 1/2 J × 14 H	6 J × 14 HB	6 J × 14 HB
Reifen	185 HR 14	185 HR 14	185 HR 14
Wendekreis links/rechts	10,5/10,5 Meter	10,5/10,5 Meter	10,5/10,5 Meter
Wagengewicht	Roadster 1300 kg Coupédach + 80 kg Automatic + 40 kg	Roadster 1360 kg Coupédach + 80 kg Automatic + 40 kg	Roadster 1360 kg Coupédach + 80 kg Automatic + 40 kg
Zuläss. Gesamtgewicht	1650 kg	1715 kg	1715 kg
Höchstgeschwindigkeit	200, Automatic 195 km/h	195, Automatic 190 km/h	200, Automatic 195 km/h
Beschleunigung 0–100 km/h	11 sec	12 sec	11 sec
Verbrauch/100 km	15 Liter Super Automatic 16 Liter Super	16 Liter Super Automatic 17 Liter Super	16,5 Liter Super Automatic 17,5 Liter Super
Kraftstofftank	65 Liter (im Heck)	82 Liter (im Heck)	82 Liter (im Heck)
Preise	Roadster mit Coupédach DM 22 200,–	Roadster mit Coupédach DM 22 800,–	Roadster mit Coupédach DM 24 300,–

Mercedes-Benz Typ 230 SL
Roadster mit Coupédach
1963 – 1967

Mercedes-Benz Typ 250 SL
Roadster mit Coupédach
1966 – 1968

Mercedes-Benz Typ 280 SL
Roadster mit Coupédach
1968 – 1971

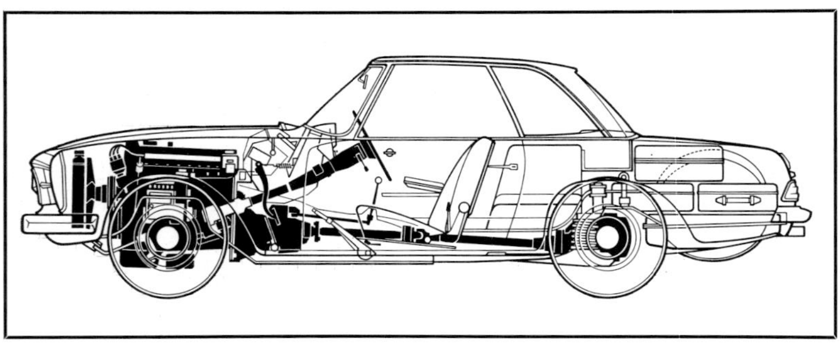

Mercedes-Benz Typ 230 SL
Coupé
Karosserie Pininfarina
Einzelanfertigung 1964
(Käufer: Verleger
Axel Springer, ließ
250 SE-Motor einbauen)

Mercedes-Benz Typ 600 Pullman

Mercedes-Benz Typ 600 (1964 – 1981)

Mit dem Sechshunderter bot Daimler-Benz eines der zu seiner Zeit exklusivsten Autos der Welt an. Vorgestellt wurde er auf der Frankfurter Automobil-Ausstellung September 1963. Die Produktion begann im September 1964 und endete nach 18 Jahren am 10. Juni 1981. Die relativ bescheidene Gesamtzahl entsprach keineswegs den Erwartungen des Werks, garantierte dafür aber den feudalen Automobilen eine ihren Besitzern gewiß willkommene Exklusivität. Während der Verkauf, zumal in den letzten Jahren, recht schleppend verlief, werden heute gut erhaltene Sechshunderter weit über dem einstigen Listenpreis gehandelt. Von den 2677 Wagen, die insgesamt gefertigt wurden, blieben nur 586 in der Bundesrepublik. Ein Drittel der Produktion landete in Amerika. In gepanzerter Ausführung (Mehrgewicht 2255 kg) lieferte das Werk 44 Sechshunderter. – Der Typ 600 (Werksbezeichnung W 100) war gespickt mit hydraulischen Servoeinrichtungen. Er bot optimalen Komfort in Verbindung mit hervorragenden Fahrleistungen und Fahreigenschaften. Allerdings verlangte die Wartung der Luftfederung viel Aufmerksamkeit und manchem Interessenten mochte die Überfrachtung mit Technik zuviel des Guten erschienen sein. Im übrigen hätte dieses Spitzenmodell eine feiner gezeichnete, gefälliger proportionierte Karosserie verdient.

Preise	**600**	**600 Pullman**
ab 1964	ab DM 56 500,–	ab DM 63 500,–
ab 1968	ab DM 57 600,–	ab DM 64 700,–
ab 1969	ab DM 58 100,–	ab DM 65 300,–
ab August 1970	ab DM 63 800,–	ab DM 71 300,–
ab April 1971	ab DM 67 000,–	ab DM 75 000,–
ab Mai 1972	ab DM 83 300,–	ab DM 94 000,–
ab August 1973	ab DM 87 300,–	ab DM 98 800,–
ab Februar 1974	ab DM 99 900,–	ab DM 114 400,–
ab Februar 1975	ab DM 110 500,–	ab DM 127 100,–
ab Januar 1976	ab DM 127 650,–	ab DM 146 520,–
ab Februar 1977	ab DM 133 500,–	ab DM 153 200,–
ab April 1978	ab DM 141 300,–	ab DM 162 200,–
ab Dezember 1978	ab DM 144 100,–	ab DM 165 500,–
ab Juli 1979	kein Listenpreis	kein Listenpreis

Produktion	**600**	**600 Pullman**
1963	2	1
1964	99	8
1965	345	63
1966	293	30
1967	138	21
1968	184	39
1969	279	57
1970	198	38
1971	186	51
1972	172	38
1973	64	18
1974	24	28
1975	25	17
1976	33	14
1977	36	19
1978	28	12
1979	36	17
1980	33	11
1981	15	5
	2190	**487** *)
	2677	

*) 428 Pullman-Limousinen und 59 Landaulets

<table>
<tr><th></th><th>Mercedes-Benz Typ 600
(W 100)
1964 – 1981</th><th>Mercedes-Benz Typ 600 Pullman
(W 100)
1964 – 1981</th></tr>
<tr><td>Motor</td><td colspan="2">Daimler-Benz M 100
Einspritzmotor</td></tr>
<tr><td>Zylinderzahl</td><td colspan="2">V8 (90°-V-Form)</td></tr>
<tr><td>Bohrung × Hub</td><td colspan="2">103 × 95 mm</td></tr>
<tr><td>Hubraum</td><td colspan="2">6330 (nach deutscher Steuerformel 6289) ccm</td></tr>
<tr><td>Leistung</td><td colspan="2">250 PS bei 4000 U/min</td></tr>
<tr><td>Drehmoment</td><td colspan="2">51 mkg bei 2800 U/min</td></tr>
<tr><td>Verdichtung</td><td colspan="2">1:9,0</td></tr>
<tr><td>Einspritzung</td><td colspan="2">Achtstempel-Pumpe Bosch
Intermittierende Einspritzung in den Ansaugkanal</td></tr>
<tr><td>Ventile</td><td colspan="2">Hängend
Für jede Zylinderreihe 1 obenliegende Nockenwelle
Antrieb durch je 1 Duplex-Kette</td></tr>
<tr><td>Kurbelwellenlager</td><td colspan="2">5</td></tr>
<tr><td>Kühlung</td><td colspan="2">Pumpe, 23 Liter Wasser
Hydraulische, thermostatisch gesteuerte Ventilatorkupplung</td></tr>
<tr><td>Schmierung</td><td colspan="2">Druckumlauf, 6 Liter Öl</td></tr>
<tr><td>Batterie</td><td colspan="2">12 V 88 Ah (im Motorraum)</td></tr>
<tr><td>Lichtmaschine</td><td colspan="2">2 × 1 Drehstrom 490 W</td></tr>
<tr><td>Anlasser</td><td colspan="2">1,8 PS</td></tr>
<tr><td>Kraftübertragung</td><td colspan="2">Antrieb auf Hinterräder, Sperrdifferential
Kardanwelle zweiteilig bzw. (bei Pullman) dreiteilig</td></tr>
<tr><td>Getriebe</td><td colspan="2">Automatic (Daimler-Benz)
Hydraulische Kupplung + 4 Gang-Planetengetriebe</td></tr>
<tr><td>Schaltung</td><td colspan="2">Wählhebel am Lenkrad oder in Wagenmitte</td></tr>
<tr><td>Übersetzungen</td><td colspan="2">I. 3,98, II. 2,46, III. 1,58, IV. 1,00</td></tr>
<tr><td>Antriebs-Übersetzung</td><td colspan="2">3,23</td></tr>
<tr><td>Fahrwerk</td><td colspan="2">Selbsttragende Ganzstahlkarosserie</td></tr>
<tr><td>Vorderradaufhängung</td><td colspan="2">Doppel-Querlenker
Luftkammer-Federbälge + Gummi-Zusatzfedern, Drehstab-Stabilisator</td></tr>
<tr><td>Hinterradaufhängung</td><td colspan="2">Eingelenk-Pendelachse, Schubstreben
Luftkammer-Federbälge (Niveau-Ausgleich) + Gummi-Zusatzfedern, Drehstab-Stabilisator
Hydraulische Stoßdämpfer vorn und hinten während der Fahrt verstellbar</td></tr>
<tr><td>Lenkung</td><td colspan="2">Kugelumlauf (17,3:1), Servohilfe
3,2 Lenkraddrehungen</td></tr>
<tr><td>Fußbremse</td><td colspan="2">Zweikreis-Hydraulik, Servohilfe
Scheibenbremsen vorn (291 mm ∅, 2 Zangen)
Scheibenbremsen hinten (294,5 mm ∅)</td></tr>
<tr><td>Handbremse</td><td colspan="2">Mechanisch, Hinterräder</td></tr>
<tr><td>Allgemeine Daten</td><td></td><td></td></tr>
<tr><td>Radstand</td><td>3200 mm</td><td>3900 mm</td></tr>
<tr><td>Spur vorn/hinten</td><td>1587/1581 mm</td><td>1587/1581 mm</td></tr>
<tr><td>Gesamtmaße</td><td>5450 × 1950 × 1500 mm</td><td>6240 × 1950 × 1510 mm</td></tr>
<tr><td>Felgen</td><td>6 ½ J × 15 H</td><td>6 ½ J × 15 H</td></tr>
<tr><td>Reifen</td><td>9,00 H 15 Supersport (6 PR)</td><td>9,00 H 15 Supersport (6 PR)</td></tr>
<tr><td>Wendekreis</td><td>ca. 12,7 Meter</td><td>ca. 14,6 Meter</td></tr>
<tr><td>Wagengewicht</td><td>2600 kg</td><td>2770 kg</td></tr>
<tr><td>Zuläss. Gesamtgewicht</td><td>3050 kg</td><td>3340 kg</td></tr>
<tr><td>Höchstgeschwindigkeit</td><td>207 km/h</td><td>200 km/h</td></tr>
<tr><td>Beschleunigung 0–100 km/h</td><td>10 sec</td><td>ca. 12 sec</td></tr>
<tr><td>Verbrauch/100 km</td><td>24 Liter Super</td><td>26 Liter Super</td></tr>
<tr><td>Kraftstofftank</td><td>112 Liter (im Heck)</td><td>112 Liter (im Heck)</td></tr>
</table>

Mercedes-Benz Typ 600
Limousine 4 Türen
1964 – 1981

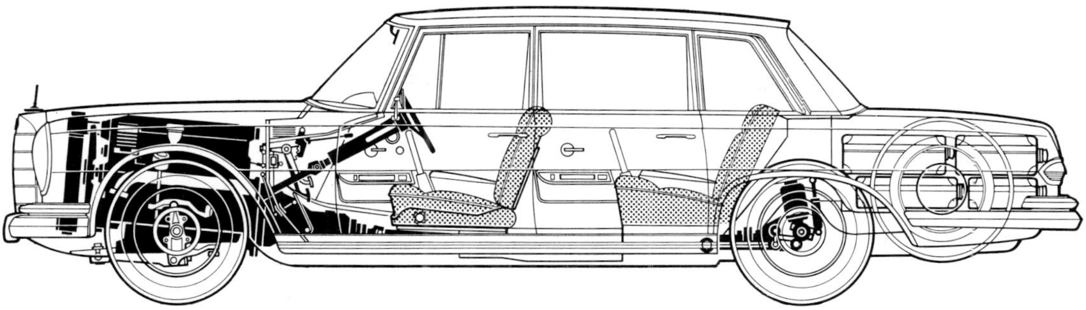

Mercedes-Benz
Typ 600
Limousine
1964 – 1981

Mercedes-Benz
Typ 600
Coupé
Radstand auf
2980 mm verkürzt
Versuchswagen
1965

Mercedes-Benz Typ 600
Limousine (rechts) und
Pullman-Limousine

Mercedes-Benz Typ 600
Pullman-Limousine 6 Türen
1964 – 1981

Mercedes-Benz Typ 600 Pullman-Limousine 4 Türen 1964 – 1981

Mercedes-Benz Typ 600 Pullman-Limousine 6 Türen 1964 – 1981

Mercedes-Benz Typ 600 Pullman-Landaulet 6 Türen Sonderausführung 1971

600
D
BB·DN 82

BB·DN 82

Mercedes-Benz Typ 600 Pullman-Landaulet 4 Türen
Sonderausführung 1966 für Papst Paul VI.
(Kein anderer »SCV 1« war vordem und seither
so lange im Gebrauch wie dieser Mercedes 600.
Auch heute noch wird er von Papst Johannes Paul II.
bevorzugt, obwohl ihm inzwischen die Pullman-
Sonderausführung eines Fiat 130 sowie 1979 ein BMW 733 i
zum Geschenk gemacht worden sind.)

←
←
←
←

Mercedes-Benz Typ 600
Pullman-Landaulet 4 Türen
1964 – 1981

Mercedes-Benz Typ 250 S (1965 – 1969)
Mercedes-Benz Typ 250 SE (1965 – 1968)
Mercedes-Benz Typ 300 SE (1965 – 1967)
Mercedes-Benz Typ 300 SEL (1965 – 1967)

Typ 250 S (W 108): Anfang August 1965 als Nachfolger des Typs 220 S vorgestellt. Neue Karosserie, die im Vergleich zur seitherigen Einheitskarosserie nicht so elegant aussah, vor allem aber auch weniger Gepäckraum und geringere Kopfhöhe aufwies. Um mehr Leistung zu gewinnen, wurde der Hubraum äußerstmöglich vergrößert und der Motor mit 7 Kurbelwellenlagern versehen. Aber der einst so gesunden Konstruktion wurde nun zuviel abverlangt: Thermische Schwierigkeiten erlaubten keine hohe Dauerbeanspruchung mehr und führten zu hohem Ölverbrauch. Auch der Übergang auf 14 Zoll-Räder war keineswegs ein Fortschritt. Serienmäßig brachte der 250 S Vierrad-Scheibenbremsen mit Zweikreis-Hydraulik und hydropneumatische Ausgleichsfeder für Niveau-Ausgleich. Die Produktion dieses Typs, der sich trotz seiner Schwächen bestens verkaufte, dauerte von Juli 1965 bis März 1969.

Typ 250 SE (W 108): Gleiche Limousine wie Typ 250 S, jedoch Motor mit unverhältnismäßig teurer Benzineinspritzung. Produktion von August 1965 bis Januar 1968. 250 SE Coupé und Cabriolet entsprachen bis auf den Motor dem seitherigen 220 SE Coupé und Cabriolet. Produktion ab August 1965 bis Dezember 1967.

Typ 300 SEb (W 108): Gleiche Limousine wie Typ 250 S, jedoch mit dem vom berühmten Typ 300 (»Adenauer«) ererbten Leichtmetallmotor. Im Gegensatz zum seitherigen Typ 300 SE wurde hier auf die Luftfederung verzichtet. Diese bleibt dem Typ 300 SEL sowie dem 300 SE Coupé und Cabriolet vorbehalten, welche im übrigen eine stärkere Hinterachse sowie einen Bremskraftregler erhielten. Produktion der Limousine ab August 1965 bis Dezember 1967.

Typ 300 SEL (W 109): Radstand und hinterer Sitzraum um 10 cm verlängert. Luftfederung. Vorserie September 1965. Produktion März 1966 bis Dezember 1967.

Produktion	**1965**	**1966**	**1967**	**1968**	**1969**	**1970**	**1971**	**1972**	
250 S	2 844	31 564	37 866	2 014	389				**74 677**
250 SE	1 334	26 555	27 242	50					**55 181**
300 SE	214	1 989	534						**2 737**
300 SEL	1	1 404	964						**2 369**
280 S			762	20 110	25 249	24 882	16 234	6 429	**93 935**
280 SE			365	18 685	25 081	25 627	14 871	6 422	**91 051**
280 SEL				1 688	2 610	3 674	278		**8 250**
300 SEL			37	1 325	1 137	20			**2 519**
280 SE 3,5						3	7 450	3 856	**11 309**
280 SEL 3,5						3	565	383	**951**
280 SE 4,5							5 782	7 745	**13 527**
280 SEL 4,5							1 871	6 302	**8 173**
300 SEL 3,5					158	4 903	3 225	1 297	**9 583**
300 SEL 4,5							656	1 897	**2 553**
300 SEL 6,3			1	1 094	2 578	1 797	670	386	**6 526**
Coupé und Cabriolet:									
250 SE	1 205	3 601	1 407						**6 213**
280 SE			55	1 950	2 501	613	68		**5 187**
280 SE 3,5					176	3 300	1 026		**4 502**

Mercedes-Benz Typ 280 S (1968 – 1972)
Mercedes-Benz Typ 280 SE (1968 – 1972)
Mercedes-Benz Typ 280 SEL (1968 – 1971)
Mercedes-Benz Typ 300 SEL (1968 – 1970)

Typ 280 S (W 108): Unterscheidet sich vom Vorgänger-Typ 250 S durch neuen Motor mit gleichmäßigen Zylinderabständen (bisher: paarweise nahe beieinanderstehend). Nun war das Auto wenigstens technisch gesund! Der neue Motor, der heute noch, inzwischen in der dritten Modellgeneration, seinen Dienst tut, bewährte sich ausgezeichnet. Vom 250 S, der noch längere Zeit weitergebaut wurde, unterschied sich der 280 S äußerlich nur durch den größer karierten Kühlergrill. Produktion ab November 1967 bis September 1972.

Typ 280 SE (W 108): Gleicher Wagen mit Einspritzmotor. Erstaunlicherweise entschied sich fast die Hälfte der Käufer für den Einspritzmotor, obschon sie dafür bare 1600 ,– DM mehr aufwenden mußten, ohne davon praktisch keinen weiteren Vorteil zu haben als den Stolz darauf, daß auf dem Kofferdeckel ihres Autos 280 SE statt 280 S stand. Ein ziemlich teures E. Produktion ab November 1967 bis September 1972, Coupé und Cabriolet jedoch nur noch bis Mai 1971.

Typ 280 SEL (W 108): Gleicher Wagen wie Typ 280 SE, jedoch Radstand und hinterer Sitzraum um 10 cm verlängert. Die Typenbezeichnung hieß zunächst 280 SE lang, dann später 280 SEL.

Typ 300 SEL (W 109): Längere Karosserie und Luftfederung entsprechen seitherigem 300 SEL, doch wird nun statt des in der Herstellung teueren Leichtmetallmotors der neue 2,8 Liter Einspritzmotor des 280 SL verwendet. Offensichtliche Übergangslösung, bemerkenswert bei derart teuerem und exklusivem Modell. Produktion ab Dezember 1967 bis Januar 1970.

Mercedes-Benz Typ 280 SE 3,5 (1971 – 1972)
Mercedes-Benz Typ 280 SEL 3,5 (1971 – 1972)
Mercedes-Benz Typ 300 SEL 3,5 (1969 – 1972)
Mercedes-Benz Typ 300 SEL 6,3 (1967 – 1972)

Typ 280 SE 3,5 (W 108): Unterscheidet sich vom Typ 280 SE durch den völlig neuen 3,5 Liter V8-Motor und die Zahl »3,5« auf dem Kofferdeckel. Der Motor, der hier zunächst keinen nennenswerten Vorteil brachte, galt als Vorbote einer neuen Modellgeneration.

Typ 280 SE 3,5 Coupé und Cabriolet (W 111): Unterschieden sich von den seitherigen Modellen äußerlich nur durch breiteren und niedrigeren Kühlergrill. Produktion ab August 1969 bis Juli 1971. (Vom Coupé und Cabriolet der Typen 220 SE, 250 SE, 280 SE, 300 SE und 280 SE 3,5 wurden von 1961 bis 1971 insgesamt 33 000 Stück hergestellt.)

Typ 280 SEL 3,5 (W 108): Nachfolger des 280 SEL mit 2,8 Liter-Motor. Produktion wie bei 280 SE 3,5 ab März 1971 (Vorserie Juli 1970) bis September 1972.

Typ 300 SEL 3,5 (W 109): Vorgestellt im September 1969 als Nachfolger des Typs 300 SEL mit 2,8 Liter-Motor. Luftfederung. Produktion bis September 1972.

Typ 300 SEL 6,3 (W 109): Seine Vorstellung im März 1966 bedeutete eine Sensation! Längere Karosserie und Luftfederung entsprachen dem schon bekannten 300 SEL, dazu

Preise	250 S	250 SE	250 SE Coupé	300 SE	300 SEL	300 SE Coupé	
Aug. 1965	DM 15300,–	DM 16850,–	DM 24350,–	DM 21500,–	–	DM 31350,–	
April 1966	DM 15800,–	DM 17350,–	DM 24950,–	DM 22100,–	DM 28600,–	DM 31950,–	
	280 S	**280 SE**	**280 SE Coupé**	**280 SE 3,5**	**300 SEL 3,5**	**300 SE 3,5 Coupé**	**300 SEL 6,3**
Jan. 1968	DM 17000,–	DM 18600,–	DM 26510,–	–	–	–	–
März 1968							DM 39160,–
März 1969	DM 17150,–	DM 18760,–	DM 26750,–	–	–	–	DM 39500,–
Nov. 1969	DM 18040,–	DM 19650,–	DM 27860,–	–	–	–	DM 41200,–
Aug. 1970	DM 18815,–	DM 20535,–	DM 29140,–	–	DM 31025,–	DM 32025,–	DM 43180,–
April 1971	DM 19760,–	DM 21590,–	DM 30640,–	DM 24920,–	DM 32635,–	DM 33690,–	DM 45400,–

Das Cabriolet kostet jeweils ca. DM 2000,– mehr als das Coupé.
Automatic + DM 1440,–.

kam der 6,3 Liter V8-Motor des Typs 600 sowie serienmäßig Halogen-Scheinwerfer für Fern- und Abblendlicht. Damit bot Mercedes, in Konkurrenz vor allem zu Jaguar und Maserati, eine der schnellsten und sichersten Reise-Limousinen der Welt an. Ihr Preis entsprach diesem Anspruch. Der 300 SEL 6,3 wurde ausschließlich mit automatischem Getriebe geliefert. Produktion ab Dezember 1967 bis September 1972.

Parallel zum 3,5 war auch ein 4,5 Liter V8-Motor entwickelt worden, mit welchem jedoch die Typen 280 SE, 280 SEL und 300 SEL ausschließlich für den amerikanischen Markt geliefert wurden.

Mercedes-Benz Typ 250 S, 280 S
Abmessungen

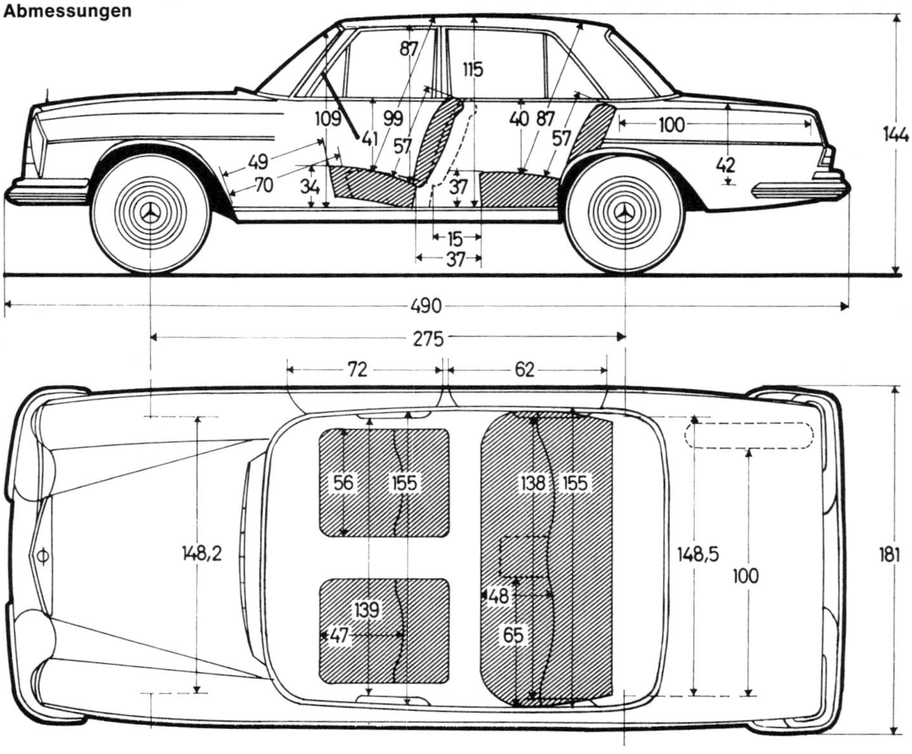

	Mercedes-Benz Typ 250 S (W 108 II) 1965 – 1969	Mercedes-Benz Typ 250 SE (W 108 III) 1965 – 1968	Mercedes-Benz Typ 250 SE Coupé und Cabriolet (W 111 III) 1965 – 1967
Motor	Daimler-Benz M 108 Vergasermotor	Daimler-Benz M 129 Einspritzmotor	
Zylinderzahl	6 (Reihe)	6 (Reihe)	
Bohrung x Hub	82 x 78,8 mm	82 x 78,8 mm	
Hubraum	2496 ccm	2496 ccm	
Leistung	130 PS bei 5400 U/min	150 PS bei 5500 U/min	
Drehmoment	19,8 mkg bei 4000 U/min	22,0 mkg bei 4200 U/min	
Verdichtung	1:9	1:9,3. Ab 1967: 1:9,5	
Vergaser bzw. Einspritzpumpe	2 Register-Fallstromvergaser Zenith 35/40 INAT mit Startautomatik	Bosch Sechsstempel-Einspritzpumpe	
Ventile	Hängend Obenliegende Nockenwelle Antrieb durch Duplexkette	Hängend Obenliegende Nockenwelle Antrieb durch Duplexkette	
Kurbelwellenlager	7	7	
Kühlung	Pumpe (11,4 Liter Wasser) Viscose Ventilatorkupplung	Pumpe (11,4 Liter Wasser) Viscose Ventilatorkupplung	
Schmierung	Druckumlauf (5,5 Liter Öl)	Druckumlauf (5,5 Liter Öl)	
Batterie	12 V 44 Ah (im Motorraum)	12 V 55 Ah (im Motorraum)	
Lichtmaschine	Drehstrom 490 W	Drehstrom 490 W	
Kraftübertragung	Antrieb auf Hinterräder. Geteilte Kardanwelle		
Kupplung	Einscheibentrockenkupplung		
Schaltung	Limousinen: Lenkradschaltung oder Schalthebel Wagenmitte Coupé und Cabriolet: Schalthebel Wagenmitte		
Getriebe	4 Gang		
Synchronisierung	I–IV		
Übersetzungen	I. 4,05, II. 2,23, III. 1,42, IV. 1,00 Auf Wunsch: Automatic. Wählhebel am Lenkrad oder Wagenmitte Hydraulische Kupplung + 4 Gang-Planetengetriebe I. 3,98, II. 2,52, III. 1,58, IV. 1,00		
Antriebs-Übersetzung	3,92		
Fahrwerk	Selbsttragende Ganzstahlkarosserie		
Vorderradaufhängung	Doppel-Querlenker, Schraubenfedern, Stabilisator		
Hinterradaufhängung	Eingelenk-Pendelachse, Schubstreben, Schraubenfedern Hydropneumatischer Niveau-Ausgleich		
Lenkung	Kugelumlauf (22,7:1), 4,1 Lenkraddrehungen Auf Wunsch: Kugelumlauf (17,3:1) + Servohilfe, 3,2 Lenkraddrehungen		
Fußbremse	Zweikreis-Hydraulik, Servohilfe Scheibenbremsen vorn (273 mm ∅) und hinten (279 mm ∅)		
Allgemeine Daten			
Radstand	2750 mm	2750 mm	2750 mm
Spur vorn/hinten	1482/1485 mm	1482/1485 mm	1482/1485 mm
Gesamtmaße	4900 x 1810 x 1440 mm	4900 x 1810 x 1440 mm	Coupé: 4880 x 1845 x 1420 mm Cabr.: 4880 x 1845 x 1435 mm
Felgen	6 J x 14	6 J x 14	6 J x 14
Reifen	7,35 H 14 oder 185 H 14	7,35 H 14 oder 185 H 14	Coupé: 7,35 H 14 od. 185 H 14 Cabr.: 7,75 H 14 od. 195 H 14
Wendekreis links/rechts	11,8/11,8 Meter	11,8/11,8 Meter	11,8/11,8 Meter
Wagengewicht	1470 kg Automatic + 40 kg	1510 kg Automatic + 40 kg	Coupé: 1490 kg Cabriolet: 1575 kg Automatic + 40 kg
Zuläss. Gesamtgewicht	1940 kg	1980 kg	Coupé: 1960 kg Cabriolet: 2045 kg
Höchstgeschwindigkeit	182, Automatic 177 km/h	193, Automatic 188 km/h	193, Automatic 188 km/h
Beschleunigung 0–100 km/h	13 sec	12 sec	12 sec
Verbrauch/100 km	15,5 Liter Super Automatic 16,5 Liter Super	15,5 Liter Super Automatic 16,5 Liter Super	15,5 Liter Super Automatic 16,5 Liter Super
Kraftstofftank	82 Liter (im Heck)	82 Liter (im Heck)	82 Liter (im Heck)

Mercedes-Benz
Typ 250 S
Typ 250 SE
Limousine 4 Türen
1965 – 1969

Mercedes-Benz
Typ 300 SE
Limousine 4 Türen
1965 – 1967

Mercedes-Benz
Typ 300 SEL
Limousine 4 Türen
1965 – 1967

	Mercedes-Benz Typ 300 SE (W 108 IV) 1965 – 1967	Mercedes-Benz Typ 300 SEL (W 109 III) 1965 – 1967	Mercedes-Benz Typ 300 SE Coupé und Cabriolet (W 112/3) 1965 – 1967
Motor	Daimler-Benz M 189 Einspritzmotor		
Zylinderzahl	6 (Reihe). Leichtmetallblock		
Bohrung x Hub	85 x 88 mm		
Hubraum	2996 ccm		
Leistung	170 PS bei 5400 U/min		
Drehmoment	25,4 mkg bei 4000 U/min		
Verdichtung	1:8,8		
Einspritzpumpe	Bosch Sechsstempel-Pumpe		
Ventile	Hängend. Obenliegende Nockenwelle, Antrieb Duplex-Kette		
Kurbelwellenlager	7		
Kühlung	Pumpe (16,8 Liter Wasser) Elektromagnetische Ventilatorkupplung		
Schmierung	Druckumlauf (6 Liter Öl)		
Batterie	12 V 66 Ah (im Motorraum)		
Lichtmaschine	Drehstrom 490 W		
Kraftübertragung	Antrieb auf Hinterräder. Geteilte Kardanwelle		
Kupplung	Einscheibentrockenkupplung		
Schaltung	Limousinen: Lenkradschaltung oder Schalthebel Wagenmitte Coupé und Cabriolet: Schalthebel Wagenmitte		
Getriebe	4 Gang		
Synchronisierung	I–IV		
Übersetzungen	I. 4,05, II. 2,23, III. 1,42, IV. 1,00 Auf Wunsch: Automatic Wählhebel am Lenkrad oder Wählhebel Wagenmitte Hydraulische Kupplung + 4 Gang-Planetengetriebe I. 3,93, II. 2,52, III. 1,58, IV. 1,00		
Antriebs-Übersetzung	3,69 oder 3,92		
Fahrwerk	Selbsttragende Ganzstahlkarosserie		
Vorderradaufhängung	Doppel-Querlenker Schraubenfedern Stabilisator	Doppel-Querlenker Luftkammer-Federbälge Stabilisator	
Hinterradaufhängung	Eingelenk-Pendelachse Schubstreben Schraubenfedern Hydropneumatischer Niveau-Ausgleich	Eingelenk-Pendelachse Schubstreben Luftkammer-Federbälge Niveau-Ausgleich Stabilisator	
Lenkung	Kugelumlauf (17,3:1), Servohilfe, 3,2 Lenkraddrehungen		
Fußbremse	Zweikreis-Hydraulik, Servohilfe Scheibenbremsen vorn (273 mm ∅) und hinten (279 mm ∅)		
Allgemeine Daten			
Radstand	2750 mm	2850 mm	2750 mm
Spur vorn/hinten	1482/1485 mm	1482/1490 mm	1482/1490 mm
Gesamtmaße	4900 x 1810 x 1440 mm	5000 x 1810 x 1440 mm	Coupé: 4880 x 1845 x 1420 mm Cabr.: 4880 x 1345 x 1435 mm
Felgen	6 J x 14	6 J x 14	6 J x 14
Reifen	7,35 H 14 oder 185 H 14	7,35 H 14 oder 185 H 14	Coupé: 7,35 H 14 od. 185 H 14 Cabr.: 7,75 H 14 od. 195 H 14
Wendekreis links/rechts	11,8/11,8 Meter	12,0/12,0 Meter	11,8/11,3 Meter
Wagengewicht	1575 kg Automatic + 40 kg	1655 kg Automatic + 40 kg	Coupé: 1650 kg Cabriolet 1715 kg Automatic + 40 kg
Zuläss. Gesamtgewicht	2060 kg	2140 kg	Coupé: 2120 kg Cabriolet: 2185 kg
Höchstgeschwindigkeit	Automatic + Hinterachse 3,92: 185 km/h 4 Gang + Hinterachse 3,92: 190 km/h Automatic + Hinterachse 3,69: 195 km/h 4 Gang + Hinterachse 3,69: 200 km/h		
Beschleunigung 0–100 km/h	12 sec		
Verbrauch/100 km	17 bis 19 Liter Super		
Kraftstofftank	82 Liter (im Heck)		

Mercedes-Benz Typ 280 S
Limousine 4 Türen
1968 – 1972

Mercedes-Benz Typ 250 SE
Cabriolet
1965 – 1967

	Mercedes-Benz Typ 280 S (W 108 V 28) 1968 – 1972	Mercedes-Benz Typ 280 SE (W 108 E 28) 1968 – 1972	Mercedes-Benz Typ 280 SE Coupé und Cabriolet (W 111 E 28) 1968 – 1971
Motor	Daimler-Benz M 130 Vergasermotor	Daimler-Benz M 130 Einspritzmotor	
Zylinderzahl	6 (Reihe)	6 (Reihe)	
Bohrung x Hub	86,5 x 78,8 mm	86,5 x 78,8 mm	
Hubraum	2778 ccm	2778 ccm	
Leistung	140 PS bei 5200 U/min	160 PS bei 5500 U/min	
Drehmoment	22,8 mkg bei 3600 U/min	24,5 mkg bei 4250 U/min	
Verdichtung	1:9,0	1:9,5	
Vergaser bzw. Einspritzpumpe	2 Register-Fallstromvergaser Zenith 35/40 INAT mit Startautomatik	Bosch Sechsstempel-Einspritzpumpe	
Ventile	Hängend. Obenliegende Nockenwelle, Antrieb durch Duplex-Kette		
Kurbelwellenlager	7		
Kühlung	Pumpe (10,5 Liter Wasser) Viscose-Ventilatorkupplung		
Schmierung	Druckumlauf (5,5 Liter Öl)		
Batterie	12 V 55 Ah (im Motorraum)		
Lichtmaschine	Drehstrom 35 A (= 490 W)		
Kraftübertragung	Antrieb auf Hinterräder. Geteilte Kardanwelle		
Kupplung	Einscheibentrockenkupplung		
Schaltung	Lenkradschaltung oder Schalthebel Wagenmitte		Schalthebel Wagenmitte
Getriebe	4 Gang. Ab Sept. 1969 auf Wunsch: 5 Gang		
Synchronisierung	I–IV bzw. I–V		
Übersetzungen	Bis Sept. 1969: I. 4,05, II. 2,23, III. 1,42, IV. 1,00 Ab Sept. 1969: I. 3,96, II. 2,34, III. 1,43, IV. 1,00, ggf. V. 0,87 Auf Wunsch: Automatic. Wählhebel am Lenkrad oder Wagenmitte Hydraulische Kupplung + 4 Gang-Planetengetriebe Bis Juni 1969: I. 3,98, II, 2,52, III. 1,58, IV. 1,00 Ab Juni 1969: I. 3,98, II. 2,39, III. 1,46, IV. 1,00		
Antriebs-Übersetzung	3,92 (12:47)		
Fahrwerk	Selbsttragende Ganzstahlkarosserie		
Vorderradaufhängung	Doppel-Querlenker, Schraubenfedern, Stabilisator		
Hinterradaufhängung	Eingelenk-Pendelachse, Schubstreben, Schraubenfedern Hydropneumatischer Niveau-Ausgleich		
Lenkung	Kugelumlauf (22,7:1), 4,1 Lenkraddrehungen Auf Wunsch: Kugelumlauf (17,3:1) + Servohilfe, 3,2 Lenkraddrehungen		
Fußbremse	Zweikreis-Hydraulik, Servohilfe Scheibenbremsen vorn (273 mm ∅) und hinten (279 mm ∅)		
Allgemeine Daten			
Radstand	2750 mm	2750 mm	2750 mm
Spur vorn/hinten	1482/1485 mm	1482/1485 mm	1482/1485 mm
Gesamtmaße	4900 x 1810 x 1440 mm	4900 x 1810 x 1440 mm	Coupé: 4880 x 1845 x 1420 mm Cabr.: 4880 x 1845 x 1435 mm
Felgen	6 J x 14 HB	6 J x 14 HB	6 J x 14 HB
Reifen	7,35 oder 185 H 14 (6 PR)	7,35 oder 185 H 14 (6 PR)	7,35 oder 185 H 14 (6 PR)
Wendekreis links/rechts	11,8/11,8 Meter	11,8/11,8 Meter	11,8/11,8 Meter
Wagengewicht	1520 kg Automatic + 40 kg	1560 kg Automatic + 40 kg	Coupé: 1540 kg Cabriolet: 1615 kg Automatic + 40 kg
Zuläss. Gesamtgewicht	1960 kg	1985 kg	Coupé: 1980 kg Cabriolet 2055 kg
Höchstgeschwindigkeit	185, Automatic 180 km/h	193, Automatic 188 km/h	193, Automatic 188 km/h
Beschleunigung 0–100 km/h	12 sec	11 sec	11 sec
Verbrauch/100 km	16 Liter Super Automatic 17 Liter Super	16 Liter Super Automatic 17 Liter Super	16 Liter Super Automatic 17 Liter Super
Kraftstofftank	82 Liter (im Heck)	82 Liter (im Heck)	82 Liter (im Heck)

Mercedes-Benz Typ 280 SE 3,5
Limousine 4 Türen
1971 – 1972

Mercedes-Benz Typ 300 SEL 3,5
Limousine 4 Türen
1969 – 1972

<table>
<tr><th></th><th>Mercedes-Benz
Typ 280 SE lang bzw. 280 SEL
(W 108 E 28)
1968 – 1971</th><th>Mercedes-Benz Typ 300 SEL
(W 109 E 28)
1968 – 1970</th></tr>
<tr><td>Motor</td><td>Daimler-Benz M 130
Einspritzmotor</td><td>Daimler-Benz M 130
Einspritzmotor</td></tr>
<tr><td>Zylinderzahl</td><td>6 (Reihe)</td><td>6 (Reihe)</td></tr>
<tr><td>Bohrung x Hub</td><td>86,5 x 78,8 mm</td><td>86,5 x 78,8 mm</td></tr>
<tr><td>Hubraum</td><td>2778 ccm</td><td>2778 ccm</td></tr>
<tr><td>Leistung</td><td>160 PS bei 5500 U/min</td><td>170 PS bei 5750 U/min</td></tr>
<tr><td>Drehmoment</td><td>24,5 mkg bei 4250 U/min</td><td>24,5 mkg bei 4500 U/min</td></tr>
<tr><td>Verdichtung</td><td>1 : 9,5</td><td>1 : 9,5</td></tr>
<tr><td>Einspritzpumpe</td><td>Bosch Sechsstempel-Pumpe</td><td>Bosch Sechsstempel-Pumpe</td></tr>
<tr><td>Ventile</td><td>Hängend
Obenliegende Nockenwelle
Antrieb durch Duplex-Kette</td><td>Hängend
Obenliegende Nockenwelle
Antrieb durch Duplex-Kette</td></tr>
<tr><td>Kurbelwellenlager</td><td>7</td><td>7</td></tr>
<tr><td>Kühlung</td><td>Pumpe (10,8 Liter Wasser)
Viscose-Ventilatorkupplung</td><td>Pumpe (10,8 Liter Wasser)
Viscose-Ventilatorkupplung</td></tr>
<tr><td>Schmierung</td><td>Druckumlauf (5,5 Liter Öl)</td><td>Druckumlauf (5,5 Liter Öl)</td></tr>
<tr><td>Batterie</td><td>12 V 55 Ah (im Motorraum)</td><td>12 V 66 Ah (im Motorraum)</td></tr>
<tr><td>Lichtmaschine</td><td>Drehstrom 35 A (= 490 W)</td><td>Drehstrom 35 A (= 490 W)</td></tr>
<tr><td>Kraftübertragung</td><td colspan="2">Antrieb auf Hinterräder. Geteilte Kardanwelle</td></tr>
<tr><td>Kupplung</td><td colspan="2">Einscheibentrockenkupplung</td></tr>
<tr><td>Schaltung</td><td>Lenkradschaltung oder Schalthebel Wagenmitte
5 Gang: Schalthebel Wagenmitte</td><td>Lenkradschaltung oder Schalthebel Wagenmitte</td></tr>
<tr><td>Getriebe</td><td>4 Gang. Ab Sept. 1969 auf Wunsch: 5 Gang</td><td>4 Gang</td></tr>
<tr><td>Synchronisierung</td><td>I – IV bzw. I – V</td><td>I – IV</td></tr>
<tr><td>Übersetzungen</td><td>I. 4,05, II. 2,23, III. 1,42, IV. 1,00
Ab September 1969:
I. 3,96, II. 2,34, III. 1,43, IV. 1,00,
ggf. V. 0,87</td><td>I. 4,05, II. 2,23, III. 1,42, V. 1,00</td></tr>
<tr><td></td><td colspan="2">Auf Wunsch: Automatic. Wählhebel am Lenkrad oder Wagenmitte
Hydraulische Kupplung + 4 Gang-Planetengetriebe
Bis Juni 1969: I. 3,98, II. 2,52, III. 1,58, IV. 1,00
Ab Juni 1969: I. 3,98, II. 2,39, III. 1,46, IV. 1,00</td></tr>
<tr><td>Antriebs-Übersetzung</td><td colspan="2">3,92 (12 : 47)</td></tr>
<tr><td>Fahrwerk</td><td>Selbsttragende Ganzstahlkarosserie</td><td>Selbsttragende Ganzstahlkarosserie</td></tr>
<tr><td>Vorderradaufhängung</td><td>Doppel-Querlenker
Schraubenfedern, Stabilisator</td><td>Doppel-Querlenker
Luftkammer-Federbälge, Stabilisator</td></tr>
<tr><td>Hinterradaufhängung</td><td>Eingelenk-Pendelachse
Schubstreben, Schraubenfedern
Hydropneumatischer Niveau-Ausgleich</td><td>Eingelenk-Pendelachse
Schubstreben, Luftkammer-Federbälge
Niveau-Ausgleich, Stabilisator</td></tr>
<tr><td>Lenkung</td><td colspan="2">Kugelumlauf (17,3 : 1), Servohilfe, 3,1 Lenkraddrehungen</td></tr>
<tr><td>Fußbremse</td><td colspan="2">Zweikreis-Hydraulik, Servohilfe
Scheibenbremsen vorn (273 mm ∅) und hinten (279 mm ∅)</td></tr>
<tr><td>Allgemeine Daten</td><td></td><td></td></tr>
<tr><td>Radstand</td><td>2850 mm</td><td>2850 mm</td></tr>
<tr><td>Spur vorn/hinten</td><td>1482/1485 mm</td><td>1482/1485 mm</td></tr>
<tr><td>Gesamtmaße</td><td>5000 x 1810 x 1440 mm</td><td>5000 x 1810 x 1460 mm</td></tr>
<tr><td>Felgen</td><td>6 J x 14 HB</td><td>6 J x 14 HB</td></tr>
<tr><td>Reifen</td><td>7,35 oder 185 H 14 (6 PR)</td><td>7,35 oder 185 H 14 (6 PR)</td></tr>
<tr><td>Wendekreis links/rechts</td><td>12,0/12,0 Meter</td><td>12,0/12,0 Meter</td></tr>
<tr><td>Wagengewicht</td><td>1575 kg
Automatic + 40 kg</td><td>1695 kg
Automatic + 40 kg</td></tr>
<tr><td>Zuläss. Gesamtgewicht</td><td>2000 kg</td><td>2120 kg</td></tr>
<tr><td>Höchstgeschwindigkeit</td><td>190, Automatic 185 km/h</td><td>195, Automatic 190 km/h</td></tr>
<tr><td>Beschleunigung 0–100 km/h</td><td>11 sec</td><td>11 sec</td></tr>
<tr><td>Verbrauch/100 km</td><td>16,5 Liter Super
Automatic 17,5 Liter Super</td><td>16,5 Liter Super
Automatic 17,5 Liter Super</td></tr>
<tr><td>Kraftstofftank</td><td>82 Liter (im Heck)</td><td>82 Liter (im Heck)</td></tr>
</table>

Mercedes-Benz Typ 280 SE 3,5 Coupé 1969 – 1971

Mercedes-Benz Typ 280 SE 3,5 Cabriolet 1969 – 1971

Motor

Zylinderzahl
Bohrung x Hub
Hubraum
Leistung
Drehmoment
Verdichtung
Einspritzung
Zündung
Ventile

Kurbelwellenlager
Kühlung

Schmierung
Batterie
Lichtmaschine

Kraftübertragung
Kupplung
Schaltung
Getriebe
Synchronisierung
Übersetzungen

Antriebs-Übersetzung

Fahrwerk
Vorderradaufhängung

Hinterradaufhängung

Lenkung
Fußbremse

Allgemeine Daten
Radstand
Spur vorn/hinten
Gesamtmaße

Felgen
Reifen

Wendekreis links/rechts
Wagengewicht

Zuläss. Gesamtgewicht

Höchstgeschwindigkeit
Beschleunigung 0–100 km/h
Verbrauch/100 km

Kraftstofftank

Mercedes-Benz Typ 280 SE 3,5 (W 108 E 35) 1971 – 1972	**Mercedes-Benz Typ 280 SEL 3,5 (W 108 E 35) 1971 – 1972**	**Mercedes-Benz Typ 300 SEL 3,5 (W 109 E 35/1) 1969 – 1972**	**Mercedes-Benz Typ 280 SE 3,5 Coupé und Cabriolet (W 111 E 35/1) 1969 – 1971**

Daimler-Benz M 116
Einspritzmotor
V8 (90°-V-Form)
92 x 65,8 mm
3499 ccm
200 PS bei 5800 U/min
29,2 mkg bei 4000 U/min
1:9,5
Elektronisch gesteuerte Bosch-Einspritzung
Transistorzündung
Hängend
Je Zylinderreihe 1 obenliegende Nockenwelle
Antrieb durch Duplex-Kette
5
Pumpe (13,25 l Wasser)
Viscose-Ventilatorkupplung
Druckumlauf (7,5, anfangs 6,5 Liter Öl)
12 V 66 Ah (im Motorraum)
Drehstrom 770 W

Antrieb auf Hinterräder. Geteilte Kardanwelle
Einscheibentrockenkupplung
Schaltstock Wagenmitte
4 Gang
I–IV
I. 3,96, II. 2,34, III. 1,46, IV. 1,00
Auf Wunsch: Automatic. Wählhebel am Lenkrad oder Wagenmitte
Hydraulische Kupplung + 4 Gang-Planetengetriebe
I. 3,98, II. 2,39, III. 1,46, IV. 1,00

3,46	3,46	3,69	3,69
Selbsttr. Ganzstahlkarosserie Doppel-Querlenker Schraubenfedern Gummi-Zusatzfedern Drehstab-Stabilisator Eingelenk-Pendelachse Schubstreben Schraubenfedern Gummi-Zusatzfedern Hydropneumatischer Niveau-Ausgleich	Selbsttr. Ganzstahlkarosserie Doppel-Querlenker Schraubenfedern Gummi-Zusatzfedern Drehstab-Stabilisator Eingelenk-Pendelachse Schubstreben Schraubenfedern Gummi-Zusatzfedern Hydropneumatischer Niveau-Ausgleich	Selbsttr. Ganzstahlkarosserie Doppel-Querlenker Luftkammer-Federbälge Gummi-Zusatzfedern Drehstab-Stabilisator Eingelenk-Pendelachse Schubstreben Luftkammer-Federbälge Gummi-Zusatzfedern Niveau-Ausgleich Drehstab-Stabilisator	Selbsttr. Ganzstahlkarosserie Doppel-Querlenker Schraubenfedern Gummi-Zusatzfedern Drehstab-Stabilisator Eingelenk-Pendelachse Schubstreben Schraubenfedern Gummi-Zusatzfedern Hydropneumatischer Niveau-Ausgleich

Kugelumlauf (17,3:1), Servohilfe, 3,1 Lenkraddrehungen
Zweikreis-Hydraulik, Servohilfe
Scheibenbremsen vorn (273 mm ∅) und hinten (279 mm ∅)

2750 mm 1482/1485 mm 4900 x 1810 x 1440 mm	2850 mm 1482/1485 mm 5000 x 1810 x 1440 mm	2850 mm 1482/1485 mm 5000 x 1810 x 1440 mm	2750 mm 1482/1485 mm Coupé: 4905 x 1845 x 1405 mm Cabr.: 4905 x 1845 x 1420 mm
6 J x 14 HB 185 V 14 (6 PR) Auf Wunsch: 185 VR 14 11,8/11,8 Meter 1610 kg Automatic + 40 kg	6 J x 14 HB 185 V 14 (6 PR) Auf Wunsch: 185 VR 14 12,0/12,0 Meter 1640 kg Automatic + 40 kg	6 J x 14 HB 185 V 14 (6 PR) Auf Wunsch: 185 VR 14 12,0/12,0 Meter 1730 kg Automatic + 40 kg	6 J x 14 HB 185 V 14 (6 PR) Auf Wunsch: 185 VR 14 11,8/11,8 Meter Coupé: 1630 kg Cabriolet: 1710 kg Automatic + 40 kg
2055 kg	2085 kg	2170 kg	Coupé: 2040 kg Cabriolet: 2120 kg
210 km/h 10 sec 18,5 Liter Super Automatic 19,5 Liter Super 82 Liter (im Heck)	210 km/h 10 sec 18,5 Liter Super Automatic 19,5 Liter Super 82 Liter (im Heck)	210 km/h 10 sec 18,5 Liter Super Automatic 19,5 Liter Super 82 Liter (im Heck)	210 km/h 10 sec 18,5 Liter Super Automatic 19,5 Liter Super 82 Liter (im Heck)

Mercedes-Benz Typ 300 SEL 6,3
Limousine 4 Türen
1968 – 1972

Mercedes-Benz Typ 300 SEL 6,3
Spezial-Coupé
Karosserie Pininfarina
Einzelanfertigung 1970

Mercedes-Benz
Typ 300 SEL 6,3
(W 109 E 63)
1968 – 1972

Motor	Einspritzmotor Daimler-Benz M 100
Zylinderzahl	V8 (90°-V-Form)
Bohrung × Hub	103 × 95 mm
Hubraum	6330 (nach deutscher Steuerformel 6289) ccm
Leistung	250 PS bei 4000 U/min
Drehmoment	51 mkg bei 2800 U/min
Verdichtung	1:9,0
Einspritzung	Bosch Achtstempel-Pumpe Intermittierende Einspritzung in den Ansaugkanal
Ventile	Hängend Für jede Zylinderreihe 1 obenliegende Nockenwelle Antrieb durch je 1 Duplex-Kette
Kurbelwellenlager	5
Kühlung	Pumpe, 18 Liter Wasser, Viscose-Ventilatorkupplung
Schmierung	Druckumlauf, 6 Liter Öl
Batterie	12 V 66 Ah (im Motorraum)
Lichtmaschine	Drehstrom 490 W
Kraftübertragung	Antrieb auf Hinterräder, Kardanwelle geteilt Sperrdifferential
Getriebe	Automatic Hydraulische Kupplung + 4 Gang-Planetengetriebe
Übersetzungen	I. 3,98, II. 2,46, III. 1,58, IV. 1,00
Schaltung	Wählhebel Wagenmitte
Antriebs-Übersetzung	2,85
Fahrwerk	Selbsttragende Ganzstahlkarosserie
Vorderradaufhängung	Doppel-Querlenker Luftkammer-Federbälge + Gummi-Zusatzfedern, Drehstab-Stabilisator
Hinterradaufhängung	Eingelenk-Pendelachse, Schubstreben Luftkammer-Federbälge (Niveau-Ausgleich) + Gummi-Zusatzfedern, Drehstab-Stabilisator
Lenkung	Kugelumlauf (16,0:1), Servohilfe 3 Lenkraddrehungen
Fußbremse	Zweikreis-Hydraulik, Servohilfe Scheibenbremsen vorn 273, hinten 279 mm ∅
Handbremse	Mechanisch, Hinterräder
Schmierung	Nippel
Allgemeine Daten	
Radstand	2850 mm
Spur vorn/hinten	1482/1490 mm
Gesamtmaße	5000 × 1810 × 1470 mm
Felgen	6½ J × 14 HB bzw. (für Winter) 6 J × 14 HB
Reifen	FR 70, 195 oder 205 VR 14 bzw. (für Winter) 185 R 14 M + SE
Wendekreis links/rechts	12,1/12,5 Meter
Wagengewicht	1830 kg
Zuläss. Gesamtgewicht	2265 kg
Höchstgeschwindigkeit	221 km/h
Beschleunigung 0–100 km/h	8 sec
Verbrauch/100 km	21 Liter Super
Kraftstofftank	105 Liter (im Heck)

Mercedes-Benz Typ 200 bis 280 CE (1967 – 1976)
Mercedes-Benz Typ 200 D bis 240 D 3,0 (1967 – 1976)

Anfang Januar 1968 wurde die neue Mercedes-Benz Generation vorgestellt. Sie umfaßte zunächst die Typen 200, 200 D, 220, 220 D, 230 und 250, deren Vorserie zum Teil schon im Juli 1967 und deren Produktion (anfangs vor allem der Typ 250) bereits im Dezember 1967 begonnen hatte. Die wichtigsten Errungenschaften der neuen Generation bestanden in einer Schräglenker-Hinterachse, in der Rückkehr zu 14"-Reifen und zu einem vernünftigen Instrumentarium sowie im größeren Radstand bei verringerter Gesamtlänge des Wagens. Die kompakten Dimensionen brachten im Verkehrsalltag gelegentlichen Nutzen, doch ging mit ihnen eine erhebliche Einbuße an Raumangebot und Bequemlichkeit einher. Verloren ging auch die Durchstiegsmöglichkeit nach rechts. Erhalten blieben die perfekte Technik und die überragende Verarbeitungsqualität. Insgesamt freilich boten die Wagen der neuen Generation im Vergleich zu den Vorgängern, zumal im Vergleich zum Typ 190 c, weniger Auto für mehr Geld. Fortschritt?

Äußerlich unterschieden sich die einzelnen Typen lediglich durch die Zahl auf dem Kofferdeckel, abgesehen natürlich vom unüberhörbaren Geräusch der Dieselmotoren. Im Stil entsprachen die neuen Mittelklasse-Limousinen den Typen 250 S und 280 S, was eine gewisse Abwertung derselben bewirkte, denn der weniger kundige Betrachter sah keine Unterschiede mehr. Der Typ 250 war etwas reicher ausgestattet als die anderen, und nur er verfügte über Doppelstoßstangen.

Als weitere Modelle neben den ursprünglichen 6 Limousinen wurden im Oktober 1968 der Typ 230 lang und im Dezember 1968 der Typ 220 D lang als Achtsitzer-Limousinen (3 Sitzreihen) vorgestellt. Ferner erfolgte im November 1968 die Präsentation der Coupés Typ 250 C und 250 CE. Während die überlangen Limousinen naturgemäß nur in geringer Stückzahl Verwendung fanden, erwiesen sich die Coupés in den ersten Jahren als ausgesprochene Verkaufsschlager, obwohl sie bei eindeutig geringerem Nutzwert wesentlich mehr kosteten als die entsprechenden Limousinen, ohne sich von diesen optisch sehr zu unterscheiden.

Leider litten die Wagen dieser Baureihe in den ersten Jahren unter starkem Rostbefall. Mit der Einführung der Hohlraumversiegelung im August 1971 wurde zwar keine abso-

Mercedes-Benz Typ 200 D Limousine 4 Türen 1967 – 1973
Mercedes-Benz Typ 220 Limousine 4 Türen 1967 – 1973

Produktion	1967	1968	1969	1970	1971	1972	1973	1974	1975	1976	
200	67	20 954	26 138	29 733	35 122	40 562	37 327	37 640	48 214	13 018	**288 785**
220	131	23 486	22 493	22 652	24 140	23 684	12 146				**128 732**
230/4						7	9 568	30 033	35 073	13 104	**87 765**
200 D	106	23 293	27 663	32 841	35 000	41 065	45 287	50 613	62 978	21 081	**339 927**
220 D	364	50 630	59 628	63 314	64 294	73 729	54 121	27 510	21 226	5 254	**420 270**
240 D							16 512	60 928	38 019	15 860	**131 319**
240 D 3,0								7 650	34 420	11 620	**53 690**
230/6	252	22 064	23 835	25 252	30 520	35 270	31 378	25 314	22 922	4 906	**221 783**
250	2 215	20 475	18 692	17 329	15 180	4 412					
250				3 248	7 382	8 266	6 570	4 516	3 580	499	**34 061**
280					2	9 828	13 718	11 755	6 535	2 699	**44 537**
280 E					18	8 371	8 214	3 612	2 277	344	**22 836**
250 C		3	2 949	2 627	2 348	897					**8 824**
250 C			1 213	2 425	3 621	2 839	649	490	442	89	**11 768**
250 CE		3	5 840	8 002	5 898	2 044					**21 787**
280 C					1	2 124	4 196	3 734	2 133	963	**13 151**
280 CE					2	5 389	3 724	1 429	844	130	**11 518**

Preise	200	220	200 D	220 D	220 D lang	
Jan. 1968	DM 11 500,–	DM 12 000,–	DM 12 000,–	DM 12 500,–	–	
März 1969	DM 11 600,–	DM 12 100,–	DM 12 100,–	DM 12 600,–	DM 18 315,–	
Nov. 1969	DM 12 155,–	DM 12 655,–	DM 12 655,–	DM 13 155,–	DM 19 200,–	
Aug. 1970	DM 12 745,–	DM 13 165,–	DM 13 265,–	DM 13 690,–	DM 19 960,–	
April 1971	DM 13 375,–	DM 13 820,–	DM 13 930,–	DM 14 375,–	DM 20 980,–	
Mai 1972	DM 13 930,–	DM 14 375,–	DM 14 430,–	DM 14 930,–	DM 21 535,–	
März 1973	DM 14 545,–	DM 14 985,–	DM 14 985,–	DM 15 485,–	DM 22 100,–	
	200	**230/4**	**200 D**	**240 D**	**240 D lang**	**240 D 3,0**
Aug. 1973	DM 14 545,–	DM 15 210,–	DM 14 985,–	DM 15 985,–	DM 22 590,–	–
Febr. 1974	DM 15 140,–	DM 15 875,–	DM 15 585,–	DM 16 710,–	DM 23 610,–	–
Aug. 1974	DM 15 785,–	DM 16 540,–	DM 16 240,–	DM 17 415,–	DM 24 610,–	DM 18 815,–
Febr. 1975	DM 16 710,–	DM 17 505,–	DM 17 185,–	DM 18 425,–	DM 26 075,–	DM 19 915,–

	230	230 lang	250			250 C	250 CE
Jan. 1968	DM 13 150,–	–	DM 14 630,–			–	–
März 1969	DM 13 265,–	DM 18 980,–	DM 14 765,–			DM 16 820,–	DM 17 710,–
Nov. 1969	DM 13 930,–	DM 19 900,–	DM 15 430,–			DM 17 600,–	DM 18 485,–
Aug. 1970	DM 14 620,–	DM 20 725,–	DM 16 185,–			DM 18 430,–	DM 19 370,–
April 1971	DM 15 375,–	DM 21 760,–	DM 17 040,–			DM 19 370,–	DM 20 370,–
				280	**280 E**	**280 C**	**280 CE**
Mai 1972	DM 16 100,–	DM 22 480,–	DM 17 875,–	DM 18 980,–	DM 20 535,–	DM 21 425,–	DM 22 980,–
März 1973	DM 16 765,–	DM 23 145,–	DM 18 760,–	DM 19 925,–	DM 21 535,–	DM 22 480,–	DM 24 090,–
	230/6	**230/6 lang**	**250**				
Aug. 1973	DM 16 765,–	DM 23 145,–	DM 18 760,–	DM 19 925,–	DM 21 535,–	DM 22 480,–	DM 24 090,–
Febr. 1974	DM 17 485,–	DM 24 200,–	DM 19 600,–	DM 20 825,–	DM 22 500,–	DM 23 500,–	DM 25 175,–
Aug. 1974	DM 18 215,–	DM 25 230,–	DM 20 435,–	DM 21 700,–	DM 23 455,–	DM 24 500,–	DM 26 240,–
Febr. 1975	DM 19 270,–	DM 26 685,–	DM 21 625,–	DM 23 610,–	DM 25 465,–	DM 26 555,–	DM 28 405,–

Aufpreise Jan. 1968: Automatic + DM 1430,–, Servolenkung + DM 515,–, Stahl-Schiebedach (Limousine) + DM 560,–
Aufpreise Febr. 1975: Automatic + DM 1610,–, Servolenkung + DM 645,–, Stahl-Schiebedach (Limousine) + DM 735,–

lute Abhilfe, aber doch wenigstens eine Normalisierung erreicht. Weitere Schutzmaßnahmen in dieser Richtung wären angezeigt und ohne weiteres möglich, unterblieben aber in den seither vergangenen zwölf Jahren.

Im April 1972 wurde das Programm mit den Typen 280, 280 C, 280 E und 280 CE noch einmal nach oben erweitert. Damit kam ein neuer, für die nächste S-Klasse bestimmter 2,8 Liter Zweinockenwellen-Motor zur Einführung. Vom gleichen Zeitpunkt an wurden nunmehr alle Typen, vom 200 und 200 D angefangen, serienmäßig mit Verbundglas-Frontscheiben geliefert. Endlich, nachdem das der Verfasser dieses Buches seit 20 Jahren gefordert hatte! Als Sonderausstattung konnte nun auch eine Scheinwerfer-Wisch-Waschanlage bestellt werden. Ab Februar 1973 erhielten alle Wagen ein Vierspeichen-Sicherheits-Lenkrad.

Ab August 1973 wurde als dritter Diesel der Typ 240 D eingeführt. Der wegen seines rauhen Motorlaufs unbefriedigende Typ 220 erhielt als neuer Typ 230/4 einen kurzhubigen Vierzylinder-Motor. Zur Unterscheidung von diesem heißt der seitherige, unverändert weitergebaute Typ 230 nunmehr 230/6. Die gesamte Modellreihe erhielt einen etwas niedrigeren und breiteren Grill, was jedoch optisch überhaupt nicht auffiel. Zur Serienausstattung gehörten nunmehr Automatik-Sitzgurte, Kopfstützen, von innen einstellbarer Außenspiegel sowie profilierte Heckleuchten wie bei der S-Klasse. Verzichtet wurde (leider) auf die Ausstellfenster in den Vordertüren. Übergang von der Kupplungs- auf Wandler-Automatic. 2,5-Liter Motor entfiel. An dessen Stelle erhielten die Typen 250 und 250 C den älteren 2,8 Liter-Motor.

Ab Spätjahr 1973 war der Typ 200 auf Wunsch, jedoch zum gleichen Preis, auch mit Normalbenzin-Motor erhältlich: Verdichtung 1:8, Leistung 85 PS. Keine Benzinkosten-Ersparnis, da Verbrauch entsprechend höher. Nützlich und notwendig war dieser Motor für Exportländer mit schlechtem Benzin.

Im Juli 1974 kam als vierter Diesel der Typ 240 D 3,0 mit Dreiliter-Fünfzylinder-Dieselmotor auf den Markt. Technisch zwar interessant, doch ob sein Kauf lohnend und sinnvoll war, bleibe dahingestellt.

Im Januar 1976 erschienen die Nachfolgetypen der Baureihe 123. Dennoch blieb die seitherige Modellreihe bis Dezember 1976 in der Produktion. Dem Taxigewerbe war eine entsprechende Zusage gegeben worden, und außerdem blieben die seitherigen Typen wegen der ungemein langen Lieferfristen der Nachfolger noch durchaus gut verkäuflich. Die parallele Fertigung der alten und neuen Modelle dauerte ein volles Jahr, sicherlich ein einzigartiger Vorgang in der Geschichte der deutschen Automobilindustrie. Die von 1968 bis 1976 so erfolgreich produzierte Baureihe 114/115 brachte es auf eine Gesamtstückzahl von 1,9 Millionen Fahrzeugen.

	Mercedes-Benz Typ 200 (W 115 V 20) 1967 – 1976	Mercedes-Benz Typ 220 (W 115 V 22) 1967 – 1973	Mercedes-Benz Typ 230/4 (W 115 V 23) 1973 – 1976
Motor	Daimler-Benz M 115 Vergasermotor	Daimler-Benz M 115 Vergasermotor	Daimler-Benz M 115 Vergasermotor
Zylinderzahl	4 (Reihe)	4 (Reihe)	4 (Reihe)
Bohrung x Hub	87 x 83,6 mm	87 x 92,4 mm	93,75 x 83,6 mm
Hubraum	1988 ccm	2197 ccm	2277 ccm
Leistung	95 PS (70 kW) b. 5000 U/min	105 PS (77 kW) b. 5000 U/min	110 PS (81 kW) b. 4800 U/min
Drehmoment	15,9 mkg bei 2800 U/min	18,2 mkg bei 2800 U/min	19 mkg bei 2500 U/min
Verdichtung	1:9	1:9	1:9
Vergaser	1 Flachstromvergaser Stromberg 175 CDS (44 ∅) Ab Juli 1970: Stromberg 175 CDT (44 ∅)	1 Flachstromvergaser Stromberg 175 CDS (44 ∅) Ab Juli 1970: Stromberg 175 CDT (44 ∅)	1 Flachstromvergaser Stromberg 175 CDT (44 ∅)
Ventile	Hängend. Obenliegende Nockenwelle, Antrieb durch Duplex-Kette		
Kurbelwellenlager	5		
Kühlung	Pumpe, 10,5 Liter Wasser		
Schmierung	Druckumlauf, 4 bzw. (ab März 1970) 5 Liter Öl		
Batterie	12 V 55 Ah (im Motorraum)		
Lichtmaschine	Drehstrom 35 A (490 W) oder 55 A (770 W)		
Kraftübertragung	Antrieb auf Hinterräder. Dreiteilige Gelenkwelle		
Kupplung	Einscheibentrockenkupplung		
Schaltung	Lenkradschaltung oder Stockschaltung Wagenmitte		
Getriebe	4 Gang		
Synchronisierung	I–IV		
Übersetzungen	I. 3,90, II. 2,30, III. 1,41, IV. 1,00 Auf Wunsch: Automatic. Wählhebel am Lenkrad oder Wagenmitte Hydraul. Kupplung bzw. (ab Aug. 1973) hydraul. Wandler + 4 Gang-Planetengetriebe I. 3,98, II. 2,39, III. 1,46, IV. 1,00		
Antriebs-Übersetzung	4,08 (12:49) Ab 1970: 3,92 (12:47)	4,08 (12:49) Ab 1970: 3,92 (12:47)	3,69
Fahrwerk	Selbsttragende Ganzstahlkarosserie		
Vorderradaufhängung	Doppel-Querlenker, Schraubenfedern, Drehstab-Stabilisator		
Hinterradaufhängung	Diagonal-Pendelachse, Schräglenker Schraubenfedern, Zusatz-Gummifedern, Drehstab-Stabilisator Auf Wunsch: Hydropneumatische Niveau-Regulierung		
Lenkung	Kugelumlauf (22,7:1), 4,6 Lenkraddrehungen Auf Wunsch: Kugelumlauf (17,3:1) + Servohilfe, 3 Lenkraddrehungen		
Fußbremse	Zweikreis-Hydraulik, Servohilfe Scheibenbremsen vorn 273 mm ∅ und hinten 279 mm ∅		
Allgemeine Daten			
Radstand	2750 mm	2750 mm	2750 mm
Spur vorn/hinten	1448/1440 mm	1448/1440 mm	1448/1440 mm
Gesamtmaße	4680 x 1770 x 1440 mm	4680 x 1770 x 1440 mm	4680 x 1770 x 1440 mm
Felgen	5 1/2 J x 14 HB	5 1/2 J x 14 HB	5 1/2 J x 14 HB
Reifen	6,95 oder 175 S 14 (4 PR) Auf Wunsch bzw. ab 1975 Serie: 175 SR 14	6,95 oder 175 S 14 (4 PR) Auf Wunsch: 175 SR 14	6,95 oder 175 S 14 (4 PR) Auf Wunsch bzw. ab 1975 Serie: 175 SR 14
Wendekreis links/rechts	11,1/11,0 Meter	11,1/11,0 Meter	11,1/11,0 Meter
Wagengewicht	1360 kg Automatic + 40 kg	1360 kg Automatic + 40 kg	1370 kg Automatic + 40 kg
Zuläss. Gesamtgewicht	1860 kg	1860 kg	1870 kg
Höchstgeschwindigkeit	163, Automatic 158 km/h	168, Automatic 163 km/h	171, Automatic 166 km/h
Beschleunigung 0–100 km/h	16 sec	14 sec	14 sec
Verbrauch/100 km	13,5, Automatic 14,5 l Super	14, Automatic 15 l Super	14,5, Automatic 15,5 l Super
Kraftstofftank	65 Liter (im Heck)	65 Liter (im Heck)	65 Liter (im Heck)

	Mercedes-Benz Typ 200 D (W 115 D 20) 1967 – 1976	Mercedes-Benz Typ 220 D (W 115 D 22) 1967 – 1976	Mercedes-Benz Typ 220 D lang (W 115 D 22) 1968 – 1973
Motor	Daimler-Benz OM 615 Vorkammer-Dieselmotor	Daimler-Benz OM 615 Vorkammer-Dieselmotor	
Zylinderzahl	4 (Reihe)	4 (Reihe)	
Bohrung x Hub	87 x 83,6 mm	87 x 92,4 mm	
Hubraum	1988 ccm	2197 ccm	
Leistung	55 PS (40 kW) b. 4200 U/min	60 PS (44 kW) b. 4200 U/min	
Drehmoment	11,5 mkg bei 2400 U/min	12,8 mkg bei 2400 U/min	
Verdichtung	1:21	1:21	
Einspritzpumpe	Bosch Vierstempel-Pumpe	Bosch Vierstempel-Pumpe	
Ventile	Hängend Obenliegende Nockenwelle Antrieb Duplex-Kette	Hängend Obenliegende Nockenwelle Antrieb Duplex-Kette	
Kurbelwellenlager	5	5	
Kühlung	Pumpe, 10,5 l Wasser	Pumpe, 10,5 l Wasser	
Schmierung	Druckumlauf, 4 bzw. (ab März 1970) 5 Liter Öl	Druckumlauf, 4 bzw. (ab März 1970) 5 Liter Öl	
Batterie	12 V 66 od. 88 Ah (Motorraum)	12 V 88 Ah (im Motorraum)	
Lichtmaschine	Drehstrom 35 oder 55 A	Drehstrom 35 A (490 W) oder 55 A (770 W)	
Kraftübertragung	Antrieb auf Hinterräder. Zweiteilige Gelenkwelle		
Kupplung	Einscheibentrockenkupplung		
Schaltung	Lenkradschaltung oder (außer für 220 D lang) Stockschaltung Wagenmitte		
Getriebe	4 Gang		
Synchronisierung	I–IV		
Übersetzungen	I. 3,90, II. 2,30, III. 1,41, IV. 1,00 Auf Wunsch: Automatic. Wählhebel am Lenkrad oder (außer für 220 D lang) Wagenmitte Hydraul. Kupplung bzw. (ab Aug. 1973) hydraul. Wandler + 4 Gang-Planetengetriebe I. 3,98, II. 2,39, III. 1,46, IV. 1,00		
Antriebs-Übersetzung	3,92	3,92	4,08
Fahrwerk	Selbsttragende Ganzstahlkarosserie		
Vorderradaufhängung	Doppel-Querlenker, Schraubenfedern, Drehstab-Stabilisator		
Hinterradaufhängung	Diagonal-Pendelachse, Schräglenker Schraubenfedern, Zusatz-Gummifedern, Drehstab-Stabilisator Auf Wunsch (Serie bei 220 D lang): Hydropneumatische Niveau-Regulierung		
Lenkung	Kugelumlauf (22,7:1), 4,6 Lenkraddrehungen Auf Wunsch: Kugelumlauf (17,3:1) + Servohilfe, 3 Lenkraddrehungen		
Fußbremse	Zweikreis-Hydraulik, Servohilfe Scheibenbremsen vorn 273 mm ∅ und hinten 279 mm ∅		
Allgemeine Daten			
Radstand	2750 mm	2750 mm	3400 mm
Spur vorn/hinten	1448/1440 mm	1448/1440 mm	1448/1440 mm
Gesamtmaße	4680 x 1770 x 1440 mm	4680 x 1770 x 1440 mm	5335 x 1770 x 1485 mm
Felgen	$5^1/_2$ J x 14 HB	$5^1/_2$ J x 14 HB	$5^1/_2$ J x 15 HB
Reifen	6,95 oder 175-14 (4 PR) Auf Wunsch bzw. ab 1975 Serie: 175 SR 14	6,95 oder 175-14 (4 PR) Auf Wunsch bzw. ab 1975 Serie: 175 SR 14	185 HR 15
Wendekreis links/rechts	11,1/11,0 Meter	11,1/11,0 Meter	13,1/13,0 Meter
Wagengewicht	1410 kg Automatic + 40 kg	1410 kg Automatic + 40 kg	1540 kg Automatic + 40 kg
Zuläss. Gesamtgewicht	1905 kg	1905 kg	2185 kg
Höchstgeschwindigkeit	130, Automatic 125 km/h	134, Automatic 129 km/h	130, Automatic 125 km/h
Beschleunigung 0–100 km/h	31, Automatic 33,5 sec	29, Automatic 30 sec	31, Automatic 33 sec
Verbrauch/100 km	9,5, Automatic 10,5 l Diesel	10, Automatic 11 l Diesel	10,5, Automatic 11,5 l Diese
Kraftstofftank	65 Liter (im Heck)	65 Liter (im Heck)	65 Liter (im Heck)

Mercedes-Benz Typ 240 D (W 115 D 24) 1973 – 1976	Mercedes-Benz Typ 240 D lang (W 115 D 24) 1973 – 1976	Mercedes-Benz Typ 240 D 3,0 (W 115 D 30) 1974 – 1976
Daimler-Benz OM 616		Daimler-Benz OM 617
Vorkammer-Dieselmotor		Vorkammer-Dieselmotor
4 (Reihe)		5 (Reihe)
91 x 92,4 mm		91 x 92,4 mm
2404 (Steuer 2376) ccm		2971 ccm
65 PS (48 kW) b. 4200 U/min		80 PS (59 kW) b. 4000 U/min
14 mkg bei 2400 U/min		17,5 mkg bei 2400 U/min
1:21		1:21
Bosch Vierstempel-Pumpe		Bosch Fünfstempel-Pumpe
Hängend		Hängend
Obenliegende Nockenwelle		Obenliegende Nockenwelle
Antrieb Duplex-Kette		Antrieb Duplex-Kette
5		6
Pumpe, 10 l Wasser		Pumpe, 10,8 l Wasser
		Viscose-Ventilatorkupplung
Druckumlauf, 5 Liter Öl		Druckumlauf, 5,5 Liter Öl
12 V 88 Ah (im Motorraum)		12 V 88 Ah (im Motorraum)
Drehstrom 35 A (490 W) oder 55 A (770 W)		Drehstrom 35 oder 55 A
Antrieb auf Hinterräder. Zweiteilige Gelenkwelle		
Einscheibentrockenkupplung		
Lenkradschaltung oder (außer für 240 D lang) Stockschaltung Wagenmitte		
4 Gang		
I – IV		
I. 3,90, II. 2,30, III. 1,41, IV. 1,00		
Auf Wunsch: Automatic. Wählhebel am Lenkrad oder (außer für 240 D lang) Wagenmitte		
Hydraulischer Wandler + 4 Gang-Planetengetriebe		
I. 3,98, II. 2,39, III. 1,46, IV. 1,00		
3,69	3,92	3,46
Selbsttragende Ganzstahlkarosserie		
Doppel-Querlenker, Schraubenfedern, Zusatz-Gummifedern, Drehstab-Stabilisator		
Diagonal-Pendelachse, Schräglenker		
Schraubenfedern, Gummi-Zusatzfedern, Drehstab-Stabilisator		
Auf Wunsch (Serie bei 240 D lang): Hydropneumatische Niveau-Regulierung		
Kugelumlauf (22,7:1), 4,6 Lenkraddrehungen		
Auf Wunsch: Kugelumlauf (17,3:1) + Servohilfe, 3 Lenkraddrehungen		
Zweikreis-Hydraulik, Servohilfe		
Scheibenbremsen vorn 273 mm Ø und hinten 279 mm Ø		
2750 mm	3400 mm	2750 mm
1448/1440 mm	1448/1440 mm	1448/1440 mm
4680 x 1770 x 1440 mm	5335 x 1770 x 1485 mm	4680 x 1770 x 1440 mm
$5^1/_2$ J x 14 HB	$5^1/_2$ J x 15 HB	$5^1/_2$ J x 14 HB
6,95 oder 175-14 (4 PR)	185 HR 15	6,95 oder 175-14 (4 PR)
Auf Wunsch bzw. ab 1975 Serie: 175 SR 14		Auf Wunsch bzw. ab 1975 Serie: 175 SR 14
11,1/11,0 Meter	13,1/13,0 Meter	11,1/11,0 Meter
1425 kg	1555 kg	1465 kg
Automatic + 40 kg	Automatic + 40 kg	Automatic + 40 kg
1910 kg	2200 kg	1950 kg
138, Automatic 133 km/h	135, Automatic 130 km/h	149, Automatic 144 km/h
25, Automatic 27,5 sec	28, Automatic 31 sec	20, Automatic 21 sec
10,5, Automatic 11,5 l Diesel	11, Automatic 12 l Diesel	12, Automatic 13 l Diesel
65 Liter (im Heck)	65 Liter (im Heck)	65 Liter (im Heck)

<table>
<tr><th>Mercedes-Benz
Typ 230 bzw. 230/6
(W 114 V 23)
1967 – 1976</th><th>Mercedes-Benz
Typ 230 bzw. 230/6 lang
(W 114 V 23)
1968 – 1976</th><th>Mercedes-Benz
Typ 250 und 250 C
(W 114 V 25)
1967 – 1972</th><th>Mercedes-Benz
Typ 250 CE
(W 114 E 25)
1968 – 1972</th></tr>
<tr><td colspan="2">Daimler-Benz M 180
Vergasermotor
6 (Reihe)
81,75 x 72,8 mm
2292 ccm
120 PS (88 kW) b. 5400 U/min
18,2 mkg bei 3600 U/min
1:9
2 Register-Fallstromvergaser
Zenith 35/40 INAT
mit Startautomatik</td><td>Daimler-Benz M 114
Vergasermotor
6 (Reihe)
82 x 78,8 mm
2496 ccm
130 PS (96 kW) b. 5400 U/min
20,3 mkg bei 3600 U/min
1:9
2 Register-Fallstromvergaser
Zenith 35/40 INAT
mit Startautomatik</td><td>Daimler-Benz M 114
Einspritzmotor
6 (Reihe)
82 x 78,8 mm
2496 ccm
150 PS (110 kW) b. 5500 U/min
21,5 mkg bei 4500 U/min
1:9,5
Elektronisch gesteuerte
Benzineinspritzung
Bosch</td></tr>
<tr><td colspan="2">Hängend
Obenliegende Nockenwelle
Antrieb Duplex-Kette
4
Pumpe, 10 l Wasser
Auf Wunsch: Viscose Ventilatorkupplung
Druckumlauf, 5,5 l Öl
12 V 55 Ah (im Motorraum)
Drehstrom 55 A (770 W)</td><td colspan="2">Hängend
Obenliegende Nockenwelle
Antrieb Duplex-Kette
7
Pumpe, 10 l Wasser
Viscose Ventilatorkupplung
Druckumlauf, 5,5 Liter Öl
12 V 55 Ah (im Motorraum)
Drehstrom 55 A (770 W)</td></tr>
<tr><td colspan="4">Antrieb auf Hinterräder. Dreiteilige Gelenkwelle
Einscheibentrockenkupplung
Lenkradschaltung oder (außer für 230 bzw. 230/6 lang) Stockschaltung Wagenmitte
4 Gang oder (ab 1969 auf Wunsch) 5 Gang
I–IV bzw. I–V
4 Gang: I. 3,90, II. 2,30, III. 1,41, IV. 1,00
5 Gang: I. 3,96, II. 2,34, III. 1,43, IV. 1,00, V. 0,87
Auf Wunsch: Automatic. Wählhebel am Lenkrad oder Wagenmitte
Hydraul. Kupplung bzw. (ab Aug. 1973) hydraul. Wandler + 4 Gang-Planetengetriebe
I. 3,98, II. 2,39, III. 1,46, IV. 1,00</td></tr>
<tr><td>Bis 1970: 3,92
Ab 1971: 3,69 bzw.
(bei 5 Gang) 3,92</td><td>4,08. Ab 1971: 3,92</td><td>Bis 1970: 3,92 (5 Gang 4,08)
Ab 1971: 3,69 (5 Gang 3,92)</td><td>Bis 1970: 3,92 (5 Gang 4,08)
Ab 1971: 3,69 (5 Gang 3,92)</td></tr>
<tr><td colspan="4">Selbsttragende Ganzstahlkarosserie
Doppel-Querlenker, Schraubenfedern, Zusatz-Gummifedern, Drehstab-Stabilisator
Diagonal-Pendelachse, Schräglenker
Schraubenfedern, Gummi-Zusatzfedern, Drehstab-Stabilisator
Auf Wunsch (Serie bei 230 bzw. 230/6 lang): Hydropneumatische Niveau-Regulierung
Kugelumlauf (22,7:1), 4,6 Lenkraddrehungen
Auf Wunsch: Kugelumlauf (17,3:1) + Servohilfe, 3 Lenkraddrehungen
Zweikreis-Hydraulik, Servohilfe
Scheibenbremsen vorn 273 mm ∅ und hinten 279 mm ∅</td></tr>
<tr><td>2750 mm
1448/1440 mm
4680 x 1770 x 1440 mm

5½ J x 14 HB
6,95 oder 175 S 14 (4 PR)
Auf Wunsch bzw. ab 1975 Serie:
175 SR 14
11,1/11,0 Meter
1385 kg
Automatic + 40 kg
1885 kg
177, Automatic 172 km/h
14 sec
15, Automatic 16 l Super
65 Liter (im Heck)</td><td>3400 mm
1448/1440 mm
5335 x 1770 x 1485 mm

5½ J x 15 HB
185 HR 15

13,1/13,0 Meter
1515 kg
Automatic + 40 kg
2200 kg
170, Automatic 165 km/h
15 sec
16, Automatic 17 l Super
65 Liter (im Heck)</td><td>2750 mm
1448/1440 mm
4680 x 1770 x 1440 mm
Coupé: 4680 x 1790 x 1395 mm
5½ J x 14 HB
6,95 oder 175 H 14 (6 PR)
Auf Wunsch:
175 SR 14
11,1/11,0 Meter
1410, Coupé 1390 kg
Automatic + 40 kg
1880 kg
185, Automatic 180 km/h
13 sec
16, Automatic 17 l Super
65 Liter (im Heck)</td><td>2750 mm
1448/1440 mm
Coupé: 4680 x 1790 x 1395 mm

5½ J x 14 HB
6,95 oder 175 H 14 (6 PR)
Auf Wunsch:
175 SR 14
11,1/11,0 Meter
Coupé 1410 kg
Automatic + 40 kg
1900 kg
195, Automatic 190 km/h
11 sec
16, Automatic 17 l Super
65 Liter (im Heck)</td></tr>
</table>

	Mercedes-Benz Typ 250 und 250 C (W 114 V 28) 1969 – 1976	Mercedes-Benz Typ 280 und 280 C (W 114 V 28) 1971 – 1976	Mercedes-Benz Typ 280 E und 280 CE (W 114 E 28) 1971 – 1976
Motor	Daimler-Benz M 130 Vergasermotor	Daimler-Benz M 110 Vergasermotor	Daimler-Benz M 110 Einspritzmotor
Zylinderzahl	6 (Reihe)	6 (Reihe)	6 (Reihe)
Bohrung x Hub	86,5 x 78,8 mm	86,0 x 78,8 mm	86,0 x 78,8 mm
Hubraum	2778 ccm	2746 ccm	2746 ccm
Leistung	130 PS (96 kW) b. 5000 U/min	160 PS (118 kW) b. 5500 U/min	185 PS (136 kW) b. 6000 U/min
Drehmoment	22 mkg bei 3200 U/min	23 mkg bei 4000 U/min	24,3 mkg bei 4500 U/min
Verdichtung	1:8,7	1:9	1:9
Vergaser bzw. Einspritzung	2 Register-Fallstromvergaser Zenith 35/40 INAT mit Startautomatik	1 Doppel-Register- Fallstromvergaser Solex 4 A 1 mit Startautomatik	Elektronisch gesteuerte Benzineinspritzung Bosch
Ventile	Hängend Obenliegende Nockenwelle Antrieb Duplex-Kette	V-förmig hängend 2 obenliegende Nockenwellen Antrieb Duplex-Kette	
Kurbelwellenlager	7	7	
Kühlung	Pumpe, 10,6 l Wasser Viscose Ventilatorkupplung	Pumpe, 9,7 l Wasser Viscose Ventilatorkupplung	
Schmierung	Druckumlauf, 6 Liter Öl	Druckumlauf, 6 Liter Öl	
Batterie	12 V 55 Ah (im Motorraum)	12 V 55 Ah (im Motorraum)	
Lichtmaschine	Drehstrom 55 A (770 W)	Drehstrom 55 A (770 W)	
Kraftübertragung	Antrieb auf Hinterräder. Dreiteilige Gelenkwelle		
Kupplung	Einscheibentrockenkupplung		
Schaltung	Lenkradschaltung oder Stockschaltung Wagenmitte		
Getriebe	4 Gang oder (auf Wunsch) 5 Gang		
Synchronisierung	I–IV bzw. I–V		
Übersetzungen	4 Gang: I. 3,90, II. 2,30, III. 1,41, IV. 1,00 5 Gang: I. 3,96, II. 2,34, III. 1,43, IV. 1,00, V. 0,87 Auf Wunsch: Automatic. Wählhebel am Lenkrad oder Wagenmitte Hydraul. Kupplung bzw. (ab Aug. 1973) hydraul. Wandler + 4 Gang-Planetengetriebe I. 3,98, II. 2,39, III. 1,46, IV. 1,00		
Antriebs-Übersetzung	3,69 (5 Gang 3,92)		
Fahrwerk	Selbsttragende Ganzstahlkarosserie		
Vorderradaufhängung	Doppel-Querlenker, Schraubenfedern, Gummi-Zusatzfedern, Drehstab-Stabilisator		
Hinterradaufhängung	Diagonal-Pendelachse, Schräglenker Schraubenfedern, Gummi-Zusatzfedern, Drehstab-Stabilisator Auf Wunsch: Hydropneumatische Niveau-Regulierung		
Lenkung	Kugelumlauf (22,7:1), 4,6 Lenkraddrehungen Auf Wunsch: Kugelumlauf (17,3:1) + Servohilfe, 3 Lenkraddrehungen		
Fußbremse	Zweikreis-Hydraulik, Servohilfe Scheibenbremsen vorn 273 mm ∅ und hinten 279 mm ∅		
Allgemeine Daten			
Radstand	2750 mm		
Spur vorn/hinten	1448/1440 mm		
Gesamtmaße	Limousine: 4680 x 1770 x 1440 mm Coupé: 4680 x 1770 x 1395 mm		
Felgen	$5^1/_2$ J x 14 HB	6 J x 14 H 2	6 J x 14 H 2
Reifen	6,95 oder 175 H 14 (6 PR) Auf Wunsch bzw. ab 1975 Serie: 175 SR 14	185 HR 14	185 HR 14
Wendekreis links/rechts	11,1/11,0 Meter	11,1/11,0 Meter	11,1/11,0 Meter
Wagengewicht	1420 kg Automatic + 40 kg	1480 kg Automatic + 40 kg	1480 kg Automatic + 40 kg
Zuläss. Gesamtgewicht	1915 kg	1975 kg	1975 kg
Höchstgeschwindigkeit	180, Automatic 175 km/h	190 km/h	200 km/h
Beschleunigung 0–100 km/h	13 sec	11 sec	10 sec
Verbrauch/100 km	16, Automatic 17 l Super	16, Automatic 17 l Super	16, Automatic 17 l Super
Kraftstofftank	65 Liter (im Heck)	78 Liter (im Heck)	78 Liter (im Heck)

Mercedes-Benz
Typ 200
Typ 220
Typ 230
Typ 200 D
Typ 220 D
Limousine 4 Türen
1967 – 1973

Mercedes-Benz
Typ 250
Limousine 4 Türen
1967 – 1972

Mercedes-Benz
Typ 280
Typ 280 E
Limousine 4 Türen
1972 – 1973

Mercedes-Benz
Typ 220 D
Typ 230
Limousine 7/8 Sitze
(langer Radstand)
1968 – 1973

Mercedes-Benz
Typ 250 Coupé
Typ 250 E Coupé
1969 – 1972

Mercedes-Benz
Typ 280 C Coupé
Typ 280 CE Coupé
1972 – 1973

Mercedes-Benz Typ 220, 220 D oder 230
Kombi 4 Türen, Aufbau Binz
1968 – 1973

Mercedes-Benz Typ 220, 220 D oder 230
Kombi 4 Türen, Aufbau Miesen
1968 – 1973

Mercedes-Benz Typ 220, 220 D oder 230
Krankenwagen (normaler Radstand)
Aufbau Miesen, 1968 – 1973

Mercedes-Benz Typ 220, 220 D oder 230
Pick-up (offene Tiefpritsche)
Aufbau Binz, 1968 – 1973

→
→
→

Mercedes-Benz
Typ 200
Typ 200 D
Typ 220 D
Typ 240 D
Typ 230/4
Typ 230/6
Typ 250
Limousine 4 Türen
1973 – 1976

Mercedes-Benz
Typ 250 C Coupé
Typ 280 C Coupé
Typ 280 CE Coupé
1973 – 1976

→

←

Mercedes-Benz
Typ 230/6
Typ 240 D
Krankenwagen
(langer Radstand)
Aufbau Miesen
1973 – 1976

Mercedes-Benz Typ 280 S, 280 SE, 280 SEL (1972 – 1980)
Mercedes-Benz Typ 350 SE, 350 SEL (1972 – 1980)
Mercedes-Benz Typ 450 SE, 450 SEL (1972 – 1980)
Mercedes-Benz Typ 450 SEL 6,9 (1975 bis 1980)

Werksinterne Bezeichnung: Baureihe Typ 116. Die damals neue S-Klasse von Mercedes-Benz wurde im September 1972 mit den Typen 280 S, 280 SE und 350 SE eingeführt. Sie bedeutete einen ähnlichen Meilenstein in der Geschichte des Hauses wie der 220 S von 1959. (In stilistischer Hinsicht lösen bei Daimler-Benz fast regelmäßig eine hervorragend und eine weniger gut gelungene Generation einander ab.) Die S-Klasse der Baureihe 116 jedenfalls war sowohl technisch als auch stilistisch absolute Weltklasse. Höchstens der englische Jaguar und der französische Citroën konnten es, jeweils unter etlichen Abstrichen, mit ihr aufnehmen. Selbst die besten amerikanischen Wagen waren in Fahreigenschaften und Fahrsicherheit sowie in Bezug auf die Verarbeitung klar unterlegen. (Allerdings kosteten sie weniger, ohne freilich auch entsprechend wirtschaftlicher zu sein.) Neu, wenn auch schon bekannt, waren der 2,8 Liter Sechszylinder Zweinockenwellen-Motor ebenso wie der 3,5 Liter V8. Als wichtigste technische Errungenschaft galt ferner die Schräglenker-Pendel-Hinterachse. Bereits das Grundmodell, der 280 S, bot soviel Leistung, Komfort, Sicherheit, Raum, Perfektion und Qualität, daß es sehr hohen Ansprüchen genügte. Über noch mehr Leistung verfügten zwar der 280 SE sowie die 3,5 und die später hinzugekommenen 4,5 Liter V8-Motoren, was freilich im praktischen Fahrbetrieb kaum noch Bedeutung haben konnte. Die höheren Typenzahlen brachten im Grunde nichts weiter als einen echten oder vermeintlichen Zuwachs an Prestige.

Im März 1973 (Vorserienwagen seit August 1972) folgten die weiteren Typen 450 SE und 450 SEL, ausgerüstet mit dem 4,5 Liter V8-Motor, der kraftvoller und ruhiger lief als der niemals recht überzeugende 3,5 Liter V8. Beim 450 SEL waren Radstand, hinterer Sitzraum und Hintertüren 10 Zentimeter länger. In entsprechender Ausführung gab es ab November 1973 den 350 SEL und ab April 1974 den Typ 280 SEL. Die längeren Limousinen kamen hauptsächlich als Chauffeur- oder Firmenwagen in Betracht. In der nunmehrigen Skala der S-Reihe waren die 280 S (ohne E!) auf der einen und der 450 SEL auf der anderen Seite die beiden interessantesten Modelle geworden. Die Wahl zwischen diesen beiden war nur noch eine Kostenfrage. Für alles, was dazwischen lag, sprach im Vergleich zu den genannten Typen wenig oder nichts.

Im Mai 1975 wurde der längst erwartete und vom Werk über ein Jahr lang zurückgestellte Typ 450 SEL 6,9 vorgestellt. Seine Produktion begann im September 1975. Er war der Nachfolger des 300 SEL 6,3 und besaß den gleichen, jedoch auf 6,9 Liter aufgebohrten und mit einem neuen Einspritzsystem versehenen V8-Motor aus dem großen Sechshunderter. Statt der Luftfederung des Vorgängers fand man hier, erstmals in Deutschland angewendet, eine hydropneumatische Federung, also im Prinzip eine Gasfederung mit

Preise		280 S	280 SE	280 SEL	350 SE	450 SE	450 SEL	450 SEL 6,9
September 1972	DM	23 800,–	25 500,–	–	28 900,–	–	–	–
März 1973	DM	25 000,–	26 800,–	–	30 300,–	34 000,–	38 600,–	–
März 1974	DM	26 200,–	28 000,–	30 700,–	31 600,–	35 500,–	40 300,–	–
August 1974	DM	27 300,–	29 200,–	32 000,–	33 000,–	37 000,–	42 000,–	–
Februar 1975	DM	28 900,–	30 900,–	33 300,–	34 900,–	39 200,–	44 500,–	–
Juli 1975	DM							70 000,–
März 1977	DM	30 200,–	32 300,–	34 900,–	36 400,–	40 900,–	45 800,–	73 100,–
April 1978	DM	31 900,–	34 100,–	36 900,–	38 600,–	43 300,–	48 500,–	77 400,–
Dezember 1978	DM	33 000,–	35 300,–	37 600,–	39 400,–	44 200,–	49 500,–	79 000,–
Juli 1979	DM	34 200,–	36 500,–	38 900,–	40 700,–	45 600,–	51 100,–	81 300,–

Automatic: Für 280 S bis 350 SEL DM 1550,– (1973) bis DM 1950,– (1979), ab 450 SE Serie
Schiebedach: DM 850,– (1973) bis DM 1170,– (1979)

Produktion	1972	1973	1974	1975	1976	1977	1978	1979	1980	
280 S	3 787	15 340	20 808	21 996	18 031	17 080	15 307	9 208	1 291	**122 848**
280 SE	3 735	18 266	18 634	17 376	17 968	26 903	23 571	22 568	1 572	**150 593**
280 SEL		1	535	716	1 042	1 295	1 622	1 551	270	**7 032**
350 SE	4 353	14 340	7 226	5 447	4 734	5 723	4 964	4 099	214	**51 100**
350 SEL		58	529	552	718	807	911	653	38	**4 266**
450 SE	52	13 400	7 579	4 672	5 188	4 223	3 570	2 746	174	**41 604**
450 SEL	24	6 930	8 350	6 167	9 650	10 042	8 508	8 217	1 690	**59 578**
450 SEL 6,9				474	1 475	1 798	1 665	1 839	129	**7 380**
300 SD						51	5 970	13 194	9 419	**28 634**

hydraulischer Niveau-Regulierung. Dieser Wagen bot einen optimalen Federungskomfort. Überdies war er zu höchsten Fahrleistungen befähigt oder, was sicherlich einem Teil seiner Besitzer noch wichtiger gewesen sein wird, zu müheloser und äußerst nervenschonender Fortbewegung. Selbst der Preis von 70 000 DM vermochte diesem Wagen nur eine beschränkte Exklusivität zu sichern, denn er brachte es trotzdem auf eine erstaunlich hohe Stückzahl.

Eine weitere, technisch interessante Ergänzung dieser Baureihe brachte 1978 der allerdings ausschließlich nach Amerika gelieferte Typ 300 SD mit Fünfzylinder-Turbodiesel. Der Wagen wurde angesichts der damaligen Dieseleuphorie in Amerika zu einem grandiosen Erfolg. Andererseits war es gewiß richtig, ihn auf dem deutschen Markt nicht anzubieten. Übrigens gab es, ebenfalls ausschließlich für Amerika, mit dem gleichen 3 Liter-Turbodiesel auch das Coupé der kleineren Baureihe.

Über 473 000 Wagen dieser S-Klasse wurden insgesamt produziert. Für einen verhältnismäßig teuren Luxuswagen stellt dies gewiß ein sehr eindrucksvolles Ergebnis dar. Der letzte Wagen der Baureihe 116 lief im September 1980 vom Band, obwohl bereits im Dezember 1979 die Fertigung des Nachfolgers (Baureihe 126) begonnen hatte.

Mercedes-Benz Typ 280 S und 280 SE Limousine 4 Türen 1972 – 1980
Mercedes-Benz Typ 350 SE und 450 SE Limousine 4 Türen 1972 – 1980

	Mercedes-Benz Typ 280 S (W 116 V 28) 1972 – 1980	Mercedes-Benz Typ 280 SE (W 116 E 28) 1972 – 1980	Mercedes-Benz Typ 280 SEL (W 116 E 28) 1974 – 1980
Motor	Daimler-Benz M 110 Vergasermotor	Daimler-Benz M 110 Einspritzmotor	
Zylinderzahl	6 (Reihe)	6 (Reihe)	
Bohrung × Hub	86,0 × 78,8 mm	86,0 × 78,8 mm	
Hubraum	2746 (Steuer 2717) ccm	2746 (Steuer 2717) ccm	
Leistung	160 PS (118 kW) b. 5500 U/min bzw. (ab Anfang 1976) 156 PS (115 kW) b. 5500 U/min	185 PS (136 kW) bei 6000 U/min bzw. ab Anfang 1976: 177 PS (130 kW) bei 6000 U/min bzw. ab Anfang 1978: 185 PS (136 kW) bei 5800 U/min	
Drehmoment	23 mkg bei 4000 U/min bzw. (Ab Anfang 1976) 22,7 mkg bei 4000 U/min	24,3 mkg bei 4500 U/min bzw. (ab Anfang 1976) 23,8 mkg bei 4500 U/min bzw. (ab Anfang 1978) 24,5 mkg bei 4500 U/min	
Verdichtung	9,0 bzw. (ab Anfang 1976) 8,7	9,0 bzw. (ab Anfang 1976) 8,7 bzw. (ab Anfang 1978) 9,0	
Gemischbildung	1 Doppel-Register-Fallstromvergaser Solex 4 A 1 mit Startautomatic	Elektronische Bosch D-Jetronic Einspritzung bzw. (ab Anfang 1976) mechanische Bosch K-Jetronic Einspritzung	
Zündung	Batteriezündung	Transistorzündung	
Ventile	V-förmig hängend, 2 obenliegende Nockenwellen, Antrieb durch Duplex-Kette		
Kurbelwellenlager	7		
Kühlung	Pumpe, 11 Liter Wasser		
Schmierung	Druckumlauf, 6 Liter Öl		
Batterie	12 V 55 Ah (im Motorraum)		
Lichtmaschine	Drehstrom 55 A (770 W)		
Kraftübertragung	Antrieb auf Hinterräder, Gelenkwelle zweiteilig		
Kupplung	Einscheibentrockenkupplung		
Schaltung	Schaltstock Wagenmitte		
Getriebe	4 Gang (Serie) oder 5 Gang		
Synchronisierung	I – IV. bzw. I – V		
Übersetzungen	4 Gang: I. 3,90, II. 2,30, III. 1,41, IV. 1,00 5 Gang: I. 3,96, II. 2,34, III. 1,43, IV. 1,00, V. 0,88 Auf Wunsch: Automatic. Wählhebel am Lenkrad oder Wagenmitte Hydraulischer Wandler + 4 Gang-Planetengetriebe I. 3,98, II. 2,39, III. 1,46, IV. 1,00, Wandler 2,2fach		
Antriebs-Übersetzung	3,69 bzw. (bei 5 Gang) 3,92		
Fahrwerk	Selbsttragende Ganzstahlkarosserie		
Vorderradaufhängung	Doppel-Querlenker, Schraubenfedern, Gummi-Zusatzfedern, Drehstab-Stabilisator		
Hinterradaufhängung	Diagonal-Pendelachse, Schräglenker, Schraubenfedern Gummi-Zusatzfedern, Drehstab-Stabilisator Auf Wunsch: Niveau-Regulierung		
Lenkung	Kugelumlauf (1:14), Servohilfe, 3 Lenkraddrehungen		
Fußbremse	Zweikreis-Hydraulik, Servohilfe, ab 1979 auf Wunsch ABS Scheibenbremsen vorn 278 mm ∅, hinten 279 ∅		
Allgemeine Daten			
Radstand	2865 mm	2865 mm	2965 mm
Spur vorn/hinten	1521/1505 mm	1521/1505 mm	1521/1505 mm
Gesamtmaße	4960 × 1870 × 1425 mm	4960 × 1870 × 1425 mm	5060 × 1870 × 1430 mm
Felgen	6 J × 14	6 J × 14	6 J × 14
Reifen	185 HR 14	185 HR 14	185 HR 14
Wendekreis links/rechts	11,5/11,5 Meter	11,5/11,5 Meter	11,8/11,8 Meter
Wagengewicht	1660 kg Automatic + 40 kg	1665 kg Automatic + 40 kg	1700 kg Automatic + 40 kg
Zuläss. Gesamtgewicht	2130 kg	2130 kg	2165 kg
Höchstgeschwindigkeit	190 km/h	200 km/h	200 km/h
Beschleunigung 0-100 km/h	11,5, Automatic 12,5 sec	10,5, Automatic 11,5 sec	10,5, Automatic 11,5 sec
Verbrauch/100 km	16 Liter Super	16 Liter Super	16 Liter Super
Kraftstofftank	96 Liter (über Hinterachse)	96 Liter (über Hinterachse)	96 Liter (über Hinterachse)

Mercedes-Benz Typ 280 SEL Limousine 4 Türen 1974 – 1980
Mercedes-Benz Typ 350 SEL und 450 SEL Limousine 4 Türen 1972 – 1980

Motor

Zylinderzahl
Bohrung × Hub
Hubraum
Leistung

Drehmoment

Verdichtung
Gemischbildung

Zündung
Ventile
Kurbelwellenlager
Kühlung
Schmierung
Batterie
Lichtmaschine

Kraftübertragung

Kupplung
Schaltung
Getriebe
Synchronisierung
Übersetzungen

Antriebs-Übersetzung

Fahrwerk
Vorderradaufhängung

Hinterradaufhängung

Lenkung
Fußbremse

Allgemeine Daten
Radstand
Spur vorn/hinten
Gesamtmaße
Felgen
Reifen
Wendekreis links/rechts
Wagengewicht

Zuläss. Gesamtgewicht
Höchstgeschwindigkeit
Beschleunigung 0–100 km/h
Verbrauch/100 km
Kraftstofftank

<table>
<tr><th>Mercedes-Benz
Typ 350 SE
(W 116 E 35)
1972 – 1980</th><th>Mercedes-Benz
Typ 350 SEL
(W 116 E 35)
1973 – 1980</th><th>Mercedes-Benz
Typ 450 SE
(W 116 E 45)
1972 – 1980</th><th>Mercedes-Benz
Typ 450 SEL
(W 116 E 45)
1972 – 1980</th></tr>
<tr><td colspan="2">Daimler-Benz M 116
Einspritzmotor
V8 (90°-V-Form)
92 x 65,8 mm
3499 (Steuer 3459) ccm
200 PS (147 kW) bei 5800 U/min bzw.
ab Anfang 1976: 195 PS (143 kW) bei 5500 U/min bzw.
ab Anfang 1978: 205 PS (151 kW) bei 5750 U/min
29,2 mkg bei 4000 U/min bzw.
ab Anfang 1976: 28 mkg bei 4000 U/min bzw.
ab Anfang 1978: 29 mkg bei 4000 U/min
9,5 bzw. (ab Anfang 1978) 9,0
Elektronische Bosch D-Jetronic Einspritzung bzw.
(ab Anfang 1976) mechanische Bosch K-Jetronic Einspritzung</td><td colspan="2">Daimler-Benz M 117
Einspritzmotor
V8 (90°-V-Form)
92 × 85 mm
4520 (Steuer 4189) ccm
225 PS (165 kW) bei 5000 U/min bzw.
ab November 1975: 217 PS (165 kW) bei 5000 U/min bzw.
ab Anfang 1978: 225 PS (165 kW) bei 5000 U/min
38,5 mkg bei 3000 U/min bzw.
ab November 1975: 36,7 mkg bei 3250 U/min bzw.
ab Anfang 1978: 37,5 mkg bei 3250 U/min
8,8
Elektronische Bosch D-Jetronic Einspritzung bzw. (ab
November 1975) mechanische Bosch K-Jetronic Einspritzung</td></tr>
<tr><td colspan="4">Transistorzündung
Hängend, je Zylinderreihe 1 obenliegende Nockenwelle, Antrieb durch Duplex-Kette
5</td></tr>
<tr><td colspan="2">Pumpe, 14,3 Liter Wasser</td><td colspan="2">Pumpe, 15 Liter Wasser</td></tr>
<tr><td colspan="4">Druckumlauf, 7,5 Liter Öl
12 V 66 Ah (im Motorraum)
Drehstrom 55 A (770 W)</td></tr>
<tr><td colspan="2">Antrieb auf Hinterräder, Gelenkwelle zweiteilig
Auf Wunsch: Sperrdifferential
Einscheibentrockenkupplung
Schaltstock Wagenmitte
4 Gang
I – IV
I. 3,96, II. 2,34, III. 1,43, IV. 1,00
Auf Wunsch: Automatic. Wählhebel am Lenkrad od. Wagenmitte
Hydraulischer Wandler + 3 Gang-Planetengetriebe
I. 2,31, II, 1,46, III. 1,00, Wandler 2,2fach
3,46</td><td colspan="2">Antrieb auf Hinterräder, Gelenkwelle zweiteilig
auf Wunsch: Sperrdifferential
Automatic. Wählhebel am Lenkrad oder Wagenmitte
Hydraulischer Wandler + 3 Gang-Planetengetriebe
I. 2,31, II. 1,46, III. 1,00, Wandler 2,2fach
3,07</td></tr>
<tr><td colspan="4">Selbsttragende Ganzstahlkarosserie
Doppel-Querlenker, Schraubenfedern
Gummi-Zusatzfedern, Drehstab-Stabilisator
Diagonal-Pendelachse, Schräglenker, Schraubenfedern
Gummi-Zusatzfedern, Drehstab-Stabilisator
Auf Wunsch: Niveau-Regulierung
Kugelumlauf (1:14), Servohilfe, 3 Lenkraddrehungen
Zweikreis-Hydraulik, Servohilfe, ab 1979 auf Wunsch ABS
Scheibenbremsen vorn 278 mm ∅, hinten 279 ∅</td></tr>
<tr><td>2865 mm
1521/1505 mm
4960 × 1870 × 1425 mm
6½ J × 14
205/70 HR 14
11,5/11,5 Meter
1725 kg
Automatic + 40 kg
2195 kg
205 km/h
10, Automatic 11 sec
19 Liter Super
96 Liter (über Hinterachse)</td><td>2965 mm
1521/1505 mm
5060 × 1870 × 1430 mm
6½ J × 14
205/70 HR 14
11,8/11,8 Meter
1760 kg
Automatic + 40 kg
2220 kg
205 km/h
10, Automatic 11 sec
19 Liter Super
96 Liter (über Hinterachse)</td><td>2860 mm
1521/1505 mm
4960 × 1870 × 1425 mm
6½ J × 14
205/70 VR 14
11,5/11,5 Meter
1790 kg

2250 kg
210 km/h
10,5 sec
19 Liter Super
96 Liter (über Hinterachse)</td><td>2960 mm
1521/1505 mm
5060 × 1870 × 1430 mm
6½ J × 14
205/70 VR 14
11,8/11,8 Meter
1825 kg

2285 kg
210 km/h
10,5 sec
19 Liter Super
96 Liter (über Hinterachse)</td></tr>
</table>

Mercedes-Benz Typ 450 SEL 6,9
Limousine 4 Türen
1975 – 1980

Mercedes-Benz
Typ 300 SD Turbodiesel
Limousine 4 Türen
(nur für USA-Markt)
1977 – 1980

→

	Mercedes-Benz Typ 450 SEL 6,9 (W 116 E 69) 1975 – 1980	Mercedes-Benz Typ 300 SD (W 116 D 30 A) 1977 – 1980
Motor	Daimler-Benz M 100 Einspritzmotor	Daimler-Benz OM 617 Vorkammer-Dieselmotor mit Abgas-Turbolader
Zylinderzahl	V8 (90°-V-Form)	5 (Reihe)
Bohrung × Hub	107 × 95 mm	90,9 × 92,4 mm
Hubraum	6834 (Steuer 6786) ccm	2998 ccm
Leistung	286 PS (210 kW) bei 4250 U/min	115 PS (85 kW) bei 4200 U/min
Drehmoment	56 mkg bei 3000 U/min	23,5 mkg bei 2400 U/min
Verdichtung	1:8,8	1:21,5
Gemischbildung	Mechanisch von einem Luftmengenmesser gesteuerte Bosch K-Jetronic Einspritzung ohne motorabhängigen Antrieb	Bosch Fünfstempel- Garrett Abgas-Turbolader
Zündung	Transistorzündung	Selbstzündung
Ventile	Hängend, für jede Zylinderreihe 1 obenliegende Nockenwelle Antrieb durch je 1 Duplex-Kette	Hängend 1 obenliegende Nockenwelle Antrieb durch Duplex-Kette
Kurbelwellenlager	5	6
Kühlung	Pumpe, 18 Liter Wasser	Pumpe, 12 Liter Wasser
Schmierung	Trockensumpf, 12 Liter Öl	Druckumlauf, 8,6 Liter Öl
Batterie	12 V 88 Ah (im Motorraum)	12 V 88 Ah (im Motorraum)
Lichtmaschine	Drehstrom 75 Ah (1050 W)	Drehstrom 55 Ah (770 W)
Kraftübertragung	Antrieb auf Hinterräder Gelenkwelle zweiteilig Sperrdifferential	Antrieb auf Hinterräder Gelenkwelle zweiteilig
Getriebe	Automatic. Wählhebel Wagenmitte Hydraulischer Wandler + 3 Gang-Planetengetriebe I. 2,31, II. 1,46, III. 1,00 Wandler 2,2fach	Automatic. Wählhebel Wagenmitte Hydraulischer Wandler + 4 Gang-Planetengetriebe I. 3,98, II. 2,39, III. 1,46, V. 1,00 Wandler 2,2fach
Antriebs-Übersetzung	2,65	3,07
Fahrwerk	Selbsttragende Ganzstahlkarosserie	Selbsttragende Ganzstahlkarosserie
Vorderradaufhänung	Doppel-Querlenker, hydropneumatische Federung mit Federbeinen und Gasfeder- Speichern, Drehstab-Stabilisator, Niveau-Regulierung	Doppel-Querlenker, Schraubenfedern Gasdruck-Stoßdämpfer, Bremsnickabstützung, Drehstab-Stabilisator,
Hinterradaufhängung	Diagonal-Pendelachse, Schräglenker Hydropneumatische Federung mit Federbeinen und Gasfeder-Speichern Drehstab-Stabilisator, Niveau-Regulierung	Diagonal-Pendelachse, Schräglenker Schraubenfedern, Gasdruck-Stoßdämpfer Drehstab-Stabilisator
Lenkung	Kugelumlauf (1:14), Servohilfe 3 Lenkraddrehungen	Kugelumlauf (1:14), Servohilfe 3 Lenkraddrehungen
Fußbremse	Zweikreis-Hydraulik, Servohilfe ab 1979 auf Wunsch ABS Scheiben-∅ vorn 278, hinten 279 mm	Zweikreis-Hydraulik, Servohilfe Scheiben-∅ vorn 278, hinten 279 mm
Allgemeine Daten		
Radstand	2960 mm	2865 mm
Spur vorn/hinten	1521/1505 mm	1521/1505 mm
Gesamtmaße	5060 × 1870 × 1410 mm	5220 × 1870 × 1425 mm
Felgen	6½ J × 14	6 J × 14
Reifen	215/70 VR 14	185 HR 14
Wendekreis links/rechts	12,1/12,1 Meter	11,6/11,6 Meter
Wagengewicht	1985 kg	1815 kg
Zuläss. Gesamtgewicht	2420 kg	2215 kg
Höchstgeschwindigkeit	225 km/h	165 km/h
Beschleunigung 0–100 km/h	8 sec	17 sec
Verbrauch/100 km	22 Liter Super	14 Liter Diesel
Kraftstofftank	96 Liter (über Hinterachse)	82 Liter (über Hinterachse)
		Nur für USA-Markt!

Mercedes-Benz Typ 280 SL, 280 SLC (1974–1985)
Mercedes-Benz Typ 350 SL, 350 SLC, 380 SL, 380 SLC (1971–1985)
Mercedes-Benz Typ 450 SL, 450 SLC, 450 SLC 5,0 (1971–1980)
Mercedes-Benz Typ 500 SL, 500 SLC (1980–1985)
Mercedes-Benz Typ 300 SL, 420 SL, 500 SL (ab 1985)

Werksinterne Bezeichnung: Baureihe 107. – Als Nachfolger des früheren Typs 280 SL (Baureihe 113) und Vorbote einer damals völlig neuen S-Klasse (Baureihe 116) erschien im April 1971 der 350 SL. Dank seiner hervorragend gelungenen Karosserielinie wirkte er repräsentativer und vor allem viel harmonischer als der etwas exaltierte 280 SL der vorhergehenden Machart. Technisch bemerkenswert war der 3,5 Liter V8-Motor, die Schräglenker-Pendel-Hinterachse, die 70er-Reifen, das Vierspeichen-Lenkrad sowie die profilierten Heckleuchten, die auch bei Verschmutzung wirksam bleiben. Das abnehmbare Coupédach, vom Vorgänger übernommen, machte den Roadster auch in der kalten Jahreszeit zu einem angenehmen Auto. Daß sich dieses freilich auf winterlichen Straßen wegen des kurzen Radstandes, der Kopflastigkeit und der geringen Hinterachsbelastung arg unberechenbar verhält, das steht auf einem anderen Blatt.

Zum Zweisitzer-Roadster 350 SL kam in Oktober 1971 der 350 SLC als Viersitzer-Familien-Coupé mit festem Dach. Es ersetzte das frühere große SE-Coupé. In seiner äußeren Erscheinung wirkte der 350 SLC längst nicht so überzeugend gezeichnet wie der SL und die früheren SE-Coupés. Andererseits sorgte der längere Radstand für stabilere Fahreigenschaften.

Im März 1973 wurden die Typen 450 SL und 450 SLC vorgestellt, die den konstruktiv völlig gleichen (und schon eine ganze Zeitlang für den amerikanischen Markt gebauten) 4,5 Liter V8-Motor besaßen. Der brachte zwar nicht sehr viel mehr PS-Leistung, aber ein beträchtlich kräftigeres Drehmoment mit und ließ somit den 3,5 Liter-Motor vergleichsweise uninteressant werden.

Als Folge der Ölkrise von Ende 1973 wurden ab Juli 1974 die Typen 280 SL und 280 SLC mit dem 2,8 Liter Sechszylinder-Motor des Typs 280 SE lieferbar, der praktisch nunmehr die Alternative zum 4,5 Liter darstellte, zumal der Sechszylinder bei erheblich geringerem Verbrauch die gleichen Fahrleistungen hergab wie der 3,5 Liter V8.

Im September 1977 erschien der Typ 450 SLC 5,0 mit auf 5 Liter aufgebohrtem V8-Motor. Seine Motor- und Kofferhaube bestanden aus Leichtmetall und er besaß serienmäßig Leichtmetallfelgen, was in Verbindung mit einigen anderen Maßnahmen zwar zu einer Gewichtsverringerung, aber auch zu einer drastischen Verteuerung führte, ohne daß dem Käufer damit ein entsprechend höherer Nutzen zugewachsen wäre. Zur äußeren Kennzeichnung erhielten dieses und die folgenden 500er SL-Modelle ein unschönes Gummiprofil an das Heck geklebt, das man Spoiler nannte.

Produktion	1970	1971	1972	1973	1974	1975	1976	1977	1978
280 SL					297	1 020	1 099	1 347	1 536
300 SL									
350 SL	3	4 802	4 778	1 647	574	390	540	650	743
380 SL									
420 SL									
450 SL		2 131	7 473	8 654	6 093	6 011	6 625	8 110	7 434
500 SL									
560 SL									
280 SLC					300	1 312	1 508	1 624	1 553
350 SLC		6	5 562	3 750	864	589	671	822	807
380 SLC									
450 SLC			700	5 594	2 961	2 993	3 802	4 569	4 382
500 SLC								9	524

Preise			**280 SL**	**280 SLC**	**350 SL**	**350 SLC**	**450 SL**	**450 SLC**
April	1971	DM	–	–	30 000,–	–	–	–
Oktober	1971	DM	–	–	30 000,–	33 700,–	–	–
Mai	1972	DM	–	–	31 400,–	35 600,–	–	–
März	1973	DM	–	–	32 900,–	37 300,–	36 600,–	41 000,–
Februar	1974	DM	–	–	34 400,–	39 000,–	38 300,–	42 900,–
August	1974	DM	32 500,–	37 200,–	35 800,–	40 600,–	39 900,–	44 700,–
Februar	1975	DM	34 400,–	39 400,–	37 900,–	43 000,–	42 200,–	47 300,–
März	1977	DM	35 600,–	41 200,–	39 400,–	44 900,–	43 900,–	49 400,–
								450 SLC 5,0
April	1978	DM	37 200,–	43 600,–	41 100,–	47 600,–	45 800,–	62 300,–
Dezember	1978	DM	37 900,–	44 500,–	41 900,–	48 500,–	46 800,–	63 500,–
Juli	1979	DM	39 000,–	45 900,–	43 200,–	50 100,–	48 100,–	65 500,–
					380 SL	**380 SLC**	**500 SL**	**500 SLC**
März	1980	DM	44 500,–	49 200,–	54 000,–	57 700,–	61 900,–	67 100,–
August	1980	DM	45 400,–	50 100,–	55 000,–	58 800,–	63 100,–	68 400,–
September	1981	DM	48 600,–	–	58 000,–	–	66 300,–	–
Januar	1982	DM	49 900,–	–	59 600,–	–	68 100,–	–
Juli	1982	DM	51 500,–	–	61 400,–	–	70 600,–	–
September	1983	DM	54 000,–	–	64 400,–	–	73 500,–	–
Januar	1984	DM	55 400,–	–	66 100,–	–	75 500,–	–
Dezember	1984	DM	57 000,–	–	71 600,–	–	81 200,	–
			300 SL		**420 SL**			
September	1985	DM	63 500,–	–	80 800,–	–	89 100,–	–
Dezember	1985	DM	64 600,–	–	82 300,–	–	90 800,–	–

Im März 1980 stellte sich die gesamte Baureihe neu geordnet vor. Die 280er besaßen nun das 5 Gang-Getriebe als Grundausstattung, während es die 380er und 500er nur mehr mit Viergang-Automatic gab. Ab September 1981 blieben nur mehr die SL-Roadster im Programm, die drei SLC-Coupés entfielen. Zum gleichen Zeitpunkt hat man die Motoren gründlich überarbeitet sowie die Getriebe- und Antriebs-Übersetzungen neu festgelegt, womit eine deutliche Verbrauchsreduzierung bezweckt und erreicht wurde.

Im September 1985 wurde, parallel zur S-Klasse, der 2,8 Liter durch den neuen 3 Liter Sechszylinder-Motor, und der seitherige 3,8 Liter durch den auf 4,2 Liter aufgebohrten V8-Motor ersetzt. Der 5 Liter blieb, während der neue 5,6 Liter-V8 (mit wesentlich herabgesetzter Leistung) nur für den USA-Markt verwendet wird. Auch sonst gab es noch einige Änderungen wobei vor allem der Übergang von 14 auf 15″-Reifen besonders erwähnt sei.

Zur Frankfurter Automobil-Ausstellung im September 1987 wird eine völlig neue SL-Reihe erwartet. Das jetzige Modell hätte damit die respektable Bauzeit von 16 Jahren erreicht!

1979	1980	1981	1982	1983	1984	1985	1986	1987	1988
2 155	2 429	2 628	3 165	3 393	3 529	2 838			
						1 356			
934	243								
	3 147	9 470	9 926	11 198	11 115	8 144			
						215			
8 184	5 583								
	501	899	1 297	1 563	1 793	2 719			
						3 907			
1 741	1 510	1 118							
775	79								
	1 737	2 052							
4 510	2 228								
937	816	483							

Mercedes-Benz Typ 280 SL Roadster (mit abnehmbarem Coupédach) 1974–1985

Mercedes-Benz Typ 350 SL Roadster (mit abnehmbarem Coupédach) 1970 – 1980

Mercedes-Benz Typ 450 SL Roadster (mit abnehmbarem Coupédach) 1971 – 1980

	Mercedes-Benz Typ 280 SL (R 107 E 28) 1974–1985	**Mercedes-Benz Typ 280 SLC (C 107 E 28) 1974–1981**
Motor	Daimler-Benz M 110 Einspritzmotor	
Zylinderzahl	6 (Reihe)	
Bohrung × Hub	86 × 78,8 mm	
Hubraum	2746 (Steuer 2717) ccm	
Leistung	185 PS (136 kW) bei 6000 U/min bzw. ab Anfang 1976: 177 PS (130 kW) bei 6000 U/min bzw. ab Anfang 1978: 185 PS (136 kW) bei 5800 U/min	
Drehmoment	24,3 mkg bei 4500 U/min bzw. ab Anfang 1976: 23,8 mkg bei 4500 U/min bzw. ab Anfang 1978: 24,5 mkg bei 4500 U/min	
Verdichtung	9,0 bzw. ab Anfang 1976: 8,7 bzw. ab Anfang 1978: 9,0	
Gemischbildung	Elektronische Einspritzung Bosch D-Jetronic bzw. (ab Anfang 1976) mechanische Einspritzung Bosch K-Jetronic	
Zündung	Transistorzündung	
Ventile	V-förmig hängend 2 obenliegende Nockenwellen, Antrieb durch Duplex-Kette	
Kurbelwellenlager	7	
Kühlung	Pumpe, 12 Liter Wasser	
Schmierung	Druckumlauf, 6 Liter bzw. (ab Herbst 1981) 5,5 Liter Öl	
Batterie	12 V 55 Ah (im Motorraum)	
Lichtmaschine	Drehstrom 55 A (770 W)	
Kraftübertragung	Antrieb auf Hinterräder, Gelenkwelle zweiteilig	
Kupplung	Einscheibentrockenkupplung	
Schaltung	Schaltstock Wagenmitte	
Getriebe	4 Gang (Serie) oder 5 Gang (Serie ab Herbst 1981)	
Synchronisierung	I – IV bzw. I – V	
Übersetzungen	4 Gang: I. 3,90, II. 2,30, III. 1,41, IV. 1,00 5 Gang: I. 3,98, II. 2,34, III. 1,43, IV. 1,00, V. 0,88 bzw. ab Herbst 1981: 5 Gang: I. 3,82, II. 2,20, III. 1,40, IV. 1,00, V. 0,81 Auf Wunsch: Automatic. Wählhebel Wagenmitte Hydraulischer Wandler + 4 Gang-Planetengetriebe I. 3,98, II. 2,39, III. 1,46, IV. 1,00, Wandler 2,2fach bzw. ab Herbst 1981: I. 3,68, II. 2,41, III. 1,44, IV. 1,00, Wandler 2,2fach	
Antriebs-Übersetzung	4 Gang und Automatic 3,69, 5 Gang 3,92 bzw. ab Herbst 1981: 5 Gang und Automatic 3,58	
Fahrwerk	Selbsttragende Ganzstahlkarosserie	
Vorderradaufhängung	Doppel-Querlenker, Schraubenfedern Gummi-Zusatzfedern, Drehstab-Stabilisator	
Hinterradaufhängung	Diagonal-Pendelachse, Schräglenker, Schraubenfedern Gummi-Zusatzfedern, Drehstab-Stabilisator	
Lenkung	Kugelumlauf (1:15,6), Servohilfe, 3,3 Lenkraddrehungen	
Fußbremse	Zweikreis-Hydraulik, Servohilfe, ab 1980 auf Wunsch ABS Scheibenbremsen vorn 278 mm ∅, hinten 279 mm ∅	
Allgemeine Daten		
Radstand	2460 mm	2820 mm
Spur vorn/hinten	1452/1440 mm	1452/1440 mm
Gesamtmaße	4390 × 1790 × 1300 mm	4750 × 1790 × 1330 mm
Felgen	6 J oder 6½ J × 14	6 J oder 6½ J × 14
Reifen	185 HR 14 oder (ab 1980 Serie) 195/70 HR 14 oder 205/70 VR 14	185 HR 14 oder (ab 1980 Serie) 195/70 HR 14 oder 205/70 VR 14
Wendekreis links/rechts	10,8/10,6 Meter	11,9/11,7 Meter
Wagengewicht	1560 kg, Automatic + 40 kg	1610 kg, Automatic + 40 kg
Zuläss. Gesamtgewicht	1920 kg	2040 kg
Höchstgeschwindigkeit	207 km/h	205 km/h
Beschleunigung 0–100 km/h	9,5, Automatic 10,5 sec	10, Automatic 11 sec
Verbrauch/100 km/h	15,5 Liter Super bzw. (ab Herbst 1981) 15 Liter Super	15,5 Liter Super
Kraftstofftank	90 Liter (über Hinterachse)	90 Liter (über Hinterachse)

Mercedes-Benz Typ 280 SLC Coupé 4 Sitze 1974 – 1981
Mercedes-Benz Typ 350 SLC Coupé 4 Sitze 1971 – 1980
Mercedes-Benz Typ 450 SLC Coupé 4 Sitze 1972 – 1980

Mercedes-Benz Typ 450 SLC 5,0 Coupé 4 Sitze 1978 – 1980
Mercedes-Benz Typ 500 SLC Coupé 4 Sitze 1980 – 1981

Motor

Zylinderzahl
Bohrung × Hub
Hubraum
Leistung

Drehmoment

Verdichtung
Gemischbildung

Zündung
Ventile
Kurbelwellenlager
Kühlung
Schmierung
Batterie
Lichtmaschine

Kraftübertragung
Kupplung
Schaltung
Getriebe
Synchronisierung
Übersetzungen

Antriebs-Übersetzung

Fahrwerk
Vorderradaufhängung

Hinterradaufhängung

Lenkung
Fußbremse

Allgemeine Daten
Radstand
Spur vorn/hinten
Gesamtmaße
Felgen
Reifen
Wendekreis links/rechts
Wagengewicht

Zuläss. Gesamtgewicht
Höchstgeschwindigkeit

Beschleunigung 0–100 km/h
Verbrauch/100 km

Kraftstofftank

Mercedes-Benz Typ 350 SL (R 107 E 35) 1970–1980	**Mercedes-Benz Typ 350 SLC (C 107 E 35) 1971–1980**	**Mercedes-Benz Typ 380 SL (R 107 E 38) 1980–1985**	**Mercedes-Benz Typ 380 SLC (C 107 E 38) 1980–1981**
Daimler-Benz M 116		Daimler-Benz M 116	
Einspritzmotor		Einspritzmotor	
V8 (90°-V-Form)		V8 (90°-V-Form)	
92 x 65,8 mm		92 × 71,8 mm bzw. ab Herbst 1981: 88 × 78,9 mm	
3499 (Steuer 3459) ccm		3818 (3776) ccm bzw. ab Herbst 1981: 3839 (3793) ccm	
200 PS (147 kW) bei 5800 U/min bzw. ab Anfang 1976: 195 PS (143 kW) bei 5500 U/min bzw. ab Anfang 1978: 205 PS (151 kW) bei 5750 U/min		218 PS (160 kW) bei 5500 U/min bzw. ab Herbst 1981: 204 PS (150 kW) bei 5250 U/min	
29,2 mkg bei 4000 U/min bzw. ab Anfang 1976: 28 mkg bei 4000 U/min bzw. ab Anfang 1978: 29 mkg bei 4000 U/min		30,5 mkg bei 4000 U/min bzw. ab Herbst 1981: 32,1 mkg bei 3250 U/min	
9,5 bzw. (ab Anfang 1978) 9,0		9,0 bzw. (ab Herbst 1981) 9,4	
Elektronische Einspritzung Bosch D-Jetronic bzw. (ab Anfang 1976) mechanische Bosch K-Jetronic		Mechanische Einspitzung Bosch K-Jetronic	
Transistorzündung			
Hängend, je Zylinderreihe 1 obenliegende Nockenwelle, Antrieb durch Duplex-Kette			
5			
Pumpe, 14,3 Liter Wasser		Pumpe, 12,5 Liter Wasser	
Druckumlauf, 7,5 Liter Öl		Druckumlauf, 7,5 Liter Öl	
12 V 66 Ah (im Motorraum)		12 V 66 Ah (im Motorraum)	
Drehstrom 55 A (770 W)		Drehstrom 70 A (980 W)	
Antrieb auf Hinterräder, Gelenkwelle zweiteilig		Antrieb auf Hinterräder, Gelenkwelle zweiteilig	
Einscheibentrockenkupplung			
Schaltstock Wagenmitte			
4 Gang			
I – IV			
I. 3,96, II. 2,34, III. 1,43, IV. 1,00			
Auf Wunsch: Automatic. Wählhebel Wagenmitte		Automatic. Wählhebel Wagenmitte	
bis Juli 1972: Hydraul. Kupplung + 4 Gang-Planetengetriebe I. 3,98, II. 2,39, III. 1,46, IV. 1,00 Ab Juli 1972: Hydraul. Wandler + 3 Gang-Planetengetriebe I. 2,31, II. 1,46, III. 1,00, Wandler 2,2fach		Hydraulischer Wandler + 4 Gang-Planetengetriebe I. 3,68, II. 2,41, III. 1,44, IV. 1,00, Wandler 2,2fach	
3,46		3,27 bzw. (ab Herbst 1981) 2,47	
Selbsttragende Ganzstahlkarosserie			
Doppel-Querlenker, Schraubenfedern			
Gummi-Zusatzfedern, Drehstab-Stabilisator			
Diagonal-Pendelachse, Schräglenker, Schraubenfedern			
Gummi-Zusatzfedern, Drehstab-Stabilisator			
Kugelumlauf (1:15,6), Servohilfe, 3,3 Lenkraddrehungen			
Zweikreis-Hydraulik, Servohilfe, ab 1980 auf Wunsch ABS			
Scheibenbremsen vorn 278 mm ∅, hinten 279 ∅			
2460 mm	2820 mm	2460 mm	2820 mm
1452/1440 mm	1452/1440 mm	1452/1440 mm	1452/1440 mm
4390 × 1790 × 1300 mm	4750 × 1790 × 1330 mm	4390 × 1790 × 1300 mm	4750 × 1790 × 1330 mm
6½ J × 14	6½ J × 14	6½ J × 14	6½ J × 14
205/70 VR 14	205/70 VR 14	205/70 VR 14	205/70 VR 14
10,8/10,6 Meter	11,9/11,7 Meter	10,8/10,6 Meter	11,9/11,7 Meter
1600 kg	1650 kg	1640 kg	1690 kg
Automatic + 40 kg	Automatic + 40 kg		
1960 kg	2050 kg	1960 kg	2050 kg
212 km/h	212 km/h	215 km/h bzw. (ab Herbst 1981) 205 km/h	215 km/h
9, Automatic 10 sec	9, Automatic 10 sec	9,5 sec	9,5 sec
18,5 Liter Super	18,5 Liter Super	18,5 bzw. (ab Herbst 1981) 17 Liter Super	18,5 Liter Super
90 Liter (über Hinterachse)	90 Liter (über Hinterachse)	90 Liter (über Hinterachse)	90 Liter (über Hinterachse)

**Mercedes-Benz Typ 280 SL und 380 SL Roadster (1980–1985)
sowie im Vordergrund des Bildes
Mercedes-Benz Typ 500 SL Roadster (1980–1985)**

Mercedes-Benz Typ 500 SL Roadster (1980–1985)

Motor

Zylinderzahl
Bohrung × Hub
Hubraum
Leistung

Drehmoment

Verdichtung
Gemischbildung

Zündung
Ventile
Kurbelwellenlager
Kühlung
Schmierung
Batterie
Lichtmaschine

Kraftübertragung
Getriebe

Antriebs-Übersetzung

Fahrwerk
Vorderradaufhängung

Hinterradaufhängung

Lenkung
Fußbremse

Allgemeine Daten
Radstand
Spur vorn/hinten
Gesamtmaße
Felgen
Reifen
Wendekreis links/rechts
Wagengewicht
Zuläss. Gesamtgewicht
Höchstgeschwindigkeit

Beschleunigung 0–100 km/h
Verbrauch/100 km

Kraftstofftank

Mercedes-Benz Typ 450 SL (R 107 E 45) 1971 – 1980	**Mercedes-Benz Typ 450 SLC (C 107 E 45) 1972 – 1980**	**Mercedes-Benz Typ 450 SLC 5,0 (C 107 E 50) 1978 – 1980**	**Mercedes-Benz Typ 500 SL (R 107 E 50) 1980 – 1985**	**Mercedes-Benz Typ 500 SLC (C 107 E 50) 1980 – 1981**
Daimler-Benz M 117		Daimler-Benz M 117	Daimler-Benz M 117	
Einspritzmotor		Einspritzmotor	Einspritzmotor	
V8 (90°-V-Form)		V8 (90°-V-Form)	V8 (90°-V-Form)	
92 x 85 mm		97 x 85 mm	96,5 x 85 mm	
4520 (Steuer 4189) ccm		5025 (Steuer 4990) ccm	4973 (Steuer 4939) ccm	
225 PS (165 kW) bei 5000 U/min bzw. ab Nov. 1975: 217 PS (160 kW) bei 5000 U/min bzw. ab 1978: 225 PS (165 kW) bei 5000 U/min		240 PS (177 kW) bei 5000 U/min	240 PS (177 kW) bei 5000 U/min bzw. ab Herbst 1981: 231 PS (170 kW) bei 4750 U/min	
38,5 mkg bei 3000 U/min bzw. ab Nov. 1975: 36,7 mkg bei 3250 U/min bzw. ab 1978: 37,5 mkg bei 3250 U/min		41 mkg bei 3200 U/min	41 mkg bei 3200 U/min bzw. ab Nov. 1981: 41,2 mkg bei 3000 U/min bzw.	
8,8		8,8	8,8 bzw. (ab Herbst 1981) 9,2	
Elektronische Bosch D-Jetronic bzw. (ab Nov. 1975) mechanische Bosch K-Jetronic		Mechanische Bosch K-Jetronic	Mechanische Bosch K-Jetronic	
		Transistorzündung		
Hängend, je Zylinderreihe 1 obenliegende Nockenwelle, Antrieb durch Duplex-Kette				
5				
Pumpe, 15 Liter Wasser				
Druckumlauf, 7,5 Liter Öl				
12 V 66 Ah (im Motorraum)				
Drehstrom 55 A (770 W)		Drehstrom 55 A (770 W)	Drehstrom 70 A (980 W)	
Antrieb auf Hinterräder, Gelenkwelle zweiteilig			Antrieb auf Hinterräder, Gelenkwelle zweiteilig	
Automatic. Wählhebel Wagenmitte			Automatic. Wählhebel Wagenmitte	
Hydraulischer Wandler + 3 Gang-Planetengetriebe			Hydraulischer Wandler + 4 Gang-Planetengetriebe	
I. 2,31, II. 1,46, III. 1,00, Wandler 2,2fach			I. 3,68, II. 2,41, III. 1,44, IV. 1,00 Wandler 2,2fach	
3,07	3,07	2,72	2,72 bzw. (ab Herbst 1981) 2,24	2,72
Selbsttragende Ganzstahlkarosserie				
Doppel-Querlenker, Schraubenfedern				
Gummi-Zusatzfedern, Drehstab-Stabilisator				
Diagonal-Pendelachse, Schräglenker, Schraubenfedern				
Gummi-Zusatzfedern, Drehstab-Stabilisator				
Kugelumlauf (1:15,6), Servohilfe, 3,3 Lenkraddrehungen				
Zweikreis-Hydraulik, Servohilfe, ab 1980 auf Wunsch ABS				
Scheibenbremsen vorn 278 mm ∅, hinten 279 ∅				
2460 mm	2820 mm	2820 mm	2460 mm	2820 mm
1452/1440 mm	1452/1440 mm	1452/1440 mm	1452/1440 mm	1452/1440 mm
4390 × 1790 × 1300 mm	4750 × 1790 × 1330 mm	4750 × 1790 × 1330 mm	4390 × 1790 × 1300 mm	4750 × 1790 × 1330 mm
6½ J × 14	6½ J × 14	6½ J × 14	6½ J × 14	6½ J × 14
205/70 VR 14	205/70 VR 14	205/70 VR 14	205/70 VR 14	205/70 VR 14
10,8/10,6 Meter	11,9/11,7 Meter	11,9/11,7 Meter	10,8/10,6 Meter	11,9/11,7 Meter
1640 kg	1690 kg	1570 kg	1600 kg	1570 kg
2015 kg	2095 kg	2005 kg	1960 kg	2005 kg
218 km/h	218 km/h	225 km/h	225 km/h bzw. (ab Herbst 1981) 220 km/h	225 km/h
9,5 sec	9,5 sec	8,5 sec	8,5 sec	8,5 sec
18,5 Liter Super	18,5 Liter Super	18,5 Liter Super	18,5 Liter Super bzw. (ab Herbst 1981) 17 Liter Super	18,5 Liter Super
90 Liter (über Hinterachse)	90 Liter (über Hinterachse)	90 Liter (über Hinterachse)	90 Liter (über Hinterachse)	90 Liter (über Hinterachse)

Mercedes-Benz Typ 300 SL Roadster (USA-Ausführung) 1980 – 1985

Mercedes-Benz Typ 300 SL Roadster
(mit abnehmbarem Coupédach) ab 1985

Mercedes-Benz Typ 420 SL Roadster, ab 1985
Mercedes-Benz Typ 500 SL Roadster (ab 1985)

	Mercedes-Benz Typ 300 SL (R 107 E 30) ab 1985	Mercedes-Benz Typ 420 SL (R 107 E 42) ab 1985	Mercedes-Benz Typ 500 SL (R 107 E 50) ab 1985
Motor	Daimler-Benz M 103 E 30 Einspritzmotor	Daimler-Benz M 116 E 42 Einspritzmotor	Daimler-Benz M 117 E 50 Einspritzmotor
Zylinderzahl	6 (Reihe)	V8 (90°-V-Form)	V8 (90°-V-Form)
Bohrung × Hub	88,5 × 80,25 mm	92,0 × 78,9 mm	96,5 × 85,0 mm
Hubraum	2962 ccm	4196 ccm	4973 ccm
Leistung	188 PS = 138 kW b. 5700 U/min bzw. mit Katalysator 180 PS = 132 kW b. 5700 U/min	218 PS = 160 kW b. 5200 U/min bzw. mit Katalysator 204 PS = 150 kW b. 5200 U/min	245 PS = 180 kW b. 4750 U/min
Drehmoment	26,0 mkg bei 4400 U/min bzw. mit Katalysator 25,5 mkg bei 4400 U/min	33,0 mkg bei 3750 U/min bzw. mit Katalysator 31,0 mkg bei 3600 U/min	40,0 mkg bei 3750 U/min
Verdichtung	9,2	9,0	9,0
Gemischbereitung	Mech. Benzineinspritzung Bosch KE-Jetronic	Mech. Benzineinspritzung Bosch KE-Jetronic	Mech. Benzineinspritzung Bosch KE-Jetronic
Ventile	V-förmig hängend 1 obenliegende Nockenwelle, Antrieb durch Einfach-Kette	Hängend, je Zylinderreihe 1 obenliegende Nockenwelle, Antrieb durch Duplex-Kette	Hängend, je Zylinderreihe 1 obenliegende Nockenwelle, Antrieb durch Duplex-Kette
Kurbelwellenlager	7	5	5
Kühlung	Pumpe, 11 Liter Wasser	Pumpe, 12,5 Liter Wasser	Pumpe, 15 Liter Wasser
Schmierung	Druckumlauf, 6 Liter Öl	Druckumlauf, 8 Liter Öl	Druckumlauf, 8 Liter Öl
Batterie	12 V 62 Ah (im Motorraum)	12 V 66 Ah (im Motorraum)	12 V 66 Ah (im Motorraum)
Lichtmaschine	Drehstrom 70 A = 900 W	Drehstrom 80 A = 1120 W	Drehstrom 80 A = 1120 W
Kraftübertragung	Antrieb auf Hinterräder, Gelenkwelle zweiteilig	Antrieb auf Hinterräder, Gelenkwelle zweiteilig	Antrieb auf Hinterräder, Gelenkwelle zweiteilig
Schaltgetriebe	5 Gang	–	–
Automat. Getriebe	Hydraulisch Wandler + 4 Gang-Planetengetriebe	Hydraulisch Wandler + 4 Gang-Planetengetriebe	Hydraulisch Wandler + 4 Gang-Planetengetriebe
Antriebs-Übersetzung	3,46	2,47	2,24
Fahrwerk	Selbsttragende Ganzstahlkarosserie		
Vorderradaufhängung	Doppel-Querlenker, Schraubenfedern, Gummi-Zusatzfedern, Drehstab-Stabilisator		
Hinterradaufhängung	Diagonal-Pendelachse, Schräglenker, Schraubenfedern, Gummi-Zusatzfedern, Drehstab-Stabilisator		
Lenkung	Kugelumlauf (1:15,6), Servohilfe, 3 Lenkraddrehungen		
Fußbremse	Zweikreis-Hydraulik, Servohilfe, Serie bzw. bei 300 SL auf Wunsch: ABS Scheibenbremsen vorn 284, hinten 279 mm Ø		
Allgemeine Daten			
Radstand	2460 mm	2460 mm	2460 mm
Spur vorn/hinten	1461/1465 mm	1461/1465 mm	1461/1465 mm
Gesamtmaße	4390 × 1790 × 1305 mm	4390 × 1790 × 1305 mm	4390 × 1790 × 1305 mm
Felgen	7 J × 15	7 J × 15	7 J × 15
Reifen	205/65 VR 15	205/65 VR 15	205/65 VR 15
Wendekreis links/rechts	10,8/10,6 Meter	10,8/10,6 Meter	10,8/10,6 Meter
Wagengewicht	1530 kg Automatic + 40 kg	1600 kg	1610 kg
Zuläss. Gesamtgewicht	1930 kg	2020 kg	2030 kg
Höchstgeschwindigkeit	200 km/h	210 km/h	225 km/h
Beschleunigung 0–100 km/h	10, Automatic 11 sec	9,5 sec	8 sec
Verbrauch/100 km	14,5 Liter Super	15,5 Liter Super	16,5 Liter Super
Kraftstofftank	85 Liter (über Hinterachse)	85 Liter (über Hinterachse)	85 Liter (über Hinterachse)

Typ 560 SL
mit 5,6 Liter-Motor und
Katalysator amerikanischer
Ausführung, 230 PS
nur für USA-Markt!

Mercedes-Benz Typ 200 bis 280 E (1976–1985)
Mercedes-Benz Typ 230 C bis 280 CE (1976–1985)
Mercedes-Benz Typ 200 T bis 280 TE (1977–1985)
Mercedes-Benz Typ 200 D bis 300 D (1976–1985)
Mercedes-Benz Typ 240 TD bis 300 TD Turbodiesel (1978–1985)

Ende Januar 1976 wurden die Limousinen der Baureihe 123 vorgestellt. Sie unterschieden sich in vielerlei Beziehung vorteilhaft von der vorausgegangenen Baureihe 115, auch wenn dies in der äußeren Erscheinung nur wenig auffiel. Ebenso verhielt es sich mit den technischen Einzelheiten, wo die Überlegenheit der neuen Baureihe ohnehin erst im Laufe der Weiterentwicklungen deutliche Auswirkungen zeigte.

Die Motoren der neuen Baureihe wurden zunächst von der vorhergehenden übernommen, mit der einzigen Ausnahme des neuen 2,5 Liter-Sechszylinders für den Typ 250. Doch gerade diese Ausführung vermochte wegen ihres ziemlich hohen Verbrauchs nie so recht zu überzeugen.

Komfort und Fahreigenschaften der Baureihe 123 konnten wiederum ein bißchen durch Vergrößerung des Radstandes und der vorderen Spurweite verbessert werden. Im übrigen entfiel bei der Vorderradaufhängung der einst beim Typ 180 mit großem Stolz zum erstenmal hergezeigte »Fahrschemel«.

Erfreulicherweise unverändert blieb die praxisgerechte Anordnung aller Bedienungselemente und die hervorragende Ablesbarkeit sämtlicher Anzeigen. Eine gewisse Beeinträchtigung in dieser Beziehung brachte allerdings der im September 1979 erfolgte Übergang zu einem etwas kleineren Lenkrad. Beibehalten freilich wurde die altmodische, schwergängige und schlecht erreichbare Sitzlehnenverstellung mittels des seitlichen Handrades. Kaum begreiflich erscheint es, daß Daimler in seinen nahezu perfekten Automobilen mit derart lächerlichen Ungereimtheiten seine Kunden über Jahrzehnte hinweg permanent ärgert. Beibehalten wurde ferner die allzu aufwendige Heizungsanlage. Da hätten sich durch eine Rückbesinnung auf deren funktionelle Einfachheit vor 20 oder 30 Jahren manche unnötigen Kosten sparen lassen.

Im März 1977 wurde das Programm durch ein elegant gezeichnetes Coupé erweitert, dessen wichtigste Ausführungen die Typen 230 C (später 230 CE) und 280 CE waren und blieben. Während das Coupé der vorhergehenden Baureihe wie eine abgeschnittene Limousine und entsprechend hausbacken wirkte, bestach das neue Coupé durch eine ausgesprochen flotte und imposante Linienführung. Allerdings fanden manche Leute den Chromschmuck zu reichlich.

Ab August 1977 gab es wieder 7/8 Sitzer-Limousinen mit langem Radstand als Typen 240 D, 300 D und 250. Das lange Fahrgestell stand auch für den Aufbau von Krankenwagen zur Verfügung. Auf diesem Sektor besaß Daimler-Benz längst nicht nur eine führende, sondern eine nahezu unangefochtene Monopolstellung.

Auf der Frankfurter Automobil-Ausstellung 1977 vorgestellt und ab April 1978 im Werk Bremen produziert wurden die sogenannten T-Limousinen, also der Kombiwagen der Baureihe 123. Diese Kombis, wiewohl von Anfang an ziemlich teuer angeboten, wurden von der Kundschaft bestens aufgenommen. Auch sie galten bald als die solidesten und perfektesten Automobile ihrer Art, zumal sie dank ihrer Ansehnlichkeit durchaus den gleichen Prestigewert besitzen wie die Limousinen. Einen Hit besonderer Art brachte Daimler im September 1979 mit dem 300 TD Turbodiesel. Damit wurde der 3 Liter Turbo-Dieselmotor, schon seit Jahren in großer Stückzahl für Amerika gebaut, erstmalig auch deutschen Interessenten zugänglich. Zwar vermögen sachlich abwägende Menschen nur schwer zu begreifen, wieso man derart viel Geld – 6000 DM Mehrpreis nur für den Lader! – ausgeben will, nur um unbedingt auch mit einem Diesel schneller fahren zu können, obwohl sich das mit einem entsprechenden Benzinmotor besser, angenehmer und auch nicht teurer bewerkstelligen läßt. Aber da spielt halt nun mal viel Irrationalität, Emotion und Mode herein.

Als arg schwach motorisiert galten in den ersten Jahren die Typen 200, 200 D und 220 D. Der 200 D erhielt Anfang 1979 ein paar dringend nötige PS mehr, woraufhin der 220 D ersatzlos gestrichen werden konnte. Vor allem aber sah sich das Werk zur Entwicklung des völlig neuen Benzinmotors M 102 veranlaßt, der ab Juni 1980 in den Typen 200 und 230 E erschien. Der 200 verfügte damit wieder über eine einigermaßen ausreichende Leistung, und vor allem im 230 E bewährte sich das Triebwerk ganz vorzüglich. Allerdings wurde es hier nur noch als Einspritzer angeboten, was einen ebenso beträchtlichen wie unnötigen Mehrpreis zur Folge hatte. Zwar bot er tatsächlich mehr Temperament, doch der seitherige 230-Vergaser war gewiß den allermeisten Kunden schnell genug, entgegen häufiger Behauptung auch durchaus sparsam, er lief tadellos und fuhr sich insofern sogar angenehmer als der Einspritzer, weil er »am Pedal hing« und das Gefühl für die jeweilige Geschwindigkeit deutlicher vermittelte. In bezug auf den Kaltlauf war er dem Einspritzer klar überlegen. Leute, die Bescheid wußten und rechnen konnten, vermissen – auch bei der nachfolgenden Baureihe 124 – den Typ 230 (ohne das sündteuere »E«) nach wie vor mit großem Bedauern.

Charakteristisch für die Wagen der Baureihe 123 waren lange Zeit die verschieden großen Doppelscheinwerfer. Lediglich die Typen 280 und 280 E sowie das Coupé in allen Ausführungen waren von Anfang an mit Breitband-Halogen-Scheinwerfern ausgerüstet (links im Bild). Ab September 1982 besaßen dann alle Wagen dieser Baureihe die Breitband-Scheinwerfer.

Außer der Aufschrift auf dem Kofferdeckel gibt es für die Typen 280 und 280 E nur winzige Unterscheidungsmerkmale von den anderen Wagen dieser Baureihe: Sie weisen sich durch einen Zwillingsauspuff sowie durch je eine Chromleiste unter den Heckleuchten aus.

Besonders zahlreiche Maßnahmen der laufend durchgeführten Modellpflege kamen im September 1982 zur Geltung. Alle Modelle der Baureihe erhielten die bis dahin den teueren Ausführungen vorbehaltenen Rechteckscheinwerfer. Und alle Wagen, auch die weniger teueren, wurden nun endlich bereits in der Grundausstattung mit Servolenkung geliefert. Das war wirklich höchste Zeit! Zu früh gefreut hatte man sich freilich über die angekündigte Formänderung der Fensterkurbeln, denn hier war auch weiterhin von der an sich längst notwendigen Verbesserung nichts zu merken. Die Freude darüber, daß nun auch die kleineren Mercedes mit dem Antiblockiersystem (ABS) erhältlich wurden, hielt sich durch den exorbitant hohen Aufpreis von an die 3000 Mark in Grenzen. Als weitere gute, aber ebenfalls sehr teuere Sicherheitseinrichtung gab es seit 1982 außerdem den Airbag (Luftsack).

Am 15. 11. 1985, etwa ein Jahr nach dem Baubeginn der nachfolgenden Baureihe 124, endete die Produktion der Baureihe 123. Sie erreichte die Rekordzahl von 2 696 915 Einheiten, wovon 1,08 Millionen in den Export gingen. In neun Jahren Produktionszeit lief damit die bisher erfolgreichste Baureihe in der Geschichte der Daimler-Benz AG. aus. In der Gunst der Kunden stand der Dieseltyp 240 D mit 454 679 Wagen ganz vorn, gefolgt vom 230 E (441 683) und dem betont wirtschaftlichen 200 D (378 138). Das Coupé brachte es auf 99 884 Einheiten, der Kombi (T-Modell) auf 199 517. Jedenfalls konnte Daimler-Benz mit diesen Autos die Führung in der gehobenen Mittelklasse weiter festigen. Die verdiente Spitzenposition unter allen vergleichbaren Konkurrenten erbrachte Herstellungszahlen, die es bis dahin nur für massenproduzierte Jedermanns-Automobile gegeben hat.

Produktion	**1975**	**1976**	**1977**	**1978**	**1979**	**1980**	**1981**	**1982**	**1983**	**1984**	**1985**
200	5	26 374	39 112	35 884	34 190	23 207			44 419	29 652	10 151
200 (M 102)					37	17 606	54 780	60 670			
230	9	32 060	49 426	42 270	47 739	23 549	1 132		50 931	38 298	8 717
230 E (M 102)					31	24 997	62 125	60 777	3 246	2 232	1 311
250	5	14 915	25 183	23 306	21 798	17 447	8 029	5 392			
280	957	12 821	7 530	4 103	3 139	3 477	1 179		8 545	5 946	1 518
280 E	607	17 638	17 651	14 904	18 383	17 703	12 723	10 757			
200 D	5	36 894	56 378	49 359	52 834	56 435	51 152	44 633	20 444	9 308	696
220 D	4	16 733	19 323	19 230	1 446						
240 D	7	21 247	40 382	42 816	62 678	69 908	73 162	74 627	44 718	23 338	1 897
300 D	9	28 996	48 605	49 908	52 296	50 197	38 858	30 720	18 773	10 920	2 717
300 DT							4 505	20 178	20 005	19 673	10 900
230 C		1	3 484	7 049	6 538	1 603					
230 CE (M 102)						4 818	7 192	6 734	6 038	4 052	1 024
280 C		2	1 577	1 243	757	125					
280 CE		2	6 413	6 958	5 091	4 013	2 774	2 509	2 237	1 476	665
300 CD			1 078	2 485	1 834	1 770	335				
300 CDT							777	1 985	2 031	1 923	1 291
230 T				1 793	3 829	1 262					
230 TE (M 102)					2	3 750	5 655	7 158	9 731	9 617	6 340
250 T			1	1 381	2 946	2 761	402	213			
280 TE			3	1 260	4 059	3 614	1 956	2 545	2 716	2 293	1 329
200 T (M 102)						648	3 142	3 809	4 742	4 092	2 422
240 TD				3 003	6 387	5 820	5 078	5 881	5 134	4 491	3 103
300 TD			1	3 144	11 180	7 523	3 308	3 712	3 419	2 823	2 030
300 TDT					2	1 852	6 710	6 302	4 898	4 739	3 713

Preise		200	230	280 E	200 D	240 D	240 D lang
Januar 1976	DM	18 400,–	19 200,–	26 900,–	18 900,–	19 600,–	
März 1977	DM	19 000,–	20 000,–	28 100,–	19 500,–	21 100,–	
September 1977	DM	19 000,–	20 000,–	28 100,–	19 500,–	21 100,–	33 100,–
April 1978	DM	19 900,–	20 900,–	29 400,–	20 500,–	22 000,–	34 900,–
Dezember 1978	DM	20 300,–	21 300,–	30 000,–	20 900,–	22 800,–	36 000,–
Juli 1979	DM	21 000,–	22 200,–	31 100,–	22 200,–	23 700,–	37 200,–
März 1980	DM	21 900,–	23 100,–	32 300,–	23 000,–	24 600,–	38 600,–
			230 E				
September 1980	DM	22 600,–	25 200,–	32 300,–	23 000,–	24 600,–	38 600,–
September 1981	DM	24 300,–	26 700,–	34 200,–	24 300,–	26 000,–	40 700,–
Januar 1982	DM	24 400,–	27 500,–	35 200,–	25 000,–	26 700,–	41 800,–
Juli 1982	DM	25 000,–	28 100,–	36 400,–	25 600,–	27 300,–	43 000,–
September 1982	DM	25 800,–	29 000,–	36 400,–	26 400,–	28 100,–	43 000,–
September 1983	DM	26 900,–	30 200,–	37 900,–	27 400,–	29 300,–	44 700,–
Januar 1984	DM	27 500,–	30 900,–	38 800,–	28 100,–	29 900,–	45 700,–

		230 C	280 CE	230 T	280 TE	240 TD	300 TD
März 1977	DM	25 100,–	31 800,–				
September 1977	DM	25 100,–	31 800,–	24 000,–	32 100,–	25 100,–	27 300,–
April 1978	DM	26 300,–	33 300,–	25 300,–	33 800,–	26 400,–	28 800,–
Dezember 1978	DM	26 800,–	34 000,–	25 700,–	34 400,–	27 200,–	29 300,–
Juli 1979	DM	27 200,–	34 500,–	26 100,–	34 900,–	27 700,–	29 700,–
März 1980	DM	28 800,–	36 600,–	26 700,–	35 800,–	28 200,–	30 800,–
		230 CE		**230 TE**			**300 TD Turbodiesel**
September 1980	DM	31 400,–	37 300,–	29 300,–	36 400,–	28 700,–	37 200,–
September 1981	DM	32 700,–	38 700,–	30 400,–	37 800,–	29 600,–	38 400,–
Januar 1982	DM	33 500,–	39 800,–	31 300,–	38 900,–	30 500,–	39 500,–
Juli 1982	DM	34 500,–	41 000,–	32 100,–	40 300,–	31 300,–	41 000,–
September 1982	DM	34 500,–	41 000,–	32 900,–	40 300,–	32 100,–	41 000,–
September 1983	DM	36 000,–	42 600,–	34 300,–	42 000,–	33 400,–	42 600,–
Januar 1984	DM	36 800,–	43 600,–	35 100,–	42 900,–	34 100,–	43 500,–

	Sonderausstattungen
1977	Automatic + DM 1 700,–, Elektr. Schiebedach + DM 1 100,–, Servolenkung + DM 700,–, Radio + ca. DM 800,–
1983	Automatic + DM 2 200,–, Elektr. Schiebedach + DM 1 400,–, ABS + DM 2 800,–, Radio + ca. DM 1 000,–

↑ ↑

Mercedes-Benz
Baureihe 123
Limousine 4 Türen
1975 – 1982

→

Mercedes-Benz
Baureihe 123
Limousine 4 Türen
1982 – 1985

	Mercedes-Benz Typ 200 (W 123 V 20) 1976 – 1980	Mercedes-Benz Typ 200 (W 123 V 20) 1979 – 1985	Mercedes-Benz Typ 200 T (S 123 V 20) 1980 – 1985
Motor	Daimler-Benz M 115	Daimler-Benz M 102	
	Vergasermotor	Vergasermotor	
Zylinderzahl	4 (Reihe)	4 (Reihe)	
Bohrung × Hub	87 × 83,6 mm	89 × 80,25 mm	
Hubraum	1988 (Steuer 1971) ccm	1997 (Steuer 1977) ccm	
Leistung	94 PS (69 kW) bei 4800 U/min	109 PS (80 kW) bei 5200 U/min	
Drehmoment	16,1 mkg bei 3000 U/min	17,3 mkg bei 3000 U/min	
Verdichtung	1:9,0 ± 0,2 bzw. wahlweise auch 1:8,0	1:9,0	
Gemischbildung	1 Flachstromvergaser Stromberg 175 CDT (44 ∅)	1 Flachstromvergaser Stromberg 175 CDT (44 ∅)	
Ventile	Hängend	V-förmig hängend	
	1 obenliegende Nockenwelle	1 obenliegende Nockenwelle	
	Antrieb durch Duplex-Kette	Antrieb durch Einfachkette	
Kurbelwellenlager	5	5	
Kühlung	Pumpe, 10,5 Liter Wasser	Pumpe, 8,5 Liter Wasser	
Schmierung	Druckumlauf, 5 Liter Öl	Druckumlauf, 5 Liter Öl	
Batterie	12 V 44 Ah (im Motorraum)	12 V 55 Ah (im Motorraum)	
Lichtmaschine	Drehstrom 35 A = 490 W	Drehstrom 55 A = 770 W	
Kraftübertragung	Antrieb auf Hinterräder	Antrieb auf Hinterräder	
	Gelenkwelle dreiteilig	Gelenkwelle dreiteilig	
Kupplung	Einscheibentrockenkupplung	Einscheibentrockenkupplung	
Schaltung	Stockschaltung Wagenmitte oder Lenkradschaltung	Stockschaltung Wagenmitte	
Getriebe	4 Gang	4 Gang (auf Wunsch ab Febr. 1982) 5 Gang	
Synchronisierung	I – IV	I – IV / I – V	
Übersetzungen	I. 3,90	I. 3,91 / I. 3,82	
	II. 2,30	II. 2,32 / II. 2,20	
	III. 1,41	III. 1,42 / III. 1,40	
	IV. 1,00	IV. 1,00 / IV. 1,00	
		V. 0,81	
	Auf Wunsch: Automatic. Wählhebel am Lenkrad oder Wagenmitte		
	Hydraulischer Wandler + 4 Gang-Planetengetriebe		
	I. 3,98, II. 2,39. III. 1,46, IV. 1,00, Wandler 2,2fach		
Antriebs-Übersetzung	3,92	3,69	
Fahrwerk	Selbsttragende Ganzstahlkarosserie		
Vorderradaufhängung	Doppel-Querlenker, Schraubenfedern		
	Drehstab-Stabilisator, 200 T: Gasdruck-Stoßdämpfer		
Hinterradaufhängung	Diagonal-Pendelachse, Schräglenker, Schraubenfedern		
	Drehstab-Stabilisator, 200 T: Gasdruck-Stoßdämpfer		
	Auf Wunsch bzw. Serie bei 200 T: Hydropneumatische Niveau-Regulierung		
Lenkung	Kugelumlauf (22,4:1), 4,3 Lenkraddrehungen oder (als Sonderausstattung bzw. ab September 1982 Serie) Kugelumlauf (14,2:1), Servohilfe, 2,7 Lenkraddrehungen		
Fußbremse	Zweikreis-Hydraulik, Servohilfe		
	Scheiben-∅ vorn 278 mm, hinten 279 mm		
	Sonderausstattung ab August 1980: ABS		
Allgemeine Daten	**Limousine**	**Limousine**	**Kombi**
Radstand	2795 mm	2795 mm	2795 mm
Spur vorn/hinten	1488/1446 mm	1488/1446 mm	1488/1476 mm
Gesamtmaße	4725 × 1786 × 1438 mm	4725 × 1786 × 1438 mm	4725 × 1786 × 1425 bzw. (mit Dachreeling) 1470 mm
Felgen	5½ J × 14	5½ J × 14	6 J × 14
Reifen	175 SR 14	175 SR 14	195/70 SR 14
Wendekreis links/rechts	11,25 Meter	11,25 Meter	11,25 Meter
Wagengewicht	1390 kg	1390 kg	1500 kg
	Automatic + 40 kg	Automatic + 40 kg	Automatic + 40 kg
Zuläss. Gesamtgewicht	1860 kg	1860 kg	2075 kg
Höchstgeschwindigkeit	160 km/h	170 km/h	170 km/h
Beschleunigung 0–100 km/h	15, Automatic 16 sec	14, Automatic 15 sec	14, Automatic 15 sec
Verbrauch/100 km	13,5 Liter Super	12,5 Liter Super	13,5 Liter Super
Kraftstofftank	65 Liter (über Hinterachse)	65 Liter (über Hinterachse)	70 Liter (über Hinterachse)

	Mercedes-Benz Typ 230 (W 123 V 23) 1976 – 1981	Mercedes-Benz Typ 230 C (C 123 V 23) 1977 – 1980	Mercedes-Benz Typ 230 T (S 123 V 23) 1978 – 1980

Motor	Daimler-Benz M 115
	Vergasermotor
Zylinderzahl	4 (Reihe)
Bohrung × Hub	93,75 × 83,6 mm
Hubraum	2307 (Steuer 2277) ccm
Leistung	109 PS (80 kW) bei 4800 U/min
Drehmoment	18,9 mkg bei 3000 U/min
Verdichtung	1:9,0 ± 0,2
Gemischbildung	1 Flachstromvergaser Stromberg 175 CDT (44 ∅)
Ventile	Hängend, 1 obenliegende Nockenwelle, Antrieb durch Duplex-Kette
Kurbelwellenlager	5
Kühlung	Pumpe, 10 Liter Wasser
Schmierung	Druckumlauf, 5 Liter Öl
Batterie	12 V 55 Ah (im Motorraum)
Lichtmaschine	Drehstrom 35 A = 490 W
Kraftübertragung	Antrieb auf Hinterräder, Gelenkwelle dreiteilig
Kupplung	Einscheibentrockenkupplung
Schaltung	Stockschaltung Wagenmitte
Getriebe	4 Gang
Synchronisierung	I – IV
Übersetzungen	I. 3,90, II. 2,30, III. 1,41, IV. 1,00
	Auf Wunsch: Automatic. Wählhebel am Lenkrad oder Wagenmitte Hydraulischer Wandler + 4 Gang-Planetengetriebe I. 3,98, II. 2,39, III. 1,46, IV. 1,00, Wandler 2,2fach
Antriebs-Übersetzung	3,69
Fahrwerk	Selbsttragende Ganzstahlkarosserie
Vorderradaufhängung	Doppel-Querlenker, Schraubenfedern Drehstab-Stabilisator, 230 T: Gasdruck-Stoßdämpfer
Hinterradaufhängung	Diagonal-Pendelachse, Schräglenker, Schraubenfedern Drehstab-Stabilisator, 230 T: Gasdruck-Stoßdämpfer Auf Wunsch bzw. Serie bei 230 T: Hydropneumatische Niveau-Regulierung
Lenkung	Kugelumlauf (22,4:1), 4,3 Lenkraddrehungen oder (als Sonderausstattung bzw. beim 230 C Serie) Kugelumlauf (14,2:1), Servohilfe, 2,7 Lenkraddrehungen
Fußbremse	Zweikreis-Hydraulik, Servohilfe Scheiben-∅ vorn 278 mm, hinten 279 mm Sonderausstattung ab August 1980: ABS

Allgemeine Daten	**Limousine**	**Coupé**	**Kombi**
Radstand	2795 mm	2710 mm	2795 mm
Spur vorn/hinten	1488/1446 mm	1488/1446 mm	1488/1446 mm
Gesamtmaße	4725 × 1786 × 1438	4640 × 1786 × 1395 mm	4725 × 1786 × 1425 bzw. (mit Dachreeling) 1470 mm
Felgen	5½ J × 14	6 J × 14	6 J × 14
Reifen	175 SR 14	195/70 SR oder HR 14	195/70 SR 14
Wendekreis	11,25 Meter	11 Meter	11,25 Meter
Wagengewicht	1400 kg Automatic + 40 kg	1400 kg Automatic + 40 kg	1500 kg Automatic + 40 kg
Zuläss. Gesamtgewicht	1870 kg	1895 kg	2010 kg
Höchstgeschwindigkeit	170 km/h	170 km/h	170 km/h
Beschleunigung 0–100 km/h	14 sec	14 sec	14 sec
Verbrauch/100 km	13 Liter Super	13 Liter Super	13,5 Liter Super
Kraftstofftank	65 Liter (über Hinterachse)	65 Liter (über Hinterachse)	70 Liter (über Hinterachse)
Bemerkungen	Fahrgestell für Kranken-wagen u. a. Sonderaufbauten lieberbar		Für erhöhte Zuladung: Reifen 175 HR 15 Spur 1477/1435 mm Wagengewicht + 15 kg Gesamtgewicht 2165 kg

Mercedes-Benz Typ 230 E (W 123 E 23) 1979 – 1985	Mercedes-Benz Typ 230 CE (C 123 E 23) 1980 – 1985	Mercedes-Benz Typ 230 TE (S 123 E 23) 1980 – 1985

Daimler-Benz M 102
Einspritzmotor
4 (Reihe)
95,5 × 80,25 mm
2299 (Steuer 2276) ccm
136 PS (100 kW) bei 5100 U/min
20,5 mkg bei 3500 U/min
1:9,0
Mechanische Kraftstoffeinspritzung Bosch K-Jetronic, Transistorzündung
V-förmig hängend, 1 obenliegende Nockenwelle, Antrieb durch Einfachkette
5
Pumpe, 8,5 Liter Wasser
Druckumlauf, 5 Liter Öl
12 V 55 Ah (im Motorraum)
Drehstrom 55 A = 770 W

Antrieb auf Hinterräder, Gelenkwelle dreiteilig
Einscheibentrockenkupplung
Stockschaltung Wagenmitte
4 Gang oder (auf Wunsch ab Februar 1982) 5 Gang
I – IV bzw. I – V
4 Gang: I. 3,91, II. 2,32, III. 1,42, IV. 1,00
5 Gang: I. 3,82, II. 2,20, III. 1,40, IV. 1,00, V. 0,81
Auf Wunsch: Automatic. Wählhebel am Lenkrad oder Wagenmitte
Hydraulischer Wandler + 4 Gang-Planetengetriebe
I. 3,98, II. 2,39, III. 1,46, IV. 1,00, Wandler 2,2fach
3,58

Selbsttragende Ganzstahlkarosserie
Doppel-Querlenker, Schraubenfedern
Drehstab-Stabilisator, 230 TE: Gasdruck-Stoßdämpfer
Diagonal-Pendelachse, Schräglenker, Schraubenfedern
Drehstab-Stabilisator, 230 TE: Gasdruck-Stoßdämpfer
Auf Wunsch bzw. Serie bei 230 TE: Hydropneumatische Niveau-Regulierung
Kugelumlauf (22,4:1), 4,3 Lenkraddrehungen oder (als Sonderausstattung bzw. beim 230 CE und ab Sept. 1982 auch bei 230 E und 230 TE Serie) Servohilfe (14,2:1), 2,7 Lenkraddrehungen
Zweikreis-Hydraulik, Servohilfe
Scheiben-∅ vorn 278 mm, hinten 279 mm
Sonderausstattung ab August 1980: ABS

Limousine	**Coupé**	**Kombi**
2795 mm	2710 mm	2795 mm
1488/1446 mm	1488/1446 mm	1488/1446 mm
4725 × 1786 × 1438	4640 × 1786 × 1395 mm	4725 × 1786 × 1425 bzw. (mit Dachreeling) 1470 mm
5½ J × 14	6 J × 14	6 J × 14
175 HR 14	195/70 SR oder HR 14	195/70 SR oder HR 14
11,25 Meter	11 Meter	11,25 Meter
1410 kg	1410 kg	1510 kg
Automatic + 40 kg	Automatic + 40 kg	Automatic + 40 kg
1880 kg	1895 kg	2100 kg
180 km/h	180 km/h	180 km/h
12 sec	12 sec	12,5 sec
13 Liter Super	13 Liter Super	13 Liter Super
65 Liter	65 Liter	70 Liter
(über Hinterachse)	(über Hinterachse)	(über Hinterachse)
Fahrgestell für Krankenwagen u. a. Sonderaufbauten lieberbar		Für erhöhte Zuladung: Reifen 175 HR 15 Spur 1477/1435 mm Wagengewicht + 15 kg Gesamtgewicht 2165 kg

↑ ↑ Mercedes-Benz
Typ 230 C (1977 – 1980)
Typ 230 CE (1980 – 1985)
Typ 280 C (1977 – 1980)
Typ 280 CE (1977 – 1985)

Mercedes-Benz Typ 280 E
Pick-up 1984
← Einzelanfertigung (Umbau)
einer norddeutschen
← Tuning-Firma

<table>
<tr><th></th><th>Mercedes-Benz Typ 250
(W 123 V 25)
1976 – 1985</th><th>Mercedes-Benz Typ 250 T
(S 123 V 25)
1978 – 1985</th><th>Mercedes-Benz Typ 250 lang
(W 123 V 25)
1977 – 1985</th></tr>
<tr><td>Motor</td><td colspan="3">Daimler-Benz M 123 Vergasermotor</td></tr>
<tr><td>Zylinderzahl</td><td colspan="3">6 (Reihe)</td></tr>
<tr><td>Bohrung × Hub</td><td colspan="3">86,0 × 72,45 mm</td></tr>
<tr><td>Hubraum</td><td colspan="3">2525 (Steuer 2492) ccm</td></tr>
<tr><td>Leistung</td><td colspan="3">129 PS (95 kW) bei 5500 U/min bzw. (ab September 1979) 140 PS (103 kW) bei 5500 U/min</td></tr>
<tr><td>Drehmoment</td><td colspan="3">19,6 mkg bzw. (ab September 1979) 20,0 mkg bei 3500 U/min</td></tr>
<tr><td>Verdichtung</td><td colspan="3">8,7:1 bzw. (ab September 1979) 9,0:1</td></tr>
<tr><td>Gemischbildung</td><td colspan="3">1 Doppel-Register-Fallstromvergaser Solex 4 A 1 mit Startautomatik
Kammerweite 32/44 bzw. (ab September 1979) 32/54</td></tr>
<tr><td>Zündung</td><td colspan="3">Batteriezündung</td></tr>
<tr><td>Ventile</td><td colspan="3">Hängend, 1 obenliegende Nockenwelle, Antrieb durch Einfach-Rollenkette</td></tr>
<tr><td>Kurbelwellenlager</td><td colspan="3">4</td></tr>
<tr><td>Kühlung</td><td colspan="3">Pumpe, 10 Liter Wasser</td></tr>
<tr><td>Schmierung</td><td colspan="3">Druckumlauf, 6 Liter Öl</td></tr>
<tr><td>Batterie</td><td colspan="3">12 V 55 Ah (im Motorraum)</td></tr>
<tr><td>Lichtmaschine</td><td colspan="3">Drehstrom 55 A = 770 W</td></tr>
<tr><td>Kraftübertragung</td><td colspan="3">Antrieb auf Hinterräder, Gelenkwelle zweiteilig</td></tr>
<tr><td>Kupplung</td><td colspan="3">Einscheibentrockenkupplung</td></tr>
<tr><td>Schaltung</td><td colspan="3">Stockschaltung Wagenmitte</td></tr>
<tr><td>Getriebe</td><td colspan="3">4 Gang oder (auf Wunsch ab Februar 1982) 5 Gang</td></tr>
<tr><td>Synchronisierung</td><td colspan="3">I – IV bzw. I – V</td></tr>
<tr><td>Übersetzungen</td><td colspan="3">4 Gang: I. 3,90, II. 2,30, III. 1,41, IV. 1,00
5 Gang: I. 3,82, II. 2,20, III. 1,40, IV. 1,00, V. 0,81
Auf Wunsch: Automatic. Wählhebel am Lenkrad oder Wagenmitte
Hydraulischer Wandler + 4 Gang-Planetengetriebe
I. 3,98, II. 2,39, III. 1,48, IV. 1,00, Wandler 2,2fach</td></tr>
<tr><td>Antriebs-Übersetzung</td><td colspan="3">3,69</td></tr>
<tr><td>Fahrwerk</td><td colspan="3">Selbsttragende Ganzstahlkarosserie</td></tr>
<tr><td>Vorderradaufhängung</td><td colspan="3">Doppel-Querlenker, Schraubenfedern
Drehstab-Stabilisator, 250 T: Gasdruck-Stoßdämpfer</td></tr>
<tr><td>Hinterradaufhängung</td><td colspan="3">Diagonal-Pendelachse, Schräglenker, Schraubenfedern
Drehstab-Stabilisator, 250 T: Gasdruck-Stoßdämpfer
Auf Wunsch bzw. Serie bei 250 T und 250 lang: Hydropneumatische Niveau-Regulierung</td></tr>
<tr><td>Lenkung</td><td colspan="3">Kugelumlauf (22,4:1), 4,3 Lenkraddrehungen oder (als Sonderausstattung bzw. ab August 1978 Serie) Kugelumlauf (14,2:1), Servohilfe, 2,7 Lendraddrehungen</td></tr>
<tr><td>Fußbremse</td><td colspan="3">Zweikreis-Hydraulik, Servohilfe
Scheiben-∅ vorn 278 mm, hinten 279 mm
Sonderausstattung ab August 1980: ABS</td></tr>
<tr><td>Allgemeine Daten</td><td>Limousine</td><td>Kombi</td><td>Limousine 7/8 Sitze</td></tr>
<tr><td>Radstand</td><td>2795 mm</td><td>2795 mm</td><td>3425 mm</td></tr>
<tr><td>Spur vorn/hinten</td><td>1488/1446 mm</td><td>1488/1446 mm</td><td>1477/1430 mm</td></tr>
<tr><td>Gesamtmaße</td><td>4725 × 1786 × 1438 mm</td><td>4725 × 1786 × 1425 bzw. (mit Dachreeling) 1470 mm</td><td>5355 × 1786 × 1480 mm</td></tr>
<tr><td>Felgen</td><td>5½ J × 14</td><td>6 J × 14</td><td>5½ J × 15</td></tr>
<tr><td>Reifen</td><td>175 SR oder HR 14</td><td>195/70 HR 14</td><td>185 R 15</td></tr>
<tr><td>Wendekreis links/rechts</td><td>11,25 Meter</td><td>11,25 Meter</td><td>13,4 Meter</td></tr>
<tr><td>Wagengewicht</td><td>1410 kg
Automatic + 40 kg</td><td>1510 kg
Automatic + 40 kg</td><td>1620 kg
Automatic + 40 kg</td></tr>
<tr><td>Zuläss. Gesamtgewicht</td><td>1880 kg</td><td>2020 kg</td><td>2235 kg</td></tr>
<tr><td>Höchstgeschwindigkeit</td><td>180 km/h</td><td>180 km/h</td><td>145 km/h</td></tr>
<tr><td>Beschleunigung 0–100 km/h</td><td>12 sec</td><td>12 sec</td><td></td></tr>
<tr><td>Verbrauch/100 km</td><td>14,5 Liter Super</td><td>15 Liter Super</td><td>16 Liter Super</td></tr>
<tr><td>Kraftstofftank</td><td>65 bzw. (ab 1981) 80 Liter
(über Hinterachse)</td><td>70 Liter
(hinter Hinterachse)</td><td>65 Liter
(über Hinterachse)</td></tr>
<tr><td>Bemerkungen</td><td></td><td>Für erhöhte Zuladung:
Reifen 175 HR 15
Spur 1477/1435 mm
Wagengewicht + 15 kg
Gesamtgewicht 2175 kg</td><td>Fahrgestell für Kranken-
wagen u. a. Sonderaufbauten
lieferbar</td></tr>
</table>

Der Mercedes-Benz Typ 200 wurde ab Herbst 1982 auch für Gasbetrieb lieferbar. Mehrpreis 3000 DM. Der Wagen kann wahlweise mit Flüssiggas oder Superkraftstoff betrieben werden und verfügt somit über einen wesentlich weiteren Aktionsradius. Äußerlich erkennt man den Flüssiggas-Mercedes an der zweiten Tankklappe im hinteren rechten Kotflügel. Der speziell geformte Druckbehälter beansprucht allerdings rund ein Drittel des Kofferraums. Zusätzliche Einrichtungen am Motor sind ein zweistufiger Verdampfer mit Wärmetauscher, ein Mischgerät am Vergaser sowie ein Ventil für Gas und Super. Der Vorratsbehälter faßt 27 Liter Flüssiggas.

Mercedes-Benz Typ 280 (W 123 V 28) 1975 – 1981	**Mercedes-Benz Typ 280 C (C 123 V 28) 1977 – 1980**

Daimler-Benz M 110
Vergasermotor
6 (Reihe)
86,0 × 78,8 mm
2746 (Steuer 2717) ccm
156 PS (115 kW) bei 5500 U/min
22,7 mkg bei 4000 U/min
8,7:1
1 Doppel-Register-Fallstromvergaser Solex 4 A 1
Batteriezündung
V-förmig hängend, 2 obenliegende Nockenwellen, Duplex-Kette
7
Pumpe, 10 Liter Wasser
Druckumlauf, 6 Liter Öl
12 V 55 Ah (im Motorraum)
Drehstrom 55 A = 770 W

Antrieb auf Hinterräder, Gelenkwelle zweiteilig
Einscheibentrockenkupplung
Stockschaltung Wagenmitte
4 Gang
I – IV
I. 3,90, II. 2,30, III. 1,41, IV. 1,00

Auf Wunsch: Automatic. Wählhebel Lenkrad od. Wagenmitte
Hydraulischer Wandler + 4 Gang-Planetengetriebe
I. 3,98, II. 2,39, III. 1,46, IV. 1,00, Wandler 2,2fach
3,54

Selbsttragende Ganzstahlkarosserie
Doppel-Querlenker, Schraubenfedern
Drehstab-Stabilisator
Diagonal-Pendelachse, Schräglenker, Schraubenfedern
Drehstab-Stabilisator. Auf Wunsch:
Hydropneumatische Niveau-Regulierung
Kugelumlauf (14,2:1), Servohilfe, 2,7 Lenkraddrehungen
Zweikreis-Hydraulik, Servohilfe
Scheiben-∅ vorn 278 mm, hinten 279 mm
Sonderausstattung ab August 1980: ABS

Limousine	**Coupé**
2795 mm	2710 mm
1488/1446 mm	1488/1446 mm
4725 × 1786 × 1438 mm	4640 × 1786 × 1395 mm
6 J × 14	6 J × 14
195/70 HR 14	195/70 HR 14
11,3 Meter	11 Meter
1505 kg	1505 kg
Automatic + 40 kg	Automatic + 40 kg
1975 kg	1965 kg
190 km/h	190 km/h
10,5, Automatic 11,5 sec	10,5, Automatic 11,5 sec
15,5 Liter Super	15,5 Liter Super
80 Liter	80 Liter
(über Hinterachse)	(über Hinterachse)

	Mercedes-Benz Typ 280 E (W 123 E 28) 1975 – 1985	Mercedes-Benz Typ 280 CE (C 123 E 28) 1977 – 1985	Mercedes-Benz Typ 280 TE (S 123 E 28) 1978 – 1985

Motor	Daimler-Benz M 110 Einspritzmotor
Zylinderzahl	6 (Reihe)
Bohrung × Hub	86,0 × 78, 8 mm
Hubraum	2746 (Steuer 2717) ccm
Leistung	177 PS (130 kW) bei 6000 U/min bzw. (ab Anfang 1978) 185 PS (136 kW) bei 5800 U/min
Drehmoment	23,4 mkg bzw. (ab Anfang 1978) 24 mkg bei 4500 U/min
Verdichtung	8,7 bzw. (ab Anfang 1978) 9,0
Gemischbildung	Mechanische Einspritzung Bosch K-Jetronic
Zündung	Transistorzündung
Ventile	V-förmig hängend, 2 obenliegende Nockenwellen, Antrieb durch Duplex-Kette
Kurbelwellenlager	7
Kühlung	Pumpe, 10 Liter Wasser
Schmierung	Druckumlauf, 6 Liter Öl
Batterie	12 V 55 Ah (im Motorraum)
Lichtmaschine	Drehstrom 55 A = 770 W
Kraftübertragung	Antrieb auf Hinterräder, Gelenkwelle zweiteilig
Kupplung	Einscheibentrockenkupplung
Schaltung	Stockschaltung Wagenmitte
Getriebe	4 Gang (oder auf Wunsch ab Februar 1982) 5 Gang
Synchronisierung	I – IV bzw. I – V
Übersetzungen	4 Gang: I. 3,90, II. 2,30, III. 1,41, IV. 1,00 5 Gang: I. 3,82, II. 2,20, III. 1,40, IV. 1,00, V. 0,81 Auf Wunsch: Automatic. Wählhebel am Lenkrad oder Wagenmitte Hydraulischer Wandler + 4 Gang-Planetengetriebe I. 3,98, II. 2,39, III. 1,46, IV. 1,00, Wandler 2,2fach
Antriebs-Übersetzung	3,54
Fahrwerk	Selbsttragende Ganzstahlkarosserie
Vorderradaufhängung	Doppel-Querlenker, Schraubenfedern Drehstab-Stabilisator, 280 TE: Gasdruck-Stoßdämpfer
Hinterradaufhängung	Diagonal-Pendelachse, Schräglenker, Schraubenfedern Drehstab-Stabilisator, 280 TE: Gasdruck-Stoßdämpfer Auf Wunsch bzw. Serie bei 280 TE: Hydropneumatische Niveau-Regulierung
Lenkung	Kugelumlauf (14,2:1), Servohilfe, 2,7 Lenkraddrehungen
Fußbremse	Zweikreis-Hydraulik, Servohilfe Scheiben-∅ vorn 278, hinten 279 mm Sonderausstattung ab August 1980: ABS

Allgemeine Daten	**Limousine**	**Coupé**	**Kombi**
Radstand	2795 mm	2710 mm	2795 mm
Spur vorn/hinten	1488/1446 mm	1488/1446 mm	1488/1446 mm
Gesamtmaße	4725 × 1786 × 1438 mm	4640 × 1786 × 1395 mm	4725 × 1786 × 1425 bzw. (mit Dachreeling) 1470 mm
Felgen	6 J × 14	6 J × 14	6 J × 14
Reifen	195/70 HR 14	195/70 HR 14	195/70 HR 14
Wendekreis	11,3 Meter	11 Meter	11,3 Meter
Wagengewicht	1510 kg Automatic + 40 kg	1510 kg Automatic + 40 kg	1575 kg Automatic + 40 kg
Zuläss. Gesamtgewicht	1980 kg	1970 kg	2085 kg
Höchstgeschwindigkeit	200 km/h	200 km/h	200 km/h
Beschleunigung 0–100 km/h	10, Automatic 11 sec	10, Automatic 11 sec	10, Automatic 11 sec
Verbrauch/100 km	15,5 Liter Super	15,5 Liter Super	16 Liter Super
Kraftstofftank	80 Liter (über Hinterachse)	80 Liter (über Hinterachse)	70 Liter (hinter Hinterachse)

	Mercedes-Benz Typ 200 D (W 123 D 20) 1976 – 1985	Mercedes-Benz Typ 220 D (W 123 D 22) 1976 – 1979
Motor	Daimler-Benz OM 615 Vorkammer-Dieselmotor	Daimler-Benz OM 615 Vorkammer-Dieselmotor
Zylinderzahl	4 (Reihe)	4 (Reihe)
Bohrung × Hub	87,0 × 83,6 mm	87,0 × 92,4 mm
Hubraum	1988 (Steuer 1971) ccm	2197 (Steuer 2172) ccm
Leistung	55 PS (40 kW) bei 4200 U/min bzw. ab Februar 1979: 60 PS (44 kW) bei 4400 U/min	60 PS (44 kW) bei 4200 U/min
Drehmoment	11,5 mkg bei 2400 U/min	
Verdichtung	21 ± 1,5	21 ± 1,5
Gemischbildung	Bosch 4 Stempel-Einspritzpumpe	Bosch 4 Stempel-Einspritzpumpe
Ventile	Hängend, 1 obenliegede Nockenwelle, Antrieb durch Duplex-Kette	
Kurbelwellenlager	5	
Kühlung	Pumpe, 10 Liter Wasser	
Schmierung	Druckumlauf, 5 Liter Öl	
Batterie	12 V 66 Ah (im Motorraum)	12 V 88 Ah (im Motorraum)
Lichtmaschine	Drehstrom 35 A = 490 W	Drehstrom 35 A = 490 W
Kraftübertragung	Antrieb auf Hinterräder, Gelenkwelle zweiteilig	
Kupplung	Einscheibentrockenkupplung	
Schaltung	Stockschaltung Wagenmitte	
Getriebe	4 Gang oder (auf Wunsch ab Februar 1982) 5 Gang	4 Gang
Synchronisierung	I – IV bzw. I – V	I – IV
Übersetzungen	I. 3,90, II. 2,30, III. 1,41, IV. 1,00 bzw. 5 Gang: I. 3,82, II. 2,20, III. 1,40, IV. 1,00, V. 0,81	I. 3,90, II. 2,30, III. 1,41, IV. 1,00
	Auf Wunsch: Automatic. Wählhebel am Lenkrad oder Wagenmitte Hydraulischer Wandler + 4 Gang-Planetengetriebe I. 3,98, II. 2,39, III. 1,46, IV. 1,00, Wandler 2,2fach	
Antriebs-Übersetzung	3,92	
Fahrwerk	Selbsttragende Ganzstahlkarosserie	
Vorderradaufhängung	Doppel-Querlenker, Schraubenfedern Drehstab-Stabilisator	
Hinterradaufhängung	Diagonal-Pendelachse, Schräglenker, Schraubenfedern Drehstab-Stabilisator Auf Wunsch: Hydropneumatische Niveau-Regulierung	
Lenkung	Kugelumlauf (22,4:1), 4,3 Lenkraddrehungen oder (als Sonderausstattung bzw. ab September 1982 Serie) Kugelumlauf (14,2:1), Servohilfe, 2,7 Lenkraddrehungen	
Fußbremse	Zweikreis-Hydraulik, Servohilfe Scheiben-∅ vorn 278 mm, hinten 279 mm Sonderausstattung ab August 1980: ABS	
Allgemeine Daten	**Limousine**	**Limousine**
Radstand	2795 mm	2795 mm
Spur vorn/hinten	1488/1446 mm	1488/1446 mm
Gesamtmaße	4725 × 1786 × 1438 mm	4725 × 1786 × 1438 mm
Felgen	5½ J × 14	5½ J × 14
Reifen	175 SR 14	175 SR 14
Wendekreis	11,25 Meter	11,25 Meter
Wagengewicht	1430 kg Automatic + 40 kg	1430 kg Automatic + 40 kg
Zuläss. Gesamtgewicht	1895 kg	1900 kg
Höchstgeschwindigkeit	130, Automatic 125 km/h	134, Automatic 129 km/h
Beschleunigung 0–100 km/h	31, Automatic 33,5 sec	29, Automatic 30 sec
Verbrauch/100 km	9,5, Automatic 10,5 Liter Diesel	10, Automatic 11 Liter Diesel
Kraftstofftank	65 Liter (über Hinterachse)	65 Liter (über Hinterachse)
Bemerkungen		

Mercedes-Benz Typ 240 D (W 123 D 24) 1976 – 1985	Mercedes-Benz Typ 240 TD (S 123 D 24) 1978 – 1985	Mercedes-Benz Typ 240 D lang (W 123 D 24) 1977 – 1985

Daimler-Benz OM 616
Vorkammer-Dieselmotor
4 (Reihe)
91,0 × 92,4 mm
2404 (Steuer 2376) ccm
65 PS (48 kW) bei 4200 U/min
bzw. ab Februar 1979:
72 PS (53 kW) bei 4400 U/min
14 mkg bei 2400 U/min
21 ± 1,5
Bosch 4 Stempel-Einspritzpumpe
Hängend, 1 obenliegende Nockenwelle, Antrieb durch Duplex-Kette
5
Pumpe, 10 Liter Wasser
Druckumlauf, 5 Liter Öl
12 V 88 Ah (im Motorraum)
Drehstrom 35 A = 490 W

Antrieb auf Hinterräder, Gelenkwelle zweiteilig
Einscheibentrockenkupplung
Stockschaltung Wagenmitte
4 Gang oder
(auf Wunsch ab Februar 1982) 5 Gang
I – IV bzw. I – V
I. 3,90, II. 2,30, III. 1,41, IV. 1,00
bzw. 5 Gang:
I. 3,82, II. 2,20, III. 1,40, IV. 1,00, V. 0,81
Auf Wunsch: Automatic. Wählhebel am Lenkrad oder Wagenmitte
Hydraulischer Wandler + 4 Gang-Planetengetriebe
I. 3,98, II. 2,39, III. 1,46, IV. 1,00, Wandler 2,2fach
3,69

Selbsttragende Ganzstahlkarosserie
Doppel-Querlenker, Schraubenfedern
Drehstab-Stabilisator, 240 TD: Gasdruck-Stoßdämpfer
Diagonal-Pendelachse, Schräglenker, Schraubenfedern
Drehstab-Stabilisator, 240 TD: Gasdruck-Stoßdämpfer
Auf Wunsch bzw. Serie bei 240 TD und 240 D lang: Hydropneumatische Niveau-Regulierung
Kugelumlauf (22,4:1), 4,3 Lenkraddrehungen oder (als Sonderausstattung bzw. ab September 1982 Serie) Kugelumlauf (14,2:1), Servohilfe, 2,7 Lenkraddrehungen
Zweikreis-Hydraulik, Servohilfe
Scheiben-∅ vorn 278 mm, hinten 279 mm
Sonderausstattung ab August 1980: ABS

Limousine	**Kombi**	**Limousine 7/8 Sitze**
2795 mm	2795 mm	3425 mm
1488/1446 mm	1488/1446 mm	1477/1430 mm
4725 × 1786 × 1438 mm	4725 × 1786 × 1425 bzw. (mit Dachreeling) 1470 mm	5355 × 1786 × 1480 mm
5½ J × 14	6 J × 14	5½ J × 15
175 SR 14	195/70 SR 14	185 R 15
11,25 Meter	11,25 Meter	13,4 Meter
1435 kg	1535 kg	1635 kg
Automatic + 40 kg	Automatic + 40 kg	Automatic + 40 kg
1905 kg	2045 kg	2250 kg
138, Automatic 133 km/h	138, Automatic 133 km/h	135, Automatic 130 km/h
25, Automatic 27,5 sec	25, Automatic 27,5 sec	
10,5, Automatic 11,5 l Diesel	11, Automatic 12 l Diesel	11,5, Automatic 12,5 l Diesel
65 Liter	70 Liter	65 Liter
(über Hinterachse)	(hinter Hinterachse)	(über Hinterachse)
Fahrgestell für Krankenwagen u. a. Sonderaufbauten lieferbar (Reifen 185 R 15)	Für erhöhte Zuladung: Reifen 175 HR 15 Spur 1477/1435 mm Wagengewicht + 60 kg Gesamtgewicht 2260 kg	Fahrgestell für Krankenwagen u. a. Sonderaufbauten lieferbar

Mercedes-Benz Typ 300 D (W 123 D 30) 1976 – 1985	Mercedes-Benz Typ 300 CD (C 123 D 30) 1977 – 1981	Mercedes-Benz Typ 300 TD (S 123 D 30) 1978 – 1985	Mercedes-Benz Typ 300 D lang (W 123 D 30) 1977 – 1985

Daimler-Benz OM 617
Vorkammer-Dieselmotor
5 (Reihe)
90,9 × 92,4 mm
3005 (Steuer 2971) ccm
80 PS (59 kW) bei 4000 U/min bzw.
ab September 1979: 88 PS (65 kW) bei 4400 U/min
17,2 mkg bei 2400 U/min
1:21 ± 1,5
Bosch 5 Stempel-Einspritzpumpe
Hängend, 1 obenliegende Nockenwelle, Antrieb durch Duplex-Kette
6
Pumpe, 11 Liter Wasser
Druckumlauf, 5 Liter Öl
12 V 88 Ah (im Motorraum)
Drehstrom 35 A = 490 W

Antrieb auf Hinterräder, Gelenkwelle zweiteilig
Einscheibentrockenkupplung
Stockschaltung Wagenmitte
4 Gang oder (auf Wunsch ab Februar 1982) 5 Gang
I – IV bzw. I – V
4 Gang: I. 3,90, II. 2,30, III. 1,41, IV. 1,00
5 Gang: I. 3,82, II. 2,20, III. 1,40, IV. 1,00, V. 0,81
Auf Wunsch: Automatic. Wählhebel am Lenkrad oder Wagenmitte
Hydraulischer Wandler + 4 Gang-Planetengetriebe
I. 3,98, II. 2,39, III. 1,46, IV. 1,00, Wandler 2,2fach
3,46

Selbsttragende Ganzstahlkarosserie
Doppel-Querlenker, Schraubenfedern
Drehstab-Stabilisator, 300 TD: Gasdruck-Stoßdämpfer
Diagonal-Pendelachse, Schräglenker, Schraubenfedern
Drehstab-Stabilisator, 300 TD: Gasdruck-Stoßdämpfer
Auf Wunsch bzw. Serie bei 300 TD und 300 D lang: Hydropneumatische Niveau-Regulierung
Kugelumlauf (14,2:1), Servohilfe, 2,7 Lenkraddrehungen
Zweikreis-Hydraulik, Servohilfe
Scheiben-∅ vorn 278, hinten 279 mm
Sonderausstattung ab August 1980: ABS

Limousine	**Coupé**	**Kombi**	**Limousine 7/8 Sitze**
2795 mm	2710 mm	2795 mm	3425 mm
1488/1446 mm	1488/1446 mm	1488/1446 mm	1477/1430 mm
4725 × 1786 × 1438 mm	4640 × 1786 × 1395 mm	4725 × 1786 × 1425 bzw. (mit Dachreeling) 1470 mm	5355 × 1786 × 1480 mm
5½ J × 14	6 J × 14	6 J × 14	5½ J × 15
175 SR 14	195/70 HR 14	195/70 SR 14	185 R 15
11,25 Meter	11 Meter	11,3 Meter	13,4 Meter
1495 kg	1495 kg	1595 kg	1680 kg
Automatic + 40 kg	Automatic + 40 kg	Automatic + 40 kg	Automatic + 40 kg
1965 kg	1955 kg	2105 kg	2295 kg
149, Automatic 144 km/h	149, Automatic 144 km/h	149, Automatic 144 km/h	145, Automatic 140 km/h
20, Automatic 21 sec	20, Automatic 21 sec	20, Automatic 21 sec	
12, Automatic 13 l Diesel	12, Automatic 13 l Diesel	12,5, Automatic 13,5 l Diesel	13, Automatic 14 l Diesel
65 Liter	65 Liter	70 Liter	65 Liter
(über Hinterachse)	(über Hinterachse)	(hinter Hinterachse)	(über Hinterachse)
	Nur für USA-Markt!	Für erhöhte Zuladung: Reifen 175 HR 15 Spur 1477/1435 mm Wagengewicht + 15 kg Gesamtgewicht 2260 kg	Fahrgestell für Krankenwagen u. a. Sonderaufbauten lieferbar

Mercedes-Benz Typ 300 D Turbodiesel (W 123 D 30 A) 1981 – 1985	Mercedes-Benz Typ 300 CD Turbodiesel (C 123 D 30 A) 1981 – 1985	Mercedes-Benz Typ 300 TD Turbodiesel (S 123 D 30 A) 1980 – 1985	
Daimler-Benz OM 617			**Motor**
Vorkammer-Dieselmotor mit Abgas-Turbolader			
5 (Reihe)			Zylinderzahl
90,9 × 92,4 mm			Bohrung × Hub
3005 (Steuer 2971) ccm			Hubraum
125 PS (92 kW) bei 4350 U/min			Leistung
25 mkg bei 2400 U/min			Drehmoment
21,5			Verdichtung
Bosch 5 Stempel-Einspritzpumpe, Garrett Abgas-Turbolader			Gemischbildung
Hängend, 1 obenliegende Nockenwelle, Antrieb durch Duplex-Kette			Ventile
6			Kurbelwellenlager
Pumpe, 12 Liter Wasser			Kühlung
Druckumlauf, 8,6 Liter Öl			Schmierung
12 V 88 Ah (im Motorraum)			Batterie
Drehstrom 35 A = 490 W			Lichtmaschine
Antrieb auf Hinterräder, Gelenkwelle zweiteilig			**Kraftübertragung**
			Kupplung
			Schaltung
			Getriebe
			Synchronisierung
			Übersetzungen
Automatic. Wählhebel am Lenkrad oder Wagenmitte			
Hydraulischer Wandler + 4 Gang-Planetengetriebe			
I. 3,98, II. 2,39, III. 1,46, IV. 1,00, Wandler 2,2fach			
3,07			Antriebs-Übersetzung
Selbsttragende Ganzstahlkarosserie			**Fahrwerk**
Doppel-Querlenker, Schraubenfedern			Vorderradaufhängung
Drehstab-Stabilisator, 300 TD: Gasdruck-Stoßdämpfer			
Diagonal-Pendelachse, Schräglenker, Schraubenfedern			Hinterradaufhängung
Drehstab-Stabilisator, 300 TD: Gasdruck-Stoßdämpfer			
Auf Wunsch bzw. Serie bei 300 TD: Hydropneumatische Niveau-Regulierung			
Kugelumlauf (14,2:1), Servohilfe, 2,7 Lenkraddrehungen			Lenkung
Zweikreis-Hydraulik, Servohilfe			Fußbremse
Scheiben-∅ vorn 278, hinten 279 mm			
Sonderausstattung ab August 1980: ABS			
Limousine	**Coupé**	**Kombi**	**Allgemeine Daten**
2795 mm	2710 mm	2795 mm	Radstand
1488/1446 mm	1488/1446 mm	1488/1446 mm	Spur vorn/hinten
4725 × 1786 × 1438 mm	4640 × 1786 × 1395 mm	4725 × 1786 × 1425 bzw. (mit Dachreeling) 1470 mm	Gesamtmaße
6 J × 14	6 J × 14	6 J × 14	Felgen
195/70 HR 14	195/70 HR 14	195/70 SR oder HR 14	Reifen
11,3 Meter	11 Meter	11,3 Meter	Wendekreis
1550 kg	1550 kg	1650 kg	Wagengewicht
1980 kg	1970 kg	2120 kg	Zuläss. Gesamtgewicht
165 km/h	165 km/h	165 km/h	Höchstgeschwindigkeit
15 sec	15 sec	15 sec	Beschleunigung 0–100 km/h
13,5 Liter Diesel	13,5 Liter Diesel	14 Liter Diesel	Verbrauch/100 km
65 Liter (über Hinterachse)	65 Liter (über Hinterachse)	70 Liter (hinter Hinterachse)	Kraftstofftank
Nur für USA-Markt!	**Nur für USA-Markt!**	Für erhöhte Zuladung: Reifen 175 HR 15, Spur 1477/1435 mm, Wagengewicht + 15 kg, Gesamtgewicht 2260 kg	**Bemerkungen**

Mercedes-Benz
Kombi 4 Türen
Typ 200 T (1980 – 1985)
Typ 230 T (1978 – 1980)
Typ 230 TE (1980 – 1985)
Typ 250 T (1978 – 1985)
Typ 280 TE (1978 – 1985)
Typ 240 TD (1978 – 1985)
Typ 300 TD (1978 – 1985)
Typ 300 TDT (1980 – 1985)

←
←
←
←

Mercedes-Benz
Typ 250
Typ 240 D
Typ 300 D
Limousine 4 Türen
(langer Radstand)
1977 – 1985

Mercedes-Benz
Typ 240 D
Typ 300 D
Typ 250
Typ 280 E
Krankenwagen
(langer Radstand)
Aufbau Miesen
1977 – 1985

Mercedes-Benz
Typ 250
Typ 240 D
Typ 300 D
Krankenwagen
(langer Radstand)
Aufbau Binz
1977 – 1985

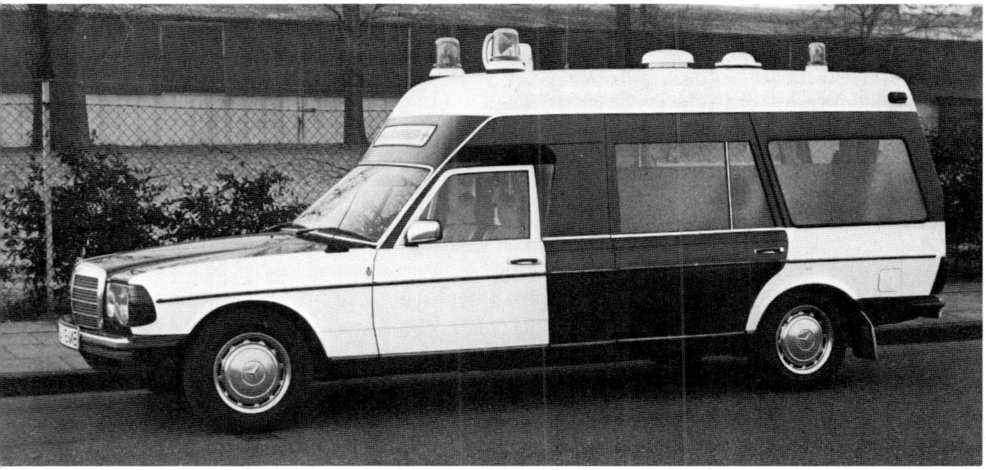

AMBULANCE
Z-60-03

Mercedes-Benz Typ 230 G, 230 GE, 280 GE (ab 1979)
Mercedes-Benz Typ 240 GD, 300 GD (ab 1979)

Gelände-Personenwagen kannte man bis vor wenigen Jahren in unseren Breiten fast nur für militärische Zwecke. Gewisse Ereignisse und Zeiterscheinungen brachten es jedoch mit sich, daß diese rustikalen Vielzweckautos plötzlich auch im zivilen Bereich auffallend an Bedeutung gewannen, obschon hierfür nur in den seltensten Fällen eine sinnvolle Einsatzmöglichkeit besteht. Es wurde zur Mode und gilt als chic, einen „Jeep" zu chauffieren, wobei in der Exklusivität ein zusätzlicher Anreiz besteht. Solche Fahrzeuge sind nämlich, sofern sie nicht aus Japan oder Rußland kommen, unverhältnismäßig teuer beim Kauf und im Betrieb.

Da sich hier offensichtlich eine Marktlücke aufgetan hatte, begann man auch bei Daimler-Benz, sich für dieses möglicherweise lukrative Geschäft zu interessieren. Anfang 1979 brachte die Firma eine Baureihe völlig neuer Geländewagen auf den Markt. Entwickelt und gebaut wurden diese G-Typen aufgrund eines Kooperationsvertrages mit der Steyr-Daimler-Puch AG. in deren Werk Graz (Österreich). Das Kapital hielten beide Partner je zur Hälfte. Zum 1. August 1981 hat Daimler-Benz diese Beteiligung aufgegeben. Seitdem fertigt das Grazer Werk die Mercedes-Benz G-Modelle im Lohnauftrag. In Österreich, in der Schweiz und in den Ostblock-Ländern werden die sonst völlig gleichen Wagen unter der Marke „Puch" angeboten, worauf aber nur etwa 10% der Gesamtproduktion entfallen. Angestrebt war eine jährliche Ausbringung von 10 000 Fahrzeugen, doch die tatsächlichen Ergebnisse blieben weit darunter.

Die G-Modelle stehen mit je zwei Benzin- und Dieselmotoren, zwei Radständen und fünf Aufbauten zur Wahl. Letztere sind einfach und funktionell gestaltet, sehen aber dennoch markant und gefällig aus. Solide Machart und hohe technische Perfektion sorgen sowohl für bestmögliche Gelände- als auch Straßentauglichkeit. Doch trotz der hohen Preise ist die Grundausstattung recht mager. So müssen für viele Notwendigkeiten, ja selbst für den Rücksitz beim offenen Wagen erkleckliche Aufpreise hingenommen werden. Ein ordentlich ausgestatteter Geländewagen mit Stern hat ungefähr den gleichen Preis wie ein Mercedes der S-Klasse!

Preise	230 G Kombi kurz	280 GE Kombi kurz	240 GD Kombi kurz	300 GD Offen	300 GD Kombi kurz	300 GD Kombi lang
März 1979	DM 32 600,–	38 800,–	34 000,–	33 000,–	35 800,–	39 900,–
Mai 1980	DM 34 500,–	42 000,–	36 000,–	36 500,–	39 500,–	43 700,–
März 1981	DM 36 800,–	44 700,–	38 400,–	38 800,–	42 000,–	46 600,–
	230 GE Kombi kurz					
April 1982	DM 44 000,–	49 800,–	42 400,–	42 800,–	46 300,–	51 600,–
August 1983	DM 46 500,–	52 300,–	44 100,–	44 000,–	48 300,–	53 800,–
Januar 1984	DM 47 300,–	53 300,–	45 000,–	44 900,–	49 200,–	54 800,–
Sept. 1984	DM 47 300,–	53 300,–	44 900,–	44 900,–	49 200,–	54 800,–
Januar 1985	DM 48 600,–	54 700,–	46 200,–	45 700,–	50 600,–	56 300,–
Sept. 1985	DM 50 700,–	56 800,–	48 300,–	47 800,–	52 600,–	58 400,–
Januar 1986	DM 52 400,–	58 700,–	49 800,–	49 000,–	54 400,–	60 300,–

Produktion	1979	1980	1981	1982	1983	1984	1985	1986	1987	
230 G	1 044	1 347	1 739	418	384	167				
230 GE				672	1 092	809				
280 GE	401	1 431	1 022	998	921	1 348				
240 GD	999	1 799	1 260	1 340	809	1 330				
300 GD	64	2 090	2 434	3 138	2 456	1 878				
	2 508	**6 667**	**6 455**	**6 566**	**5 662**	**5 532**	**6 303**			
davon										
Zivilausführung	2 508	6 667	5 369	6 233	5 423	4 608				
Militärausführung			1 086	333	239	924				
Offene Wagen	1 379	952	1 559	1 020	616	1 185				
Kastenwagen	2	55	246	258	131	203				
Kombiwagen	1 127	5 660	4 650	5 288	4 915	4 144				
Radstand 2,4	1 385	3 953	3 954	4 041	3 561	2 862				
Radstand 2,8	1 123	2 714	2 501	2 525	2 101	2 670				

Mercedes-Benz
Typ 230 G (1979 – 1982)
Typ 230 GE (ab 1982)
Typ 280 GE (ab 1979)
Typ 240 GD (ab 1979)
Typ 300 GD (ab 1979)
von links nach rechts:
Kastenwagen (lang)
Kombi 4 Türen (lang)
Offener Wagen (kurz)
Kombi 2 Türen (kurz)

	Mercedes-Benz Typ 230 G (460 G 23) ab 1979	
Motor	Daimler-Benz M 115 Vergasermotor	
Zylinderzahl	4 (Reihe)	
Bohrung × Hub	93,75 × 83,6 mm	
Hubraum	2307 (Steuer 2277) ccm	
Leistung	90 PS (66 kW) b. 5000 U/min	100 PS (75 kW) b. 5200 U/m
Drehmoment	16,7 mkg bei 2500 U/min	17,2 mkg bei 3000 U/min
Verdichtung	8,1:1	9,0:1
Gemischbildung	1 Flachstromvergaser Stromberg 175 CD (44 ∅)	
Ventile	Hängend 1 obenliegende Nockenwelle, Antrieb durch Duplex-Kette	
Kurbelwellenlager	5	
Kühlung	Pumpe, 10 Liter Wasser	
Schmierung	Druckumlauf, 5 Liter Öl	
Batterie	12 V 55 Ah (im Motorraum)	
Lichtmaschine	Drehstrom 55 A = 770 W	
Kraftübertragung	Allrad-Antrieb (4 × 4) Antrieb auf Hinterräder Antrieb auf Vorderräder zu- und abschaltbar Auf Wunsch: Differentialsperren für Vorder- und Hinterachse	
Kupplung	Einscheibentrockenkupplung	
Schaltung	Stockschaltung Wagenmitte	
Getriebe	4 Gang + Vorgelege	
Synchronisierung	I – IV	
Übersetzungen	I. 4,628, II. 2,462, III. 1,473, IV. 1,00 Vorgelege: Straße 1,00, Gelände 2,14	
Antriebs-Übersetzung	5,33	
Fahrwerk	Vierkantrohr-Kastenrahmen mit Querträgern	
Vorderradaufhängung	Starrachse, Längslenker, Querlenker (Panhardstab), Schraubenfedern, Zusatzfedern, Teleskop-Stoßdämpfer, Drehstab-Stabilisator	
Hinterradaufhängung	Starrachse, Längslenker, Querlenker (Panhardstab), Schraubenfedern, Zusatzfedern, Teleskop-Stoßdämpfer	
Lenkung	Kugelumlauf- oder (auf Wunsch) Servolenkung	
Fußbremse	Zweikreis-Hydraulik, Servohilfe vorn Scheiben-, hinten Trommelbremsen	
Handbremse	Mechanisch (Seilzug), Hinterräder	
Allgemeine Daten	**Kurze Modelle**	**Lange Modelle**
Radstand	2400 mm	2850 mm
Spur vorn/hinten	1425/1425 mm	1425/1425 mm
Gesamtmaße	3945 × 1700 × 1960 mm	4395 × 1700 × 1950 mm
Felgen	5½ JK × 16	5½ JK × 16
Reifen	6,50 oder 205 R 16	6,50 oder 205 R 16
Wendekreis	11,4 Meter	13 Meter
Wagengewicht	Offener Wagen 1870 kg Kombi 1920 kg	Kombi 2040 kg
Zuläss. Gesamtgewicht	2500 kg	2800 kg
Höchstgeschwindigkeit	131 km/h	131 km/h
Beschleunigung 0–100 km/h	24 sec	24 sec
Verbrauch/100 km	8,1:1: 19,5 Liter Normal 9,0:1: 17,5 Liter Super	8,1:1: 20 Liter Normal 9,0:1: 18 Liter Super
Kraftstofftank	68 Liter (hinter Hinterachse)	68 Liter (hinter Hinterachse)

Mercedes-Benz Typ 230 GE **(460 GE 23)** **ab 1982**	**Mercedes-Benz Typ 280 GE** **(460 GE 28)** **ab 1979**
Daimler-Benz M 102	Daimler-Benz M 110
Einspritzmotor	Einspritzmotor
4 (Reihe)	6 (Reihe)
95,5 × 80,25 mm	86,0 × 78,8 mm
2299 (Steuer 2276) ccm	2746 (Steuer 2717) ccm
125 PS (92 kW) bei 5000 U/min	150 PS (110 kW) bei 5250 U/min bzw. ab 1980: 156 PS (115 kW) bei 5250 U/min
19,2 mkg bei 4000 U/min	22 mkg bei 4280 U/min bzw. ab 1980: 22,6 mkg bei 4250 U/min
9,0:1	8,0:1
Mechanische Benzineinspritzung Bosch K-Jetronic	Mechanische Benzineinspritzung Bosch K-Jetronic
V-förmig hängend	V-förmig hängend
1 obenliegende Nockenwelle, Antrieb durch Einfach-Kette	2 obenliegende Nockenwellen, Antrieb durch Duplex-Kette
5	7
Pumpe, 8,5 Liter Wasser	Pumpe, 10,5 Liter Wasser
Druckumlauf, 5 Liter Öl	Druckumlauf, 6,5 Liter Öl
12 V 66 Ah (im Motorraum)	12 V 66 Ah (im Motorraum)
Drehstrom 55 A = 770 W	Drehstrom 55 A = 770 W
Allrad-Antrieb (4 × 4)	Allrad-Antrieb (4 × 4)
Antrieb auf Hinterräder	Antrieb auf Hinterräder
Antrieb auf Vorderräder zu- und abschaltbar	Antrieb auf Vorderräder zu- und abschaltbar
Auf Wunsch: Differentialsperren für Vorder- und Hinterachse	Auf Wunsch: Differentialsperren für Vorder- und Hinterachse
Einscheibentrockenkupplung	Einscheibentrockenkupplung
Stockschaltung Wagenmitte	Stockschaltung Wagenmitte
4 Gang (ab 1983 auch 5 Gang) + Vorgelege	4 Gang (ab 1983 auch 5 Gang) + Vorgelege
I – IV bzw. I – V	I – IV bzw. I – V
I. 4,628, II. 2,462, III. 1,473, IV. 1,00 bzw. I. 3,822, II. 2,199, III. 1,398, IV. 1,00, V. 0,813	I. 4,043, II. 2,206, III. 1,381, IV. 1,00 bzw. I. 3,822, II. 2,199, III. 1,398, IV. 1,00, V. 0,813
Vorgelege: Straße 1,00, Gelände 2,14	Vorgelege: Straße 1,00, Gelände 2,14
	Auf Wunsch: Automatic + Vorgelege, Wählhebel Wagenmitte Hydraulischer Wandler + 4 Gang-Planetengetriebe I. 4,007, II. 2,392, III. 1,463, IV. 1,00, Wandler 2,2fach
4,90	4,90
Vierkantrohr-Kastenrahmen mit Querträgern	Vierkantrohr-Kastenrahmen mit Querträgern
Starrachse, Längslenker, Querlenker (Panhardstab), Schraubenfedern, Zusatzfedern, Teleskop-Stoßdämpfer, Drehstab-Stabilisator	Starrachse, Längslenker, Querlenker (Panhardstab), Schraubenfedern, Zusatzfedern, Teleskop-Stoßdämpfer, Drehstab-Stabilisator
Starrachse, Längslenker, Querlenker (Panhardstab), Schraubenfedern, Zusatzfedern, Teleskop-Stoßdämpfer	Starrachse, Längslenker, Querlenker (Panhardstab), Schraubenfedern, Zusatzfedern, Teleskop-Stoßdämpfer
Kugelumlauf- oder (Serie ab 1983) Servolenkung	Servolenkung
Zweikreis-Hydraulik, Servohilfe	Zweikreis-Hydraulik, Servohilfe
vorn Scheiben-, hinten Trommelbremsen	vorn Scheiben-, hinten Trommelbremsen
Mechanisch (Seilzug), Hinterräder	Mechanisch (Seilzug), Hinterräder

Kurze Modelle	**Lange Modelle**	**Kurze Modelle**	**Lange Modelle**
2400 mm	2850 mm	2400 mm	2850 mm
1425/1425 mm	1425/1425 mm	1425/1425 mm	1425/1425 mm
3945 × 1700 × 1960 mm	4395 × 1700 × 1950 mm	3945 × 1700 × 1960 mm	4395 × 1700 × 1950 mm
5½ JK × 16	5½ JK × 16	5½ JK × 16	5½ JK × 16
6,50 oder 205 R 16	6,50 oder 205 R 16	6,50 oder 205 R 16	6,50 oder 205 R 16
11,4 Meter	13 Meter	11,4 Meter	13 Meter
Offener Wagen 1880 kg Kombi 1930 kg	Kombi 2050 kg	Offener Wagen 1895 kg Kombi 1945 kg	Kombi 2115 kg
2500 kg	2800 kg	2500 kg	2800 kg
145 km/h	145 km/h	150 km/h	150 km/h
20 sec	20 sec	18 sec	18 sec
16,5 Liter Super	17 Liter Super	22 Liter Normal	22,5 Liter Normal
68 Liter (hinter Hinterachse)	68 Liter (hinter Hinterachse)	81 Liter (hinter Hinterachse)	81 Liter (hinter Hinterachse)

Mercedes-Benz Typ 230 G (1979 – 1982)
Mercedes-Benz Typ 230 GE (1982 – 1985)
Geländewagen, offene Ausführung, mit kurzem Radstand

Mercedes-Benz Typ 230 GE (ab 1985)
Geländewagen, offene Ausführung, mit kurzem Radstand

Mercedes-Benz Typ 230 G (1979 – 1982)
Mercedes-Benz Typ 230 GE (ab 1982)
Geländewagen, Kombi 2 Türen mit kurzem Radstand

Motor

Zylinderzahl
Bohrung × Hub
Hubraum
Leistung

Drehmoment
Verdichtung
Gemischbereitung
Ventile

Kurbelwellenlager
Kühlung
Schmierung
Batterie
Lichtmaschine

Kraftübertragung

Kupplung
Schaltung
Getriebe
Synchronisierung
Übersetzungen

Antriebs-Übersetzung

Fahrwerk
Vorderradaufhängung

Hinterradaufhängung

Lenkung
Fußbremse

Handbremse

Allgemeine Daten
Radstand
Spur vorn/hinten
Gesamtmaße
Felgen
Reifen
Wendekreis
Wagengewicht

Zuläss. Gesamtgewicht
Höchstgeschwindigkeit
Beschleunigung 0–100 km/h
Verbrauch/100 km
Kraftstofftank

Mercedes-Benz Typ 240 GD (460 GD 24) ab 1979	**Mercedes-Benz Typ 300 GD (460 GD 30) ab 1979**
Daimler-Benz OM 616	Daimler-Benz OM 617
Vorkammer-Dieselmotor	Vorkammer-Dieselmotor
4 (Reihe)	5 (Reihe)
90,9 × 92,4 mm	90,9 × 92,4 mm
2404 (Steuer 2376) ccm	3005 (Steuer 2971) ccm
72 PS (53 kW) bei 4400 U/min	80 PS (59 kW) bei 4000 U/min bzw. ab 1980: 88 PS (65 kW) bei 4000 U/min
13,7 mkg bei 2400 U/min	17 bzw. (ab 1980) 17,2 mkg bei 2400 U/min
21:1	21:1
Bosch Vierstempel-Einspritzpumpe	Bosch Fünfstempel-Einspritzpumpe
Hängend	Hängend
1 obenliegende Nockenwelle, Antrieb durch Duplex-Kette	1 obenliegende Nockenwelle, Antrieb durch Duplex-Kette
5	6
Pumpe, 10 Liter Wasser	Pumpe, 12 Liter Wasser
Druckumlauf, 6,5 Liter Öl	Druckumlauf, 8,6 Liter Öl
12 V 88 Ah (im Motorraum)	12 V 88 Ah (im Motorraum)
Drehstrom 55 A = 770 W	Drehstrom 55 A = 770 W
Allrad-Antrieb (4 × 4)	Allrad-Antrieb (4 × 4)
Antrieb auf Hinderräder	Antrieb auf Hinderräder
Antrieb auf Vorderräder zu- und abschaltbar	Antrieb auf Vorderräder zu- und abschaltbar
Auf Wunsch Differentialsperren für Vorder- und Hinterachse	Auf Wunsch Differentialsperren für Vorder- und Hinterachse
Einscheibentrockenkupplung	Einscheibentrockenkupplung
Stockschaltung Wagenmitte	Stockschaltung Wagenmitte
4 Gang + Vorgelege	4 Gang (ab 1983 auch 5 Gang) + Vorgelege
I – IV	I – IV bzw. I – V
I. 4,628, II. 2,462, III. 1,473, IV. 1,00	I. 4,628, II. 2,462, III. 1,473, IV. 1,00 bzw. I. 3,822, II. 2,199, III. 1,398, IV. 1,00, V. 0,813
	Auf Wunsch: Automatic + Vorgelege, Wählhebel Wagenmitte Hydraulischer Wandler + 4 Gang-Planetengetriebe I. 4,007, II. 2,392, III. 1,463, IV. 1,00, Wandler 2,2fach
5,33	4,90
Vierkantrohr-Kastenrahmen mit Querträgern	Vierkantrohr-Kastenrahmen mit Querträgern
Starrachse, Längslenker, Querlenker (Panhardstab), Schraubenfedern, Zusatzfedern, Teleskop-Stoßdämpfer Drehstab-Stabilisator	Starrachse, Längslenker, Querlenker (Panhardstab), Schraubenfedern, Zusatzfedern, Teleskop-Stoßdämpfer Drehstab-Stabilisator
Starrachse, Längslenker, Querlenker (Panhardstab) Schraubenfedern, Zusatzfedern, Teleskop-Stoßdämpfer	Starrachse, Längslenker, Querlenker (Panhardstab), Schraubenfedern, Zusatzfedern, Teleskop-Stoßdämpfer
Kugelumlauf- oder (auf Wunsch) Servolenkung	Servolenkung
Zweikreis-Hydraulik, Servohilfe	Zweikreis-Hydraulik, Servohilfe
vorn Scheiben-, hinten Trommelbremsen	vorn Scheiben-, hinten Trommelbremsen
Mechanisch (Seilzug), Hinterräder	Mechanisch (Seilzug), Hinterräder

Kurze Modelle	**Lange Modelle**	**Kurze Modelle**	**Lange Modelle**
2400 mm	2850 mm	2400 mm	2850 mm
1425/1425 mm	1425/1425 mm	1425/1425 mm	1425/1425 mm
3945 × 1700 × 1960 mm	4395 × 1700 × 1950 mm	3945 × 1700 × 1960 mm	4395 × 1700 × 1950 mm
5½ JK × 16	5½ JK × 16	5½ JK × 16	5½ JK × 16
6,50 oder 205 R 16	6,50 oder 205 R 16	6,50 oder 205 R 16	6,50 oder 205 R 16
11,4 Meter	13 Meter	11,4 Meter	13 Meter
Offener Wagen 1900 kg Kombi 1950 kg	Kombi 2070 kg	Offener Wagen 1935 kg Kombi 1985 kg	Kombi 2105 kg
2500 kg	2800 kg	2500 kg	2800 kg
115 km/h	115 km/h	130 km/h	130 km/h
39 sec	39 sec	27 sec	27 sec
15 Liter Diesel	15,5 Liter Diesel	16 Liter Diesel	16,5 Liter Diesel
68 Liter (hinter Hinterachse)	68 Liter (hinter Hinterachse)	68 Liter (hinter Hinterachse)	68 Liter (hinter Hinterachse)

Mercedes-Benz Typ 300 GD
Geländewagen, Kombi 4 Türen
mit langem Radstand
ab 1979

Mercedes-Benz Typ 280 GE
Polizei-Sonderschutzfahrzeug
Geländewagen mit kurzem Radstand und gepanzertem Aufbau
1986

Mercedes-Benz Typ 300 GD
Geländewagen, Kombi 4 Türen,
langer Radstand, von der
Firma Ziegler eingerichtet
als Schnellbergungswagen für
Feuerwehr und Rettungsdienste
ab 1983

Im November 1980 besuchte Papst Johannes Paul II. die Bundesrepublik Deutschland. Zu diesem Anlaß stellte die Daimler-Benz AG. mehrere Fahrzeuge zur Verfügung. Große Aufmerksamkeit erweckte dabei vor allem ein besonders hergerichteter Geländewagen Typ 230 G. Das weißlackierte Automobil hatte eine Plattform erhalten, auf welcher der Heilige Vater stand, und dahinter befand sich eine Sitzbank für seine Begleitung. Bei schlechtem oder kaltem Wetter wurde eine Plexiglaskuppel auf die Plattform aufgesetzt, damit der Papst geschützt war, sich aber dennoch dem Volk zeigen konnte. – Diese Plexiglaskuppel hat Schule gemacht. Bei den häufigen Auslandsreisen des jetzigen Papstes wird nun fast überall ein ähnlich wetterfestes Fahrzeug für ihn bereitgehalten.

Mercedes-Benz Typ 190, 190 E, 190 D (ab 1982)
Mercedes-Benz Typ 190 E 2,3–16 (ab 1983)
Mercedes-Benz Typ 190 D 2,5 (ab 1984)
Mercedes-Benz Typ 190 E 2,3, 190 E-2,6 (ab 1985)

Werksinterne Bezeichnung: Baureihe W 201. – Im Herbst 1976 hatten die Entwicklungsarbeiten, zwei Jahre später die Fahrversuche begonnen. Am 8. Dezember 1982, nach Anlauf der Serienproduktion, standen die neuen Autos der Typen 190 und 190 E bei den Niederlassungen und Händlern. Mit außergewöhnlichem Interesse war der »kleine« Mercedes vom Publikum erwartet worden, fand dann aber etwa ein halbes Jahr lang bei weitem nicht den vom Werk erhofften Zuspruch. Die bescheidene äußere Erscheinung und die magere Grundausstattung bedurften erst der Gewöhnung, vor allem aber löste der Preis des neuen Wagens zunächst einen ernüchternden Schock aus. Schließlich aber fand sich die Kundschaft doch recht bald damit ab, und seitdem hat sich der 190 samt den inzwischen zahlreich gewordenen Varianten auf dem Markt überzeugend durchgesetzt. Lange Lieferfristen allerdings, wie sie sonst bei neuen Typen des Stuttgarter Hauses hingenommen werden müssen, gab und gibt es hier nicht.

Der überaus hohe Preis der 190er findet übrigens in deren aufwendigen Technik eine durchaus annehmbare Erklärung. Dennoch erhebt sich hier die Frage, ob der effektive Nutzen derart optimierter Konstruktionen noch im richtigen Verhältnis sowohl zu den Kosten als auch zu den dadurch bedingten Nachteilen steht. So suchen sich gegenwärtig die Konstrukteure (aller Marken!) bei der Verringerung des Luftwiderstands und der Wagengewichte zu überbieten, wobei eine relativ geringfügige Verbrauchsminderung mit beträchtlichen Komfortmängeln erkauft werden muß. Die »Raumlenker-Hinterachse«, um noch ein weiteres Beispiel zu nennen, bringt zwar wiederum einen naturgemäß nur noch bescheidenen Gewinn an Fahrwerksqualität, doch ist dieses empfindliche Gebilde arg teuer in der Herstellung und erst recht bei Reparaturschäden, wie sie hier bereits bei leichten Seitenschlägen zu befürchten sind.

Beliebtestes Modell der »kleinen« Mercedes Baureihe war und blieb bis heute der Typ 190 E, der etwa fünfmal soviel gekauft wird wie der 190 mit Vergasermotor, obwohl dieser bei nahezu gleicher Leistung um 3 000 DM preiswerter ist. Bei den größeren Mercedes mag ein solcher Betrag unwichtig sein, aber daß dies auch für die ohnehin so teure 190er-Baureihe gilt, zählt für den nüchternen Beobachter schon zu den seltsamen Überraschungen. Kaum eine andere Marke wie Daimler hätte dem »E« (und übrigens erst recht dem »D«) zu seiner heutigen Weltgeltung verhelfen können.

Einen wesentlichen Beitrag zum Erfolg der kleinen Baureihe liefert der Typ 190 D, dessen Produktion im August 1982 begann und im November 1983 voll einsetzte. Hier wurde in der Tat ein Beispiel fortschrittlicher Automobiltechnik realisiert. Der 190 D besitzt nämlich einen völlig neu entwickelten Zweiliter-Dieselmotor, der zwecks Geräuschisolierung erstmals rundum total verkapselt ist. Damit konnte das typische Laufgeräusch des Selbstzünders nach außen um mehr als die Hälfte verringert werden. Akustisch unterscheidet sich um den Wagen herum dieser »flüsternde« Diesel wirklich kaum mehr von einem Benzinmotor. Im übrigen zeichnet sich das neue Triebwerk durch eine im Verhältnis zu seiner Leistung erstaunliche Sparsamkeit aus. Und für die Diesel-Kunden, denen der 190 D trotz seines nun wirklich beachtenswerten Temperaments immer noch zu phlegmatisch erscheint, brachte Daimler-Benz im August 1984 den Typ 190 D 2,5 heraus, der akkurat den gleichen Motor als Fünfzylinder beitzt. Auch er erfreut sich der geräuschhemmenden Vollisolierung sowie einer außergewöhnlichen Sparsamkeit.

Im September 1983 präsentierte Daimler den 230 km/h schnellen Typ 190 E 2,3–16. Er verdankt seine Überschuß-Leistung hauptsächlich einem 16 Ventil-Zylinderkopf, der in Zusammenarbeit mit der britischen Rennmotorenfirma Cosworth entstand.

Preise		190	190 E	190 D	190 D 2,5	190 E 2,3	190 E 2,6	190 E 2,3–16
Dez. 1982	DM	25 600,–	27 800,–					
Sept. 1983	DM	26 000,–	28 800,–	27 000,–				49 500,–
Jan. 1984	DM	26 500,–	29 400,–	27 500,–				49 500,–
Sept. 1984	DM	27 420,–	30 250,–	28 310,–				52 220,–
Dez. 1984	DM	27 420,–	30 250,–	28 310,–				55 160,–
April 1985	DM	28 160,–	31 130,–	29 130,–	33 920,–			57 120,–
Sept. 1985	DM	29 070,–	32 040,–	30 040,–	33 920,–		39 110,–	57 120,–
Dez. 1985	DM	29 610,–	32 630,–	30 590,–	34 550,–	34 770,–	39 110,–	58 140,–

Sonderausstattungen (Stand Dez. 1985): Automatik + DM 2560,–, Katalysator (nicht bei Diesel) DM 1830,–, ABS DM 3080,–, Schiebedach DM 1170,–, Zentralverriegelung DM 570,–.

Produktion	**1982**	**1983**	**1984**	**1985**	**1986**	**1987**	**1988**	**1989**	**1990**
190	1 635	25 746	7 640	–					
190/1	–	–	7 775	15 790					
190 D	28	3 500	71 221	71 766					
190 E	2 987	73 284	80 149	77 752					
190 E 2,3	–	–	–	2					
190 E 2,6	–	–	–	–					
190 D 2,5/1	–	–	46	12 841					
190 E 2,3 (USA)	–	3 945	20 743	23 121					
190 D 2,2 (USA)	–	3 357	5 327	1 876					
190 E 2,3 -16	–	5	2 445	8 656					
Gesamtzahl	**4 650**	**109 837**	**195 346**	**211 804**					
davon Diesel	28	6 857	76 594	86 483					

Von seiner seitherigen Faszination dürfte dieser schnelle Brüter allerdings verlieren, sobald die Auslieferung des auf der Frankfurter Automobil-Ausstellung im September 1985 vorgestellten Typs 190 E–2,6 einsetzt. Hier wird der neue 2,6 Liter-Sechszylinder-Motor eingebaut, der ursprünglich vor allem der erneuerten S-Klasse zugedacht ist. Für den Vier- bzw. Sechzehnventiler werden dann wohl vorwiegend jene Leute übrigbleiben, die für den Original-Heckspoiler als Statussymbol 10 bis 20 000 DM bezahlen können und wollen.

Zu einer wirklichen Attraktion aber könnte in Zukunft mit Recht der 190 E 2,3 werden, der seit Ende 1985 im Verkaufsprogramm steht. Dessen bewährter 2,3 Liter-Vierzylinder-Motor, der sich ebenso durch eine gesunde Leistung wie durch die immer wieder überraschende Sparsamkeit auszeichnet, dürfte sich wohl bald bei sachkundigen Käufern der besonderen Gunst erfreuen.

Seit ihrem Erscheinen ließ man den 190ern bereits zahlreiche Maßnahmen zur Modellpflege angedeihen. Als deren wichtigste mag die seit Oktober 1984 höhere Motorleistung für den Vergaser-190 gelten, der von da an im werksinternen Sprachgebrauch Typ 190/1 heißt. Zum gleichen Zeitpunkt wurden hydraulische Ventilstößel eingeführt, auch für den 190 E, während der 190 D von Anfang an mit solchen versehen war. Zwei wichtige Änderungen folgten im Januar 1985, nämlich der Übergang auf 15″-Felgen mit 65er-Reifen und die Exzenter-Steuerung für den Einblatt-Scheibenwischer. Sonstige Verbesserungen von geringerer Wichtigkeit sollen hier nicht einzeln aufgeführt werden. Als wesentlich aber sei noch vermerkt, daß seit September 1985 alle 190er die Servolenkung serienmäßig mitbekommen.

Im übrigen werden seit 1985 alle Benzinmotoren dieser Baureihe wahlweise (als eine der vielen wünschenswerten, aber wahnsinnig preistreibenden Sonderausstattungen) mit Dreiwege-Katalysator und Lambda-Sonde angeboten. Bei der europäischen Ausführung, die sich von der für Amerika bestimmten gewaltig unterscheidet, bleiben sowohl der Leistungsverlust als auch der Mehrverbrauch nahezu unbedeutend.

Hergestellt wurden die 190er anfangs nur in Sindelfingen. Seit 1984 erfolgt die Endmontage mit steigendem Anteil auch im Werk Bremen, welches ja ohnehin hauptsächlich für den Bau des »kleinen« Mercedes errichtet wurde. Im nunmehrigen Produktionsverbund der einzelnen Werke liefert Bremen für die Sindelfinger 190-Montage Türen, Motorhauben, Bodenanlagen und Kraftstofftanks, während umgekehrt Sindelfingen Vorbau, Dach, Heck und Seitenwände nach Bremen schickt. Untertürkheim versorgt sowohl Sindelfingen als auch Bremen mit Motoren, Getrieben und Achsen. Die Lenkgetriebe schließlich kommen aus Düsseldorf.

Mercedes-Benz
Typ 190
Typ 190 E
Typ 190 D
Limousine 4 Türen
ab 1982

	Mercedes-Benz Typ 190 (W 201 V 19) 1982–1984	Mercedes-Benz Typ 190/1 (W 201 V 19) ab 1984	Mercedes-Benz Typ 190 E (W 202 E 19) ab 1982
Motor	Daimler-Benz M 102 V 20 Vergasermotor		Daimler-Benz M 102 E 20 Einspritzmotor
Zylinderzahl	4 (Reihe)		4 (Reihe)
Bohrung × Hub	89,0 × 80,25 mm		89,0 × 80,25 mm
Hubraum	1997 ccm		1997 ccm
Leistung	90 PS (66 kW) b. 5000 U/min	105 PS (77 kW) b. 5500 U/min bzw. ab 1985 bei Katalysator 102 PS (75 kW) b. 5500 U/min	122 PS (90 kW) b. 5100 U/min bzw. ab 1985 bei Katalysator 118 PS (87 kW) b. 5100 U/min
Drehmoment	16,5 mkg bei 2500 U/min	16,5 mkg bei 3000 U/min bzw. ab 1985 bei Katalysator 16,0 mkg bei 3000 U/min	17,8 mkg bei 3500 U/min bzw. ab 1985 bei Katalysator 17,2 mkg bei 3500 U/min
Verdichtung	9,0:1	9,1:1	9,1:1
Gemischbereitung	1 Flachstromvergaser Stromberg 175 CDT	1 Flachstromvergaser Stromberg 175 CDT	Mech. Benzineinspritzung Bosch KE-Jetronic
Ventile	V-förmig hängend, 1 obenliegende Nockenwelle, Antrieb durch Einfachkette		
Kurbelwellenlager	5		
Kühlung	Pumpe, 8,5 Liter Wasser		
Schmierung	Druckumlauf, 4,3 Liter Öl		
Batterie	12 V 55 Ah (im Motorraum)		
Lichtmaschine	Drehstrom 55 A = 770 W		
Kraftübertragung	Antrieb auf Hinterräder		
Schaltgetriebe	4 Gang		5 Gang
Synchronisierung	I–IV		I–V
Übersetzungen	I. 3,91 II. 2,32 III. 1,42 IV. 1,00	 bzw. (ab 1984) 2,17 bzw. (ab 1984) 1,37	I. 3,91 II. 2,17 III. 1,37 IV. 1,00 V. 0,78
Automatic-Getriebe	Hydraulischer Wandler + 4 Gang-Planetengetriebe I. 4,25, II. 2,41, III. 1,49, IV. 1,00, Wandler 2,2-fach		
Antriebs-Übersetzung	3,23		
Fahrwerk	Selbsttragende Ganzstahlkarosserie		
Vorderradaufhängung	Dämpferbein-Vorderachse, Dreieck-Querlenker, Schraubenfedern Gasdruck-Stoßdämpfer, Drehstab-Stabilisator		
Hinterradaufhängung	»Raumlenker-Hinterachse«, beiderseits je 5 Stablenker, Schraubenfedern Gasdruck-Stoßdämpfer, Drehstab-Stabilisator Auf Wunsch: Hydropneumatische Niveauregulierung		
Lenkung	Bis 1985: Kugelumlauf, 5 Lenkraddrehungen Auf Wunsch bzw. ab Sept. 1985 Serie: Servolenkung, 3¹/₃ Lenkraddrehungen		
Fußbremse	Zweikreis-Hydraulik, Servohilfe auf Wunsch ABS Scheibenbremsen vorn 262, hinten 258 mm Ø		
Handbremse	Mechanisch, Hinterräder		
Allgemeine Daten			
Radstand	2665 mm	2665 mm	2665 mm
Spur	1428/1415 mm	1428/1415 mm	1428/1415 mm
Gesamtmaße	4420 × 1678 × 1383 mm	4420 × 1678 × 1383 mm	4420 × 1678 × 1383 mm
Felgen	5 J × 14	5 J × 14 bzw. (ab Jan. 1985) 6 J × 15	5 J × 14 bzw. (ab Jan. 1985) 6 J × 15
Reifen	175/70 R 14 – 82 T	175/70 R 14 – 82 T bzw. (ab Jan. 1985) 185/65 R 15 – 87 H	175/70 R 14 – 82 H bzw. (ab Jan. 1985) 185/65 R 15 – 87 H
Wendekreis	10,6 Meter	10,6 Meter	10,6 Meter
Wagengewicht	1130 kg Automatic + 40 kg	1140 kg Automatic + 40 kg	1160 kg Automatic + 40 kg
Zuläss. Gesamtgewicht	1580 kg	1580 kg bzw. (ab Jan. 1985) 1630 kg	1600 kg bzw. (ab Jan. 1985) 1640 kg
Höchstgeschwindigkeit	175 km/h	180 km/h	195 km/h
Beschleunigung 0–100 km/h	13,5, Automatic 14 sec	12,5, Automatic 13 sec	11, Automatic 11,5 sec
Verbrauch/100 km	10, Automatic 11 l Super	10,5, Automatic 11 l Super	10,5, Automatic 11 l Super
Kraftstofftank	55 Liter (über Hinterachse)	55 Liter (über Hinterachse)	55 Liter (über Hinterachse)

Mercedes-Benz
Typ 190
Typ 190 E
Typ 190 D
Limousine 4 Türen
ab 1982

Mercedes-Benz
Typ 190 D 2,5
Limousine 4 Türen
ab 1984

	Mercedes-Benz Typ 190 D (W 201 D 19) ab 1983	Mercedes-Benz Typ 190 D 2,5 (W 201 D 25) ab 1984
Motor	Daimler-Benz OM 601 Vorkammer-Dieselmotor	Daimler-Benz OM 602 Vorkammer-Dieselmotor
Zylinderzahl	4 (Reihe)	5 (Reihe)
Bohrung × Hub	87,0 × 84,0 mm	87,0 × 84,0 mm
Hubraum	1997 ccm	2497 ccm
Leistung	72 PS = 53 kW b. 4600 U/min	90 PS = 60 kW b. 4600 U/min
Drehmoment	12,3 mkg bei 2800 U/min	15,4 mkg bei 2800 U/min
Verdichtung	22,0:1	22,0:1
Gemischbereitung	Bosch-Vierstempel-Diesel- Reihen-Einspritzpumpe	Bosch-Fünfstempel-Diesel- Reihen-Einspritzpumpe
Ventile	Hängend 1 obenliegende Nockenwelle Antrieb durch Duplex-Kette	Hängend 1 obenliegende Nockenwelle Antrieb durch Duplex-Kette
Kurbelwellenlager	5	6
Kühlung	Pumpe, 8,5 Liter Wasser	Pumpe, 8,5 Liter Wasser
Schmierung	Druckumlauf, 6 Liter Öl	Druckumlauf, 7 Liter Öl
Batterie	12 V 72 Ah (im Motorraum)	12 V 72 Ah (im Motorraum)
Lichtmaschine	Drehstrom 55 A = 770 W	Drehstrom 55 A = 770 W
Kraftübertragung	Antrieb auf Hinterräder	Antrieb auf Hinterräder
Schaltgetriebe	4 oder 5 Gang	5 Gang
Synchronisierung	I–IV I–V	I–V
Übersetzungen	I. 4,23 I. 4,23 II. 2,36 II. 2,36 III. 1,49 III. 1,49 IV. 1,00 IV. 1,00 V. 0,84	I. 3,91 II. 2,17 III. 1,37 IV. 1,00 V 0,78
Automatic-Getriebe	Hydraulischer Wandler + 4 Gang-Planetengetriebe I. 4,25, II. 2,41, III. 1,49, IV. 1,00, Wandler 2,2-fach	
Antriebs-Übersetzung	3,23	3,64 (bei 5 Gang) 3,07 (bei Automatic)
Fahrwerk	Selbsttragende Ganzstahlkarosserie	
Vorderradaufhängung	Dämpferbein-Vorderachse, Dreieck-Querlenker, Schraubenfedern, Gasdruck-Stoßdämpfer, Drehstab-Stabilisator	
Hinterradaufhängung	»Raumlenker-Hinterachse«, beiderseits je 5 Stablenker, Schraubenfedern, Gasdruck-Stoßdämpfer, Drehstab-Stabilisator Auf Wunsch: Hydropneumatische Niveauregulierung	
Lenkung	Bis 1985: Kugelumlauf, 5 Lenkraddrehungen Auf Wunsch bzw. ab Sept. 1985 Serie: Servolenkung, $3^1/_3$ Lenkraddrehungen	Servolenkung, $3^1/_3$ Lenkraddrehungen
Fußbremse	Zweikreis-Hydraulik, Servohilfe, auf Wunsch ABS Scheibenbremsen vorn 262, hinten 258 mm Ø	
Handbremse	Mechanisch, Hinterräder	
Allgemeine Daten		
Radstand	2665 mm	2665 mm
Spur	1428/1415 mm	1437/1418 mm
Gesamtmaße	4420 × 1678 × 1383 mm	4420 × 1678 × 1390 mm
Felgen	5 J × 14 bzw. (ab Jan. 1985) 6 J × 15	6 J × 15
Reifen	175/70 R 14 – 82 T bzw. (ab Jan. 1985) 185/65 R 15 – 87 T	185/65 R 15 – 87 T
Wendekreis	10,6 Meter	10,6 Meter
Wagengewicht	1175 kg Automatic + 40 kg	1220 kg Automatic + 40 kg
Zuläss. Gesamtgewicht	1610 kg bzw. (ab Jan. 1985) 1640 kg	1675 kg
Höchstgeschwindigkeit	160 km/h	170 km/h
Beschleunigung 0–100 km/h	18,5 Automatic 19,5 sec	15,5, Automatic 16,5 sec
Verbrauch/100 km	8, Automatic 9 l Diesel	9, Automatic 10 l Diesel
Kraftstofftank	55 Liter (über Hinterachse)	55 Liter (über Hinterachse)

Mercedes-Benz Typ 190 E 2,3 – 16 Limousine 4 Türen (ab 1984)

Mercedes-Benz Typ 190 E Cabriolet 2 Türen
Umbau-Preis ca. 100 000 DM, mit 380 SE-Motor ca. 120 000 DM
Tuning-Schulz, Korschenbroich

	Mercedes-Benz Typ 190 E 2,3 (W 201 E 23) ab 1986	Mercedes-Benz Typ 190 E 2,6 (W 201 E 26) ab 1986	Mercedes-Benz Typ 190 E 2,3–16 (W 201 E 23–16) ab 1983
Motor	Daimler-Benz M 102 E 2,3 Einspritzmotor	Daimler-Benz M 103 E 26 Einspritzmotor	Daimler-Benz M 102 E 2,3–16 16 Ventil-Einspritzmotor
Zylinderzahl	4 (Reihe)	6 (Reihe)	4 (Reihe)
Bohrung × Hub	95,5 × 80,25 mm	82,9 × 80,25 mm	95,5 × 80,25 mm
Hubraum	2299 ccm	2599 ccm	2299 ccm
Leistung	136 PS = 100 kW b. 5100 U/min bzw. mit Katalysator 132 PS = 97 kW b. 5100 U/min	166 PS = 122 kW b. 5800 U/min bzw. mit Katalysator 160 PS = 118 kW b. 5800 U/min	185 PS = 135 kW b. 6200 U/min bzw. mit Katalysator 170 PS = 125 kW b. 5800 U/min
Drehmoment	20,5 mkg bei 3500 U/min bzw. mit Katalysator 19,8 mkg bei 3500 U/min	22,8 mkg bei 4600 U/min bzw. mit Katalysator 22,0 mkg bei 4600 U/min	23,5 mkg bei 4500 U/min bzw. mit Katalysator 22 mkg bei 4750 U/min
Verdichtung	9,1:1	9,2:1	10,5:1 bzw. mit Katalysator 9,7:1
Gemischbereitung	Mech. Benzineinspritzung Bosch KE-Jetronic	Mech. Benzineinspritzung Bosch KE-Jetronic	Mech. Benzineinspritzung Bosch KE-Jetronic
Ventile	V-förmig, hängend 1 obenliegende Nockenwelle Antrieb durch Einfach-Kette	V-förmig, hängend 1 obenliegende Nockenwelle Antrieb durch Einfach-Kette	V-förmig, hängend 4 Ventile je Zylinder 2 obenliegende Nockenwellen Antrieb durch Einfach-Kette
Kurbelwellenlager	5	7	5
Kühlung	Pumpe, 8,5 Liter Wasser	Pumpe, 8,5 Liter Wasser	Pumpe, 8,5 Liter Wasser
Schmierung	Druckumlauf, 5 Liter Öl	Druckumlauf, 6 Liter Öl	Druckumlauf, 5 Liter Öl
Batterie	12 V 62 Ah (im Motorraum)	12 V 62 Ah (im Motorraum)	12 V 55 Ah (im Motorraum)
Lichtmaschine	Drehstrom 55 A = 770 W	Drehstrom 70 A	Drehstrom 55 A = 770 W
Kraftübertragung	Antrieb auf Hinterräder	Antrieb auf Hinterräder	Antrieb auf Hinterräder
Schaltgetriebe	5 Gang	5 Gang	5 Gang
Synchronisierung	I–V	I–V	I–V
Übersetzungen	I. 3,91 II. 2,32 III. 1,37 IV. 1,00 V. 0,78	I. 3,86 II. 2,18 III. 1,38 IV. 1,00 V. 0,80	I. 4,08 II. 2,51 III. 1,76 IV. 1,26 V. 1,00
Automatic-Getriebe	Hydraulischer Wandler + 4 Gang-Planetengetriebe I. 4,25, II. 2,41, III. 1,49, IV. 1,00, Wandler 2,2 fach		
Antriebs-Übersetzung	3,27	3,27	3,27 oder 3,07
Fahrwerk	Selbsttragende Ganzstahlkarosserie		
Vorderradaufhängung	Dämpferbein-Vorderachse, Dreieck-Querlenker, Schraubenfedern Gasdruck-Stoßdämpfer, Drehstab-Stabilisator		
Hinterradaufhängung	»Raumlenker-Hinterachse«, beiderseits je 5 Stablenker, Schraubenfedern Gasdruck-Stoßdämpfer, Drehstab-Stabilisator Auf Wunsch (bzw. Serie beim 190 E 2,3–16): Hydropneumatische Niveauregulierung		
Lenkung	Kugelumlauf-Servolenkung, 3 1/3 Lenkraddrehungen		
Fußbremse	Zweikreis-Hydraulik Servohilfe, auf Wunsch ABS Scheibenbremsen vorn 262, hinten 258 mm ⌀	Zweikreis-Hydraulik Servohilfe, auf Wunsch ABS Scheibenbremsen vorn 262, hinten 258 mm ⌀	Zweikreis-Hydraulik Servohilfe, auf Wunsch bzw. ab Sept. 1984 Serie: ABS-Scheibenbremsen vorn 284, hinten 258 mm ⌀
Allgemeine Daten			
Radstand	2665 mm	2665 mm	2665 mm
Spur vorn/hinten	1437/1418 mm	1437/1418 mm	1441/1427 mm
Gesamtmaße	4427 × 1678 × 1390 mm	4427 × 1678 × 1390 mm	4430 × 1706 × 1361 mm
Felgen	6 J × 15	6 J × 15	7 J × 15
Reifen	185/65 R 15 – 87 H	185/65 VR 15	205/55 VR 15
Wendekreis	10,6 Meter	10,6 Meter	10,8 Meter
Wagengewicht	1220 kg	1260 kg	1310 kg
Zuläss. Gesamtgewicht	1670 kg	1710 kg	1760 kg
Höchstgeschwindigkeit	200 km/h	210 km/h	220–235 km/h
Beschleunigung 0–100 km/h	10 sec	9 sec	8 sec
Verbrauch/100 km	11 Liter Super	12 Liter Super	12 Liter Super
Kraftstoffvorrat	55 Liter (über Hinterachse)	55 Liter (über Hinterachse)	70 Liter (über Hinterachse)

Mercedes-Benz Typ 200 bis 300 E (ab 1984)
Mercedes-Benz Typ 200 D bis 300 D (ab 1984)
Mercedes-Benz Typ 200 T bis 300 TE (ab 1985)
Mercedes-Benz Typ 200 TD bis 300 TD Turbo (ab 1985)

Im Gegensatz zu den 190er-Typen (Baureihe 201) wurde genau zwei Jahre später der neue Mittelklasse-Mercedes (Baureihe 124) vom Tag seines Erscheinens an zu einem vollen und tollen Erfolg. Der kleinere Vorgänger freilich hatte ihm den Weg bereitet, denn infolge der 190er war nun das Publikum sowohl an die augenblickliche Mode der rustikal schmucklosen Karosserien als auch an die schwindelerregenden Anschaffungspreise gewöhnt. Immerhin kann sich die Automobilindustrie in der Bundesrepublik angesichts der derzeit so überaus günstigen politischen und wirtschaftlichen Verhältnisse derart exzessive Kalkulationen erlauben.

Am 8. Dezember 1984 wurde die neue Baureihe 124 auf dem Markt eingeführt. Gegenüber der vorhergehenden Baureihe 123 zeigt sie sich in einer völlig neuen Konzeption. Das gilt ebenso für den Aufbau wie für das Fahrwerk und die Motoren. Der Aufbau und damit das äußere Erscheinungsbild des neuen Wagens haben große Ähnlichkeit mit dem kompakteren Typ 190, wobei freilich beim genauen Hinsehen doch recht deutliche Unterschiede erkennbar werden. Konstruktiv stimmt auch das Fahrwerk mit Dämpferbein-Vorderachse und Raumlenker-Hinterachse mit der kleineren Baureihe überein. In bezug auf die Motoren wurden nur bei den Typen 200 und 230 E die hervorragend bewährten Triebwerke vom Vorgän-

	Mercedes-Benz Typ 200 D (W 124) ab 1984	Mercedes-Benz Typ 250 D (W 124) ab 1984	Mercedes-Benz Typ 300 D (W 124) ab 1984
Motor	Daimler-Benz OM 601	Daimler-Benz OM 602	Daimler-Benz OM 603
	Vorkammer-Dieselmotor	Vorkammer-Dieselmotor	Vorkammer-Dieselmotor
Zylinderzahl	4 (Reihe)	5 (Reihe)	6 (Reihe)
Bohrung × Hub	87 × 84 mm	87 × 84 mm	87 × 84 mm
Hubraum	1997 ccm	2497 ccm	2996 ccm
Leistung	72 PS = 53 kW b. 4600 U/min	90 PS = 66 kW b. 4600 U/min	109 PS = 80 kW b. 4600 U/min
Drehmoment	12,3 mkg bei 2800 U/min	15,4 mkg bei 2800 U/min	18,5 mkg bei 2800 U/min
Verdichtung	22,0:1	22,0:1	22,0:1
Gemischbereitung	Bosch Vierstempel-Diesel-Reihen-Einspritzpumpe	Bosch Fünfstempel-Diesel-Reihen-Einspritzpumpe	Bosch Sechsstempel-Diesel-Reihen-Einspritzpumpe
Ventile	Hängend	Hängend	Hängend
	1 obenliegende Nockenwelle	1 obenliegende Nockenwelle	1 obenliegende Nockenwelle
	Antrieb durch Duplex-Kette	Antrieb durch Duplex-Kette	Antrieb durch Duplex-Kette
Kurbelwellenlager	5	6	7
Kühlung	Pumpe, 7,2 Liter Wasser	Pumpe, 8,2 Liter Wasser	Pumpe, 8,5 Liter Wasser
Schmierung	Druckumlauf, 6,5 Liter Öl	Druckumlauf, 7 Liter Öl	Druckumlauf, 7,5 Liter Öl
Batterie	12 V 72 Ah (im Motorraum)	12 V 72 Ah (im Motorraum)	12 V 72 Ah (im Motorraum)
Lichtmaschine	Drehstrom 55 A = 770 W	Drehstrom 55 A = 770 W	Drehstrom 55 A = 770 W
Kraftübertragung	Antrieb auf Hinterräder	Antrieb auf Hinterräder	Antrieb auf Hinterräder
Schaltgetriebe	4 Gang / 5 Gang	5 Gang	5 Gang
Synchronisierung	I–IV / I–V	I–V	I–V
Übersetzungen	I. 4,23 / I. 4,23	I. 4,23	I. 3,86
	II. 2,36 / II. 2,36	II. 2,36	II. 2,18
	III. 1,49 / III. 1,49	III. 1,49	III. 1,38
	IV. 1,00 / IV. 1,00	IV. 1,00	IV. 1,00
	V. 0,84	V. 0,84	V. 0,80
Automatic-Getriebe	Wandler-4 Gang-Automatic Mercedes-Benz W 4 A 020	Wandler-4 Gang-Automatic Mercedes-Benz W 4 A 020	Wandler-4 Gang-Automatic Mercedes-Benz W 4 A 020
Übersetzungen	I. 4,25	I. 4,25	I. 4,25
	II. 2,41	II. 2,41	II. 2,41
	III. 1,49	III. 1,49	III. 1,49
	IV. 1,00	IV. 1,00	IV. 1,00
Antriebs-Übersetzung	3,42 (bei 4 Gang)	3,42 (bei 5 Gang)	3,46 (bei 5 Gang)
	3,64 (bei 5 Gang)	3,07 (bei Automatic)	2,88 (bei Automatic)
	3,42 (bei Automatic)		
Fahrwerk	Selbsttragende Ganzstahlkarosserie		
Vorderradaufhängung	Dämpferbein-Vorderachse, Dreieck-Querlenker, Schraubenfedern		
	Gasdruck-Stoßdämpfer, Drehstab-Stabilisator		
Hinterradaufhängung	»Raumlenker-Hinterachse«, beiderseits je 5 Stablenker, Schraubenfedern		
	Gasdruck-Stoßdämpfer, Drehstab-Stabilisator		
	Auf Wunsch: Hydropneumatische Niveauregulierung		
Lenkung	Kugelumlauf-Servolenkung, $3^1/_3$ Lenkraddrehungen		
Fußbremse	Zweikreis-Hydraulik, Servohilfe, auf Wunsch: ABS		
	Scheibenbremsen vorn 284, hinten 258 mm ∅		
Handbremse	Mechanisch, Hinterräder		
Allgemeine Daten			
Radstand	2800 mm	2800 mm	2800 mm
Spur	1497/1488 mm	1497/1488 mm	1497/1488 mm
Gesamtmaße	4740 × 1740 × 1440 mm	4740 × 1740 × 1446 mm	4740 × 1740 × 1446 mm
Felgen	6 J × 15 H 2	$6^1/_2$ J × 15 H 2	$6^1/_2$ J × 15 H 2
Reifen	185/65 R 15 – 87 T	195/65 R 15 – 90 T	195/65 R 15 – 90 H
Wendekreis links/rechts	11,3/11,4 Meter	11,3/11,4 Meter	11,3/11,4 Meter
Wagengewicht	1340 kg	1380 kg	1430 kg
	Automatic + 40 kg	Automatic + 40 kg	Automatic + 40 kg
Zuläss. Gesamtgewicht	1800 kg	1840 kg	1890 kg
Höchstgeschwindigkeit	160 km/h	170 km/h	190 km/h
Beschleunigung 0–100 km/h	19,5, Automatic 20,5 sec	16,5, Automatic 17,5 sec	14, Automatic 14,5 sec
Verbrauch/100 km	8,5, Automatic 9,5 l Diesel	9,5, Automatic 10,5 l Diesel	10, Automatic 11 l Diesel
Kraftstofftank	70 Liter (über Hinterachse)	70 Liter (über Hinterachse)	70 Liter (über Hinterachse)

ger übernommen, während es sich beim 260 E und 300 E jetzt um Sechszylinder, und bei den Dieseltypen ebenfalls um eine neue Motorenfamilie handelt.

Die Produktion der Limousine, des inzwischen begehrtesten Wagens der gehobenen Mittelklasse auf dem deutschen Markt, begann in den letzten Monaten des Jahres 1984. Ein Jahr später folgten die auf der Frankfurter Automobil-Ausstellung 1985 vorgestellten Kombiwagen (»T-Limousinen«) und für das Frühjahr 1987 ist der Produktionsbeginn der Coupés 230 CE und 300 CE vorgesehen.

Ebenfalls auf der Frankfurter Automobil-Ausstellung 1985 wurde der automatisch einschaltende Vierrad-Antrieb (»4-Matic«) vorgestellt. Hier hat man es zweifellos mit der perfektesten Antriebs-Konzeption ihrer Art zu tun, aber auch mit der bei weitem teuersten. Doch hierzulande besteht im normalen Verkehrsalltag sowieso kaum jemals eine dringende Notwendigkeit für den Einsatz einer derart hochwertigen Technik. Liefermöglichkeit vorerst nur bei den Sechszylinder- Benzin- und Diesel-Typen der neuen Baureihe 124.

Motor

Zylinderzahl
Bohrung × Hub
Hubraum
Leistung

Drehmoment

Verdichtung
Gemischbereitung

Ventile

Kurbelwellenlager
Kühlung
Schmierung
Batterie
Lichtmaschine

Kraftübertragung
Schaltgetriebe
Synchronisierung
Übersetzungen

Automatic-Getriebe

Übersetzungen

Antriebs-Übersetzung

Fahrwerk
Vorderradaufhängung

Hinterradaufhängung

Lenkung
Fußbremse

Allgemeine Daten
Radstand
Spur
Gesamtmaße
Felgen
Reifen
Wendekreis links/rechts
Wagengewicht

Zuläss. Gesamtgewicht
Höchstgeschwindigkeit
Beschleunigung 0–100 km/h
Verbrauch/100 km
Kraftstofftank

Mercedes-Benz Typ 200 (W 124) ab 1984	Mercedes-Benz Typ 230 E (W 124) ab 1984	Mercedes-Benz Typ 260 E (W 124) ab 1984	Mercedes-Benz Typ 300 E (W 124) ab 1984
Daimler-Benz M 102	Daimler-Benz M 102	Daimler-Benz M 103	Daimler-Benz M 103
Vergasermotor	Einspritzmotor	Einspritzmotor	Einspritzmotor
4 (Reihe)	4 (Reihe)	6 (Reihe)	6 (Reihe)
89,0 × 80,25 mm	95,5 × 80,25 mm	82,9 × 80,25 mm	88,5 × 80,25 mm
1997 ccm	2299 ccm	2599 ccm	2962 ccm
109 PS = 80 kW b. 5200 U/min	136 PS = 100 kW b. 5100 U/min	170 PS = 125 kW b. 5800 U/min	188 PS = 138 kW b. 5700 U/min
bzw. mit Katalysator	bzw. mit Katalysator	bzw. mit Katalysator	bzw. mit Katalysator
105 PS = 77 kW b. 5500 U/min	132 PS = 97 kW b. 5100 U/min	160 PS = 118 kW b. 5800 U/min	180 PS = 132 kW b. 5700 U/min
17,0 mkg bei 2500 U/min	20,5 mkg bei 3500 U/min	22,8 mkg bei 4600 U/min	26,0 mkg bei 4400 U/min
bzw. mit Katalysator	bzw. mit Katalysator	bzw. mit Katalysator	bzw. mit Katalysator
16,0 mkg bei 3000 U/min	19,8 mkg bei 3500 U/min	22,0 mkg bei 4600 U/min	25,5 mkg bei 4400 U/min
9,1:1	9,1:1	9,2:1	9,2:1
1 Flachstromvergaser	Mech. Benzineinspritzung	Mech. Benzineinspritzung	Mech. Benzineinspritzung
Stromberg 175 CD	Bosch KE-Jetronic	Bosch KE-Jetronic	Bosch KE-Jetronic
	bzw. mit Katalysator		
	1 Fallstrom-Registervergaser		
	Pierburg-Electronic 2 E–E		
V-förmig hängend	V-förmig hängend	V-förmig hängend	V-förmig hängend
1 obenliegende Nockenwelle	1 obenliegende Nockenwelle	1 obenliegende Nockenwelle	1 obenliegende Nockenwelle
Antrieb durch Einfach-Kette	Antrieb durch Einfach-Kette	Antrieb durch Einfach-Kette	Antrieb durch Einfach-Kette
5	5	7	7
Pumpe, 8,5 Liter Wasser	Pumpe, 8,5 Liter Wasser	Pumpe, 8,5 Liter Wasser	Pumpe, 8,5 Liter Wasser
Druckumlauf, 5 Liter Öl	Druckumlauf, 5 Liter Öl	Druckumlauf, 6 Liter Öl	Druckumlauf, 6 Liter Öl
12 V 62 Ah (im Motorraum)	12 V 62 Ah (im Motorraum)	12 V 62 Ah (im Motorraum)	12 V 62 Ah (im Motorraum)
Drehstrom 55 A = 770 W	Drehstrom 55 A = 770 W	Drehstrom 70 A = 980 W	Drehstrom 70 A = 980 W
Antrieb auf Hinterräder	Antrieb auf Hinterräder	Antrieb auf Hinterräder	Antrieb auf Hinterräder
4 Gang 5 Gang	4 Gang 5 Gang	5 Gang	5 Gang
I–IV I–V	I–IV I–V	I–V	I–V
I. 3,91 I. 3,91	I. 3,91 I. 3,91	I. 3,86	I. 3,86
II. 2,17 II. 2,17	II. 2,17 II. 2,17	II. 2,18	II. 2,18
III. 1,37 III. 1,37	III. 1,37 III. 1,37	III. 1,38	III. 1,38
IV. 1,00 IV. 1,00	IV. 1,00 IV. 1,00	IV. 1,00	IV. 1,00
V. 0,78	V. 0,78	V. 0,80	V. 0,80
Wandler-4 Gang-Automatic	Wandler-4 Gang-Automatic	Wandler-4 Gang-Automatic	Wandler-4 Gang-Automatic
Mercedes-Benz W 4 A 020	Mercedes-Benz W 4 A 020	Mercedes-Benz W 4 A 020	Mercedes-Benz W 4 A 040
I. 4,25	I. 4,25	I. 4,25	I. 3,68
II. 2,41	II. 2,41	II. 2,41	II. 2,41
III. 1,49	III. 1,49	III. 1,49	III. 1,44
IV. 1,00	IV. 1,00	IV. 1,00	IV. 1,00
3,42	3,27	3,27	3,07

Selbsttragende Ganzstahlkarosserie
Dämpferbein-Vorderachse, Dreieck-Querlenker, Schraubenfedern
Gasdruck-Stoßdämpfer, Drehstab-Stabilisator
»Raumlenker-Hinterachse«, beiderseits je 5 Stablenker, Schraubenfedern
Gasdruck-Stoßdämpfer, Drehstab-Stabilisator
Auf Wunsch: Hydropneumatische Niveauregulierung
Kugelumlauf-Servolenkung, 3 1/3 Lenkraddrehungen
Zweikreis-Hydraulik, Servohilfe, auf Wunsch: ABS
Scheibenbremsen vorn 284, hinten 258 mm ⌀

2800 mm	2800 mm	2800 mm	2800 mm
1497/1488 mm	1497/1488 mm	1497/1488 mm	1497/1488 mm
4740 × 1740 × 1440 mm	4740 × 1740 × 1446 mm	4740 × 1740 × 1446 mm	4740 × 1740 × 1446 mm
6 J × 15 H 2	6 1/2 J × 15 H 2	6 1/2 J × 15 H 2	6 1/2 J × 15 H 2
185/65 R 15 – 87 H	195/65 R 15 – 90 H	195/65 VR 15	195/65 VR 15
11,3/11,4 Meter	11,3/11,4 Meter	11,3/11,4 Meter	11,3/11,4 Meter
1320 kg	1340 kg	1390 kg	1400 kg
Automatic + 40 kg	Automatic + 40 kg	Automatic + 40 kg	Automatic + 40 kg
1780 kg	1800 kg	1850 kg	1860 kg
185 km/h	200 km/h	215 km/h	230 km/h
13, Automatic 13,5 sec	10,5 sec	9 sec	8,5 sec
12, Automatic 12,5 l Super	12 Liter Super	13 Liter Super	13,5 Liter Super
70 Liter	70 Liter	70 Liter	70 Liter
(über Hinterachse)	(über Hinterachse)	(über Hinterachse)	(über Hinterachse)

Preise		200	230 E	260 E	300 E	200 T	300 TE
Dezember 1984	DM	31 700,–	35 400,–	40 000,–	44 000,–	–	–
Dezember 1985	DM	33 200,–	37 200,–	42 700,–	47 000,–	38 100,–	51 600,–
		200 D	**250 D**	**300 D**	**200 TD**	**250 TD**	**300 TD Turbo**
Dezember 1984	DM	32 600,–	36 200,–	39 700,–	–	–	–
Dezember 1985	DM	34 300,–	38 000,–	41 700,–	39 500,–	42 800,–	54 600,–

Sonderausstattungen	
Dezember 1985	Automatisches Getriebe + DM 2300,– Elektrisches Schiebe-Hebe-Dach + DM 1700,– ABS (Antiblockiersystem) + DM 3100,– Airbag (Luftkissen) + DM 2250,– Katalysator (nur bei Benzin-Motoren) + DM 1825,– Zentralverriegelung + DM 600,– 4-Matic (nur bei 6 Zylinder-Motoren) + DM 13 300,–

Produktion	1984	1985	1986	1987	1988	1989	1990
200	811	21 688					
200 E	–	1 009					
230 E	1 324	44 697					
260 E	17	5 045					
300 E	16	2 938					
300 E 4-Matic	–	9					
200 D	1 034	28 109					
250 D	13	18 250					
300 D	269	15 035					
300 D 4-Matic	–	2					
300 D Turbo	–	16					
200 T	–	77					
230 TE Fahrgestell	–	712					
300 TE	–	129					
300 TE 4-Matic	–	–					
200 TD	–	342					
250 TD Fahrgestell	–	413					
300 TD Turbo	–	2					

	Mercedes-Benz Typ 260 E 4-Matic (W 124) ab 1986	Mercedes-Benz Typ 300 E 4-Matic (W 124) ab 1986	Mercedes-Benz Typ 300 D 4-Matic (W 124) ab 1986
Motor	Daimler-Benz M 103 Einspritzmotor	Daimler-Benz M 103 Einspritzmotor	Daimler-Benz OM 603 Vorkammer-Dieselmotor
Zylinderzahl	6 (Reihe)	6 (Reihe)	6 (Reihe)
Bohrung × Hub	82,9 × 80,25 mm	88,5 × 80,25 mm	87 × 84 mm
Hubraum	2599 ccm	2962 ccm	2996 ccm
Leistung	170 PS = 125 kW b. 5800 U/min bzw. mit Katalysator 160 PS = 118 kW b. 5800 U/min	188 PS = 138 kW b. 5700 U/min bzw. mit Katalysator 180 PS = 132 kW b. 5700 U/min	109 PS = 80 kW b. 4600 U/min
Drehmoment	22,8 mkg bei 4600 U/min bzw. mit Katalysator 22,0 mkg bei 4600 U/min	26,0 mkg bei 4400 U/min bzw. mit Katalysator 25,5 mkg bei 4400 U/min	18,5 mkg bei 2800 U/min
Verdichtung	9,2:1	9,2:1	22,0:1
Gemischbereitung	Mech. Benzineinspritzung Bosch KE-Jetronic	Mech. Benzineinspritzung Bosch KE-Jetronic	Bosch Sechsstempel-Diesel- Reihen-Einspritzpumpe
Ventile	V-förmig hängend 1 obenliegende Nockenwelle Antrieb durch Einfach-Kette	V-förmig hängend 1 obenliegende Nockenwelle Antrieb durch Einfach-Kette	Hängend 1 obenliegende Nockenwelle Antrieb durch Duplex-Kette
Kurbelwellenlager	7	7	7
Kühlung	Pumpe, 8,5 Liter Wasser	Pumpe, 8,5 Liter Wasser	Pumpe, 8,5 Liter Wasser
Schmierung	Druckumlauf, 6 Liter Öl	Druckumlauf, 6 Liter Öl	Druckumlauf, 7,5 Liter Öl
Batterie	12 V 62 Ah (im Motorraum)	12 V 62 Ah (im Motorraum)	12 V 72 Ah (im Motorraum)
Lichtmaschine	Drehstrom 70 A = 980 W	Drehstrom 70 A = 980 W	Drehstrom 55 A = 770 W
Kraftübertragung	Allrad-Antrieb 4-Matic: Antrieb auf Hinterräder + bei Bedarf automatisch zuschaltender Antrieb auf Vorderräder Kraftverteilung vorn 35, hinten 65 % Automatisches Sperrdifferential ASD im Verteilergetriebe und in der Hinterachse		
Schaltgetriebe	5 Gang		
Synchronisierung	I–V		
Übersetzungen	I. 3,86, II. 2,18, III. 1,38, IV. 1,00, V. 0,80		
Automatic-Getriebe	Wandler-4 Gang-Automatic Mercedes-Benz W 4 A 020	Wandler-4 Gang-Automatic Mercedes-Benz W 4 A 040	Wandler-4 Gang-Automatic Mercedes-Benz W 4 A 020
Übersetzungen	I. 4,25 II. 2,41 III. 1,49 IV. 1,00	I. 3,68 II. 2,41 III. 1,44 IV. 1,00	I. 4,25 II. 2,41 III. 1,49 IV. 1,00
Antriebs-Übersetzung	3,27	3,07	3,46 (bei 5 Gang) 2,88 (bei Automatic)
Fahrwerk	Selbsttragende Ganzstahlkarosserie		
Vorderradaufhängung	Dämpferbein-Vorderachse, Dreieck-Querlenker, Schraubenfedern Gasdruck-Stoßdämpfer, Drehstab-Stabilisator		
Hinterradaufhängung	»Raumlenker-Hinterachse«, beiderseits je 5 Stablenker, Schraubenfedern Gasdruck-Stoßdämpfer, Drehstab-Stabilisator Auf Wunsch: Hydropneumatische Niveauregulierung		
Lenkung	Kugelumlauf-Servolenkung, 3 1/3 Lenkraddrehungen		
Fußbremse	Zweikreis-Hydraulik, Servohilfe, ABS Scheibenbremsen vorn 284, hinten 258 mm ∅		
Handbremse	Mechanisch, Hinterräder		
Allgemeine Daten			
Radstand	2800 mm	2800 mm	2800 mm
Spur	1497/1488 mm	1497/1488 mm	1497/1488 mm
Gesamtmaße	4740 × 1740 × 1446 mm	4740 × 1740 × 1446 mm	4740 × 1740 × 1446 mm
Felgen	6 1/2 J × 15 H 2	6 1/2 J × 15 H 2	6 1/2 J × 15 H 2
Reifen	195/65 VR 15	195/65 VR 15	195/65 R 15 – 90 H
Wendekreis links/rechts	11,3/11,4 Meter	11,3/11,4 Meter	11,3/11,4 Meter
Wagengewicht	1490 kg Automatic + 40 kg	1500 kg Automatic + 40 kg	1530 kg Automatic + 40 kg
Zuläss. Gesamtgewicht			
Höchstgeschwindigkeit	215 km/h	230 km/h	190 km/h
Beschleunigung 0–100 km/h	9,5 sec	9 sec	15, Automatic 15,5 sec
Verbrauch/100 km	14 l Super	14,5 l Super	11, Automatic 12 l Diesel
Kraftstofftank	70 Liter (über Hinterachse)	70 Liter (über Hinterachse)	70 Liter (über Hinterachse)

Mercedes-Benz Typ 300 TD Turbo
Kombi 4 Türen
ab 1985

Mercedes-Benz Typ 300 TE
Kombi 4 Türen
ab 1985

Motor

Zylinderzahl
Bohrung × Hub
Hubraum
Leistung

Drehmoment

Verdichtung
Gemischbereitung

Ventile

Kurbelwellenlager
Kühlung
Schmierung
Batterie
Lichtmaschine

Kraftübertragung
Schaltgetriebe
Synchronisierung
Übersetzungen

Automatic-Getriebe

Übersetzungen

Antriebs-Übersetzung

Fahrwerk
Vorderradaufhängung

Hinterradaufhängung

Lenkung
Fußbremse

Allgemeine Daten
Radstand
Spur
Gesamtmaße
Felgen
Reifen
Wendekreis links/rechts
Wagengewicht

Zuläss. Gesamtgewicht
Höchstgeschwindigkeit
Beschleunigung 0–100 km/h
Verbrauch/100 km
Kraftstofftank

Mercedes-Benz Typ 200 T (W 124 S) ab 1985	Mercedes-Benz Typ 230 TE (W 124 S) ab 1985	Mercedes-Benz Typ 300 TE (W 124 S) ab 1985	Mercedes-Benz Typ 300 TE 4-Matic (W 124 S) ab 1986
Daimler-Benz M 102	Daimler-Benz M 102	Daimler-Benz M 103	
Vergasermotor	Einspritzmotor	Einspritzmotor	
4 (Reihe)	4 (Reihe)	6 (Reihe)	
89,0 × 80,25 mm	95,5 × 80,25 mm	88,5 × 80,25 mm	
1997 ccm	2299 ccm	2962 ccm	
109 PS = 80 kW b. 5200 U/min	136 PS = 100 kW b. 5100 U/min	188 PS = 138 kW b. 5700 U/min	
bzw. mit Katalysator	bzw. mit Katalysator	bzw. mit Katalysator	
105 PS = 77 kW b. 5500 U/min	132 PS = 97 kW b. 5100 U/min	180 PS = 132 kW b. 5700 U/min	
17,0 mkg bei 2500 U/min	20,5 mkg bei 3500 U/min	26,0 mkg bei 4400 U/min	
bzw. mit Katalysator	bzw. mit Katalysator	bzw. mit Katalysator	
16,5 mkg bei 3000 U/min	19,8 mkg bei 3500 U/min	25,5 mkg bei 4400 U/min	
9,1:1	9,1:1	9,2:1	
1 Flachstromvergaser	Mech. Benzineinspritzung	Mech. Benzineinspritzung	
Stromberg 175 CD	Bosch KE-Jetronic	Bosch KE-Jetronic	
bzw. mit Katalysator			
1 Fallstrom-Registervergaser			
Pierburg-Electronic 2 E–E			
V-förmig hängend	V-förmig hängend	V-förmig hängend	
1 obenliegende Nockenwelle	1 obenliegende Nockenwelle	1 obenliegende Nockenwelle	
Antrieb durch Einfach-Kette	Antrieb durch Einfach-Kette	Antrieb durch Einfach-Kette	
5	5	7	
Pumpe, 8,5 Liter Wasser	Pumpe, 8,5 Liter Wasser	Pumpe, 8,5 Liter Wasser	
Druckumlauf, 5 Liter Öl	Druckumlauf, 5 Liter Öl	Druckumlauf, 6 Liter Öl	
12 V 62 Ah (im Motorraum)	12 V 62 Ah (im Motorraum)	12 V 62 Ah (im Motorraum)	
Drehstrom 55 A = 770 W	Drehstrom 55 A = 770 W	Drehstrom 70 A = 980 W	
Antrieb auf Hinterräder	Antrieb auf Hinterräder	Antrieb auf Hinterräder	Allrad-Antrieb »4-Matic«
4 Gang / 5 Gang	4 Gang / 5 Gang	5 Gang	
I–IV / I–V	I–IV / I–V	I–V	
I. 3,91 / I. 3,91	I. 3,91 / I. 3,91	I. 3,86	
II. 2,17 / II. 2,17	II. 2,17 / II. 2,17	II. 2,18	
III. 1,37 / III. 1,37	III. 1,37 / III. 1,37	III. 1,38	
IV. 1,00 / IV. 1,00	IV. 1,00 / IV. 1,00	IV. 1,00	
V. 0,78	V. 0,78	V. 0,80	
Wandler-4 Gang-Automatic	Wandler-4 Gang-Automatic	Wandler-4 Gang-Automatic	
Mercedes-Benz W 4 A 020	Mercedes-Benz W 4 A 020	Mercedes-Benz W 4 A 040	
I. 4,25	I. 4,25	I. 3,68	
II. 2,41	II. 2,41	II. 2,41	
III. 1,49	III. 1,49	III. 1,44	
IV. 1,00	IV. 1,00	IV. 1,00	
3,64	3,46	3,27	

Selbsttragende Ganzstahlkarosserie
Dämpferbein-Vorderachse, Dreieck-Querlenker, Schraubenfedern
Gasdruck-Stoßdämpfer, Drehstab-Stabilisator
»Raumlenker-Hinterachse«, beiderseits je 5 Stablenker, Schraubenfedern
Gasdruck-Stoßdämpfer, Drehstab-Stabilisator
Hydropneumatische Niveauregulierung
Kugelumlauf-Servolenkung (15,44:1), $3^1/_3$ Lenkraddrehungen
Zweikreis-Hydraulik, Servohilfe, auf Wunsch (bzw. Serie bei »4-Matic«): ABS
Scheibenbremsen vorn 284, hinten 278 mm Ø

2800 mm	2800 mm	2800 mm	2800 mm
1497/1491 mm	1497/1491 mm	1497/1491 mm	1497/1491 mm
4765 × 1740 × 1490 mm	4765 × 1740 × 1490 mm	4765 × 1740 × 1490 mm	4765 × 1740 × 1490 mm
$6^1/_2$ J × 15 H 2	$6^1/_2$ J × 15 H 2	$6^1/_2$ J × 15 H 2	$6^1/_2$ J × 15 H 2
195/65 R 15 – 91 T	195/65 R 15 – 91 H	195/65 VR 15	195/65 VR 15
11,3/11,4 Meter	11,3/11,4 Meter	11,3/11,4 Meter	11,3/11,4 Meter
1450 kg	1460 kg	1530 kg	1630 kg
Automatic + 40 kg	Automatic + 40 kg	Automatic + 40 kg	Automatic + 40 kg
2010 kg	2020 kg	2090 kg	
175 km/h	190 km/h	215 km/h	215 km/h
14, Automatic 14,5 sec	11,5 sec	9 sec	9 sec
13, Automatic 13,5 l Super	13 Liter Super	14,5 Liter Super	15 Liter Super
70 Liter (hinter Hinterachse)	70 Liter (hinter Hinterachse)	70 Liter (hinter Hinterachse)	70 Liter (hinter Hinterachse)

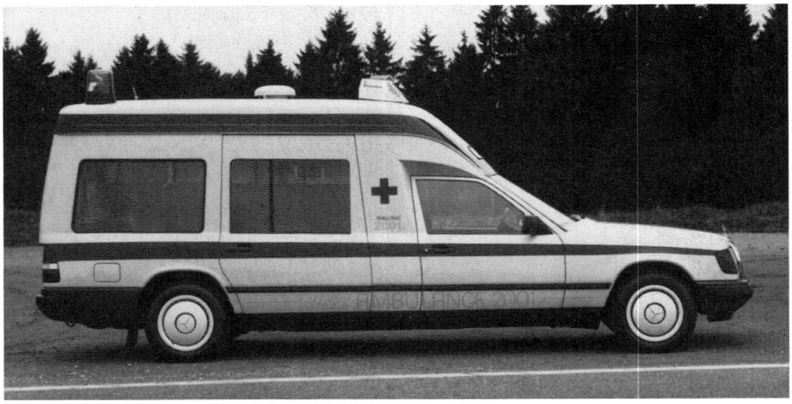

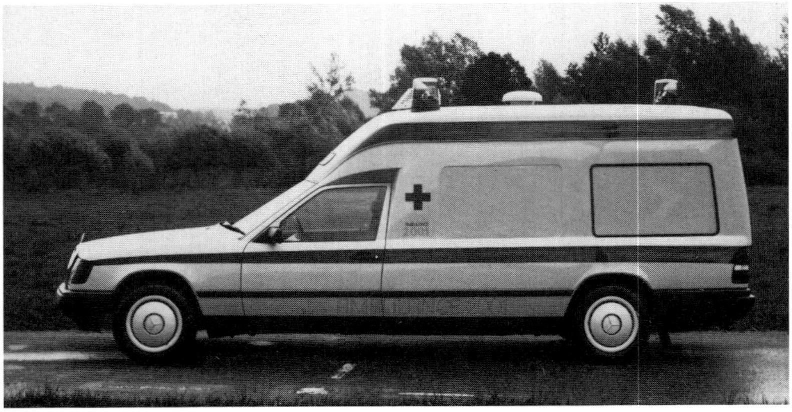

Mercedes-Benz Baureihe 124
Krankenwagen (langer Radstand)
Aufbau Binz, ab 1985

Motor

Zylinderzahl
Bohrung × Hub
Hubraum
Leistung
Drehmoment
Verdichtung
Gemischbereitung

Ventile

Kurbelwellenlager
Kühlung
Schmierung
Batterie
Lichtmaschine

Kraftübertragung
Schaltgetriebe
Synchronisierung
Übersetzungen

Automatic-Getriebe

Übersetzungen

Antriebs-Übersetzung

Fahrwerk
Vorderradaufhängung

Hinterradaufhängung

Lenkung
Fußbremse

Handbremse

Allgemeine Daten
Radstand
Spur
Gesamtmaße
Felgen
Reifen
Wendekreis links/rechts
Wagengewicht

Zuläss. Gesamtgewicht
Höchstgeschwindigkeit
Beschleunigung 0–100 km/h
Verbrauch/100 km
Kraftstofftank

Mercedes-Benz Typ 200 TD (W 124 S) ab 1985	**Mercedes-Benz Typ 250 TD (W 124 S) ab 1985**	**Mercedes-Benz Typ 300 TD Turbo (W 124 S) ab 1985**	**Mercedes-Benz Typ 300 TD Turbo 4-Matic (W 124 S) ab 1986**
Daimler-Benz OM 601	Daimler-Benz OM 602	Daimler-Benz OM 603 A	
Vorkammer-Dieselmotor	Vorkammer-Dieselmotor	Vorkammer-Dieselmotor mit Abgas-Turbolader	
4 (Reihe)	5 (Reihe)	6 (Reihe)	
87 × 84 mm	87 × 84 mm	87 × 84 mm	
1997 ccm	2497 ccm	2966 ccm	
72 PS = 53 kW bei 4600 U/min	90 PS = 66 kW bei 4600 U/min	143 PS = 105 kW bei 4600 U/min	
12,3 mkg bei 2800 U/min	15,4 mkg bei 2800 U/min	27,0 mkg bei 2800 U/min	
22,0:1	22,0:1	22,0:1	
Bosch Vierstempel-Diesel-Reihen-Einspritzpumpe	Bosch Fünfstempel-Diesel-Reihen-Einspritzpumpe	Bosch Sechsstempel-Diesel-Reihen-Einspritzpumpe	
Hängend	Hängend	Hängend	
1 obenliegende Nockenwelle	1 obenliegende Nockenwelle	1 obenliegende Nockenwelle	
Antrieb durch Duplex-Kette	Antrieb durch Duplex-Kette	Antrieb durch Duplex-Kette	
5	6	7	
Pumpe, 7,2 Liter Wasser	Pumpe, 8,2 Liter Wasser	Pumpe, 8,5 Liter Wasser	
Druckumlauf, 6,5 Liter Öl	Druckumlauf, 7 Liter Öl	Druckumlauf, 8 Liter Öl	
12 V 72 Ah (im Motorraum)	12 V 72 Ah (im Motorraum)	12 V 72 Ah (im Motorraum)	
Drehstrom 55 A = 770 W	Drehstrom 55 A = 770 W	Drehstrom 55 A = 770 W	
Antrieb auf Hinterräder	Antrieb auf Hinterräder	Antrieb auf Hinterräder	Allrad-Antrieb »4-Matic«
5 Gang	5 Gang	nicht lieferbar	
I–IV	I–V		
I. 3,91	I. 3,91		
II. 2,17	II. 2,17		
III. 1,37	III. 1,37		
IV. 1,00	IV. 1,00		
V. 0,78	V. 0,78		
Wandler-4 Gang-Automatic	Wandler-4 Gang-Automatic	Wandler-4 Gang-Automatic	
Mercedes-Benz W 4 A 020	Mercedes-Benz W 4 A 020	Mercedes-Benz W 4 A 040	
I. 4,25	I. 4,25	I. 3,68	
II. 2,41	II. 2,41	II. 2,41	
III. 1,49	III. 1,49	III. 1,44	
IV. 1,00	IV. 1,00	IV. 1,00	
3,91 (bei 5 Gang)	3,91 (bei 5 Gang)	2,65	
3,64 (bei Automatic)	3,23 (bei Automatic)		

Selbsttragende Ganzstahlkarosserie
Dämpferbein-Vorderachse, Dreieck-Querlenker, Schraubenfedern
Gasdruck-Stoßdämpfer, Drehstab-Stabilisator
»Raumlenker-Hinterachse«, beiderseits je 5 Stablenker, Schraubenfedern
Gasdruck-Stoßdämpfer, Drehstab-Stabilisator
Hydraulische Niveauregulierung
Kugelumlauf-Servolenkung (15,44:1), $3^{1}/_{3}$ Lenkraddrehungen
Zweikreis-Hydraulik, Servohilfe,
auf Wunsch (bzw. Serie bei »4-Matic«): ABS
Scheibenbremsen vorn 284, hinten 278 mm Ø
Mechanisch, Hinterräder

2800 mm	2800 mm	2800 mm	2800 mm
1497/1491 mm	1497/1491 mm	1497/1491 mm	1497/1491 mm
4765 × 1740 × 1490 mm	4765 × 1740 × 1490 mm	4765 × 1740 × 1490 mm	4765 × 1740 × 1490 mm
$6^{1}/_{2}$ J × 15 H 2	$6^{1}/_{2}$ J × 15 H 2	$6^{1}/_{2}$ J × 15 H 2	$6^{1}/_{2}$ J × 15 H 2
195/65 R 15 – 91 T	195/65 R 15 – 91 T	195/65 R 15 – 91 H	195/65 R 15 – 91 H
11,3/11,4 Meter	11,3/11,4 Meter	11,3/11,4 Meter	11,3/11,4 Meter
1470 kg	1500 kg	1600 kg	1700 kg
Automatic + 40 kg	Automatic + 40 kg		
2030 kg	2060 kg	2160 kg	
150 km/h	160 km/h	190 km/h	190 km/h
21,5, Automatic 22,5 sec	17,5, Automatic 18,5 sec	12 sec	12 sec
9,5, Automatic 10,5 l Diesel	10,5, Automatic 11,5 l Diesel	13 l Diesel	13,5 l Diesel
70 Liter	70 Liter	70 Liter	70 Liter
(hinter Hinterachse)	(hinter Hinterachse)	(hinter Hinterachse)	(hinter Hinterachse)

Produktionsbeginn und Markteinführung des Mercedes-Benz Coupés der Baureihe 124 (Typ 230 CE und Typ 300 CE) sind für das Frühjahr 1987 vorgesehen. Der erste öffentliche Auftritt wird wohl auf dem Genfer Automobil-Salon stattfinden.

Zur Frankfurter Automobil-Austellung im September 1987 wird der völlig neue Tourensportwagen der SL-Reihe (Baureihe 129) erwartet. Der derzeit noch produzierte Vorgänger (jetzige Typen 300 SL, 420 SL, 500 SL) wird dann 16 Jahre alt sein! Auch der neue SL erscheint wieder als Roadster mit abnehmbarem Coupédach. Die Bilder zeigen einen nur noch wenig getarnten Erlkönig bei Hitzetests in Amerika.

Mercedes-Benz Typ 280 S, 280 SE, 280 SEL (1979 – 1985)
Mercedes-Benz Typ 260 SE, 300 SE, 300 SEL (ab 1985)
Mercedes-Benz Typ 380 SE, 380 SEL, 380 SEC (1979–1985)
Mercedes-Benz Typ 420 SE, 420 SEL, 420 SEC (ab 1985)
Mercedes-Benz Typ 500 SE, 500 SEL, 500 SEC (ab 1979)
Mercedes-Benz Typ 560 SEL, 560 SEC (ab 1985)

Die ursprüngliche Ausführung der heutigen S-Klasse (werksintern: Baureihe 126) wurde auf der Frankfurter Automobil-Ausstellung im September 1979 vorgestellt. Wichtigstes Konstruktionsziel für diese damals weitgehend neu konzipierte Typenfamilie war die Verringerung des Gewichtes und des Luftwiderstands, um den Kraftstoffverbrauch möglichst noch weiter zu verringern. Ob freilich ein bißchen Verbrauch mehr oder weniger für Besitzer eines Wagens der S-Klasse von so großer Wichtigkeit ist, erscheint doch fraglich, zumal die Kostenrechnung hiervon weit weniger beeinflußt wird als durch den immensen Entwicklungsaufwand, welchen selbst eine geringfügige Gewichtsverminderung erfordert und der sich im Listenpreis des Wagens sehr nachdrücklich auswirkt. Ebenso dürfte bei der Verringerung des Luftwiderstands inzwischen jene Grenze erreicht sein, wo der theoretische Erfolg durch praktische Nachteile in bezug auf Bequemlichkeit und Komfort mehr als aufgezehrt wird. Ungeachtet solcher Erwägungen zählen freilich die Wagen der S-Klasse nach wie vor zu den Spitzenautomobilen, und in ihrer Art sind sie zweifellos die besten der Welt. Saubere Verarbeitung und perfekte Technik, Zuverlässigkeit, Dauerhaftigkeit und Anspruchslosigkeit, überlegene Fahrleistungen und unübertroffene Fahreigenschaften bei müheloser Bedienbarkeit, größtmögliche innere Sicherheit auf der einen, selbstverständliches Prestige auf der anderen Seite zeichnen in einzigartiger Kombination diese wirklich ganz und gar erstklassigen Automobile aus. Im Vergleich zur vorhergehenden wirkt die jetzige S-Klasse äußerlich schmuckloser und vielleicht auch funktioneller, wobei die Schaumstoffblenden der unteren Karosserieflächen zwar nicht unbedingt schön aussehen, aber gewiß von Nutzen sind. Die Motorenstaffel war zunächst nahezu unverändert vom Vorgänger übernommen worden, wobei man lediglich den 4,5 Liter auf 5 Liter Hubraum aufgebohrt hatte.

Eine gründliche Überarbeitung der Achtzylinder-Motoren erfolgte zum Herbst 1981. Die gleichzeitige Verlängerung der Antriebsübersetzungen bezweckte und erreichte eine deutliche Reduzierung des Verbrauchs. Beim 3,8 Liter änderte man sogar ohne viel Aufhebens

Preise		280 S	280 SE	380 SE	500 SE	500 SEL	500 SEC
September 1979	DM	37 800,–	40 800,–	46 700,–	50 700,–	56 200,–	–
März 1980	DM	39 300,–	42 300,–	48 500,–	52 700,–	58 400,–	–
August 1980	DM	40 000,–	43 000,–	49 400,–	54 100,–	59 500,–	–
September 1981	DM	41 600,–	44 900,–	51 800,–	56 600,–	62 200,–	73 900,–
Januar 1982	DM	42 700,–	46 200,–	53 200,–	58 200,–	63 900,–	75 900,–
September 1982	DM	44 500,–	48 100,–	55 400,–	60 400,–	66 300,–	79 000,–
September 1983	DM	46 300,–	50 000,–	57 500,–	62 600,–	68 700,–	82 400,–
Januar 1984	DM	47 400,–	51 200,–	59 100,–	64 300,–	70 600,–	85 400,–
Dezember 1984	DM	48 800,–	52 700,–	63 700,–	69 700,–	76 200,–	91 400,–
		260 SE	**300 SE**	**420 SE**	**500 SEL**	**560 SEL**	**500 SEC**
September 1985	DM	53 200,–	57 600,–	70 700,–	83 900,–	121 400,–	100 400,–
Dezember 1985	DM	54 200,–	58 600,–	71 900,–	85 500,–	121 400,–	102 200,–

Alle Preise einschließlich Automatic

Mercedes-Benz S-Klasse Limousine 4 Türen 1979 – 1985

Produktion	1979	1980	1981	1982	1983	1984	1985	1986	1987	1988
280 S	408	6 348	7 212	8 761	8 568	6 203	5 496			
280 SE	812	22 482	26 654	23 287	25 229	22 656	12 835			
280 SEL	1	887	2 423	3 843	4 302	4 598	4 601			
260 SE							2 222			
300 SE							5 432			
300 SEL							1 379			
380 SE	217	7 935	8 603	7 429	8 147	14 618	11 290			
380 SEL	1	1 648	6 726	8 496	6 270	2 016	1 857			
420 SE							1 689			
420 SEL							6 102			
500 SE	149	5 312	3 308	3 349	3 646	2 790	3 194			
500 SEL	2	2 206	5 942	8 966	12 095	14 808	12 751			
560 SEL							2 097			
300 SD	3	4 857	16 595	18 122	20 291	12 546	6 311			
300 SDL							47			
380 SEC		3	945	4 393	3 829	1 310	787			
420 SEC							273			
500 SEC		1	726	4 059	6 058	6 664	5 865			
560 SEC							989			

die Zylinderabmessungen, wobei freilich trotz solchen Aufwands das Schicksal dieses Triebwerks bestehen blieb, zwischen dem 280 S einerseits und dem 500 SEL andererseits kein sonderlich attraktives Angebot darzustellen. Der ganz famose 280 S übrigens stand hier wie schon bei den vorhergehenden Baureihen viel zu sehr im Schatten des 280 SE, was größtenteils auf die Fehlinformation des Publikums durch unsinnige Vorurteile zweier großer Autozeitschriften zurückzuführen war.

Ebenfalls auf der Frankfurter Automobil-Ausstellung im September 1981 wurde ein völlig neues Familien-Coupé als Typ 380 SEC und Typ 500 SEC vorgestellt. Es übernahm die Nachfolge der zum gleichen Zeitpunkt aus der Produktion genommenen SLC-Coupés, denen gegenüber das neue Modell viel eindrucksvoller und stattlicher aussieht.

Mehr denn je zuvor werden abgewandelte Wagen der S-Klasse nachgefragt. Dies gilt vor allem für »beschußgesicherte« Limousinen, von welchen Daimler-Benz jährlich etwa 100 Stück an Politiker sowie andere attentats- oder entführungsgefährdete Persönlichkeiten liefert. (Einige weitere Wagen werden von darauf spezialisierten Karosseriefirmen im In- und Ausland entsprechend umgebaut.) Gepanzerte Limousinen sind von der serienmäßigen Normalausführung äußerlich kaum zu unterscheiden. Aber ihr Gewicht ist etwa um die Hälfte höher, und die Höchstgeschwindigkeit muß wegen der Reifen auf 180 km/h beschränkt bleiben. Der Mehrpreis für ein solches Auto beträgt mindestens 150 000 DM.

Die zweite Halbzeit der derzeitigen S-Klasse begann anläßlich der Frankfurter Automobil-Ausstellung im September 1985. Sowohl innen wie außen ließ man dem Wagen zahlreiche kleine Änderungen und Verbesserungen angedeihen, die aber alle zusammen relativ wenig Bedeutung besitzen. Daß die seitlichen Verkleidungen an der Karosserie nunmehr glattflächig statt geriffelt sind, ist insofern wichtig, weil dies äußerlich das wichtigste Merkmal der modifizierten S-Klasse darstellt. Echt neu hingegen präsentiert sich deren Motorenangebot. Von der Mittelklasse-Baureihe 124 hat man die neuen 2,6 und 3 Liter Sechszylinder-Motoren übernommen, womit der seitherige 2,8 Liter (und damit leider auch der Vergaser-Typ 280 S) entfiel. Bei den Achtzylindern wurde der 3,8 auf 4,2 Liter vergrößert, der 5 Liter erhielt etliche Detailverbesserungen, und dazu kam nun als Krönung des Programms ein 5,6 Liter-V8, ein 5 Liter mit größerer Kurbelwelle. Eine weitere Errungenschaft ist der Übergang von 14 auf 15 Zoll-Felgen mit entsprechend größeren Reifen und Scheibenbremsen.

Die derzeitige S-Klasse wird voraussichtlich bis Mitte 1991 produziert werden.

Motor

Zylinderzahl
Bohrung × Hub
Hubraum
Leistung
Drehmoment
Verdichtung
Gemischbildung

Zündung
Ventile

Kurbelwellenlager
Kühlung
Schmierung
Batterie
Lichtmaschine

Kraftübertragung
Getriebe

Antriebs-Übersetzung

Fahrwerk
Vorderradaufhängung

Hinterradaufhängung

Lenkung
Fußbremse

Allgemeine Daten
Radstand
Spur vorn/hinten
Gesamtmaße
Felgen
Reifen
Wendekreis links/rechts
Wagengewicht
Zuläss. Gesamtgewicht
Höchstgeschwindigkeit
Beschleunigung 0–100 km/h
Verbrauch/100 km

Kraftstofftank

Mercedes-Benz Typ 280 S (W 126 V 28) 1979 – 1985	Mercedes-Benz Typ 280 SE (W 126 E 28) 1979 – 1985	Mercedes-Benz Typ 280 SEL (W 126 E 28) 1978 – 1985	Mercedes-Benz Typ 300 SD Turbodiesel (W 126 D 30 A) 1979 – 1985
Daimler-Benz M 110	Daimler-Benz M 110		Daimler-Benz OM 617
Vergasermotor	Einspritzmotor		Vorkammer-Dieselmotor mit Abgas-Turbolader
6 (Reihe)	6 (Reihe)		5 (Reihe)
86 × 78,8 mm	86 × 78,8 mm		90,9 × 92,4 mm
2746 (Steuer 2717) ccm	2746 (Steuer 2717) ccm		2998 ccm
156 PS (115 kW) b. 5500 U/min	185 PS (136 kW) b. 5800 U/min		125 PS (92 kW) b. 4350 U/min
22,7 mkg bei 4000 U/min	24,5 mkg bei 4500 U/min		25 mkg bei 2400 U/min
9,0	9,0		21,5
1 Doppel-Register-Fallstromvergaser Solex 4 A 1 mit Startautomatik	Mechanische Bosch K-Jetronic Einspritzung		Bosch Fünfstempel-Pumpe Garrett Abgas-Turbolader
Batteriezündung	Transistorzündung		Selbstzündung
Hängend	Hängend		Hängend
2 obenliegende Nockenwellen	2 obenliegende Nockenwellen		1 obenliegende Nockenwelle
Antrieb durch Duzplex-Kette	Antrieb durch Duplex-Kette		Antrieb durch Duplex-Kette
7	7		6
Pumpe, 12 Liter Wasser	Pumpe, 12 Liter Wasser		Pumpe, 12 Liter Wasser
Druckumlauf, 6 Liter Öl	Druckumlauf, 6 Liter Öl		Druckumlauf, 8,6 Liter Öl
12 V 55 Ah (im Motorraum)	12 V 55 Ah (im Motorraum)		12 V 88 Ah (im Motorraum)
Drehstrom 55 A (770 W)	Drehstrom 55 A (770 W)		Drehstrom 55 A (770 W)

Antrieb auf Hinterräder, Gelenkwelle zweiteilig
Automatic, Wählhebel Wagenmitte
Hydraulischer Wandler + 4 Gang-Planetengetriebe
Alle Modelle (außer 300 SD) ebenso mit 4 Gang- oder (ab Herbst 1981) auch mit 5 Gang-Schaltgetriebe
3,46 (300 SD: 3,07)

Selbsttragende Ganzstahlkarosserie
Doppel-Querlenker, Schraubenfedern
Gummi-Zusatzfedern, Drehstab-Stabilisator
Diagonal-Pendelachse, Schräglenker, Schraubenfedern
Gummi-Zusatzfedern, Drehstab-Stabilisator
Auf Wunsch: Niveau-Regulierung
Kugelumlauf (14,35:1), Servohilfe, 2,75 Lenkraddrehungen
Zweikreis-Hydraulik, Servohilfe, auf Wunsch ABS
Scheibenbremsen vorn 286 mm ∅, hinten 279 mm ∅

2935 mm	2935 mm	3075 mm	2935 mm
1545/1517 mm	1545/1517 mm	1545/1517 mm	1545/1517 mm
4995 × 1820 × 1430 mm	4995 × 1820 × 1430 mm	5135 × 1820 × 1434 mm	5145 × 1820 × 1430 mm
6 J oder 6½ J × 14	6 J oder 6½ J × 14	6 J oder 6½ J × 14	6 J × 14
195/70 oder 205/70 HR 14	195/70 oder 205/70 HR 14	195/70 oder 205/70 HR 14	195/70 SR 14
12,0/12,0 Meter	12,0/12,0 Meter	12,3/12,3 Meter	12,0/12,0 Meter
1610 kg	1610 kg	1640 kg	1760 kg
2080 kg	2080 kg	2110 kg	
200 km/h	210 km/h	210 km/h	165 km/h
11, Automatic 12 sec	10, Automatic 11 sec	10, Automatic 11 sec	16 sec
16 bzw. (ab Herbst 1981)	16 bzw. (ab Herbst 1981)	16 bzw. (ab Herbst 1981)	14 Liter Diesel
15 Liter Super	15 Liter Super	15 Liter Super	
90 Liter (über Hinterachse)	90 Liter (über Hinterachse)	90 Liter (über Hinterachse)	77 Liter (über Hinterachse)
			Nur für USA-Markt!

Mercedes-Benz Typ 380 SE Sedan
USA-Ausführung 1979 – 1985

Mercedes-Benz Typ 500 SEL Long-wheelbase Sedan
USA-Ausführung 1979 – 1985

Mercedes-Benz Typ 500 SEC Coupé
USA-Ausführung 1981 – 1985

Motor

Zylinderzahl
Bohrung × Hub
Hubraum
Leistung

Drehmoment

Verdichtung
Gemischbereitung
Zündung
Ventile
Kurbelwellenlager
Kühlung
Schmierung
Batterie
Lichtmaschine

Kraftübertragung
Getriebe

Antriebs-Übersetzung

Fahrwerk
Vorderradaufhängung

Hinterradaufhängung

Lenkung
Fußbremse

Allgemeine Daten
Radstand
Spur vorn/hinten
Gesamtmaße
Felgen
Reifen
Wendekreis links/rechts
Wagengewicht
Zuläss. Gesamtgewicht
Höchstgeschwindigkeit

Beschleunigung 0–100 km/h
Verbrauch/100 km

Kraftstofftank

Radstand
Gesamtmaße
Wendekreis links/rechts
Wagengewicht
Zuläss. Gesamtgewicht
Höchstgeschwindigkeit

Mercedes-Benz Typ 380 SE (W 126 E 38) 1979 – 1985	**Mercedes-Benz Typ 380 SEL (W 126 E 38) 1979 – 1985**	**Mercedes-Benz Typ 500 SE (W 126 E 50) 1979 – 1985**	**Mercedes-Benz Typ 500 SEL (W 126 E 50) 1978 – 1985**
Daimler-Benz M 116		Daimler-Benz M 117	
Einspritzmotor		Einspritzmotor	
V8 (90°-V-Form)		V8 (90°-V-Form)	
92,0 x 71,8 mm bzw. (ab Herbst 1981) 88,0 × 78,9 mm		96,5 x 85,0 mm	
3818 (3776) ccm bzw. (ab Herbst 1981) 3839 (3793) ccm		4973 (Steuer 4939) ccm	
218 PS (160 kW) bei 5500 U/min bzw. (ab Herbst 1981) 204 PS (150 kW) bei 5250 U/min		240 PS (177 kW) bei 4750 U/min bzw. (ab Herbst 1981) 231 PS (170 kW) bei 4750 U/min	
30,5 mkg bei 4000 U/min bzw. (ab Herbst 1981) 32,1 mkg bei 3250 U/min		41 mkg bei 3200 U/min bzw. (ab Herbst 1981) 41,2 mkg bei 3000 U/min	
9,0 bzw. (ab Herbst 1981) 9,4		8,8 bzw. (ab Herbst 1981) 9,2	
Mechanische Einspritzung Bosch K-Jetronic			
Transistorzündung			
Hängend, je Zylinderreihe 1 obenliegende Nockenwelle, Antrieb durch Duplex-Kette			
5			
Pumpe, 12,5 Liter Wasser		Pumpe, 13 Liter Wasser	
Druckumlauf, 7,5 Liter Öl			
12 V 66 Ah (im Motorraum)			
Drehstrom 70 A (980 W)			
Antrieb auf Hinterräder, Gelenkwelle zweiteilig			
Automatic, Wählhebel Wagenmitte			
Hydraulischer Wandler + 4 Gang-Planetengetriebe			
3,27 bzw. (ab Herbst 1981) 2,47		2,82 bzw. (ab Herst 1981) 2,24	
Selbsttragende Ganzstahlkarosserie			
Doppel-Querlenker, Schraubenfedern			
Gummi-Zusatzfedern, Drehstab-Stabilisator			
Diagonal-Pendelachse, Schräglenker, Schraubenfedern			
Gummi-Zusatzfedern, Drehstab-Stabilisator			
Auf Wunsch: Niveau-Regulierung			
Kugelumlauf (14,35:1), Servohilfe, 2,75 Lenkraddrehungen			
Zweikreis-Hydraulik, Servohilfe, ab 1979 auf Wunsch ABS			
Scheibenbremsen vorn 286 mm ∅, hinten 279 ∅			
2935 mm	3075 mm	2930 mm	3070 mm
1545/1517 mm	1545/1517 mm	1545/1517 mm	1545/1517 mm
4955 × 1820 × 1436 mm	5135 × 1820 × 1440 mm	4955 × 1820 × 1436 mm	5135 × 1820 × 1440 mm
6½ J × 14	6½ J × 14	6½ J × 14	6½ J × 14
205/70 VR 14	205/70 VR 14	205/70 VR 14	205/70 VR 14
12,0/12,0 Meter	12,3/12,3 Meter	12,0/12,0 Meter	12,3/12,3 Meter
1645 kg	1665 kg	1670 kg	1705 kg
2115 kg	2135 kg	2140 kg	2175 kg
215 km/h bzw. (ab Herbst 1981) 205 km/h	215 km/h bzw. (ab Herbst 1981) 205 km/h	225 km/h bzw. (ab Herbst 1981) 220 km/h	225 km/h bzw. (ab Herbst 1981) 220 km/h
9,5 sec	9,5 sec	8,5 sec	8,5 sec
18,5 Liter Super bzw. (ab Herbst 1981) 17 Liter Super	18,5 Liter Super bzw. (ab Herbst 1981) 17 Liter Super	18,5 Liter Super bzw. (ab Herbst 1981) 17 Liter Super	18,5 Liter Super bzw. (ab Herbst 1981) 17 Liter Super
90 Liter (über Hinterachse)	90 Liter (über Hinterachse)	90 Liter (über Hinterachse)	90 Liter (über Hinterachse)

Mercedes-Benz Typ 380 SEC (W 126 C E 38) 1981 – 1985		**Mercedes-Benz Typ 500 SEC (W 126 C E 50) 1981 – 1985**	
Abweichende Daten:		**Abweichende Daten:**	
2850 mm		2850 mm	
4910 × 1828 × 1406 mm		4910 × 1828 × 1406 mm	
11,8/11,8 Meter		11,8/11,8 Meter	
1635 kg		1660 kg	
2105 kg		2130 kg	
210 km/h		225 km/h	

Mercedes-Benz Typ 280 S, 280 SE, 380 SE und 500 SE Limousine 4 Türen (1978–1985)

Mercedes Benz Typ 380 SEC und 500 SEC Coupé (1981–1985)

Mercedes-Benz Typ 300 SE Limousine 4 Türen (ab 1985)

Mercedes-Benz Typ 560 SEL Limousine 4 Türen (ab 1985)

Mercedes-Benz Typ 560 SEC Coupé 4 Sitze (ab 1985)

	Mercedes-Benz Typ 260 SE (W 126 E 26) ab 1985	Mercedes-Benz Typ 300 SE (W 126 E 30) ab 1985	Mercedes-Benz Typ 300 SEL (W 126 E 30) ab 1985
Motor	Daimler-Benz M 103 E 26	Daimler-Benz M 103 E 30	
	Einspritzmotor	Einspritzmotor	
Zylinderzahl	6 (Reihe)	6 (Reihe)	
Bohrung × Hub	82,9 × 80,25 mm	88,5 × 80,25 mm	
Hubraum	2599 ccm	2962 ccm	
Leistung	166 PS = 122 kW b. 5800 U/min	188 PS = 138 kW b. 5700 U/min	
	bzw. mit Katalysator	bzw. mit Katalysator	
	160 PS = 118 kW b. 5800 U/min	180 PS = 132 kW b. 5700 U/min	
Drehmoment	22,8 mkg bei 4600 U/min	26,0 mkg bei 4400 U/min	
	bzw. mit Katalysator	bzw. mit Katalysator	
	22,0 mkg bei 4600 U/min	25,5 mkg bei 4400 U/min	
Verdichtung	9,2	9,2	
Gemischbereitung	Mech. Benzineinspritzung	Mech. Benzineinspritzung	
	Bosch KE-Jetronic	Bosch KE-Jetronic	
Ventile	V-förmig hängend	V-förmig hängend	
	1 obenliegende Nockenwelle	1 obenliegende Nockenwelle	
	Antrieb durch Einfach-Kette	Antrieb durch Einfach-Kette	
Kurbelwellenlager	7	7	
Kühlung	Pumpe, 8,5 Liter Wasser	Pumpe, 8,5 Liter Wasser	
Schmierung	Druckumlauf, 6 Liter Öl	Druckumlauf, 6 Liter Öl	
Batterie	12 V 62 Ah (im Motorraum)	12 V 62 Ah (im Motorraum)	
Lichtmaschine	Drehstrom 70 A = 900 W	Drehstrom 70 A = 900 W	
Kraftübertragung	Antrieb auf Hinterräder,	Antrieb auf Hinterräder,	
	Gelenkwelle zweiteilig	Gelenkwelle zweiteilig	
Schaltgetriebe	5 Gang	5 Gang	
Synchronisierung	I–V	I–V	
Übersetzungen	I. 3,86	I. 3,86	
	II. 2,18	II. 2,18	
	III. 1,38	III. 1,38	
	IV. 1,00	IV. 1,00	
	V. 0,80	V. 0,80	
Automat. Getriebe	Hydraulischer Wandler +	Hydraulischer Wandler +	
	4 Gang-Planetengetriebe	4 Gang-Planetengetriebe	
Übersetzungen	I. 4,25	I. 3,68	
	II. 2,41	II. 2,41	
	III. 1,49	III. 1,44	
	IV. 1,00	IV. 1,00	
Antriebs-Übersetzung	3,46	3,46	
Fahrwerk	Selbsttragende Ganzstahlkarosserie		
Vorderradaufhängung	Doppel-Querlenker, Schraubenfedern		
	Gummi-Zusatzfedern, Drehstab-Stabilisator		
Hinterradaufhängung	Diagonal-Pendelachse, Schräglenker, Schraubenfedern		
	Gummi-Zusatzfedern, Drehstab-Stabilisator		
	Auf Wunsch: Niveauregulierung		
Lenkung	Kugelumlauf (14,35:1), Servohilfe, 3 Lenkraddrehungen		
Fußbremse	Zweikreis-Hydraulik, Servohilfe, auf Wunsch: ABS		
	Scheibenbremsen vorn 300, hinten 279 mm Ø		
Allgemeine Daten			
Radstand	2935 mm	2935 mm	3075 mm
Spur	1555/1527 mm	1555/1527 mm	1555/1527 mm
Gesamtmaße	5020 × 1820 × 1437 mm	5020 × 1820 × 1437 mm	5160 × 1820 × 1440 mm
Felgen	7 J × 15	7 J × 15	7 J × 15
Reifen	205 oder 215/65 HR 15	205/65 VR 15	205/65 VR 15
Wendekreis links/rechts	12,0/12,0 Meter	12,0/12,0 Meter	12,3/12,3 Meter
Wagengewicht	1580 kg	1580 kg	1610 kg
	Automatic + 40 kg	Automatic + 40 kg	Automatic + 40 kg
Zuläss. Gesamtgewicht	2040 kg	2040 kg	2070 kg
Höchstgeschwindigkeit	205 km/h	210 km/h	210 km/h
Beschleunigung 0–100 km/h	11, Automatic 12 sec	10, Automatic 11 sec	10, Automatic 11 sec
Verbrauch/100 km	15 Liter Super	15 Liter Super	15 Liter Super
Kraftstofftank	90 Liter	90 Liter	90 Liter
	(über Hinterachse)	(über Hinterachse)	(über Hinterachse)

	Mercedes-Benz Typ 420 SE (W 126 E 42) ab 1985	Mercedes-Benz Typ 420 SEL (W 126 E 42) ab 1985
Motor	Daimler-Benz M 116 E 42 Einspritzmotor	
Zylinderzahl	V8 (90°-V-Form	
Bohrung × Hub	92,0 × 78,9 mm	
Hubraum	4196 ccm	
Leistung	218 PS = 160 kW b. 5200 U/min bzw. mit Katalysator 204 PS = 150 kW b. 5200 U/min	
Drehmoment	33 mkg bei 3750 U/min bzw. mit Katalysator 31 mkg bei 3600 U/min	
Verdichtung	9,0	
Gemischbereitung	Mech. Benzineinspritzung Bosch KE-Jetronic	
Ventile	Hängend, je Zylinderreihe 1 obenliegende Nockenwelle, Antrieb durch Duplex-Kette	
Kurbelwellenlager	5	
Kühlung	Pumpe 12,5 Liter Wasser	
Schmierung	Druckumlauf, 8 Liter Öl	
Batterie	12 V 66 Ah (im Motorraum)	
Lichtmaschine	Drehstrom 80 A = 1120 W	
Kraftübertragung	Antrieb auf Hinterräder, Gelenkwelle zweiteilig	
Autom. Getriebe	Hydraulischer Wandler + 4 Gang-Planetengetriebe	
Übersetzungen	I. 3,68 II. 2,41 III. 1,44 IV. 1,00	
Antriebs-Übersetzung	2,47	
Fahrwerk	Selbsttragende Ganzstahlkarosserie	
Vorderradaufhängung	Doppel-Querlenker, Schraubenfedern, Gummi-Zusatzfedern, Drehstab-Stabilisator	
Hinterradaufhängung	Diagonal-Pendelachse, Schräglenker, Schraubenfedern, Gummi-Zusatzfedern, Drehstab-Stabilisator Auf Wunsch: Niveau-Regulierung	
Lenkung	Kugelumlauf (14,35:1), Servohilfe, 3 Lenkraddrehungen	
Fußbremse	Zweikreis-Hydraulik, Servohilfe, ABS Scheibenbremsen vorn 300, hinten 279 mm Ø	
Allgemeine Daten		
Radstand	2935 mm	3075 mm
Spur vorn/hinten	1555/1527 mm	1555/1527 mm
Gesamtmaße	5020 × 1820 × 1437 mm	5160 × 1820 × 1446 mm
Felgen	7 J × 15	7 J × 15
Reifen	205/65 VR 15	205/65 VT 15
Wendekreis links/rechts	12,0/12,0 Meter	12,3/12,3 Meter
Wagengewicht	1700 kg	1730 kg
Zuläss. Gesamtgewicht	2120 kg	2150 kg
Höchstgeschwindigkeit	215 km/h	215 km/h
Beschleunigung 0–100 km/h	10 sec	10 sec
Verbrauch/100 km	16 Liter Super	16 Liter Super
Kraftstofftank	90 Liter (über Hinterachse)	90 Liter (über Hinterachse)

	Mercedes-Benz Typ 420 SEC (W 126 C E 42) ab 1985
Abweichende Daten	
Radstand	2845 mm
Gesamtmaße	4935 × 1820 × 1406 mm
Wendekreis links/rechts	11,8/11,8 Meter
Wagengewicht	1640 kg
Zuläss. Gesamtgewicht	2120 kg
Höchstgeschwindigkeit	215 km/h

<table>
<tr><th>Mercedes-Benz
Typ 500 SE
(W 126 E 50)
ab 1985</th><th>Mercedes-Benz
Typ 500 SEL
(W 126 E 50)
ab 1985</th><th colspan="2">Mercedes-Benz
Typ 560 SEL
(W 126 E 56)
ab 1985</th></tr>
<tr><td colspan="2">Daimler-Benz M 117 E 50</td><td colspan="2">Daimler-Benz M 117 E 56</td></tr>
<tr><td colspan="2">Einspritzmotor</td><td colspan="2">Einspritzmotor</td></tr>
<tr><td colspan="2">V8 (90°-V-Form)</td><td colspan="2">V8 (90°-V-Form)</td></tr>
<tr><td colspan="2">96,5 × 85 mm</td><td colspan="2">96,5 × 94,8 mm</td></tr>
<tr><td colspan="2">4973 ccm</td><td colspan="2">5547 ccm</td></tr>
<tr><td colspan="2">245 PS = 180 kW b. 4750 U/min</td><td>300 PS = 220 kW b. 5000 U/min</td><td>272 PS = 200 kW b. 5000 U/min</td></tr>
<tr><td colspan="2">bzw. mit Katalysator</td><td></td><td>bzw. mit Katalysator</td></tr>
<tr><td colspan="2">223 PS = 164 kW. b. 4700 U/min</td><td></td><td>242 PS = 178 kW. b. 4800 U/min</td></tr>
<tr><td colspan="2">40,0 mkg bei 3750 U/min</td><td>45,5 mkg bei 3750 U/min</td><td>43,0 mkg bei 3750 U/min</td></tr>
<tr><td colspan="2">bzw. mit Katalysator</td><td></td><td>bzw. mit Katalysator</td></tr>
<tr><td colspan="2">36,5 mkg bei 2500 U/min</td><td></td><td>39,0 mkg bei 3500 U/min</td></tr>
<tr><td colspan="2">9,0</td><td>10,0</td><td>9,0</td></tr>
<tr><td colspan="2">Mech. Benzineinspritzung Bosch KE-Jetronic</td><td colspan="2">Mech. Benzineinspritzung Bosch KE-Jetronic</td></tr>
<tr><td colspan="2">Hängend, je Zylinderreihe 1 obenliegende Nockenwelle, Antrieb durch Duplex-Kette</td><td colspan="2">Hängend, je Zylinderreihe 1 obenliegende Nockenwelle, Antrieb durch Duplex-Kette</td></tr>
<tr><td colspan="2">5</td><td colspan="2">5</td></tr>
<tr><td colspan="2">Pumpe, 13 Liter Wasser</td><td colspan="2">Pumpe, 13 Liter Wasser</td></tr>
<tr><td colspan="2">Druckumlauf, 8 Liter Öl</td><td colspan="2">Druckumlauf, 8 Liter Öl</td></tr>
<tr><td colspan="2">12 V 66 Ah (im Motorraum)</td><td colspan="2">12 V 92 Ah (im Motorraum)</td></tr>
<tr><td colspan="2">Drehstrom 80 A = 1120 W</td><td colspan="2">Drehstrom 80 A = 1120 W</td></tr>
<tr><td colspan="2">Antrieb auf Hinterräder, Gelenkwelle zweiteilig</td><td colspan="2">Antrieb auf Hinterräder, Gelenkwelle zweiteilig</td></tr>
<tr><td colspan="2">Hydraulischer Wandler + 4 Gang-Planetengetriebe</td><td colspan="2">Hydraulischer Wandler + 4 Gang-Planetengetriebe</td></tr>
<tr><td colspan="2">I. 3,68</td><td>I. 3,87</td><td>I. 3,68</td></tr>
<tr><td colspan="2">II. 2,41</td><td>II. 2,25</td><td>II. 2,41</td></tr>
<tr><td colspan="2">III. 1,44</td><td>III. 1,44</td><td>III. 1,44</td></tr>
<tr><td colspan="2">IV. 1,00</td><td>IV. 1,00</td><td>IV. 1,00</td></tr>
<tr><td colspan="2">2,24</td><td>2,65</td><td>2,65</td></tr>
<tr><td colspan="4">Selbsttragende Ganzstahlkarosserie</td></tr>
<tr><td colspan="4">Doppel-Querlenker, Schraubenfedern, Gummi-Zusatzfedern, Drehstab-Stabilisator</td></tr>
<tr><td colspan="4">Diagonal-Pendelachse, Schräglenker, Schraubenfedern, Gummi-Zusatzfedern, Drehstab-Stabilisator</td></tr>
<tr><td colspan="4">Auf Wunsch (bzw. Serie beim 560 SEL): Niveau-Regulierung</td></tr>
<tr><td colspan="4">Kugelumlauf (14,35:1), Servohilfe, 3 Lenkraddrehungen</td></tr>
<tr><td colspan="4">Zweikreis-Hydraulik, Servohilfe, ABS</td></tr>
<tr><td colspan="4">Scheibenbremsen vorn 300, hinten 279 mm Ø</td></tr>
<tr><td>2935 mm</td><td>3075 mm</td><td colspan="2">3075 mm</td></tr>
<tr><td>1555/1527 mm</td><td>1555/1527 mm</td><td colspan="2">1555/1527 mm</td></tr>
<tr><td>5020 × 1820 × 1437 mm</td><td>5160 × 1820 × 1446 mm</td><td colspan="2">5160 × 1820 × 1446 mm</td></tr>
<tr><td>7 J × 15</td><td>7 J × 15</td><td colspan="2">7 J × 15</td></tr>
<tr><td>205/65 VR 15</td><td>205/65 VR 15</td><td colspan="2">215/65 VR 15</td></tr>
<tr><td>12,0/12,0 Meter</td><td>12,3/12,3 Meter</td><td colspan="2">12,3/12,3 Meter</td></tr>
<tr><td>1720 kg</td><td>1770 kg</td><td colspan="2">1900 kg</td></tr>
<tr><td>2140 kg</td><td>2190 kg</td><td colspan="2">2270 kg</td></tr>
<tr><td>230 km/h</td><td>230 km/h</td><td>245 km/h</td><td>235 km/h</td></tr>
<tr><td>8,5 sec</td><td>8,5 sec</td><td>7,5 sec</td><td>8 sec</td></tr>
<tr><td>17 Liter Super</td><td>17 Liter Super</td><td colspan="2">18 Liter Super</td></tr>
<tr><td>90 Liter (über Hinterachse)</td><td>90 Liter (über Hinterachse)</td><td colspan="2">90 Liter (über Hinterachse)</td></tr>
<tr><th colspan="2">Mercedes-Benz
Typ 500 SEC
(W 126 C E 50)
ab 1985</th><th colspan="2">Mercedes-Benz
Typ 560 SEC
(W 126 C E 56)
ab 1985</th></tr>
<tr><td colspan="2">2845 mm</td><td colspan="2">2845 mm</td></tr>
<tr><td colspan="2">4935 × 1820 × 1406 mm</td><td colspan="2">4935 × 1820 × 1406 mm</td></tr>
<tr><td colspan="2">11,8/11,8 Meter</td><td colspan="2">11,8/11,8 Meter</td></tr>
<tr><td colspan="2">1660 kg</td><td colspan="2">1780 kg</td></tr>
<tr><td colspan="2">2140 kg</td><td colspan="2">2205 kg</td></tr>
<tr><td colspan="2">230 km/h</td><td>250 km/h</td><td>240 km/h</td></tr>
</table>

SGS 800 – 5,0
Pullmann-Limousine 4 Türen
(Verlängerung 800 mm)
Umbau-Preis ca. 84 000 DM
Styling-Garage, Hamburg
bis 1985

SGS 500 – Station
Kombi 4 Türen
Umbau-Preis ca. 70 000 DM
Styling-Garage, Hamburg
bis 1985

SGS 500 SEC Cabriolet
Cabriolet 2 Türen
Umbau-Preis ca. 75 000 DM
Styling-Garage, Hamburg
bis 1985

SGS 500 SEC Gull-Wing
Coupé mit Flügeltüren
Umbau-Preis ca. 83 000 DM
Styling-Garage, Hamburg
bis 1985

Mercedes-Benz Typ 380 SEL
Mercedes-Benz Typ 500 SEL
Limousine 4 Türen in
gepanzerter Sonderausführung
ab 1980

Hohe Str.
STOP

Literatur- und Quellen-Hinweise

Deutsche Industrie – Deutsche Kultur
Nummer 11/1914: »Benz & Cie., Mannheim«
Ecksteins Verlag, Berlin 1914

Daimler-Motoren-Gesellschaft 1890 – 1915
Verlag Braunbeck, Berlin 1915

Wilfried Bade
»Das Auto erobert die Welt«
Zeitgeschichte-Verlag, Berlin 1936

Paul Siebertz
»Karl Benz«
Reclam-Verlag, Stuttgart, 2. Auflage 1950

Paul Siebertz
»Gottlieb Daimler«
Lehmanns Verlag, München 1940
Reclam-Verlag, Stuttgart, 4. Auflage 1950

Paul Siebertz
»Gottlieb Daimler zum Gedächtnis«
Daimler-Benz AG., Stuttgart 1950

Paul Siebertz
»Karl Benz und sein Lebenswerk«
Daimler-Benz AG., Stuttgart 1953

»Mercedes-Konstruktionen in fünf Jahrzehnten«
Daimler-Benz AG., Stuttgart 1951

»75 Jahre Motorisierung des Verkehrs«
Daimler-Benz AG., Stuttgart 1961

Hans-Heinrich von Fersen
»Autos in Deutschland 1885 – 1920«
Motorbuch-Verlag Stuttgart 1965

Werner Oswald
»Deutsche Autos 1920 – 1945«
Motorbuch-Verlag Stuttgart, 5. Auflage 1982

Werner Oswald
»Deutsche Autos 1945 – 1975«
Motorbuch-Verlag Stuttgart, 9. Auflage 1984

Werner Oswald
»Kraftfahrzeuge und Panzer der Reichswehr, Wehrmacht und Bundeswehr«
Motorbuch-Verlag Stuttgart, 11. Auflage 1983

H. C. Graf von Seherr-Thoss
»Die deutsche Automobil-Industrie –
Eine Dokumentation von 1886 bis heute«
Deutsche Verlags-Anstalt, Stuttgart 1974

Jan Mehlin
»Mercedes-Benz 8«
The Supercharged 8-Cylinder Cars of the 1930s
Nordbol International Co-Editions, Gothenburg (Schweden) 1985

»Tatsachen und Zahlen«
Verband der Automobilindustrie (VDA), Frankfurt (M)
Jahrbücher 1948 bis 1982

Historisches Archiv der Daimler-Benz AG.

Automobilhistorisches Archiv des Verfassers